中国与世界社会

从18世纪到1949

China und die Weltgesellschaft

Vom 18. Jahrhundert bis in unsere Zeit

〔德〕于尔根·奥斯特哈默 著

强朝晖 译

社会科学文献出版社
SOCIAL SCIENCES ACADEMIC PRESS (CHINA)

中文版序

本书最早出版于1989年。感谢强朝晖女士的出色翻译，让它在时隔三十年之后又有了略经删减的中文版。遗憾的是，由于笔者多年来已不再将中国历史作为研究重点，因此未能有机会对这本旧作进行修订，并将过去三十年来世界各地出版的众多学术著作，逐一添加到附录的参考书目之中。感谢社会科学文献出版社的信任，他们在这种情况下仍然决定将拙著出版，并希望透过笔者从学术视角对这段历史的观察与书写，能够给今天的中国读者带来一些启迪。

当我在80年代中期着手写作这本书时，学界已有大量研究成果可供我作为参考。在这其中，传统“中国研究”（汉学）对中国对外关系问题一直较少关注，而更多是将中国的独立与自我封闭式发展作为论述的出发点。不过，在这种主流趋势之外有一个特例，它就是由费正清（John King Fairbank）教授创立并领导长达数十年的哈佛学派。这派学者发表了许多著作，就中国在鸦片战争中被武力打开国门及其在方方面面造成的长期影响做出了精彩分析。

费正清学派的视野是辽阔的，但在我看来却仍有拓宽的余地。这些美国学者中，有些人是从政治和军事层面去梳理中国的对外关系，还有些人是从经济学角度将清帝国融入全球经济的过程作为研究课题，而第三类学者则把目光集中于文化影响和文化输入问题，并将西方传教士的活动作为重点。就我本人而言，我在写作博士论文时曾就一个专项课题做过研究，这就是 1930 年代英国资本在华扮演的角色。当时，中国一度涌现出一股利用外资的潮流，同时也有许多人对此提出了强烈的批评和指责。

当我在 1980 年代写作本书时，我的目标是要找到一个更开阔的框架，将政治、经济和文化关系都一并纳入进来。因为在我看来，把这些视角区分得过于清楚，是一种人为和刻意的做法。同时，我还为本书增添了另一个视角：当时我正在为筹备中的另一部作品搜集资料，其主题是 18 世纪（即启蒙时期）欧洲学者对亚洲的看法。这本名为《亚洲的去魔化》的作品于 1998 年出版，其中文版也已于不久前问世。于是，我就把自己对欧洲对华认知这一问题的兴趣作为引子，写下了本书的第一个章节。开篇的这一章讲述了欧洲人在不同时期对中国的种种印象，这些印象中当然不乏想象的成分，但也有一部分是基于理性观察得出的，其中有些已经通过文献资料的考证得到了确认。将这一话题也纳入本书的视野，于我有着重要的意义。

我选择了“世界社会”这个关键词作为本书的书名，这个词后来成为“系统理论”（Systemtheorie）当中的重要概念。不过，在这套理论中，“世界社会”有着另外的含义，因此我有必要在这里解释一下，本书中的“世界社会”指的是什么。在这里，它的含义并不是说，人类历史上曾经存在过某种全球统一的社会结构，这种情况迄今仍未发生；其所指也不是哲学家的乌托邦式幻想，即未来某一天人类将迎来一个全球一统的世界社会，到那时，民族国家也将不再发挥作用。康有为在 1900 年后不久发表的《大同书》中，便曾表达过这样的理想。

众所周知，上述理想过去从未实现，我认为，在可预见的未来也很难实现。今天我们在全世界看到的，更多是民族原则的强化。从某些方面看，这未必是一个好消息。民族主义与一点是矛盾的，这就是：在当今世界上，关乎整个人类的核心政治问题已无法再凭借一国之力得到解决，而必须依靠各国的努力和妥协。我们只须想想气候变化的问题，就可以体会到这一点。

“世界社会”在本书中的含义是指中国所处的国际环境，从宽泛的意义上讲，这个环境是由政治和经济两大支柱构成的。文化虽然也偶有涉及，但相对缺乏系统性，而且论述也不够详细和深入。在书中，我将中国与国际社会之间的关系定义为一种交互式关系，其影响往往是双向的。对这种关系起决定性作用的，并不仅仅是政客，中外商人群体（business men）同样也在其中扮演了重要角色。

在书中，我并不是通过对各种历史事件和插曲的细节描写，使这种交互作用得以呈现，而是将秩序更迭作为大的背景。18 世纪时，中华帝国仍然属于大国之列，同时也是其自身代表的东亚世界秩序的中心。从鸦片战争起，中国逐渐被拖入了帝国主义列强主导的秩序之中，并从此失去了自主行动的决定权。但是，即使是在国家实力最弱的年代，中国也从未彻底沦为被动的牺牲品。总是有一些团体和个体，以形形色色的方式发起反抗。在整个民国时期（1912~1949），国际秩序不再像过去一样，完全是由列强主导。日本曾企图建立某种类似的秩序，但很快便以失败告终。正是因为这些原因，本书围绕这一时期展开的叙述也显得格外充实，直到今天，我仍然觉得这些章节是全书最有意思的部分。

回顾过去的三个世纪，我们可以从中总结出哪些经验教训呢？历史教训不是客观事实，而是今人对过去所做出的解释。比如说，我们可以观察一下中国与外部世界的力量对比情况，这时我们会发现，在这三百年里，中国的实力地位经历了巨大的起伏。在众多以中国崛起为主题的著作中，这一问题已反复得到阐述。不过，在

1980年代中期的时候，中国的重新崛起还没有露出明显的迹象，本书对此自然也未能提及。

依我所见，我们应当从更具普遍性的视角去看待世界力量对比问题，这对今天来说尤其重要。无论中国还是世界社会，从来都不是静止不变的。两者都是以活跃的形态不断地发展和变化，这种变化很少会遵循同一种规律，并且总是在不同时间呈现出不同的速度。例如在19世纪下半叶，西方的经济发展速度远远超过了中国，今天则相反。

另外需要补充的一点是：随着交通与通信技术的发展，世界社会的内在联系变得越来越紧密，然而在政治层面上却未必因此变得更统一。1900年前后，也就是义和团运动时期，中国面对的是列强组成的联合阵线。列强之间虽不乏矛盾和冲突，但是在对华原则问题上，它们奉行的却是同一种帝国主义政策。如今，中国要和为数众多的外交伙伴打交道，这些伙伴在外交政策上并不总是协调一致，就像帝国主义时代的列强那样。美国、俄国、欧洲、印度、日本等国（地区）之间的关系往往存在着很大的差别，甚至充满了矛盾。它们无法再构成一种统一的“国际秩序”，尽管我们时常会看到各国领导人在G20会议上握手言欢。这一现实为中国提供了巨大的外交空间，这是在本书涉及的年代里中国从不曾有过的。但是作为历史学家，我认为建立新的国际秩序仍然是必要的，其目的是维护和平，并为地球上尽可能多的人提供最基本的经济保障。建立这种秩序是大国的义务和责任，而今天的中国正是这些大国中位居前列的一个。

于尔根·奥斯特哈默

2019年6月30日

Contents /

表目录

绪 论

> 一个讲故事的人若想唤起听众的兴趣，通常要让听众相信这个故事与其自身生活息息相关，并借此引申出某种值得学习的经验教训。在接下来的探讨中，我却无法沿用这一便利模式。对于我们今天的社会问题而言，古代史能够提供的借鉴实在微乎其微乃至于零。今天的无产者与古代的奴隶就像一个欧洲人与一个中国人一样，彼此间几无相通之处。[1]

这是马克斯·韦伯（Max Weber）1896年在弗莱堡学术协会发表演讲时说过的一段话。这次演讲的题目是有关古典文明衰落的社会原因问题，当时台下的听众并非学术界专家，而是受过良好教育的中产人士。在整场演讲中，提及中国的地方仅此一处。直到数年后，韦伯才开始针对与中华文明相关的问题进行深入阅读和思考，当然，并不是关于中华文明的衰落，而是其作为前现代文明的惯性力问题。[2]在弗莱堡的报告中，韦伯尝试用一个富有形象感的画面来描绘不同文化之间的巨大反差，用一种符合时代思维的对比，让人们对跨越两千年的历史隔膜有所领会。通过这样的对比，一个臆想中的场景——现代无产者与古代奴隶的相遇——变成了一次有可能在现实中发生的会面：一边是欧洲人，另一边是中国人。马克斯想必可以料到，台下的一些听众立刻就会由此联想到19世纪末的著名中国政治家：李鸿章。就在这一年（1896年）夏天，李鸿章刚刚出访欧洲，并于6月受到了德皇威廉二世的接见。[3]这位钦差大臣通过翻译，与多位君主和国家政要举行了会谈。难道说，这些谈话说到底还是鸡同鸭讲？就像保罗·瓦莱里（Paul Valéry）用一句话总结的那样："一个头戴假发或礼帽的脑袋根本不可能懂得，一个梳着满族长辫的脑袋到底在想什么。"[4]

马克斯·韦伯之所以选择中国人作为欧洲人的比较对象，显然是不乏考虑的。这个参照物不同于另外一些在修辞中常见的比喻，例如"霍屯督人"（Hottentotte）①——一种世纪之交流行的人种学分类。作为外族的代表，中国人在这里是以精致而非"原始"的形象出现的，其代表的是一种高度发达的文化。与这种文化的交往从原则上讲，是可以通过有教养的"文明"方式进行的，譬如说以文字作为媒介。因此，[它与欧洲之间的]陌生感并非"野蛮人"与"文明人"，[5]而是文明人与其他文明人——或曰另一种类型的文明人——之间的陌生感。

/ 002

在欧洲历史上，与其他古代文明的交往可以追溯到很久之前。和中国一样，这些文明也给欧洲人带来了强烈的异类感和陌生感。与它们的交往，总是涉及欧洲的界定（Begrenzung）和排异（Ausgrenzung）问题。其中最具典型性的例子，是古希腊与波斯之间的冲突。在今天那些自视"西方"后人的眼中，这种冲突被定义为势不两立的原则、世界观以及截然不同的社会与政治组织形式之间的对抗。[6]后来，在中世纪和近代史时期，基督教欧洲与伊斯兰世界始终处于一种交流和对抗的关系。[7]空间上的遥远距离，使欧洲与

① 南部非洲的土著族群，自称科伊科伊人，霍屯督人系欧洲白人对这一人群的蔑称。（本书脚注皆为译者注。）

另外两大世界文明——印度文明与中华文明——在同等水平上建立密切关系的可能性被预先排除在外。[8]然而在进入海外扩张时代之后，随着世界交往的日趋频繁，在欧洲与中国之间造成隔膜的已不仅仅是地理上的距离。

从欧洲视角看，中国与阿拉伯—伊斯兰世界，即古代地中海和西亚早期文明所在地域的一大差别在于，两者之间缺乏一种宗教上的共通性。这种共通性能够使两方在保持自身信仰热情的同时，在信奉先知的一神论之间找到契合点。欧洲对穆罕默德和伊斯兰教的许多神学上的攻击，其程度之激烈恰恰是由于人们意识到，在信仰《古兰经》的宗教和信仰《圣经》的宗教之间，存在某种危险的相似性。基督教中的非正统流派总是脱不掉受伊斯兰教启发的异端色彩。[9]

虽然说中国与西方意识之间的“宇宙观鸿沟”[10]之深，远远超过了伊斯兰教所在的东方，然而在欧洲人看来，中国在某种意义上却比地理上较易沟通的印度更亲近，且更易理解。与后者不同的是，在欧洲人的认知中，中国从来没有变成单纯的“精神上的东方”(Orient de l’esprit)，[11]一个令人神迷、与现实世界几无瓜葛的童话世界。印度的距离感究其原因，一方面是印度宗教中神秘晦涩的出世观，它与儒家的积极入世思想形成了鲜明对比；[12]另一方面则在于，印度的传统文化——包括其语言梵文在内——早已消亡，它只能借助诗歌的形式，或利用语文学和考古学等科学方法，在想象中被重新建构。与近代人对古代的经验相类似，印度传统文化亦可被看作是一种衰落的传统。[13]中国则相反，在这里，古老东方文化在几乎没有受到破坏的情况下得以延续，并为直接观察提供了可能性。对近代欧洲而言，这种文化堪称文明的另一种样本，一种以欧洲**自身**标准衡量迥然不同的古代文明体系。同时，中国还是一个集多种元素于一身的复合体——在欧洲以外的世界里，在这方面如此特征鲜明的除中国外再无二例。这些元素包括安于现世、讲究务实的人生态度，商业化、城市化与流动性皆达到相当高度的社会，活跃于文学、科学和艺术领域，眼界开阔的文化精英，以及以世袭官僚制为特征、结构复杂的国家政权等。所有这些元素的表现形式，都与欧洲大相径庭。此外，这一切在中国一直延续至今，对游客而言，它们不只是可供瞻仰的文稿、碑刻和古迹，而是可闻可见的活生生的现实。[14]

在欧洲人眼中，中国时而是借鉴的榜样，时而是嘲笑的对象，但无论何时，中国都是欧洲的反照：一个高度复杂的文明体，其独有的鲜明特征可以使人们通过对照式观察，对西方的自身特点获得更加清晰的认识。欧洲不断引进中国的事物，同时又一再排斥它。从启蒙运动初期对孔子的尊崇，到洛可可时期建筑和艺术上的中国风，再到18、19世纪之交后兴起的异域化文化批评对道家思想的借鉴，中国在许多方面都给欧洲带来了丰富的灵感。[15]但是，与**融合**远东元素至少同样重要的是，西方通过对中国另类法则的**排斥**，来树立自我认同，其涉及的领域远远超出了哲学和美学的范畴。西方在谈论中国法则时，往往是采取典型化对比的方式：西方与中国，一边是时间文化，另一边是空间文化；一边是历史进步观，另一边是亘古不变的轮回；一边是对个性自由的倡导，另一边是宗族和礼教的禁锢；一边是自我支配型人格，另一边是受传统与习俗束缚的他人支配型人格；一边是将话语公共性视为权力批判的前提，另一边是将文字书写当作权力统治的工具；一边是城邦与民族国家，另一边是中央集权式帝国；一边是基督教启示论，另一边是儒家非先验性的义务论与道家玄学的矛盾合一。于是，欧洲便成为与人们想象中的中国模式这一全世界独有的模式截然不同的反例。例如，在马克斯·韦伯看来，中国是一个古代文明中的另类，“一套［与欧洲］迥然相异的生存法则体系，或曰另一个世界”。[16]尼采则用“高度中国性”（höheres Chinesentum）的说法，来形容其眼中欧洲所面临的威胁：“一种人类停滞不前的状态。”[17]由此看来，欧洲似乎唯有作为中国的反面，才能为自身找到明确的定位。

当我们谈论中国的世界地位以及与此密不可分的另一个问题，即“非华人”尤其是欧洲人对这一地位的认识和判断问题时，绝不可能像谈论任意一个国家在全球交往中的地位那样稀松平常。仅仅凭借地域辽阔以及独一无二的庞大人口规模这两大特点，中国早在古代便从众多人类共同体中脱颖而出。另外，从质的角度看，无论过去还是现在，中国在很大程度上同样也是非同一般。在人们印象里，中国是一个封闭、完整、形式上具有鲜明特征的文明之国：一种独立、自给自足的卓越文明（par excellence）。这种印象之强烈远远超过了印度和伊斯兰世界。除中国之外，具有类似特征的只有日本，然而直到 19 世纪，欧洲对这个偏远的小国仍然所知寥寥。这种鲜明的独特性一直是欧洲赋予中国的最重要标记，人们眼中的“中国”，是一个独具特色的文明“大集成”（ensemble）。中国在世界和世界史上的地位，主要有以下五个方面的特点：

第一，尽管经历过几段漫长的割据势力压倒统一势力的中间期（最后一次是 1916~1949 年），但是，中国作为地域辽阔的大一统国家的形态，则从公元前 3 世纪一直延续到今天。世界史上屡屡导致政治体兴衰的内乱和外来侵略，中国一样也未能幸免。中国虽然历经重创，例如 19、20 世纪欧洲和日本帝国主义的侵略，但中国的国家形态却依然完好。19 世纪初，哥廷根历史学家阿诺尔德·赫尔曼·路德维希·赫伦（Arnold Hermann Ludwig Heeren）在探寻近代欧洲国家制度在世界史上的独有特征时发现，在政治风云变幻的世界上，只有欧洲列强和中华帝国这个全球唯一堪与前者比肩的国家，成功延续了中世纪以来的历史传统。[18]在进入19世纪后，欧洲国家制度逐渐“独霸世界”，[19]并将侵略矛头对准了东亚旧秩序；而中国则不得不割让宝贵的边疆领土，并因此沦为“半殖民地”。但即便如此，中国国家权力的**外部**形态仍然在总体上得以保全。第二次世界大战后，中国作为新成立的民族国家，除少许领土损失外，其疆域依然达到了18世纪清朝统治时的鼎盛水平。反过来看，清帝国的领土则与汉朝时的国家版土大致重合。早在马略（Marius）和苏拉（Sulla）① 同期的汉武帝统治时，中国农耕文化的核心区便已从戈壁大漠的南端，一直向南延伸到红河三角洲。在中国历史上，地方分裂的趋势总是存在于现实之中，战国模式作为大一统国家之外的另一种可能性，也从未在人们记忆中消失。然而从秦始皇（公元前221~210年在位）起，中国各大王朝在建立之初，始终都是在大一统帝国的领土框架内寻求解决争端的方案。国家政权的外部形式，在中国延续了整整2000年。

［国家政权的］**内部**形态尽管历经变化，但基本结构却同样保持了数百年不变：由天命论获得合法性的君主专制，通过国家统一考试招募人才的科举制度，中央集权式的官僚体系，以及与此相对应的基础薄弱、难以靠世袭传承的贵族特权阶层。这种体制大约始于8世纪，在宋朝统治下（960~1279）得以完善，并一直延续到20世纪最初几年。[20]19世纪时，在中国的政治体制里，既没有形成地方性的中间权力，也看不到通过立宪来限制君主专权的迹象。此时的中国政治体制，看上去就像是一个政治史前史的流动露天博物馆，一具古代东方君主制度的遗骸。从积极的角度来观察，可以说，它是前现代国家实践的最后标本，因为自奥斯曼苏丹在法国大革命影响下立志改革后，[21]在世界其他地区，这类实践都已绝迹。即使在

---

① 均为古罗马政治家。

经历了20世纪的一轮轮革命之后，中国的国家政权仍然保留了一些重要的传统特征，其中最突出的是官僚制形式和威权统治实践。[22]正是因为这一特征，华夏世界的政治形态在“非华人”眼中才显得格外与众不同。

第二，中国很早便引起外界注意并反复得到确认的一大特征是，中国的外部政治形态与文明传播地域在很大程度上是重合的。无论是依照“核心—边缘模式”构建的中华帝国及其“普天之下，莫非王土”的统治理念，还是后来取而代之、努力融入现代国家体系的民族国家，它们都与华夏“文化圈”——或曰中华“文明场域”（civilizational arena）——覆盖的范围高度重叠。自古以来，中国人便有一个自己的国家，而且是唯一的。从不曾有人产生过怀疑，华夏世界的中心究竟在哪里。中国从未发生过宗教分裂以及民族国家或民族文化的碎片化——就像西方基督教世界所经历的那样，也不曾出现过类似伊斯兰世界的多中心主义风潮。那些生活在东南亚离散地的华人，从不曾为谋求自治而建立独立的政治体。就连华裔占总人口近四分之三的新加坡，同样也不例外。在这里，并没有形成某种独具特色的华人身份意识。至于说台湾，在逐渐走向平息的内战中，双方都始终秉持着“一个中国”的理念。概括而言，中国的国家共同体与中国文化的传播区域大体是一致的。只有在岛国日本，政治与文化的社会化在重合度方面，表现得比中国更加突出。

第三，中华文明在很大程度上是一种固土自守的文明，它几乎从未以扩张的方式，跨越自己的地盘。在中国的史书中，固然记载了许多游历天下的旅行家的故事，[23]特别是有关郑和下西洋的壮举。1405~1433年间，他曾七次率领船队远航，足迹远至非洲东南部海岸。[24]顺带一提的是，正是在同一时期，在地球的另一端，葡萄牙人在亨利王子（“航海王”）的支持下，开始了海上探险之旅。[25]但是，史书中记载的这些事件始终只是插曲。在历史上，中国从未发起过其影响能够与古罗马帝国的军事建设、早期伊斯兰国家的对外远征、中世纪基督教世界的十字军东征以及近代欧洲的殖民主义相提并论的超越垦荒戍边性质的大规模扩张行动。即使与权力政治上同样缺少侵略性、被欧洲人视为和平文明榜样的印度相比，中国的对外扩张欲望也并没有表现得更强烈。中国的宗教和世界观体系，特别是儒家思想，在传播到日本、朝鲜、越南等相邻民族后，被这些民族借鉴吸收，并与当地传统相融合。但是，中国从未形成一种类似印度佛教的积极传教力量。公元 2~8 世纪间，正是佛教的传播给中国在文化方面留下了深刻的烙印。[26] 当然，中国为控制周边民族和本国少数民族所采取的一些手段，与历史上各殖民列强的统治策略并无太大分别。[27] 但是，除去少数例外（如 1274 年和 1281 年元世祖忽必烈对日本发动的两次远征[28]），中国并没有发动过远离国界、以开拓“未知疆域”（terras incognitas）为目标的行动。[29] 大规模扩张所必需的三种手段——进攻性骑士战争、远洋航海、传教——在中国都不具备充分的动力。尽管在各地边疆，以“平定天下”为名的征战屡屡不断，但中国从未有过推行“世界政治”、向其他文明核心区扩张的野心。历史学家费正清（John K. Fairbank）甚至将“内向爆炸”（Implosion）视作中华文明的典型特征，与欧洲的“外向爆炸”（Explosion）作为对照。“内向爆炸”的含义是内部结构的密集化和精细化，而非面向外部的扩散和拓展：这是一种覆盖各个领域的内部殖民。[30] 中华帝国是一个没有帝国主义的帝国，其增长进程是被“驯化的”，内向的。这一点或许与种植稻米的农业体系有关，这种体系有能力做到在不扩大种植面积的前提下，通过精耕细作来提高收成。[31] 中国奉行“扩张主义”外交政策的几段历史插曲，通常都是在外族统治的背景下发生的，最初是蒙古人建立的元朝，之后是满族人创建的清朝。这两个民族均来自中亚草

/ 007

原，在那里，人们的居住和生产方式都是以游牧——流动和占据空间——为特征的。

第四，中国本身并没有因成为征服和殖民的目标对象，而导致不可逆转的民族或宗教文化的分裂和归化。西域游牧民族进犯中原的事件虽屡有发生，但这些入侵者从来都没有能力消灭或取代华夏文明，甚至连持久改变它也无法做到。外族两次征服中原——13 世纪的蒙古人和 17 世纪的满族人——尽管对国家的军事和政治造成了严重冲击，但并没能把中华文明引上一条新的发展轨道。如果用一个同样出现在亚洲的例子来比较，它们给中国带来的改变，远不及 13 世纪穆斯林征服北印度和 16 世纪莫卧儿入侵给印度带来的影响那样深重。清朝时的满人虽然没有完全与周围的汉族人群融为一体，但也没有成为与本土居民彻底隔绝的统治权贵（蒙古人一度做到了这一点）。在 1911 年清朝灭亡前，满族精英虽享有一定的特权，但绝大部分仍然是在世代沿袭的汉族传统机制的框架之内。

中国在文化同化方面所展现出的非凡力量，与华夏文明牢不可破的坚固性是相辅相成的：这是一种有着深厚根基、阻止外来渗透的强大抵抗力。赫尔伯特·吕蒂（Herbert Lüthy）认为，殖民化——一种文明被另一种文明征服，以及大规模人口流动和移民运动——是所有历史中的一种基本现象。[32] 按照这一观点来看，我们就会发现，与其他地区相比，这些进程在中国历史中发挥的作用是多么微不足道。近代史的情形同样也不例外。19 世纪和 20 世纪上半叶，中国成为帝国主义扩张的主要目标地区之一。但是除了东北（满洲）之外，中国从未变成外国移民和殖民的目的地，就像美洲、大洋洲、北非、东非、南非以及亚洲许多地区所经历的那样。即使在外国在华势力最强盛的时期，长居中国的西方侨民数量也从未超过 4 万人。[33] 对亚洲其他国家的居民而言，中国也从未成为一个移民目标国。来自日本和朝鲜的移民潮，特别是在1905年之后的东北各省，则是由日本渗透和殖民导致的伴生现象。1945年，随着日本殖民帝国的覆灭，这股移民潮也逐渐平息。1949年中华人民共和国成立后，大陆的西方侨民几乎尽数被遣散。由此可见，帝国主义时期并没有给中国带来人口和族群结构上的深远影响。宗教分裂势力的渗透也因中国的抵抗而被成功遏制。一度声势浩大的基督教传教运动在共产党夺权并以果决的方式为其画上句号之前，在中国收获的成果也为数寥寥。从总体上看，作为西方文明的传播工具，它对中国近代史的影响只是间接的。中华文明的坚固性和成熟性以及同化和抵抗的能力，有效地遏制了政治殖民、人口流动和宗教渗透，或使其影响得以弱化。

第五，最后一点值得注意的是，中国的对外关系始终是在开放和封锁之间徘徊。边界开放的时期总是与对外交往——特别是海上交往——受到严格控制的时期交替出现。[34]近代早期的欧洲观察者已经适应了基督教世界中的自由和开放，因此，在处于闭关锁国期的中国，面对中国百姓对待外来访客的警惕与戒备，他们往往会感到无所适从。实际上，受到19世纪自由贸易冲击的，并不仅仅是保守自闭的中国，而同样也包括其他亚洲国家。中国、日本、暹罗以及印度支那半岛的其他王国，还有常年来在欧洲鲜为人知的朝鲜，在与西方军事势力最初接触的一刻，都正处在对外封闭的阶段。这些国家都是以不同方式被武力打开了国门，同时也被剥夺了自主打造对外关系的机会。虽然从表面来看，西方入侵将中国不可逆转地拖入了以欧洲为主导的全球现代化大潮，并由此打破了中国对外关系的传统周期，然而从1950年代初与西方世界断然决裂这一点便可看出，中国的闭关自守能力并未因外来入侵而丧失。1960年代，中国的自我孤立更是达到了前所未有的水平。当时，中华人民共和国在所有非社会主义国家中派驻的大使只剩下一位（埃及）。大约从

1970年开始，在周恩来主持下，中国逐渐恢复了与日本、西欧和美国的交往。1979年后，在邓小平制定的新方针引导下，中国更进一步走向了开放。中国的开放在一定程度上是受现实困境所迫，然而作为一项经过深思熟虑的政治决策，此举仍然称得上是中国又一次从自我封闭走向**自我**开放的例证。尽管国际形势千变万化，但是在中国，开放与封锁的周期性循环却经历了数百年。

以上从五个方面概括的中国历史的独特性，使我们无法再以“东方一西方”“第一世界一第三世界”之类的空洞对比，对中国的世界地位问题做出笼统回答。虽然从表面看，用这种二元对立思维来思考中国问题似乎顺理成章，然而同样明确的是，无论过去和今天，中国都不是一个人们所理解的东方或第三世界的“典型”代表。要想对中国的独特性获得透彻认识，最佳方法是从中国特有的一系列矛盾着眼做出分析。

在**经济**领域，新中国成功走出了1949年时的低谷。在经历1960~1962年的饥荒后，在1965~1985年间，中国人均国内生产总值一直保持着年均4.8%的增长率，与日本相当。这一数字不仅远远超出了第三世界的平均水平，而且也在欧洲和北美之上。但是从人均GDP绝对值来看（1985年为310美元），中国仍然属于世界上最贫困的国家，略好于印度（270美元），但远不及一些非社会主义发展中国家，例如印度尼西亚（530美元），更比不上埃及（610美元）、泰国（800美元）或巴西（1650美元）。[35]中国是全球唯一的高增速“低收入经济体”（low-income economy）。一方面，中国虽已迈过了从普遍赤贫到普遍贫困的界线，但尚未跨越下一道界线，即在满足生存需求之上，实现普遍消费；另一方面，中国国民经济所呈现出的一些结构性特征，对第三世界国家而言并不具有代表性：工业对GDP的贡献，超过了农业和服务业；初级产品（包括石油）在出口中所占比例不及50%，而在许多发展中国家中，其占比接近100%。丰富的自然资源与多样化的出口结构给中国带来的好处是，当世界经济形势出现动荡时，中国受到冲击的危险相对较小。简言之，中国在物质上虽然落后，同时却又具备明显的“新兴国家”的结构性特征。

在**外交**和**军事**领域，中国除了拥有一支组织良好的国防力量，以及作为地区大国实施干预的可能性外，并没有更多优势。[36]尽管人们经常可以听到关于世界政治“大三角”的说法，特别是在1970年代末，但中国的世界强国地位暂时只停留于名义上，而无法真正兑现。不过，虽然中国尚不具备大国或超级大国那种可有效实施全球打击的强势手段，然而从原则上讲，早在1954年日内瓦会议和1955年万隆会议之后，[37]中国所具有的国际影响力，与其真实的军事和经济实力是不同步的。正如基辛格所言，中国成功做到了“以普遍原则为基础，通过自信心的展现”，使其扮演大国角色的诉求“得到合理表达，而这种自信心则与力量对比无关”。[38]

在**文化**和**意识**形态上，中国结束了种种过激行为，建设“新人类”——大公无私、不畏牺牲的社会主义积极分子——的口号基本绝迹，[39]有关“清理反革命分子”之类的说法也鲜有所闻。中国以“四个现代化”为名，向西方投资者打开了国门；与此同时，在消除由政治运动带来的社会紧张气氛后，政府将维护稳定作为治国方略，推行以经济为核心的改良式社会主义，并逐步建立起与资本主义世界和苏联截然不同的意识形态架构。尽管人们可以预见，中国既不会效仿以往的苏联模式，[40]也不会谋求意识形态、文化和生活方式的全盘西化，但是，正是出于对排外主义的反感，才使得中国在文化和意识形态的未来发展上获得了更多的可能性。中国很可能会以日本为榜样，[41]将本国传统与外来文化融为一体，甚至如社会学家爱德华·蒂尔雅凯安（Edward Tiryakian）所言，由此打造出一种以东亚文化为本，同时具有普遍适用性的现代化形式。[42]

无论是要了解20世纪末中国特殊国际地位所具有的矛盾性，还是要认清世界历史上中国地位的独有特征，我们都必须做到，让视线能够在“内”与“外”两个范畴之间随时切换。对华夏文明的内在审视，必须与对世界的宏观观察密切结合，对欧洲人而言，后者总是难免带有欧洲中心主义的色彩。要做到这一点，并不像表面看上去那样简单。直到几十年前，各种论述中国对外关系的文献，仍然是从单一视角出发写作的。汉学在经过“初始汉学”（Proto-Sinologie）的预备期后，[43]于19世纪头三四十年获得学术界认可，并随之树立起作为正式学科的职业自信心。[44]但是直到20世纪，汉学研究才逐渐脱离了原有的阐述模式和价值判断，在过去，这些都是依据大量的中国史书和文献归纳得出的。[45]为了破解这些古籍中的晦涩语言，研究者几乎投入了全部精力，而难以顾及其他。这种未经反思的对中国史籍的依赖，最终导致了一种结果，这就是，人们对中国邻邦以及中国邦交政策的认识和评判，大多是由那些整日埋首书案的中国儒家幕僚的视野决定的。一个常见的误区是，人们往往把中国对待“蛮夷”的态度，误解为中国外交的真实写照。反过来看，那些以欧美文献为根据、从事大国对华政策研究的早期外交史学家，对中国外交的动机和背景又难免太过轻视。[46]他们对国际贸易之外的经济问题的了解，和同时期的大多数汉学家相比，也鲜有优势可言。直到过去二三十年，研究者们才开始在方法上着手改进，扩大参考文献的范围，并最终摆脱了史学研究上以汉学为主体的内部和外部观察方式。[47]今天，“中国中心主义”与“欧洲中心主义”视角之间的灵活转换，已成为学界公认的作为客观性保证的阐释原则。

要书写这样一部“内外”兼顾的关系史，着实是一件难事。对中西两种文化的深入了解，是写作者必须具备的素养。与此同时，人们还难免要面对另一重困难，这就是，除了“内”与“外”，还要在书写中纳入第三种维度：中国对欧关系与欧洲对华关系。这两个问题之所以日益受到重视，是近代世界的发展变化所带来的一系列问题导致的。这一变化的核心进程，便是台奥多尔·H. 冯·劳厄（Theodor H. Von Laue）所说的“西化之世界革命”（Weltrevolution der Verwestlichung）。[48] 它给中华文明带来了怎样的冲击？而中国又为这场由欧洲一手推动、覆盖全球的发展浪潮做出了哪些贡献？自哥伦布和达伽马开始，欧洲踏上了征服世界之旅。[49] 它给其他地区带来的并不仅仅是对本土文化的破坏，同时也在许多方面激发了非欧洲文明的创造性。

自 16 世纪以来世界互通性的长期发展，是难以用概念、更无法用某种具体理论来概括的。如果一个人既不想落入传统现代化理论的俗套，即认为世界各地的社会随着交往的日益增加而变得越来越相像，同时又不希望走向唯物主义历史哲学的另一个极端，[50] 通常都会在那些具有适度抽象性的观点中找到共鸣。这些观点之一是“不同文明的相遇”。社会学家本杰明·尼尔森（Benjamin Nelson）在提出这一观点时，所强调的是不同文明在彼此认知以及对认知进行智性加工方面的互动关系。[51] 当然，尼尔森的理论仅仅局限于不同世界观和意识形态之间的“相遇”，而对“物质文明”（Civilisation matérielle，费尔南·布罗代尔语）和政治统治等方面的话题则鲜有涉及。换言之，所有那些可以被笼统地归结为“殖民主义”和“帝国主义”弊端的领域，在他的理论中都被置于一边。在和文明相遇有关的形形色色的事例中，尼尔森抽取了 16、17 世纪以及 20 世纪的中国与西方关系作为论述对象，并且认为，这些例子不仅影响深远，同时也极具启发性。[52] 在提出自己的观点时，他思考的一方面是西方学界对中国的“发现”，另一方面是早年由传教士带来的西方理念在儒家士大夫当中引起的反响和思考。[53] 此外，他考虑到的另一个问题是 20 世纪中国知识分子曾经做出过的一种尝试：对西方思想体系加以批判性借鉴，并对利用这些手段解决中国民族和文化危机的可行性进行探讨。在所谓西方思想体系中，既包括 19 世纪的各种先进理念、科学和哲学思潮、基督教及其反对者——欧洲医学，同时也包括西方的现代艺术。

近几十年来，西方——具体讲是美国——的中国问题研究主要是在上述领域的探索中取得了很大进展。虽然说，中国和西方在权力政治与经济领域的“相遇”，最终仍然被诠释为**文化上**的冲突与借鉴，但与尼尔森看重两者之间的交互关系不同的是，近年来研究中国问题的主流学者把自己套入了“中国对西方的回应”这一魔咒。[54] 这个研究方向固然催生了不少有价值的研究，但其基本论断却有明显的破绽。

按照这派观点，“西方”被不假思索地定义为代表“现代”理念的完整统一体，而中国的思想界则不加分辨地被贴上“传统”的标签，与西方截然相对。人们在评价中国对西方“挑战”的“回应”时，往往是采用一个标准：中国是否或在多大程度上成功摆脱了“传统”的束缚和思想意识上的桎梏，并将西方现代化成果作为仿效对象。在这里，现代化被等同于西方化，并被视为中国——以及其他所有“欠发达”社会——值得提倡的发展目标。[55] 从这一视角看，19 世纪中国“加入国际大家庭”[56] 意味着这个国家正在对自我进行调整，以适应西方一统的世界文化的规范和惯例。于是乎，评判中国历史力量的标准，是看它对上述发展和教育进程所起到的作用究竟是推动还是阻碍。这种观察方式同时还导致了另一个结果：19 世纪和 20 世纪中国的反西方保守势力在性质和作用上被大大低估，[57] 相反，革命派与温和改良派——崇尚西方政治和文化自由的——势力则被一味高估。由此衍生的后果是，人们对中国“传统”社会中那些虽非主流但不容小觑的活力元素视而不见，而单纯将扩张式的西方文明及其权力政治基础，即各种形式的帝国主义，看作是促进增长的力量以及历史进步性与合法性的化身。[58]

这种以“冲击—反应”关系为前提的诠释模式，把中国一方的角色单纯地定义为外来刺激的被动接受者。这样一来，人们很容易忽略下述事实：中国精英分子（这些人恰恰是这类历史写作最青睐的对象）在面对现代西方社会带来的丰富多彩却又不乏矛盾的各种可能性时，他们头脑中思考的仍然是中华文明的内在矛盾和问题，因此，他们所做出的抉择是有意识的，是有合理根据的。对西方理念和思想体系的引进和借鉴，与传统到现代的身份转变未必有直接关联。[59]当人们把思维框定于“冲击—反应”模式时，常常会步入一个误区：在涉及中国近代史时，只有那些能够被归入中国与西方关系范畴的问题，才被认为是有研究价值的。[60]例如，很长时间以来，人们投入了大量精力，孜孜不倦地研究基督教的传教运动。其投入之巨大，与基督教在中国相对有限的实际影响并不相符。中国与西方以及中国与国际社会的关系（西方思想大部分是于19世纪初，经由日本间接传入中国的[61]），是中国近代史研究中一度占据决定性地位的重要视角，这种视角虽然无懈可击，但仅凭这一把钥匙，并不能为我们彻底打开探索这段历史的大门。

/ 014

中国与世界的关系：这一问题所指并不仅仅是世界观、意识形态和生活方式之间的接触与碰撞，抑或是西方文化与独具特色的东方文化之间的交流和冲突。它同时还包括另一层含义：这个地球上结构最复杂的共同体，是如何融入不断进化的全球交换与统治秩序以及跨大洋现实关联的。

要从这一视角来讲述中国的历史，我们可以采用两种方式，或者说，作为两段“历史”来讲述。第一段历史讲述的内容是：帝制中国如何从1840~1842年鸦片战争开始，一步步融入由欧洲打造的国际体系；如何通过条约——中国人所说的“不平等条约”——肩负起西方外交约定所赋予的责任，同时使自身的外交行动自由受到限制；后来，中国又如何在西方列强（日本于1895年加入其中）的逼迫下，实行“教化式”的机制改革，并因反抗而受到惩罚；在19世纪最后几个年头，中国如何变成了世界列强的角逐场；1930年代时，（西方视角下的）“中国问题”如何从列强之间的利益分配问题，转变为遏制日本侵略扩张的问题，1940年后，目标转变为彻底打败日本；1945年之后，超级大国美国和类超级大国苏联的干预如何最终落空，而中国又如何在蓬勃的内在发展动力推动下，迎来了1949年中国共产党的掌权。“第一段历史”的结束是以1950年朝鲜战争爆发、世界政治两大阵营的形成为节点。

第二段历史开始的时间较早，但没有一个清晰的时间分界点。它从中国最初与外国签署贸易协定起逐渐拉开帷幕，这些协定的开端是17世纪与西欧东印度公司签署的海上贸易协定，以及与沙俄帝国签署的陆上贸易协定。1860年后，西方列强——特别是英国——采取各种手段，一心想把早期通过“不平等条约”获得的特权，转化为对看似广阔无边的中国市场的实际开发。从19世纪末开始，中国融入世界经济分工体系的进程缓慢而稳健地向前推进，并在两次世界大战之间的几年一度达到高峰（直到1979年前后，中国才又进入了下一轮高峰）。世界经济危机让人们看到，中国经济已变得多么敏感，它对世界经济波动的反应是多么剧烈。随着中国1949年主动脱离世界经济、实行经济上的“自力更生”，“第二段历史”也暂时画上了句号。

第一段历史围绕的话题是中国加入由国家构成的世界体系，[62]以及它在1880年后的世界**政治**大时代里成为列强角逐场的命运历程。[63]第二段历史的主题是中国融入世界经济体系的过程，该体系形成于18世纪，并从19世纪最后二三十年开始在广度和密度上实现了大幅飞跃。[64]为了呈现历史现象的多样性，我们不妨再次借用某些较为抽象的观点，来对此加以说明。在中国融入世界**政治**的问题上，最令人关注的并非外交和军事事件史上的各种细节，而是这个以皇帝为中心的“地区性跨民族体系”融入“全球性国际体系”的**形式**和**阶段**。[65] 这个国际体系亦可被称为“世界社会”，它是随着近代早期的欧洲扩张诞生的，其表现形式一方面是以国际法和外交公约为代表的国际公认的规则机制，以及 19、20 世纪出现的各种国际性机构；另一方面是帝国主义或霸权主义性质的跨大洋统治体系。当我们探讨中国融入世界经济的问题时，可以借鉴伊曼纽尔·沃勒斯坦（Immanuel Wallerstein）提出的新地区“纳入”（Inkorporation）世界经济[66] 的说法，即使我们对沃勒斯坦“世界体系论”的整个理论架构不完全赞同，也并无妨碍。[67] 按照沃勒斯坦的定义，这种“纳入”是国际分工不断变化所导致的结果，它的发生是有选择性的，换言之，它是在世界经济体的层面之下，在不同时间、以不同的形式和深度，在不同领域和不同地区发生的。因此，它具有时间（往往是以漫长的发展周期为特征）、空间和领域三个不同的维度。尤其重要的是，在不同案例中，“纳入”带来的结果也是千差万别：生产与雇佣关系的调整，地方政治体制的变革等。最后值得注意的是，“边缘”地区在纳入世界经济的过程中，其表现并不完全是被动的，当地的商人、企业家和执政者大都积极参与其中。[68] 在某些地区，这一进程甚至是以主动融入的形式完成的，19 世纪下半叶的日本便是一个突出的例子。

我们可以把这两段历史分开，作为两部独立的历史来讲述：一部是中国在政治上加入国际社会的历史，另一部是中国在经济上融入世界经济体系的历史。然后我们可以把讲述这两部历史的工作，分别交给政治史学家和经济史学家来完成。当然，对于作为讲述对象的历史本身而言，这样的划分并不妥当。在 1840~1842 年鸦片战争中，巴麦尊勋爵（Lord Palmerstons）的舰队以武力打开了中华帝国的大门。但是如果追根溯源的话，中国的“开放”实际上是以早年与英国东印度公司的贸易交往作为铺垫。从直接动机来看，出兵中国在很大程度上也是由商业因素决定的。中国在被迫向自由贸易敞开大门后，便成为欧洲列强和美国（后来又加上日本）的经济掠夺对象，首先是作为销售市场，其次是作为原料供应地。在这些国家眼中，中国在经济上的重要性远远超过了帝国主义扩张的其他所有目标区。虽然在很多时候，列强争夺的起因和趋向白热化的原因，是维护自身形象或出于地缘政治策略的考虑，然而在很多情况下，其根源都可追溯到经济利益的冲突。反过来，从中国角度看，分清外来侵略究竟是政治性质还是经济性质，并没有太大意义。1840 年之前，当鸦片贸易在没有外交和军事支持的条件下蓬勃展开时，在中国官僚体系内部，一些人甚至理所当然地把鸦片贸易当作了政治上的头等大事。之后，从 1842 年到 1945 年，中国的所有对外贸易关系都以一切能够想象的方式，落入了外国掌控之下。因此，政治与经济之间的界线已很难划定，关于政治和经济哪一个因素更重要的问题，变成了一场无休止的争论。以经济因素为动机、借助政治和经济手段施行的侵略，为新的经济入侵形式的出现创造了条件。而在另外一些时候，受非经济动机驱使的征服行动又以副作用的形式，为征服者带来了经济上的收获。因此，当我们分析中国如何从 18 世纪起逐步融入全球体系的问题时，应当把政治与经济的关系当作变量，而不应把两者当作一种教条式的地位关系。[69] 政治和经济两种因素之间的复杂关系，正是中国历史处境特殊性的真实写照。以权力政治和经济为视角的两段“历史”，在某些时候，或为方便叙述考虑，不妨分开来单独讲述，但是在叙述过程中，“多声部叠奏”的穿插却是不可或缺的。

本书便是这样一种“多声部叠奏”的尝试。书中论述的主题是中国与国际社会的交往，特别是与欧洲之间的关系。以英、法、荷殖民帝国为代表的欧洲，是中国的“远邻”，而沙俄或苏联帝国则是它的“近邻”。在这部“合奏曲”中，欧亚大陆的连通性是一个无法忽视的主题，即使像中国这样一个以自我为中心、自给自足的国家，也无法置身其外。[70]在接下来的叙述中，我将以政治与社会经济作为主线，而思想史和文化史的视角以及与“跨文明交流”有关的一系列问题，则将退居其次。作为一名非汉学家，探讨这类问题本来便有自不量力之嫌。[71]

这段“历史”在时间上究竟始于何时，又终于何处？其中又隐藏着哪些局部“历史”？如何将一种用结构史方法构建的关联，通过历史分期来进行切割，是一个永恒的难题。大多数情况下，人们只能依照大致的坐标点，来确定政治事件史的年代分界线，用退而求其次的方法，以叙述的条理性来弥补结构上的误差。然而，当人们面对两种截然不同的历史节奏和纪年法时，历史分期的难度就会变得更大。这即是所谓“世界时间与系统史”（Weltzeit und Systemgeschichte，尼克拉斯·卢曼［Niklas Luhmann］语）：一边是中国自己的编年法，另一边是世界社会的编年法。这两套系统随着各领域全球化的发展不断接近，但永远不可能合而为一。从中国视角看，第一种可能性是将王朝更迭作为梳理历史的辅助手段：1644年清朝建立；1911/1912年清朝结束，进入民国时期；1949年中华人民共和国成立。从历史意义来讲，最后一个年份的重要性是无可置疑的。随着共产党领导的统一国家的建立，外国直接干预中国内政的时代骤然落幕。[72]新中国成立给中国国际地位带来的影响，与去殖民化颇为相似：一个“第三世界”国家重新把命运掌握到了自己的手中。[73]因此，将1949年作为一段历史叙述的终结点，是合乎情理的。但是，这种做法仍然存在局限性，这种局限性体现在两个方面。一方面，随着时间距离的不断拉长，历史延续性的一系列表现变得越来越清晰。这种历史延续性并未因1949年这个划时代革命之年而中断，在强调新旧交替的历史写作中，这一问题往往被忽略。但是，各种以一场成就非凡的大革命为主题的历史写作，则已转向对那些带有英雄色彩的年份——1776 年、1789 年、1917——采取淡化处理。与中国革命有关的历史写作，如今也同样经历了一条“托克维尔曲线”，它有意将历史事实中的客观延续性与主观感受到的断裂对立起来。[74] 另一方面，如果一味强调 1949 年作为新时代开端的意义，很可能会使人们产生目的论式的想象，把带有偶然性的历史进程简化为一条势在必然、不可阻挡的“革命征途”。[75]

在阐述中国融入近代世界体系的问题时，[76] 应该选择哪个年代作为**开篇**？可以想象的有三种可能性：第一种是从 1644 年清朝建立开始。这种选择缺乏一定的合理性，因为直到 1680 年代清朝基业彻底稳固之后，在对外交往方面，新的稳定机制才开始形成。第二种可能性是把 1840~1842 年鸦片战争作为一个具有决定性意义的历史转折点，这也是中国和西方史学界的通行做法。但是，这种方式同样会给人们造成一种错误印象，即把此前的中国看作是一个独立自主、与外界完全隔绝的国家，是鸦片战争让它突然间被“打开”，继而被征服。在这里，我将选择第三种可能性，即透过历史长期进程的延续性，对中国的“开放”加以观察。要把握这种延续性，最好的办法是首先将目光投向清朝的鼎盛时期，也就是 18 世纪中叶的几十年，当时，清朝在权力、稳定和繁荣等各方面都达到了巅峰。[77] 从 19 世纪初开始，清帝国逐步走向内部衰落，从时间上看，与西北欧的工业革命以及英国在亚洲的新一轮扩张几乎同步，虽然在这三段进程之间，并不存在明显的因果关系。正是在这一时期，世界平衡在权力政治和经济上都彻底倒向了不利于亚洲的一边——从 20 世纪末回过头来看，这种倾斜有可能只是暂时的。本书的叙述便将从这一时期开始。[78]

鸦片战争后的另一个转折点，是在 19 世纪末。世界究竟从何时起开始迈向（新）帝国主义，各方对此看法不一。[79]但可以确定的是，中国的转折之年并非1875年或1882年，或是某个对其他地区来说命运攸关的年份，而是清帝国在军事上败给日本的1895年。在这一年，外来侵略发生了质的变化，与此同时，中国精英开始纷纷投身于民族革命。1895年作为历史转折点的重要性，超过了1842年鸦片战争的失败，更远在1911年的辛亥革命之上。因为后者的意义，只是使1895年后出现的各种变化进一步得到了巩固。[80]

在20世纪中寻找历史分期的节点，更是难上加难。苏联学术界认为，中国"现代史"是从俄国十月革命带来的影响开始的；[81]而中国的历史编纂者则把1919年的抗议和改良运动（"五四运动"）视作中国从近代史向现代史的过渡，正是这场运动，促成了1921年中国共产党的诞生。此后，第二次世界大战更进一步给亚洲的国际政治力量对比带来了颠覆性变化。然而从中国对外关系的角度看，在1895到1949年之间，最重要的年份是1931年。随着1931年9月日本入侵满洲，远东历史进入了血腥和冰冷的一章。日本意欲成为世界强国的野心以及由此激发的反抗，成为这一章的主题。但是，1931年同时也是世界经济危机向中国蔓延的一年，是中国经济步入严重困境的开端。这场危机一直延续到1949/1950年经济新秩序的出现，中间只在1935~1937年间略有缓和。即使从全球视角看，1931年也如吉尔伯特·齐布拉（Gilbert Ziebura）所说，是一个"annus terribilis"（拉丁语，恐怖之年）。[82]1937年中日公开宣战就像一根导火索，最终点燃了一只多年前便已填满火药的火药桶。

本书的主要内容便是按照时间的脉络，阐述有关中国的世界地位及其与世界关系的两部"历史"。书中的叙述更多是一种诠释，而非从细节入手将历史事件一一展开，逐条加以梳理和分析。[83]从这一角度看，这种叙述带有折中主义的性质，而没有将某一种具体的理论作为主线。书中虽然借用了各种“中层理论”作为叙述的辅助手段，但并没有从某种既有的“宏大理论”（grand theories）出发进行先验式论证，这些理论包括现代化理论、世界体系论、历史唯物主义等。[84]但是，尽管本书并不是从“宏观理论”——这些理论本身也还有待更多的实证检验——的层面上进行论证，然而其论述的主题却始终脱不开三个“宏观问题”，这些问题所涉及的范畴远远超出了亚洲史研究的层面。

第一个问题是，从比较式**帝国主义**研究角度讲，中国的例子可以给我们带来哪些教训。中国是全世界唯一一个遭受近代史上所有帝国主义国家侵略的地区，这些国家有英国、法国、俄国、德国、日本和美国等；同时，它也是唯一一个经受了各种外来干预考验的国家，从直接殖民（日本对台湾）到对地方当权者的幕后操控，每一种可以想象的外来干预形式，几乎都曾在这里出现。[85]第二个问题是，如何从“落后”之历史根源的角度，来看待中国在相对和绝对意义上的衰落问题，它究竟为何从全世界最富裕的前工业国家之一，沦落为20世纪30、40年代全球“所有贫困地区中最典型的一个”？[86]第三，我们在讲述中国融入全球体系的历史时，必须将这段历史与现代中国的“主题历史”相结合。这部“主题历史”，便是中国“革命”史。这里所说的中国革命是一场起源于18世纪末，贯穿整个19世纪，并在20世纪大幅提速的剧变。这场变革首先是发生在政治和文化“上层建筑”领域，同时也在很大程度上受到社会经济“基础”变化的影响。直到1950年代，对这一“基础”的狭义革命式极端改造——其核心是在全国范围内打破农村旧的生产关系和权力关系——才在共产党政权的领导下，以“由上而下”的方式展开。[87]这场发生在现代中国的革命，是世界历史上极为罕见的“彻底革命”（total revolutions）[88]之一。它究竟在多大程度上是由国际社会的影响引发的？直到今天，这仍然是历史学研究需要澄清的一大难题。因此，中国的历史经验——关乎四分之一人类的经验——同时也是一个试验性案例，我们可以尝试通过国内社会与国际视角的结合，探寻长期历史演变的原因。中国从来都不是一个被列强玩弄于股掌之上的游戏球，然而它所经历的这场史无前例的革命性巨变，却是在世界社会的舞台上演的。

第一章

概　述

由于中华文明千百年来一直保持着不变的特色形式，因此相较于那些边界变化较大，以及在某个文明区域或文化圈内部不断有新的政治体崛起或衰落的地区，要探寻中国的世界地位在长时间跨度内的发展轨迹，相对要容易得多。为了把握这部**长时段**（longue durée）历史的整体概貌，我将从两条脉络入手，对这一主题进行跨年代梳理。这两条脉络一是质，二是量。

在第一条脉络上，我将以世纪作为分段，从早期近代耶稣会传教士的书稿开始，通过西方人撰写的影响广泛、对其创作年代具有代表性的文字，来了解他们对中国与世界关系的看法和评价。这时我们会发现，从这些人来自的国家便可看出，在西方世界里，东方学的中心以独特方式发生了转移，这种变化与政治、经济和文化霸权的重心转移不无关系。继马可·波罗和元时的方济各会修士之后，以亲历者身份向欧洲读者描绘中华帝国内部情形的，是来自意大利、西班牙和葡萄牙的耶稣会传教士。在17世纪末，这些人的角色被法国耶稣会士替代。法国耶稣会士撰写的文章和著作，对整个18世纪欧洲的中国观产生了深刻影响。18世纪末，以1793/94年马戛尔尼使团访华和觐见朝廷为标志，英国人成为该领域的领航者。在19世纪上半叶，介绍中国的重要著作无一不是出自英国领事官、殖民官和传教士之手（但是这些人对中国的了解都没有达到耶稣会士的程度）。19 世纪下半叶，当有关中国的书籍变得炙手可热时，美国新教传教士成为向西方大众介绍中国的写作主体。进入 20 世纪后，影响整个西方、视角相对统一的中国观逐渐消失。那些包罗万象、貌似严谨、实为大杂烩式的鸿篇巨制，从此成为历史。除了少数例外，有关中国的论著可大致分为两类：一类是由专家撰写、以专家为受众的研究论文；另一类是数量繁多的通俗读物，这些读物通常是把华夏文明的异域性和所谓奇风异俗作为重点描写对象。因此，对于 20 世纪而言，没有一篇文字能够称得上是具有权威代表性和说服力的“西方”中国观范本。

第二条脉络的梳理是借助可以估算或测量的比例关系，即从量的角度，来呈现中国在世界所处地位的变化。这种做法可以让文中所述内容变得更清晰，而不像是一幅描绘遥远文明的印象派画作，线条模糊，充满不确定性。但是，由于这些数据都是来自前统计学时代，因此不确定性终究是无可避免的。很早之前，中国官府衙门便开始着手大规模的数据搜集工作。这些作为史料保存下来的数据，对局部现象的观察颇有参考价值，例如地方市场的长期价格走向，地方人口曲线的变化等。但是，这些数据很少能上升到全国的层面，也很难在较长的时间跨度内按照年代顺序彼此衔接起来。另外在中国，统计数据的可信度总是随国家执政效率的高低变化而波动。在兵荒马乱时期，朝廷不可能再有精力安排专人，就属下臣民的数量和生活状况做出调查和统计。直到近代，这种情况仍鲜有变化。尤其是在 20 世纪上半叶（特别是 1927~1937 年南京政府时期），政府公布的数据虽然数量庞大，但大多都缺乏可信性，有些甚至纯粹是统计官员闭门造车的结果。只有外贸数据是一个例外。自 1860 年代相关统计出现后，这方面数据在质量上始终保持着相当高的水准。最早从 1952 年开始，中国有了现代意义上的全国性数据调查。然而直到近些年，中国统计才真正与国际水平接轨。另外，从世界统计学的发展看，按比例对各国数据进行归类和评价，其实是 20 世纪的一项成就，其贡献主要来自于国际联盟及其下属专业机构的专家。鉴于上述种种原因，我们在借助数据对 1949 年之前中国的世界地位做出分析时，不应对数据的精确性抱有过高期望。不过，通过这些数据，我们仍然可以对整体格局的变化有所了解。

/ 一 来自中央之国的报道

在哥伦布之后，人类对地球的认知被大大拓宽。一些热衷于周游世界的欧洲人纷纷将足迹踏上更多的国家和地区。在近代早期的欧洲人眼中，“中华大帝国”（gran reino de la China）是一个富强安宁但尚未皈依基督教的共同体（Gemeinwesen）。1585 年，西班牙奥斯定会修道士胡安·冈萨雷斯·德·门多萨（Juan González de Mendoza）撰写了继马可·波罗之后第一部西方介绍中国的巨著:《中华大帝国史》（*Historia del gran reino de la China*）。[1]门多萨在书中以赞叹的口吻描述了中国独一无二的庞大人口和丰衣足食的百姓生活，称赞这里的社会安定有序，没有乞讨，还有四通八达的公路和管理完善的公共设施；此外，他还对中华帝国的外交原则推崇备至。用这位菲利普二世臣民的话来讲，中国不主动向邻邦发动侵略战争，但在戍边固防上却从不掉以轻心。它坚持以自力更生为目标，尽其所能不让自身陷于对邻邦的依赖。[2]

几年后，另一位欧洲人利玛窦（Matteo Ricci）做出了类似的判断。作为天主教耶稣会中国教区创始人，利玛窦在中国生活了整整 28 年（1582~1610），对东亚社会和文化了解颇深。在他去世后由比利时耶稣会士金尼阁（Nicolas Trigault）整理出版的《利玛窦中国札记》（*De Christiana expeditio ne apvd Sinas*）一书中，利玛窦超越了门多萨以文字资料为依据的描写，凭借丰富的个人见闻和深厚的文学功底，从中华文明的地理生态条件和鲜明的人文特色着眼，从因果关系上对这个礼仪之邦的繁荣和强盛做出了阐述。这本由金尼阁整理的著作虽然在史料的忠实性上略有欠缺，但在语言的文学性方面却表现出众。在 1615 年拉丁文原著出版短短 6 年之后，该书的法语、德语、意大利语、西班牙语和英语版本便已相继问世，[3]并在整个欧洲引起了广泛反响。

利玛窦是伽利略的老乡，两人生活的年代也大致相同。这位对当时流行的科学门类无所不精的意大利人，怀着强烈的现实意识和充满好奇心的冒险精神，记录下他对中国的观察。他所达到的高度，后世很少有人能够超越。他笔下的中国不再是中世纪末人们印象中那个神秘的契丹，神话和奇闻在他的书中也统统不见踪影。从另一方面讲，利玛窦并没有为中国套上完美世俗社会的榜样光环，就像17 世纪末和 18 世纪西方人对中国的印象那样。这种印象的产生主要归结于耶稣会修士的影响，并由此助长了脱离现实的对中国的神化。利玛窦对中国的文学化描写，也没有任何论辩的目的。后来的写作者之所以选择著书立说，往往是为了在有关中国礼教的神学之争，或在探讨欧洲专制主义之外其他可能性的政治论争中，表明自己的态度。利玛窦描绘的中国图像，并非为了通过大众传播在欧洲制造影响，而是为树立对基督教传教运动的自信心。他相信，要履行传教使命，必须以善于体察和有教养的方式，让传教与当地环境相“适应”。正是抱着这样的初衷，他开始研究中国国情，以期对当地社会获得客观深入的了解。[4]他没有泛泛地把中国树立为榜样，并借此向衰退的欧洲发出警示，而是把中国看作是一个融合多种社会生活形态和文化内涵的多元混合体，其存在具有不言而明的合理性。当然，这一点并不会让他的信念发生动摇：总有一天，中国人终将遵从神意，皈依基督教。利玛窦在对中国和欧洲进行比较时，并非以确立规范为目的，而是为了突出陌生事物与熟悉事物之间的强烈反差：“由于中国和欧洲在风俗习惯上有着明显差别，而本书全部叙述又是为欧洲人撰写，因此，我认为有必要在进入正题之前，简要介绍一下这个国家的位置，它的风俗、法律以及其他类似的问题，特别是那些与我们国家的习俗完全不同的东西……”[5]

但是，利玛窦很少采用后人的常见做法，把中国与欧洲直接进行对比，而是让读者通过阅读，自行做出判断。利玛窦的做法是通过冷静的审视和分析，让读者了解中国的特殊性。在他的笔下，这个异域文明不再是一个奇风异俗的流动展台，而是一个有着密切内在关联的文化体。它的种种特点经由利玛窦的分析，逐一得到了解释，虽然有些解释难免带有功用主义色彩。中国在世界上的强大地位不再单纯被看作是神赐，而是被视为上帝向基督教传道者发出的一项挑战，要他们像真正的勇士一样，把福音传播到天下。利玛窦力图通过详尽的描述，让读者透过中国的特殊国情，感受这个国家的繁华、发达和富足。例如，他尝试通过分析，探寻气候差异与地方土壤条件之间的关联，以及汉字的普及对维系帝国统一的作用等。[6]此外，利玛窦还是最早对华夏“天下观”做出评点的人之一，这种观念后来被冠名为“中国中心主义”。[7]但是，他并没有把中国人以自我为中心的性格看作是一种不可教诲的民族劣根性，而是视之为中国自然地理上的封闭所导致的结果。在他看来，中国人完全有能力接受外来的新鲜事物，其前提是要做到新旧事物的和谐统一。[8]

利玛窦的例子让我们看到，欧洲并非是在进入启蒙时代之后，才开始抱着宽容和求知的态度去研究欧洲以外的文明。早在1600年前后，利玛窦这位身处时代巅峰的科学全才便已着手从人类学和文化诠释学的角度，对中华文明进行因果性研究。凭借这一研究方法，他将那些简单幼稚、一味赞叹东方奇迹的人远远抛在了身后。这位传教先驱所做的工作，一方面是出于个人对华夏文明的迷恋，但另一方面也是出于实用主义乃至战略性考虑：要让中国文化精英看到基督教的魅力，首先必须要了解华夏文明是如何“运转”的，其内在凝聚力是如何构成的，哪里又是最适合基督教扎根立足的地方。建立在经验和科学基础上的宣教策略，是利玛窦传教计划的核心，其前提是摆脱成见，对这个用大多数固有观念都无法解释的异域文明进行深入分析。作为语言学家，利玛窦大概应当被归入前科学时代的“原始汉学家”之列。作为中国思维方式和生活方式的阐释者，他所提出的一系列问题，是其后继者在很长时间里必须要面对的课题。

大约在利玛窦去世半个世纪后，西班牙耶稣会传教士谢务禄①（Alvaro Semedo）写下了他在中国居住22年的观感。谢务禄并不是一位敏于思考、凡事喜欢刨根问底的学问家，他只是把自己的所见所闻忠实地记录下来。他曾坦白地讲，虽然在中国生活了20多年，但他的眼光依然还是个好奇的欧洲人。一开始，最让他感到吃惊的是中国人口的庞大，这种庞大并不是利玛窦札记中曾经提到的那些枯燥数字，[9]而是鲜活的直观感受。在视野里，城市和乡村连成一片，对一个17世纪的欧洲人来说，仅这一点便足以令人惊叹。在江河两岸，是一座挨一座的城市，城里的人口密度更是远远超出了欧洲人的想象。街上到处是熙熙攘攘的人流，这种在欧洲只有盛大节日里才能见到的景象，在中国却是日常。[10]和前辈们一样，谢务禄也对中国的物阜民丰赞叹不已。他还特别称赞，百姓平日食用肉类的比例非常高。[11]中国的自给自足给他留下了难忘印象，用他的话讲，这个国家“完全没有必要接受外人的施舍”。[12]中国有能力从外国进口奢侈品这一点，也让他颇为羡慕。另外，他对中国人孜孜不倦、充满创造力的商业精神十分佩服。[13]后来，特别是在19世纪，中国人的这种性格被大多数洋人斥为狭隘的商人习气，并因此受到鄙视。谢务禄认为，中国在“手工艺和机械营造”方面拥有不可超越的优势。他对中国的教育同样赞誉有加，因为它对穷人家的孩子也是开放的。[14]谢务禄虽然承认，中国人在很多方面也存在缺陷，特别是缺乏军事头脑[15]——对明朝1644年灭亡前的最后几个年头来说，这种印象无疑是正确的。但是他坚信，在世俗生活方面，中华

① 又译曾德昭。

文明与欧洲文明堪称势均力敌，而在政府、行政、教育、司法等领域，甚至不乏超越西方之处。[16]用“野蛮人”来形容中国人，就像形容巴西的印第安人一样，纯属无稽之谈。[17]和利玛窦相比，谢务禄可以说是一位略显幼稚、学术上缺少反思精神的写作者，但是作为时代见证者，他的观察或许比前者更细腻。在他的文字里，同样也看不出丝毫对东方“童话世界”的异域化和神魅化痕迹。他对中国文化精粹的兴趣虽不及利玛窦浓厚，但是，对那些在今天被称为日常“生活质量”的事物，他的关注和思考却比后者更胜一筹。他认为，和欧洲相比，中国在这方面的优势是不容怀疑的。

1696年，当又一本讲述中国的权威著作——传教士李明（Louis le Comte）撰写的《中国现势新志》（*Nouveaux memoires sur l'etat present de la chine*）[18]——问世时，欧洲人用来衡量非欧洲国家的标准与17世纪初相比，并没有太大变化。和以往一样，西方观察家对中国的关注仍然集中在以下几个方面：人口和城市规模的庞大，统治者的奢靡，百姓的富足，刑律的宽宥或严苛，治国理政的智慧，对礼仪教化的尊崇等。不过，也有一些问题和过去相比，受关注的程度略有提高，比如说，中国在艺术和科学创造方面究竟达到了怎样的水准？另外，还有对君王品德操守问题的探讨等。对后一个问题的关注，主要体现在专制主义时期“君主镜鉴”（Fürstenspiegel）体裁的文学作品中。用这些标准衡量的结果是：1700年前后，在清朝几位开国皇帝完成平乱安邦大业后，[19]中国在欧洲人心目中的印象，仍然是一个文明高度发达、与同期任何一个欧洲国家相比都毫不逊色的强盛之国。在18世纪头几十年，中国在欧洲的形象达到了巅峰：它不仅是一个按照哲学理念构建的文明之邦，同时也是一个在政治上睥睨四邻的大国。这种印象与李明著作的影响不无关系。他在书中写道：在欧洲，人们很难找出一位国王，其属地能够在财富和土地规模上与中国一省大员的辖地相匹敌。[20]

即使和基督教世界中的头号强国、路易十四时期的法国相比，中国在某些领域仍然是领先的。都城北京的人口是巴黎的两倍；人口规模和波尔多相似的城市，在中国大约有80个；类似拉罗歇尔（La Rochelle）大小的城市，有500~600个。[21]相较于历史上（神话般）的黄金年代，中国确已日渐衰微，要论创造精神和投机天赋，中国人亦不及欧洲人（利玛窦当年并不承认这一点），但是“在政府和行政体系方面，他们或许远在我们之上”。[22]中国人都是勤劳灵巧的劳动者和工匠，其背后是一套以高度商业化、跨地区精细分工为特征的复杂经济体系。[23]另外，给李明修士带来深刻印象的还有一点：在中国，社会地位主要不是通过世袭来传承，而是依靠个人的努力。[24]中国的军备力量只是用来震慑外敌，而不是以发动侵略战争为目标。早在1585年时，门多萨便曾提出过同样的观点。[25]那么，日常生活呢？“在那里，老百姓平日里的生活，和我们欧洲人相差无已。”[26]

又过了一个世纪之后，出现在各种见闻录和国家志中的中国形象，明显发生了变化。在此前近两百年时间里，耶稣会传教士的书稿一直是人们了解中国的主要信息渠道。[27]而眼下，欧洲读者了解中国的途径，是七八本记述英国使团访华经历的游记和回忆录。1793/94年冬天，英国使团在中国逗留了整整6周的时间。身为使者的马戛尔尼勋爵所写日记当时还不为人知，1908年，日记的部分章节才被公开，直到1962年，全本日记才正式出版。[28]马戛尔尼本人仍然秉持利玛窦等人的观点，认为“用欧洲标准来衡量中国，简直荒谬之极”。[29]在使团中担任内务审计官、后出任英国海军部秘书的约翰·巴罗（John Barrow），对此却另有看法。在1804年出版的中国见闻中，[30]巴罗指责耶稣会修士们在对中国的报道中犯了过度美化[31]的错误，并宣称，评价中国人“不能只看他们宣扬的道德准则，而要看他们在现实中的所作所为”。[32]他所关注的不再是中国生活方式和社会秩序中的内在逻辑，就像那些继承利玛窦衣钵的作者一样，而是“中国在文明国家的队列上，到底处在什么样的位置”。[33]于是，和马戛尔尼的观点相反，与欧洲各个“文明国家”——特别是在巴罗眼中文明化程度最高的联合王国——的比较，成为评价中国的最重要尺度。

巴罗并不是第一个对华夏文明特殊性提出质疑的人。在18世纪欧洲的中国热期间，批评者的声音也始终未断（这些人当中包括笛福［Defoe］、柏克莱［Berkeley］、博林布鲁克［Bolingbroke］、勒诺多［Renaudot］、芬乃伦［Fénelon］、梅尔基奥·格林［Melchior Grimm］、卢梭、马勒伯朗士［Malebranche］、赫尔德［Herder］等）。[34]特别是海军上将乔治·安森男爵（Lord Anson）笔下的中国印象，更是成为蔑视中国一派自我佐证的凭据。[35]1741年，安森男爵率领舰队在环球航行途中，凭借赤裸裸的威胁强行进入了广州港。与当地人交往中的不良经验，让安森男爵一行得出了中国人头脑僵化和排外的结论。但是，安森男爵和后来的几位写作者一样，都仅到过广州一地，而几乎未曾踏足中国的大陆。况且他们在中国感受到的敌意，实际上是由他们自身行为的不友善招致的。马戛尔尼使团成员则相反，他们是继英格兰医生约翰·贝尔（John Bell）[36]之后，第一批根据亲身经历描述中国内地和京城，并以和平方式和中国人打过交道的英国人。尽管巴罗在书中提到，他对中国的描写和评价并非都是基于个人观察，但在通篇叙述中，他却处处摆出一副亲历者的权威姿态。因此，即便是那些武断偏激的观点，听起来也似乎有理有据。

在巴罗眼中，中国曾经拥有的文化领袖地位早已被西方占据：当欧洲还处于蛮荒时代时（“两千多年以前”），中国已是一个文明高度发达的国家。但是从那时起，中国再也没有任何进步，在很多方面甚至还有所退步。[37]不过，巴罗也提到，在利玛窦时期，中国仍然还保留着文明上的古老优势。但是过了两百年之后，鉴于欧洲在生活的各个领域都不断进步，作为一个欧洲人，他在中国见到的，只有停滞、落后、僵化和野蛮。特别是，如果和俄国相比较，中国的命运便更加让人一目了然。1600 年左右，俄国还是一片黑暗的蛮荒之地。之后，俄国在“进步和发展”方面却把中国远远甩在了身后。“一个是充满朝气，力量和知识与日俱增；另一个则因年迈和病痛而变得越来越憔悴。”[38] 对于这种带有悲剧色彩的描述，巴罗解释道，中俄两国间差距形成的原因在于，俄国对待西方文化成果的态度是开放的，心理上充满了渴求；而中国却一步步陷入封闭，并且总是用妄自尊大的眼光看待一切陌生事物。

巴罗在做出中国在文明程度上处于落后水平的判断时，采用的衡量标准主要有以下几点：中国自身的“民族性格”，艺术、科学和技术制造的水平，另外还有社会交往方式的文明性，尤其是妇女在社会上的地位。[39] 在他看来，中国与西方在物质生存条件，甚至包括经济领域的差距，相对并不明显。尽管他对中国皇帝“富甲天下”的古老说法抱有怀疑，不过他认为，中国皇帝财力受限的原因并非国家的普遍贫困，而是与欧洲相比，中国的税收额度偏低。这一判断是完全符合事实的。[40] 巴罗认为，中国穷人的生活和欧洲穷人其实相差无已，虽然在中国经常出现饥荒（在西方，人们刚刚觉察到这一问题！），但是造成饥荒的原因并不是食物供给水平的低下，而是洪涝干旱等自然灾害。当然，假如有一个更好的政府，这些灾害的后果是可以减轻的。[41]

经济学家托马斯·马尔萨斯（Thomas Malthus）1798 年时仍然把中国看作是世界最富裕的国家，[42] 而英国观察家约翰·巴罗也并没有发现明确证据，证明中国和欧洲在富裕程度上存在鸿沟式的差距。巴罗的自由主义和功利主义立场使得他在对一些问题做出判断时，难免会出现自相矛盾的现象。一方面他从自由贸易原则出发，对过去，特别是 17 世纪的西方作者赞不绝口的中国自给自足经济嗤之以鼻，并将中国的重农轻商视为文明低下的标志；另一方面，他对中国的一些做法却表示欢迎，例如国家扶贫措施的匮乏。用自由主义的标准来衡量，这是中国现代的一面，就连英国也应奉之为榜样，因为国家不能用公共财政来养活懒汉。[43]说起中国在文明方面的整体落后以及法律保障和政治自由的欠缺，巴罗的口气里总是透出一丝鄙夷，但是，他并没有谈及关于中国经济落后的话题。巴罗在描述中国在世界上的位置时，依据的已不再是“王国与共和国”的横向地图，而是文明化程度的纵向阶梯。但是，作为一个已经进入工业化进程的民族的一员，巴罗在对全球不同社会进行归类时，并没有用传统和现代、发达和欠发达、前资本主义和资本主义，作为分类的标准。1804 年巴罗笔下的中国，和英国尚不存在原则和本质上的差异。这时的中国，还没有沦为“第三世界”的代表。[44]

从 18 世纪末到 19 世纪末的变化，远远超过了从利玛窦到李明、从李明到巴罗的距离，这是从一个世界到另一个世界的飞跃。在马戛尔尼觐见乾隆皇帝将近一个世纪后，东亚和欧洲经历了史无前例的巨变。这些变化当中也包括彼此了解的加深，至少是在量的层面上。蒸汽轮船和电报的出现，使旅行和信息交流的便捷性大大增加。1860 年后，对每一位富于冒险精神的旅行者来说，通往中国的道路几乎是畅通无阻的。[45]领事官、外交官和传教士撰写的有关中国的报道如雪片般，飞落到各国议会的卷宗和档案库里。各大报纸和通讯社纷纷派出记者到北京常驻，当发生轰动性事件时，如 1894/95 年中日战争或 1900 年的义和团运动，还会有特派记者专程前往报道。[46]介绍中国的著作不计其数，形式上五花八门，从语言学论文到哗众取宠的游记无奇不有。西方的中国印象比以往任何时候都更难找出一个共同的源头。[47]

尽管如此，19 世纪末的西方视角仍然可以归纳为几个常见的主题、观点和套路。第一，是对中国在世界历史上的成就表现出一定程度的尊重，特别是那些中国通。虽然在多数人看来，这些成就都已是遥远的历史。当下中国的落后状况，成为昔日繁荣的对照物。汉学家们则更多是专注于语言学研究，对中国现实问题甚少关注。第二，是中国停滞论的盛行。就像巴罗一样，许多他的时代同龄人都同意这样的观点，黑格尔更为其赋予了历史哲学的形式，[48]使下述说法近乎成为一种共识：中国在很早达到较高的发展水平后一直停滞不前，如今更是远远落在了蓬勃发展的西方国家身后。西方大众对中国或整个东方都陷入停滞的印象，直到1949年后中国的发展，特别1960年代日本经济奇迹的出现，才使这种刻板印象发生了动摇。第三，在19世纪末，几乎所有西方的中国评论家都同意传教士明恩溥（Arthur H. Smith）的断言："中国的变革永远不可能从内部发生。"[49]第四，熟悉中国国情的人普遍认为，中国虽然已经失去了往昔的世界地位以及在亚洲的大国地位，但是作为一个民族，中国并没有衰落，也没有彻底沦为帝国主义列强的牺牲品。后来出任驻印度总督和英国外相的乔治·纳撒尼尔·寇松（George Nathaniel Curzon）曾在1894年写道，中国绝不会成为第二个印度："它的国民性格、亿万人口和辽阔的疆土将永远保护它，使其免遭这类厄运。"[50]第五，与欧美相比，中国的贫困是显而易见的。面对1878年大饥荒这样的灾难，已经告别生存危机的欧洲人不免惊愕不已（到20世纪的两次世界大战时，欧洲才会再次经历这样的危机）。早年的观察家如果在中国遇到类似情况，反应肯定不会如此激烈。[51]

一些西方人通过常驻生活对中国国情有了更深入的了解，并依据亲身经验，对中国的落后停滞状况做出了栩栩如生的描述。在这些作品中，成就最大、在盎格鲁撒克逊文化圈中流传最广的一本，是美国传教士和汉学家卫三畏（Samuel Wells Williams）撰写的

《中国总论》(*The Middle Kingdom*)。这本介绍帝制末年中国社会的著作于 1848 年首次出版，并于 1883 年以厚达近 1500 页的增订版形式再版。[52]

卫三畏在书中很少拿中国与西方直接进行对比，而是将比较的工作交给读者来完成。在他的眼里，中国是一个勤劳的民族，但这个民族却没有能力做到，依靠自身力量将劳动工具和生产技术提高到工业化的水平，在接受西方科技成果方面，也表现得十分犹疑。卫三畏认为，中国停滞的关键原因既非人种的无能，亦非历史哲学家所说的文化没落，而是阻挡中国人施展天赋的各种力量：专制政体，人与人之间缺乏信任，缺少超出家庭层面的团结意识，私人财产得不到充分的法律保护，更重要的是“封建礼教对人的精神的摧残作用”。[53] 在卫三畏看来，中国确实是停滞在一个特殊而陈旧落后的经济发展阶段，[54] 但是就在不久之前，欧洲和北美也曾经历过类似的阶段。中国人在冶金和机械制造方面所表现出的能力低下，“是对其使用的原料的自然性能缺乏认识导致的结果，而这些知识在我们这里，也是在不久前才刚刚得到普及”。[55] 另外他认为，中国即使在大量使用人力的情况下，仍然会经常面临就业不足的问题，马戛尔尼勋爵早在 1794 年便已观察到这种现象。[56] 这样一个国家，如果为加速实现工业化而冒然引进以节约劳力为目的的技术和生产组织形式，必然会引发严重的社会问题。[57]

与约翰·巴罗相比，卫三畏强调的不仅是中西之间的社会经济差异，同时也包括精神和文化方面的差异。他不再像后启蒙时代和功利主义代表们那样，[58] 将文明化程度作为衡量欧洲以外社会的标准，而是将基督教和封建礼教之间的原则性对立作为前提。在他看来，中国人的“道德品质”(mental character)是礼教的必然产物。面对中国的黑暗一面，他满眼所见都是“人性堕落的泛滥，一种形式和程度都难以想象的道德滑坡”。[59] 在卫三畏看来，评价中国在世界权力政治中的地位是没有意义的。他只是按照编年史的顺序，回顾了1840年以来列强对中国发动的历次战争。[60]在卫三畏这里，“黄祸论”还没有露头。直到1880年之后，这种说法才成为大部分西方亚洲著作的核心命题。[61]从这时起，在西方意识的某些特定领域里，对亚洲的印象才开始从一个吵吵嚷嚷、安守故土的庞大人群，变成了制造恐慌的灾祸之源。无数廉价劳动力如四散的鸟兽一般，成群结队涌向世界各地。由人口过剩、饥荒和穷困导致的中国移民潮，渐渐成为人们眼中难以抵挡的威胁。关于“世界农村包围世界城市”的现代说法，早在世纪之交的这批“黄祸论”作品中便已露出端倪。

在《中国总论》修订版（1883）出版后的半个世纪里，再没有出现一部作品，能够像利玛窦、谢务禄、李明、巴罗和卫三畏等人的著作那样，从一个具有代表性的视角来描述中国在世界上的地位。在此期间，中国发生了翻天覆地的变化：辛亥革命推翻清王朝，激进民族主义诞生，文化革新运动一波波掀起，工业化逐渐萌芽，西方帝国主义以及后来的日本帝国主义不断推进对中国的侵略，反抗外族和本国傀儡政权的群众性抗议活动如火如荼地展开。现实社会的断裂是如此一目了然，没有人能够把一块块碎片黏合在一起，拼成一幅完整的中国图像。这些断裂包括城乡之间的断裂，沿海与内地之间的断裂，维新派知识分子与保守派知识分子之间的断裂，年轻的共产主义运动与顽固势力之间的断裂，等等。在西方，每一个想要用文字讲述中国的人，都必须首先在立场问题上做出选择：支持还是反对中国民族主义，支持还是反对中国的现代化。进入30年代后，选择又多了一项：支持还是反对日本的强硬政策。只有对一个问题，所有写作者的态度几乎是一致的：无论中国在主权上受到多大限制，大家都把中国理所当然地视作由民族国家构成的国际共同体中的一员。从此，在西方人眼中，中国再也不是那个独一无二、妄自尊大的“中央王国”。革命、战争、内战——各种戏剧性事件，将在这里陆续上演。在长达数十年的时间里，中国的出路始终是一个未知数。中国显然已失去了在世界上的固有地位，却又没有找到新的位置作为替代。这个曾经的太平之国，从此变成了一个长年与割据和动荡相伴的国度。

/ 二 有关世界差异的统计

在很久之前，到访过中国的旅行家和中国文化的仰慕者便开始尝试，对这个国家拥有的令欧洲人难以想象的庞大规模进行测量，并将结果转化为数字。人们最感兴趣的首先是人口，这是通过全球对比，判断一个国家地位的最直观指标。在从事这项工作时，西方观察家可以将中国人口普查的结果作为依据。中国的人口普查最早可以追溯到汉朝中期，也就是《圣经》中记载的奥古斯都皇帝下令实行人口普查的时期。[1]在 17 世纪和 18 世纪初，欧洲人对中国官僚机构的能力和效率十分崇拜，在臣民人数统计方面也不例外。因此，他们对中国官方公布的数据也从未有过怀疑。直到 18 世纪下半叶，人们才开始对这些数据中的不实之处提出质疑，并通过对中国人口普查理念和方法的批判性解读，得出更接近事实的结论。[2]但是尽管如此，就 18 世纪末的中国人口数字而言，各方的判断仍然存在很大差异，具体而言，是 1.5 亿至 3 亿之间。黑格尔在研究相关文献后也肯定了这一点。[3]直至今日，中国的历史人口统计数据仍然存在很大的不确定性。在 1953 年人口普查之前，所有数据可以说都离不开估测。但是，通过这些靠估测得出的数据，我们仍然能够对中国在世界上的相对位置做出判断（见表 1）。

在过去 300 年里，全世界人口中至少有五分之一是生活在中国境内。目前，中国人口占比处于有史以来最低水平（22%）：这一方面是中国政府严格控制人口增长的表现，另一方面也是第三世界其他国家人口持续快速增长所导致的结果。18 世纪和 19 世纪初，中国经历了一场世界史无前例的人口增长热潮。[4]人口膨胀导致的后果是，中国人口占世界人口比例达到了三分之一。半个世纪后，比例重新跌到了四分之一，人口绝对数字也比世纪中叶时减少了 1200 万。一场人口危机席卷全国，这主要是太平天国起义

（1850~1864），还有其他大规模暴动和血腥镇压所造成的结果。另外，在19世纪末，随着国家自然灾害防御机制的失效，各地接连暴发的饥荒和洪灾导致人口锐减。除此之外，中国占世界人口比例的下降还与世界其他地区的人口增长有关，这些地区既包括欧洲，也包括南亚和东南亚。

表1　中国人口和世界人口，1600~1985年（单位：百万）

年份	中国	世界	占比
1600	160	—	—
1750	260	728	36
1850	412	1171	35
1900	400	1608	25
1930	489	2013	24
1957	647	2795	23
1985	1046	4837	22

资料来源：

刘克智、黄国枢：《十五世纪以来中国人口与经济增长》，刊载于《经济论文》，台北，6：I，1978年3月，第30页，表1；

China 1985：*China Quarterly*，第106期（1986年6月），第30页，表1；

Welt 1750，1850，1900：Marcel R. Reinhard/André Armengard/Jacques Dupaquier，*Histoire générale de la population mondiale*，Paris 1968，第680页及下页；

Welt 1930，1957：United Nations，*Statistical Yearbook 1958*，New York 1958，第39页；

Welt 1985：UNESCO，*Statistical Yearbook 1987*，Paris 1987，表1-7。

欧洲人对中国人口众多的印象是符合事实的。中国不仅是全世界人口最多的国家，对那些一脸惊诧的外国游客而言，这里的人口是他们本国人口的**几倍**。如果按照比例，将中国与欧洲各时期人口最多的国家（不包括俄国）做一比较，[5]其人口之间的差距就会变得更加醒目：

1600 年	法国	7 倍
1750 年	法国	10 倍
1850 年	法国	11 倍
1913 年	德意志帝国	6 倍
1953 年	联邦德国	12 倍
1985 年	联邦德国	17 倍

当人们还在用重商主义标准来判断中国的经济和政治状况时，即当臣民人数依然和国家的财力和国力成正比关系时，人们眼中的中国自然是一个绝对的庞然大物，一个近代早期的超级大国，无论其奉行的外交政策多么克制，也依然令人生畏。直到欧洲在人口问题的评判标准上发生变化，并开始按照马尔萨斯的观点，探讨欧洲以外国家人口过剩与贫困之间的关联问题后，中国的庞大人口才彻底丧失了魅力。在西方人眼中，中国人从一个自豪勤劳的民族变成了一群勉强糊口的穷汉，土地的紧缺使得它随时都有可能对邻邦构成威胁。随着欧洲的观念从重商主义向马尔萨斯理论的转变，中国的人口众多不再被视为财富的源泉，而是导致国家落后的根源。中国人对传宗接代的重视，也被鄙视为劣等民族道德低下的证据。[6]

在 17 和 18 世纪欧洲旅行家的眼中，最能清楚地反映中国文明发达程度的，莫过于那些充满生机、一派繁华的大城市。这些人笔下描绘的城市景象在细节上虽不乏夸张成分，但总体上并未失真。1276 年前后，当蒙古人攻占南宋都城杭州时，这座城市中的居民至少有 1200 万（其中包括大量从外地逃荒来的难民）。[7]1275 年，波罗一家（尼格罗·波罗、马菲奥·波罗和马可·波罗）来到中国后，马可·波罗作为蒙古大汗、元朝皇帝忽必烈的特使来到杭州，并写下了有关这座城市的详细记录。[8] 在同一时期，他的家乡威尼斯大约有 12 万人口，而当时欧洲第一大城市巴黎，人口也仅有 20 万左右。[9] 在 1700

年前后的欧洲相关文献中，杭州人口竟然达到了 100 万。[10] 虽然这一数字略显夸张，但可以肯定的是，当时仍然没有一座欧洲城市能够达到类似的规模。1400 前左右，南京大概是世界上最大的城市。在 1500~1800 年，北京（1421 年成为帝国都城）取代了南京的位置，只有 1700 年前后的几十年间，一度被君士坦丁堡超越。[11] 从表 2 中，我们可以看到按人口规模计算的世界大城市名次排列变化。

表 2　世界十大城市，1750~1950 年（单位，千人）

	1750 年		1800 年		1850 年		1900 年		1950 年	
1	北京	900	北京	1100	伦敦	2320	伦敦	6480	纽约	12300
2	伦敦	676	伦敦	861	北京	1648	纽约	4242	伦敦	8860
3	君士坦丁堡	666	广州	800	巴黎	1314	巴黎	3330	东京	7547
4	巴黎	560	君士坦丁堡	570	广州	800	柏林	2424	巴黎	5900
5	江户（东京）	509	巴黎	547	君士坦丁堡	785	芝加哥	1717	上海	5406
6	广州	500	杭州	500	杭州	700	维也纳	1662	莫斯科	5100
7	大阪	375	江户（东京）	492	纽约	682	东京	1497	布宜诺斯艾利斯	5000
8	京都	362	那不勒斯	430	孟买	575	圣彼得堡	1439	芝加哥	4906
9	杭州	350	苏州	392	江户（东京）	567	费城	1418	鲁尔区	4900
10	那不勒斯	324	大阪	380	苏州	550	曼彻斯特	1255	加尔各答	4800

资料来源：Tertius Chandler/Gerald Fox，*3000 Years of Urban Growth*，New York/London，第 322~337 页；自 1850 年起，人口统计范围不再是城市，而是“城区”（urban areas）。

从表 2 可以看出，在欧洲工业化早期阶段，全球城市化格局尚未发生大的变化。在这一时期，唯有伦敦自 17 世纪末成为欧洲第一大城市后，[12] 居民人数增长了 3 倍，跻身世界城市排行榜前茅，仅次于欧洲以外第一大城市北京。全球城市发展进程的决定性转折是 19 世纪下半叶才出现的。1850 年时，在世界十大城市名单上，至少还有 4 座中国城市（北京、广州、杭州和苏州）榜上有名。50 年之后，就连都城北京也已从名单上消失。世界城市排头军中，只剩下一座亚洲城市，即新兴国家日本的首都东京。排名上升的不仅是日本，同时还有其他几个崛起中大国——美国、德意志帝国、后沙皇时代俄国——的核心城市，另外再加上奥匈帝国的首都。直到 1950 年，中国城市才重新出现在世界十大城市榜单中。不过，上海并不是一座具有代表性的传统亚洲城市，作为曾经的半殖民地时期港口城市，它是连接中国内地与世界市场的门户。20 世纪上半叶上海的迅速发展，与传统亚洲大城市的成长呈现出截然不同的轨迹。[13]

中国值得一提的除了它的城市数量和规模，还有将大小不一的聚居区按照层级划分的特殊格局。至少在 17 世纪之前，在这里，城市和农村之间的对比并不像欧洲和日本许多地区那样鲜明，城市的孤岛特征也不及后者明显。一系列不同等级规模、彼此联系密切的城镇，共同构成了中国的城镇体系。[14] 但是，中国的城市缺少城市该有的“天性”，农村也是一样。对到访中国的欧洲游客来说，他们在家乡见识过的城市越“标准”，这方面的感受就会越强烈。费迪南·冯·李希霍芬男爵（Ferdinand von Richthofen）便曾观察到“城市样貌的农村”这一中国特色，并且指出，中国城乡之间的差异更多是体现在规模而非性质上：再小的农村也能找出一些城市的特征，反过来讲，许多城市给人的印象更像是放大版的村庄。[15] 在记录后传统时代中国的西方观察家当中，李希霍芬男爵在很多方面都是最有眼光的一个。直到进入四川，他才终于见到了自己熟识的城乡差别：“城市和农村的鲜明对照原来是在这里！这样的城市才叫城市，它是整个地区商业和手工业的聚集地，而农村只是种庄稼的地方。”[16] 在其他地方，情况通常是这样：“中国最重要的贸易集散地，并不是那些最大的城市。后者是工业和官府衙门所在地，而商业则通常集中在一些零散的、地理位置便利的集镇上。”[17] 欧洲城市所具有的综合功能，在中国都是由不同类型的聚居地分别承担。因此，在中国“农村”，同样也可以观察到城市经济的某些元素。

从世界历史的纵剖面看，中国曾经是全世界城市化程度最高的社会，是大城市的传统之邦。[18] 据估计，早在唐代（618~907），生活在 3000 人以上聚居地的人口比例便达到了 4%；到了宋朝（960~1279），这一比例增长到 5%。与此同时，设有周期性集市、人口在 3000 人以下的集镇数量剧增，形成了一个介于村庄和乡镇中间的中间层。[19] 在明朝时（1368~1644），按照上述定义，中国的城市人口比例约为 5%~6%，到 18 世纪时，上升到 6%。[20]19 世纪中叶，中国人口 5.1% 生活在居民人数超过 2000 人的聚居地。[21] 然而就在同一时期，欧洲五分之一人口（不包括俄国和土耳其欧洲区）都已生活在人口在 5000 人以上的聚居点。[22] 虽然经历了一千年的发展，中国的城市化程度却没有明显提高，从比例上看，几乎再未超越早期巅峰时的水平。从宋代到 19 世纪中叶，在长江三角洲和华北平原等人口稠密的地区，城市化程度甚至有可能一度下降。无论如何，可以肯定的是，后帝制时期的中国城市从规模上看，并没有超过马可·波罗时期的水平。[23]

中国的城市化在高水平上陷入了停滞，直到 19 世纪末，在外来因素的推动下，中国才以上海的崛起为典范，掀起了新一轮城市化浪潮。尽管如此，需要强调的是：中国不止是一个农业国，或曰全球最大的农业社会，它同时也是一个拥有几百万城市人口的国家（1860 年中国开放后，第一批进入中国的洋人也惊讶地发现了这一点）。不过，随着欧洲和美国[24] 现代城市的特征日益凸显，在西方人眼中，中国城市的“东方”气息也显得越来越浓烈。[25]1920 年代，现代城市模式被引进到中国。战间期的国际大都市上海，成为很多人心目中的繁华大都市样板。[26]

比人口分析更难的，是对中国经济在世界体系中所占比重的判断。迄今最严谨、认可度最高的，是日内瓦经济史学家保罗·贝洛赫（Paul Bairoch）的观点。按照贝洛赫的说法，从量的角度看，直到 19 世纪初，欧洲—大西洋地区占世界经济的比重依然不大。1750 年前后，今天被称为第三世界的国家（包括中国）对全球商业和制造业产值的贡献，仍然高达四分之三。到 1860 年左右，比例下降到 17%~19%，1900 年前后跌到 6%，并于 1913 年跌到了最低点：这一年，世界 63% 的人口占全球工商业生产能力的比例仅有 5%。[27] 贝洛赫特别强调，中国在世界经济中曾经占有相当重要的位置。从大约公元前 600 年到 1620/1720 年，中国作为亚洲最发达的文明，在技术水平上远远领先于欧洲最发达的社会。[28] 这种优势虽然未必能够通过老百姓的生活水平，即经济学所说的人均国内生产总值的形式得到反映，但是一直到 19 世纪中叶，按照国内生产总值**绝对值**计算，中国始终保持着全球商业和工业制造业第一大国的地位。[29] 根据贝洛赫的估测，中国占世界制造业绝对产值（total world manufacturing output）的比例变化如下：[30]

1750 年…………32.8%
1800 年…………33.3%
1830 年…………29.8%
1860 年…………19.7%
1880 年…………12.5%
1900 年…………6.2%
1913 年…………3.6%

1928 年…………3.4%

1938 年…………3.1%

1953 年…………2.3%

1963 年…………3.5%

1973 年…………3.9%

1980 年…………5.0%

中国经济的衰退，究其根源，“去工业化”只是次要原因，更重要的原因是欧美和日本的快速工业化。1750~1980 年，在工业化的推动下，全球工业产值增长了 8 倍以上。**相比之下**，中国则落在了后面。

如果观察一下国家的人均经济潜能，上述态势就会变得更加直观。对此，贝洛赫得出的结论是，1750 年时，中国的“工业化人均水平”[31] 仍然和欧洲不相上下。和整个欧洲（包括俄国）相比，德国大概处于中游水平。也就是说，用经济学最重要的量化指标之一来衡量，中国在 18 世纪中叶时的经济发展，与当时的德国处于同一个水平。1800 年，英国经济在工业化推动下呈现出蓬勃之势；而与此同时，在 18 世纪下半叶，中国的人均生产总值下降了四分之一，其根源在于 1750 年后中国人口的高速增长。1800 年前后，中国的人均工业化水平与俄罗斯帝国基本持平。然而在 19 世纪期间，中国的人均值却跌到了世纪初的一半。这种情况不仅仅是由人口持续增长造成的，同时也是工业产能绝对值下降的结果，特别是外国商品的流入，给国内部分家庭手工业造成了毁灭性打击。与中国的变化相平行的是，在世界各地，工业化覆盖的各领域都出现了产能的爆炸性增长。1900 年，英国人均工业产值是中国的 30 倍。[32] 1950 年代以前，中国国内生产总值一直停留在 19 世纪末的低水平。1928 年，在世界经济危机爆发前夕，在全球经济最发达的国家美国，人均生产总值达到了中国的 45 倍。[33]

保罗·贝洛赫的核心观点是，直到 18 世纪中叶，欧洲的平均生活水平和工商业产值并没有超过欧洲以外地区，甚至比后者略低。[34] 这种说法不乏矛盾之处。其中受指摘最多的是，贝洛赫以量化为主的分析，忽略了发展**潜力**的因素。在同样的水平线之下，西方有着很大的发展潜力，而在东方，这种潜力并不存在。[35] 在同样注重量化分析的经济史学家阵营中，安格斯·麦迪森（Angus Maddison）对贝洛赫选择将工商业总产值作为指标的说服力提出质疑。他本人更倾向于以“按要素成本计算的人均实际国民生产总值”作为衡量尺度，它包括了国内所有经济活动的产出，连农业也被计算在内。但是即使用这一标准来衡量，得出的结果依然与贝洛赫的观点相差无己：这条经济领域的“世界鸿沟”[36] 是在 19 世纪和 20 世纪初才以戏剧化方式快速形成的。据麦迪森判断，1820 年，中国人均国内生产总值大约是当时世界最发达国家英国的 38%；1913 年，和当时全球领先的国家美国相比，中国的数值不及对方的 10%；到 1950 年时，更下降到 5%。[37]

因此，在 19 世纪之前，人们惯常思维中的两道等式——“东方 = 落后 = 停滞 = 传统”和“西方 = 发达 = 活力 = 现代”，只有在极特殊的条件下方能成立。亚洲和欧洲的社会制度虽然在很多方面存在差异，但是，只有在撇开时代因素的前提下，我们才能把它们定性为两种截然不同的类型，以二分法对立起来。更何况，两者在经济方面的系统性能始终是相似的。布罗代尔就此得出了谨慎而具有普遍性的结论：“西方和世界其他地区之间的鸿沟是很**晚**才形成的……”[38] 虽然在 18 世纪时，欧洲以外的某些地区又经历了一段经济上的繁荣期，但是大部分地区则在 19 世纪期间，一步步跌到了这道前所未有的世界鸿沟的谷底。中国的命运更是如此。直到 18 世纪中叶，中国的传统经济依然还创下了产能的高峰。[39] 之后，在短短几十年里，中国便沦落到世界最贫穷国家的地步，并且迟迟未能走出这一行列。[40]这种情况是由两方面原因造成的：一方面，比较尺度发生了变化，因为在欧洲部分地区出现了一场史无前例、由内生动力推动的经济发展浪潮，打破了社会经济“旧制度”（ancien régime）的全球单一性。中国却没能依靠自己的力量，在本国启动一场类似的增长进程，而且在1950年之前，也没能像日本那样，以追赶的方式为自己补上这一课。因此，中国的“落后”更多是一个“他人先行”的问题。另一方面，西方工业化的开端与中国国内经济和社会危机的爆发，是在同一时间发生的。1750年以后，中国与世界关系中可测量的比例关系之所以出现恶变，正是由这两股逆向而行的潮流所导致。两者在欧洲和东亚同步发生，最初也没有明显的相互关联。

第二章

旧中国的最后繁荣：18世纪的清帝国

三 18 世纪作为过渡期

从普世史角度看，18 世纪可以被称作是一个过渡期。所谓普世史视角是指，避免把目光局限于欧洲在本大陆以外的行动，而是将亚洲、非洲、美洲和大洋洲的自身历史发展也一并纳入视野，换言之，是将海外文明的本土历史作为欧洲扩张史的补充。18 世纪之所以是过渡期，有两个方面的原因：一方面，它是一个时代结束的标志，这个时代是 1500 年前后，从欧洲发现新大陆、开辟通往印度航线开始的，亚当·斯密称之为“人类历史上最伟大、最重要的两起事件”；[1] 另一方面，18 世纪，特别是下半叶，是许多历史进程的酝酿期。进入 19 世纪后，这些进程在全球实现突破，并引发了一场世界社会的空前巨变。18 世纪时，世界仍然是由若干独立文明区域构成的。这些文明区域虽然边缘相接，彼此交往日益密切，但尚未被各种新的因素长期捆绑在一起。这些因素包括：覆盖全球的世界经济，以西方列强的全球干预能力和意愿为主导的世界政治，西方文化价值的全球化等。各大文明区域通过贸易、外交、战争、科技和思想传播等方式，保持着彼此间在经济、政治和文化上的互动，没有哪一片文明区域是自我隔绝、与世无争的。但是，这种联系很少能够升华为固定机制，中断关系也不会给任何一方造成重大影响。欧洲任何一国的经济（或许荷兰除外）都没有对亚洲贸易形成致命依赖，反过来讲，也没有哪个亚洲大国是将经济命脉建立在对外贸易之上。在前工业化殖民主义时代里，因欧洲扩张势力的“入侵”或“渗透”——后者是“依附论”学派在论述拉美问题时经常提到的概念——而导致亚洲（也包括非洲）的经济和社会体系失去内在发展能力，只是极个别的现象。在蒸汽轮船、火车和奎宁的时代到来之前，每一块大陆都是无法轻易抵达的，仅这一点便对各文明区域之间建立稳定联系形成了障碍。艾瑞克·霍布斯鲍姆（Eric

Hobsbawm）曾经说过，“靠近港口便是靠近世界”。[2]抛开少数例外不谈，欧洲对亚洲和非洲的直接影响，往往只局限于一些小块岛屿以及沿海城市或地区。欧洲人在每一处踏足之地，几乎都是在按照当地的政策规则行事。系统化殖民体系的建立，是18世纪末才出现的新事物。[3]在拿破仑时代，虽然由詹姆斯·库克（James Cook）引领的“第二轮地理大发现”取得了累累硕果，跨大陆贸易网络和覆盖全球的据点式殖民主义逐渐成形，但世界历史还没有变成“欧洲的世界史”（傅艾叶［Hans Freyer］语）。当时，欧洲只有很少人能够预见，地球的欧洲化未来将达到何种程度。在海外那些即将成为欧洲化对象的人群当中，更没有人对未来欧洲扩张的势头之猛和范围之广有所预感。

这时候，各大文明区域仍然是天各一方，彼此之间所知寥寥，并且都把对方看作是充满异域色彩的外部世界。然而从某种意义上讲，1750年前后，各大文明区域在客观结构方面所呈现出的特征，甚至比100年或150年后更接近。保罗·贝洛赫的数据分析显示，直到18世纪末，经济领域的世界差距仍然相对有限。[4]当我们对各大文明区域进行比较时，同样不能忽视它们在质的层面普遍具有的“旧制度”特征。抛开欧洲贵族假发与满清长辫之间的醒目差别（在这里，我们不妨再引用一次保罗·瓦莱里的名言），以及18世纪观察家们一再强调的各民族“风俗习惯”之间的差异，我们可以发现，东西方农业大国的许多特征有着明显的相似性。人们之所以经常把欧亚大陆两个最富裕、最强大的国家——法国和中国——作为例子来进行对比，并不是偶然的。尽管对比的结果往往是差异大于共性，但是这两个国家在原则上的**可**比性却是毋庸置疑的。[5]特别是耶稣会传教士，他们尤其喜欢通过清王朝与波旁王朝的比较，来寻找两者之间的共同点。

东西方各大文明都已形成劳动分工精细化、货币经济有组织化、[6]

商品交换网络化的经济体系。除了在国民生产总值中占最大比重的农业之外，这些文明都有农村手工业、国家鼓励的制造业以及不同形式的“原始工业”生产。[7] 亚洲和欧洲有一个共同特点，这就是生存经济与过剩经济的并存，其差异主要体现在国家、地主和教会征用农民剩余产品的不同形式和方式。[8] 在欧亚大陆几乎所有国家，大部分百姓即使在风调雨顺的年头，也只能勉强维持最低限度的生存，很多人的维生手段还都是靠天吃饭。自古以来，由于生态环境的原因，亚洲发生饥荒的频率和破坏性往往超过欧洲，在经济史学家 E.L. 琼斯（E. L. Jones）看来，这正是“欧洲奇迹”的深层原因。[9] 但是，无论在亚洲还是欧洲，“传统”生存危机的演进模式原则上十分相似：运输不利、地区价格动荡和高价粮食倒卖、田赋过重等因素加重了自然灾害的影响，从而导致粮价暴涨，民不聊生；农民被迫揭竿而起，或以各种方式展开抗争。[10] 其结果往往是“静止的历史”（histoire immobile）按照马尔萨斯所描述的方式对自我进行调适。[11] 在 18 世纪的欧洲大陆，饥荒与同期的东亚和南亚地区一样，都是“农村生活不得不接受的组成部分”。[12] 尽管在前工业时代的旧世界，各农业国的地理一生态环境以及社会组织形式各不相同，但百姓的基本生活和生存保障方式却几无分别。直到少数欧洲国家进入工业化之后，由此带来的辐射效应 [13] 才让欧洲一马当先，夺取了领先的位置。不过，在 19 世纪下半叶之前，工业化的威力还没有得到充分发挥。在当今学术界，人们对工业化的累积和渐进特征更加看重，并逐渐改变了以往对工业“革命”的疾风骤雨式印象。按照有些人的说法，即使在英国，社会经济变革进入加速期的时间也不早于 19 世纪第 3 个十年。[14] 随着这类观点越来越得到认可，人们更加确信，欧洲在 18 世纪时仍然还处于前现代社会的尾声。在日常物质文化层面，即布罗代尔所说的“物质文明”（la civilization materielle）层面，传统生活方式的惯性在全球都得到延续，欧洲文明也不例外。因此，今天的史学家如果以法国大革命的世纪作为目的地，开启一场想象中的旅行，那么他所看到的将是“另一个星球，另一个世界”。[15]来到东方的欧洲人往往会感觉，当地人不懂得时尚，艺术上也缺乏风格变化。这种感受更多是西方生活节奏加速带来的影响，而非欧洲现代化与亚洲传统主义之间尖锐对立的表现。

相对而言，东西方在政权组织形式上的差异则是显而易见的。在这一问题上，东方经常被粗暴地定义为奴隶制和极权专制盛行的地域。但是，即使是孟德斯鸠这位从比较政治学角度来思考非欧洲社会状况的学者（在这方面，他堪称18世纪学者中的突出代表），也选择用僭主政治引申而来的传统思想，来代替西方君主制与东方专制主义的简单划分。他认为，专制主义作为一种潜在的退化形式和“腐败”的表现，是**所有**类型的君主制共同面临的危险，西方君主制也不例外。[16]在孟德斯鸠看来，专制政体并不是一种“东方典型特色”，充其量只是与亚洲大部分地区的客观环境为之提供的土壤有关。孟德斯鸠由此提出了一个今天依然值得讨论的观点：抛开西方君主制与东方专制之间的原则性划分，将“绝对君主制”这一内涵宽泛的概念作为研究的出发点；由此一来，在所有文明的历史上曾经付诸实践的统治形式，都将被这一概念涵盖，其相互间的比较也因此变得可行。[17]中国拥有一套与众不同的国家和君主制理念，并由此衍生出其特有的政治组织形式和政治文化，这一点是无可置疑的。[18]但是，倘若我们把中国经验诠释为一种具有全球普遍性的前现代政治的独特表现形式，我们对中国特殊性的认识反而会变得更加清晰。[19]

美国和法国革命后，以人民主权为宗旨的自由立宪主义经过一个漫长的发展过程，[20]成为塑造历史的力量，君主制在全球的主流地位由此受到质疑。直到此时，亚洲和欧洲政治体制之间的相似性才逐渐消失。通过欧洲人在亚洲的行为举止，也可以明显观察到这种变化。在18世纪末之前，受欧洲王室派遣出使北京、阿格拉、伊斯法罕、君士坦丁堡的特使尽管要克服礼仪习惯上的差异，但对礼仪本身并不陌生。宫廷仪轨和专制政治对他们来说是司空见惯之事，因此，面对东道主的要求，他们大都采取顺其自然、入乡随俗的态度。但是从1793年起，一个新的时代开始了。这一年，马戛尔尼勋爵在觐见中国朝廷时，拒绝按规矩向皇帝行叩拜之礼。[21]这位英国特使的傲慢态度，直观地反映了欧洲政客自命不凡和道德上高人一等的意识，这种意识以往在欧洲是不曾有过的。进入19世纪后，关于东方统治形式缺乏理性、落后以及民族劣根性等说法，在西方逐渐深入人心。但实际上，这种备受指摘的政治体制在18世纪以前，也曾是欧洲国家组织的主流形式之一。[22]

在帝国和民族**之间**的关系方面，18世纪这个“两面神”同样也暴露出传统的一面。国际舞台上群雄逐鹿，实力此消彼长：在欧洲，一些在世纪之初夺取霸主地位的强国逐渐失势（瑞典、荷兰），另一些国家则实力日增，成为咄咄逼人的新兴力量（普鲁士、俄国）；此外，还有一些国家则变成了列强角逐的战场或捕猎对象（波兰、意大利、西班牙）。不过，到法国革命者发动人民战争之前，在整个世纪里，无论国际关系还是各方在冲突中采取的手段，都没有在结构上发生本质性变化。在18世纪初，外交逐渐形成机制并一步步走向成熟，外交的程序和方法不断得到磨合，相关的规则体系得到广泛承认。随着时间的发展，专业外交队伍在既定框架内逐渐扩大并走向专业化。[23]国家统治者的外交思维方式，与其1648年《威斯特伐利亚和约》签订后数十年的前辈们相比，并无本质上的区别。权力平衡理念获得普遍认可，同样得到认可的，还有在迫不得已时以侵略方式捍卫国家利益的权利。在很多时候，国家利益又被定义为王朝利益。在1780年前后，国际关系中的目标与手段、行动者和受害者，原则上与一个世纪之前并没有差别。[24]18世纪中叶，最迟在1763年《巴黎和约》签订后，由五大列强组成的核心圈形成，并成为之后一个半世纪欧洲政治的主导者。欧洲的国际体系逐渐向东部和东南部扩展，并将俄罗斯和日渐式微的奥斯曼帝国纳入其中，[25] 这是既有发展趋势长期延续带来的结果。

从某些角度看，欧洲与海外世界的关系同样也是传统的延续。特别是贸易，其沿循的轨迹和形式都是17世纪创立和发展起来的：特权垄断式贸易公司这种全欧洲近乎统一的贸易组织类型，是17世纪的一种发明，并在18世纪期间从结构上得以完善，但性质并没有发生根本性变化。[26] 跨大西洋奴隶贸易也是一样。随着英法两国在加勒比地区的大规模制糖业开发，奴隶买卖在数量上达到了巅峰，然而在质的层面上，奴隶贸易依然是建立在传统的基础之上。[27] 世界经济的基础结构是从17世纪到18世纪一路传承下来的。

从另一方面讲，18世纪也出现了一些新趋势，它们为未来的发展指明了方向。国际领域的代表性例子是英国征服印度，其重要转折点是在1770~1818年间出现的。趁南亚次大陆内乱之机，欧洲第一次在亚洲向世人证明了自身超越印度这个非欧洲文明大国的**陆地**军事优势。这是自科尔特斯（Cortés）和皮萨洛（Pizarro）以来最激烈的一场较量。继经济之后，南亚又在政治和军事上沦为英国向东亚和东南亚扩张的跳板。从此，印度变成了殖民统治术的大型实验田，19世纪末“新帝国主义”在各地采用的殖民方法，大部分都是在这里试验完成的。[28]

另一个引领未来的变化，是英国通过七年战争所赢得的全球海上霸权。七年战争是一场欧洲内部的霸权之争，其决战却主要是在欧洲以外的战场上展开的。在此期间，以第一代查塔姆伯爵威廉·皮特（William Pitt，Earl of Chatham）为代表的**世界**政治思维模式崭露头角。之后，在1793~1815年的英法战争中，这种思维被注入了新的活力。特别是小威廉·皮特（1783~1801

年、1804~1806 年任职首相）和他手下的战争大臣亨利·邓达思（Denry Dundas），他们将英法冲突定义为一场在全球范围内的较量，其制定的战略维度之大，将美洲和东亚也囊括其中。[29] 因此，英国征服印度**也**可以被看作是出于对法国入侵的恐惧而采取的预防性措施。而马戛尔尼使团出访北京，也是这种**世界**政治战略的一部分。

当时，中国还处于全球政治的边缘，其自身对建立与西方的密切联系也无迫切需求。没有哪个欧洲国家能够在军事上施害于它，面对马戛尔尼勋爵的合作提议，中国皇帝可以用敷衍而略显厌烦的态度一口回绝。在 18 世纪末，尽管有这类外交上的进步，与西方的贸易关系也日趋密切，但远东世界仍然是孤立和自我封闭的，这一点通过它对法国大革命这起划时代事件的反应便可略见一斑。在拉丁美洲，由克里奥尔人构成的上层社会一直扮演着伊比利亚文化分支代表的角色。法国大革命以及拿破仑的政策，成为拉美独立进程的直接动力之一。大革命时期的法国政治在违背其本意的情况下，促成了海地“穆拉托”① 共和国的建立（1806）；拿破仑出征埃及（1798）唤醒了整个穆斯林世界的意识，并促使奥斯曼帝国立志着手改革。[30] 就在这一切发生的同时，东亚却几乎没有任何反应。对中国和俄国这两个在 17 世纪欧洲人眼中同样遥远和陌生的帝国而言，最能清晰反映两者矛盾对比的，莫过于法国革命和拿破仑带来的截然不同影响。就连印度与荷属东印度（其主要岛屿爪哇在 1811~1816 年受英国管辖）受拿破仑战争的影响，也超过了中国和日本。在日本，遥远的西方世界至少也已进入少数人的视野，这些人就是在出岛通过与荷兰商馆的交往，开创“兰学”研究的人。[31] 唯有中国，一切仍平静如初。只有留在中国的最后几位耶稣会传教

① Mulatto，指黑人和白人的混血，这些人多数是男主人和女黑奴的混血儿。

士在暗自揣测，法国发生的种种事件会带来什么结果。[32]中国和过去一样，依然沉浸在自己的天地里，其眼中的“世界”秩序依旧是“四夷宾服，万国来朝”。面对18世纪末以来日趋密切的世界关系，中国并没有丝毫意识。

1796年，当85岁的弘历——清兵入关后第4位皇帝、1736年登基的乾隆帝[33]——将皇位禅位于其子颙琰（即后来的嘉庆帝）时，中国仍然处于太平盛世，至少从表面看如此。乾隆帝退位后仍坚持“训政”，直至1799年驾崩。[34]一个世纪以前还处于全盛时期的莫卧儿帝国此时已陷入内乱，印度诸侯联合各自结盟的欧洲列强，彼此展开厮杀。莫卧儿皇帝在沦为英国人傀儡后，整天在寂寞中度日。理查德·韦尔斯利（Richard Wellesley）和阿瑟·韦尔斯利（Arthur Wellesley，后来的威灵顿公爵）兄弟统领军队，对南印度残余反抗势力展开剿杀。然而就在同一时期，中华帝国的版图却达到了历史上前所未有的规模。[35]除内地十八省之外，中国版图还囊括了台湾岛、包括黑龙江（后来的中苏界河）以北大片土地的满洲里、内蒙和外蒙、西藏，以及远至巴尔喀什湖（今天哈萨克斯坦境内）的中亚辽阔地带。在边界线比其他任何地区都更难确定的西南部，中国的疆域越过兴都库什山脉，一直延伸到波斯附近。从尼泊尔到缅甸、从大陆东南亚（印度支那）各王国到朝鲜和琉球群岛，大大小小的朝贡国至少在形式上仍然承认中国朝廷的宗主地位。

1800年前后，中国仍是一派太平景象，没有任何外国势力能够对其构成切实的威胁。自古以来一直对中原怀有觊觎之心的游牧民族所在的中亚，[36]被来自东北草原、同为游牧出身的清王朝一举平定，边界同时向外扩展。明朝（1368~1644）和之前的几代王朝一样，面对草原民族的来犯屡次发起回击，并加固修缮了长城。1550年前后，还曾有一队蒙古兵攻入关内，甚至一度兵临北京城下。[37]直到18世纪，来自蒙古的威胁才被彻底清除。与此同时，随着俄国对西伯利亚的征服、移民和开发，一股新的危险力量在中国几乎没有觉察的情况下开始萌生。但是，在叶卡捷琳娜二世统治时期，沙俄扩张政策的矛头首先是指向弱小的邻邦：波斯和奥斯曼帝国。[38] 日本在 1590 年代入侵朝鲜失败后，[39] 放弃了侵略型外交政策，恢复了与大陆之间的传统疏远关系。[40] 直到 1870 年代，日本才再次作为扩张力量，重新登上了亚洲舞台。亚洲第四大势力英国则小心翼翼，不让自己在中国面前暴露出一丝一毫的敌意。这一点在 1788~1792 年的廓尔喀之役中表现得尤为明显：1769 年以来在喜马拉雅地区频频制造事端的尼泊尔廓尔喀人（Gurkhas）对中国西藏发动了两次侵略，第一次是 1788~1789 年，第二次是 1792~1795 年。这两场战争都没能如愿得到英国驻印度总督的援助，最后以中国“平乱”胜利以及尼泊尔被迫承认中国的宗主权而告终。[41] 但是，清廷仍然对英国人与廓尔喀人之间的勾结心存芥蒂，这或许是同期（1793~1794）访华的马戛尔尼使团受到冷遇的原因之一。

中国人这种“妄自尊大”的心态在后世饱受指摘，然而在法国大革命的年代里，这种心态并不是虚荣心膨胀所导致的幻觉，而是建立在现实成就之上的自信。在 1680 年代初平定三藩之乱后，康熙帝用了半个世纪的时间，完成了稳定江山、一统天下的大业。这是世界近代史上最令人叹服的治国成就之一。[42] 之后，西域边陲各部 [43] 尽皆归顺清廷统治，中华帝国从此成为当之无愧的东亚霸主、欧亚大陆与法国比肩的强盛之邦。在整个 18 世纪，清朝统治下的中国是一支充满生机的帝国势力，其扩张能力与亚洲另外两股意欲建设庞大帝国的力量相比也毫不逊色，它们就是英国和俄国。当时，这三股势力之间还没有发生冲突，中国也没有足够的动力，要给这些西方“蛮夷”一点颜色看看。大约从 1720 年开始，中国对外部世界的兴趣甚至有所减弱。而日本却在同一时期解除了荷兰书籍进口的禁令，并由此摘下了扣在“兰学”头上的非法帽子。[44]

实际上，清朝征服西域并不是一场以掠夺疆土为目标展开的行动。清帝国发起这场行动的动机，与18世纪俄国和英国帝国主义大相径庭。其主要动力是来自于固土守疆的需求，其防范的对象并不是万里之外的西方列强，而是动辄“扰边犯境”的近邻。[45]清朝的扩张行动中，从没有宗教的使命感在发挥作用，弘扬国威也只是次要因素，因为传统的朝贡体系已足以满足朝廷在这方面的心理需求。[46]战略防御思想在当时也很少受到重视，因为在清廷眼里，没有哪个对手有能力在这些被征服的地盘上向自己发出挑战。从经济角度看，中国对西域边疆的沙漠、草原和高山没有太大兴趣，那里既没有宝藏，也没有令人垂涎的奢侈品，就像15、16世纪欧洲探险家和征服者在海外收获的那些一样。

虽然清朝扩张并不是以经济作为**动机**，但是由此带来的经济上的长期**影响**却是不容忽视的：它为清廷在蒙古建立剥削体系创造了条件，并为汉人从人口日趋过剩的中原地区向边疆移民开辟了新的空间。更重要的影响是，耗费巨大的西域出征给国家财力造成了严重损耗，由此带来的后患使中国在各个领域的行动自由都受到限制。因此，18世纪中国的世界地位与中国的国内经济状况在很多方面都是密不可分的，其复杂性远远超出了对外贸易的单一视野。国家的繁荣为18世纪中叶的固边政策创造了条件，但朝廷的财力却因战争而被掏空。1800年后，面对一个个强大起来的对手，清王朝的弱势逐渐暴露。

/ 四 经济基础

对18世纪中国的经济繁荣而言，清帝国的扩张政策既是因也是果。一方面，边疆的稳定创造了所谓“鞑靼和平”（Pax Tartarica），中国经济借此走出了17世纪中叶王朝更迭后的混乱期，自1680年代起，逐渐进入了平稳发展的阶段。另一方面，只有高效的经济体系，才有能力负担西域军事行动的巨额开支。这个经济体系赖以支撑的，并不是朝贡、战利品以及对占领区的掠夺。在这方面，中国与奥斯曼帝国是不同的。后者大约从15世纪开始，就不得不依靠被占领国的供奉以及从外邦招募文武官员，来维系国家机器的运转。[1]相比之下，清帝国并不是一个为了攫取资源而不断开疆拓土的征战机器。内地十八省以外的北疆、西疆和南疆大都经济落后，人口稀少，也没有太多自然资源可供内地的前工业经济利用。在20世纪南满洲被开发成为重工业基地之前，边疆对内地经济的贡献一直乏善可陈。正是出于同一原因，这些地区也很难成为分裂或革命势力的摇篮，从而对中央统治构成威胁。中华帝国之所以能够维持超乎寻常的稳定，与敌对军事力量难以在边疆立足不无关系。而罗马帝国从共和国晚期开始，外部军事势力的威胁便成为帝国的本质特征之一。在中国，仅仅从地理环境的角度讲，边疆要形成与内地相抗衡的副中心，可能性便是微乎其微。另外，由于政治与经济中心重叠，[2]领土损失给中国带来的影响，也不会像罗马帝国或奥斯曼帝国那样严重。1854年之后，中国虽然一次次被迫割让领土，但仍能勉力支撑。直到1937年日军入侵华北，中国才第一次遭遇到关乎生存的威胁。

尽管前现代中国拥有一套完善发达的商业和贸易体系，但是，它的富足主要还是依靠农业。18世纪时的中国农业发展水平，实际上是唐朝末年开始的一场变革带来的结果。从9世纪至13世纪，特别是在宋代（960~1279），中国经历了一场翻天覆地的转折。以日本汉学家内藤湖南为代表的一些学者，将这场转折称为全球现代史的开端，西方在数百年后方才与之接轨。[3]中国正是经过这场转折，才成为世界上最富裕、经济与社会结构最完善的国家。[4]变革过程是由两方面条件决定的：其一是中国南方和东南部人口的日趋稠密，这些地区无一例外，都是适合密集型水稻种植的地域；其二是作为君主制根基的世袭贵族大家庭的衰落，取而代之的是新兴官僚士大夫阶层，这些人大多（甚至全部）出身大地主家庭，通过科举入仕为官，并将儒家秩序和仁爱理念奉为治国理政的指导方针。在宋代，朝廷为提高农业产量和质量采取了一系列措施，这些措施很容易让人联想到战后在亚洲开展的“绿色革命”，其核心是引进新的技术和种子（越南的早熟水稻品种），以补贴方式奖励农村的改良者。获得奖励的，大都是一些自筹资金、组织基础设施建设（以兴修水利为主）的地方士绅。在上述所有因素的共同作用下，中国农业生产效率和产量大幅度提高，南方水稻种植区尤为突出。

在 11~13 世纪农业繁荣的带动下，中国经济各领域都实现了腾飞。区域专业化分工越来越精细，日趋活跃的远途贸易使各省份之间的联系变得空前紧密。长途贩运的货物中除了奢侈品，还有大米、棉花等大众日常消费品。造船与开凿运河技术的进步，为货物运输提供了便利。经济繁荣同时也为金融业的发展注入了活力。流通范围的扩大刺激了农民的生产积极性，他们开始按照市场需求种植作物（茶叶、油料、木材、水果、生丝，特别是蔗糖），其销售目标不再仅限于本地集市，很大一部分产品被销往外地，甚至经由海外经销商被销往东南亚市场。手工业同样呈现出兴旺的势头，特别是以类似包工制形式组织起来的家庭纺织业。另外，采矿业与冶炼业也在迅猛发展：1078 年，中国生铁产量已经超过 11.4 万吨，英国直到 19 世纪前夕才达到这一水平。[5]早在 11 世纪末，在国家财政收入中，贸易税以及国家垄断行业——国民经济“第三”产业——的利润，已经与农业税所得不相上下。经济扩张在后期阶段，主要是依靠私人需求的增长来推动。越来越多的人，尤其是士绅阶层以及刚刚富裕起来的商人群体，成为高档奢侈品的消费者。与此同时，对优质茶叶、香料、食品等大众消费品的需求也大大提高。[6]

回顾这场发生于中世纪的“经济革命”，[7]对观察18世纪中国经济具有至关重要的意义。其原因如下：中国经济自明朝初年起，逐渐从蒙古统治下（元朝：1260~1368年）[8]的掠夺和破坏中复苏。到16世纪时，经济增长明显加快，在1630~1680年因改朝换代而导致的政治危机期间也未中断，并在康熙皇帝和两位继任者在位期间达到了巅峰。在一路迈进的过程中，中国经济的总体结构并未改变，其依赖的基础大部分都是在宋朝建立起来的。从某种意义上讲，18世纪的成就只是在1300年之前业已形成的趋势之上，进一步巩固、深化和合理化的结果。这些趋势包括农业的区域专业化分工，全国性贸易网络的建设，以大众消费品为主的远途贸易，更重要的是市场化农产品在整个农业生产中所占比重的提高。据估计，在历时弥久的繁荣期进入尾声时，具体讲是在19世纪初，中国出产的粮食和棉花中，商品化比例分别达到了10%和25%以上。[9]

历史学家和人类学家施坚雅（G. William Skinner）特别强调从宋代到清代的结构延续性，并依此勾勒出其中国历史观的基本框架。施坚雅摒弃了传统的历史写作视角，既没有按王朝对历史进行分期，也没有将行政区划作为观察的着眼点，即把帝国视作一个整体或一个个单独的省份。他的选择是从空间—时间的基础模式出发，从下述三个维度来观察中国经济史：①依照地理人文因素，将中国划分为九个“宏观区域”，每个区域的内部构成都是依照从“中心”到“边缘”的结构；[10]②每个区域都有一套由上至下按层级排列的市场体系，这个体系最底层同时也是对中国农村居民最重要的一个层级，是“标准市场体系”，其结构是以集镇为中心（**周期性**市集的举办地点），四周由一圈呈环形分布的村庄围绕，数量平均为18个；[11]③在时间维度上，中国历史呈现出一种“长波”或“周期”式结构，每一个周期为150~300年，其进程在不同宏观区域里的表现略有差异。[12]按照施坚雅的观点，这种由宏观区域、市集体系和历史长河三个维度构成的“中国历史结构”在宋朝已达到成熟，之后经过不断调整，一直延续到现代。

不过，就11~19世纪这个被当代历史学家称作“后帝制时代中国”[13]的长时段而言，有几点差异是必须一提的。特别是在时间上与欧洲“近代早期”大致平行的一段时期，中国的农村社会结构出现了若干重要变化。[14]当时，“溥天之下，莫非王土”的基本观念依然未变，在许多西方同时代观察家看来，这种绝对统治者拥有最终所有权的思想，正是东方专制主义的核心所在。[15]但是在现实生活中，自唐代以来，国家对私人土地交易很少有明确的法律限制，对土地所有权关系的干预也不属于政府机构的固定职能。[16]从那时起，人们往往都是根据私人拥有土地数量的多少，来衡量一个人在社会上的地位。大约在18世纪中叶时，在农村劳动关系中，非经济因素的束缚已基本消失。类似奴隶制的雇佣关系或人身依附关系十分罕见，只是偶尔以固定期限内、依照契约自愿“卖身”的形式出现。[17]农业生产者大多数可以划分为以下几类：独立经营的自耕农，按时取酬的零工（这部分人和过去一样属于极少数），与一个或多个地主拥有土地租佃关系的佃农。当时，奴隶制在美洲越来越普遍，农奴制度在东欧日渐成风，[18]在有些地方（至少是俄国），这种奴役关系甚至与已经消失的古代奴隶制相差无已。[19]在同一个时代里，中国的租佃关系却已剔除了所有非契约式附庸关系的因素。契约从此成为一种书面协议，上面详细写明了签约双方各自的权利和义务。

于是，在官方法律体系之外，形成了一种以民间合同为形式的“准”私法，除了地契之外，在商业和手工业领域，这种由合作伙伴共同签署协议的形式也普遍流行起来。佃户通常不需要为土地所有者提供额外的劳务服务，除地租之外，也无须缴纳各种“封建”赋税。[20] 不过在很多地区，土地市场上的自由往往会受到社会关系等非经济因素的制约，例如，一些宗族或大家族内部约定，其成员在出租土地时，必须优先满足本族成员的租佃需求，之后才能把土地租给外人。[21]

今天的中国历史学家已经改变了过去的做法，不再用“封建主义”[22] 这一笼统概念，把欧洲的发展进程升级为全球适用的标准范式，而是将“封建生产方式”视为汉朝到清朝的主要社会经济形态，并以两种类型加以区分：一是“领土制经济”，它盛行于中世纪欧洲和唐代以前的中国；二是“地主制经济”这种“较为进步”的类型，它在欧洲几乎从未出现，而在中国，地主经济经过漫长的成熟期后，在 18 世纪达到了巅峰。[23] 除自由租佃关系外，地主经济体系的一大特征是，18 世纪的地主与古代，例如宋朝的地主有所不同，他们不再亲手经营自己的土地，换言之，他们对自家田地上的生产和投入，都不再亲自过问。他们把自己的私有土地出租给农民，这些农民有的是只租种他人土地的佃农，有的是在私有地之外再租赁一部分土地作为补充。但是，中国农村人群并没有就此一分为二，变成地主和贫农两个截然对立的阶层。在地主当中，一部分是有权势的地主家庭，他们大多生活在城镇，并委托经纪人或管家为其打理租佃事宜；也有一些住在本地的地主，他们只有微薄的田产，家境和普通农户没什么两样，从长远来看，随时都有可能因家业破败，沦为后者当中的一员。在 18 世纪中国，社会阶层壁垒比以往任何时期都具有更强的渗透性。当“平头百姓”也有望出人头地、跻身地主阶级后，地主与“士绅”之间的等式关系被打破。士绅阶层是中国社会的独有特色，其身份特征并不是贵族性质的世袭特权，而是可以享受司法和纳税方面的优惠待遇，以及社会名望带来的各种好处。获得名望的途径一般是通过科举考试，然后进入仕途，并享受朝廷发放给官员的俸禄。[24]在地主中，属于“士绅”阶层的占大多数，而并非全部。在晋升地主阶层的新贵当中，既有通过购置田产发家、摇身一变成为“贵人迷”（Bourgeois Gentilhomme）①的城市商人，[25]也有精明能干的农户，他们利用18世纪市场经济提供的置业机会，积累起可供投机的庞大财富。[26]对这些“干劲十足”、又懂得经营的农民[27]来说，地主身份的吸引力主要在于，如果混成地主，就能有更多财力供养女子，至少保证家族成员当中有一人能够通过科举考试“入仕”。这一点至关重要，因为对一个无权无势的地主来说，其地位从长远看是不牢靠的。要想家业世代兴旺，必须要赢取功名，最好能在官场谋得一官半职，这样一来，整个家族既有了靠山，也有了更多的发财机会。[28]

1750年代，中国律法中与人身束缚相关的残余条款被彻底清除，以农业商品化和明末农民起义[29]为主要动力的农村平权进程暂告结束。农民从此不再被束缚在土地上，土地可以自由买卖，租佃关系成为正式法律形式。社会地位秩序被打乱，“道德经济”的传统责任伦理，例如地主豪绅在灾年时应当承担的赈灾济贫义务，也随之被削弱。[30]与此同时，一些新的经济束缚形式逐渐出现。越来越多的地主开始参与放贷、经商和农产品加工（磨面、榨油、酿酒等），甚至在一些地区成为垄断这些行业的霸主。[31]但是从整体上看，在明朝初年时，佃农的处境获得了明显改善。长期乃至事实上的永久性租佃关系，成为普遍现象，它为佃户对土地的经营提供了保障。由此形成了法律上的土地使用权与所有权分割，在很多情况下，使

① 出自莫里哀同名喜剧，剧名直译为“资产阶级绅士”。

用权与所有权甚至是长期分离的。[32]另外还有一种趋势是，分成地租（通常占全年收成的一半）逐渐被固定地租取代。这种制度有利于佃农在年景好的时候储备更多余粮，同时也可以减少地主对农业生产的干预。[33]

很少有哪一种说法能够从俯瞰全局的视角，概括整个中国。以土地所有权与经营权问题为例，施坚雅所说的九大“宏观区域”存在着巨大差异。[34]华北地区，即从长城到长江之间的低地平原，是以旱地农业为主的区域。这里的农业生产效率偏低，各户经营土地的最低规模和平均规模都超过了南方。土地所有权较为分散，租佃关系的普及率也不及南方。但是，这些自耕农的生活和劳作绝非互不相干、各自为营，而是通过劳务交换彼此联系在一起。零工也在这里扮演着某种角色，虽然作用相对有限。一些贫困的农户只能靠出卖剩余劳动力，来达到养家糊口的目的。雇用这些劳力的雇主都是富户，其名下的私地和租地加在一起，甚至多达40公顷。不过，那些被中国史学界称为“资本主义萌芽”的大型农庄，依然较为罕见。[35]

长江下游地区的情况与华北迥然不同。作为中国最重要的稻米产地，自宋代以来，无论在农业还是手工业领域，长江下游地区的市场占有率均位居全国之首。在这里，90%的农民都是佃农或半佃农，以小规模家庭式经营作为主要经济单位。佃农法律地位的改善，为这种经营方式提供了良好保障。18世纪该地区农村的一大特点是，许多小地主都争着把自己的土地出租给佃农。因此，一户佃农耕种的土地，通常是从几家地主手里租来的。即使在清朝盛世，大地主和安家于城市的不在地主在长江下游地区仍然属于个别现象，这与20世纪早期的状况有着明显差别。[36]

在一些直到近代才成为（或重新恢复为）人口聚居地的地区，如台湾岛腹地、湘江河谷和内地山区，情况又有所变化。18世纪时，在这些垦殖区，土地从开始就是为了商业目的、针对市场开发的，并形成了复杂的层级式租佃关系：第一批移民在获得对荒地的所有权后，便将土地出租给佃户。之后，这些承租者又将田地分成小块，分别转租给更小的佃户。按照经济史学家傅衣凌的观点，农业资本主义主要是在这些新开拓、受传统影响较少的边疆地区兴起的。[37]

18 世纪中国农业经济的特征可以概括为以下几点：

——非封建式土地私有权以及土地所有权的自由交易；

——以生产者为中心的小规模分散化经营作为主要经济形式，无论是自耕农为主的华北平原，还是以佃农为主的南方，都不例外；

——精耕细作式的土地利用方法：由于人口的不断膨胀、可供开发荒地数量的减少以及农业技术的停滞，再加上农民家庭自我剥削日益加剧的同时因继承导致的土地碎片化，精耕细作逐渐成为18 世纪中国农业"园艺式"特征[38]的典型表现；

——地主阶层的形成：它与掌握权力的官僚体系有着各种形式的勾结，但两者立场并非总是一致。从社会等级讲，地主不属于特权阶层，它作为社会阶层是开放的。另外，这一群体还与商业和信贷资金有着密切联系；

——建立在契约基础上的雇佣关系，契约的签订几乎不受任何非经济因素的限制；

——最后是高度的农业商品化，其涉及的不仅是为满足外销需求的奢侈品制造，同时也包括"基础市场体系"层面的日常食品、棉花等商品的生产和运输。[39]

18 世纪时，当中国在康熙帝统治下结束改朝换代的乱世后，其农业效益究竟达到了怎样的水平呢？[40]同时代评论家在评价清朝盛世（约 1720~1770）时得出结论："这个全世界最富裕、最繁荣的国家在某些方面仍然十分贫穷。”[41] 贫穷的主要表现是耕地资源的匮乏，因此，中国百姓永远都在与可耕种土地的短缺进行搏斗。但是直到 19 世纪前夕，长期潜伏的危机才彻底暴露。在 18 世纪大部分时间里，中国都如史学界所说，处于“前所未有的政治稳定、经济繁荣的时期”，[42] 农业产量与人口增长基本保持同步。[43] 这一时期出现的人口爆炸式增长，或许称得上是中国传统社会晚期最重要的现象。对造成这种现象的原因，各方看法不一。同样存在分歧的还有，为何在农业技术停滞的状态下，人口膨胀并未在中国造成前工业化时代常见的马尔萨斯灾难，即以人口数量的自我调整来适应食物资源的不足？今天，人们热议的观点主要有三条：①从美洲引进新的农作物品种（玉米、红薯、花生等），并由此引发了一场农业革命，其影响与宋朝时引进早熟水稻有相似之处。[44] 可以说，这也是欧洲地理大发现造成的间接影响之一。②人口增长和人口密度的提高（后者可作为独立变量来观察）为精耕细作式农业生产创造了条件，并使亩产量大大增加。[45] ③非农业领域出现的新商机——矿山开采、商业与手工业发展等（尤其是在新开发的西南部边疆）——减轻了农业基础受到的压力。[46]

与同时代的其他农业大国相比，中国农业究竟有哪些优势或劣势，对此我们只能凭借猜测来判断。当然我们必须考虑到的一点是，当全球经济“旧制度”依然盛行的大环境下，各国之间的差异是有限的。但是，有一种观点得到了人们的普遍认可：在雍正帝（1723~1735）和乾隆帝（1736~1796）在位时期，中国普通农民的生活水平不会比路易十五时期的法国农民差，而且肯定超过受启蒙思想影响的叶卡捷琳娜二世统治下的俄国农民。[47] 在法律地位上，中国农民的处境无疑要优于法国和俄国农民同胞：农民对土地的私有权在东欧是不受法律认可的，而在中国却属于常态；奴役关系乃至奴隶制，在中国早已消失；近代早期的欧洲农民深恶痛绝的领主裁判权，在中国也不存在。18 世纪中叶前后，中国农民在基本物质需求方面所得到的保障，应当不在西欧国家的水平之下。[48]

18 世纪的中国与今天有一点是相同的：它是全球最大的农业社会，但是在与外界的交往中，它并不是以农业国家的形象登场的。一直到 19 世纪，中国对外出口就像“发达”国家一样，始终是以制成品为主。中国从来都不曾是亚洲邻国的粮仓（就像南边的越南或爪哇一样），相反，当广东、福建等东南沿海省份的农民纷纷放弃种田，改种茶叶或桑树等利润更大的经济作物后，这些地区转而变成了稻米的进口大户。[49] 此外，数百年以来在许多地区广泛种植的棉花，也全部是在国内加工，并从 1880 年代起大量供应出口。[50] 在 18 世纪中国出口的产品中，一部分是手工制作的高档奢侈品（瓷器、漆器、纸张等），另一部分是大规模生产的制成品，后者最初首先是为了满足国内需求，后来却越来越多地受到了国外消费者的青睐（茶叶、丝绸、棉制品等）。

18 世纪时，很多外国游客吃惊地发现，在中国，就连最穷的穷人也穿得起绸缎。[51] 尽管也有一些目击者表示，农民平常穿的还是棉布衣服，和法国南部的农民没有分别。[52] 据说在 1840 年代时，在丝绸业重镇杭州，除了最底层的苦力和劳工，所有人都是绫罗裹身。[53] 欧洲常见（但现实中很少执行）的奢侈品限令和衣着规范，在中国从未流行。只要买得起，任何人都可以把自己打扮得华丽讲究。

在明朝和清初，丝绸加工业取得了迅猛发展。刺激需求增长的动力最初是来自国内，之后是来自国外市场，同时还得益于国家的扶持。朝廷将丝绸业的兴旺视为地方繁荣和官员政绩的证明，于是，奉行儒家传统的各地官吏纷纷以劝诫和普及知识（如发放农艺宣传册）等方式，鼓励本地百姓从事丝绸加工。对从业者来说，鉴于市场需求的不断增长和价格的长期走高，丝绸生产和加工成为相对稳定的收入来源。生产过程虽然消耗人力，但需要的资金不多，入行培训也只要很短时间，[54]因此，一般的农民家庭大都具备相应的条件。大多数农户都是一手包揽了各种工序：种植桑树、养蚕、收茧、缫丝。种植桑树的地点，大多是没有其他用处的零散荒地，如山坡、田头、池塘边等。[55]在以浙江为代表的丝绸之乡，漫山遍野的桑树林夹杂着茶园，构成了马戛尔尼1793年在日记中描写的景象——一个“迷人而富饶的国度”（charming fruitful country）。[56]

在养蚕缫丝等工序被农户包揽的同时，出现了各种形式的丝绸加工企业。最老的一批企业是官办的织造局，专门负责制作朝廷所需的各种布料，以供皇帝及宫廷祭祀颁赏之用。自从朝廷取消元代开始实行的强行征调工匠为官府服役的制度，特别是自1645年起逐步废除明朝为手工业者专立户籍并世代相袭的匠籍制度后，[57]这些官营企业雇用的几乎是清一色的按固定工资计酬的工人。在明朝时，生丝大多是作为实物税由官府收缴。到了清朝后，官办织造机构都是在自由市场上按时价采购生丝原料，偶尔也将上缴朝廷后的剩余产品拿到市场上销售。[58]在1740年代的鼎盛时期，南京、苏州和杭州三家织造局共有1800多台织机，除了5500名普通工匠外，还雇用了1500名拥有深厚艺术造诣的专业技师。[59]直到1894年，随着生意越来越不景气，三家织造局才彻底关张。[60]这些官办企业并不是纯粹按商业规则运营的经济组织，其产品从不供应出口，而只为满足朝廷所需。这些企业的另外一项附加职能是组织地方性公益事务，对生性不安分的工人群体实行掌控。因此，这些官办织造局与其说是经济企业，不如说是“政治和行政中心”。[61]

这些御用织造机构并不总能做到，按时完成朝廷交办的任务和额度。一旦遇到供货紧张问题，织造局就会把任务摊派给私商，也就是私人经营的织造厂。这些织造厂规模不等，小到家庭作坊，大到拥有几百张织机、雇有专业工人的大型工场。[62]大多数丝织企业都集中在城市（17世纪时，苏州的丝织厂数量超过1万家，南京共有3万多张织机，每张织机由2~3名织工操控），[63]这些城市成为18世纪中国丝织业的中心。顾客的身份也是形形色色：有为朝廷采办的官吏，有国内各地的私人消费者，还有国外热衷中国丝绸的洋人。与丝织业有着密切关系的还有第三种经营形式——散工制（Verlagssystem），即由包买商向代工家庭提供织机，甚至包括生丝原料，然后收取成品并按数量支付报酬。织造厂始终是丝织业的主要经营方式，但是在18世纪，散工制的地位有了大幅提升。[64]

综上所述，18世纪中国丝织业的特征是：养蚕和缫丝以农村家庭副业的形式被合而为一；在加工层面，以满足朝廷需求为目标的官营织造与针对私人消费者的私营织造并存；在国家垄断和贡赋制度的束缚下依然活跃的自由市场，用于交易的商品包括原料（桑叶、蚕种、蚕茧）、半成品（生丝）、成品，还有劳动力。[65]市场监督主要由手工业行会负责。但是，中国行会组织[66]对市场的监管，并不像欧洲行会那样严格。[67]就18世纪中国丝织业而言，我们并没有看到这样的现象：富有创新精神的商业资本为了躲避阻碍进步的行会或帮会，而向农村转移。[68]丝织业的中心，仍然是华东和华南大城市中那些充满活力的私营织造厂。

棉花在清代国民经济中所占比重，远远超过了丝绸。18世纪时，棉花加工是中国制造业中规模最庞大的一个行业，其地理覆盖范围之广，也在丝织业之上。在中国所有郡县中，近三分之一都有棉花种植，[69]至少有五分之三的郡县都出产棉布。[70]这两个数字之间的差额显示，一些非棉花种植区也从外地运来原料，然后进行纺织加工。由此可以看出，人们以往想象中的所谓“亚细亚生产方式”——自给自足的村庄里，农业和家庭工业的一体化——至少对清代来说，是不符合事实的。[71]在中国，有些棉花加工区不仅从市场上购买原料，甚至偶尔还从国外进口。[72]笼统地讲，在长江以北地区，棉花种植业的重要性超过了棉花加工；而在长江以南各省，情况则相反。[73] 棉纺加工业在城市和乡村的广泛普及，是在跨地区棉花贸易的前提下实现的。相比之下，对丝绸业来说，由于桑叶和蚕茧在运输过程中容易腐坏，从而使长途贩运的可能性受到限制。因此，缫丝和纺纱都是集中在环境有利于桑树种植的地区。不过，不受地域限制的丝绸贸易，在全国各地都十分活跃。

和丝织业一样，棉花纺织也具有技术简单和投资成本低的优势，适合闲暇的家庭成员作为平日活计，棉花加工业也因此成为中国农民的传统副业。与丝绸业不同的是，在中国，棉花加工总体上始终没有脱离家庭的范畴，纺纱和织布都是在同一个生产单位里完成的。这也是中国和日本棉纺业发展中的一个重要差异。[74] 通常情况下，一个家庭把自己种植或买来的棉花纺成纱，然后再用自家织布机织成棉布。因此，在市场上人们既可以买到棉花原料，也可以买到织成的布匹，[75] 却很难买到棉纱。在 19 世纪末引进蒸汽机之前，全国找不到一家大型棉花加工企业。类似丝绸加工业中的官办织造厂或织造局的机构，在棉纺行业也没有出现。直到 1883 年，中国才成立了第一家拥有 1000 张手动织布机的纺织厂。在之后的几年里，中国许多城市都陆续出现了类似的企业。这些大型手工织布厂是在**机器**纺纱流行的背景下出现的，它是蒸汽机和纺纱机引进中国棉纺业的一大成果，是纺织机械化诞生的标志。直到这时，纺纱和织布才成为彼此分离的独立生产环节。在 1880 年代之前，几乎所有的中国纺织品都是以家庭为单位生产的。[76] 就连出口的优质棉布，也都是中国农民的家庭劳动成果。在棉花加工领域里，从来没有过国家的参与。

在中国，家庭式生产方式之所以有着顽强的生命力，其主要原因是：纺织技术的简单廉价以及生产工序的分工困难，使得大规模生产与家庭作坊相比，并没有太大的优越性。更何况，中国向来不缺少廉价劳动力。随着人口的不断膨胀，农业就业机会的增长相对缓慢，家庭维持生计的压力越来越大。于是，各家各户不得不加重自我剥削，努力将边际成本压缩到零，其产品的价格往往仅略高于原料和设备的投入成本。[77]中国农民对纺纱织布的巨大热情和勤劳忘我的精神，给18、19世纪到中国旅行的欧洲游客留下了深刻印象。他们看到的这种现象既是中国人口膨胀的表现，也是其背后的部分原因。[78]刺激中国纺织业繁荣的另一个因素是：国外对中国纺织品的需求日益扩大。为了更好地说明这一问题，我们不妨对丝绸和棉织品之间的差异做一比较。

在古代欧洲，人们对中国丝绸便已有所耳闻，但在商业流通中却难得一见。中世纪时，欧洲的丝绸产品最初是来自拜占庭，之后是西班牙和意大利，到18世纪时，主要是来自法国。当蒙古西征打开欧亚大陆中部的贸易通道后，大约自1257年起，在欧洲也可以买到中国丝绸。[79]目前有据可查的是，1333年，中国丝绸第一次出现在法国蒙彼利埃（Montpellier）市场。[80]把丝绸传播到世界的，是中国人自己：一部分是作为安抚西域草原和绿洲民族的赠礼，在汉朝时，这些民族从朝廷得到了“堆积如云”的绸缎和丝帛；[81]另一部分是通过面向日本和东南亚的海外贸易，在唐宋时期，私人经营的海外贸易十分活跃。[82]

丝绸出口的经典时期，是从欧洲人在亚洲从事海上贸易的初期开始的。16世纪时，丝绸成为葡萄牙在澳门和日本之间贩运的重点货物，葡萄牙人在其中扮演的角色大多是中国出口商的代理人。在西班牙人于1565年初抵马尼拉后不久，一波跨太平洋贸易潮出现了：中国商人将生丝和绸缎运到马尼拉（明朝的海禁政策也未能阻止他们），再由西班牙人用帆船一船船运抵墨西哥。在这里加工后的生丝被转运到西属美洲市场，给西班牙本土的丝绸出口造成了巨大冲击。[83]因此，明末中国丝织业的繁荣与西班牙丝织业危机有着密切关联：亚洲取代欧洲，占领了新世界的市场。当时，用于支付丝绸交易的货币是美洲银币。

英国东印度公司在中国最初也是以搜罗绸缎为目标。1613 年，东印度公司在日本设立分公司，作为从中国采购丝绸的中转站。[84]18 世纪初，丝绸在中英贸易中所占比重超过了茶叶，但很快便被后者反超。1775~1795 年间，在英国东印度公司从广州贩运到海外的货物中，丝绸比例仅为 15%，茶叶则占 81%。[85] 特别是在 1780 年代以后，由于英国提高关税，再加上来自土耳其和意大利的强大竞争，中国丝绸逐渐淡出了英国市场。[86]

棉花出口贸易所经历的是与此不同的另一条轨迹。大约从 1730 年起，中国出产的棉布被少量贩运到欧洲。直到 18 世纪最后三四十年，“南京布”（Nankeens）才成为炙手可热的出口货物。[87] 这是长江三角洲地区出产的一种用淡黄色天然棉花织成的细布。在 1810~1830 年的 20 年里，这种家庭手织棉布的出口量达到了高峰。这一时期，随着英国纺织业在工业革命推动下的蓬勃发展，英国纺织品已经占领了欧洲大陆和新世界的市场。[88] 在从丝绸阔腿裤（culotte）到棉布长裤（pantalon）的过渡期，世界贵族对“南京布”这种异域舶来品的偏爱，是“亚洲纺织品优于欧洲的最后表现”。[89]1830 年前后，在英国对华贸易中占据霸主地位的私人公司——怡和洋行（Jardine Matheson Co.）还向它的顾客们保证，南京出产的棉布在质量上要优于曼彻斯特的产品。[90]

在同一时期，欧洲人眼中最具代表性的中国特产——瓷器——已被挤出了西方市场。18 世纪 40、50 年代是中国瓷器出口的高峰期，欧洲鉴赏家和瓷器爱好者对中国瓷器的兴趣，也是在这些年达到了巅峰。之后，中国瓷器的出口量骤然下降。[91] 法国神父杜赫德（Jean-Baptiste Du Halde）在 1735 年出版的《中华帝国全志》中，根据耶稣会传教士殷弘绪（Père Francois Xavier d'Entrecolles）

的实地考察，详细描述了中国瓷器的制作方法。[92]殷弘绪曾在地处赣北教区的瓷都景德镇长住多年，这里是中国规模最大、经济效益和工艺水平最高的瓷器产地。根据殷弘绪的描述，在景德镇大大小小的瓷器作坊里，聚集着100多万工匠。他们守着成百上千个窑炉，在颐指气使的官吏监督下，埋头制作瓷器。不过，100万的数字也许有些夸张。在19世纪初，由于内部体系混乱，再加上欧洲人的口味变化以及1760年后英国竞争者的崛起，[93]景德镇的兴旺已大不如前。然而即使在这一时期，景德镇的制瓷工也至少有10万人。[94]根据费迪南·冯·李希霍芬男爵（Ferdinand von Richthofen）的猜测，直到1869年，景德镇的瓷器工匠仍然有8万人。[95]这一年，在一次仓促安排、因遭到当地居民仇视而缩短的景德镇之行后，李希霍芬男爵确认了关于当地制瓷业专业化水平高、制作流程按人头分工的说法。[96]据说，1778年，荷兰东印度公司一位商务代表曾经抱怨，他们在景德镇定制的一批餐具中的配套鱼盘断货，原因是负责制作这种鱼盘的工匠去世了。[97]景德镇的专业化分工并不是按照欧洲制造业模式，将生产过程分割为大企业里的一道道工序，而是把制造工作分配给一个个规模极小、半独立经营的生产单位。李希霍芬认为，这一特点正是中国“工业”的精髓所在：“所有劳动都是在按照细化分工进行的，没有统一指挥的一体化操作，但是经年不断的传承却将一切安排得井然有序。”.[98]

景德镇是一场持续数十年的瓷器出口热潮的源头，无以数计的瓷器制品从这里源源不断地流向港口城市广州（然后又流向西方各国的博物馆和古董店）。但是，景德镇的首要任务是供应朝廷所需的御用瓷器。除了丝绸之外，皇帝也经常用瓷器作为赏赐，回赠朝贡国或奖励属下大臣。景德镇与官办“织造局”一样，都是一种不追求利润、以满足需要为宗旨的经济形式。[99]在有利可图的出口贸易中，并没有国家的参与。在国内市场上，朝廷也没有对私人瓷器制造商构成直接竞争。

由此我们可以清楚地看到，在明清时期的中国，“国家”和“私人”领域之间并没有一道清晰的界线。朝廷扮演的角色，并不是一套有着固定职能、数百年以来结构不变的官僚体系，而是一个集各种职能于一身的综合体，以灵活多变的机构形式发挥作用。在中国，国家参与瓷器制造的历史始于14世纪末，以朝廷创立“官窑”——专为宫廷烧制瓷器的工场——为标志。[100]明代的官窑有80座，到了清代，官窑数量大幅下降。和丝绸业一样，这种变化也是废除匠籍制带来的结果。从1530年代起，强行征调工匠到官窑服役的制度便逐渐放宽。[101]到了清代以后，匠籍制被彻底废除。乾隆年间，官窑以计酬制雇用工人成为常态。[102]有时候，官窑甚至将烧制御用瓷器的任务分包给私窑，这也是导致官窑数量减少的原因之一。完成朝廷下达的烧造任务，仍然是官窑的职责，但是在完成任务的方法上，官窑有着很大的自由度，其前提是必须保证御用产品的质量。一些私人瓷窑与官窑签订协议，并按照订单为宫廷烧制瓷器。这种做法减轻了国家直接组织生产所造成的人力和财力负担，同时也给私人手工业者带来了好处。他们不仅能够享受到御用匠人的独有荣耀，还可以在完成官府订单之外，不受阻碍地为国内和海外市场加工产品。[103]当然，景德镇大多数私窑的资产都很微薄，经济状况很不稳定。正如殷弘绪神父所说，“一个成功致富的工匠背后，是一百个失败者”。[104]实际上，组织工匠进行大规模瓷器生产的是一些财力雄厚的商人，他们在全国各地都有自己的生意门路，并且与从事出口的广州商行有着密切联络。对制作瓷器的匠人们来说，最高目标就是积累足够的资金，从生产者转行成为商人。

对前现代中国的手工业生产来说，制瓷业或许称得上是各门类当中技术和组织水平最高的一个。有关这个行业的文献记录，无疑比其他任何门类都更加全面和详细。对景德镇制瓷业的考察，反映出18世纪的两大特点：首先，劳动力几乎不再受到任何非经济因素的束缚；在这一问题上，魏特夫（Wittfogel）的判断是错误的：在他看来，官营作坊中的“劳役式雇工制”是中国最具特色的雇佣形式。[105]但实际上，手工业者受到的制约更多是来自市场，而不再是匠籍制度。除了朝廷下派的烧造任务外，他们还要接受私人商业资本的控制，而后者的不确定性比前者更大。在制瓷业最兴旺的时期，除了极少数为官窑服务的工匠外，景德镇的匠人并不是没有人身自由的雇工，而是小企业主。

其次我们可以发现，面对新出现的商机，手工业者及其雇主的反应是多么精明灵活。来自海外的新需求将时尚、投机等新鲜因素，带入了这个有着强烈标准意识和深厚文化底蕴的行业。欧洲消费者想要的往往并不是传统的景德镇瓷器，而是按照自己的口味和要求下单定制。于是，在18世纪的中国瓷窑里，工匠们便按照这些欧洲客户的要求，在瓷胎上依样绘上基督受难之类非中国风格的图案。[106]此外，欧洲收藏家还定制了许多想象中的“中国风”瓷器，然后以“正宗”中国货的名义一路运到欧洲。殷弘绪曾于1712年写道，为了制作那些欧洲人定制的稀奇古怪、与本土传统不符的瓷器，景德镇的工匠们费尽了力气，废品率的增加导致价格大幅上涨。不过，这些洋式物件却吸引了督办官窑的官吏们的兴趣，他们专门搜罗来这些西洋的“奇珍异宝”，作为贡品送给颇有好奇心的慈禧太后。[107]东方就这样以精明的商业意识，接受了欧洲人凭借想象赋予它的样貌。

经济商品化的进一步加深，纵向与横向流动性的提高，社会等级制度的削弱，对私人经济活动的法律与行政束缚的解除——简言之，西方人理解的“现代性”逐步增强，这种变化与中西之间**商品**贸易的增多，具有一定而非决定性的关联。更重要的原因应当是两方面因素的结合：一方面是国家长治久安带来的有利局面：商业安全保障的改善，交通的日益活跃，长期规划可能性的增多等；另一方面是东亚太平洋地区百年一遇的经济繁荣所带来的动力。[108] 自16世纪起，大量白银流入中国，部分是通过跨太平洋丝绸贸易，部分是经由新开辟的日本渠道。从根本上讲，是美洲银币为中欧大规模贸易提供了前提。因此，近代早期的对华贸易从一开始便是横跨三个大陆的流通链的一部分。[109] 从新世界流入的白银使资金流动性和偿付能力大大提高，同时也对中国国内经济造成了影响。[110] 早在17世纪初，中国便已被全球白银流通体系牢牢钳制。大约在1610年后，白银流入中国的渠道一度受阻，由此引发的通货紧缩使大量纳税人、借债人和佃户陷入了困境，这有可能是导致明朝衰落和灭亡的原因之一。[111]

17世纪中叶的改朝换代以及康熙帝实行的有意识抑制白银流通的政策，[112] 并没有使中国经济的长期趋势发生改变。轻度通货膨胀（中国的“物价革命”不是在16、17世纪，而是在18世纪发生的）使现金收入的获取方从中受益，并给市场化生产带来了新的刺激。另外，由实物税向现金税的彻底转变也对私人需求的增长起到了促进作用。[113] 正是在这样的大环境下，清廷决定对一些以往受国家直接或间接控制的行业放宽限制，给私商更大的自由空间。这种做法并非出于“鼓励自由”乃至西方所谓“自由主义”的考虑，而更多是实用主义和儒家仁爱思想的一种表现。清朝初年开始实行的对手工业生产规模的限制被取消，民营企业家纷纷扩大经营规模或创建新的企业。1720年代和1730年代，大量私人资本进入盐业、造纸、制糖和木材加工等行业。[114] 铜一向是中国最主要的铸币金属，[115] 自1715年日本下令限制铜出口后，铜矿开采成为具有重要政治意义的行业。在云南，官僚机构改变了官办铜矿的旧做法，同时放宽了对铜矿开采的间接控制。[116] 由此出现了一种官督民办的混合型体制，即由官府监督并以约定价格收购产品，而将铜矿的日常管理交由民间负责，并允许私商将官府收购后的剩余产品拿到市场上自由销售。[117]

这些条件吸引了来自各地的大量投资者和劳工。[118]1754 年，随着国家收购价格的提高，云南采矿业的发展达到了巅峰，并持续了近四分之一世纪。[119]之后，形势开始滑坡。1855 年爆发的回民起义，更是给云南铜矿业带来了致命一击。

可以确定的是，18 世纪的清帝国并不是一个在革命精神指引下向新的彼岸迈进的国家。但是，它同样也不是一个僵化封闭的社会，所谓“停滞”亚洲的化身。此时在中国，一段持续数百年的蓬勃发展期正在步入尾声，其基础是在宋朝时打下的。精英型官僚体制与科举制日臻完善，官僚地主阶层兴起，取代了传统的世袭贵族势力；从乡镇贸易到海外商品交换，各层面的商业活动日益活跃，一个汇通天下的商人群体由此形成；货币经济日趋发达，城市化速度加快，尤其是在长江三角洲地区。在 16 世纪下半叶，即明代晚期，还曾发生过另一场比宋代影响略小的变革。在结束朝代更迭的乱世，进入 18 世纪相对安定的阶段后，这场变革带来的成果开始全面呈现：地主和租佃制度的形成，农村自由契约关系的建立，劳务关系中非经济因素制约的解除，贸易交往的活跃，私人经济活动的明显增多，等等。

清朝盛世下的中国是一个高度商业化的社会。所有西方观察家都对各地活跃的贸易行为赞叹不已，特别是用欧洲的尺度来衡量。杜赫德在对其他耶稣会传教士笔记加以汇总的基础上，于 1735 年出版了百科全书式巨著《中华帝国全志》，并在书中对 18 世纪的中国和欧洲进行比较。他所得出的结论虽略显夸张，但仍然不失分量：“中国内地的贸易是如此兴旺，即使将整个欧洲的贸易加在一起，也难与之匹敌。各个省份就像是大小不一的王国，彼此交换各自的产品。贸易将华夏各族统一起来，并把丰富的物产带到每一座城市。”[120]另外他还写道：“即使是欧洲最热闹的集市，与中国大多数城市的繁华景象相比也会黯然失色：到处是熙熙攘攘的人群，商品琳琅满目，买卖一派兴隆。”[121]贸易活动是在不同层面上进行的，各个层面之间又有着密切的联系：农民用推车和担子将剩余农产品带到离家最近的集市上贩卖，并为自家采购食油、盐、糖和棉花，有些人还会顺路拜访东家，或去茶馆会友聊天。在这一层面之上是跨地区远途贸易体系。长途贩运的货物不仅限于那些价格昂贵、运输成本较低的奢侈品，而且还包括粮食、棉花、棉布、茶叶、木材和食盐等大宗消费品。比如说稻米贸易。自12世纪起，一个连接三地的稻米交易体系逐渐形成：商贩将湘鄂赣等稻米高产区的大米沿长江而下，运到城镇集中的三角洲地区（南京、上海、杭州、苏州等地）；一部分稻米再作为贡米，从这里沿大运河北上，一路运抵华北。[122]直到20世纪初取消粮食进贡后，这种跨地区分工还依然存在。[123]18世纪时，由各地商人组成的商帮遍布全国。[124]来自不同省份的商人在经营领域方面各有专长。例如，金融生意是由晋商掌控，而水路长途贩运主要是由闽商组织运营。[125]无论哪个行业，各级市场之间的密切联系都是一大突出特点。从商品交换关系的密集性来看，欧洲人想象中的下述画面是无法成立的：自给自足的村庄星罗棋布，彼此之间很少联络，以贩运奢侈品为主的远途贸易如一张松散稀疏的网络覆盖其上。[126]

对近代早期的中国而言，国内贸易的发达同时也是一种阻碍，使其未能更深地融入正在形成中的世界经济。中国可以实现自力更生，而不需要借助对外贸易来保障社会再生产。洋人的出现带来了出口的商机，这些商机虽没有受到轻视，然而在18世纪末茶叶出口大幅度扩张之前，[127]并没有发展成为真正的出口行业。中国出产的瓷器、丝绸和“南京布”当中，有很小一部分被出口到海外，甚至还出现了针对洋人品味的定制品。但是这些手工行业的萌芽，早在达伽马航海之前便已开始，而不是外部因素催生的结果。只有在一个领域，世界经济的力量长驱直入，迅速逼近这个封闭帝国的经济核心。从 16 世纪起，中国经济已不再是一个与世隔绝、自我调控的体系。白银和黄金的流入将中国经济与跨大陆流通体系连接在一起。由世界其他地区引发的每一次波动和危机，都有可能波及中国。而这些地方的名字，就连京城那些满腹经纶的鸿儒也不曾耳闻。[128]

/ 五 弱势专制

西方人对中国最感兴趣的，莫过于它的国家制度：早年是由“天子”和儒家“群臣”组成的政权结构，后来是国民党一党执政的党国体制。在外邦眼里，中国是官僚制社会的一大代表。19世纪时，与西方列强直接发生冲突的是中国朝廷：它是军队的统帅，是经济领域的垄断者，也是外交舞台上足智多谋的活动家。不过，19世纪清廷所建功业，充其量只是前朝盛世的微弱余晖；而20世纪初的中国政府倘若还能勉强被称为政权的话，也不过是昔日恢宏权力大厦的一张漫画像。如果把1730年作为标杆，来衡量1930年中国政权的衰弱程度，或者用不带感情色彩的话来讲，要想了解中国政治体制的剧变是从何时开始，我们必须让目光再次回到鼎盛时期的清帝国。当康熙、雍正、乾隆这三位伟大皇帝在位时，中国朝廷究竟有多大的实力？

在这一问题上，学术界的分歧由来已久。从20世纪初开始，观点主要分成两派：非干预论和专制论。持非干预论者认为，中国朝廷“不过是一个税收和警察机构”，[1]一个“覆盖于民主之上的独裁统治”工具。[2]这里的“民主”包括两层含义：其一是任人唯贤的官吏选拔制度，即通过原则上人人机会平等的科举考试来招募政治精英，而不是依靠世袭的贵族出身；其二是在官僚机构力所不及的层面上，通过各种“前国家”性质的团体对社会进行自我调控，这些团体包括家庭、宗族、村落、帮会、寺庙和地下社团等。国家虽然偶尔也会以独断专行的手段对农村居民生活施加干预，但这种干预并不是通过系统化监控的形式进行的。中国农村组织依靠的更多是地方士绅领导下的自治。按照这派观点，中国帝制政权是一个泥足巨人，它的力量太过弱小，以至于无法在19世纪担当起奋起直追的现代化重任。[3]

专制论的观点与此截然不同。持这派观点的人认为，帝制时期的中央政府是一台为所欲为的独裁机器。暴君及其手下官吏尽管无法一个不漏地控制和指挥所有百姓，但是从原则上讲，没有任何法律和民间力量能够阻拦他们对每一位臣民的财产、生命和生活横加侵犯。不受国家控制的空间是不存在的，社会凝聚力量——特别是社会阶级——也没有形成气候。非国家领域的自主行动，例如私人资本的积累，永远都处于被专制扼杀的危险之下。从这一角度看，中国是西方自由宪政国家的极端对立面：一个比概念先行（avant la lettre）的“极权主义”体制。近代中国的改良失败并非执政者的行动力受限，而是极权体制的禁锢所致。

在传统史学界，特别是在人们对历史的普遍意识里，专制论比弱势和非干预政府的观点似乎更有市场。持这类主张的人遍布各地，只是程度略有不同：如马克斯·韦伯、魏特夫和著名法国汉学家白乐日（Etienne Balazs），[4]20 世纪上半叶的中国保守派和激进派知识分子，日本汉学家中的主要流派之一，[5]还有研究中国问题的一大批苏联学术权威。[6]在论述中国的经典著作中，这派观点也颇受欢迎。在这些文字中，魏特夫以“治水社会”来比喻中国强大的官僚体制，其观点被标榜为有关帝制中国的最佳解读。[7]

两类主张孰对孰错，并不能一概而论。它们当中的每一派观点，都为人们了解前现代中国统治实践提供了一个重要视角。但是无论观点如何，我们都必须针对具体的历史阶段做出判断，因为只有眼光浮浅的观察者，才会错误地把中国政府看作是一个没有历史的僵化概念。[8]接下来，我在对中国近现代历史做出粗线条梳理时，既不会对清朝政治体制细加阐述，[9]也不会就中国君主制的合法性基础与自我认知展开讨论，[10]而是从专制论与非干预论争执的焦点出发，将目光集中于 18 世纪中国政府的实力，即政府操控社会经济体系的能力和意愿。

明朝的建立最初就是从强化专制开始的。明朝第一任皇帝明太祖（朱元璋，年号洪武，1368~1398 年在位），这位从佛教僧侣一跃成为天子的国君，[11] 让世人见证了“专制统治赤裸裸的残酷性”，[12] 其残酷程度以往只有在少数蒙古统治者执政时才偶有一见。洪武帝不仅从个人的言行举止看，是一位地地道道的东方专制君主，而且他还从 1380 年起对行政机构实施改革，以强化皇帝在政治体制中的权力地位。在此后的 500 年时间里，经由这场改革奠定的至尊皇权几乎从未被撼动。[13] 改革措施包括：废除宰相制，分散军事指挥权，将中央职权分配给若干低级别行政机构；利用身为皇帝家奴的太监，作为制衡朝臣的工具，即使其行为过激也可免于处罚；当廷杖责大臣甚至是德高望重的朝廷元老的事情，几乎每天都会发生。1390 年代，洪武帝下令实施大清洗，前后有数万人被杀；设立锦衣卫，作为专门侍卫皇帝的特务和恐怖机构，用来对付不听话的臣子；[14] 以歌功颂德的方式树立对皇帝的崇拜，并藉此巩固新秩序；设立国子监，以培养后备人才；篡改学子必修的儒家典籍，删除其中对君王不逊的内容。通过这些改革，形成了一个由皇帝、宦官、锦衣卫和三省六部 [15] 构成的新的权力中心，对整个国家官僚体系实行掌控。这种权力关系的基本架构一直延续到清朝结束。历史学家吴晗曾用形象的语言描述权力体制的这一变化：“在宋以前有三公坐而论道的说法……到宋朝便不然了。从太祖以后，大臣上朝在皇帝面前无坐处，一坐群站，……到了明代，不但不许坐，站着都不行，得跪着说话了。”[16] 由此可见，中国专制主义的表现形式是 14 世纪晚期出现的新事物，而并非如近代欧洲评论家所说，是华夏秩序的固有特性，自古至今一直未变。

清朝皇帝继承了中国传统的皇权思想，最长寿的皇帝乾隆在位时，甚至还通过各种祭祀仪式将皇权思想推向了艺术化的高峰。[17] 除此之外，洪武帝设立的行政体系框架也在清代得到了延续，[18] 只是太监的权力被解除。因为在大约1580年之后几位弱势皇帝当政时，宦官专权一度成为祸国殃民的一大祸患。[19]满族并不是一个野蛮民族，早在努尔哈赤大汗（1559~1626）统治时，便已建立了自己的官僚体系，并将其中一些职位交由汉人和蒙古人担任。[20]1644年建立清王朝后，在规模庞大的官僚队伍里，满族官员自然只能占极少数。因此，清廷必须依靠与汉族官员的合作来维系统治。部分是出于这一原因，清朝第二位皇帝康熙和第三位皇帝雍正，包括第四位皇帝乾隆（特别是其在位的前半段时间）的治政实践，其呈现出的特点并非专横跋扈的暴君式独裁，而是一种“贤明”的个人统治。皇帝亲理朝政，批阅文书，不时就军政要务做出决策。为了平衡朝廷中的各派势力，皇帝的角色时而是官僚体制的制衡力量，时而是等级制度中地位最高的首脑。此外，他还要做到广开言路，善于纳谏，从而绕开官府衙门的常规渠道，去体察“底层”民意。[21]清朝是一个“征服王朝”，皇帝们对此一直牢记在心。帝王统治的核心，是掌握对官僚体系的控制权。在这一问题上，汉族人与满族人之间的不信任，始终是一个令人棘手的麻烦。因此，直到清朝覆灭，朝廷的文武要职大部分都是由满人担任。

18世纪清朝皇帝的个人统治与明末统治者昏庸无为之间的差异，[22]透过一个例子便可看出：1683年，康熙皇帝设立了官员定期觐见和奏折制度。奏折制度不仅有利于皇帝了解实情，不为左右所蒙蔽，同时也是控制各级官吏的有效工具。[23]清朝皇帝中最勤政的雍正帝正是依靠奏折制度，使皇权对官僚体系的掌控达到了高峰。这种掌控一方面是借助无形的威慑，另一方面是以惩治作为手段。例如，雍正帝通过反腐行动，在整肃吏治方面取得了明显成效。但是，强化皇权的结果却是矛盾的。行政机构的效率达到了中国历史上前所未有的水平，与此同时，臣子反抗皇上旨意的可能性却被剥夺。特别是在雍正时期，作为监察机构的都察院的职能被大大削弱。[24]专制改良带来的影响是，18世纪的中国政府没有沦为东方专制主义恶魔的化身，同时也有能力对社会经济进程实施有效和系统化的干预，这在那些混乱的东方专制社会——萨非王朝统治下的波斯和莫卧儿时期的印度——是不可想象的。[25]在清初几位皇帝的统治下，中国成功避免了沦为“苏丹化政权”的危险，这种危险是明朝不曾遇到过的。换言之，中国没有退化成为一个“当权者完全不受传统约束、肆意行使权力”的家长制社会。[26]

18世纪的中国是由精明能干的独裁者[27]与（就前现代社会而言）颇有行动力的官僚机器共同执掌的国家，我们很难把这一时期的中国政府，看作是一种权力无处不在、扼杀一切自治诉求的独裁专制政府。当然，类似西方教会、等级代表团体或自由城邦等合法化权力制衡力量，在这里是没有生存空间的。“天无二日，民无二主”，[28]从这句话便可看出当时中国君臣之间的关系。朝廷选拔官吏的途径，主要是通过每两年或三年一次的科举考试。清朝科举考试的基本模式与宋朝没有太大区别，[29]虽然考场舞弊之类的丑闻偶有发生，但从总体上讲，18世纪的科举制度仍然是客观和公正的。[30]在所有入闱的考生中，只有不到3%能够进入仕途。只有获得较高头衔的中试者，才能拥有入仕资格。18世纪时，中国文官人数大约是2万。[31]凡通过殿试成为“进士”者，可自动获封九品官阶中的中级官衔，到地方出任县令或知府，或入京师担任低级官职。[32]在所有拥有进士头衔的人当中，只有大约十分之一能够晋升为三品以上的高级官员。[33]从中级提拔为高级官吏，通常都是由皇帝钦定。在这一过程中，不排除满人优先的可能性，前提是后者必须也要通过相应的考试。[34]但是科举制的实行，无疑使皇帝选拔官员的随意性受到了限制。至少在中下层官吏的升迁问题上，制度化已基本形成，皇帝只有在极个别的情况下才能施加干预。官僚体系内部大多以同乡关系为纽带的恩庇网络，往往是在朝廷和制度监督不到的地方发挥作用。[35]

由于科举制强调规矩，提倡个人奋斗，因此对社会稳定十分有利。这种制度虽与不受统治者操控的官员遴选机制有着天壤之别，但是，历史沿袭的程序规范以及科举制所享有的文化光环，却对独裁者的肆意干预起到了良好的防范作用。

一个庞大的国家机器不可能单纯依靠“恐惧”——孟德斯鸠所说的专制主义原则[36]——来维系自身的运转。中国官僚体制并不是一个听凭皇帝指挥的工具。仅仅是领土辽阔所造成的信息沟通困难这一点，就使官员自作主张的现象成为一种必然。除了不许官员在家乡任职等规章外，道德规范对维系官僚体制更是起到了至关重要的作用。每一位官员当然都会考虑自身的物质利益，还有家人和同胞的利益。此外，他还会受功名心的驱动，努力追求自我实现，成为儒家理想中的“君子”。但与此同时，他也必须为大局考虑，既要捍卫君王的权威，维护世人公认的儒家士大夫传统形象，也要遵守官场的行事方法和内部规则。这些方法和规则更多是出于纪律性考虑，而非来自儒家思想的制约，[37]其中包括各司其职、权力集中、恪尽职守、务实变通，等等。[38]

/ 074

这些不乏矛盾的考虑所导致的思想纠葛，使得每一位官员在遇到权力冲突时，往往会感觉到巨大的心理压力。这一点也是整个官僚群体——而未必是官员个体——有能力与昏庸无度的暴君展开抗争的原因。正如约瑟夫·列文森（Joseph Levenson）所说，中国官员所拥有的社会名望归功于其文化修养，而与他和皇帝之间的关系以及在等级制度中的地位无关。他不是一个单纯的幕僚，也不是一名听人使唤的衙役。丢失官职乃至性命，并不会令其尊严和名声受到损害。“当一个君王不再是名望的唯一来源时，他便无法以身败名裂相要挟，对其属下臣子实行奴役。”[39]儒家士大夫从来都不是统治者的奴才，就像“苏丹式”体制中的宠臣一样。他拥有文化修养带来的退避自由，就连独裁者也奈何不得。那些蒙冤受辱、不惜以死相抗争的官员，是中国儒家历史上反抗专制的文化英雄。

这个受制度约束、以合理性规则作为制衡的中国权力体系，对经济和社会又产生了哪些影响呢？其常规干预手段主要是**征税**。18世纪的中国政府与近代早期欧洲处于不同发展阶段的几乎所有国家一样，[40]其收入的一部分是通过卖官鬻爵获得的。除了捐官外，在中国，科举头衔经常也会成为买卖对象，虽然这些头衔并不直接和官职挂钩。不过，直到19世纪，这一收入渠道才成为朝廷的重要财政支柱之一。据估计，捐纳占中央财政收入（不包括粮食进贡）的比例在雍正年间为9%，在乾隆年间达到近17%。[41]在18世纪时，政府最重要的财政来源仍然是税收。

其中重要一项是盐税。在所有前现代社会中，盐税都是“农民自给自足生活中的脆弱一环”。[42]18世纪时，中国实行的是国家监管、私人垄断经营的盐业专卖制度。实际上，盐业专卖是自古以来通行的制度。在历史上，国家长期放开监管或由官方垄断盐务的做法十分罕见。[43]但是在17世纪初，官府明显放宽了对制盐和贩盐的控制。仅从当时盐业贸易的规模来看，实行严格管控便是一件难事，它将使官僚机构的组织能力受到极大考验。况且在人们的印象里，官府衙门对处理和生意有关的事务一向并不热衷。[44]在中国，食盐主要是以家庭或私营盐“灶”为单位，用海水或井（湖）水通过熬煮或晾晒制成。盐业生产者在经济上受到盐商的控制。盐商又分为不同的等级，地位最高的是掌握某个地区的盐业专卖权并按比例向官府纳税的大盐商（在食盐主要产区两淮盐场，大约有30个）。[45]官府在发放专卖许可时，通常都会挑选那些资金雄厚、有能力承担风险和预先缴纳盐税的商人。朝廷主管盐务的是巡盐御史，其目标是满足两方面利益：一是按额度征收盐课，以满足国库（户部）和皇帝小金库（内务府）的财政需求。在乾隆年间，盐税是皇帝个人收入的最重要来源；[46]二是想办法从大盐商那里给自己捞取好处，同时还要小心不能因盘剥过度而导致这些人破产。在整个 18 世纪期间，由于人口膨胀导致食盐需求增长，盐业专卖看似运转良好，就连那些富可敌国的盐商也对此感到满意。乾隆年间，各地商人聚敛的个人财富（盐业虽不是唯一，但无疑是最重要的发财渠道）多达 1000 万两。[47] 当时，全国一年（1753）的税赋收入仅有 4400 万两，而朝廷一品大员的年俸也只有 180 两。[48] 没有任何一条致富途径能够与盐业相比。

18 世纪中叶，在户部各项收入中，盐课约占 12%，田赋占 74%。[49] 后者包括以银两缴纳的地赋——自 1723 年起，丁赋也被并入其中，合并为“地丁”——以及各种名目的杂捐。（18 世纪时，徭役在理论上已经被取消）当时，地丁与杂捐的比例大约是四比一。在官方统计中，对百姓的真实税负并没有详细记载。除了由地方官府的衙役和听差挨家挨户收缴的赋税外，百姓还要忍受其他形式的勒索，其中一部分是按惯例摊派的费用，其余都是没有合法名目的敲诈。[50] 这些赃款很大一部分落入了上至户部的各级官吏的私囊。通过对 19 世纪长江下游地区的研究可以断定，在所有向田地所有者征缴的税银中，只有不到一半被户部登记入账。[51] 在 18 世纪，特别是在立志改革的雍正帝统治时期，税银入库比例略有增加，但仍然远未达到 100% 的水平。实际税负是累退性的，因为那些财大气粗的地主以及与地方官吏交往密切的乡绅名流，总是能找到办法逃避缴税，和普通农村百姓相比，他们受到衙门听差和皂隶勒索的机会也要小得多。因此，受苛捐杂税之负最重的是自耕农，还有被地主将全部或部分税赋转嫁于头上的佃户。

现实中的税负不公与儒家倡导的平等观念是背道而驰的。此外，官府在催缴赋税时，经常是采用暴力手段。某位县令因为在五年任上禁止对逃税抗捐者施以严刑，而成为人人称颂的清官。[52] 不过尽管如此，如果以前现代社会的标准来衡量，清朝的田赋并没有达到过分夸张的水平。其主要原因是，官府在统计田地面积时，总是难免会出现遗漏。清朝头一百年新开垦的耕地（数量大约为 3 亿亩 = 2000 万公顷），至少有三分之一没有被登记造册。[53] 清廷没有像明朝统治者一样，对全国土地进行丈量和登记，而是沿用了明朝时的数据，并由各州县在没有系统化管理的情况下对其加以修改和补充。从朝廷颁布的一系列诏令，便可看出清政府在财政税收上的谨慎，其中最著名的是 1713 年康熙帝颁布的一道诏书：将 1711 年的人丁数目“定为常额”，此后“滋生人丁永不加赋”（1723 年改为“摊丁入亩”）。因为这里涉及的是按人头收缴的赋税，因此朝廷此举实际是放弃了从人口增长中直接获益。[54]

马克斯·韦伯将康熙的诏书视为“皇帝在财政政策上向食俸禄者低头认输”的表现。[55] 但是，作为一个政策上并未受到指摘的皇帝，康熙并没有必要这样做。因此，更合理的一种解释是：18 世纪初，清廷奉行的是以满足生存需求为宗旨的自给经济原则，在国家财政支出没有明显增加的情况下，按照明朝的人丁数目来应付开支，并不是一件难事。[56] 此外，虽然清朝统治已经巩固，但是作为一个尚未获得普遍认同的征服王朝，合法性仍然是一个不容忽视的问题。在儒家治国理念中，轻徭薄赋是仁政的标志，而横征暴敛则被视为暴君专制的表现和王朝灭亡的征兆。因此，清廷放弃增加赋税是符合自身政治利益的。让百姓安居乐业，比国库充盈重要得多。“食俸禄者”——马克斯·韦伯对官僚群体的形象称谓——也有类似的意向，尽管这与其内心对财富的欲望（再加上贴补微薄薪俸的迫切需求）相抵触，并在现实中对后者起到制约的作用。说到底，官员的政绩和仕途离不开属下子民的认可，尤其是当地上层社会的合作。一旦在其管辖的地盘上出现骚乱甚至是叛乱，朝廷必然会拿他问罪。另外，地方官员不希望税负过重也是因为如果赋税过高，要完成征缴任务就会难上加难。鉴于上述种种原因，1713 年实施的“永不加赋”政策并不是中央对地方利益的妥协，而是18世纪清朝明君的成功秘诀：尽其所能，缓和清王朝与汉族臣民之间的矛盾。[57]中国皇帝也一样不能仅仅依靠权杖来治理自己的国家，[58]而必须凭借巧妙的手段赢取臣民的拥戴。

从整个国民经济的角度看，清廷在行政效率巅峰期时征缴的税赋，也没有超过前现代时期各种非专制和非官僚制社会的普遍水平。在18世纪中叶，中国税收占国民收入总额的比例为4%~8%。[59]据估计，近代早期欧洲的税负水平是5%~8%。[60]由此可见，在社会剩余产品的支配问题上，中国专制政权与欧洲君主制国家的表现相差无已。18世纪期间，在经济持续增长的背景下，中国的税负水平甚至还有所下降。当时一些欧洲观察家便发现，在中国，皇室并没有将社会财富全部敛入自己的私囊，就像莫卧儿时期的印度那样。[61]现代历史学家对此持同样看法。税收体系是传统社会晚期中国政府的软肋，即使在16世纪末[62]与18世纪初的税制改革后，中国强大的政治上层建筑仍然是建立在脆弱的财政基础之上。[63]

除了国家对社会财富的支配问题，国家在经济活动中的主导作用对理解中国政治体制本质同样至关重要。魏特夫及其支持者特别强调的中国社会的“农业管理”（agrarmanagerial）特性，在18世纪有何表现呢？[64]

清廷在执掌政权期间从未像过去的一些朝代那样，以颠覆性方式对土地产权关系实行调整。[65]朝廷本身很少直接参与农业经营。18世纪时，全中国92%的土地是作为私有土地登记造册，其余8%的国有土地中，还包括满族八旗子弟为维持生计勉强打理的土地。[66]在中国，既没有国家名下的大地产，也没有国家直接管理、对经济具有重要影响的皇室地产。这是中国与邻邦沙俄之间的一个显著区别。在俄国，直到1861年农奴制改革前，仍然有大约5000万农奴和农民是在国家或皇室的土地上劳作。[67]

一些持专制论观点的人强调，中国政府将庞大的劳动力大军束缚在浩大的建设工程上。但是对帝制中国的最后三百年而言，这一论断却有失偏颇。在清朝时，并不曾出现过古代那些依靠专制手段组织大规模人力完成的宏伟工程：修筑长城，开凿大运河，建造类似长安、洛阳一类的都城。[68]1700 年前后，中国早已告别了“法老统治”的阶段。在农村社会里，官方直接参与的事务主要有两项：水利治理和粮食储藏。其中，水利问题尤其富有启发性，因为人们对中国式东方专制的认识，多数都是从政府的“治水”职能推导出来的。[69]

在中国历朝历代，治水都是政府的重要职责，它与王朝统治的合法性息息相关。治水有两种基本形式：一是防洪，二是引水（灌溉）。治水可以为经济繁荣创造条件，同时还具有重要的军事意义。

即使不兴建新的水利工程，维护现有的水利设施也是一件大事。在中国的生态环境下，引水工程通常不需要太大的技术投入，以至于必须由政府出面协调才能够完成。即使是一些相对复杂的灌溉设施，也可以由乡村共同体或以村民互助的形式组织修建并加以维护。大多数情况下，地方官员在引水工程中的作用只是引导和鼓励，而不需要亲自出马，对建设工作进行统一指挥。但是，防洪却是另一种情形。由于对技术条件要求较高，防洪工程必须要有统一规划和指挥，不过，以准军事化形式动员大规模劳动力的情况仍属罕见。[70]特别是在新王朝建立后，为了修复那些在改朝换代的混乱中遭到破坏的设施，往往需要由中央政府出面，在筹集资金和组织建设方面提供帮助。清朝统治之初，情况也不例外。当时，淮河和长江沿岸多处堤坝设施都亟待修缮。17 世纪末，清廷为治理黄河花费的资金便高达全部收入的近十分之一。[71]不过，这些工作并非如“治水社会论”所说，为统治者利用水利官僚对社会力量实行奴役提供了理由，而更多是像魏丕信（Pierre-Etienne Will）论证的那样，形成了行政效率在水利建设方面（以及相关的国家行为领域）的周期循环。[72]

魏丕信的分析是基于下述思考：对国家行为问题的研究，必须将国家干预对各地区生态、社会和经济环境的影响及其范围作为着眼点。[73]他以湖北为例，提出了“水利周期”一说。在周期的初始阶段，清廷也和历代朝廷一样，在兴修水利方面展现出强大的雄心，然而在17、18世纪时，它已无法再依照古代的传统榜样来行事。由于清廷极力避免强征徭役，或像明朝时依然常见的做法一样，通过搜刮当地百姓来筹措资金，因此，清朝政府比前朝统治者更加需要在兴办水利的地区，寻求与地主和民间势力的合作。主管官吏的理想目标是，在落实第一轮资金和技术后盾后，及早并尽可能彻底地抽身，将水利设施兴建和维护的任务托付给地方上流社会。但是事实证明，这一美好设想很快便因“地方私欲的离心作用”[74]而化为泡影。换言之，导致这一结果的是无法协调的私人利益之间的矛盾冲突。江河流域自古以来便是人口稠密的聚居区，随着人口的爆炸式增长，耕地变得越来越短缺，各种利益之间的争斗日趋残酷。特别是私人拦河筑坝等非法行为，对生态和水利平衡造成了严重威胁。对官僚群体而言，他们一直都在利用手中掌握的监督权和技术手段，努力维系这种平衡。于是，这些国家代理人便陷入了一种进退两难的困境：一方面，为了公共利益和政治稳定考虑，他**必须**要采取措施加以干预；另一方面，囿于资金匮乏的限制，再加上害怕因此得罪当地乡绅——官员们的阶级“同胞”，他们又不**能**出手干预。由此导致的结果是，生态灾害频频暴发，反过来又对政治稳定造成破坏。特别是在18世纪最后几年里，这种现象尤其突出。因此，在水利周期具有决定性意义的中间阶段（各地区的周期轨迹当然各有不同），摆在官僚群体面前的是一对无法解决的矛盾。在现实面前屡屡碰壁的所谓完美政府，其理想既非“极权式”统治（魏特夫、白乐日[Etienne Baláza]），亦非宿命论式的不作为，而是“以最小化行动发挥最大化作用”的优化原则。[75]这种政策带来的典型后果不是“治水”政府的胜利，而是官僚体制败给了贪图利己的私人利益，败给了人口和生态发展的蓬勃力量。用一句话来概括：社会和自然战胜了国家。

在19世纪经济自由主义问世前，在历史上所有人类共同体中，国家干预的第三个领域是**商业和手工业**。在这方面，中国政府也一向背负着残酷压制私人资本的坏名声。通过对历史的仔细观察我们会发现，事实并非如此简单。从总体上讲，18世纪的商业化进程并没有因国家干预而受到阻碍。从规模来看分量最重的手工行业——棉花加工——几乎是在完全没有官方参与和干扰的情况下发展起来的。一些以满足朝廷需求为宗旨的加工制造业，例如丝绸、瓷器和铜器等，官营比例也远远低于之前的几个朝代。这种“退步”并不是因为朝廷能力不足，而是对成本收益精心计算的结果。朝廷通过计算做出判断，在原始市场经济的繁荣环境下，国家可以借助“商”——社会等级制之外、由商人和私营企业主构成的新兴阶层——的力量，以更有效、更节省成本的方式使自身需求得到满足。这些需求不仅是指税收，同时也包括政治上的稳定。[76]在18世纪时，国家对商业的垄断不再发挥重要作用。粮食、茶叶、棉花、食油、糖、酒等最重要的日常商品，都不再由国家专营。虽然说，从走街串巷的小贩到富甲一方的米商，还有在中国格外活跃的牙商和掮客，[77]一律都要向官府缴纳帖费，即营业执照税，同时还要忍受贪官污吏的各种盘剥和勒索，但是，这些都称不上是国家对工商业的直接干预。盐业专卖事实上也是包税制的一种形式，它保证户部和内务府可以定期收入稳定的进项，但垄断价格却是在（执行并不严格的）国家监管的框架内，交由盐商自行确定。更何况由于私盐难禁，中国的食盐本来就有五成是绕过专卖制度，也就是通过走私，抵达消费者手中的。[78]

不过，我们并不能由此认为，从康熙到乾隆时期的清朝政府是在有意识地推行“自由放任”（laisser faire）政策，放开对私人商业资本的限制，任其自由发展。例如，在经济形势一片大好的情况下，朝廷可以放手让盐商赚取大笔财富，但是，这些人即使不是全部，但大多数终将沦为统治者横征暴敛的牺牲品。在盐商积累的庞大财富中，只有极少一部分被用于再投资，也只有很少一部分被用于置办田产。而大部分积蓄或是用来支付奢靡的生活，或用于助学以博取声望，或供子嗣读书以备赶考。[79]一些富商家庭正是通过科举入仕的途径，成功摘掉了商人的帽子。[80]剩下的人则随着苛捐杂税的日益加重纷纷破产，特别是当一个王朝濒临灭亡时，这种现象尤其常见。因为这时候，朝廷需要搜刮更多的银两，用于镇压暴动和起义。与此同时，权力阶层的腐败和贪婪也在不断升级。清朝是在乾隆帝统治的最后几年，特别是在其退位后，才进入这一阶段的。为了镇压1796~1805年间的白莲教起义，朝廷不得不额外筹措资金以应付开支。由于清廷的收入结构早已僵化，无论田赋还是盐课，都已经没有了加征的空间，因此，国家财政状况越差，商人的处境就越恶劣。19世纪末，富甲一方的范氏家族正是由于被官府不断以“送礼纳捐”的名义盘剥勒索，而最终破败。[81]一些盐商为了维持生计，不得不想方设法把增收的税赋转嫁给消费者，并由此导致私盐泛滥，整个盐业体制被推到了崩溃的边缘。1831年，清廷下令对盐政实施彻底的改革。[82]

从整体上讲，中国当时存在着一种结构性矛盾：一边是皇帝和官僚士大夫们的总体目标，即维护政治稳定与统治合法性，保证王朝长盛不衰；另一边是各级官吏中饱私囊的贪欲，还有皇家小金库的无节制索求。实行“永不加赋”政策后，国家财政收入的增长只剩下剥削压榨这一条渠道。其“压榨”对象是那些依赖政治荫护的垄断商人，而未必是商业**本身**。官府允许一小撮精明的商人发家致富，以备今后有需要的时候对其加以盘剥。但是，对商业资本的压榨并非人们常说的儒家“重农抑商”传统所导致的现实结果，[83]而且这种压榨也不是通过系统化的主权行为或者是政策调控式的强制措施进行的，就像独裁政权在扼杀资产阶级平权行动时的惯用做法一样。[84]中国商业资本的衰败更多是危机下的过度剥削所造成的后果。在国家能够利用巧妙手段维持收支平衡时，具体地讲，直到乾隆统治初期，朝廷仍然在精心维持与商人之间的利益平衡与合作，并且确实做到了这一点。经济繁荣作为仁政的显著标志，同样也离不开（或者说恰恰是得益于）商人群体的贡献，对此，人们已普遍达成共识。

概括地讲，18世纪时的中国朝廷并不是一头横征暴敛的专制猛兽。其占有的国民收入比例，并没有超过同时期欧洲非专制社会的水平，而且在整个世纪期间还有所下降。许多经济领域都处于国家控制的范围之外，例如国内贸易、农业、大部分手工行业、钱币铸造和金融业等。18世纪是私营经济蓬勃发展的时期。私营经济，而非国家，才是推动经济腾飞的发动机。[85]国家的主要贡献是，它没有让自身成为经济腾飞的阻碍。当时，商业税的征收并不困难，特别是和明末宦官专权时或是19世纪中叶[86]实行厘金制度[87]后相比，要容易得多。即使官僚机构对经济活动有所干预，例如在“治水周期”的初始阶段，这些干预往往也比专制论者所想象的要理性，对当事者来说，也较易于接受。清政府没有征调大批苦力，去完成各种宏大的建设工程，也没有对商人群体肆意打压。在大多数情况下，它甚至还懂得如何利用商人，来达到互惠的目的。直到世纪末，这种平衡关系才被打破。18世纪的中国政权与欧洲和北美自由主义崛起前全世界几乎所有政治体制一样，的确是在以形形色色的方式对社会施加控制和束缚，[88]但是，它并没有把自己打造成一只铁笼，然后将一切社会自由力量都关进笼子，予以绞杀。[89]因此更值得探讨的问题是，在中国，国家的相对“弱势”以及强调秩序、安宁和稳定的保守主张，是否导致它错过了时机，而没能像近代早期奉行“重商主义”的欧洲国家那样，为现代经济发展创造制度性条件。[90]进入19世纪后，这一点变成一个致命的问题。

就18世纪而言，将当时的中国政府定义为一个极端强大的专制政权，无疑是不妥的。不过从另一方面看，持非干预论观点的一派虽然合理地强调了国家目标和手段的局限性，却往往忽略了国家对某些领域的**局部**干预，例如治水，粮食贮藏和运输等。此外，这派观点的论证基础——对国家权力层面之下的乡村民主的认识——也有待修正。

类似中世纪晚期出现于欧洲的农村公社（Dorfgemeinde）——“管理公共资源、安排劳动分工、组织村民和睦生活的团体”，[91]在中国从未形成气候。在这里，村庄不是一个产权单位，它没有属于村社的共有土地；村庄也不是一个经济单位，与土地所有权一样，土地的经营是和家庭联系在一起的。中国社会的基本元素是家庭，而不是村庄或宗族。[92]家庭之间的劳动合作和资源交换（牲畜、种子等）是中国农民生活中的日常行为，但是，这些行为并不是由村社集体组织，而是由参与者直接协商并达成协议。很多时候，合作和交换是在相邻村庄的农户之间进行的。[93]中国村庄没有合作经营的设施，如磨坊或面包房等。在行政等级体系中，村庄并不是一个独立的单位。它不具有法人地位，因此不能像欧洲的农村公社一样，作为原告上法庭打官司。[94]中国村庄不像19世纪俄国的农村公社那样，是“行政等级体系中最低的一级”。[95]另外，它也不是征缴税赋的单位。中国的田赋是按户计算（依照各省征缴额度分摊）并直接向土地所有者征收。[96]在现实生活中，一个村庄是否能够形成内部

100 民主以及活跃的村社文化，是由各村的具体情况决定的。从总体上讲，中国村庄“只能勉强被称作是一种社会共同体”。[97] 农民的归属感依托首先是土地、家庭、宗族、寺院以及其他非血缘性质的团体，其次才是村庄。[98]

农民日常生活的行动范围并不局限于村庄。村庄在个体农户与施坚雅所说的跨村落体系之间，构成了一个边缘模糊的中间层。每一个跨村落体系都是以集市为中心，四周是呈辐射状分布的村庄。无数跨村落体系密集排列，形成了中国特色的聚居模式，如果从高空俯瞰，其形状就像是细胞或蜂窝。[99] 这些村庄体系并非商品交换的单位，而是“中国农村传统与文化传承的最重要单位”。[100] 在集镇中居住的是生产和流通领域的专家（手工业者、商人和债权人）、文化精英（文人、教师、传教士），以及地方权力的操纵者（远离农事的地主和士绅）。因此，无论从经济、文化还是政治的视角看，中国的村庄都不是独立和自给自足的，而是向更广阔的共同体开放，后者又根据身份、阶级和权力地位，将内部成员划分为不同等级。这些跨村庄层面的中心集镇，是农村生活与大世界、民间文化与精英文化的交叉点。[101]

无论村庄还是“基础市场体系”，上述单位在对待外界的开放度或封闭度上，都是不断变化的。市场规则的破坏，国家对地方资源的盘剥，社会动荡年代的暴力泛滥，都会促使社会共同体以自我封闭来应对现实。例如在 19 世纪末的华北地区，面对土匪的日益猖獗以及由资源紧缺导致的社群竞争的加剧，人们便是以“社群封闭”（community closure）作为回应。20 世纪初，让许多外国游客感到惊讶的碉堡式村寨，并非中世纪的遗迹，而大多是近代的产物。[102] 相比之下，18 世纪头六七十年是一个高度开放的时期。在良好的环境下，社会的横向与纵向流动、相隔遥远的中心集镇之间的商品交换与文化交流都达到了空前的水平。马戛尔尼一行眼中那个热闹繁华、人流熙攘的中国，正是当时中国社会的真实写照：一个个如细胞般密集排列的“单位”彼此开放，形成了覆盖全国、充满活力的流通网络。开放与封闭的长周期，或许是施坚雅对中国的最重要发现。因此，我们既不能用一成不变的“停滞”，也不能用长期持续的增长进程（即社会学家所说的“化”：现代化、商品化、城市化、流动化等）来描述中国社会，也不能自认为是来自现代西方的冲击，才促使中国的原始微型社群和神话式自给自足的村社打破封闭，在国家和民族的背景下走向开放。早在欧洲人和西方“现代文明”抵达和入侵中国很久之前，中国便已经历过“社群极度开放”（extreme community openness）的现代状态。[103]

在18世纪的中国，国家权力“高度集中，同时又极其表面化”。[104]国家的辽阔和富饶，使得中央政府能够将（按绝对值计算）异常雄厚的资源集中在自己手中。18世纪时，清廷正是凭借这一点，才成功实现了帝国的扩张。尽管财政状况不乏危机，但中国皇帝仍然是全世界最富裕的王侯之一。不过，整个官僚机制对社会的纵向掌控却是薄弱的。在远离京城的地方，一个九品县令管辖的人口，大概有20万到25万。[105]对大多数中国百姓来说，他们很可能一辈子都没有与朝廷要员谋面的机会。这种“行政权力上的真空”[106]被“准官僚式管理”所填补：由享有功名但无官职的大地主（“士绅”）构成的上流社会以及与之结盟的群体（比如说富商），共同承担维持社会秩序的责任。地方上层社会的社会学特征和英国贵族一样模糊（而不同于欧洲大陆的贵族），其内部有着复杂的等级划分（这种划分更多是非正式的，而不是按身份排列的明确等级关系），并以分支繁多的家族作为组织形式。[107]清代“大家族”的影响力远不及以往的几个朝代，比如7世纪和8世纪门阀士族显赫一时的唐朝。士绅主要是科举制的产物，而不是世代相袭的贵族。19世纪初，士绅家庭的人口大约有550万，占全国人口1.5%。[108]在这些人当中，只有极少数是凭借欧洲式**庞大**地产建立起自身的权势地位。士绅阶层是中国政治体系中的社会中坚：对上，它是官僚机制招募人才的基础；对下，它是非官方、没有法律授权的乡村秩序维护者。[109]这同时也是一幅充满矛盾的画面：一方面是拥有特权、名望、多半还有田产的士绅家庭与农村大众之间的矛盾，另一方面是视野狭窄的地方上层社会与肩负天下兴亡之责的官僚士大夫之间的矛盾。这是中国传统时代晚期最基本的结构性特征。另外，这些矛盾的加剧也是欧洲入侵前帝国内部衰败的原因之一。

在整个18世纪，甚至在1840~1842年鸦片战争之后，在中国朝廷的眼中，面向亚洲大陆腹地的西部和北部边疆的重要性，仍然要超过军事威胁较小的西南边陲，[1]以及海上的"第三道边疆"——中国与南洋各国以及最初并未受到太多重视的欧洲人之间的交往通道。在经历从1860年第二次鸦片战争失败到整整一个世纪后中苏关系破裂的漫长插曲后，直到今天，内陆外交关系仍然是中国安全问题的头等大事。1950年，正是来自陆地边界的威胁，引发了中华人民共和国历史上最大规模的一场军事行动。[2]这种现象绝不是偶然的。

因此，如果我们在观察18世纪中国在权力政治和军事领域的世界地位时，就把中国与"西方"的接触作为着眼点，我们将无法得出符合历史事实的结论。在清朝初年，与过去所有朝代一样，中国的外交政策即是对亚洲内陆地区的政策。将目光局限于内陆，是经过慎重思考后做出的决策。日本也一样被排除在外。这个在20世纪下半叶给中国带来深重灾难的岛国，在18世纪时的影响力是不值一提的。从1630年代末到1853年美国海军准将马休·佩里（Matthew Perry）率领舰队抵达前，日本一直实行闭关锁国政策，因此在当时，它并不是东亚权力较量中的要素之一。在中国眼中，自从16世纪末"倭寇"活动（其中大部分是中国走私者）渐趋平息后，日本已不值得人们予以太多关注。不过在1790年代末之前，中日之间的"舢舨贸易"一直十分活跃。这些贸易活动是在国家政策意识的层面之下，但底层官僚部门不仅知情，并对此采取了默许的态度。[3]在掌管对外关系的朝廷机构中，并没有一个专门负责对日关系的部门，中国对日政策也没有提上日程。

相反，在与内陆边疆和邻邦的关系问题上，一切都是按照严格的官僚程序和明确的制度仪轨进行的。但是谈到这一问题，许多书籍向人们传递的“华夏天下观”印象，即以中国为中心、向四周均衡延伸的静态—几何式世界秩序，却有可能对此产生误导。实际上，中国政治始终都有能力做到，针对周边不同国家的特点，灵活处理与它们之间的关系。中国对外关系按照区域大致可分为三块：对中亚游牧民族的关系，对朝鲜和印度支那半岛各朝贡国的关系，以及对沙皇俄国的关系。早在康熙年间，中俄关系便已成为清廷长期关注的重点。

经过漫长的战争，中亚地区——其中一部分今天仍然属于中国领土——才最终并入清帝国版图。[4]清王朝的发祥地满洲则是一个例外。1583 年之后，清朝奠基者努尔哈赤正是在这里将原来的部落联盟，一手打造成为一个封建贵族领导下、由官僚管理的军事国家。但是，在清政权统治中原一个半世纪后，朝廷对满洲的部分政策却让统治者尝到了苦果。其政策初衷是把东北三省最北端的两个省——黑龙江和吉林——留作满清八旗（满族的封建军事组织形式）的专属地盘和满清政权的大本营，以防御人口庞大的汉族臣民。一旦清朝失去对中原的统治权，可以把这里作为撤退区。[5]但是，上述目标随着汉族非法移民的大批涌入逐渐化为泡影。这些汉人移民大都来自人口密集的中原北部地区，特别是山东。移民的主要目的地是满洲最南端的奉天省，早在明朝，这里受汉族文化的影响便远远超出了相对原始的北满洲。虽然移民中的大部分人都是以垦荒为生，但是到 18 世纪末，北方两省的贸易和手工业也逐渐落入了汉族商人和银行家之手。这些人利用自己的生意关系，将满洲三省与内地十八省的商业网络联系在一起。18 世纪中叶时，除了奢侈品（皮毛、珍珠、黄金），东北出产的麦子、棉花和大豆肥料也被源源不断地运送到长江下游的经济中心。[6]因此，满洲作为出口经济重镇的崛起，是从清代初期开始的。满族武士面对这些比自己更勤劳、更有生意头脑的汉族商人和垦荒者，渐渐落入了下风，全靠朝廷不断增加的财政补贴，才没有落入穷困潦倒的境地。汉人的渗透是一个漫长而缓慢的过程。大约从1860年开始，这一过程大大加速，并一直延续到20世纪初才结束。[7]但是，早在1800年前后，汉族对满洲地区的渗透便已成为不可扭转的趋势。只有生活在寒冷、人烟稀少的黑龙江盆地，以及在日本海（朝鲜东海）沿岸以捕猎为生的满族部落，暂时还没有受到汉人的影响。[8]

18世纪是中国最后的繁荣期，也是满洲崛起的开端。随着时间的推移，东北三省在成为远东高产农业区之后，又进一步发展成为采矿业和重工业中心。但是对中亚地区来说，18世纪是衰落的标志。中亚衰落是从15世纪初帖木儿帝国的瓦解开始的，并因达延汗（1470~1543年执政）统一蒙古各部、重建帝国的最后努力而暂时得到延缓。[9]蒙古与满清之间力量对比的变化，在中亚问题上起到了至关重要的作用。很长时间以来，蒙古人在淳朴的东部邻族面前，一直扮演着前辈和先进文化传承者的角色。[10]17世纪时，双方的角色颠倒了过来：完成了民族和政治统一的满族，实力超过了分崩离析的蒙古各部。早在1644年清朝建立之前，在地理上紧邻满洲的**东部**蒙古诸部便已归顺满族统治。1636年，满人成立了专门处理“外藩”事务的蒙古衙门，两年后更名为理藩院。在1911年帝制结束前，理藩院一直是主管清朝与中亚关系的最高行政机关。[11]1688年，喀尔喀蒙古的几位大汗向康熙帝求援，请求清廷出兵，助其抗击由噶尔丹率领的西部蒙古部落的入侵。1691年，康熙皇帝与蒙古各部首领在内蒙多伦举行盛大会盟仪式，蒙古正式成为满清帝国的保护地。[12]

1688年后，**西部**蒙古人或曰瓦剌人，是对清朝在中亚地区霸权的最后威胁。[13]在文献资料中，瓦剌人通常也被称为准噶尔人（准噶尔部是瓦剌各部中最活跃的一支力量）。尽管西部蒙古诸部内部斗争激烈，在沙俄和满清帝国的钳制下，生存空间越来越狭窄，但是在长达半个多世纪的时间里，他们始终是不容小觑的一支劲敌。直到 1757 年，西部蒙古势力才被清军彻底击溃。在这一过程中，针对蒙古战俘和平民的大屠杀屡屡发生。[14] 据中国史料记载，在清朝最后一次西征中，准噶尔部落近三成人口在刀剑下丧命，四成死于同期暴发的瘟疫，另外还有两成逃到了沙俄帝国。[15] 战争平息后，清廷在准噶尔旧都固勒扎（Kuldscha）派兵驻防，设立了统辖地方事务的将军府，其势力范围远至喀什和塔什干（当时该地区还没有清晰的国界划分），一度甚至达到了布哈拉和阿富汗。1768 年，西域叛乱被平定的地区更名为“新疆”，成为清朝管辖的属地。直到 1884 年，新疆才成为中华帝国的正式省份。[16]

1757 年，就在清朝剿灭准噶尔部的同一年，印度爆发了普拉西战役，英国东印度公司借机夺取了在孟加拉的霸权。在英国成为印度宗主国的同一时间，清朝奠定了在中亚地区不可撼动的霸主地位。但是从长远来看，乾隆皇帝的军事胜利却为未来埋下了后患。在征战准噶尔的过程中，清廷不仅以征兵、强征徭役和高额实物税[17]等方式对外蒙属民进行残酷压榨，同时还采用军事征服者的惯用手段，即挑拨受害方内部矛盾势力彼此相争，来巩固清朝对边疆地区的统治。尽管如此，战争的巨额开支仍然让帝国财政难堪重负。另外再加上驻守新疆的开支，这些开支中只有很小一部分能够通过对当地百姓的盘剥得到解决。实际上，噶尔丹虽然屡屡向清廷发出挑衅，但并未对清朝的安全构成迫在眉睫的威胁。清朝统治者放弃了当年明太祖的智慧理念：以恩威并施的手段来安抚“蛮夷”，通过建立朝贡体系来保证其对朝廷的归顺，并巧妙地利用尚武游牧民族之间的矛盾，以达到固边戍疆的目的。[18] 乾隆皇帝在并无战略紧迫性的情况下改变既往政策，实现了对西域的直接统治。这些新的地盘需要管理，需要支出，还需要防御。18 世纪末，除阿富汗外，西域所有独立番邦都已不复存在。清政府的行动虽然给西域带来了以死亡换来的和平，却也给清王朝带来了行政组织和国家治理上的新麻烦。在整个19世纪期间，新疆都是一个随时有可能发生叛乱的危险之源。

18、19世纪，清朝在治理西域时采用了镇压、控制和操纵等各种手段，在人们的意识里，这些手段通常都是与欧洲殖民扩张联系在一起的。在新疆西部穆斯林民族居住的盆地和山区，也就是天山以南地区，清朝采取的统治手段最为宽松。在将军府的监督下，行政事务被交给了本地人打理。清廷改变了在新得势者当中扶植傀儡的做法，积极鼓励当地的传统精英参政。在本地人和汉人出现纠纷时，也按照伊斯兰法律裁决。[19]这种做法很容易让人联想到所谓“间接统治术”（indirect rule），这是卢吉勋爵（Lord Lugard）在尼日利亚北部以富尔贝族（Fulbe）部落为例提出的理论，并于1900~1906年间在当地付诸实践。[20]其原型最早是英国人18世纪在印度、之后于19世纪在马来亚尝试实行的。从基本思路来看，这类“间接统治”或许可以称作是殖民化时代的一种无奈之选。[21]中国人对此一向并不陌生。正如欧文·拉铁摩尔所说，“自远古以来，汉人对付‘土著’的办法就是操纵他们的首领为己所用”。[22]

清廷最初在外蒙古（喀尔喀）也同样采用了间接统治的政策。与英国人在非洲实行的类似制度相比，满清政策在实施上要容易得多，这是因为满人与蒙古人之间的文化鸿沟相对较小。清朝对外蒙政策的目标是：保证喀尔喀蒙古人对朝廷的臣服，切断蒙古与俄国之间的联系，使其成为抵御沙俄的缓冲地带。另外还有一个目标是，要让蒙古人成为清朝的后备军事力量（虽然从武器装备上看，其实力十分有限）。为了达到上述目标，必须要保证蒙古人的游牧生活方式不受破坏，特别是要防止他们被汉族垦荒者的势力所削弱，就像在满洲发生的那样。这些目标大部分都得到了实现。这一切都归功于一点：清廷一直把军事和行政控制权牢牢掌握在自己手中。蒙古上层社会内部的封建等级制度被废除，贵族的所有封建义务都不再是为蒙古大汗，而是直接为满清皇帝服务。[23]1691 年蒙古各部首领归降清朝时，从未预见到官僚体制将给自身带来怎样的压力。这些人如今发现，随着大批亲朝廷势力的受封晋爵（类似于西方君主立宪制国家的“Peers-Schub”①），权力阶层的人数大幅膨胀。一些人为设立的新型行政单位，覆盖并最终取代了部落与汗国的传统社会结构。当地的民事和军事大权交给了（从蒙古贵族中选拔任命的）蒙古八旗首领，这些人是典型的傀儡式精英，听命于京师理藩院的指挥。[24]这里需要注意的是，理藩院中的高级主事都是满人，而中下层职位则有许多是由蒙古人出任。

虽然在清朝统治蒙古的问题上，经济因素所起的作用微不足道，但是喀尔喀蒙古也没能逃掉宗主国的盘剥。即使是准噶尔战争结束后，直到 19 世纪末，喀尔喀蒙古人都是帮助清廷镇压叛乱的重要力量，就像在亚洲和非洲的英帝国地盘上为英国人卖命的锡克和廓尔喀雇佣兵一样。更残酷的剥削则来自于日常税赋。其形式并不是作为臣属关系象征而未升级为剥削手段的进献和纳贡，而是新摊派下来的各种苛捐杂税和徭役。这些税收的用项包括：中俄边境上 47 座哨所和 76 所驿站的日常开销，为供应八旗兵粮草而投入的农业生产开支，皇帝和朝廷直属的大面积牧场的养护等。[25]进入 18 世纪后，蒙古王侯的独立性被逐渐削弱。在中国官僚体制的影响下，他们与身为皇帝的满清大汗之间的封建臣属关系只剩下了民俗层面的意义。禁止汉族渗透的政策最初收效明显，但从长期来看，并没有起到太大作用。19 世纪时，贸易和民间借贷都已牢牢掌握在汉人手中，很

① 通过增加贵族院（上院）议席的做法来谋求议会多数，最早出现在 19 世纪的英国和加拿大。

多蒙古人都因此沦为债奴。[26]

在今天作为中国领土一部分的内蒙古，类似趋势出现得更早，势头也更猛烈。理藩院在当地设立了直属管理机构，蒙古王侯被降格为朝廷旨令的传声筒，并且随时有可能被解职，甚至因受罚而被取消贵族头衔。[27]和满洲一样，内蒙也是汉人的首选移民目标。但是，它与满洲有两点重要差异：首先，满洲八旗和朝廷关系更紧密，和在朝廷没有靠山的蒙古人相比，他们能够从京城各衙门得到更多的保护；其次，满洲的汉人移民更多是农民，而内蒙古的汉人大部分都是商人。[28]这些汉族商人完全统治了蒙古经济。原因是，一方面汉人在做生意时的各种奸诈手段，让天真淳朴的蒙古人苦不堪言；另一方面，这也是由畜牧业生产周期的结构性特点导致的：蒙古牧民只能在每年春夏两季向市场供应他们的产品，但对汉族商品供应的需求却是贯穿全年，如布料、茶叶、粮食和烟草等。蒙古人对这些商品即便没有达到依赖的程度，至少也是心怀渴望（他们对这类非游牧民族物品的需求，当然也是在和汉商接触的过程中逐步培养起来的）。因此，在冬季的几个月里，他们往往因身陷高利贷而不得不出卖苦力，帮债主运货或在马帮作脚夫。由此造成的长期影响直到19世纪初才彻底暴露：来自汉族商人、满清政权以及与朝廷相勾结的当地上层社会的三重掠夺，导致了蒙古百姓的普遍贫困化。特别是清末几位皇帝由于看重汉商给朝廷财政带来的税赋收入，因此放弃了康熙帝对蒙古的理性和相对人道的保护性政策，转而对汉商予以鼓励和扶持。从此，清廷对蒙古人的压榨再没有任何力量能够阻拦。

另外，被称为“内蒙社会毒瘤”[29]的藏传佛教组织，也对蒙古社会造成了灾难深重的影响。喇嘛教的势力不断扩张，蒙古男性人口有很大一部分选择进寺庙作喇嘛，从而使经济生产和人口繁衍受到了严重阻碍。20世纪初，男性出家比例据说达到了60%。[30]出家为僧的一大吸引力在于，喇嘛不用服徭役，也不用向朝廷缴纳税赋。这样一来，百姓的税收负担变得更加沉重。寺庙向信徒们索取大量钱财，用来发放高利贷，或为自己添置牧场和牲畜。“一战”后不久，蒙古人的财富有五分之一落入了喇嘛教寺院的手中。[31] 在蒙古，藏传佛教的传播是从 16 世纪开始的，而不是清廷政策所导致的结果。但是，清廷巧妙地以政策优惠为诱饵，在供奉不同活佛的寺庙之间挑拨离间，把宗教变成了巩固自身统治的手段。[32]

在满清帝国的所有边疆民族中，蒙古人——特别是内蒙古居民——受到的待遇，是清朝统治的最直接反映。他们的生活无处不受到庞大统治体系的控制，这个体系在行政上是受理藩院管辖，并以当地上层社会和藏传佛教寺院的勾结作为基础。与西部蒙古不同的是，东部蒙古并没有受到大屠杀的威胁。18 世纪中叶，他们向清朝发起最后一轮反抗，并以失败告终。虽然未遭屠杀，但是东部蒙古的军事力量却被粉碎，其生活方式和古老文明也被破坏殆尽。西域“蛮夷”不只是被暂时平定，而是彻底被征服，这是清朝在 18 世纪最伟大的一场胜利。这场胜利让清廷在面对来自遥远西方的“海上蛮夷”时，变得更加自信，更加坦然。

与世隔绝的西藏，反而变成了中国与欧洲殖民者的交汇点。18 世纪的领土扩张使清帝国与欧洲邻邦之间的距离不断被拉近：一边是俄国，一边是英国。早在康熙年间，俄国已成为清朝最重要的外交伙伴；而英国却在一个世纪后，即乾隆在位的最后几年，才随着马戛尔尼使团访华进入中国外交视野。不过，清帝国在西藏的权力扩张，却为一场旷日持久的国际冲突埋下了导火索。直到 1951 年中国军队解放西藏，这场冲突才宣告结束。

中央政府实现对西藏的有效统治是一个漫长的过程。它是从 17 世纪双方建立接触——最初是在平等的基础上——开始的。1710 年，西藏宣告成为当时还仅停留于虚名的中国保护国。1751

年，清朝在西藏建立了更为有效的间接统治，并随着1792年乾隆帝发兵平定廓尔喀而达到高峰。[33]

充满悖论色彩的是，恰恰是这个来自汉族聚居地和文化圈之外的少数民族建立的王朝，这个在百年时间里“从原始丛林中的蛮荒生活过渡到以农业为基础的帝国统治”[36]的民族，一举实现了中国外交和安全政策的最重要目标：彻底消灭来自游牧民族的威胁，而不只是暂时性的安抚。这场胜利还没有进入尾声，19世纪亚洲的两大帝国主义力量——英帝国与沙俄帝国——便已摆出架势，并将在短短数十年后将中华—东亚世界秩序全盘打破。

按照中国传统的世界秩序观，中华帝国的所有对外关系都是朝贡关系。这里的“朝贡”并非如马克思主义社会理论所说，是侵占社会剩余产品的一种特殊形式，[37]而是弱小邻邦通过周期性的固定仪式，来表达对中国皇帝天下至尊地位的认同。[38]朝贡的具体程序是，各朝贡国按照约定的时间间隔或因某些特殊缘由（例如皇帝登基周年庆典），派遣使节携带贡品进京觐见，并按照朝廷规定的一系列仪式进行朝拜。另外，朝贡国还采用中国的年号纪年法编写官方文书，以证明本邦对中国的臣服，每逢新皇帝登基后，都要接受皇帝的册封。对皇帝来说，朝廷不仅要派使团出访，以确认朝贡关系（很多小的藩国往往要倾举国之力来招待这些使者），还要对前来进贡的使者施与赏赐。通常情况下，贡品的价值都远远超出了朝廷的回礼。不过，对派遣国和使者来说，进京朝贡都是一笔好生意，因为他们可以在朝廷的庇护下从事贸易活动。使团带来的货物可以免税进关，并由随行商人拿到京城的集市上售卖。从理论上讲，生意是一件次要的事情。正如傅吾康（Wolfgang Franke）所言，“对中国来说，贸易是朝贡体系的一部分。在中国人眼中，它并没有独立的意义，而只是一种政治行为的伴生现象”。[39]

朝贡体系体现了对世界的一种认知，这种认知就是在文明世界与中华文明圈之间画上等号。在早年的学术研究中，人们对中国外交受“天下观”的影响十分重视，但同时却往往忽略了一种危险：用文献典籍中看到的、少数信奉儒家思想的治国理论家与实践家的理想化自我认知，作为对历史现实的笼统解释。按照这种观点，中国的自我认知——具体讲，就是儒家正统观的“伟大传统”——具有普世主义、一元论和中心主义的性质。普世主义是指，中国的价值观和秩序观被视作普天之下的榜样和规范，要用它来教化那些身处世界边缘的“蛮夷”。一元论是指，中华文明是一个没有分裂、没有二元划分（宏观 / 微观，理论 / 实践，主观 / 客观，自然 / 历史，内容 / 形式，对比 / 影响，出世 / 入世）、很少被宇宙基本观念渗透的整体。[40] 中心主义的含义是，中国把自身看作世界的中心和最高点（“中国中心主义”），世界是按等级秩序排列的，并以皇帝的天子之威为核心。所有对称式关系甚或不利于中国的非对称式关系，都是不可想象的。因此，权力政治上的强弱都是由文化优越性所决定。

于是，人们毫不怀疑地相信，中国在处理外交关系上的所有做法，都可以用上述中国中心主义世界观、以**普遍化**的方式加以解释，即使人们无法从每一次外交行动背后都找出相应的“天下观”依据，对此也无妨碍。此外，中国官僚体制在邻邦面前所表现出的“帝国主义姿态”，[41] 也大都能够在中国中心主义世界观的框架内得到解释。对明朝和清朝初期而言，外邦的臣服以及对中国统治合法性的认可，已经通过上百场朝贡仪式获得了证明。但是，如果就此将朝贡**体系**判定为一种被所有同时代人认可和接受的秩序规范，如同 1648 年以后的欧洲国际**体系**一样，却是不乏疑问的。[42] 朝贡体系并没有像国际法和近代早期的权力政治论在欧洲出现时那样，成为各方广泛讨论的话题。[43] 它没有通过会议、条约或固定的外交来往，变成一种制度性的独立存在。在参与方的意识里，并没有一种与权力秩序架构有关的整体概念，而只有对双边关系中一套仪式性做法的观念性认识，这些做法是他们从祖辈那里继承下来的，因此每一代人都有责任对其加以维护。朝贡体系带给人们的“系统化”印象，只是从重复性和习惯累积推导出的结果。[44]因此，朝贡体系如今更多被看作是观察家头脑中的一个合成性概念，它是通过同一时间对数量众多的朝贡关系的观察得出的，这些朝贡关系各成一体，但功能相似，在时间和空间分布上非常分散。[45]这样的看法是合理的。我们不应当把“朝贡体系”理解为中国世界秩序的战略性规划，而应当把它看作是历史学家的一种理想类型架构，从方法上讲，这种做法是无懈可击的。

此外，中国的世界秩序与朝贡体系并不完全一致，后者只是多种外交关系之一种。中国清楚地懂得如何在默认平等的基础上处理与邻邦之间的关系，虽然文书中的措辞仍然充满了传统的居高临下腔调。[46]甚至在儒家正统观当中，同样也有一些观点和思想，与“天子威仪，万邦来朝”的天下观是不相吻合的。例如“敌对的邻居”一说，这种说法常常被用于日本。[47]实际上，18世纪清帝国的外交关系已经远远不能用朝贡体系的概念来涵盖。清朝的西域扩张政策与朝贡式睦邻关系的理想图景更是相差千里，这一点已无须过多解释。在与欧洲海上列强的交往中，朝贡协议往往只是一个形式上的框架，洋人为了达到自己的生意目的，而对其假意附和。[48]中国与沙俄帝国的关系从根本上讲，便是双方对成本收益比冷静计算后的结果。

18世纪时，严格意义上的朝贡国只有朝鲜、琉球群岛以及东南亚大陆——即欧洲地理学家所说的“印度支那”——的几个王国。[49]衡量这些国家重要性的尺度之一，是对贡期的约定。1818年时，各国进贡频率如下：[50]

朝鲜　每4年岁末进贡一次
琉球　每2年
暹罗　每3年
安南　事实上为每4年
老挝　每10年
缅甸　每10年

与中国朝贡关系最密切的是朝鲜，它是所有朝贡国中的样板。然而即使在朝鲜问题上，我们看到的也不是朝贡制度在现实中的简单转化，而是双方利益政治所达成的默契。18世纪时中国与朝鲜的宗藩关系，实际是在1400年前后、由明朝与朝鲜李氏王朝（1392~1910）第一代统治者确立的。在1627~1636年清占领朝鲜之后，局势逐渐稳定并很快恢复到过去的形态。[51] 面对地理位置险要的朝鲜半岛，一向能征善战的满清皇帝却一改先祖的作风，避免对其直接施加干预。作为中国通往日本的桥梁和防御日本的盾牌，保持朝鲜的藩属国地位是符合双方利益的。在处理朝贡关系方面，朝鲜发挥了积极的参与作用，而不是一味被动服从。正是朝贡关系的维护和保持，才使得朝鲜发展成为“唯一在中国势力范围内拥有国家组织和相对清晰的国家领土的独立政体”。[52] 自李氏王朝建立后，朝鲜受到了中国文化的强大影响：朝鲜的政府和行政体制，包括官员考核制度，都是将中国作为榜样。儒家经典成为教育的主要内容，文字也是直接采用汉字。明朝结束时，朝鲜的汉化过程已基本完成。但是，朝鲜社会与中国社会仍然有着本质上的差异。从中国借鉴的各种元素所发挥的职能，也往往与其本来的作用有所不同。例如，科举制并没有像在中国那样，为庶民子弟打开通往仕途之门，而是使世袭统治阶层一小撮人的地位变得更加巩固。[53] 朝鲜引进中国文化元素完全是自发的。中国这个强大的邻居既没有在文化上对朝鲜实行“教化”，也没有对其内部的社会关系与王朝冲突施加干预：这一点与清朝对蒙古的政策形成了鲜明反差。尽管朝鲜不惜财力，频频派遣使者向中国皇帝称臣纳献——1637~1881 年间，除了正常的进贡使团之外，朝鲜至少还曾 435 次派遣特使出访中国——然而事实上，朝鲜仍然是一个军事上完全独立的国家。[54] 朝鲜为此付出的代价是巨额贡赋支出，它是朝廷的回赐和朝贡贸易的收益远远无法补偿的。[55]

“居天下之中”的中国与周边藩邦之间的关系是以朝贡体系作为基本框架，其形式却是多种多样。一个典型的例子是暹罗（1939 年后改名为泰国），它是仅次于朝鲜（面积狭小的琉球群岛除外）[56] 的重要朝贡国。和朝鲜一样，在分析中国与暹罗的朝贡关系时，我们也必须将这里的客观环境作为观察对象。与朝鲜和越南（安南）——后者相当于中国的“袖珍版”，它以都城顺化为中心，与周围一些小国建立了自己的微型朝贡体系 [57]——不同的是，暹罗并不是一个受儒家思想影响的国家，因此，它始终处于华夏文化圈之外。在东南亚形形色色的君主制政权中，暹罗是一个笃信佛教的王国，掌握统治权的不是官僚群体，而是一小撮贵族家族势力。[58]1782 年拉玛一世（Rama I.，1782~1809 年在位）创立泰国曼谷王朝后，虽然实行了一系列形式和做法都十分激进的改革，但作为传统意义上的王国，其本质并未发生变化。[59] 这意味着暹罗国王不必像朝鲜国王那样，把自身统治的合法性建立在中国皇帝以册封为形式的恩准之上，而只需得到中国对暹罗的准外交认可便足矣。因此，暹罗与中国的关系无论在文化还是意识形态上，都比朝鲜与中国的关系简单得多。

地理位置的因素同样决定了暹罗与朝鲜之间的差异。尽管清廷始终在密切关注着南疆的局势变化，但暹罗并不属于中国安全防御区的一部分，也难以成为抵御外来侵略的桥头堡（就像 1590 年代和

1890年代的朝鲜一样）。要抵达暹罗，只能经过水路。暹罗的朝贡使团无法像朝鲜使团那样无须长途跋涉便可以从陆路直抵北京，而是必须先乘船前往广州。大部分朝贡贸易都是在广州进行的。[60]双边的朝贡关系便通过这样的方式，与活跃的南洋贸易和交往紧密联系在一起。外交与生意、进贡与贸易彼此渗透，其程度之深远远超过了朝鲜。[61]

暹罗和朝鲜的第三个差异是，暹罗经济与中国经济是互补的。中朝之间的贸易交往主要局限于奢侈品交换（用白银和人参换取丝绸），这些商品都不是生活中不可或缺的必需品。相比之下，广东、福建等中国南方省份对暹罗稻米的需求却有着强烈的依赖性，特别是在18世纪。一方面是因为人口膨胀，另一方面是原因，越来越多的农民放弃粮食生产，改种棉花、桑树、茶叶等经济作物，中国南方的稻米产量已无法满足市场需求；同时，由于国内运输成本高昂，南方稻米供应的短缺也无法完全通过从国内稻米高产区的周转得到弥补。1720年代清廷解除南洋海禁，正是对稻米进口紧迫性的一种认可。[62]于是，暹罗这个土地肥沃、人口相对稀少的国家，便成为出口稻米的种植地。对暹罗来说，它所需要的一些货物只有在中国才能低价得到，例如云南出产的黄铜。特别是1641年日本中断与暹罗的贸易关系后，这种需求变得更加迫切。由于双方在经济上彼此依赖，贸易在中国与暹罗关系中所发挥的作用，远远超过了在中朝“理想型”朝贡关系中的角色。暹罗国王毫不避讳地坦言，发展对华关系主要是出于经济利益的考虑，这是因为暹罗的对外贸易是由王室垄断，另外，由于缺乏高效的国内税收机制，其收入大部分都是通过对外贸易获得的。从中方来讲，朝廷对暹罗与清帝国之间朝贡式宗藩关系的重视，更多是体现在言辞和礼仪上。[63]

暹罗方面监管贸易活动的是宫廷，中国则是广东、福建等南方省份的地方要员。由于暹罗禁止本国商人在海外经商，因此自1652年暹罗第一次派遣使节向清廷觐见纳贡后，两国五花八门的贸易活动都是在中国商人的货船上进行的。[64]从名义上讲，双边贸易行为（以暹罗的长期贸易顺差为标志）都是按照朝贡关系的约定进行的，但是由于机制的灵活性，朝贡关系实际被划分为“官方”和“民间”不同层面。暹罗国王的外交活动、外贸机构的官方贸易以及两国商人的“帆船”交易，其相互间的界限往往模糊难辨。与基于地理位置原因而随时有可能遭受中国入侵的朝鲜相比，暹罗与中国的朝贡关系更难被看作是一种真实的政治上的臣服关系。在19世纪上半叶双边贸易的鼎盛阶段，中国甚至趋向于承认中国与暹罗之间的关系实际上是以一种贸易为核心的平等关系。[65]

1853年，暹罗最后一次派遣使团向中国朝贡。1855年，暹罗取消了国家对贸易的垄断权。1878年，清廷还曾催促暹罗向皇帝进贡。直到1882年，暹罗才正式宣布解除与中国的朝贡关系。[66]朝贡关系的终结并非因内部瓦解，而是由外部侵蚀造成的。1842年中国对外“开放”后，暹罗也于50年代被迫向西方打开了国门（1855年，暹罗与英国签署自由贸易协议）。[67]此后，特别是随着轮船航运在远东的普及，南洋的帆船贸易逐渐走向了衰落。中国与暹罗的朝贡关系从大约1730年开始，只持续了短短一个世纪的时间。在鼎盛时期，朝贡关系作为一种互惠机制在许多方面都发挥了重要作用：贸易征税给暹罗国王带来了丰厚的收入；能够拥有暹罗这样一个声誉良好的保护对象，让满清皇帝倍感荣光；中国商人通过外贸生意，赚取了大笔利润；在朝廷派驻南方的官员中，贪污腐败现象明显减少。在暹罗，围绕对外贸易和帆船制造业，一个由华裔商人和企业家构成的阶层逐渐崛起，并在19世纪下半叶国家的经济发展中发挥了重要作用。中国南方的丝绸和茶叶产区开始走向专业化，并享受由此带来的更多好处。福建和广东商人的海上活动也让家乡从中受益：对这些地区而言，与暹罗之间的贸易只是大规模远距离贸易的一部分，它最初是以厦门为中心，向东南亚各地区辐射。[68] 欧洲的东印度公司很少参与其中。直到19世纪中叶，当蒸汽机技术与自由贸易结合到一起后，中国与暹罗之间的贸易才彻底衰败。

从暹罗的例子可以看出，朝贡关系实践与朝贡“体系”理论相去甚远。贸易并非在任何情况下都是与场面隆重的觐见仪式相伴、繁琐而令人鄙视的衍生品。很多时候，由朝贡关系构成的“上层建筑”，往往是利益政治用以自我掩饰的借口，这种利益政治与意识形态和文化没有丝毫关联。尽管中国方面总是强调宗藩关系的规矩和礼仪，并不时指责暹罗人借朝贡之机大肆捞取经济上的好处，但是这并不妨碍中方从务实出发，利用贸易关系为本国赢利。一些人总是热衷于把新中国的外交政策，诠释为宏大战略与基本方针的有计划落实。这种看法是错误的。与此同理，我们也不应把19世纪之前中国的世界秩序，笼统地概括为理论原则付诸实践的结果，而更应当从理论与现实、天下秩序观与利益政治的矛盾关系出发，对其做出分析。

利益政治的突出表现，莫过于中国与最重要欧洲邻国沙俄之间的关系。与朝鲜、印度支那和南洋各国相比，沙俄帝国在较晚时候才进入中国的视野。1618年，当几位哥萨克人在菲德林（Ivan Petlin）率领下以半官方名义出使北京时，[69] 蒙古帝国时期元朝与俄国的交往早已被很多人淡忘。[70] 反过来看，莫斯科方面也是在菲德林起 程前不久，才对明代中国的繁荣有所了解。[71] 在17世纪期间，俄国开始投入精力，加强对东方的探索和殖民。1640年代，俄国拓荒者抵达鄂霍次克海，并于1650年前后开始在阿穆尔河①沿岸

① 即黑龙江。

定居，1652 年建立了伊尔库茨克城。1651 年，中俄军队之间发生了首次武装冲突。[72] 双边建立官方关系的建议最早是由俄方提出的。1656 年 3 月，由贵族巴伊科夫（Fedor I. Bajkov）率领的第一支正式外交使团抵达北京。随后，俄国政府又相继派遣多个使团出访中国，其目的是通过协商，将 17 世纪中叶以来肆虐扩张的贸易潮引上正常轨道。[73]

1689 年，中俄签订了《尼布楚条约》。中俄关系就此走出了零星冲突的阶段，进入了通过和睦协商解决矛盾的时期，并一直持续到 19 世纪中叶。在和平共处的原则下，一个不同寻常的年代就此拉开了帷幕，签署约定的双方是两个在文化、社会和政治组织上迥然相异的国家。[74] 俄方的利益关注首先是贸易，而中国最初对与俄国的商品交换并没有太多兴趣。康熙帝之所以要与俄国这个虽不安分却无真正威胁的北方蛮夷达成利益平衡，[75] 主要是出于对中亚军事和外交形势的考虑。1680 年代，在首领噶尔丹的率领下，准噶尔部的扩张达到了巅峰。《尼布楚条约》的签署杜绝了俄国与准噶尔蒙古联手抗清的可能性，促使沙俄在蒙古与满清的冲突中保持中立，[76] 并为康熙之孙乾隆最终征服西域创造了至关重要的条件。代表中方谈判的两位重要人物是耶稣会士张诚（Jean-François Gerbillon）和徐日升（Tomé Pereira）。实际上，《尼布楚条约》意味着一种妥协。它给中方带来的好处是，不仅孤立了噶尔丹，同时还在阿穆尔河沿岸有争议地区划定了边界，其结果于清朝是有利的：中国有史以来第一次拥有了一条法律确认的领土边界。俄方则由此得到了一份有关贸易问题的框架性协议，其措辞慷慨大度，但细节还有待于进一步落实。在各自的政治目标方面，双方都有所收敛。康熙意识到，清朝不可能长期依靠军队来迫使俄国人就范，另外，对于后者强烈的通商诉求，中方也理当予以回应（这些考虑都是在充分相信自身军事优势的前提下做出的）。而当时的彼得大帝正在筹划向克里米亚鞑靼人及其保护者——君士坦丁堡苏丹——开战，因此要努力维持东方的安定。同时他还认识到，眼下正是与清朝开展国家间贸易的良机。

在1689年之后的几年里，在俄国方面，国家在贸易上的影响力和私商相比的确占据了上风。政府引进了关税和通行证制度，并对一些最赚钱的商品（特别是贵重毛皮）实行垄断。自1692年起，俄国开始派遣商队到中国从事贸易活动。[77]所有这些做法都是为了一个目的，即满足政府的财政需求：彼得大帝的财政官需要白银来负担战争，而获得白银的最佳途径莫过于用西伯利亚毛皮来交换。[78]但是，从1708年开始，国家垄断一步步失去了效力，一方面是受私商非法竞争的影响，另一方面是由于俄国商品过剩，已经远远超过了中国市场能够容纳的水平。[79]

由于《尼布楚条约》留下了许多悬而未决的问题，因此中俄两国又于1727年签订了《恰克图条约》，对旧的贸易体系做出了修订。新的贸易机制一直延续了130年的时间。[80]即使在1860年《中俄北京条约》签订后，小规模恰克图式贸易依然存在，直到西伯利亚铁路通车后才彻底结束。[81]

《恰克图条约》是一份内容详尽的文件，它对所有能够预想的可能性都做出了防范性规定。“恰克图体系”是与沿海“广州体系”（Kanton-System）[82]相对应、结构更加稳定的大陆贸易机制，其核心是**双轨制**贸易关系的制度化。其一是有明确规范的商队贸易：俄国商队每三年可进京一次，人数不超过200人。与接待朝贡使团不同的是，朝廷不负担商队人员的食宿。其二是与京城贸易并行的边境贸易，地点限制在两处新设市集，其中最重要的一处便是恰克图。19世纪初，这里是一个拥有4000名居民和450座房屋的小镇。[83]国家垄断的商队贸易都被指派给俄国大的商号负责，而从事边境贸易的主要是小商贩。从中方视角来看，边境贸易的规范化一方面对这群不安分的商贩起到了安抚作用，另一方面是为了避免新疆和蒙古势力向中俄边界渗透。

在《恰克图条约》签署后的二三十年里，无论京城还是边界地区，都未能取得人们所期望的成果。商队贸易再没有达到1700年前后的繁荣水平。到世纪中叶时，大多数商人要做到不赔本已经十分困难。[84]1756年，最后一支商队离京返回俄国。1762年沙俄废除贸易特权和国家垄断后，俄国商人并没有趁此机会组建自己的私人商队。[85]在多种因素的共同作用下，商队贸易逐渐走向衰败。这些因素包括：非法毛皮交易的猖獗，商队一路跋涉以及在京城逗留期间的巨额开销，俄国官僚机构的臃肿和低效，价格体系的僵化等。另外，商队在选择进口商品的种类时，过于偏重针对莫斯科市场的奢侈品，而忽略了俄国东部和西伯利亚地区对中国货物的强烈需求。[86]在这些因素的背后，人们可以发现，长久以来的历史潮流正在发生逆转：就在欧洲与中国的海上交往蓬勃展开的同时，蒙古帝国时期兴起的中亚商队贸易却在一步步走向衰落。[87]

恰克图体系的第二条轨道——边境私人贸易——最初进展十分缓慢。直到商队贸易绝迹，特别是沙俄政府实行贸易自由化政策后，边境贸易才逐渐发展成为俄国对外贸易的生力军。1775年前后，俄国8.3%的外贸交易是在恰克图进行的。[88]在持续一个世纪的平稳发展期里，也就是大约从1760年到1860年，恰克图地区的互市贸易模式始终没有发生大的变化。值得一提的是，在恰克图贩卖的毛皮中，一部分是产自新世界，这些毛皮是经由波罗的海地区、后来是经由阿拉斯加转运到中亚大陆的。[89]俄蒙边境的贸易活动就像中国南方的海外贸易一样，也由此成为跨大陆流通体系的一部分。

从边境贸易的管理效率看，中方的表现比俄国人更胜一筹。通过严格的许可证发放制度，官僚机构一直牢牢掌握着对边境贸易的控制权。[90] 从另一方面讲，清政府从未亲自涉足贸易，就像1762 年实行贸易自由化之前的俄国政府那样。由此可见，“东方专制主义”在贸易政策上可以做到比欧洲绝对君主制更自由。从中俄贸易的构成，我们可以清晰地观察到两国经济的结构性差异。在 18 世纪期间，中国是用手工业产品换取作为原材料的毛皮。特别是华东地区出产的棉织品和丝绸，当年苏沃洛夫军团便是在中国丝绸制成的麾旗下与敌军交战的。因此，在这对贸易伙伴中，中国是在手工制造业方面遥遥领先的一方。直到 19 世纪末，当中国纺织品渐渐被挤出西欧市场时，在西伯利亚东部的棉织品交易中，中国产品仍然占据着明显优势。[91] 贸易结构的明显改变是从 19 世纪 40、50 年代开始的，其原因在于世界经济的趋势性变化：茶叶成为中国对俄国的最重要出口产品，而俄国对中国的出口则转向羊毛和棉布。

恰克图体系最令人叹服之处在于其强大的稳定性，以及在改善龃龉不断的边境局势方面所发挥的作用。中国外交在处理对俄关系上的灵活务实作风，与人们对满清帝国的惯常认识是截然相悖的。在人们印象里，清帝国从来都是妄自尊大、僵化保守，并且一味抱守着“中国中心主义”空洞理念和朝贡“体系”的空洞形式。实际上，只要俄国人能够让中方看到，他们愿意遵守最起码的礼仪（自1660 年代后，俄国人确实做到了这一点 [92]），朝廷在具体问题上都乐于做出让步。恰克图体系是以协议形式的约定作为基础，我们完全可以按照欧洲国际法的标准，将它理解为一种彼此对等的义务责任。[93] 这种地位上的平等性之所以能够与清帝国的中国中心主义天下观相统一，是因为在中国，人们为这种关系机制找到了一种文化意义上的**解释**。俄国把派遣商队赴京看作是一种纯粹的商业行为，然而在中国的官方文书中，俄国商队来访却被视同于朝贡，尽管朝廷并没有用接待贡使的礼仪来对待这些俄国客人。[94] 此外，清廷也

/ 104

从未尝试将自己的解释强加于对方。因此，《恰克图条约》只是一份文化中立的外交文书，它并没有因“世界观”层面的不同诠释而导致其功能受到影响。

在1689年尼布楚谈判中，沙俄在边界问题上放低了姿态。直到19世纪中叶，领土之争才重新被提上日程。从领土问题的角度看，中俄两国在1689~1792年最后一次修订《恰尔图条约》期间签订的各种条约，同样也是“以平等互利为基础、在排除一方向另一方强烈施压的前提下签订”的协议。[95]在这里，朝贡关系更是无从谈起。

为什么恰克图体系如此“长寿”，而18世纪中叶清朝为规制与欧洲海上列强之间的贸易关系所设立的“广州体系”却在19世纪第三个十年便陷入危机，并于1840年彻底崩盘呢？透过这一问题，我们可以发现，中国南方和蒙古地区的形势有着诸多不同。[96]边界问题对此无疑起到了重要作用。在中亚地区，朝廷可以把外族居民驱赶到中国领土以外的地盘上生活；而在沿海各地，官府却只能在本国人口最稠密的地区，想方设法对外族人口实行监控。“广州体系”的不稳定性，部分是由中国商人对外国生意伙伴欠债导致的；而在以实物交易为主的蒙古边境地区，则不存在类似的问题。在南方，中国出口商品如何支付，始终是令人棘手的一大难题。于是，鸦片成为解决这一问题的方案，并最终导致了整个经济体系的坍塌。通常情况下，在北方，中国对俄国毛皮的需求便足以维系两国之间的总体贸易平衡。另外，由宗教引发的冲突在北方也鲜有发生。当基督教传教士在南方想尽办法，去接近和说服有待拯救的广大异教徒时，京城中的俄国东正教代表所要做的事情，只是默默地为自己的同胞教友提供服务。[97]

恰克图体系充分反映了中国中心主义天下观的灵活性。在18世纪中国的世界秩序实践中，以中朝关系为代表的等级式朝贡关系只是诸多可能性之一种。清朝统治者以传统天下观作幌子，在仪式和言辞上反复重申这种观念的同时，建立起一套形式多样、与时俱进的对外交往机制。在这方面，清朝统治者利用了其自身拥有的双重优势：一是从华夏“制夷之术”中习得的经验，二是身为“蛮夷”的满人对本族历史的记忆。直到18世纪末，依然没有任何迹象显示，这套机制有一天将会失去效力。

在征服西域并与沙俄通过谈判达成暂时性协议后，整个18世纪下半叶，清帝国自认为已完成平定天下之大业，欧洲海上列强似乎也无法对中国的安全构成威胁。早年伊比利亚航海者和征服者当中的轻狂之徒都被制服，[1]只有荷兰人成功在中国防御地带边缘找到了落脚点，并在这块地盘上驻扎了数十年之久。1622年，当荷兰东印度公司（VOC）在巴达维亚设立总部后不久，荷兰在与葡萄牙争夺贸易据点澳门的较量中落败。[2]之后，荷兰于1624年在台湾（福尔摩沙）修筑了热兰遮城（Zeelandia）要塞，并以此为据点，在很短时间内便掌握了对岛上大部分地区的统治权。[3]荷兰之所以能够做到这一点，是一连串有利因素合并带来的结果。当荷兰人侵台湾时，明朝已经失去了对台湾的实际掌控力。1567年解除海禁后，随着16世纪最后三四十年海上贸易关系的不断加深，以及明朝政权的全面衰落，在福建、广东等沿海省份和南海诸岛出现了一片国家权力失控的区域。在这里，贸易、海盗与海战交织在一起，难分难解，而朝廷却没有能力对此施加干预，使局势恢复安宁。[4]于是，荷兰东印度公司便趁虚而入，积极介入以中日贸易为主的海上贸易。台湾很快便从海上贸易的中转地沦为领土意义上的殖民地。荷兰殖民者鼓励中国大陆居民在岛上定居，并在各地修建甘蔗种植园，开采煤矿和硫矿，同时还在当地居民中大力开展教育和传教活动，按照荷兰殖民政策的标准来衡量，其力度是空前的。[5] / 106

这是欧洲在亚洲第一次尝试以殖民方式占领贸易据点，并由此向内陆渗透。[6]这次尝试于1662年戛然落幕。当时，支持满清统治者的一派力量与效忠被推翻的明王朝的另一派力量展开激战，并将战火引向中国东南部地区，荷兰统治台湾所依赖的协作性机制因此被动摇。在台湾，荷兰人从一开始便离不开与本地海盗商人之间的和睦相处与合作。这些商人当中最重要的人物，是一位名叫郑芝龙的福建人。郑芝龙一手建立了自己的贸易和海盗帝国，并于1627年前后成为东南沿海地区最强大的政治势力。在长达30年的时间里，共生机制既给荷兰东印度公司和郑氏家族带来了巨额财富，同时也带给福建百姓罕有的自由，使其免受以内地为重心的中央集权官僚制的管控。[7]王朝更迭的动荡打破了这种和平局面。在郑芝龙投靠满清征服者阵营的同时，他的儿子郑成功（国外通常称其为“国姓爷”，Koxinga）却站到了明朝效忠者一边。1659年，郑成功率领由1000艘船只和10万兵力组成的大军北伐，与清军在南京城外展开激战。但是没过多久，郑成功便遭兵败，被迫撤退到南方几座岛屿上落脚。[8]与大约300年后的蒋介石一样，郑成功意识到，只有退守台湾，才能够获得军事安全上的保障。1661年4月，郑成功率军登陆台湾岛，包围了热兰遮城。1662年2月1日，荷兰守军投降。仅仅4个月后，郑成功病逝。[9]郑氏家族尽管饱受满清政权的压迫，仍然在台湾独立坚守了20余年，直到1683年才向康熙帝派出的军队投降。[10]

17世纪的台湾历史从很多方面反映出欧洲与强大的亚洲陆地帝国之间的力量对比。它一方面让人们看到，欧洲海上列强尽管拥有举世无双的雄厚资源，却只能借助暂时性权力真空这一非典型条件，以殖民者的身份在中华帝国的边缘地带扎根立足。在遭遇危机时，这些殖民者就连由郑成功这种地方军事领袖率领的军队也难以招架。除了星罗棋布的印度尼西亚和菲律宾岛屿以外，欧洲在东方海域的海上霸权并不能顺利转化为陆地殖民霸权。在东亚，按照西属美洲模式实行领土殖民的年代还远远没有到来。另一方面，荷兰的经验也让人们看到，要融入东亚环境始终是一件难事。荷兰东印度公司之所以能够在台湾立足，只是因为它成功在本地人当中找到了盟友和商业伙伴。但是对荷兰人来说，即使是在利益关系最融洽的几年里，与郑氏家族的合作也并非高枕无忧。尽管这种合作对荷兰贸易十分有利，但是像郑氏家族这样横跨经济与军事领域的扩张型海上势力，始终暗藏着某种危险，这是以陆地为重心、轻视贸易的中国内地官僚体制所不具备的一种危险：假如郑氏家族能够在台湾建国立业，欧洲东印度公司将在海上贸易这块自家地盘上迎来一位虎视眈眈的对手。但是，台湾与大陆的分离终究只是一段插曲。

16、17 世纪的欧洲对亚洲贸易[11]是一种武装贸易。葡萄牙、荷兰和英国通过彼此之间以及与亚洲社会的较量，建立了军事保护下的贸易据点和领地。欧洲人在这里落户，贩运货物，囤积珍宝。1700 年前后，巴达维亚、孟买、马德拉斯和加尔各答是这类武装桥头堡的主要代表，[12]其历史前身可以追溯到热那亚人在地中海东部和克里米亚修建的贸易城塞。[13]只有在中国和日本，欧洲人的这种军事化立足术遭遇了失败。中国人不能容忍洋人在自己的地盘上修筑堡垒，甚至不允许他们设立非堡垒性质的常设代理处，而只允许商人在外国船只的甲板上从事贸易活动。当荷兰东印度公司被逐出台湾，清朝在康熙帝统治下重振国威后，反对武装对华贸易的态势从此成为定局。

继 1681 年平定三藩之乱后，清军于 1683 年夏天占领台湾。至此，清朝巩固政权、一统江山的任务宣告完成。在接下来的几年里，清廷开始集中精力，着手调整外交关系。早在 1689 年与沙俄通过谈判达成阶段性协议以及 1691 年收服外蒙（喀尔喀蒙古）之前，清廷便已下令取消南洋贸易禁令。这是清廷为剿灭郑成功势力向台湾发起军事行动时，仿照明朝海禁颁布的一系列法令。开放海禁后，澳门的优势地位就此丧失。在此之前，当四周战火纷飞、硝烟四起时，澳门曾是唯一不受禁海令限制的和平之地。如今，其最后的繁荣彻底走到了终点。[14]在另一边，广州开始崛起，一步步向东方商业重镇的方向迈进。18 世纪时，澳门只是在名义仍然被视作葡萄牙殖民地。[15]澳门作为葡萄牙属地的地位从一开始便缺乏以权力政治和条约为保障的坚实基础，而是完全依赖于中方的容忍和默许。1849年之前，葡萄牙一直是向清廷缴纳地租，直到1887年，中国才正式承认葡萄牙对澳门的主权。[16]从17世纪末起，澳门作为地区中心在经济上发挥的作用几乎微不足道。但是，葡萄牙商人——他们是欧洲人当中精通中国语言、习俗和民族禀性的专家——尽管资源有限，却仍然以中间商和掮客的身份积极参与沿海贸易。葡萄牙王权资本主义在夭折时，为后世留下了一份有着顽强生命力的文化和人口遗产。19世纪初之前，葡萄牙语一直是霍尔木兹海峡以东各处港口城市的商业专用语言。直到1825年，其地位才被英语取代。但是，在它的"皮钦语"变种中，仍然保留着许多葡萄牙语的元素。[17]直到一战后，许多欧洲洋行仍然习惯雇用葡萄牙人或中葡混血担任会计师或下层买办，因为在人们的印象里，这些人都有着极强的语言天赋，且为人忠厚。[18]

与欧洲航海者的早期接触给中国带来了新的挑战。一开始，中国试图用传统手段来应对这些挑战。从康熙到乾隆，清王朝在处理与邻邦关系问题上有下述四种模式：

——第一是征服和殖民；

——第二是平等前提下的外交考量和利益界定（与俄国关系）；

——第三是在朝贡体系框架内，通过贸易、官僚式礼物交换和觐见仪式等多种形式来维系相互间的关系（与东部和南部边陲弱小邻邦的关系）；

——第四是在默许民间交往的同时，保持一种暗藏敌意的"非关系"（Nicht-Beziehungen）（与日本关系）。

与欧洲海上列强的交往应该归入哪一种呢？

和俄国（朝廷接待最频繁的访客）一样，葡萄牙和荷兰偶尔也会派遣使者到北京觐见皇帝：葡萄牙是在1667~1670年、1678年、

1727年和1753年；荷兰是在1656年、1666~1668年、1685~1687年和1795年。每一次觐见的首要目的都是清除贸易壁垒，每次都是徒劳而返。在中国史书记载中，这些使团通常都被纳入贡使之列。由于这些欧洲人总是毫无怨言地按照朝贡礼仪，对皇帝行叩拜之礼，[19]因此，这便为上述解释提供了某种依据。但是，欧洲人并不会定期向中国派遣使团，而是每隔数十年才露一次面；他们从不会恳请天子以象征性方式，来确认本国统治者的合法性。尤其重要的是，欧洲人并不是儒家天下观认同的意识形态体系的一部分，因此，他们属于异域文化或没有文化的蛮夷所在的外围世界。中国从没有像对待俄国使者那样，与葡萄牙和荷兰使者进行过严肃的外交谈判。正是出于这一原因，清政府在处理与俄国关系时表现出高度的实用主义和现实政治作风，而面对欧洲海上列强，却从未考虑过要在朝贡体系之外，重新定义与其之间的关系。[20]对朝贡关系的臆想掩盖了欧洲对华贸易日趋繁荣这一现实。朝廷采用各种手段对欧洲对华贸易加以限制，却没有用教条的方式将其强行纳入朝贡体系的规范程序。

中国与海上欧洲之间的关系与精心考量的利益政治模式同样相去甚远，中国在处理对俄关系时，便是采用了这种模式。在对欧关系问题上，中国缺少外交行动的必要性。而在中俄之间，正是这一因素促成了康熙和彼得大帝的大外交。自从剿灭倭寇后，在东南沿海地区不再有类似17世纪末和18世纪初俄、蒙、满三角关系式的安全隐患。更何况在朝廷眼里，东南沿海的重要性远不及华北和华中的核心地区。中国对海上欧洲的政策在很大程度上都被交予地方官员负责，而不像对西域政策那样，是由中央——掌管“夷务”的理藩院——统筹管理。中方只需要采用相对简单的手段，便可以将西欧人的行动限制在海上边疆。像俄国商团那样到京城从事贸易活动，对欧洲人来说是禁止的。传教士的一举一动则受到严格监视，绝不允许他们以宗主国世俗利益代表的身份活动。

一来是因为在朝廷看来，欧洲并没有对中国构成严重的安全隐患；二来是因为通常情况下，与海上列强之间的交往大都可以通过常规行政手段来管理；此外，东印度公司对其在中国沿海地区的商业实践总体感到满意。正是由于上述种种原因，在19世纪中叶之前，中国在处理与西欧国家关系时，并没有将全面和系统化的恰克图机制作为样板，为双方关系确立国际法规范。

不过，西欧对华贸易仍然是在按照预先设定的、有组织的轨道向前发展，这种贸易当然绝非是自由贸易。欧洲各国政府积极鼓励组建“特许公司”（Chartered Companies），并支持其开展贸易活动；在中国方面，官僚机构一向不直接参与经商，并且只有在保留全面干预可能性的前提下才准许私人贸易。外国商人的活动更是受到了严格限制。1760年，皇帝下旨将对外贸易全部交由十三家公行专办，历史学家称之为“广州体系”。广州体系的核心是两大垄断组织的并立：一边是“十三行”的垄断，另一边是西方东印度公司的垄断（英国东印度公司在其中逐渐上据了上风）。这种双重垄断一直持续到1833年，随着英国东印度公司丧失对华贸易中的特权地位而告终，在经过一段短暂的过渡期后，被“通商口岸体系”所取代。在1842年和接下来的几年里，通商口岸体系逐步发展成形。

当然，关于各种“体系”（包括之前的“朝贡体系”）的假说都是建立在理想类型的抽象化基础之上。抽象化固然不可或缺，但我们同时不应忘记，在历史现实中，各种现象都是在不同层面发展变化的：既有长期趋势的层面，也有日常实践的短期层面。被蒸汽轮船时代对大型铁身帆船[①]的浪漫描绘所美化的“旧中国贸易”（Old

① 19世纪晚期用来运送货物的大型帆船，有三至五支桅杆及大型方帆，船身为铁或钢制，其英文“Windjammer”意为“to jam the wind”，即“破风”。

China Trade），实际上是一个关联体，它将许多毫不相干的元素以新的形态联系到了一起：浙江的茶农，印度拉贾斯坦邦的鸦片种植者，秘鲁银矿的印第安矿工，牙买加甘蔗种植园的黑奴，英国米德兰兹郡棉织厂里喜欢喝茶的工人，东印度公司轮船上来自五湖四海的水手，法国洛里昂港口和伦敦东印度船坞的轮船修理工，布列塔尼的走私贩，酷爱异域工艺品的富豪，中国的朝廷幕僚，欧洲的国家财政官，早期殖民主义中心的总督和商会等。旧中国贸易的发展历经不同的阶段和周期，它是联系东西方经济的纽带，同时也是贸易列强兴衰、生产技术革新和消费品味变化的写照。因此，我们可以从许多不同的角度对它进行研究和分析：作为全球经济关联日益紧密的标志，作为中国和欧洲本地经济形势变化的根源，作为论证文化冲突的案例，或者单纯是作为无数以此谋生的个体与社会团体的经验总和。从制度形式上对旧中国贸易加以简单概括，只能让我们对这个内涵丰富的概念获得粗浅认识。[21]

1684年，康熙帝下令解除海禁，并于第二年在东南沿海开放了四处口岸。这一举措并不是为了迎合洋人，其目的更多是要通过榨取关税来增加内务府的收入。另外，康熙帝认为，维持海禁只会加重官员的腐败，促使他们依靠走私牟取私利。[22]因此，取消贸易限制同样也是出于稳定体制这一非经济因素的考虑，但是，它对经济造成的影响是巨大的。海上贸易自由化的最重要影响是促进了东南亚船运的繁荣，从中获利最多的是荷兰人。他们在巴达维亚瞄准中国出口货物（首先是茶叶），并拿胡椒进行交换。[23]但是，直到1729年，也就是在败走台湾60多年之后，荷兰东印度公司才重新向中国派出了自己的船只。相反，英国东印度公司早在18世纪头20年便开辟了通往中国的固定航运线路，并从1717年起，用轮船把茶叶从广州源源不断地运往英国。[24]

1720年代，对华贸易进入了“腾飞”阶段，这是对华贸易呈现象级增长的真正开端。从此，对华贸易变成了一项炙手可热的大生意，几乎所有来自东北欧国家的东印度公司都参与其中。[25]它们当中除荷兰东印度公司和1708/09年重组的英国东印度公司外，还有1723年复苏并依然受国家严格控制的法国东印度公司（Compagnie des Indes），1740年代和1750年代活跃于茶叶贸易的丹麦东印度公司（Asiatisk Kompagni），1723~1731年间汇聚了大量国际流动商业资本的奥地利东印度公司（Ostende-Gesellschaft），1731年获得特许经营权、对华贸易额于18世纪中叶成倍数增长的瑞典东印度公司（Ostindiska Kompaniet），另外还有仅组织过一次赴华商业探险（1752/53年）的普鲁士埃姆登公司（Emden-Gesellschaft）。[26]

从表3中，我们可以看出欧洲对华贸易增长的长期趋势，但是，实际货运量和利润在表格上却没有记录。另外，表格上也不包括广州和东南亚各地港口[27]之间数量庞大的帆船贸易（当欧洲大型货轮出现后，帆船贸易总体并未受到影响），以及悬挂欧洲旗帜的地区性港脚贸易（country trade），从统计学角度讲，这些数据是很难统计的。但是尽管如此，表格上的数据仍然能够清晰地反映出欧洲与中国海上贸易的蓬勃发展。这些数据显示，从长期趋势来看，欧洲对华海上贸易的增长一直势头未减，特别是在1740~1760年代、1780年代和1820/30年代这三个时间段，其增长速度尤其惊人。

表3　广州航运发展走势（1719~1833）

年份	抵港外国船舶吨位总量	指数
1719~1726	2803	100
1727~1734	3178	113
1735~1740	4968	177

续表

年份	抵港外国船舶吨位总量	指数
1741~1748	9093	324
1749~1756	11620	414
1757~1762	10199	364
1763~1768	15344	547
1769~1775	16537	590
1776~1782	16158	576
1783~1791	25013	892
1792~1799	22731	811
1800~1807	24689	881
1808~1813	20309	724
1814~1820	25591	913
1821~1827	30493	1088
1828~1833	37507	1338
以年平均值计算，数据仅限欧洲直达运输（不包括悬挂欧洲旗帜的亚洲居间贸易）		

资料来源：Louis Dermigny，*La Chine et l'Occident：le commerce à Canton au XVIIIe siècle，1719-1833*，Paris 1964，第1卷，第204页。

指数计算根据：Susan Naquin/Evelyn S. Rawski，*Chinese Society in the Eighteenth Century*，New Haven/London 1987，第103页（表2）。

1720~1760年这一阶段是欧洲对华贸易的建设期。其间，贸易增长大大超过了之后的几十年，而且不仅是体现在数量上。在两方面有利因素的共同作用下，对华海上贸易成为18世纪20~60年代全球最重要的扩张领域。这两方面因素一是西班牙王位继承战争结束后西欧国家的经济腾飞；二是在白银进口增多、国家安定和朝廷放宽市场限制的影响下，中国国内经济迎来了工商业的繁荣发展。

1720~1760 年是各国东印度公司竞争与合作并存的时期。英国东印度公司从中逐渐脱颖而出，并最终占据了前茅。但是直到 1760 年代上半期，当英国东印度公司成为孟加拉地区统治者后，它才真正掌握了对华贸易的垄断权。从贸易的商品种类构成来看，特别是出口货物，其丰富性也超过了后来。金属进口，特别是中国供不应求的白银和铜，是推动整个对华贸易的发动机。相比之下，中国对欧洲的大规模工业化产品需求冷淡，而对一些奢侈品却情有独钟，比如说英国和荷兰出产的精纺棉布，还有机械八音盒。除此之外，中国还从印度和印度尼西亚等地进口大量殖民地产品，例如锡。这些进口的锡有很大一部分被加工成锡箔纸，供祭祀时焚烧之用。[28] 不过，进口金属中比例最大的是制币用金属，其数量之巨甚至可以让人有理由说，这一时期的对华贸易“更多是一种金钱贸易，而非商品贸易”。[29] 反过来看，欧洲从中国购买的商品主要是优质棉布和丝绸，另外还有少量生丝、瓷器、漆器、香料和药品。在进口货物中，茶叶的比例不断增多，但是直到 1780 年代中期，茶叶进口才真正进入繁荣期。此后，茶叶在欧洲很快变成了异域嗜好品的代名词。

茶叶最初在 1610 年前后进口到荷兰，之后于 1657 年出现在英国。[30]18 世纪初，在这两个国家，茶叶已经成为富人日常生活中离不开的奢侈品，然而在法国和德国，茶叶却迟迟没有被接受（从根本上讲，这一点迄今仍然没有改变）。究竟是什么原因使得茶叶在 18 世纪期间变成了英国各阶层民众最喜爱的饮料，就像唐代之后在中国那样？[31] 这个问题迄今仍然是一个谜。东印度公司有针对性的市场宣传或许对此起到了一定作用，[32] 但其根本原因或许还是在消费者一边。茶叶的走俏，莫不是为了替代越来越昂贵（自 1751 年起税额暴涨）的杜松子酒？在乔治二世和威廉·贺加斯①时代里，杜

① William Hogarth，英国著名漫画家。

松子酒曾把英国变成了名副其实的“酒鬼之国”。[33] 或者是因为，人们想要用喝茶的方式，来消化那些从加勒比进口的价格越来越便宜的蔗糖？[34] 又或许是因为茶叶对那些不适宜葡萄藤生长的国家来说，具有一种天然的吸引力？[35] 无论原因如何，其结果是：从各方面都在追求创新的 1720 年代起，茶叶开始一步步发展成为重要的国际贸易商品，比阿拉伯咖啡的风靡迟后二三十年。英国人均茶叶消费量从 1726~1730 年的 0.1 磅，增加到 1768~1772 年的 1 磅。在接下来的 20 年里，这一数字又翻了一番。[36] 直到 1780 年代下半期，英国市场上的茶叶主要不是通过英国东印度公司的进口来供应，而是通过走私贩。这些走私贩将茶叶从法国和荷兰经过英吉利海峡，偷偷运到英国。1780 年，英国人消费的茶叶只有三分之一是由英国东印度公司进口的。[37] 对荷兰东印度公司来说，茶叶贸易的利润从大约 1760 年开始明显下跌（其整体贸易利润的下跌幅度更在茶叶之上），但是，在 1780~1784 年第四次英荷战争和英国 1784 年大幅降低茶叶关税之前，荷兰东印度公司一直是中国茶叶贸易中规模最大的欧洲进口商。直到 1799 年荷兰东印度公司解散前，茶叶一直是该公司从中国进口的最重要商品。[38]

在中国和欧洲的交往史上，1720~1760 年作为初始阶段是冲突相对较少的一个时期。对生活在 19 世纪初的人们来说，如果回想这些年，很多人都会觉得，这是一个政治稳定、讲究商业诚信、散发着田园式和睦气息的年代。当然，外国商人要想进入内地的茶叶和丝绸产区是不被允许的，没有哪个西方瓷器商能够有机会亲自走访景德镇的各处名窑。因此，这些洋人完全要依赖和东南沿海城市，特别是广州大商人的良好合作。尽管康熙帝准许多个口岸经营对外贸易，但是各家东印度公司在世纪之交后不久纷纷转向广州，因为只有这里的中国商人才有雄厚的个人资本，能够应对周期较长、适应市场需求的大宗交易。

在广州和在内地一样，大规模贸易（有别于小规模贸易）同样也不是一种纯粹的市场经济行为。从另一方面讲，国家并不直接介入贸易，因为在那些信奉儒家思想的官员们看来，无论做生意还是和洋人打交道，都是有失体面的。于是，由官僚机构监管、私人经营的垄断贸易作为缓冲机制就此应运而生，并成为沿海地区中欧交往的重要标志。早在明朝末年，广东便出现了三十六家洋行（国外称之为“Hong”），它们享有一定的由官府批准的外贸优先权，但尚未达到垄断的程度。[39]1684/85 年清廷重新开放对外贸易后，在广州设立了“十三行”：[40] 拥有雄厚资金、通过缴纳税饷获得官方保护、专营对外贸易的商行。1720 年，这些商行为实行垄断价格政策，联手成立了“公行”。这一举动并不像 19 世纪欧洲人常说的那样，是以对付洋人为目的、卑鄙无耻的“典型中国式”手段。这种做法符合中国传统的商业规则，其形式是效仿当年两淮盐商的结盟。我们不妨可以将它看作是欧洲重商主义盛行时出现的各种垄断组织的亚洲版本。东西方之间的差异在于：首先，特许状（Charter）这一法律形式使得欧洲公司在很大程度上可以不受国家监管，从而保持相对独立，这是中国公行从来都没有能力做到的；其次，欧洲公司可以通过新兴资本市场引进外来资本；[41] 最后，与荷兰东印度公司，特别是英国东印度公司 [42] 这种严密复杂的官僚机构相比，公行不过是一个内部结构松散的协会性组织。[43]

/ 115 朝廷把外贸专营权交给人数不多的一小撮中国商人，当然主要是为了满足自身利益，即在稳定局势、控制洋人的同时，赚取固定的关税收入。但是这种做法同时也给外国商人提供了许多方便。在这个对外界来说没有任何透明度的陌生经济环境里，行商是贸易领域最受人尊敬、最讲诚信的职业人。在政府的支持和保护下，他们可以为合同的履行、按约定质量交付货物和定金支付提供担保。[44] 17 世纪中叶，荷兰人利用中国王朝更迭、倭寇猖獗的混乱局势，大发横财。然而到了雍正年间，在贸易规模成倍扩大的形势下，必须要有一个更具持久力和可信性的制度框架作为保障。这个框架便是由行商制度提供的。

在做生意时，这些行商最初并没有以咄咄逼人的垄断者面目出现。面对本地竞争者，他们往往只是勉强占据优势，这使得欧洲人在选择生意伙伴时获得了一定程度上的自由。[45]不过到了1750年代初，广州外贸体系出现了一系列棘手的问题。问题的要害在于行商和受皇帝派遣的海关监督（洋人误以为该职是户部所派，因此称其为“户部”[Hoppo]）之间的矛盾关系。在广州，海关监督是除两广总督、广东巡抚和提督之外最有权势的人物。他直接听命于皇帝，其效忠对象不是京城的户部，而是内务府，也就是皇帝的私人小金库。海关监督必须要完成的任务是，每年从关税收入中抽取一定数目的银两，送交到内务府。[46]因此，海关监督关心的事情一方面是保证贸易正常运转，另一方面是从依赖外贸为生的行商身上，千方百计搜刮钱财，索要贿赂和馈赠。从1740年代开始，一种行之有效的勒索手段是，强行要求行商为洋人作保，担保后者守规矩，不做违法之事。然后再搜罗把柄或捏造罪名，将洋人绳之以法。很多时候，行商面对海关监督的强大压力，不得不向英国和印度放贷者借债，或直接向东印度公司寻求资助。[47]这些洋人为了不让自己信赖的贸易伙伴破产，只能被迫出手相援，并由此沦为“户部”敲诈勒索的间接受害者。

1759年，英国东印度公司职员洪任辉（James Flint）采用不轨手段，将一纸诉状递到乾隆皇帝手中，控诉对海关贪污腐败的不满。[48]其结果事与愿违。皇帝一怒之下颁发谕令，要求加强对“外夷”的严格监管。原本作为一种“机制”的广州体系从此被赋予了法律的形式。[49] / 116

除广州外，所有海关口岸都对外国人关闭。这种状况一直持续到 1842 年。在中国的固有观念里，准许洋人和中国做生意，是皇帝的恩赐，洋人必须对此抱有感恩之心。从这种观念出发，朝廷在严格执行既有规定的同时，颁发了一系列新的法令，加强对洋人的限制。这些限制包括：在贸易季度里，西洋商人（海员除外）除了本国船只之外，只许在广州城外、位于珠江岸边的一处面积不足 8 公顷的区域逗留，也就是人们所说的“十三行口岸”。中国商人在这里修建了一处处仓库和夷馆，然后出租给外国洋行（后来放宽到从事私人贸易的洋人）；严禁洋人在华买田置地；外国（原则上也包括华人）妇女不得踏足“十三行”地界；外国商人在指定地点从事贸易活动时禁止携带任何火器；外国船舰只能泊靠在由虎门驻守的珠江口以外海面；洋人不得进入广州城和内地其他地区，不许购买汉语书籍或学习汉语。从 10 月到次年 5 月的贸易季结束后，洋人必须离开广州，必要时可在澳门逗留。中国官僚机构虽然不允许洋人拥有独立的司法管辖权，但通常不会插手洋人之间的纠纷。

对外国人来讲，和那些对洋人充满戒心的官吏相比，与行商打交道要方便得多。1759 年，公行再度恢复。[50]公行负责为行商代缴税银和杂费，并从中国传统的集体安全观念出发，在衙门面前为每一位成员的行为担负责任。此外，公行还是洋人与官府联络的唯一合法渠道。自 1759 年洪任辉事件之后，洋人向皇帝告御状的可能性被彻底杜绝。从总体上看，公行的职责更多是代表国家对外贸专营商实行监控（一些有钱的行商为了顺应体制，甚至不惜花钱为自己买来低级别的科举头衔），而不是以对付欧洲人为目的，维护对市场的垄断。在 18 世纪最后二十年，尽管贸易增长迅猛，但洋人对价格失控的抱怨却鲜有所闻。各国东印度公司和拥有一定权势的西洋商人大多已通过多年合作，找到了自己信任的行商，甚至建立了属于自己的贸易王朝。这时，尤其是在 1782 年之后，洋人比以往更需
/ 117
要用经济资助的方式，为一些行商撑腰，特别是他们当中那些腰缠

万贯的富豪。海关监督对这些人的盘剥勒索总是水涨船高，有时候，不仅名目荒唐无理，数额更是高达天文数字。反过来讲，海关监督要完成自己的职责也是一件难事，因为他既要满足朝廷日益增长的资金需求，而且还要靠“孝敬”来打点欲壑难填的各级官吏。[51]对行商来说，得罪海关监督必定会带来厄运，其后果甚至比生意上的失利更可怕。这些惩罚包括坐牢、杖刑、抄家，或是流放西域。[52]因此，英国东印度公司不得不帮助合作的行商，将大部分经营成本揽到自己头上。预先支付大额货款（茶叶约为50%，丝绸有可能高达90%）不仅巩固了公司在市场上的地位，同时还可以有效地阻止行商对市场的垄断。不过，英国东印度公司在行商身上投入的每一笔额外支出，都是为了避免后者陷入破产的命运。行商受到的盘剥越重，洋人就越不能对其坐视不顾。[53]于是到最后，洋人只能替行商出头，支付海关监督索要的银两。过去的老问题再次出现，而且比以往越发严重。一时间，人们找不到任何办法来解决这一问题。[54]因此，18世纪下半叶变成了中国以举债为生的时期：不仅是行商陷入了对外国洋行的财政依赖，就连内地茶叶和丝绸产区也越来越多地受到了广州外贸偿付能力和债务状况的影响。由于国内信贷业严重落后，[55]如果洋人不预先支付货款，出口产业在很大程度上将无法运转。尽管洋人的活动范围被限制在广州港南侧一块小小的飞地，但是他们对经济的间接影响力却一直渗透到中原地区的村庄。

1760年，荷兰东印度公司依然是世界最大的航运和贸易公司。[56]20年后，英国东印度公司取代了它的这一位置。这一时期，在整个印度洋和西太平洋，欧洲海上贸易超越了地方航运，成为压倒一切的力量。[57]在这场百年一遇的重心转移中，扮演最重要角色的是英国东印度公司和英国港脚商人。英国取代荷兰，成为世界经济的领导者，这一变化是由欧洲决定的。然而在亚洲，还有另外两项因素对此发挥了作用。甚至可以说，是这两项因素将领导者的角色强加给了英国：其一是英国本土不断增长的茶叶需求，其二是世纪之交后开始的印度殖民帝国建设。从某种意义上讲，英国和中国的发展变化是彼此相悖的。如果说直到18世纪初，整个亚洲热带和亚热带地区仍然是通过一个拥有相似特征、受军事保护的港口贸易网联系在一起，那么到了18世纪最后三四十年，欧洲和亚洲的关系则分化为不同的类型。在印度，英国东印度公司走上了夺取领土统治权的道路；与此同时，它在满清帝国的行动空间却变得越来越狭窄。当印度被迫打开国门时，中国却在一步步走向封闭。但是，中国在闭关自守方面从没有像日本一样，变成一种典型的自我封闭式文明。它始终给贸易留下了一定的空间。中国的君主和官僚精英尽管轻视贸易，但是对通过贸易榨取“保护费”和关税却从不手软。因此，印度和中国最终变成了同一个商业—殖民体系的组成部分。对华贸易逐渐成为英国对南亚统治不可或缺的资金来源，印度商品——特别是鸦片和棉花——则为保证对华贸易规模创造了条件。

在世界经济体系日渐成形的过程中，东南亚次体系的一体化加深仍然是从茶叶开始的。[58] 1760~1795年间，在英国东印度公司从广州出口的所有货物中，茶叶所占比例高达81%。在对华贸易的全部利润中，茶叶占比达到了90%。从1775年到1795年，茶叶贸易的利润率平均保持在31%上下。[59] 广州贸易的现象级增长主要是由茶叶交易推动的。海关监督的刁难和行商的偿付危机带来的影响，充其量只是插曲。在茶叶贸易扩张史上，1784年是一个具有决定性意义的年份，它是“对华贸易革命性变化”的开端。[60] 在美国独立战争期间，英国茶叶进口税一度攀升到111%。1784年8月20日，英国国会通过《折抵法案》（Commutation Act），将税率一举削减至12.5%（以商品价格为标准征收）。[61] 法案确认了英国东印度公司在茶叶进口方面的垄断地位，同时也通过补充条款（例如有关公开拍卖的规定）对其做出更为清晰的界定。[62] 这项改革措施体现了英国首相小威廉·皮特（William Pitt）的几方面意图：①用釜底抽薪的方式，遏制从欧洲大陆到英国的巨额茶叶走私；②以牺牲欧洲竞争对手为代价，改善英国在对华贸易中的地位；③通过对合法性大众消费的刺激和征税，整顿对美战争失败后的国家财政。所有三个目标很快得到了实现。过去数十年来，茶叶走私大部分都是通过英吉利海峡进行的，国际犯罪团伙甚至动用了大型武装船只，从事茶叶贩运。从这一点来看，英国能够在如此短的时间内根除茶叶走私，的确令人惊讶。[63]究其原因，这与欧洲茶叶贸易的重心转移不无关系。1778~1784 年间，在广州茶叶出口中，英国东印度公司所占比例平均只有 36%。1785~1791 年，比例增加到 63%。1814~1820 年，当美国私人茶叶商取代欧洲大陆各家东印度公司，成为英国东印度公司主要竞争对手后，这一数字进一步攀升，达到了 76%。[64]这是一场超乎人们想象的巨变：1784 年的《折抵法案》让英国东印度公司一举夺得了在茶叶贸易乃至整个对华贸易中不可撼动的霸主地位。但是不乏悖论的是，这样一项充满新兴自由贸易精神的关税政策措施，[65]同时也带来了经济民族主义的后果：从这时候起，英国的茶叶消费中，绝大部分都是由英国东印度公司进口的。茶叶的“国有化”就此完成。[66]皮特首相追求的财政目标最终也转化为现实。茶叶彻底变成了一种大众消费品。一个普通工人家庭的食品和嗜好品支出中，有 5%~10% 是用于购买茶叶。[67]茶叶税成为国家财政收入的重要渠道，同时也是最稳定的渠道。1790 年代，当英国重新提高茶叶关税时，这一趋势已然无法逆转。另外，此时的消费者口味也已逐渐转向了价格更高的茶叶品种。[68]19 世纪初，英国近十分之一的财政收入是来自茶叶税。[69]

茶叶是英国东印度公司苦心经营的一门生意，这不仅仅是出于商业因素的考虑。对印度的军事征服以及对新地盘的管理，让这家总部设在伦敦的公司背负了巨额债务。与此同时，对孟加拉地区稀有金属矿产的掠夺也已达到了极限，东印度公司与印度之间的进出口贸易以及在印度的地区贸易都变成了赔钱买卖。[70] 整个东印度公司的经济命脉几乎全部维系于与中国之间的茶叶贸易。英国在印度推行帝国主义政策所需支出，全靠茶叶贸易赚来的利润来维持。[71] 在此期间，中国对英国产品的需求（主要是棉花和金属）[72] 虽有增长，但数量仍然有限。另外，在美国革命期间和革命结束后，从西属美洲进口白银变得十分困难，数量上也远远无法满足中国市场的需求。[73] 鉴于上述原因，英国东印度公司必须在亚洲本地找到适合广州市场的新进口商品。英国 18 世纪末在东方各地开展的航海和商业行动，[74] 其目的之一便是为中国市场开发新的商品。

/ 120 英、印、中之间的三角贸易由此形成，[75] 其产业基础是印度的农业经济作物生产。此后，中国茶叶不再是主要依靠白银来交易，而是用棉花和鸦片来交换。自 1791 年起，英国对华贸易自问世以来第一次摆脱了对中国白银进口的依赖。[76] 从 1785 年开始，印度出产的棉花被大量出口到广州，最初是从孟买，1802 年后又加上孟加拉邦。[77] 从印度进口的棉花满足了华中和华南纺织业日益增长的原料需求，这些需求是仅靠国内棉花产区的供应无法满足的。1800 年前后，中国变成了印度初级产品的手工业和原始工业加工国，英国和印度商人则在中间扮演着原料运输者的角色。中国织工把印度棉花加工成细布后，除了出口到西太平洋各国，还远销到英国和北美。[78] 当时，在全球工业加工等级秩序中，亚洲还没有明显落到最底层的位置。[79]

东印度公司将广州市场销售棉花所赚取的利润换成茶叶，再拿到伦敦出售，由此获得的利润部分被用于冲抵公司在当地的债务。整个体系的运转是建立在印度廉价原料的基础之上。另外，体系的运转还要依靠“港脚散商”的服务，这些人提供的服务是英国东印度公司在自身特许经营权和组织的范围内没有权利或没有能力办到的。其中主要涉及的是从印度到中国的出口贸易。“港脚贸易”[80]指的是除了东印度公司的常规贸易活动之外，由欧洲商人和亚洲商人通过各种形式的勾结，以合法或非法形式在印度洋和西太平洋地区经营的海上贸易。最迟在17世纪初之后，港脚贸易便一直与东印度公司的活动并行展开，并对后者发挥着日益重要的影响。[81]对英国人来说，与菲律宾之间的港脚贸易格外重要。因为在马尼拉，他们可以从墨西哥和秘鲁流入的白银中截流获利。[82]（这些必须以非官方形式秘密进行，因为西班牙明令禁止新教国家在马尼拉从事贸易活动）在英国对华贸易中，港脚贸易自1740年之后变得越来越重要。[83]东印度公司的一些职员往往以兼职和私密形式参与港脚生意（公司准许他们在公家船只上搭载少量私人货物），或干脆辞去在公司的职务，专职经营这类生意。

英国征服印度后，港脚贸易的重要性进一步提高，并增加了许多新的功能。从贸易与金融业的合作中衍生了一种私人资本主义性质的全新公司类型：代理行（Agency House）。代理行最初的职能是作为英国公司在印度的代理。但是不久后，它的职能便转向资金疏导，即帮助东印度公司将各项业务中积累的资金，投入到私人贸易以及其他周边行业：航运、银行、保险、房地产业等。[84]代理行作为一种公司类型，最早并不是在英帝国的资本主义本土诞生的，而是其外围殖民地的产物。在这里，代理行的创始者通过掠夺和贸易完成了原始资本积累，[85]并将一部分资金投入到亚洲贸易最活跃的领域——对华贸易。它是“港脚贸易与欧洲贸易之间密切联系的产物，这种联系是随着印度殖民统治的发展形成的”。[86]如果说英国东印度公司是商业资本主义时代的代表，那么代理行所代表的则是以海外特殊形式的私人商业行为为标志的新时代。

随着时间的推进，这些代理行逐渐将对华贸易中所有重要职能都汇集于一身，只有茶叶出口除外。1833年之前，茶叶贸易一直是东印度公司严密守护的专属领地。代理行与东印度公司之间，是一种对抗式合作关系：合作是因为印度与广州间的棉花贸易是由代理行经营，这是茶叶贸易得以运转的前提条件。英国人对茶叶的需求越多，东印度公司在广州的生意越兴隆，对英国和印度港脚商人的依赖性就越大。合作的另外一个原因是，代理行在很多方面都离不开东印度公司提供的基础设施，这些基础设施不仅仅是指资金周转渠道，另外也包括后者在广州的代表，即在中方面前为英国利益代言的东印度公司大班（Supercargo）。而代理行与东印度公司之间的对抗是因为，代理行虽然是依靠与东印度公司的寄生关系起家，但它对后者的垄断地位及其以“可敬的公司”（Honourable Company①）之名推行的谨慎保守的商业策略却越来越感到不满。在英国经济蓬勃发展的大环境下，东印度公司的这种政策逐渐成为各方“围攻”的对象。[87] 各大代理行的幕后支持者，是米德兰兹地区（Midlands）那些将目光瞄准中国市场的新兴工业资本主义力量。推动代理行与东印度公司展开对抗的动力，主要是东方经济领域出现的新动向：来自美国的竞争以及鸦片贸易带来的意想不到的巨大商机。1790 年代期间，东印度公司、代理行和广州公行之间一直勉强维持着一种暂时性平衡关系。不久后，三者之间的力量平衡被彻底打破。

/ 122

1793/94 年马戛尔尼使团访华正是发生于这样一个历史性时刻：中国与西方、传统商业资本主义与新兴工业资本主义、垄断思维与自由贸易理念之间的平衡行将步入尾声。在和平年代里，人们很少会用如此大的投入，[88] 换来如此微薄的收获。从这次出访的目标来看，这是欧洲外交史上一段最矫情的插曲，一招彻头彻尾的错棋。虽然从历史进步观的立场来判断，这起事件并未带来任何结果，因

① 东印度公司全称为“可敬的东印度公司”（The Honourable East India Company）。

此可以视同于没有发生，但事实并非如此。实际上，这是一次造成了一系列严重恶果的失败。[89]

尽管东印度公司有很多抱怨，但并不是它促成了马戛尔尼一行的出访。自从1759年洪任辉因私告御状而惹来灾祸后，东印度公司逐渐接受了广州体系的行事规则，并且找到了自己的方法和途径，通过非官方形式并利用其资金优势，按照自己的意愿对广州的贸易环境施加影响。行商长年欠债的问题已经被默认为体制的一部分，与中国司法机关的麻烦，也并不像80年代初几起警示性事件发生后人们所担心的那样严重。1787年，当派遣使团出访北京的想法刚刚露头时，东印度公司的主张是维持与满清帝国的关系现状，最好不要触碰它，因为人们担心的是（事实证明这种担心是正确的），任何大的变化——特别是开放沿海更多口岸——都有可能导致东印度公司丧失对目前势头正劲的港脚贸易的控制权。因此，东印度公司负责人认为，通过高层施加外交干预实无必要。[90]

派遣使团的主意其实是由亨利·邓达斯（Henry Dundas）提出的，他是皮特政府的帝国外交政策设计师。[91]和首相本人一样，邓达斯对垄断公司一向没有多少好感。他自视为英国商人、金融家和工厂主的靠山，这些人是正在兴起的工业革命的代表，满怀远大抱负。邓达斯希望能够委托其以重任，到东亚和东南亚建设以印度为中心的大不列颠势力和商业领地。邓达斯对茶叶贸易作为对华贸易发动机和国家财政支柱的重要性表示认可，但他认为，从长远来看，茶叶贸易完全可以交给东印度公司以外的其他人经营。邓达斯在1792年9月8日送交使节马戛尔尼的手谕中，[92]除了国家首脑对未来的设想外，还传达了来自各种经济利益集团的愿望，例如，要求马戛尔尼在中国为那些尚鲜为人知的英国工业产品做宣传。为了达到这一目的，马戛尔尼使团在带给乾隆帝的丰厚礼品之外，还带去了伯明翰、谢菲尔德等城市出产的各种铁器、剑戟和火器。这让东 / 123

印度公司感到十分不快。[93]使团要达成的主要目标是，在华北或华中地区设立一处可全年通商的贸易据点。

马戛尔尼使团的最终收获，只是让乾隆帝在礼节上稍稍做出了让步，并以诏书的形式对乔治三世国王的来函做出了回复。后来，这封著名诏书[94]经常被人们用作例子，以证明“中国中心主义”天下观的自负和无知。在人类进入“意识形态年代”之前的历史上，的确不曾出现过如此激烈的宇宙观和世界观之间的碰撞。马戛尔尼使团的中国之行无疑对这种文化冲突的外露化起到了推波助澜的作用。然而在“天子”像对待贡使般的傲慢言辞[95]以及朝廷上下拒绝被洋人“奇技淫巧”折服的背后，也有实用主义和现实政治的因素在起作用。虽然马戛尔尼向世人展现了高超的外交技巧和策略，但这次出使仍然是以失败告终。这场失败同时也反映出当时那个年代的真实力量对比。这一年在欧洲，一场在法国大革命和它的反对者之间的旷日持久的大战拉开了序幕。

当时，中国统治者的确对外界发生的事情（例如英国在印度的迅速扩张）了解甚少，而且也没有太多的好奇心。倘若他们能够对英国炮艇上的武器装备认真做一番观察，或许会心所有悟。但是，对于一个业已“平定四夷”的帝国来说，的确没有任何切实的理由能够让它意识到，乔治三世是未来世界强国的君主。另外也没有任何一条令人信服的理由，能够说服清帝国背离传统，同意英国在北京派驻大使。这种在近代欧洲国际秩序中已经形成制度的持久性密切关系（其作用并非总是有利于和平），不仅违背了“中国中心主义”天下观，而且也不符合中国利益。朝廷能和一个英国大使谈些什么呢？更重要的是：中国确实如乾隆所言，在经济上是自给自足的。虽然200多年来，中国已经习惯于从新世界输入白银，但中国并不需要通过加入国际分工体系来实现再生产，这与身为“贸易国家”的英国全然不同。因此，中国没有理由要在经济上向英国做出妥协。乾隆帝拒绝马戛尔尼的要求和建议，与当时清帝国的“感知利益”（perceived interests）是完全吻合的。对所有历史当事人而言，鸦片战争仍然远在他们眼中的地平线之外。

清帝国的厄运或许并不像人们常说的那样，是因为它对“现代世界”的排斥所致。原因也许恰恰相反：是因为它在闭关锁国方面做得还不够彻底。假如清朝像日本一样加强对外部封锁，驱逐洋人，禁止茶叶出口，关闭广州口岸，是不是会更果断，更明智？不过，在1790年前后，这一切显然都已为时过晚。清廷的财政官们对关税收入早已习以为常，况且在国家财政日渐窘迫的形势下，朝廷比以往任何时候都更加需要这项收入。在广州，行商和地方官僚在外贸领域的利益勾结，已经至少延续了两代。特别是那些地方官员，他们在京城大都有自己的靠山。因此，世界经济的力量最终透过这些数量稀少的“点”（自给自足的庞大农业社会中的零星孤岛），渗透到内陆腹地的少数地区和人群，特别是部分依靠外贸来维持生计的茶农。对朝廷来说，切断对外贸易联系不仅违背儒家的仁爱精神，而且还有可能引发动乱。这使得清廷陷入了一种进退两难的困境：既不愿迁就洋人，但在某些方面却又需要他们，虽然这种需要并未达到关乎生存的程度。19世纪中叶，当日本精英从坚决排外毅然转向，以同样坚决的态度主动接受西方并向其靠拢时，清廷却仍然深陷于矛盾纠葛中无法自拔：在对外部世界原则上予以排斥的同时，却又从实用主义出发与它彼此勾结，串通一气。乾隆帝在位的最后几年里，朝廷借助权力政治的手段，使这种矛盾做法勉强得以维持。

第三章

19世纪：自由贸易帝国主义阴云下的中国

/ 八　中国的衰落与不列颠治世

长期以来，1840~1842年的鸦片战争一直被视作19世纪中国历史上最重要的一起事件，它是一个新的历史阶段的开始，是中国古老的自我封闭状态的结束，是漫长的革命和现代化进程的开端，是迈向帝制终结的决定性一步：从鸦片战争起，中国才真正融入了现代意义上的世界史。[1]西方帝国主义者和中国民族主义者对此看法是一致的。在前者眼里，非欧洲社会——那些“没有历史的民族”——的历史，原本就是从被西方的“魔法棒”点中的那一刻才开始的；在后者看来，封建制度下的中国在军事上败给资本主义英国，是两种社会形态的分水岭。“在外国资本主义—帝国主义侵略和压迫下，中国社会变成了半殖民地半封建的社会”，[2]一位中国权威历史学家以正统派口吻这样写道。

我们有必要对这种判断做出修正。鸦片战争并不是某个外国强权为霸占中国领土而发动的侵略，因此，人们无法将它与1757~1853年英国征服印度的殖民战争，或是1937~1945年日本对中国的侵略相提并论。鸦片战争是一次因冲突升级而引发战火的大规模炮舰行动，[3]是局部动用舰队力量以达到下述目标：逼迫受攻击的国家签署其不肯自愿接受的条约。鸦片战争造成的直接影响并未达到致命的程度，除了割让香港这个小小的岛屿之外，它并没有给中国带来太多的领土损失。真正发生改变的，是依然拥有主权的中国政府构建外交关系的制度性框架。鸦片战争并没有导致中国政治体制的崩溃，也没有给国家统治者造成致命的威胁。由此引发的中国经济和社会的翻天覆地变化，同样也没有出现，就连文化上的冲击也是有限的。面对虎视眈眈的西方列强，清帝国的前途命运之险恶，以及在国际大环境下认清自身处境之紧迫性，最初只有少数掌握文化话语权和政治影响力的官僚士大夫才有所意识。[4]

鸦片战争后，各领域的变化开始出现，但是与1853年黑船事件发生后日方的快速和果断反应相比，这些变化的速度是缓慢的。直到1895年，当中国在对日战争中失利后，人们才普遍意识到，这场失败是民族灾难和巨变的征兆。自此之后，政治和社会转折的速度明显加快。假如说1895年才是19世纪中国历史上最重要的一个年份，那么1842年仍然可以排在第二位。自鸦片战争之后，中国进入了长达半个世纪的过渡期，这个过渡期的特点体现在以下几个方面：中国向世界市场力量的逐步开放，西方列强在东亚大陆有限地理区域内的缓慢扩张，中国海上边疆的资本主义萌芽，西方思想向知识分子小圈子的悄然渗透，旧政权各种迟疑不决且大多无果的改革尝试。在成功镇压1850~1878年给清王朝造成空前威胁的一连串起义之后，清廷自认为已经平安渡过了危机。直到1890年代之后，外国列强的侵略才真正成为中国历史上头等重要乃至起决定性作用的因素。

从鸦片战争的实际影响来看，它的确是一个重要的历史坐标，但并不是一场改变世界史走向的转折。不过，如果就此把鸦片战争看作是一起无关紧要的事件，就像1793/94年马戛尔尼使团访华，或1816年到访北京而未能觐见嘉庆帝的阿美士德勋爵（Lord Amherst）之行一样，[5]也显然有失偏颇。1840年，当大不列颠向中国发动战争时，距离马戛尔尼勋爵带着乾隆帝的赏赐返乡已近50年，距离阿美士德勋爵失意而归也已14年。这场以中国失败告终的战争，是中国与欧洲强国之间的第一次交火，是第一场没有让清王朝得到任何好处的冲突。其结果——这也是鸦片战争导致的所有后果中最重要的一条——是迫使中国不得不接受欧洲外交和国际法实践的交往规则和程序，并按其行事。不久后，这套规则和程序又被强加给日本，并就此完成了其普世化过程。如果谈及中国“开放”的阶段性含义，为西方资本主义扩张扫清障碍只能被排在第二位。中国从 16 世纪起，便已成为跨大陆白银和商品流通的一环，在 18 世纪末之后，中国更是在世界贸易中扮演着不容小觑的角色：它是当时世界第一大商业组织东印度公司的主要利润来源，从这里出口的货物给全球首屈一指的强国带来了占国家财政十分之一的收入。这样一个国家，不可能是完全“封闭”的。鸦片战争改变了中国融入世界经济的方式和形态。它是中国融入世界经济的结果，而非起因。如果没有茶叶和丝绸、白银和鸦片，如果没有广州体系和英印中三角贸易，这场战争绝不可能在这一时间以这样的方式发生。

因此，鸦片战争仅仅是为中国经济与世界**经济**之间的关系开启了一个新的阶段，但是对清帝国与周边地区的**政治**关系而言，鸦片战争则意味着一场深刻的巨变。18 世纪时，中国学会了如何在地缘政治差异巨大的西域和南北边疆，从自身利益出发，灵活打造与不同邻邦之间的关系。在这一过程中，中国尽管在某些具体问题上偶尔会做出让步，但总是能够做到，把自身对世界秩序的想象至少以象征性方式，更多时候是以真实可见的形式转化为现实。在广州和恰克图，中国甚至成功做到了让一群难以管教的洋人不得不接受系统化规则的制约。在中国人眼里，这些洋人总是斤斤计较、贪图小利，对儒家的道德和生活智慧则一窍不通。从这一角度看，直到 19 世纪头几十年，中国在政治上仍然是“封闭”的。它始终是按照传统的固有思维，用想象来建构周边的政治环境。（在这方面，日本的处境相对简单。在迫不得已的情况下，身为孤岛的日本甚至可以彻底放弃外交）就此而言，鸦片战争是一场真正的转折，而非对传统发展潮流的延续。中国“加入各民族大家庭”[6] 的漫长过程由此开始，在经历无数坎坷和曲折后，于 1920 年代一度加快，在 1930 年代又因战争而中断。1971 年，随着中华人民共和国进入联合国，即在清朝签署《南京条约》129 年之后（！），这一过程才彻底完成。从此，中国这个前现代欧亚大陆最强大的国家，终于从受世界政治操纵的对象（这是1842~1949年中国地位的写照），变成了世界政治的重要构建者之一。

关于鸦片战争以及清帝国随后“打开国门”的根源问题，只有通过对19世纪20年代以后几大趋势的分析才能找到答案。这些趋势是鸦片贸易、白银危机和广州体系的瓦解。[7]只有认清19世纪初的局势变化，我们才能够认清和理解中西方对峙的深层原因。至于说从世界史角度看，这场对峙是否确实不可避免，则完全取决于后世的假设和猜想。1816年，当英国使者饱受羞辱，带着嘉庆皇帝责令再莫“遣使远来”的诏书[8]被逐出京城时，英国王室选择了忍气吞声。但是到了1840年，伦敦却毅然派出了舰队。在这段时间里，究竟是什么发生了变化?

变化最大的是交战双方的国内形势。在鸦片战争爆发前的几十年里，中英两国的发展是相向而行的，因此，碰撞即使并非不可避免，其概率也是日渐增大。双方的差距体现在各自的目标、对形势的判断以及行动主动权等各个方面。当乾隆年间还自信满满的大清帝国一步步陷入守势时，英国却迈入了一个以侵略性扩张为标志的新时期。就在清廷为平定内乱焦头烂额，并因财政窘迫而被困住手脚时，在英国，工业革命却为推行“自由贸易帝国主义”提供了动力和资源。

在嘉庆帝（1796年，他从禅位的父皇乾隆手中接掌政权，并在后者1799年驾崩后开始亲理朝政[9]）与继承其皇位的道光帝[10]（1821~1850年在位）统治期间，朝廷对外部世界的猜疑日渐增多，对闭关锁国的需求与日俱增。例如，人们对当年围在乾隆身边、不时与他聊起西方的传教士，渐渐失去了兴趣。自1805年起，清廷开始采用前所未有的严厉手段，打压中国的天主教徒。[11]1820年前后，中国对欧洲形势的了解，甚至还不及一个世纪以前。反过来看，自1600年以来的近代史上大概从来没有过哪个阶段，西方人从中国内地获得的第一手信息，就像1793~1795年英国和荷兰使团访华到鸦片战争爆发的几十年这样少得可怜。在国内局势动荡和财政危机的压力下，中国统治者不得不集中精力，解决自身问题。乾隆帝将帝国版图扩大到了战略可能性范围内的极限，同时也超越了经济承受力的临界点。他将中国在亚洲政治中的地位，推上了一个史无前例的高度。其后继者最多只能指望自己能守住他留下的基业。清朝的积极外交政策和帝国策略，都随着乾隆盛世的结束画上了句号。

毋庸置疑的是，19世纪的中国统治者都没能创下堪与康熙、乾隆、雍正这三代明君比肩的伟大功业。在这三位皇帝当政的133年里，国家的繁荣兴旺达到了中国帝制历史上近乎空前的水平。[12]儒家历史编纂学惯用的解释模式——“王朝循环”的周期性规律，似乎又一次得到了验证。按照这一规律，在那些一手打下江山并实现国泰民安的贤明君王之后，继承皇位的通常都是些懦弱无能甚至道德败坏的昏君。在这些人当政时，国家管理效率低下，腐败猖獗，财政入不敷出。在苛捐杂税的压迫下，农民纷纷揭竿而起，目标是推翻旧政权，把“天子”之位交给新的王朝。对历史观察者而言，即使他对儒家用人格和道德来解释历史的方法并不认同，并且认为，每一位帝王的个人素质对国家命运的影响是有限的，他也无法否认，早在乾隆末年，特别是世纪之交前后，清朝的危机迹象便已暴露无遗。

要用逻辑分析的方法梳理清朝衰落的过程并不难，但是，要想通过实证对每一个论证步骤做出充分解释，却要困难得多。在整个中国近代史上，没有哪一个时期像1770~1840年这段时间一样，给后人留下了如此多的谜团。即使依靠今天的知识水平，我们仍然无法为中国“开放”前夕的国内发展状况，描绘出一幅清晰完整的图像。目前我们所能做的，最多只是勾勒出一个大致合理的轮廓。[13]

其中最为困难的，是通过某一种解释模式，在那些单个的危机症状之间建立起关联。例如，各种新马尔萨斯式的解释——把人口增长这一独立变量，视作导致所有变化的单一根源——同样也不具有充分的说服力。

当然，可以确定的是，在整个18世纪，人口增长速度一直在不断加快，并给中国社会留下了深刻的印记。仅仅在1779~1850年间，中国人口便增长了56%。[14]这些新增人口中，一部分被几百年来人口日趋稠密的地区吸收，例如土地肥沃的长江下游地区，这里的农民主要是依靠对小块农田的精耕细作来维持生存；另外还有一部分是以拓荒方式，流向传统聚居核心区以外的边陲地区。这些 / 130 “荒蛮”的边疆地带总是充满了社会动荡，不同族群间的冲突时有发生，国家权威在这里几乎完全失去了效力。因此，与佃农聚居的中原地区相比，这些地区更容易成为起义和暴乱的滋生地。从1774年王伦起义[15]等一连串小规模暴动开始，在进入90年代后，无论起义的数量还是激烈程度都大大增加。[16]其中有很多起义，特别是华北地区的起义，都带有千禧年运动的色彩，有些在很久之前便以邪教的形式存在于民间。与后来亚洲和非洲的类似运动相比，这些起义并不是针对外部输入的现代化进程做出的防御式反应，而是社会抗争与末世救赎相结合的产物。[17]这一时期规模最大的千禧年运动是1796年爆发的白莲教起义。这场起义席卷了4个省份，1805年才被彻底镇压。当时，清政府依然有足够强大的力量剿灭这些起义，并以极端残酷的方式对反叛者实施镇压。1820年代和1830年代爆发的多起暴动，[18]也都被清朝统治者一一平息。但是，清廷为此却付出了巨大的代价。特别是镇压白莲教起义，更是给早在乾隆平定西域时便已被削弱的国家财政造成了毁灭性打击。[19]

受康熙永不加赋政策的影响，人口增长和农业生产力的提高几乎没有给朝廷带来任何好处。因此，清廷只有通过肆意征缴捐税，来满足不断增长的财政需求。自古以来，赋税过重都是权力体制濒危的征兆。其受害者主要是社会弱势群体，在腐败日趋严重、以弱肉强食为法则的社会中，这些人没有任何手段和关系，能够逃避缴纳捐税，或把这些负担转嫁到他人头上。此外，那些不受法律保护的商人，特别是盐商和行商，也比以往更容易变成国家官僚体系盘剥的对象。[20]

1770 年代末，当和珅成为权倾天下的宠臣后，腐败开始向皇帝身边的小圈子渗透。腐败究竟是官僚体系普遍低效的结果还是原因，对此，我们很难做出判断。无论答案如何，都无法改变一个事实：那些不为百姓谋福祉、在百姓眼中不再具备统治合法性的官僚机构，已越来越无力履行自身的职责：完成大运河漕运任务，维护黄河沿岸堤坝的安全，管理贮粮备荒用的粮仓等。19 世纪初，公共
/ 131
事业全面陷入瘫痪。[21]这里，我们不能按照“王朝更迭”理论所预见的规律，将责任全部归咎于皇帝的无能与官员公共责任意识的缺失。从组织结构上讲，官僚制度所承受的压力也已超出了它的负荷。官府衙门原本就紧张的官员编制，并没有随着臣民数量的增多而得到调整。每一位官员日常需要处理的公务成倍增加，与此同时，通过科举考试却得不到官职的人数也在不断增多。[22]在现实中，仕途壅滞的现象通过下述方式暂时得到了缓解：越来越多的个体——以士绅子弟为主——变成了攀附权贵的寄生虫，通过结党营私和裙带关系为自己捞取好处。这些人所扮演的角色，既是常规权力体制的民间受益者，同时也是世袭俸禄制的间接受惠人。这样一来，官僚机器的运转变得更加迟钝，对那些掏钱养活它的百姓来说，这台机器变得越来越昂贵，与此同时，其距离儒家责任意识的崇高理想也越来越遥远。另外，在科举制度中，各种不轨行为也开始泛滥。虽然清朝官僚体系即使在康乾盛世时，也和所有世袭官僚制一样，[23]从未能摆脱内部帮派和裙带关系的困扰。但是从整体上讲，在 1820

年代和1830年代时，清朝官僚体制的内部腐化则达到了前所未有的巅峰。不过尽管如此，清帝国的权力体系并不是死水一潭，其残存的活力最起码可以让它做到，给少数官僚士大夫的批评性观察和改革思维提供空间。在体制里，毕竟不是每个人都甘心随波逐流。

因此我们没有理由认为，清帝国在鸦片战争前已经濒临崩溃。虽然和乾隆盛世相比，清朝的衰落显而易见，但是如果就此将它与吉本①笔下描绘的罗马帝国衰亡景象画上等号，却是错误的。第一，在中国出现的种种变化中，并非所有变化都是有弊无利：那些国家无法充分履行或无力履行的职能，常常是被“私有化”，即被转移到前国家领域。这些职能大部分都得到了履行，其结果往往也差强人意。在经济领域里，这一变化促使国家进一步放宽对经济的干预，而国家退出经济的进程实际早在18世纪初便开始了。[24]由此可见，国家职能行使能力的降低未必意味着全社会整体的效率下滑。其区别在于，职能履行在体制内找到了新的位置。第二，国家仍然有能力在某些领域推行改革，1830年代初整顿盐政便是一个例子。[25]第三，许多在人们眼中预示着全盘崩坍的现象，实际上是一个漫长的演变过程，很多变化甚至一直持续到19世纪末。例如，当鸦片战争爆发时，中国官僚制的内部衰败才刚刚露出苗头。第四，如果按照约翰·巴罗、黑格尔和马克思等同时代人的观点，把当时的中国想象成一个停滞不前的国家，一个满心渴望被来自西方的活力唤醒的庞大帝国，这样的看法是一种谬误。实际上，世纪之交的危机是一个漫长的扩张和演变期带来的结果。中国的落后是一个由盛到衰的过程。生产关系中非经济制约的解除，契约关系的普及，农业的商品化和货币化，私人工商业的兴起，国内大众消费市场的形成，出口生产的刺激：这些发生于雍正和乾隆年间的种种“现代化”变革，

① 爱德华·吉本，Edward Gibbon，英国历史学家，《罗马帝国衰亡史》作者。

把嘉庆皇帝统治下的中国，变成了他的曾祖父、骁勇善战的康熙帝做梦也想象不到的样子。倘若身陷危机、内外交困的清帝国不是一个充满**内在**活力的社会，那么在1840年后的几十年里，当它面对西方势力的入侵时，不可能表现出如此强大的抵抗力，就像现实中发生的那样。那时我们看到的，或许会是第二个“印度”。懦弱和反抗，保守与应变：19世纪的中国历史正是在这些矛盾纠葛中一步步推进。

这难道是说，即使当中国被重重危机所困时，它仍然称不上是一个停滞不前的社会？这个问题的答案是由视角决定的。假如我们将视线投向自宋朝商业革命——这场革命在世界历史上是空前的——以来的中国历史，所谓“静止不变”便无从谈起。然而如果和处于“进步时代”[26]的英国相比，这样的印象却是合乎情理的。当西北欧的发展超过既往，并为历史进程的速度和动力树立了新的标准时，在国家关系中，有关落后的概念和现实也在这一刻诞生。[27]在1800年后的几十年里，清帝国与曾经的主要对手之间的反差变得日渐鲜明。大不列颠越来越像是中国的镜像对称图：一边是全球首屈一指的海上强国、海洋的霸主；另一边是缓慢迟滞、目光只盯着陆地的陆上大国，尽管有着长长的海岸线和众多港口，却没有一艘能够驰骋海上的战舰；一边是一个致力于扩张的国家；另一边是一个自我封闭的国度；一边是已进入早期工业社会、只有农场主而没有农民的国家；另一边是一个纯粹的农业社会；一边是坐拥大片田产的贵族，他们与资产阶级联手，积极投身于金融和贸易领域的资本竞争；另一边是身为地主、对经商嗤之以鼻的官僚精英。1840年代，这两个彼此对立的国家陷入了冲突。在这里，我们必须将视线拉长，将历史的年代纵深纳入视野。只有在1858年之前，英国才是清帝国**唯一**的西方对手；1858~1860年中国“开放”第二期，对外关系已经变成了一项多边事务。在第一次世界大战爆发前的二三十年，即帝国主义势力的鼎盛时期，英国仍然是与中国经济利益关系最密切的国家，然而在对华政治利益方面，它却不得不和其他欧洲列强以及美国和日本“分摊”。纯粹双边意义上的中英冲突只限于维多利亚时代早期，一个以海上“不列颠治世”（Pax Britannica）、自由贸易帝国主义和英国争夺对亚洲统治权为标志的时代。

自 1805 年特拉法尔加（Frafalgar）海战和 1815 年滑铁卢战役胜利后，大不列颠成为当之无愧的全球第一海上强国。[28] 尽管在后拿破仑时代，海军预算被大幅削减，[29] 但是由于缺少强有力的对手，英国的海上霸主地位仍然维持了长达 80 年。造成这种局面的前提是世界政治的某种互补性：“大陆欧洲对世界其他地区的事情不感兴趣，英国也从不插手（欧洲）大陆事务，只有边缘地区——特别是地中海地区——的事务除外。不列颠治世便是在这样的权力政治基础上形成的。”[30] 从战略角度讲，英国海上霸权凭借的是对海上咽喉要道的控制，而且，它为之花费的成本并不高：1830 年后，在长达几十年的时间里，英国海军和舰队的支出仅占国民生产净值的 2%~3%。[31] 从原则上讲，至少在克里米亚战争前，英国的海上地位几乎是无可置疑的，但是在现实中，皇家海军作为英国的政治工具，却并不能做到出手即胜。无论是对大陆列强还是美洲各国，它都无法做到为英国政策提供其需要的保障。就连 1830 年法国占领阿尔及尔这种富有挑衅性的海上行动，英国也只能无奈接受。[32] 在 1830 年代和 1840 年代时，英国未能做到推动或强迫巴西废除奴隶贸易，尽管巴西政府已经在协议中对此做出承诺，更何况，由于英国曾为巴西独立提供了帮助，巴西政府在伦敦政府面前本应处于弱势的地位。[33]

1810~1840 年间，英国在海外的海上霸权是以三种形式呈现出来的。这三种形式都与中国后来的走向息息相关。第一，皇家海军在遏制西非和东非奴隶贸易方面取得了一定成就，[34] 其方式主要是通过准警察式海上行动。英国也曾采用类似办法来对付海盗，比如在波斯湾。[35]后来，这类行动成为英国海军在中国南海的惯常做法（一直持续到1930年代！）。[36]第二，英国海军扩大了在海外的基地体系。19世纪初新征服的两个重要据点是亚丁和新加坡。1839年，英国攻占了也门的亚丁城。从此，亚丁在四个方面为捍卫英国霸权发挥着重要作用：它是刚刚兴起的轮船航运的加煤站，是保障印度航线安全的海军基地，是波斯湾的秩序守护者，以及开拓阿拉伯贸易的港口。[37]早在1819年，斯坦福·莱佛士爵士（Sir Stamford Raffles）便曾出于类似的政治、战略和经济多重考虑，建立了新加坡。这个紧靠马六甲海峡、在地理战略意义上对英国人来说梦寐以求的据点，不仅为广州与加尔各答之间的航运提供了安全保障，还让英国得以从活跃的地方贸易（马来亚、中国、印度、阿拉伯等）分一杯羹，并以非官方形式对马来半岛诸国施加政治影响。[38]在中国沿海地区占据一处地盘便成为顺理成章的下一步，后来，这个目标便选定了香港。

第三，英国战舰对非欧洲国家政府或多或少起到了威慑的作用，这是一种广义的“炮艇外交”。英国曾经考虑用这种办法来对付南美新成立的几个共和国，以便为英国商品打开市场。但是，当地的克里奥尔上层社会几乎从一开始便分成了两派，一派是乐意与英国商界合作的伙伴，另一派是擅长谈判的民族主义者。虽然英国也曾通过签署“不平等条约”——比如与巴西（1827年英巴贸易协定）——为自己赢得了关税优惠和治外法权等特权，不过就在英国开始把这类条约输入到中国时，这些条约在拉美国家实际已经失效。[39]这些文化上受西方影响、经济欠发达的南美洲国家，并不需要被“打开”。

在英国海军针对非欧洲国家政府实施的干预行动中，场面最激烈的是1840年秋天在所谓第二次穆罕默德·阿里危机中炮轰贝鲁特，以及攻打并短暂占领叙利亚港口城市阿卡（Acre）。这场行动是在与俄国、奥地利和奥斯曼帝国达成外交协议的前提下发起的。它迫使穆罕默德·阿里这位受法国支持（让他郁闷的是，这种支持只是在口头上）的埃及统治者，不得不把在黎凡特地区（Levant）占领的地盘交还给君士坦丁堡苏丹。[40]作为英国外交大臣，巴麦尊勋爵针对穆罕默德·阿里所采用的干预手段，与数月前——1840 年 6 月——在鸦片战争中的做法有相似之处，虽然鸦片战争的开始并不像炮轰贝鲁特那样激烈。这两次行动的目的都是让“东方专制主义”走上正途，接受“文明的教化”。[41]但是，英国在近东的行动首先是由欧洲权力平衡机制决定的，其干预的主要目标是阻止奥斯曼帝国因为属下穆罕默德·阿里的叛逆而陷入混乱。这场冲突从一开始就是一场涉及整个欧洲的危机，人们甚至一度担心法国有可能对莱茵兰地区发动攻击。中国则相反，它处于欧洲国际体系之外，而且在 1840 年前后，欧洲大陆列强对它并不感兴趣。因此，英国可以不受牵制，按照自己的意志展开行动。尽管英国在远东的行动备受瞩目，其手段也遭到了抨击，但是这一切并不会导致实际的外交后果。由于英国在对华政策上可以排除对欧洲国家间外交的考虑，因此，其经济目的就变得愈加明显。在埃及问题上，经济上的动机同样也不存在。1838 年英国与奥斯曼帝国签署的贸易条约以及《伦敦条约》（1840 年签署，1841 年在《海峡公约》中得到确认）打破了埃及的贸易保护壁垒，这些措施曾为热衷改革的穆罕默德·阿里帕夏实施以国家垄断为基础的工业化改革提供了便利。但是，鉴于埃及的改革在此之前便受内部诸多因素的影响而陷入困境，因此，关于穆罕默德·阿里计划因为英国的压力而被扼杀的说法是站不住脚的。[42]在 1840 年英国对埃及的干预行动中，经济动机只扮演了次要角色。

英国对中国的炮舰行动并不是在毫无征兆的情况下发生的。虽然没有完全相仿的先例作为参照，但是它所采用的仍然是“不列颠治世”背景下英国干预政策的惯用手段之一。在东亚地区，不列颠治世体现出一些独有的特征。从权力政治角度看，19 世纪头几十年是以英国在印度确立不可撼动的地位为标志。直到 1818 年英国结束在印度中部的征服战争后，“英国**在**印度的统治才彻底转变为英国**对**印度的统治”。[43] 此后，英国在加尔各答以东推行的所有政策，都是把印度这个坚固的堡垒作为基础。维多利亚时代英国亚洲政策的第二个常量，是对来自沙皇俄国——除英帝国外东方唯一强国——挑战的意识，这种意识或强或弱，却无时不在。尽管史学家对英俄在亚洲“大博弈”（Great Game）的严重性偶有夸大，对“俄国威胁论”在宣传上的操纵性影响有所低估，[44] 但是不容置疑的是，1815 年之后，无论在欧洲还是亚洲，俄国都是唯一能够在权力政治上与大不列颠帝国相抗衡的力量。唯一问题是，俄国的巨大潜力是否有可能对英国造成实际的危害。从 1828 年起，伦敦和印度的掌权派开始担心，对奥斯曼帝国、波斯和中亚汗国虎视眈眈的沙俄帝国有可能会成为对英国和印度的威胁，这一趋势是不可避免的。[45]1833 年，巴麦尊勋爵下决心要按“最坏情况”（worst case scenario）打算。英国内阁大部分成员也都认定，俄国正在小心翼翼但目标坚定地运筹一项针对亚洲和欧洲的庞大扩张计划。[46] 后来，人们把 1833~1841 年的几年，称作是“巴麦尊防御式反攻之年”，是“英国强权在亚洲大陆所有国家面前证明自身地位”的标志性时期。[47] 由鸦片战争挑起的中国危机虽然与地中海东部、阿富汗以及英印西北部的各种事端没有多少关联，但是从起因上讲，它仍然是一场地区性危机，其根源则在于中国的贸易结构。当时，清帝国还没有变成英俄之间的争夺对象，就像在 19 世纪下半叶那样。就连伦敦最极端的悲观主义者也不曾担心，俄国有可能对清帝国发动侵略。但是尽管如此，面对中国的反抗，英国所做出的极端挑衅性反应，与它自 1833 年以来严阵以待、随时准备实施预防性干预的大气候是一脉相承的。同一时间发生在地中海东部和中国沿海、起因完全无关的两场危机，都是源自于英国政策的类似反应模式。

除了全球海上霸权——其落实之艰难暂且不论——以及成为亚洲两股领土扩张型帝国势力之一这两点，还有两方面因素对英国在东方世界的行动起到了决定性作用，这就是自由贸易和传教思想。自 1953 年约翰·加拉格尔（John Gallagher）和罗纳德·鲁宾逊（Ronald Robinson）的名篇[48]问世后，自由贸易经济理论与边缘地带的政治军事干预之间的原则统一性得到了证明，只是在具体问题上，还有一些疑问有待澄清。比如说，在维护英国在海外市场的经济利益方面，伦敦政府的军事支持和派驻当地的代表，各自发挥了多大作用？[49]另外，我们要避免把两个问题混为一谈：一是推行自由贸易的合理愿望；二是对于经济体系的良性运转而言，清除海内外非经济性贸易壁垒，从“客观”上讲是否确有必要？按照许多英国政客的观点，打开人们想象中广阔无边的中国市场，对英国资本主义来说是一个生死攸关的问题。但是正如人们所见，在 19 世纪时，对这个市场的开拓和渗透并没有在英国经济毫发未损的情况下取得人们所预期的结果。与这些疑问相比，无可争议的是，19 世纪头几十年的自由贸易思想确实给意识形态带来了巨大冲击。无论是以东印度公司茶叶贸易为代表的商业垄断，还是亚洲各国——尤其是中国和日本——各种形式的国家贸易监督，都是与自由贸易思想背道而驰的。如果纯粹从战略防御考虑推行帝国主义，那么只须借助恐吓和随时有可能实施干预的潜在威胁，便足以让亚洲的缓冲国和卫星国听任自己的摆布。要达到这一目的，可以在东方各国首都设立“总督府”和军营，并派遣舰队驻守港口。是经济上的需要——对人口稠密的亚洲大国市场的渴求，首先是购买力，其次是资源——才把“开放”变成了必然，因为只有开放，外来商品、人员和资本才能进入其中。只有在自由贸易主义者而非帝国主义战略家眼中，那些“闭关自守”的东方帝国才是阻挡前进的障碍。向中国派出战舰的是巴麦尊勋爵，而不是战争大臣邓达思。是战略和经济因素的综合作用，促成了贸易与权力合一的“非正式帝国”（informal empire）在中国、暹罗、马来亚、奥斯曼帝国以及拉美（非经济因素的影响在这里相对较弱）等地的诞生，并成为不列颠治世时代的一大特征。在巴麦尊这位“对自由市场经济抱有天赋责任感”[50]的政治家身上，可以同时看到这两方面因素的作用。在英国外交传统中，但凡涉及以国家行动捍卫私人利益的问题时，王室的官方代表通常都会采取谨慎的态度。一旦关税降低，英国商人在海外的法律环境有明显改善，政府就可以甚至理应将一切交给“自由”市场力量去决定，私人投资者和商人需要承担的风险也不例外。在“巴麦尊时代”（Palmerstonian），国家肩负的使命是在非自由帝国的防御堡垒上打开缺口，为向这些国家的统治者施加政治影响开辟渠道，并以劝说或胁迫的方式令其签署自由贸易协定。之后，如何向落后经济渗透，则完全取决于私人资本的抉择和技巧。

从广义上讲，“巴麦尊时代”同时也是一种宗教使命的精神体现：“大不列颠的发展模式是值得输出而且必须输出的，坚守这一信念是大不列颠的责任。”[51]这一点首先是针对白人殖民地和拉美国家，但是，人们也应当诚心奉劝那些东方帝国，让它们通过改革，迈向理性和自由这唯一正确的目标。在印度，英国人无须奉劝，而只须命令。1830年代，信奉功利主义的改良派专制战胜了崇尚传统的晚期浪漫主义思潮，成为印度的主流。[52]边沁一派战胜了伯克一派。①在中国、暹罗、奥斯曼帝国，还有后来的许多殖民

① 杰里米·边沁（Jeremy Bentham）和埃德蒙·伯克（Edmund Burke），均为英国政治理论家，分别为功利主义和保守主义代表人物。

地，当地人群——特别是精英阶层——则经历了持续数十年的“文明化”教育。“千万别招惹欧洲人！”这是必须要牢记的头条准则。一旦有需要（例如1857年印度起义和1899/90年中国义和团运动后），英国人都会把它搬出来，以严厉的口吻反复重申，以示警告。不过，东方人经过耳濡目染，也逐渐学会了如何通过法律、教育、军事和行政机制的改革，来撕掉贴在自己身上的“野蛮人”标签。在这些国家当中，日本被公认为成绩最优异的学生，俨然已成为人们眼中的“东方不列颠”。[53]为奖励这份成绩，英国于1890年代废除了1853/54年日本开放国门后签署的“不平等”条约，以此取消了对日本的国际法歧视。[54]中国的情况则相反。直到1920年代，中国还不得不忍受列强的说教，听任它们指摘自己在国际社会中的行为以及内部秩序不符合民族和国家共同体的“文明”规范，因此没有资格享受取消治外法权的待遇。[55]对旧式殖民主义而言，这种世俗化的宣教思想是陌生的。作为19世纪早期的产物，这类思想在当今的各种现代化学说和发展观中仍然时有显现，[56]其含义远远超出了当年法国殖民主义者宣扬的“文明使命说”（mission civilisatrice）。欧洲民族在道德上的优越性，向亚洲和非洲的野蛮人传播文明成果的义务，以及必要时采用武力的正当性：自19世纪头30年起，这些已经成为整个欧洲在世界观问题上的共识，它是欧洲国家之间的最小公分母，每当欧洲国家遇到来自“土著”的严峻挑战时，都可以借助它来超越彼此的竞争和对抗，迅速结成跨国家性质的联盟。[57]

自1790年代起，与废奴运动紧密相伴，同时也是受“福音奋兴运动”（The Evangelical Revival）的影响，一场基督教“外邦宣教”（Heidenmission）运动迅速兴起。[58]实际上，这场运动只是欧洲使命意识的宗教表现，它涉及各个领域，其对象是欧洲以外的整个世界。没过多久，这项使命便被托付给一支组织严密的传教士队伍。当1813年传教士获准在印度公开传播基督教后，[59]一场以全球人口最庞大的“异教徒民族”为目标的宗教侵略开始在这里酝酿。于是，传教士与自由贸易主义者和战略家一道，成为逼迫中国打开国门的重要力量。

在1840年代时，对中国沿海和平不利的各种因素汇聚到一起。这些因素包括：英国在外交政策上的自信，它以全球四处挑衅为特征，一个最新的突出表现是对东方君主专制的仇视态度；对中国自我封闭持反对态度的基督教新教势力，他们当中的极端分子甚至不反对借助鸦片贸易和战争来实现目标；[1]在国内从事颠覆活动的天主教团体，这些人后来成为自愿为侵略者效力的后备军；[2]来自工业革命重镇、主张自由贸易的企业家集团，他们曾为1813年取消东印度公司对印度的贸易垄断权发挥了积极作用，[3]如今，受20年代末棉纺业低迷的影响，他们要求取消东印度公司和中国公行的双重垄断，彻底开放中国市场；[4]在主张以武力对付中国的各派力量当中，气焰最嚣张、势力最大的是鸦片贩子——从事鸦片贸易的代理行，它们在世纪之初便发现，鸦片是所有商业门类里最赚钱的生意。

为什么偏偏是鸦片？自古以来，鸦片在许多文明中都被当成一种药物。[5]直到19世纪，鸦片才从药物变成了大众嗜好品。在西方，鸦片不仅在知识分子和艺术家[6]以及部分工人群体当中受到追捧，而且还在市民阶层中广泛流行，特别是在维多利亚时代的英格兰。1868年以前，在这里，鸦片和其他毒品在商店就可以轻易买到。[7]这些鸦片大部分都是产自土耳其。在欧洲市场上，印度鸦片只占很小的比例。

自1805年起，士麦那（Smyrna，今称伊兹密尔［Izmir］）出产的鸦片通过美国商人被进口到中国。[8]鸦片出现时，中美关系尚处于初始阶段。新英格兰和中国之间的直接贸易交往是从1784年开始的。[9]一些美国富豪正是依靠对华贸易积累了庞大的财富，约翰·雅各布·阿斯特（John Jacob Astor）便是他们当中的一个。[10]但是直到鸦片取代皮毛成为最重要的出口商品后，美国对华贸易才拥有了 / 140

雄厚的经济基础。[11] 在 19 世纪头 20 年，通过美国商人进口到中国的鸦片，约占鸦片总进口量的三分之一。[12] 其余三分之二是来自英国进口商。1773 年，英国东印度公司在孟拉加邦设立了主管鸦片种植和加工的政府垄断机构。由于鸦片进口在中国是违法的，为避免破坏与中国官僚部门的关系，东印度公司便将鸦片贸易委托给港脚散商。东印度公司的愿望是维持鸦片的高昂垄断价格，而不希望在失去控制的情况下大幅提高鸦片产量。[13] 但尽管如此，1820 年之后，从印度进口到中国的鸦片数量仍然成倍增加。表 4 的数据中，有些数据偏于保守。如果算上鸦片走私，实际贸易量将远远超过表格上的数字。不过根据这些数据，我们依然可以清晰地观察到鸦片贸易的发展走势，这一趋势是经过相关研究充分验证的。

表 4　中国鸦片进口（原产地为印度和土耳其），1801~1839 年

时期	数量（年平均值，以箱为单位，每箱重约 140 磅）
1801~1805	3335
1806~1810	4487
1811~1815	4584
1816~1820	4407
1821~1825	8815
1826~1830	14749
1831~1835	22221
1836~1839	36450

资料来源：Michael Greenberg，*British Trade and the Opening of China*，Cambridge 1851，第 221 页（平均值由作者自行计算得出）。

19 世纪三四十年代，鸦片贸易再现了茶叶——同样也是大众消费品——1780 年代所经历的直线式增长。1830 年前后，鸦片已经

成为对华贸易中最重要的商品，或许也是全球所有双边贸易中最重要的交易品。但是，鸦片和茶叶这两种商品之间，有四点明显差异：第一，鸦片是从国外**输入**到中国的。从此，对华贸易开始转向对中国作为**销售**市场的开发。洋人终于找到了一种对中国人来说几乎供不应求的商品。第二，鸦片贸易完全是由英美私人商行经营的，[14]而茶叶在1833年之前，一直都是由“尊贵”的英国东印度公司掌控的高档垄断商品。鸦片交易完全是在广州体系之外，通过走私渠道，在没有行商（公开）参与的情况下进行的。第三，茶叶是一种无害的“热水调味剂”（让·保罗［Jean Paul］语），而从罂粟中提炼的鸦片却是一种具有毒性和成瘾性的麻醉品。虽然“鸦片餐”在19世纪初也曾在欧洲风靡一时，但是欧洲人对这种“烈性”毒品的热衷，从没有达到强迫他人接受的程度。欧洲没有任何一个国家的鸦片消费，能够与19世纪中国的规模相匹敌。[15]第四，与茶叶生意不同的是，人们对鸦片贸易从一开始便存在道德上的争议。按照美国权威中国史学家的观点，鸦片贸易是“现代史上仅次于大西洋奴隶贸易、持续时间最久的系统化跨国犯罪活动”。[16]在虔诚的基督徒、社会改革者、反奴隶制宣传家这些同时代人面前，鸦片商人和这门肮脏生意的间接受益者承受着某种程度上的压力，而不得不想办法为鸦片贸易寻找合理解释。最初，他们试图用市场经济的理由来辩解：鸦片贸易与道德无关，而只是为了满足顾客的需求；[17]后来，他们又以种族主义者的口吻解释说：劣等的“黄种人”配不上更好的东西，鸦片也不会给这些人带来多大的改变。[18]在虚伪和卑鄙的全球史上，这些五花八门的说法写满了整整一章。[19]但是，我们在评价这些理由时不能忽略的一点是，在英国，鸦片和鸦片酊的社会污名化以及将鸦片纳入医学管控，是在19世纪最后三四十年才发生的。[20]在鸦片战争同时代人的眼中，这种毒品还没有像后世那样，成为罪恶的化身。 / 141

鸦片贸易并不仅仅是一个经济史的问题。不过，若要为1820年之后鸦片贸易的迅速扩张找到解释，仍然要以经济上的关联作为着眼点。在这方面，至少有四点因素是值得注意的：第一，在英印中三角贸易中，鸦片以完美的方式发挥着作用。与印度原棉一样，它也可以用来平衡对华贸易中的明显逆差，为源源不断的茶叶出口换取资金。和棉花相比，鸦片还有一大优势：它的加工和运输成本较低，另外，英印政府还可以通过在孟拉加地区的鸦片垄断（相反，棉花是不受政府监管的[21]）为财政创收。除此之外，由于1819年广州棉花市场崩盘，之后十几年一直未能恢复，[22]因此，棉花作为中印贸易平衡手段的功能已基本丧失。第二，由于经营灵活，鸦片贸易很快便打破了各种制度性枷锁。在印度，鸦片生产从孟加拉向不受国家垄断控制的内陆腹地蔓延。1821年，东印度公司也取消了自身对孟加拉鸦片生产的限制（这些限制并非出于人道，而完全是为了资金考虑）。[23]从此之后，鸦片供应不再有任何界限，它可以把整个中国变成鸦片的海洋。[24]无以数计的洋行纷纷加入了鸦片贸易。1833年，英国国会做出决议，取消东印度公司对华贸易特权，这一决定比取消其对印度贸易的垄断权晚了20年。在鸦片贸易问题上，来自西方的非经济因素障碍被彻底清除。鸦片从此变成了中国沿海自由贸易扩张的矛头。那些撑过了一连串金融危机（特别是1829~1834年）[25]的洋行开始把鸦片当作最赚钱的生意，并以此为核心向其他领域渗透。一些经营对华贸易的大洋行正是靠鸦片起家，延续了数十年的兴隆，有些甚至一直维持到今天。它们当中最有名气和实力的莫过于怡和洋行（Jardine Matheson & Co.）。1832年成立后不久，怡和洋行在鸦片走私中占据的比例便达到了三分之一。[26]在伦敦和远东，为鸦片进口合法化和为英国工业品打开中国市场[27]付出最多的人，当属怡和洋行的两位创始人：威廉·渣甸（William Jardine）和詹姆士·马地臣（James Matheson）。[28]

鸦片贸易增长的另外两个原因都是来自中国方面。这两点可以对下述过于简单的看法起到修正作用：认为鸦片是被外国“强加”给中国的。这是因为，作为第三点原因，如果没有华人与洋商在各个层面的合作，鸦片的泛滥是不可能出现的。这些人的身份五花八门：从沿海地区贪污受贿的官吏和走私组织，到内地的黑社会、商人和票商。[29]洋人从未以任何方式直接参与过中国内地的鸦片交易，这一点是毋庸置疑的。第四是关于中国鸦片消费的起因问题。这个问题很难解释。可以肯定的是，在富人或者说没有衣食之忧的人群中，有不少人确实是把吸食鸦片当作一种享受。而且人们很容易通过想象，把鸦片与日趋败坏的社会风气联系在一起。[30]但是从整体上看，正如早期工业化时代的英国一样，受鸦片之害最深的是那些从事繁重体力劳动的人：人力车夫、纤夫、采石工等。在这些通常营养不良的人身上，鸦片瘾对身体造成的摧残也最明显。在农民当中，直到1870年之后，才开始有越来越多的人加入烟民行列。士兵开始吸食鸦片，比农民要早几十年。[31]另外，医疗上的问题也是导致鸦片瘾的原因之一，因为在中国，很多医生习惯把鸦片当作药物，用来治疗疟疾和肺结核。[32]不过，除了个体需求之外，对鸦片的结构性需求也起到了一定作用。在一个货币体系复杂且极度缺乏统一性的社会里，很容易出现支付困难的问题，而像鸦片（还有20世纪时的煤油）这种价格昂贵、易于携带且可随意分割的物品，可以很好地充当货币的角色。很多人把鸦片当作出远门时的盘缠，或便于藏匿的财产投资。在中国西部，还有后来的香港，鸦片被公开当作现金使用。茶叶收购商有时也把鸦片作为货币，用以抵付货款。[33]因此，并非所有鸦片都被当作麻醉品，成为消费的对象。 / 143

在这里，让我们暂且把目光放远，“提前”看一看鸦片后来在中国走过的历程。虽然在1858年之前，清政府一直拒绝接受英国提出的鸦片进口合法化要求，但是，一份在条约谈判之外签署的半官方协议，实际已于1843年取消了对鸦片贸易的大部分限制。[34]1858年，通过走私进入中国的印度鸦片大约有6.2万箱，比鸦片战争前几乎增长了一倍。[35]到1870年前后，大多数西方洋行都在经营鸦片生意。[36]1879年，鸦片进口达到高峰（约5000吨）[37]，其数量是1839年的两倍。在一战爆发前，鸦片进口逐渐下降，与此同时，国产鸦片数量却在不断增加。在鸦片战争前，中国本地出产的鸦片数量很少（云南除外）。直到50年代，鸦片才开始在中国大面积种植。这些国产鸦片在很大程度上替代了进口。仅四川一省，1880年代的年均鸦片生产便达到了1.1万吨，15年后更达到了1.5万吨。[38]另有资料显示，在世纪之交时，全国鸦片产量约为2.2万吨，人均高达50克！[39]据说，当时中国每10个人里就有1人吸食鸦片，在四川一些城市，男性居民中有一半染有鸦片瘾。有钱人通常是抽印度鸦片，后来又加上波斯鸦片，而穷人抽的大多是价格便宜、纯度不高的国产烟土。[40]至少在一个省份——地处西南部山区的云南省，罂粟种植在长达数十年的时间里，一直是当地经济的支柱产业。[41]

很多方面的利益都与鸦片生意密切相关：农民，商人，同时也包括朝廷，因为鸦片是课税最方便、收益最大的消费品之一，因此，限制鸦片贸易在政策上是很难落实的。另外，只要英国不采取措施限制印度的鸦片生产，停止对中国的鸦片出口，来自外部的“人道主义”压力便难有收效。[42]1906年，作为新政措施之一，清政府发起了禁烟运动，并在1909年后得到了欧洲殖民列强的谨慎支持。对于晚期帝制时代的中央政府来说，能够凭借有限的干预能力取得如此成就实属不易。[43]1917年是鸦片进口在外贸统计中留下可观数字的最后一年，与此同时，国内罂粟种植量也开始下降。但是，禁烟政策只能扭转趋势，而不能彻底清除烟毒。在战间期，各地军阀都把鸦片的垄断经营作为主要财路，这些鸦片生意往往是假借“禁烟

/ 144

局”的名义进行的。[44]就连蒋介石及其在上海黑帮中的盟友也采用同样的手段，从鸦片走私中赚取了大笔财富。[45]在国民党统治的地区，与官方禁烟宣传恰恰相反，烟土贩卖变成了公开的事情。[46]外国列强的政策对鸦片在中国屡禁不止同样起到了一定作用。在英国统治下的香港，政府从未考虑过要彻底禁烟，在太平洋战争爆发前，官方一直把鸦片垄断当作重要的创收渠道。[47]日本更是不认为自己对国际约定有遵守的义务。它从鸦片给中国带来的危机中得到警示，从一开始便对鸦片进口实行严格封锁。1858 年日本与西方各国签订的通商条约——在一些人看来对日本不利的“不平等”条约——明确规定，严禁将鸦片输入到日本。[48]但是，作为野心勃勃的帝国主义势力，日本却在 1931 年之后在中国东北和华北地区大规模进口吗啡和海洛因，肆无忌惮地把这些强效毒品当作麻醉和控制中国百姓的手段。[49]上海的烟馆中，有很大一部分是由日本人经营的。[50]1949 年之后中共政府的最重要成就之一，便是在很短时间内为持续一个半世纪的鸦片贸易画上了句点。

共产党在禁烟问题上采取的做法从形式上看，很容易让人联想到鸦片战争前夕清廷的禁烟措施。例如，1953 年 6 月 3 日，广州市政府召开群众大会，将大量鸦片和烟具堆在一起，当众焚烧。[51]这种做法效仿的是一段历史性场景，在中国，这个充满爱国主义情怀的故事可谓妇孺皆知：1839 年 6 月 3 日至 25 日，钦差大臣林则徐在广州郊外下令将 1400 吨价值 9 亿美元的鸦片一举销毁。这些鸦片都是英国人手里的库存，是林则徐逼迫英国驻广州最高代表、商务总监查理·义律上校（Captain Charles Elliott）上缴的。（由于当时鸦片贸易正处于暂时性低潮，因此这些损失对英商来说尚且可以承受）[52]中国政府的决绝措施其实早有预兆。清政府曾于 1813 年、1821 年和 1830 年几度颁布法令，加大禁烟力度，但始终收效甚微。[53]自 30 年代初起，危机迹象日益暴露。随着 1834 年东印度公司撤出广州，延续了数十年的双重垄断因为缺少了西方一半而不复存在。这时，鸦片贸易早已无法再被限制在广州一地。面对烟土生意的泛滥，无论公行还是广州官府都无计可施。另外，洋人在中国的政治代表机制，也从根本上发生了变化。中国人一向强调，在与洋人打交道时，必须将集体责任制作为基本原则。比如说，外国商人必须推选出自己的领袖作为代表和中方进行谈判，并在必要时承担相应责任。1834 年东印度公司撤出广州后，作为其常设机构的“货头委员会”（Select Committee）也随之撤销。于是中方便提出请洋人任命一位新的广州“总商代表”。但是，英国人并没有这样做，而是从伦敦派来了驻华商务总监（Chief Superintendent of the Trade），一位直接听命于外交大臣的政府高官。[54] 从此，中英关系便从以东印度公司职员与行商之间的沟通为基础的准官方关系，变成了带有主权和外交性质的官方关系。[55] 除了商业利益，对国家形象问题的考虑也开始发挥作用。所以，当义律上校明确告诉对方，其上缴的鸦片是归英国政府所有后，林则徐仍以如此严厉的手段回应，这一举动便自然被英方解读为对大不列颠政权的挑衅。这一点正是鸦片战争的开战原因（casus belli）。

1834 年夏天，第一任驻华商务总监律劳卑勋爵（Lord Napier）在明显超越自己权限的情况下，向中方挑起冲突。其嚣张狂妄的态度惹怒了广州官府和朝廷，于是，中方开始考虑要想办法杀杀洋人的气焰。[56] 1836~1839 年，朝廷就禁烟问题展开了一场战略性辩论，并最终决定派遣钦差大臣林则徐赴南方查禁鸦片。促成这一结果的真正原因，并非为了教训洋人，而是鸦片贸易带来的严重社会和医疗问题：鸦片摧残了民众的身心健康，削弱了军队的战斗力，同时还导致官僚群体在道德上的腐化和堕落。[57] 鸦片给经济造成的影响使危机更加雪上加霜：鸦片贸易引发严重的通货膨胀，而通货膨胀反过来又导致整个经济全面陷入危机。自明末起，白银从国外源源不断地流入中国，由此造成的轻微通胀对经济发展起到了刺激作用。后来，外国商人开始用印度棉花作为交换物，换取中国茶叶。大约从 1805 年起，人们不再需要从国外进口白银，作为中英印三角贸易的运营资金。不过，到了 1820 年代后，巨额鸦片进口打破了原有的贸易平衡。1827 年之后，大量白银外流。据估计，1827~1849 年间，中国流失的白银相当于过去 125 年流入白银总量的一半。[58] 白银紧缺，购买力萎缩，从城市流向农村的白银（例如作为茶叶或丝绸生产的预付款）渐渐枯竭。此外，在银铜复本位制度下，由此导致的另一个结果是银钱兑换中铜钱贬值，银价飙升。由于在过去 160 多年里，银钱比价一直保持着相对稳定的水平，[59] 因此对百姓来说，仅仅这一点便足以引发心理上的恐慌。实际受害最深的是农民和其他土地所有者，因为田赋是按白银计价，而这些人的现金收入却通常都是铜钱。因此，他们必须卖掉更多的粮食，才能挣来缴纳田赋用的银两。在某些地区，按实际价值计算，田赋在短时间内增长了 50%~60%。在城市里，大批人口失业，很多苦力和零工找不到工作，商人和小贩纷纷破产。在这个原本就充满动荡的年代里，[60] 白银危机的爆发使社会变得更加不安定，在南方尤甚。[61] 频频发生的自然灾害，更导致局势进一步恶化。

从长期来看，1820 年代和 1830 年代出现的这些变化对中国的影响是极其深远的。清朝自 1644 年建立以来，第一次遭遇严重的经济危机。自从 16 世纪欧洲对华贸易出现后，中国第一次感受到了融入世界经济带来的不良后果。笼统地讲，用茶叶、丝绸和棉花来交换白银——1800 年之前的贸易形态——对中国是一笔好生意；而 1830 年之后用白银换取鸦片，则使国内经济受到了重创。这场危机的影响之深，在整个经济体系中蔓延速度之快，让我们清楚地看到，当时的中国经济对市场波动的反应是多么敏感，更重要的是，它与外部市场联系之紧密已经达到了何种程度。早在中国在**权力政治**上向世界“开放”**之前**，以鸦片贸易为标志的侵略性**市场经济**力量已在不放一枪一炮的情况下，让清帝国在世界经济中陷入了不利的地位。早期的洋行和港脚贸易体系，便是这些力量向中国渗透的落脚点。1839 年，朝廷强硬派和刚正不阿的钦差大臣林则徐，正是基于对上述形势的认识，发起了禁烟运动。虽然说中国当时的现实处境，实际上比这些时代同龄人所能认识到的更复杂。

当我们回顾鸦片战争前的这段历史，分析其中的各种因果关联时，就会发现，鸦片战争并不是充满活力的西方现代化先驱对一个停滞不前的亚洲社会发动的侵略，也并非如相反的观点所言，是黑暗的帝国主义势力向一群道德高尚、乐天知命的东方人展开的进攻。面对这场在中国融入世界经济过程中由鸦片引发、对国内安定造成严重威胁的危机，中国统治者的选择是以尽量降低风险的防御性政策作为回应，这种方式是理性的。林则徐的做法只是为了禁止鸦片贸易，并无其他目的。面对这种禁烟措施，英国则是以反禁烟措施作为回应。

英国的干预行动与它的直接起因是密不可分的。假若没有林则徐的“挑衅”，这场战争或许是另一种情状。英国外交部从未就如何“打开”中国制定过一份宏大的总体规划，并伺机寻到合适的借口，以将其付诸实施。甚至就连一套考虑周密的对华政策，在英国也仍然是空白。但是，行动一旦开始，很快便超越了作为诱因的冲突层面。巴麦尊勋爵向中国派出舰队，绝不仅仅是为几个鸦片贩子的短期利益讨要公道。身为外交大臣，他并不是某个鸦片（或棉花）利益集团的傀儡。他的决定一方面是为了保证鸦片贸易在原则上能够正常运转，因为这项生意对英国和印度财政来说是不可缺少的：它给印度政府带来了可观的税收和垄断收入，[62] 把有望转化为对英国产品需求的购买力带到了印度，同时还为把印度殖民地收入输送到母国开辟了一个便利的中转渠道。[63] 鸦片贸易之所以不可或缺，可有另外一个原因：从现实角度考虑，鉴于中国拥有发达的纺织制造业和强大的经济自给自足能力（对后一点，欧洲人一向深有感触），在可预见的时间内，中国不可能成为梦想家想象中的辽阔市场，让兰开夏郡出产的棉织品一涌而入。另一方面，英国可以将鸦片贸易作为理由，藉此清除在与中国打交道过程中遭遇的种种障碍：行商的垄断，外商在中国官府机构申诉无门，中国法律的“野蛮性”给洋人带来的伤害，将洋人活动范围限定在澳门和广州“十三行”等狭窄的飞地，禁止洋人踏入内地，禁止传教士活动，缺少对洋人的军事保护，等等。在英国人看来，这些障碍破坏了贸易公平，损害了大不列颠民族的尊严，违背了“文明”的普世标准，同时也使洋人在中国沿海地区的安全和舒适生活受到威胁。以往，英国也曾因为类似问题与奥斯曼帝国、波斯、阿富汗和暹罗发生过冲突，并迫使这些国家在很大程度上接受了自己的意愿。[64]发生在中国的鸦片战争同样也与这些问题有关，它以局部的惩罚性行动作为开始，并以远东国际关系的重塑而结束。[65] / 148

接下来就要讲一讲这场战争本身的经过了，或者说得具体一点：这场从 1840 年持续到 1860 年（其间偶有中断）的中英军事对峙，都经历了怎样的过程。[66]在这里，我们只需勾勒出一个大致的轮廓，便足以说明问题。1839 年初夏时，林则徐和道光皇帝都没有和洋人开战的打算。林则徐以为，只要让这些蛮夷尝到厉害，他们就会弃恶从善，回到正途。但是，伦敦政府却在 1839 年 10 月 1 日做出决定，向中国发起军事行动。[67]1840 年 6 月，英国 16 艘战舰和补给船队驶入中国海面，鸦片战争正式爆发。1842 年 8 月 29 日，英方代表璞鼎查爵士（Sir Henry Pottinger）与中方代表耆英共同签署了《南京条约》，战争暂时告一段落。英国人的动机和目标，始终是人们谈论的焦点。但是，我们必须也要了解，英国人**不**希望发生的是什么。英国绝不想让中国变成第二个印度。从始至终，英国对华政策的最高信条就是：不要让自己卷入东亚大陆的殖民冒险。在经历了1818年之前代价沉重的印度征服战争后，对这些维多利亚人来说，在亚洲的进一步扩张行动必须要来得"便宜"。与陆地战争相比，海上行动的成本相对较低，组织起来也更容易。而在陆地战争中，仅马匹运输一项的花费就不计其数。

相比之下，英国人为鸦片战争投入的成本确实不高。中国如此迅速又如此干脆地输掉了这场战争，却是没有人能事先料到的。西方人想象中的一群烟毒缠身的清朝官员拿炮仗当武器、投向英国军舰的画面，在现实中并不曾出现（另一种相反的场景——被清廷出卖的百姓奋然而起，与帝国主义者展开决战——同样也是不真实的）。[68]英军偶尔也会遭遇清军的猛烈反抗，1859年6月——战争于1858年再度爆发——一支英军舰队在中国北方被清军大败。清朝海上战斗力薄弱，与英国相比几乎不堪一击。在军队组织和纪律性方面，他们也远远不及对手。英国人制胜的关键，并不是兵力或武器数量上的优势，而是不久前在军事装备方面取得的技术性突破：鸦片战争是人类历史上第一场依靠蒸汽式炮舰赢得胜利的战争。[69]这些蒸汽式炮舰可以不受风力条件限制，径直驶进入海口，将守卫广州、南京等城市的大型战舰摧毁于炮火之下。1840年时，英军并没有以征服为目的，向中国发动全面侵略（就像1937年的日本一样），而是利用局部性优势，借助武力实现有限的目标。

/ 149

《南京条约》（1842）以及1843年签署的附加条约以书面方式落实了英国人的目标：[70]赔款2100万银元；取消公行和中方贸易垄断；开放广州、福州、厦门、宁波、上海等五处口岸；英国人在华享有治外法权，即可不受中国法律制约；准许英国战舰在五处开放口岸停靠；建立"公平和正规"的关税制度（后确定进口税率为"值百抽五"）；割让香港。所有这些规定都是英国强加给中国的。在鸦片战争中并未参战的美国和法国利用清政府的软弱，也于1844

年和后者签订了类似的条约。根据1843年之后所有条约中规定的最惠国待遇条款，中国给任何一个国家某种优惠待遇时，其他条约缔结国自动享受“一体均沾”。[71]由此便形成了所谓“条约体系”(Treaty System)，在接下来的几十年里，这一体系不断完善和细化，其种种细节只有极少数专家才能掌握。[72]

但是，条约体系的基本框架在1860年时便已确定。经过又一次战争，即人们常说的“第二次鸦片战争”(这种说法是不准确的，因为这场战争与鸦片并无关系)之后，清政府在列强的逼迫下，不得不签署了一系列限制主权的补充条款：[73]允许外国在北京设立常驻外交机构；新增11处通商口岸，[74]其中也包括内陆城市，特别是在中国内河航运主动脉长江一线；准许外国人到内地游历经商；外国传教士可以到内地自由传教；此外，列强还再次向中国索要巨额赔款，分为军费和商损两类。中国必须要为这些由外国人挑起的战争，支付远高于其成本的费用，这种做法似乎已成为一件理所当然的事情。

1860年前后，在权力政治层面上打开中国国门的阶段进入尾声。此后，中国进入了一个相对平稳期，以缓慢的市场开发和新型机制建设作为主要特点。1860年之前签订的各项条约中约定的事项，(在外国看来)必须要一一落实。机会是现成的，接下来的问题是如何利用。在分析这些条款哪些得以落实、哪些未能兑现之前，让我们先来观察一下1840年代和1850年代出现的另外一些趋势性变化。

假如本书内容不是局限于中国的对外关系史，而是整部中国近代史的话，那么有一起事件必然会成为论述的重点：太平天国起义(1850~1864)。这场起义把清王朝推到了覆灭的边缘，但最终仍以失败收场。[75]它是19世纪最大规模的群众性运动，也是这个时代最血腥屠杀的起因。2000万人在暴动或镇压中丧生，甚至有观点认为，如果算上当时在各地爆发的其他起义，实际死亡人数是这个数字的 / 150

两倍：相当于中国人口近一成。[76]中国人口空前膨胀的势头就此戛然中断，与此同时，正如14世纪欧洲鼠疫蔓延时一样，人口与粮食短缺的矛盾日益尖锐。明朝末年时，中国人均耕地面积是4.7亩（约合0.31公顷）。在太平天国起义前夕，人均耕地却只有2.9亩（0.19公顷）。到1870年，才重新增长到3.4亩（0.23公顷）。[77]

如果说世纪之交的几次起义仍然没有脱离中国传统的造反范畴，与国际大环境并无明显关联，那么太平天国运动[78]显然是在国际维度下发生的。虽然我们不能将它诠释为一场反殖民主义性质的抵抗运动，就像1825~1830年爪哇战争、1857/58年印度民族起义或1860~1863年新西兰毛利人起义那样，但是这场起义的起因，从两个方面清晰地反映了清帝国开放后所面临的局势。首先是基督教对太平天国教义的影响；这场运动的创始人洪秀全是一位具有先知色彩的人物，他于1843年第一次通过中文宣传册接触到西方传教士在中国传播的基督教教义。其影响究竟有多大，具体体现在哪些方面，在太平天国追随者的信仰世界与政治纲领中，基督教思想与中国传统观念——特别是儒家思想——是如何融为一体的，以上种种问题是西方太平天国研究的主要课题。[79]值得一提的是，太平天国宣扬的理论中有一点与中国历代造反者的口号截然不同：一种与儒家式“中国中心主义”背道而驰的普世主义世界观。它认为在上帝面前，所有民族都是平等的，各民族之间的自由合作是可行的，这中间也包括中国和西方。正是出于这一原因，太平天国最初在对待欧洲人和美国人的态度上，表现得极为开放和信任。[80]

在太平天国运动之初，除了意识形态因素外，西方对中国社会经济造成的影响同样不容忽视。这场运动的发源地，是那些因外国入侵而导致民族与社会冲突激化的南方省份，特别是相对落后的广西。除了长期的人口过剩、中期的通货膨胀以外，这些地区又出现了一系列短期特殊因素，例如，自1843年上海开埠后，因外贸重心转移所导致的广州地区水手、装卸工和挑夫的大规模失业；[81]由同一原因造成的南方各省财政收入短缺，只能靠提高税赋来弥补；英国舰队在沿海水域针对海盗发起的清剿行动。[82]外国势力在华活动的新形式，成为引发太平天国起义的附加因素之一。此外，老百姓对朝廷和那些在洋人面前卑躬屈膝的权力精英越来越失去了信任，也使得造反的门槛大大降低。不过从另一方面讲，面对太平军的猛烈进攻，旧政权并没有衰弱到不堪一击的程度。清廷能够经受住太平天国带来的危机，并成功剿灭1853~1878年间在华北、西北和西南各地爆发的一连串大规模起义，[83]这一点与这些起义的起因和影响一样，都是值得研究和探讨的（很多疑问迄今仍未得到充分解释）。

与太平天国运动同时，西方列强也在向清政府施压，逼迫其遵守1842~1844年签订的各项条约，进一步扩大西方在中国的特权。在1858~1860年期间，这些特权逐一得到了落实。在鸦片战争之后的头几年，西方提出的实行自由贸易的愿望一直未能得到兑现。由于鸦片贸易仍然属于非法生意，中西之间的鸦片交易仍和过去一样，大部分都是通过走私渠道进行的。此外，对合法进口贸易而言，中方既无法通过强制手段统一关税，更无法免除外国商品在国内流通中的各项杂税，而只有做到后一点，外国商品才能在与国产商品的竞争中占据优势。在现实中，中国市场的“开放”仍然无从谈起。其中最大的阻力是来自广州方面。当地官府衙门拒绝像其他四个通商口岸一样，向洋人彻底开放广州城。这种做法以极端方式反映出中国官员当中普遍存在的仇视情绪，他们对履行这些由外国强加给中国的不平等条约从内心怀有强烈的抵触。如果清廷在1850年代时没有把全部兵力用于镇压太平天国运动，在1858~1860年的冲突中，英法联军[84]或许不会赢得那样轻松。[85]然而实际结果是：1857年12月，英法联军攻入广州，1858年4月攻陷大沽口，直抵天津。

1860 年 10 月，英法远征军攻入在第一次鸦片战争中幸免于战火的北京城。为了惩罚和报复英国俘虏所受虐待，英国公使额尔金伯爵（Lord Elgin）下令抢劫并烧毁了皇家园林圆明园。这座建于 18 世纪的园林部分是由耶稣会传教士按照意大利样式建造的。在废墟中，人们找到了两辆未被烧毁的马车，它们是当年马戛尔尼勋爵访华时送给乾隆帝的礼物。[86]就在马戛尔尼被乾隆皇帝彬彬有礼却毫无妥协地送上返乡之路 77 年后，额尔金伯爵[87]在北京逼迫恭亲王——仓皇逃离京城的咸丰皇帝的胞弟——按照英国人的条件签署了《北京条约》。

英国人在羞辱清廷的同时向其伸出援手，派兵协助镇压太平天国起义。[88]英国人的支持从军事角度看虽然未必是制胜关键，但作用却是不容忽视的。这种做法实际上是同一种策略的两个方面。英国对华政策的首要信条是，必须千方百计避免为这块大陆承担殖民统治的责任。50 年代期间，英国人又在这一基础上增加了第二条原则。它是根据 1842 年以来英国在中国的教训和远东经验得出的结论，同时也是这支世界经济中的海上霸权力量通过成本效益分析做出的选择。这条新增原则就是：务必要维护中国国家权力的稳定。这个政权对外要弱，好让英国人不费吹灰之力便可使自己的外交意图得到贯彻；对内要强，它必须拥有足够的能力和效率，在保障国内安定的同时，将中央指令有效下达到各省和基层权力部门。符合上述条件的除清政府外，再无其他选择。只有清廷有能力为“法律与秩序”（law and order）提供保证：这是实现对中国市场商业渗透的必备前提。对自由贸易帝国主义而言，再没有比亚洲君主制政权垮台更危险的事情了。到了 60 年代初，这一危险在中国看似已被消除。

美国历史学家马士（Hosea Ballou Morse）在其开拓性著作《中华帝国对外关系史》（*The International Relations of the Chinese Empire*）中，将1834~1860年这一阶段称为“冲突时期”（period of conflict），把1894/95年到1911年清朝灭亡的这些年称为“被制服时期”（period of subjection），并将这两个时期之间的过渡，称作“屈从时期”（period of submission）。[1]在德语里，人们很难找到合适的词语来准确表达这些概念之间的细微差异。翻开字典，我们可以看到，“subjection”和“submission”都可以翻译成“Unterwerfung”（制服），这样一来，两个词在词意上完全被混淆。这两个词都是以强者和弱者之间的力量对比作为前提，前一个词“subjection”指的强者用公开暴力手段将弱者制服，彻底剥夺其自身的行动自由乃至意志；后一个词“submission”的含义一方面是弱者自愿屈服于公认比自己强的对手，另一方面则表达了某种让步，即屈从的一方可以保留一定程度的自由行动权。或许我们可以换个略显过时的词，把它翻译成“Fügsamkeit”（驯顺）。 / 153

上述概念性差异清晰地反映出1840年后的几十年里中国与列强之间的现实关系变化。我们可以清楚地看到，在这中间有一个相对安宁的过渡期，它是两个“乐章”之间的一段插曲：前一章是世纪中叶的两场以开放中国为目标的战争，后一章是世纪之交的制服行动；前边是1860年额尔金伯爵逼迫清廷签下的条约，后边是1895~1915年间西方列强对中国的各种惩罚和勒索。这个“有节制的冲突”（gehegter Konflikt）时期具有下述几点特征：①中国对自身做出调整，以适应现代世界的对外交往方式；②清帝国的大陆朝贡体系和战略缓冲区开始瓦解；③西方列强在“不平等条约”基础上，建立政治军事上的控制和干预机制；④西方经济利益在中国沿海地区扎根立足，中国经济中的个别领域与世界经济的关联进一步加强。上述四种趋势性变化的前三点，是本章所要探讨的话题。有关经济的问题，我将在接下来一章再做论述。

在中原地区，西方列强之间并不存在明显的利益矛盾。在这样的背景之下，英国自由贸易势力凭借其全球霸权地位，使“门户开放政策”（Open Door）在1860年之后便在中国得以贯彻，比1899年美国国务卿海约翰（John Hay）将这一概念纳入外交战略早了几十年。所谓“门户开放政策”，其含义是在公平和睦的前提下，对中国实行政治控制和经济渗透。从此，外国在华特权变成了一项多边事务。条约体系从根源上讲是由大不列颠发起的，但是其效应却是全球性的。根据最惠国待遇原则，所有利益相关者无须太多投入，便可从英国人的收获中分一杯羹。最后，共有23个国家与中国签订了条约。这些条约中除了国家间的约定之外，还包括外国私人公司与中国政府部门签订的协议。这些条约的影响力——特别是在一战后——甚至不亚于国际法意义上的“条约”。[2]从中国政府的角度看，它希望能与尽可能多的外交伙伴签订协议，因为这样一来，便可以按照“鹬蚌相争，渔翁得利”的古老法则，挑动“蛮夷”内斗并从中获利。这项策略虽然在一些细节问题上取得了收效，但是从长远来看，并没有使力量对比关系发生改变。

这些条约究竟在多大程度上可以被称为“不平等”，就像中国大约在1920年之后所说的那样，目前并没有一个明确的定论。“不平等”是一个在法律上难以界定的概念。[3]大多数条约给予中国的，充其量只是一种有名无实的“相互性”。其核心是让中国放弃主权，使外国列强单方面受益。从政治角度对这种“不平等性”做出评判则简单得多。比如说，就连智利这样的小国都能与大清帝国签署所谓“友好条约”[4]（这是智利依靠自身力量绝对无法做到的），并享受“利益均沾”带来的特权。中国在权力政治体系中的地位之低下，由此暴露无遗。这些条约是不平等的，因为它们是在不平等的状态下缔结和实施的，而且最终只能依靠武力威胁得到贯彻。[5]中国人把这些条约**定性**为不平等、不公正（这一点也是历史学家必须接受的事实），废除这些条约也因此成为中国民族主义者在世纪之交登台亮相后提出的核心主张。

1864年清廷成功镇压太平天国运动后，国内局势重新恢复了稳定，中国权力精英对两场战争的结果原则上表示认可（史书中称之为"合作政策"），这些发生在中国一方的变化为西方列强创造了条件，使其利用1860年之前为自身打造的干预机制，在没有太大投入的情况下，顺利达到了预期目标。在《北京条约》签订后的35年里，英国对华政策的两大信条——尽可能减少长期责任，与对外屈从、对内强硬的本地政权展开合作——如愿得到贯彻，其过程之顺利在后来的历史上再未有过第二次。与世界其他地区相比，中国给人的印象也是相对平静的。由民族抵抗和边疆暴乱引发的侵略浪潮，就像1882年英国在埃及所经历的那样，[6]在中国从未出现。维多利亚时代的"大不列颠治世"盛景，到1870年代时在全世界都已进入尾声，[7]而在中国却依然辉煌如初。1880年代时，世界各地的时代同龄人对全球力量平衡的变化都已有所意识，[8]然而在东亚地区，这些变化临近1890年代中期才开始显现，而且从程度上讲，也不像其他地区，特别是撒哈拉以南非洲那样剧烈。咄咄逼人的列强还没有对中国沿海地区的**现状**（status quo）构成威胁。美国很早就开始在中国积极活动，比美国通过内部殖民边疆的推进（著名的"西部拓荒"）成为中国跨太平洋邻邦要早几十年。在19世纪初的对华贸易中，美国仅次于英国，排在第二位。它与英法两国一样，都是条约体系的最早受益者。当时，独具特色的"新式"美帝国主义在远东还没有露出苗头。[9]德国是英国霸权地位的另一位潜在挑战者，通过1860~1862年普鲁士在东亚的远征，成为中国和日本开放后的分赃 / 155

者之一。[10]在之后的几十年里，德国不仅变成了英国在中国市场上的经济对手，同时也是条约体系的支柱和主要受益者之一。简言之：德国已经成为远东地区的“事实大国”（status quo power）和自由贸易帝国主义的传播者。德国在权力政治上的崛起及其在1880年代发起的一系列殖民行动，暂时并没有在东亚激起太大反响。[11]一直到1890年代，帝国主义向“新帝国主义”的阶段性转折（在以非洲为重点的历史写作中，这一转折往往被草率地定义为一次全球性事件），并未对西贡以东的国际秩序造成影响。

在对外关系上，中国对西方现代化成果明显持保留态度，这种犹疑不决的立场与同一时期日本、埃及等国权力精英的主动西化形成了鲜明对照。此外，面对洋人的种种索求，中国仍然是尽最大可能只做必要的让步。但是尽管如此，1860年之后的中国外交仍然放弃了此前以抵抗与遏制为核心的绝望策略。以林则徐为代表的一派势力，充满英雄情怀的爱国者、反洋派以及中国传统价值观和清政权的捍卫者，让位于一批富有时代色彩的新兴力量：一群头脑精明、有责任心、做事灵活、对新生事物持谨慎欢迎态度的满清官员，这些人主张用“强者攻、弱者守”的古老战术来治理国家。于是，狐狸代替了狮子。这派势力的突出代表非李鸿章莫属。他于1862年升任巡抚，并于1871年第一次主持外交谈判。之后，直到1901年去世，李鸿章一直是清帝国最重要的外交家，虽然其担任的职务时有调整。[12]这位聪明睿智、总是乐意谈判但对洋人绝不会盲目屈服的大臣，晚清时代的首席危机管理者，是“屈从时期”中国外交的标志性代表。[13]

直到1860年代后，中国外交的制度化才开始起步。在英法两国势力渗透到中国北方之前，督办“夷务”一直是两广和两江总督在处理日常公务之外的附加职责。自西方列强在北京设立外交代表机构后，朝廷在不得已之下，设立了掌管外事的“准外交部”——

总理衙门。当然，中国的外交大权绝不可能由其一方独揽。[14]直到1901年，清廷才将总理衙门改制为拥有更多权限、位列各部之首的外务部。1861/62年，英、法、俄、美各国相继在北京设立了公使馆，普鲁士和日本也分别于1864年和1874年向中国派驻了公使。过了很长一段时间后，清廷才决定向外国派遣外交官。1866年，第一个非正式考察团出使西洋。1875年，英国公使馆职员马嘉理（Augustus Margary）在云南探察途中被殴致死后，郭嵩焘作为第一位官方使节，率团赴英商谈赔偿事宜。1877年，郭嵩焘经由圣詹姆士朝廷批准，成为中国历史上首任驻外公使。[15]80年代初，中国又在法、德、俄、日、意、西、美等国分别设立了公使馆。中国通过这一做法，表达了对国家平等的多元主义思想的认同，在中国传统天下观中，多元主义的存在可能性是微乎其微的。而在西方看来，中国此举是朝着“文明化”国际交往模式迈出的一步。[16]

就在清廷改变策略，小心翼翼地去迎合洋人的同时，外国列强也放弃了随时准备挑起冲突的原有做法。眼下，他们已不必再采用如此极端的手段，来维护自身利益。在经历了两场战争之后，炮舰外交的经典时代拉开了帷幕。局部施压既可以用低成本换来高效益，而且不会带来任何危险，那么又何乐而不为呢？在无数行动之中，有几起轰动性事件格外引人注目，前面提到的马嘉理事件便是其中之一：1876年，英国驻华公使威妥玛爵士（Sir Thomas Wade）以这起影响相对有限的事件为由头，不仅以违反国际法的方式逼迫清廷派遣郭嵩焘一行赴英谢罪，而且还强迫中方以《芝罘条约》（即《中英烟台条约》）的形式，[17]在商业领域做出了新一轮妥协（特别是更大程度地开放长江河谷）。在谈判过程中，其采用的施压手段既做作又拙劣：将公使馆撤出北京，迁往上海（置于外国炮舰保护之下）；以断绝外交关系相威胁；散布谣言，传说英国已从印度调遣部队来华增援。[18]在几百起因传教引发的“教案”中，最著名的一起是“天津教案”：1870 年 6 月，在一场主要由欧洲人挑起的群众性抗议活动中，数千民众袭击了一家法国在天津的传教机构，并引发暴力冲突。19 位法国人和俄国人在冲突中丧生，4 家英国和美国教堂被毁。清政府不得不为此承受洋人的残酷报复和惩罚。[19]

每逢遇到类似事件，列强很少会抱着客观的态度，去澄清事情的原委，而是很快便发出最后通牒：要求清廷按照洋人随意指定的金额支付赔偿，通过外交途径谢罪道歉，惩办当事官员，处死一大批惑众闹事的“匪首”，等等。在理想情况下，洋人只要在总理衙门面前摆出一副强硬的外交姿态，就可以如愿以偿：炮舰外交越成功，纯粹的武力威胁便越有效。但是，这些措施带来的结果，并没有让外国列强感到心满意足。在这一时期英国人的案卷中，堆满了控告中方“妨碍公务”的诉状，抱怨后者在具体问题上不肯遵守约定的条款，对英国人的“愿望”置之不理。这些不满不仅反映了英国驻华代表要求中方彻底屈从的傲慢态度，同时也暴露出晚期帝制时代中央政权的结构性衰败：在太平天国时期结束后，清廷已不再是一个有执行力的国家机器，外国向朝廷施加的压力往往并不能原封不动地传达到基层。不过，与 1916 年之后中央政权完全丧失效力的时期相比，洋人向高层施压的干预机制在当时或多或少还是有效的。

干预机制的发明者、首任英国驻华公使布鲁斯爵士（Sir Frederick Bruce，1861~1865 年任职）最初是抱着缓和的目的，提出这一建议的。他的考虑一方面是为了强化清朝中央政权的力量，另一方面是为了限制在地方动用武力，具体地讲，是对领事官员和海军指挥官动辄以武力惩戒中国的冲动加以限制。[20] 一直到 1930 年代，各大“条约国”都在中国水域派驻了舰队。[21] 这些炮舰的一项重要任务是到各港口巡航，藉此来威胁当地百姓。虽然说这一举措原本只是以威慑为目的，但是在实践中，其奉行的原则通常是“一旦发现挑衅迹象，便立即向当地的军事防御设施和城市发动炮击”。[22]正如维克多·基尔南（Victor Kiernan）所说，“和非洲一样，中国也是被它的水路‘出卖’给外国人的”。[23]布鲁斯提出的以巩固中央权力和去军事化为目标的干预政策，是为了解决所有扩张行动都会遇到的一个结构性难题，目的是阻止地方殖民官——所谓“现场决策者”（men on the spot）——在未经思索的情况下向原住民实施过激的报复行动。其警示对象除了舰队指挥官，还有派驻各处通商口岸的领事官，这些人总是头脑狂热，经常会受反华商人的教唆做出过激反应。[24]外交大臣克拉伦登伯爵（Lord Clarendon）曾于1869年警告说，领事官无权下令对中国人采取带有向主权国家宣战意味的惩治措施。[25]1930~1934年间西方针对中国发动的最后一轮炮舰行动，同样也属于这类情况。[26]当然，这种通过向中央政府施压来间接维持治安的政策，并不能取代暴力手段的作用。干预机制的钳制力既要依靠高层的外交斡旋，也要倚仗领事官和军事指挥官的武力威慑，同时也离不开“现场决策者”实施的暴力行动。和直接殖民统治相比，这种做法无疑可以大大降低军事成本，当然也包括财政成本。但是，即使是这种“非正式”利益保障手段，最终依靠的仍然是枪炮。可能时运用外交，必要时动用武力：19世纪下半叶，英、法、美等国正是遵循这一准则，利用强权实施影响力，在中国建起了各自的“非正式帝国”。 / 158

尽管主权因不平等条约而受到限制，另外再加上无时不在的潜在或公开胁迫，清帝国仍然有着最低限度的行动自主权，我们姑且可以称之为外交。“屈从时期”的中国并不是任何列强的保护国，其统治者无论对与洋人的合作表现得多么积极，也从来不是任后者摆布的傀儡。条约体系以史无前例的方式明确了中国与海上列强的关系，同时也对中国外交关系的其他领域产生了间接影响。清帝国在陆地边界面临的诸多问题，都与鸦片战争——或起因或结果——有着间接关联。1860 年之后，欧洲人和美国人对条约体系的各种机制越来越适应，以至于清廷一度以为这些洋人好歹已被自己控制。这时候，主持朝政的亲王和大臣们，还有在 1861~1908 年间实际掌权的慈禧太后，[27] 都开始将注意力转向新的挑战：清帝国朝贡圈和殖民边疆的瓦解。

最安定的边疆是中亚南部地区。拉萨的达赖喇嘛和他在北京的保护者都在千方百计加强对西藏的封锁，阻止外国人踏足。1886 年，清廷取得了外交上的一大胜利：英国暂时放弃了入侵西藏的企图，并承认清政府对西藏外交事务的控制权。[28] 这是在地区权力政治对等的基础上，双方经过谈判达成的暂时性协议。这种状况一直持续到 1904 年。对清朝而言，真正的危机源不是在喜马拉雅地区，而是在中亚、越南和朝鲜。这三者之间的共同点是：外国扩张势力渗透的这些地区都是中华朝贡体系的一部分，清廷对其至少拥有宗主权上的诉求。而差异在于，清朝的防御能力在这些地区各有不同表现：情况最好的是中亚，在这里，中国的对手是俄国；最差的是越南，这里的对手是法国；面对在朝鲜与日本的较量，中国暂时还有能力应对。

1844 年，法国人没费一粒子弹便与战败的清朝签订了条约。在风云迭荡的 50 年代，法国在拿破仑三世统治下，也开始动用武力向中国渗透，其动机更多是为了国家荣誉和传教目的，而不是出于经济利益的考虑。[29] 法国对华行动与其在越南的行动几乎是同步进行的。1859 年，法国夺取西贡，并在 1867 年占领了整个交趾支那。进入中国南方市场，始终是法国在印度支那扩张的长远目标。不过，在一次探险式考察行动后，法国人发现，湄公河并不是入侵中国的合适通道。[30] 在接下来的几年里，法国势力不断向北部推进。从 1874 年起，中国传统藩属国安南一步步沦为法国的保护国。[31] 虽然法国人暂时还不会进犯中国边境，但是外国势力向中华朝贡圈的渗透却向清廷敲响了警钟。朝廷否决了李鸿章提出的主和建议，采纳了主战派的方案。经过一场中方几乎毫无准备、实力相差悬殊的海战之后，1885 年 6 月，清政府被迫与法国签署和平协议，承认了法国对安南的保护权。这场失败同时标志着中国在东南亚本已摇摇欲坠的海上强国地位彻底丧失。[32] 虽然中国是出于防御本能、在情绪冲动下主动宣战，但是法国的扩张才是引发战争的真正导火索，它是以茹费理（Jules Ferry）为首的法国好战派发动的一系列扩张行动之一。中法之战充分暴露了中国在军事上的无能，同时也让那些号召民众以武力反抗洋人的一派势力丢尽了脸面。除此之外，这场战争还让英国人找到了借口，逼迫当时仍然独立的上缅甸（下缅甸已于 1852 年归属英国）成为英国的保护国。[33] 战争并没有给法国在华经济利益带来太多的好处，法国对与其保护地安南和东京（Tongking）接壤的云南省的开发也没有因为战争而得到促进。法国洋行更多还是利用“门户开放”的便利，在中国**北方**市场为自己寻找商机。[34]

朝鲜冲突与此相似，也是各方面因素合并的产物。[35] 十年后，这场冲突最终演变为一场战争。在各种因素中，最活跃的一个是日本。早在 1874 年，日本在开始明治维新后不久，便派出一支探险队侵入中国台湾，[36] 之后又通过一场炮舰行动，攻破了朝鲜三处港口，并仿照西方列强和日本签署条约的模式，强迫朝鲜与其签署了“不平等”贸易协定。1879 年，日本吞并了原为清朝藩属国的琉球群岛。为了平衡日本在朝鲜的影响力，中国协助朝鲜与美国和欧洲列强签订了通商条约。1885 年，朝鲜成为西方列强的共同保护国，并由各方保护势力出面调解，平息了朝鲜亲华派和亲日派团体之间的纠纷。在此期间，中国放弃了对朝鲜的“独属”宗主权。不过，在接下来的几年里，清廷一直在努力通过驻朝鲜总督袁世凯对朝鲜内政实行操控。其目的是在朝贡关系结束后，让朝鲜作为附属国继续依附于 / 160

清帝国。这时候，日本对朝鲜的经济兴趣日益浓厚，并将朝鲜视为日本工业的未来市场。除此之外，日本对朝鲜的兴趣还来自其他几个方面：对俄国向东北亚扩张的担心，（并非出于无私考虑）让朝鲜分享维新成果的愿望，另外还有对1882年英国在埃及行动的羡慕，特别是作为殖民势力一心要为自己夺取一块“阳光下地盘”①的渴望。上述一连串动机促使日本于1894年为争夺朝鲜向中国开战，并导致远东国际关系因为这场战争而彻底改变。1894/95年中日交战是与东亚形势的发展逻辑相吻合的。在发动这场战争时，日本认为自己已足够强大，并且认定西方列强对此会采取容忍的态度。不过，中国外交在朝鲜问题上的考虑与对越南有所不同，它并不想过早和日本交锋，而是希望把军事对决的时间尽可能延迟。最终，采取守势的清帝国败给了日本明治维新后所推行的进攻性帝国主义。这场战争虽然为时短暂，但实际上，在最后输掉战争之前，中国已经走过了一段漫长的非军事性撤退之路。

在新疆地区，清王朝需要保卫的不是某个藩属国，而是中国自身领土的一部分。1860年代，回民起义从西北蔓延到新疆。1870年左右，军事头目阿古柏（Ya'qûb Beg）势力迅速壮大，成为新疆最强的独立政治力量。[37]就在清朝对中亚统治日渐削弱的同时，俄国对外发起了新一轮侵略和扩张。在1858~1860年第二次鸦片战争期间，沙俄成功迫使清廷将长期以来俄国势力缓慢渗透的黑龙江以北和乌苏里江以东地域（包括1860年建立的海参崴）割让给俄国。这是俄国大使伊格那提也夫伯爵（Graf Ignat'ev）趁中国之危、

① 德国政治家伯恩哈德·冯·比洛（Bernhard von Bülow）名言。比洛曾于1900~1909年担任德意志帝国总理，他在谈及德国对外扩张政策时称：“让别的民族去分割大陆和海洋，而我们德国满足于蓝色天空的时代已经过去了，我们也要求阳光下的地盘。”

运用狡猾的外交手腕取得的成果。此外，沙俄还赢得了在满洲里边境沿线的一系列贸易特权。[38]1865~1872 年间，俄国征服了布哈拉（Buchara）和希瓦（Chiva）两大中亚汗国，将其变为自己的保护国。[39]1871 年，沙俄趁新疆暴乱之机，占领了固勒扎所在的战略要地伊犁。自此，新疆局势变得愈加错综复杂。阿古柏得到了来自俄国、英国和君士坦丁堡苏丹三个方面的支持——三方各有所图，其中君士坦丁堡苏丹是为建立泛伊斯兰同盟考虑——同时又没有让自己沦为其中任何一方的傀儡。但是，面对左宗棠统帅下的清军为收复新疆发起的凌厉攻势，阿古柏最终败下阵来。穆斯林势力在中亚建立自治国家的最后努力就此失败。1878 年，新疆大部分地区重新回到了中国手中，只有伊犁除外。这时候，清朝在军事上已稍稍恢复元气，至少足以说服俄国同意通过谈判来解决争端。在 1881 年签订的《圣彼得堡条约》（即《伊犁条约》，译注）中，沙俄同意归还伊犁，而中方则需向俄方支付巨额“兵费赔偿”。[40]于是，在“新帝国主义”时期即将拉开序幕之际，北亚和中亚的地区秩序被重新整合，并且一直延续到今天：虽然经历了战争、革命和 1950 年代“中苏友好”的考验，俄国仍然保住了它于 1858~1860 年在远东收获的新领土；而地域辽阔的新疆自 1884 年成为清帝国的正式省份后，一直被留在了中华民族共同体之内。[41]阿古柏之乱是中亚“心脏地带”（哈尔福德·麦金德［Halford Mackinder］语）在英俄中三大帝国的夹缝中寻求独立的最后一次尝试。

在鸦片战争结束 40 年后，清廷在新疆再次向世人证明，自己仍然拥有组织大规模军事行动的能力。在西藏，它始终和英国人保持着距离；在朝鲜，李鸿章和他手下的“总督”袁世凯利用巧妙的外交手段，将日本吞并朝鲜的时间尽可能推迟。即使是中国在对法战争中的失利也并非命中注定，而是在很大程度上归因于自身的政治幻想和军事实力的不足。因此，如果认为中国在经过两次鸦片战争的打击后便全线陷入崩溃，甚至彻底丧失了外交上的行动能力，显然是一种错误。就在东部沿海在条约体系的制约下，一步步沦为某种意义上的半殖民地的同时，清廷在西部依然牢牢捍卫着自己的主权。从根本上讲，这是清醒的政治决策所带来的结果。由于没有能力做到在同一时间、在多条战线挡住外来侵略者，清王朝作为一个崛起于内亚的异族王朝，决定将维护大陆边疆安全放在首位，而把抵抗海上列强放在次要的位置。[42]因此，清朝将有限的防御力量全部集中于西部，在左宗棠统帅下收复新疆，平定西北回乱，恢复了内亚边疆的安定。相反，在沿海地区，清朝为巩固海防做出的努力悉数落空。这一结果并不仅仅是由不平等条约造成的。列强在中国主权水域派驻舰队，使中国防御能力大大降低，这一点是毋庸置疑的。但是在所有条约中，没有哪项条款要求中国必须放弃军备建设，或者逼迫中国实现去军事化。李鸿章等人大力主张并积极推动的中国海军建设，更多是在**国内**遇到了重重阻碍：[43]朝廷在军费开支上向左宗棠麾下的陆军部队严重倾斜；[44]在军舰的进口和国产化方面缺乏统筹协调（不过，在1882年北洋水师的近50艘战舰中，一半是来自本国造船厂）；缺乏训练有素的海军将官和机械师；缺乏对整个海军的有效统一指挥；保守派大臣和皇室成员的阻挠，1884年之后，慈禧太后甚至挪用海军经费为自己修建颐和园。尽管有上述诸多问题，但是在甲午战争爆发前，在大多数西方观察家的印象里，北洋舰队和日本对手相比，仍然占有很大优势。[45]直到中国在交锋中出乎意料地败给日本后，其军事强国之名才彻底扫地，“屈从”的时代由此被开启。

西方对华政策在很大程度上是围绕经济利益运转的，但经济利益的中心并不是北京，而是新贵城市上海。这两大城市之间的二元关系是中国在1860~1930年间的一个标志性特色：一边是古老的皇城，整座城市采用对称式布局，以宫殿、城门和城墙为醒目标志；它是政治权力的中心，是华夏文化和礼仪的圣地，同时还是帝国管理的中心、外交的舞台和人才荟萃之地。另一边是金钱的巴别塔，是烟囱林立的尼尼微①；它是黄浦江畔的车水马流，是世界港口，是走私贩的巢穴、黑帮的地盘和革命的熔炉。忽必烈建立的元大都从来没有作为通商口岸向外国开放，这里的洋人主要是以外交人员的身份活动。他们居住在使馆区，这里就像是一座"城中城"，正如一位1920年代到访此地的游客所说，在这里仿佛置身于"欧洲的某个疗养胜地"。[46]来华考察的李希霍芬1868年从上海来到北京后，曾经这样描述他对这座都城的印象："居住在北京的洋人，整天关心的都是远在欧洲的事情，其日常消遣是在比通商口岸范围更广、更自由的土地上进行的；而在通商口岸城市里，人们关心的全都是本地发生的事情。"[47]接下来，李希霍芬还写道："最奇特的是罗伯特·赫德（Robert Hart）为自己谋得的职权。海关已经变成了一个和国家机器平起平坐、强大而复杂的权力机构，并且不断插手其他官僚部门的事务。在外交政策方面，赫德扮演的角色就像是中国人的总顾问，就连外国列强往往也要看他的脸色行事。"[48]

就在李希霍芬写下上面一段话的短短几年之前，清廷设立了大清皇家海关（Imperial Maritime Coustoms，IMC），并于1863年任命年方28岁的北爱尔兰人罗伯特·赫德（1893年获封爵士）为总税务司（Inspector General，I. G.）。赫德在这一职位上一直干到1908年。他是19世纪中国最有影响力或许也是最有权势的外国人。[49]作为任职清廷的英国人和贸易秩序的外交维护者，他一直

① Nineveh，古代亚述帝国的重镇之一，位于底格里斯河东岸，今日伊拉克北部城市摩苏尔附近。"尼尼微"意为"上帝面前最伟大的城市"。《圣经》中写道："耶和华必伸手攻击北方，毁灭亚述，使尼尼微荒芜，干旱如旷野。"

是在不同世界之间游走：一边是欧洲，一边是中国；一边是北京的外交圈，一边是上海的商人世界。在其主持的大清海关，中国加入国际体系与融入世界资本主义这两大进程，以独一无二的形式彼此交汇。

1854 年，受叛乱影响而陷入困境的清政府与英法美三国领事商定，雇用若干外籍职员协助处理关税事务。在当时，这一举措似乎是符合双方利益的。直到赫德被任命为总税务司后，清朝海关才结束过渡期，从此有了固定的组织形式。[50]70 年代中，在海关总部以及各通商口岸分支机构雇用的职员中，共有来自 17 个国家的 424 名洋人（英国人占 62%）和 1417 名华人。1906 年，洋员和华员人数分别为 1345 人和 10625 人。[51]根据海关的独裁式规制，只有总税务司一职是由朝廷直接任命，其他员工人选均由总税务司在没有中方参与的情况下独立决定。[52]其中总数不到 300 个高级管理职位（级别最高的是薪水优厚的近 40 个税务司职位）则全部由洋人担任，这一点与很多方面具有可比性的印度文职机构（Indian Civil Service）颇为相像。[53]海关的主要职责是按照不平等条约规定的税率计征关税，从这一角度讲，海关可以说是列强关税指令的执行机构，即保证中国在贸易实践中不对进口货物“滥征”关税，在 1842~1929 年间失去关税自主权的情况下，如常履行征税之责。此外，海关还从中立的立场出发，保障各国在中国市场的机会平等，因此，它亦可被视为“门户开放”原则的现实化身。

在各通商口岸，海关税务司（全部为外籍）的身份在礼宾次序上和领事相当。赫德借鉴几位与其同时代的英国驻华外交官的想法，在领事代表机构之外，为西方非正式帝国主义建立了另一套支柱体系：遍布全国各地的海关机构，其人员来自世界各国，而掌管这些机构的大权由他一人独揽。赫德按照欧洲行政管理实践的原则，对各地海关实施改革。在这一过程中，他并没有考虑要让改造后的海关体系和原有的中国官僚机制相衔接。赫德完成的这项工作无疑是19世纪最伟大的行政管理成就之一。[54]其核心是为中国的“世袭官僚式”国家机器引入一套以专业化分工为基础的“现代”官僚机制。[55]这些做法的背后是赫德自己的一套政治理念：当中西力量对比通过两次战争明确化之后，清王朝和西方资本主义之间的利益关系已达成自然和谐，眼下的当务之急，是用一种恰当的组织形式将这种和谐关系转化为现实。[56]赫德本人对中西文化都有深厚的造诣，在通商口岸许多商人看来，他对所有中国事物都抱有极大的热忱。他把自己和手下的员工（所有人都必须学习汉语）视作朝廷的臣仆，同时也是通商口岸国际贸易秩序的保证人。赫德对清廷的许多现代化改革尝试都予以鼎力支持，因为按照他的观点，实现了改革和启蒙的中国才是西方的理想伙伴。这种认识与“开明”经济帝国主义所信奉的信条是一致的，正如托马斯·巴宾顿·麦考利（Thomas Babington Macaulay）所言：“和文明人做生意比管理野蛮人好处要大得多。”[57]赫德在任期间，海关的关税收入比以往提高了几倍，这一点的确给中国的现代化改良带来了实实在在的好处。至少可以肯定的是，赫德对海关实行的体制性改革改善了清廷的财政状况，[58]并通过这种方式为贯彻英国对华政策的第二条方针做出了贡献：维系朝廷的中央权威，使它在可操纵的同时，拥有足够的行动力。除此之外，海关还借助技术性服务（扩建港口，清理航道，安设灯塔，拟制详细的数据统计表和工作报告等）为中国市场的物理性开发提供了后勤保障。另外，赫德领导的海关还主持了中国现代邮政系统的创建工作。[59]

海关总税务司一职的设立一方面得益于西方列强的自由贸易理念，另一方面是出于清廷在对付洋人问题上的考虑：通过让洋人参与本国行政管理，让总爱挑起争端的洋人在政治上尽量保持中立。

因此，这并不是洋人不顾清廷反抗而强加于它、在本质上与之格格不入的外来机制。这种双重特性使海关成为一种原始“共治”机制，中国/满清和西方的秩序理念由此被结合在一起。[60]虽然说在理想情况下，一方的利己行为也有可能让各方共同受益，但是这种做法的出发点，只是一种暂时性的权力政治和经济上的平等。当外国商业利益的重点在于贸易而非资本输出时，洋人很少会尝试通过海关来掌控中国国家财政。在赫德任职总税务局期间，海关确实也不曾对其征收关税的用项公开施加干预。只要中国在外国列强面前还拥有一定的行动自主权，这位总税务司就有可能做到“一仆二主”。直到临近世纪之交，当清帝国成为国际金融帝国主义的主要目标时，这种平衡关系才被彻底打破，海关也随之成为金融帝国主义入侵中国的矛头之一。

赫德上缴给清朝国库的关税收入，大部分都是在上海一地征收的。如果说北京是外国实施操纵和干预的“控制中心”，那么上海就是经济利益体系的中心，而经济利益是西方在中国建立非正式帝国的第二项要素。[61]按照英国扩张战略家的最初设想，这一角色本应由香港扮演。[62]香港实际上并没有辜负人们的期望，只是上海的迅猛发展让香港相比之下大为逊色。1860 年代时，这两座城市之间形成了一种互补性关系，并且一直持续到 20 世纪中叶。直到 1940 年代末，当许多上海企业家从大陆逃到香港后，这块英国殖民统治地才迎来了战后的空前繁荣。[63]

与上海相比，香港作为远洋港口，其地位略占优势。香港是经印度和新加坡中转的多条欧洲航线的终点，1856 年之后，它取代广州成为通往中国南方腹地的主要港口。[64]香港是中国沿海航运线路的最南端，是所有中国港口当中除厦门外与东南亚联系最密切的一个。将香港的角色从走私基地和中英贸易中转港，扩大为多国贸易（特别是与东南亚、美洲、日本和非洲的贸易）的集散地，为这一目标所做出的努力贯穿了香港的经济发展史。[65] 自从香港作为外国在华势力中心的地位被上海夺走之后，不受对华贸易限制甚至不受英帝国制约的独立性，便成为香港发展的独有优势。1880 年代，第一批中大型企业，尤其是糖厂，陆续搬到了香港，因为当时清政府还不允许洋人在通商口岸开办工厂。当 1895 年这一障碍被扫除之后，香港制造业发展陷入停滞，香港与上海的差距被迅速拉大。据估计，1929 年英国对华直接投资约为 1.98 亿英镑，其中 77% 是投向上海，对香港和中国其他地区的投资仅占 9% 和 14%。[66]

20 世纪初，上海成为中国首屈一指的经济重镇。1930 年代时，中国现代工业 40% 的资本、43% 的产业工人和 50% 的工业产值，都集中于上海。[67] 相反，香港在工业领域则迟迟没有发展，其职能始终只局限在贸易和航运。从人口增长来看，两个城市之间的差距也一目了然：19 世纪中叶，香港居民人数约为 7.2 万，上海是 50 多万；1911 年，香港人口约为 45.7 万，上海是 129 万；到了 1931 年，香港人口是 84 万，上海却已达到 331.7 万。[68] 巴麦尊勋爵在描述刚刚割让给英国时的香港时，以略显夸张的笔触称之为“一个荒凉的小岛，上面几乎没有一栋房屋”。[69] 经过 80 年的发展，香港人口增长了 10 倍。1860 年和 1898 年殖民地面积的两度扩大，是促进香港发展的一个额外因素。相比之下，上海的崛起早在 18 世纪便开始了，1842 年开埠时，上海并不是许多人所说的渔村，而是一个繁华的贸易中心，占国内贸易的比重已达到约 7%。[70] 上海的人口数量在 80 年里增长了 6 倍，由于人口基数较高，这一增长速度的惊人程度与香港不相上下。

上海史无前例的蓬勃发展是一系列因素合并导致的结果。[71] 首先是它的优越地理位置：上海位于中国第一大通航河流的入海口，地处中国南北沿海航线的正中央，紧邻华中各大茶叶和丝绸产区，特别是人口稠密、高度城市化的长江三角洲，后者又通过四通八达的水路与内地紧密相连，是中国最富裕、商业化程度最高的地区之一；[72]其次是贸易扩张机制形成后，上海自身所焕发出的活力。上海和香港的人口膨胀从起因来看，至少有一点是相同的：每当内地爆发战乱，就会有大批人群逃往这两处飞地，以期在外国政权的庇护下找到安身之所。[73]这些人当中既有携带金银财宝的富人，也有穷得只剩下一身体力的穷人。在这两个城市当中，香港的性质是清楚无疑的：作为英国统治地，它对中国来说属于"外国"，中国法律在当地是无效的。在这方面，上海的情况要复杂得多。中国政府在这里从没有丧失过主权，但是上海核心城区的环境却和殖民地有很多相似之处。这种状况在很大程度上和生活在中国的洋人有着密切关系。

早期的不平等条约规定，外国商人、洋行代理和领事官员只能在指定的"开放口岸"或"通商口岸"居住。条约国公民可享受治外法权，不受中国法律管辖，当涉嫌犯罪时，由原属国法官（通常是领事）按照原属国法律进行审理并做出判决。但是，治外法权绝不等同于领土管辖权。通商口岸并不是事实上的港口**殖民地**，[74]在大多数通商口岸（一战前共有 48 个[75]），中国的行政管理权并没有受到限制，只有那些设有租界的城市例外。[76]租界是在城市里划定的外国人居住区，它由中方以极低租金无限期租给外国政府，再由后者长期出租给私人。[77]中外双方以书面形式保证，租界不会对中国主权产生影响，这是与殖民侵略的根本性差异。然而在现实中，中国主权总是难免会受到损害，因为在很多地方，中国权力机关根本没有能力在租界履行自己的职责。在租界拥有最高权威的是相应国家派驻当地的领事，各国领事偶尔也会请求由土地承租人组建的代表机构为其提供咨询。在天津等地一些规模较大的租界，居民大多数都是华人。在有些租界里，大部分土地和房产的所有权甚至也是由华人掌握。[78]中国共有 19 座城市设有租界，[79]但是除了上海以及有9处租界、洋人地盘最杂的天津外，[80]只有汉口[81]和广州两地的租界曾经产生过一定的影响。这里的租界面积不大，只允许洋人和中国仆人在里面居住。从地段来讲，并非所有租界都是设在方便做生意的城区，所以，有些外国洋行甚至更愿意搬到“华界”去经营。在上海以外地区的租界中，只有极少数可以被称作是外国势力向中国渗透的“桥头堡”。租界的主要作用是通过把洋人与华人社会隔离的办法，保证洋人“生活上的舒适感”，[82]而不是为了给富有侵略性的市场开发提供方便。

不是每一个通商口岸都有租界，也不是每一处租界都对中国具有渗透性影响。在所有这些飞地当中，地位最显赫的是上海的两处租界。[83]上海并不是一个“典型”的通商口岸城市，几乎从任何一个角度看，它都是与众不同的。因此，有关上海的分析不能被看作是对整个通商口岸体系的论述。当时的上海是由三部分组成：华界、[84]公共租界和法租界。通过人口数据，我们可以对三个区域之间的比例关系获得大致了解。1865年，在上海69.2万人口中，78%生活在华界，公共租界和法租界的居民分别占14%和8%；1910年时，在上海130万人口中，华界人口占52%，公共租界占39%，法租界占9%；1931年，各区域人口比例为55%、31%和14%。[85]和香港一样，生活在外国租界的所有居民当中，华人依然占大多数。1870年，在公共租界总共生活着大约1600个洋人（其中一半是英国人）和9.3万华人。在1930年代来华外国人数达到高峰时，在公共租界居住的洋人和华人分别为3.9万和112.1万。在外国侨民中人数最多的是日本人（2万），[86]其次是英国人（6695），然后是俄国人（3017，其中大部分是反布尔什维克难民）和美国人（2017）。[87]法租界的外国居民比例略高于公共租界。上海的外国人口从数量上看，与欧洲小城市大致相当。但是，上海仍然是与亚历山大、卡萨布兰卡和新加坡齐名的最具国际化色彩的近代殖民都市。[88]

从严格的法律意义上讲，上海算不上是一个殖民地，因为中国主权在原则上从没有被剥夺。[89]实际上，上海实行的是类似殖民地性质的两套政治体制。在1849年设立的法租界，法国总领事享有掌管一切事务的大权，就像香港总督一样，其权力几乎是不受限制的。[90]公共租界的情况则不同。它划定于1843年，并于1863年正式得到法律承认。在这里，列强的官方代表并不参与行政管理，尽管在事实上，他们仍然掌握着（必要时以武力）“捍卫”本国居民生命和财产的权力。按照书面约定、法律上颇受质疑的法令，即所谓《土地章程》，公共租界的事务是由9人组成的工部局掌管。工部局由拥有一定数量资产的外国“纳税人”（ratepayers）推选，[91]并享有充分的自主权，只有在颁布某些法律措施时，需要英法美三国领事集体表决通过。这是一种将盎格鲁撒克逊式“自治”理念与准殖民地统治嫁接而成的奇特法律机制。尽管公共租界的大部分不动产很快都被华人掌控，[92]但是在1928年之前，华人始终没有选举权，1928年后获得这一权利的也只有极少数华人富豪。与殖民统治不同的是，上海工部局在行使职权时无须对任何上级机构负责，就像每一位总督必须对本国殖民部负责，而后者又必须接受议会和公共舆论监督那样。在公共租界1941年12月被日军占领前，工部局一直是由大型洋行，特别是英国洋行代表把持，用通俗的话讲，我们可以把这种制度称作金钱专制，一种漫画式的纯粹“资本统治”。生活在中国第一大工业重镇的中国人，从来都没有享受过“家长式专制主义”这种所谓殖民统治之文明形式所带来的好处。在上海，一切的核心首先是利润。有关殖民责任（例如“托管制度”[trusteeship]）的感性主张，在这里从未有人提起。所有与劳动保护和社会保障有关的问题，同样也得不到重视。一直到1930年代，上海仍然处于早期资本主义的“自由放任”（laisser-faire）状态，其程度即使在第三世界其他殖民地和半殖民地国家也难得一见。[93]随着20世纪中国民族主义热潮的高涨，对上海特殊地位的抨击日益激烈。面对这种局面，英美外交代表的处境变得越来越困难：他们虽然肩负着捍卫公共租界地位的责任，却没有能力对此施加影响。当然，即使处境艰难，西方列强也从未考虑过要彻底撤出上海。直到 1941 年 12 月日军进驻，上海的非正常状态才以武力方式被彻底结束。

在 20 世纪下半叶，从国际地位的角度来观察，清帝国既非西方概念中拥有完全主权的独立民族国家，也不是类似英属印度的殖民地。那么，它的地位究竟该如何定义呢？[94] 中国的古老世界秩序已经土崩瓦解，但是在不同地区，它的瓦解速度和形式却是千差万别。鸦片战争并没有把旧中国在转瞬之间变成一盘散沙，在中亚地区，清帝国甚至依然显示出十足的活力。乾隆帝扩张后的清帝国版图大体得到了维系，汉族的不断拓荒使蒙古和满洲与中原地区的联系变得比以往更加紧密。在东部和南部边疆，中国与各藩属国的朝贡关系不复存在，但是早在鸦片战争前，这种关系已然开始发生变化，并在 19 世纪最后三四十年逐渐步入了尾声。是法国和日本的扩张，在一定程度上也包括英国和俄国的扩张，为清帝国的朝贡体系最后画上了句号。

如果用半殖民地来形容中国，那么这种特征主要是体现在它与西方海上列强的关系上。这方面变化是最剧烈的，并由此导致了两股逆向而行的潮流：中国在对外交往方式上渐渐向现代民族国家的交往习惯靠拢，并且在半主动半被迫的情况下，开始参与外交事务，但与此同时，一种独一无二的特殊机制却在中国逐渐形成：“非正式帝国”是对这种机制的最准确定义。以英国为首的西方列强在中国政治体制的内部，奠定了自身的权力地位，这种地位为其带来的控制力，比单纯依靠强权支撑的关系要大得多。19 世纪英国（或许还有今天的美国）和一些南美独立民族国家之间的关系，便属于后者。另外，它让列强在损失“正式”统治或曰直接殖民统治——就像在 / 170

印度或后来在非洲那样——可能性的同时，也免去了由此连带的成本和责任。[95]本地统治者虽没有被外来统治者所取代，但其行动自主权却严重受限。这种国际法意义上的主权限制，是“非正式帝国”概念的重要内容。因此，这一概念不能被滥用。假如某个大国凭借强权，将自身意志强加于某个相对弱小但拥有完全主权的国家——对于这类情形，“非正式帝国”概念是不适用的。

如果对1860~1895年英国在中国建立的“非正式帝国”做一番剖析式观察，我们就会发现，它具有以下四点重要特征：第一是由一系列赋予外国特权、限制中国主权的不平等条约所构成的体系，即条约体系；第二是建立在条约体系之上的通商口岸体系，即由以上海公共租界作为地理和功能性核心的租界区域构成的网络，在这些特定区域里，外国人可以在不同程度上免受中方管辖，甚至可以反过来对中国人行使统治权；第三是建立“共管”式中外合办机构，其中最具代表性的是大清皇家海关，它既是本土国家机器的一部分，但其组织形式和目标却是由洋人决定的；第四是不乏内在矛盾的双轨式干预机制：一方面努力通过驻华外交代表机构以非暴力方式对国家统治者实行“遥控”，[96]另一方面将炮艇作为威慑和惩罚手段（炮艇外交），以备不时之需，其主要目的是为不平等条约的落实提供保障。

1895年前，英国在中国建立的以香港作为“正式”补充的“非正式帝国”，是兼具所有特征的完美典型。法国和美国（后者在通商口岸没有自己的租界）的非正式帝国都有各自的“缺陷”，而其他条约签署国则缺少（或暂时还缺乏）贯彻自身意志的武力手段，特别是舰队。对华“非正式帝国主义”的最大特色，是它的多国化特征。每个参与者都有自己的特殊利益，例如法国是为保护天主教传教活动，英国是鸦片贸易。但比这些更重要的是，列强在华精心打造的非正式帝国机制（英国人更是花费苦心，在中国建立了全球最完备的领事体系），整体是为“门户开放”原则服务的，是为了推行双重意义上的自由贸易：一方面是避免中方以垄断、关税和杂捐的名义为贸易“设阻”，另一方面是保证各国在中国市场上机会均等。这种以条约规定的最惠国待遇为基础的自由贸易机制，在1860~1895年间——中国的屈从时期——通过国际化的海关机构和公共租界权力秩序，实现了空前的繁荣。直到世纪末的最后几年，危机才露出迹象：这是一场迟到的危机，因为在世界其他地区，自由贸易早已步入了穷途。

《南京条约》的始作俑者璞鼎查爵士（Sir Henry Pottinger）曾经对曼彻斯特的工厂主们大夸海口说，自己为他们开辟了一个崭新的世界，这个世界是如此辽阔，“兰开夏郡所有纺织厂加在一起，都织不完中国一个省需要的袜子。”[1]过了半个世纪之后，当兰开夏产品几乎已在中国市场绝迹时，一位后来的英国大使还在梦想着，只要能卖给每个中国人一条手绢，就能让整个英国经济重新复苏。[2]在近代中西关系史上，西方人的这类梦想总是层出不穷，又最终一次次化为泡影。1906年一位美国领事所说的“对中国的贸易征服”，[3]似乎是在进入当代社会后才开始的。从占世界贸易的比例来看，中国在“开放门户”初期，这一比例一直处于相对低下的水平：

1896~1898年	1.5%
1911~1913年	1.7%
1921年	1.9%
1929年	1.7%
1936年	1.2%

直到1960年代，中国占世界贸易的比重仍然不足1.05%。[4]在此期间，由北欧、中欧、北美工业化国家以及澳大利亚、新西兰等欧洲“外围核心”推动的巨大贸易浪潮，成为世界经济的主导。[5]尽管如此，中国在其中所处的位置，仅次于日本、印度和南非，居第四位。但是从中国的几亿人口来看，它的外贸发展还远远没有达到西方人期待的水平。对世界而言，在权力政治上“被打开”的中国，并没有成为一个“开放的经济体”。

翻开中国学者的著作，我们会看到另一种判断，或者说一个截然不同的命题。这些学者关注的重点，是“资本主义经济侵略”对中国社会经济结构造成的扭曲和破坏性影响。所有体现中国政治思维的现代经典著作，无一例外地将经济帝国主义视作一场灾难。在1858~1860年一系列不平等条约签订后不久，中国新闻业先驱之一王韬便提出，应当用重商主义来应对欧美的自由贸易帝国主义：开发国内资源，发展工业以替代进口，国家为丝绸和茶叶出口提供资助，建设中国独立的外贸组织体系等。[6]此后，在对外贸易方面拥有丰厚经验的企业家和改革思想家郑观应指出，外国经济侵略的威胁不亚于军事侵略，并呼吁以民族资本主义和“商战”作为回应。[7]20世纪中国思想界领袖梁启超在认识到“正式”和“非正式”帝国主义之间差异的基础上，将西方侵略分为“有形”的政治瓜分和“无形”的经济瓜分两种不同形式，并指出后者比前者更加危险。[8]1924年，革命领袖孙中山对帝国主义在中国的影响做出了富有启迪性的分析：中国已经沦为“次殖民地”，它不是一国的殖民地，而是**各国**的殖民地，其地位甚至要低过高丽（朝鲜）和安南（越南）这样的常规殖民地。[9]财富的流失造成了国家财产的巨大损失，而财富的流失[10]则是由各国洋行从中国卷走的利润、中国支付列强的赔款以及外国银行对货币的操纵三部分构成。[11]

20年代时，一系列论述中国落后与经济压迫之间关系的著作相继问世。[12]1928~1934年间，这一话题成为围绕中国社会史展开的学术和政治大讨论的焦点。[13]在有关帝国主义问题上，这场讨论所取得的最重要成果，是超越了简单笼统的帝国主义掠夺论，孙中山和后来的蒋介石正是这派观点的主要代表。[14]在新兴马克思主义理论影响下，各方对依赖的辩证关系获得了新的认识。当时，马克思主义理论在中国的影响远远超出了共产党阵营，给整个知识界都带来了深刻的启迪。1840年之后西方列强的入侵一方面破坏了中国的独立，并按照帝国主义列强的需求对中国经济进行了结构性调整；另外，随着封建制度的解体和资本主义的萌芽，它也对中国经济产生了客观上的促进作用，并为后来的社会主义改造奠定了基础。[15] 但是，这个在旧秩序结束后新诞生的社会属于什么类型呢？在这一问题上，无论是列宁的一味强调根源而忽视欧洲扩张对欧洲以外世界影响的帝国主义论，[16] 还是马克思有关“社会形态”演变规律的理论，都无法为我们提供答案。与这些理论相关的种种概念，都无法让我们对 20 世纪初的中国获得透彻认识。可以肯定的是，当时的中国已不再是纯粹的“封建社会”，但也没有发展成为典型的“资本主义”社会。为了解决这一理论性难题，我们不妨借用这一说法。作为一种中国特色的混合形式，“半封建半殖民地社会”并不是一个短暂的过渡期现象，而是具有持久稳定的特征。1939 年，毛泽东对这种观点做出了精辟总结：

“一、封建时代的自足自给的自然经济是被破坏了；但是，……封建剥削的根基——地主阶级对农民的封建剥削，不但依旧保持着，而且与买办资本和高利贷资本的剥削结合在一起，在中国的社会经济生活中，占着显然的优势。

二、民族资本主义有了某些发展，并在中国政治的、文化的生活中起了一定的作用；但是，他没有成为中国社会经济的主要形式，他的力量是很软弱的，他是对于外国帝国主义和国内封建残余都有联系的。”[17]

按照上述解释，“帝国主义”以及以地主阶级为核心的“封建势力”是鸦片战争之后影响中国历史的两股重要力量，两者之间是彼此勾结的关系。外国资本主义（以富有挑衅性的“帝国主义”形式）的入侵，一方面使地主官僚构成的“封建”统治阶级的地位变得更加稳固，另一方面也促进了资本主义的发展，并由此促成了中国资产阶级和工业无产阶级的诞生。但是，在帝国主义的沉重压迫下，中国“民族资产阶级”的软弱性及其对外国资本的依赖性日益暴露。它无法做到像欧洲资产阶级那样，为捍卫自身阶级利益挺身而出，在没有同盟者的情况下使自身意志得到贯彻。对无产阶级来说，他们为反抗外国工厂主、谋求自身解放而发起的斗争，同时也是一场反抗资本主义的社会斗争，一场反抗外国列强以及受其保护的外国在华资本家的民族斗争。除了“民族”资产阶级（他们出于无奈而与外国资本偶有瓜葛，但从根本上讲，二者间的利益是彼此对立的），中国还出现了另一种资产阶级类型：1930 年代成为中国重要政治势力的“买办资产阶级”，一个对洋人言听计从、离开与外国资本的勾结便无法存活的傀儡阶级。正如社会学家周谷城所说，“买办完全是外国资本家剥削中国人的工具”。[18]

上面这些是自毛泽东以来中国马克思主义正统视角的粗略概括。最初，一些非马克思主义者也持类似观点。[19]该视角有趣的一点是，早在 1930 年代，它便在“买办阶级”的标题下，对本国人作为外国侵略帮凶和受益者的现象展开了讨论。然而在西方帝国主义理论中，这一问题在几十年后才开始受到重视。[20]这场 1930 年前后发生在中国、几乎被人遗忘的大讨论，提出了许多富有先见之明的观点，这些观点为六七十年代发展经济学研究中的各种理念开启了思路，例如“不发达的发展”（Entwicklung der Unterentwicklung），“依附理论”（Dependenz），“结构异质性”（Strukturelle Heterogenität），“边缘资本主义”（Peripherer Kapitalismus），等等。特别是马克思主义经济学家、《资本论》译者王亚南（1901~1969），其研究所达到的水平，与近年来拉美和非洲学者的学术成果不相上下。在 1945 年出版的代表性著作《中国经济原论》中，[21]王亚南做出了将马克思政治经济学“中国化”的大胆尝试。在这本书中，中国融入资本主义世界经济的辩证关系，同样也是作者的核心论题之一。

由此可见，当事方对同一历史事实的阐释分成两种：一边是西方商人和经济界代表的抱怨，他们抱怨中国市场对各类进口洋货都采取抵制态度，即使是在政治上施压也无济于事；另一边是中国主流舆论——从王韬到当代经济学家和历史学家——近乎众口一词的控诉：西方资本主义经济侵略以史无前例的极端方式颠覆了中国的社会秩序，扼杀了中国本土的资本主义萌芽，或迫使其为外国利益服务，由此导致的后果，甚至比公开殖民主义所造成的破坏更加严重。

在近年来的学术讨论中，这两类观点披着新的外衣再次登场。[22]关于中国不可渗透性的说法以**边缘论**（Marginaltitätsargument）形式得到了更新。这派观点认为：外国势力在中国的作用（至少在受通商口岸体系制约期间）就像是蚊子叮了一头大象，其影响范围仅限于少数孤立的领域和区域，这些飞地与本土经济的联系十分薄弱。经济入侵给中国造成的影响，比“第三世界”几乎所有国家都有所不及，其主要原因在于中国古老体制的强大创造力和抵抗力。[23]中国并没有“外国人能够填补的真空”。[24]

持相反观点的一派学者则深信，中西方接触给中国带来的影响是极其深远的。如今，这派观点又划分成两个针锋相对的阵营：信奉**现代化论**的人士认为，在“打开”国门之前，中国社会由于长期停滞已然陷入了绝境，是外国商品和资本，特别是西方思想的输入，才使中国社会得以绝处逢生。即便说中国现代化的进展相对缓慢（尤其是和日本相比），但是这主要是由保守派精英的犹豫不决造成的。[25]

“左派”阵营的观点是**依附论**。这种观点从某种意义上延续了1930年代中国的大讨论，虽然持这类主张的人往往对此并无意识。用这些人发明的新词语来讲，中国是以依附者的身份“并入”了刚刚兴起的世界经济。在开放门户之前，中国的发展潜力并没有枯竭。但是，中国自主或“以自我为中心”的发展却因“开放”而受到阻碍，中国经济不得不按照世界资本主义的需求对自身进行结构性调整。[26]

上述三种观点之间的差异，从它们对通商口岸体系的不同评价得到了清晰反映。“边缘论者”认为，通商口岸的存在是外国经济利益受到隔离和孤立的标志，是它们无法冲破封锁的明证。在“现代化论”一派看来，通商口岸是变革和进步的动力来源，是现代化的摇篮。而“依附论者”则相反，他们把通商口岸看作是西方渗透的桥头堡，是经济平衡被打破的结果和部分原因。

在我们着手对19世纪末中国融入世界经济的问题做出分析前，了解上述三种观察视角大有必要。不然的话，假如只是把经济史的诸多数据不加解释地罗列在一起，对研究而言是远远不够的。但是，这些观点的作用仅限于为我们开启思路。无论是从理论的严谨性还是对当今人类知识水平的归纳能力来讲，它们当中没有任何一种观点具有绝对的说服力。要完成从宏大理论到现实多样性的过渡，我们不妨再重申一下有关差异性的问题。在这些差异当中，最重要的有以下五个方面：

第一，当然是空间维度上的差异。中国各地区受外来影响的方式和程度是不同的：与1937年以前交通闭塞的西南部地区相比，沿海和长江河谷所受冲击要剧烈得多；受广州贸易的影响，南方受外来冲击比铁路修通后才得到开发的北方要早，程度也更深。因此，每当我们读到某一种具有概括性的观点时，都必须意识到一点：在有些地区，情况很可能与此截然不同。

第二，在时间维度上，并非所有发展进程都是遵循同一个时间表，这些进程不能用同一种方法来进行分期，例如将1860~1895年划为一个统一的时间段。每一个通商口岸或某一个区域市场都有自己的微型历史周期，这些周期当中具有代表性的有：广州在18世纪最后三十几年中的崛起和1842年后的逐渐衰落，还有鸦片贸易所经历的为时整整一个世纪的发展周期，以1870年代作为巅峰和转折点。在阐述历史时，以大的发展阶段作为脉络，依次进行梳理，是无法回避的一种做法。不过我们必须要看到，在这种叙述的背后，是由无数同时而不同期的特殊进程构成的大背景。今天，某些从事地方史研究的中国史专家甚至走得更远，他们对所有将中国视作一个整体的表述都采取回避态度。

第三，我们还要区分微观经济和宏观经济两种不同的视角，认清个别洋行的经验与发生在经济体系层面的各种事件之间的差异。例如，相对于庞大的人口而言，中国占世界贸易的比例的确微乎其微，因此从宏观经济的角度看，中国的“开放”并没有达到很高的程度；但与此同时，的确有少数实力强劲的经济势力借对华贸易大发横财，并有能力对本国政府的政策施加重要影响。这二者之间并不存在矛盾。接下来要谈到的第四点差异，对改变上述矛盾印象或许会有所帮助：这就是**对华**贸易与**在华**贸易之间的差异。比如说，对香港、上海和各大“输出港”，即地方通商口岸的英国洋行来说，与母国之间的商品交换只是它们的部分生意。它们当中有很多洋行延续了古老的港脚贸易传统，积极参与南亚和东南亚这一世界经济次体系中的贸易活动。此外，只要鸦片作为最重要出口商品的角色没有改变，对华贸易自然在很大程度上是围绕印中贸易这一轴心运转的。除此之外，英国洋行还为其他欧洲国家的客户做代理生意，比如说，德国洋行总是更愿意把资金业务交给英国银行，而不是德国唯一一家东南亚银行。反过来讲，德国船运公司也成功拿下了一部分英国对华贸易的运单。在“门户开放”的前提下，各国经济利益在公司层面有着很多的交集。但更重要的是，自1860年代起，许多洋行的在华生意大多是靠中国客户维系的。上海公共租界内由英国人经营的电车被称为全世界最赚钱的电车线路，其生意兴隆完全是仰仗于本地乘客，据说电车公司每天从他们身上赚到的铜钱重达26吨。[27]这并不是所谓“共生型渗透”的唯一例子。另一个例子是洋人经营的海岸沿线与长江轮船运输：不仅搭乘轮船的乘客是以华人为主，而且整个轮运公司的生计，大都是依靠为中国商人运输货物来维持。[28]甲午战争之后，当洋人纷纷在各大通商口岸投资办厂后，其出产的产品大部分并非用于出口，而是为了供应中国的大众市场。假如说中国确曾遭受帝国主义的“掠夺”，那么这种掠夺也很少是通过明抢豪夺（就像1760年前后“纳博布”①时代的印度那样），或通过“不公平交易”间接据为已有，而更多是洋人把在中国做生意挣得的利润部分“调回”，即转汇到自己的国家，而不是用于在当地的再投资。从长期来看，外国洋行用于再投资的资金，大约占对华贸易总利润的60%。[29]

第五点差异与“渗透”和“依附”有关，人们对这两个概念的内涵往往缺乏明确的界定，边缘论者与依附论者之间的许多误解便因此而生。前者总是喜欢强调，外国商业势力并没有渗透到中国的每一个角落，并由此得出结论：除少数外国飞地，中国经济仍然是自主乃至自给自足的。这样的推断是不合乎逻辑的。从清朝初年墨西哥白银在中国经济中扮演的角色，我们可以清楚地看到，在没有外国商业机构侵入的情况下，非经济因素的关联一样可以发挥作用。因此，外国人以及外国机构是否“在场”，并不能说明中国经济的对外“依赖”程度和方式。反过来讲，持依附论观点的理论家往往习惯于用抽象的“世界市场力量”作为论据，而很少关心这些力量究竟是依靠何种机制或“传动装置”对中国国内经济产生作用的。用这种方法书写的外国在华“经济史”由此变得空洞无物，同时人们还往往因此而忽略了帝国主义经济与政治军事力量之间的关系。

① Nabob，印度行政长官，专指在印度发财致富的欧洲人。

具有讽刺意味的是，恰恰是这些持“左派”依附论观点的西方学者（不包括持类似观点的中国爱国学者），却相信了自由主义者所描绘的神话：鸦片战争结束后，外国政治势力退出了中国，把地盘交给了资本主义经济扩张力量，任其施展它的威力。在19世纪中叶之后的拉美国家，这种情况也许确实存在：这里虽没有“不平等”条约，也没有其他形式的对当地政府的主权限制，但外国经济利益集团凭借其强大的经济优势，将国民经济众多领域牢牢控制在自己手中。[30]但是在中国，外国势力的扩张一直是依赖于武力支撑的条约式特权体系，直到一战后，这一体系才逐渐失去意义，并于1943年最后丧失了法律效力。如果单纯从经济学角度对“依赖”关系加以分析，很可能会使人低估非经济性制度框架所起的作用，而后者正是“非正式帝国”这一概念所包含的重要内容。要了解这一点，我们只需观察一下：外国经济组织在入侵中国时，究竟是在何时何地，并以何种方式将政治和军事上的干预作为靠山。

无论人们对各种概念做何定义，当时的中国的确越来越深地被纳入了全球体系，这是无可争辩的事实。在19世纪最后三四十年里，世界经济与中国的距离一步步拉近。最初，北方和西部的变化并不明显。就在广州体系被鸦片战争破坏的同时，中俄之间古老的恰克图贸易机制却经历了最后一段稳定和扩张期，中国的茶叶出口在其中扮演着核心角色。1870年代后，随着茶叶贸易出现的各种变化，恰克图贸易体系最终沦为牺牲品。一方面是因为，在地处华中茶叶产区的汉口，俄国茶叶加工厂的势力不断壮大。它们将俄国人喜爱的用绿茶压制而成的砖茶经由长江水路，再通过天津运往海参崴，或从1878年起用蒸汽轮船直接出口到敖德萨。另一方面，英国从中国南方输出的茶叶——1861年以前属于非法走私品——打破了“恰克图”茶叶在俄国市场上的垄断地位。[31]诞生于18世纪初的恰克图体系并不像广州体系一样，是在内部矛盾和外来侵略的双重作用下崩溃，而是败给了英国的自由贸易。特别是俄国的欧洲大陆部分，受英国自由贸易的影响更为直接。垄断 / 大陆型"恰克图"茶叶，输给了从香港和上海输出的自由贸易 / 海洋型茶叶。对华贸易的阶段性转折以及俄国经济政策的落后性，通过这场冲突得到了清晰反映。

大陆贸易被海洋贸易超越的重要原因之一，是航运技术的最新进步。轮船运输的优势最初是体现在内陆与沿海水域的短途交通上。1821 年，在第一艘商用蒸汽轮船投入使用 9 年之后，在英国海岸沿线运营的轮船数量已经达到 188 艘。[32] 但是，远洋运输仍然是帆船的天下。在 70 年代时，帆船无论在技术和美学意义还是在经济效益方面，都达到了巅峰。[33] 这是快速机帆船的黄金时代。在这些用钢铁制成、人称"海上大教堂"（Kathedralen des Meeres）的飞剪式帆船中，最著名的莫过于 1869 年投入运营的卡蒂萨克号（Cutty Sark）。在 1833 年以前，占据垄断地位的东印度公司在茶叶运输方面并没有太大的时间压力。一艘"东印度船"（East Indiaman）从广州出发，在海上飘泊半年才驶入英吉利海峡，是没有人会怪罪的正常事。但是，当飞剪式帆船出现后，从茶叶出口港福州到伦敦的航程却被缩短到不足 90 天。[34] 飞剪式帆船是资本主义竞争的新时代象征。不过，随着 1869 年苏伊士运河的开通，对华贸易中的"追风者"时代宣告结束，在时间上比其他远洋航线都早得多。1872 年，飞剪式帆船完成了最后一轮海上竞逐。只有蒸汽轮船才能合理利用的苏伊士运河，把香港到伦敦的距离从 24400 公里缩短到 18100 公里，速度最快的蒸汽船要完成这段航程只需要不到 65 天。尽管最初对蒸汽轮船载重吨位的要求超过了帆船，但是对茶叶贸易来说至关重要的时间因素还是站在了蒸汽轮船一边，况且对于价值贵重的中国出口货物来说，运输成本的影响比印度出口的大众消费品要小得多。1869 年，从中国出口到大不列颠的 14% 的货物是用蒸汽轮船 / 180

运输的。1873 年，这一比例增长到 70%，到 1880 年时，更是攀升到 90% 以上。苏伊士运河开通的另一个影响是，它使得伦敦作为中国货物欧洲中转站的地位大大降低。马赛、敖德萨、汉堡和安特卫普也相继开通了直达香港和上海的船运航线。[35] 以中国作为目的地的远洋航运变成了竞争最激烈的生意之一，1879 年，各国甚至以此为由，召开了历史上第一次“航运会议”，就载重吨位和运输配额等问题进行协商。[36]

世纪之交过后，第一轮电缆铺设工程在全球逐步展开。1851 年，从多佛尔（Dover）到加来（Calais）的海底电缆铺设完成；1866 年，第一条跨大西洋海底电缆铺设成功。之后，海底电缆开始延伸到越来越多的城市：1868 年亚历山大，1870 年孟买，1871 年香港，1872 年横滨，1873 年上海。[37] 尽管随着航运交通的改善，一封信件从伦敦邮寄到广州 / 香港所需时间逐渐缩短：1835 年以前是 4~6 个月，1840 年左右是 2~3 个月，1845 年是 55 天，1860 年是 43~46 天。[38] 但是电报的发明却将时间缩短到几个小时。从此刻起，上海市场对来自国际大都市的信息，无论是反应速度还是敏感性都已今非昔比。与此同时，它受国外市场价格浮动的制约也变得更加直接。电报技术的发明使支付方式被大大简化。一些专门从事对华贸易的大洋行，例如怡和洋行和宝顺洋行，却也因此失去了以往的两大关键性优势：它们无法再利用自己的船队，在获取信息的速度方面超越竞争者。以宝顺洋行为例，它过去的做法是指派专用船只到香港收取公司邮件，这样便可以比其他竞争者提早 24 小时了解有关伦敦市场的最新信息，由此获得的额外利润远远超出了成本。此外，这些大洋行在保障库存方面的资金优势也失去了意义。如今，商家的库存规模普遍缩小，由于资金周转的周期被大大缩短，资金的流动性大幅提高。[39] 除此之外，一些以对华贸易作为主要业务的大银行相继成立（其中首推 1864 年成立的香港上海汇丰银行 [40]），使通商口岸的贷款条件得到了改善。许多缺乏资金实力的商人，包括一些孤注一掷的冒险家，也纷纷做起了中国生意。竞争的加剧和利润空间的减少，导致怨声四起。[41]就像1892年一位英国领事所言：“今天的利润和20年前根本没办法比，没人再指望靠做生意赚大钱……那些名声赫赫的富豪现在一个个活得就像化石一样。”[42]一些商业巨擘，比如说靠鸦片起家的怡和洋行，则选择用开拓新的业务领域来应对挑战。它们努力减少对鸦片、茶叶、丝绸等传统大宗商品的依赖，其经营范围不再仅限于进出口贸易，而是横跨航运、保险、银行、加工业等多个行业。[43]我们可以称之为对华贸易中的跨国公司。

在1892年海关统计中留下记录的579家外国洋行中，[44]只有极少数是选择香港和上海以外的其他通商口岸作为经营地点。早在巴夏礼爵士（Sir Harry Smith Parkes）于1861年春率领英国舰队驶入汉口，促成这座华中经济重镇对外开放后不久，英国商人以此为据点、大规模开展对中原地区直接贸易的幻想便落了空。汉口商业一派繁荣，但是，这里的贸易活动全都是**转道**上海的间接贸易，而且大部分都是由实力雄厚的本地商户控制，很少有洋人参与其中。[45]一个更为极端但是对小型通商口岸来说同样不乏代表性的例子是宁波。宁波是浙江商业和金融重镇，是最早开埠的五大通商口岸之一。1890年前后，这里的外国商人只剩下两三个，悬挂外国旗帜的船只也已不在宁波港停靠。[46]早在20年前，外国商人就曾经抱怨，汉口的英国棉布生意都被大的本地商户“垄断”，这些商户转经上海进口的棉布，比英国商人在当地采购的同样产品还要便宜。[47]因此，在通商口岸以外的内陆地区，人们在路上遇到的西方商人寥寥无几。涌入内地的洋人都是以考察为目的的旅行者，这些人当然都是传教士，在19世纪末，中国大约有900名天主教传教士和3000多名新教传教士。[48]外国商人在中国的活动范围之所以局限于通商口岸，并不是因为条约的限制，而更多是由个人喜好以及贸易活动的结构性特点所决定。在1860年后开放的通商口岸中，没有一个能够脱颖而出，成为傲视群雄的佼佼者。即使是1891年开埠的重庆，也没能发展成为外国在华利益的重要据点。重庆是晚期帝制时代的模范省份四川[49]的经济重镇，地处长江上游，1898年开通了蒸汽轮运航线，并从1908年起成为长江轮渡的停靠站。[50]但是从根本上讲，整个四川省的贸易都是由上海操纵的。一个英国使团早在1897年便发现："我国的棉布制品作为少数有口皆碑的产品之一，在全省到处都可以买到，而且价格也不算离谱。"[51]想想看，这可是在上海以西整个长江流域没有一家欧洲棉布进口商的前提下做到的。

令旅行者感到意外的是，即使在中国最偏僻省份的最偏僻角落，也经常可以见到来自欧洲的进口货。[52]究其原因，这是因为在中国，不仅是鸦片，而且还包括外国进口的最新工业产品，尤其是1885~1930年间最重要的进口货物——洋布，[53]都是被中国商人掌控。不只是在宁波，全国各地的情形莫不如此。早在对外开放门户之前，中国便已拥有了活跃于全国的大规模贸易组织。1842年后，这些人很快便从新兴进口贸易中嗅出了商机，并于1860年前后将各地通商口岸的洋货生意掌控在自己手中。[54]如果说上海和香港的外国进口商最初对市场还有一定的影响力，那么最迟到世纪末，他们已经彻底沦为中国洋布经销商的代理，受后者委托在兰开夏郡采买货物。这种状况始终没有发生变化。一直到1933/34年英国对华棉布出口全面崩盘之前，[55]英国进口商总是在不停地抱怨，他们无法绕开中国的经销商和中间商，直接把货物卖给终端消费者。事实的确如此，无论是英格兰中部的制造商，还是沪港两地的英国进口商，都无法对本国货物在中国内地市场的零售价施加影响，有组织渗透更是无从谈起。在这方面，洋商感觉自己总是处处受到华商的牵制，而不是相反。通过进口向中国渗透的困难性问题，是边缘论者证明自身观点的最有力论据。不过，这并不是因为华商的控制使进口受到阻碍，事实上对洋货的销售而言，中国商人的勤奋甚至有可能利大于弊。在19世纪最后三四十年里，洋布进口额逐渐攀升，并从1890年代中期开始呈现出迅猛增长的势头（其原因更多是因为白银价格的暴跌，而非实际进口数量的增长）。[56]1920年，进口达到峰值，这一年，洋布进口按价值计算大约是1860年代末的10倍。之后，中国的洋布进口一路下跌。但是，即使在1896年市场形势一片大好时，在中国售出的棉布也只占英国棉织品出口的8%，相比之下，出口印度的比例则达到27%，亚洲其他地区约占8%。[57]中国的确是一个重要市场，但并非璞鼎查爵士及其同时代人想象中的“黄金之国”。

从总体上看，在19世纪，不仅是洋布，而且从西方进口的所有消费品，在中国都不是一门好做的生意。论及其中的原因，至少有六点因素值得注意：①本土棉制品加工以及后来的工业化生产所构成的强大产能；②除水路以外的高额运输成本；[58]③在现实中，人们往往很难做到按照条约中的约定，免除进口货物的关税和消费税；④许多洋货与中国国情是脱节的（比如说，洋布不如土布耐用，对老百姓的日常需求来说显得不够实惠）；⑤大众购买力的普遍低下，抽大烟的恶习更对此起到了雪上加霜的作用；⑥充满“民族优越感”的中国精英人群对国货的偏爱，他们很少像南美克里奥尔上流社会或者是明治时期的日本高档消费者那样，把欧洲产品视为身份地位的象征。[59]

如果说确实有某样事物曾在对华渗透中扮演了“矛头”的角色，那么这并不是从工业革命原发地出口到中国的洋货，而是沿海与内河航运。[60]从历史意义来讲，1860~1895年间，西方在中国的任何一项经济活动，都不可能超越航运。即使到后来，蒸汽轮船——而非铁路——也一直是中国交通技术现代化的象征，这也是中国与印度的一大区别。[61]因此，我们不妨在此回顾一下西方航运公司在

1940 年代被赶出中国之前所经历的发展史。这段历史并不复杂，这是因为自 1870 年代航运业在中国诞生后，它的基本结构并没有发生太大的变化。

我们之所以把航运业比喻为“矛头”，仅一条理由便足以说明：一艘艘悬挂外国旗帜的蒸汽轮船，沿着 2500 公里长的长江溯流而上，直抵中国腹地[62]——除了西方传教士的活动之外，大概再没有哪样事物能够让洋人在中国的存在变得如此醒目。自 1860 年代美国航运公司在中国扎根立足后，从 70 年代中叶起，英国公司成为航运业中的佼佼者。[63]1872 年，苏格兰实业家约翰·施怀雅（John Swire）创办了太古轮船公司（China Navigation Company），并将其打造成为中国第一大航运公司和太古洋行的核心企业。太古洋行（Butterfield & Swire）是与怡和洋行齐名、以对华贸易为重点的英国最大跨国企业之一，今日太古集团的前身。如今，太古集团的势力覆盖整个东亚和东南亚，国泰航空便是其麾下的企业之一。[64]早在 1835 年便已加入沿海轮船运输的怡和洋行，从 1870 年代开始加大对航运业的投入，并于 1881 年成立了怡和轮船公司（Indo-China Steam Navigation Co.）。没过多久，英国人就迎来了一位中国竞争者：1873 年，李鸿章以官督商办模式创立了轮船招商局，其投资主要来自于通商口岸的华商。1885 年之后，招商局实际上成为一家官办企业。辛亥革命后，企业交由私人接管，并于 1933 年正式被划归国有。[65] 20 世纪初，正当轮船招商局因经营不善而陷入旷日持久的危机时，一大批由华商创办的小型私人轮船公司相继成立。[66]与此同时，日本轮船公司逐步发展成为中国航运业的一支重要力量。[67]1880~1937 年间，中国企业在航运业中所占比例在 20%~30%，英国占比从 60% 以上逐步下降到 35%。1935 年，英国船运公司在中国运营的船只共有 95 艘，总吨位高达 24.9 万吨，[68]在长达半个多世纪的时间里，一直是中国沿海与内河航运业实力最强、

/ 184

经营最成功的一支力量。但是，在激烈竞争的环境下，英国公司从来都无法做到一家独大，因此，它不得不就“齐价”和运费分摊等问题与中国和日本公司多次展开磋商。

尽管拥有充裕的资金保障，然而轮船招商局作为中国最大的轮船公司，仍然无法在市场上对英日两国形成强有力的竞争。正如许多人批评的那样，这与中国官僚制度的效率低下和腐败不无关系，从现代化理论的角度讲，在于合理化现代管理的欠缺。但是，同时还有一个不可忽视的因素是，外国公司在两个方面拥有中方无法匹敌的强大优势：其一，由于中国没有从事商业运输的远洋船队，[69]因此，只有外国公司才有能力提供内河与远洋航运的配套服务。其二，外国公司可以利用不平等条约赋予的特权，免受中国官僚机构的控制。特别是在辛亥革命后的军阀混战阶段，这一点更成为外国公司的一大突出优势。无论是托运货物还是人员搭乘，很多中国人宁愿撇开价格的考虑，选择外国轮船公司，也不愿选择随时面临被征用危险的本土竞争者的船只。[70]在这一意义上，不平等条约确实给洋人带来了经济因素以外的一大好处。[71]就航运领域而言，只有当话题涉及政治因素的作用时，依附论者的观点才具有一定的说服力。相反，如果将外国轮船公司视作在中国倾销洋货、掠夺资源的工具，并以此作为依附论的根据，则很难站得住脚。与所有轮船公司在中国的业务一样，英国轮船公司的业务也主要是来自华商的货运代理委托（1930 年代初，对汉口太古洋行来说，其比例高达总货运额的 85%），[72]也就是说，大部分是依靠中国内陆水系的日常必需品（大米、棉花、花生、食盐、烟草等）运输。

与人们对西方“经济侵略”的笼统想象相反，轮船航运作为中国最早实现机械化的行业，虽然也扮演了工业化“矛头”的角色，[73]但并没有对中国前工业化帆船运输造成全面破坏。在长江上游地区，那些过去由船夫凭借经验和体力穿越险滩、逆流而上的传统船只，很快便被蒸汽轮船淘汰。但是在其他地区，各式各样的传统船只却依然活跃于各大江河水域，甚至成为航运业繁荣的受益者。正如在欧洲许多地方一样，铁路的开通反而给马匹增添了新的意义。[74] 直到 1960 年，在中国内陆的水路运输中，帆船所占比例仍然高达 60%~70%。[75] 边缘论者所强调的中国前现代经济形式的强大生命力，由此再一次得到了（部分）验证。在这一问题上，现代化论的观点显然缺少说服力。蒸汽轮船无疑是现代化的动力来源之一，但是人们很难发现，**外国**公司在中国航运业中的优势地位给中国带来了哪些好处。一种可以想到的可能性是，它给中国起到了教育和示范的作用。但是，并没有一批中国航运人才通过这一途径得到培养。在 1930~1941 年间受雇于太古轮船公司的 355 名高级海员中，只有 3 名华人，而且担任的都是低级别职务。[76] 甚至一直到 30 年代，就连中国航运公司的轮船和机动船，都是由外国船长、高级海员和机械师操控的。[77]

尽管如此，在每一艘船上都有一位重要人物，他的身份必须是华人，这就是轮船买办。买办不属于船员，也不归船长指挥。他是轮船公司的全权代理人，其职责是负责与中国乘客之间的所有交涉，在很多时候，他还要负责监督货物的装船工作。[78] 在整个买办阶层中，轮船买办的地位相对较低。但是，与那些供职于大洋行的"高级买办"相比，他们的工作性质是单一的。[79] 买办是洋行所有华人雇员中的头目，他负责为洋行招募华人劳动力，监督后者的工作并向其支付工钱。此外，他还要负责打点与当地商界之间的关系，为洋行招揽中国客户，评价这些客户的信用，组织谈判，并为支付作保。买办对中国复杂的货币体系了如指掌，而洋人对此往往是两眼一摸黑。关于买办，有一句话说得虽然夸张，但并不算错："他是唯一了解买卖全部底细的人。"[80] 担任买办的通常是有钱有势、精通英语的中国商人，在签订聘用合同时，需要以现金或房契作为担保。除了数额较少的固定津贴外（这其中也包括给华人雇员的薪水），买办通常可以得到平均 1.5% 的销售提成，另外再加上中国合作伙伴支付的佣金。除此之外，买办往往还通过放贷，或暂时扣押货款来赚取利息。[81] 大多数买办本身也是生意人。他们当中很多人发家一方面是依靠为洋行当差赚取的收入，另一方面是通过自家的买卖。这些买办在经营自家生意时，一样也可以享受治外法权带来的好处。[82]

当不同的商业文化之间发生碰撞，或因语言和习俗的差异使沟通遇到障碍时，这些买办身份的经纪人就显得格外不可或缺。西方学者在论述中国问题时，对买办在跨文化沟通方面发挥的作用十分看重，并称之为“东西方之间的桥梁”。[83] 中国学者则相反，他们将买办视为帝国主义侵略的工具，是因为这些人的存在，洋人才有能力榨取中国的市场资源和资本，以极低的成本侵入中国市场，并将商业风险转嫁给包括买办阶层在内的中国百姓，以获取单纯依靠不平等条约无法得到的好处（比如说，洋人在通商口岸以外地区购买土地，都是利用买办为其穿针引线）。[84] 西方学者在提到“买办”一词时，更多是从这个词的本义出发，即这类人的实际**身份**以及同时代人对他们的称谓。因此，按照西方学者的看法，买办阶层是在广州体系解体后出现，在 19 世纪下半叶进入鼎盛期，并在下一个世纪之交，当外国人对中国国情日渐熟悉后，地位渐渐走向衰落。[85] 而中国历史学者口中的买办阶层，其含义则更广，它是由买办阶层的历史**职能**决定的。由此便衍生出一种不同于西方的历史书写：按照中国学界的观点，早在 1840 年之前，在大型英美洋行里便出现了一些原始买办，只是这些人还缺少法律上的保护，因而无法逃避中国政府部门的控制和监督。[86]1840~1895 年，是买办资产阶级的形成期，当时该群体的人数大约为 1 万。[87]1895~1927 年，是买办资产阶级的发展期。从 1927 年到 1949 年，买办阶级以蒋介石领导的国民党政权为化身，经历了其发展的“最高阶段”。[88]

在后文中，我将尝试就国民党政权的特征问题提出另一种解释，按照这种解释，“买办特征”只是后者具有的诸多特征之一。但是如果撇开这一点，中国学界所理解的买办概念，在思路上仍有许多地方值得我们借鉴。从微观经济的角度看，西方学者对买办的狭义解释确有合理之处。从20世纪初开始，中国买办阶层的行动空间越来越狭窄，至少是在大型洋行，很多买办逐渐沦落为受约束的普通职员或代理：买办由此演变为“华经理”（Chinese manager）。[89]在许多洋行，以往由买办独立行使的职能，从此必须接受外国管理层的严格监管。日本洋行是最早摆脱买办控制的外国公司（第一个是1899年的三井物产）。[90]从宏观经济的角度讲，正如中国学界对买办阶级的广义理解那样，买办在中国社会中发挥的作用并没有减弱：西方“非正式帝国”只有通过这些来自本土的跨文化中介人，才能实现与中国经济界的沟通与合作。这方面的决定性因素在于：①对任何形式的经济渗透而言，买办的作用都是不可或缺的；②这类角色只有本地人才能胜任，因为西方人永远都不可能仅凭一己之力，与中国商界建立如此密切的联系；③依然有人能够通过买办的途径，为自己积累雄厚的家产，这是那些受雇于洋行、靠薪水维生的**普通华人职员**永远无法做到的。因此，买办的**地位**虽然不如以往重要，然而其**作用**并没有随之减弱。在世纪之交后市场开发不断深入的年代里，买办角色的变化更多是体现在身份的专业化，以及职能在一定程度上的国际化，其原有的部分职能被交予了洋行的普通职员。[91]但是，我们不能仅仅从宏观经济的作用出发，对“买办”身份做出判断。只有当受雇者与洋行之间存在以合同为基础的雇佣关系时，这一概念方才适用。并非所有经营洋货生意的商人都是买办，也不是所有依靠外贸积累的资本都是“买办资本”。[92]无论是买办的身份还是职能，都必须根据其在条约背景下所从事的中介活动来做出定义。

19 世纪晚期是大买办称雄天下的时代。他们当中一些人继广州行商之后，成为富可敌国的富豪。[93] 不平等条约庇护下的双重资本积累——一边是洋行，一边是与其勾结的买办——成为 19 世纪下半叶经济史上最重要的现象之一。这两者之间的关系是如此密切，以至被称为“华洋共生”（Sino-Western symbiosis）。[94] 外国洋行通过买办的帮助，将势力渗透到一些它们平日无法踏足的领域，例如本地金融业。反过来讲，买办除了广泛投资贸易与制造业，开设钱庄和当铺，在城乡四处买田置地之外，还在洋行拥有自己的股份。[95] 丰厚的利润以及不受官僚机构干预等优势，使得这类投资被很多人视为一本万利的买卖。一些小型洋行并没有多少本金，而不过是挂着洋人招牌招揽生意，其实际投资者都是华人。[96] 就连一些大型洋行，甚至包括怡和洋行在内，也在买办和其他华商当中四处游说，向其推销自己的股份。[97]

19 世纪末，外国洋行 40% 的投资集中在轮船运输、纺纱和银行业，另外还有小部分资金投向保险业以及由华人掌控的加工业。许多西方企业的董事会里都有华人股东。[98] 中国客户的存款是外国银行的重要支柱。这些华人投资者和储户，很多都是买办。据估计，在 1840~1895 年间，买办阶层掌控的所有资金当中，约有 51% 是以储蓄形式存在外国银行，另有 6% 是投资外国企业的股份。[99] 在这一问题上，分清外国**对华**与**在华**生意之间的差别，同样很有意义。并非所有在香港和通商口岸注册的洋人名下的资产，都是源自欧美的直接资本输出。最初，比资本输出更重要的资金来源，是早期对华贸易（特别是鸦片暴利）的积累[100] 以及华商的投资贡献。竭尽所能、有效地调动和榨取周边的一切资源，正是经济帝国主义的惯常手段。[101] 从这一点来看，“边缘论者”的所谓“蚊子与大象说”是不成立的。因为按照这些人的解释，华商在洋行中拥有股份，是中国成功抵抗和遏制外国势力渗透以及所谓帝国主义在华受挫的一大标志。

在 1895 年之前，**工业**发展与整体经济相比，一直处于边缘的位置。但是在亚洲，除了 1880 年代初依靠自己的力量实现经济腾飞的日本，中国和其他国家相比，情况并不算差。[102] 自 19 世纪穆罕默德·阿里在埃及的改革试验失败后，在整个东方，由国家推行的全面工业化尝试唯有中国一例。[103] 通商口岸的外国企业最初并没有发挥太大的作用。1895 年以前，洋人在中国创办的企业只有一百来家，大多数都是从事轮船运输和外贸的小型企业，其中规模最大的是上海的几家造船厂，以及俄国人在汉口开办的茶砖厂。这些洋人企业雇用的华工总数大约有 3.4 万，总投资额约为 1425 万美元。[104] 与后来

/ 189

的蓬勃发展相比，这一数目堪称微不足道。1914 年，中国加工制造业的外国投资额高达 1.106 亿美元，1931 年增长到 3.763 亿美元。[105] 早期的外国企业并没有对中国现代化起到太大的推动作用，由此促生的技术引进潮也没有出现。[106]

自 1881 年起，清政府一直在设法阻止洋人在通商口岸开办大型制造企业（这些努力在 1895 年之前是成功的），但这种做法也有可能对中国自身的工业化发展起到阻碍作用。从 1862 年开始，曾国藩（镇压太平天国的元勋）、李鸿章、左宗棠、张之洞以及其他几位朝廷重臣和地方要员在“自强”口号下，发起了洋务运动，有选择地引进西方生产技术和组织形式，相继创办了一系列完全采用外国科技的“现代”大型项目：最初是兵工厂和造船厂（最重要的是 1865 年创立并一直延续至今的上海江南造船厂，1866 年创立的福州船政局以及南京和天津的几家兵工厂），之后是轮船招商局，1878 年创办的开平煤矿，1882 年设立的电报局，自 1883 年起陆续开办的几处纱厂，还有 1889/90 年在湖北成立的汉阳铁厂。[107] 其中最受重视的是兵工企业，占所有企业总投资额的比例达到了 70%。[108] 在洋务运动期间创办的企业中，共有约

3.6万名工人，比同期受雇于外国企业的华工人数略多。[109]我们不能一概而论地讲，所有这些企业都是以失败告终，就像持现代化论的学者常说的那样。轮船招商局打破了洋人对轮船运输业的垄断；开平煤矿尽管遇到了极大困难，但在1892年之前始终保持着赢利状态；[110]各大兵工厂从原则上讲，已经具备制造国际先进水平的武器和弹药的能力；[111]电报局的成立证明中国有能力引进现代科技，同时又不让自身受到洋人的制约；[112]汉阳铁厂在1894年投产后的最初几年，一直是亚洲规模最大、现代化程度最高的钢铁生产企业。[113]另外，这些企业在技术引进以及技术人员培训方面所取得的进步也是不容忽视的。[114]

但是，这些成绩是远远不够的。中国在对法和对日战争中的接连失利，虽然并不完全是由装备上的落后所致，但却充分暴露了清廷在军事规划上的缺陷和不足。尤其重要的是，中国的军备建设不像日本那样，是与全面军事改革同步进行的：例如引进军官和参谋制度，实行义务兵役制，实现训练与军备建设的规范化等。[115]在经济建设方面，同样也缺少相对系统的规划。除了张之洞计划将汉阳铁厂建成内陆腹地的军事与工业一体化中心之外，[116]在其他所有工业项目中，再没有哪个项目是从国家或者地方经济战略考虑，进行规划和建设的。因此我们不能夸大其词地讲，在甲午战争爆发前，清帝国已经走在“通往**全面**工业化的道路”上，并由此认定，中国工业化的失败并不是因为内部衰落，而是1895年之后外国侵略的不断加剧造成的。[117] / 190

由此可见，洋务运动的愿望是好的，初期是成功的，但从长远来看却是一场失败。当我们谈到16~18世纪经济与社会的“资本主义萌芽”问题时，必然要面对中国为何“错失良机”这个令人费解的另一大疑问：清廷为什么没能抓住从鸦片战争到世纪之交的新帝国主义侵略之间的权力政治“间歇期”，像日本一样实行全面彻底的改革，而只是半心半意地做出了少数现代化尝试？对这一问题，人们总是习惯于未经思索便草率得出结论。人们最喜欢做的事，是拿日本的明治维新与同期的中国洋务运动相比较。这两场革新都是以民族自强为目标——前者是以成功，后者是以失败收场——并在甲午战争时彼此发生碰撞。这种比较尽管可以使两国的不同国情在一定程度上得到反映，但意义却相对有限。其原因在于，中国和日本无论是在最初“开放门户”（前者是在1840~1860年，后者是在1853~1858年），还是在着手启动改革时，其各自所处的社会经济和政治环境是迥然相异的。[118]更何况日本作为19世纪世界史上的“杰出”个案，走过的是一条与“正常”发展模式全然不同的道路，其原因迄今仍有待于解释。因此，我们不妨让问题更具体一些：究竟是什么原因导致中国在19世纪下半叶没能在工业资本主义发展上取得突破，或者说，到底是哪些因素对中国成功借鉴西方知识和经验形成了阻碍？

首先，对于那些难免带有绝对化倾向的俗套观点，我们必须抱以审慎的态度。中国的“普遍贫困”或者说资本的原则性匮乏，并不是现代化的障碍。中国缺少的不是资本，而是让资本得到有效利用的机制。[119]资本与经济流通之间的投机式关系，是前革命时代中国面临的主要问题之一。另外还有一种观点认为：整个社会对商人（商）的轻视以及官府部门（官）对这一群体的欺压，使资本主义创业精神遭到扼杀。这种说法对清朝而言，是难以成立的，甚至对18世纪的中国来说，也难免有失偏颇。在19世纪最后三四十年，那些身为金融家和经理的中国商人——包括买办这一重要特殊人群在内——与涉足商业的高官在很多方面形成了密切的勾结。自1890年代起，尤其是在1905年废除科举后，商人的社会形象大大改善，士商阶层之间的身份转换日渐频繁，虽然在中国，纯粹的民营企业家永远都无法与“官僚资本家”势力相抗衡。[120]最后值得一提的是，关于中国人从骨子里对技术抱有反感的说法，或如思想史学者所说的“儒家意识”之困境，同样是经不起推敲的。当然，在19世纪历史上，确曾出现过许多鄙视技术进步的文字，[121]老百姓在现实生活中对技术充满抵触的例子也比比皆是（这一点可谓是工业化初期的普遍现象）。[122]但是，这一切并不足以成为障碍。自19世纪中叶起，各种发明创新在中国依然层出不穷。无论在世界任何地方，社会革新都是出自少数派之手，而非源自于顽固保守的大多数。“儒家”天下观并不是一个完全封闭的思想体系，对任何富有新意的观念都一律采取排斥的态度。

虽然说“文化主义”观点是研究者尝试对某一问题做出全面解释时无法回避的内容，但是，在回答19世纪末的洋务运动为何**相对而言**是一场失败的问题时，下述三种视角显然更有帮助。首先是微观经济视角：中国通行的官僚体制以及管理模式，最初几乎完全没有能力满足大规模企业化生产所需要的条件；股东侵吞股金之类的现象时有发生，很多股东是靠贸易和放贷起家，因此往往习惯于利用捷径赚取暴利；缺乏职责清晰的劳动分工以及等级分明的企业管理制度；贪污腐败与裙带关系盛行；无法做到以合理化为原则，开展工业基地建设，[123]并因此对企业的理性经营和管理造成了困难。[124]

其次是政治视角：一些中国历史学家直到今天，仍然把洋务运动看作是朝廷幕僚中思想开明的少数派在帝国主义和反维新势力的双重钳制下，克服不利条件，竭尽所能为国家强盛所做出的努力。[125]但是我们同时也应当看到，过去曾经流行的另一种观点仍然不失合理性：洋务运动是为巩固既有统治秩序而展开的一场防御式行动。要解释这一问题，我们必须把视野放得更宽一些。世纪之交时，来自国内外的挑战打破了18世纪以来中国权力体系的固有平衡。朝廷面对太平天国的进攻一时不知所措，向来听命于朝廷的官僚体制变得越发无能；与此同时，在地方层面上，士绅阶层依靠新组建的民间武装力量，成为抗击叛乱的主力，[126]其权力地位也借此攀升到史无前例的高度。[127]政治体制与社会的纵向整合逐步瓦解，通过以下四种形式：[128]①各地上层士绅（大多是通过科举获得入仕资格的地主豪绅）与京城朝廷之间的纽带彻底断裂，无论在社会上还是政治上，都开始向富商和地方军阀靠拢。②朝廷派驻各地的官员逐渐失去了对地方权势人物的控制，这些人过去一向都是官府衙门在地方治理上不可或缺的合作伙伴。农村的次官僚制管理体系几乎完全落入了缺乏政治责任意识的大地主的掌控之中。按照传统的制度设计，实行君主官僚制的中央政权可以与农民联合，共同惩治那些专横跋扈、肆意欺压百姓的地主恶霸，而如今，这种可能性已彻底消失。③（“公属”）田赋与（“私属”）地租的征缴逐渐合一，以至在农民眼中，政治秩序的维护与地主恶霸对权力的滥用往往被画上了等号。④在后太平天国时代，各地巡抚和总督的权力空前膨胀，一方面是依靠新组建的地方军队；另一方面是编造各种名目，向民间征收苛捐杂税。[129]

洋务运动同样也是在中国政治地方化和军事化的背景下发生的。洋务运动的发展项目——包括电报局在内——大多都带有军备建设的色彩，地方执政者对这些项目的积极推动，绝非出自于单纯的爱国动机。例如，张之洞在连续几年的时间里，接连从一地总督调任另一地总督（后任两江总督），在这一过程中，他总是将一整套昂贵的纱厂设备带在身边，虽然这套设备自始至终没能有机会安装投产。[130]由此可见，这些在洋务运动期间创办的企业，同时也是国内政治权力较量的一部分，正是在这一时期，中国的政治体制无论是在上令下达的纵向层面，还是在地区间协作的横向层面，都开始出现瓦解的迹象。日本则恰恰相反。自1868年起，中央权力在横向和纵向层面上都得到了强化，这是1870年代和 1880 年代日本深层改革得以实施的重要前提，而改革的成功则为世纪末日本推行侵略性外交政策创造了条件。在中国，真正能够与日本明治维新相提并论的，并不是发生在同期的“同治中兴”（它没能阻止中国政治体制的瓦解，甚至还对这一趋势起到了激化的作用），而是 1949 年秋天之后新中国政权的建立，后者在横向和纵向上都拥有强大的控制力和行动力。正如明治维新派精英结束了德川时代晚期的“封建”割据状态一样，1949 年后的共产党政权成功完成了对国家的全面改造。从这一点来看，这两场历史性事件——19 世纪的日本明治维新与 20 世纪的中国共产主义革命——在功能上是同效的。[131]

因此，洋务运动的失败原因也可以通过这种方式得到解释：这场改革并非深思熟虑、目标坚定的国家发展政策的一部分，而是地方执政者的战略性行动之一种。但是，假设当时的中国有一个强大的政权，文化和意识形态方面的条件也很成熟，那么，这样一种国家发展政策是否便有可能出现呢？说到这里，我们要提到第三种视角，即依附论视角，这种视角又分成两个版本，一是普遍性版本，二是特殊性版本。从**普遍**意义上讲，中国对西方列强入侵的反抗，从一开始就比日本激烈。在日本开放门户之前，西方在日本并没有规模庞大、已形成固定机制的经济利益，就像与英印政府财政有着密切关联的对华茶叶和鸦片贸易那样。另外，作为潜在市场，日本这片弹丸之地也远不如地域辽阔（在当时人们想象中依然富饶！）的中国富有吸引力。除此之外，日本政府从务实主义出发，对西方列强采取了开放的态度。在日本没有发生以打开门户为目标的战争，它与列强签订的不平等条约在措辞上也比中国温和得多。在日本，类似大清海关的“共治”机构从未出现，清帝国自 1870 年代起经历的军事封锁也没有发生。因此，日本在 1868 年后推行的改革可以在没有太大外来压力的环境下进行，与当时列强对中国施加的压力相比，日本所承受的压力要小得多。

依附论的**特殊性**版本便与外来压力的形式有关。外国列强并没有通过直接干预或阴谋，对洋务运动期间创立的企业实施破坏，福州造船厂在中法战争期间的大面积被毁除外。依附关系更多是间接形成的。面对现实的严峻威胁，各地军工企业不得不将满足**短期**需求作为目标，并在克虏伯、阿姆斯特朗等公司大量采购军火。这些军火巨头才是中国早期军工建设的真正受益者。[132] 为了满足资金上的需求，这些企业对海关的关税收入以及外贸的波动变化形成了严重依赖。[133] 在与西方技术人员打交道的过程中，中国企业的经验总体是不尽如人意和缺乏建设性的，但是，这与不平等条约赋予洋人的特权并无太大关联，而更多是由中方在顾问选择与交往中的经验欠缺所导致。在一些“洋务”企业中，外国工程师对经营策略的确起到了很大的影响，而且这些影响往往是负面的。[134] 中国不像日本那样很早就认识到，必须加速培养本国的技术和管理人才。因此，与发生在同一时期、程度远比中国激进的日本维新运动相比，中国在 19 世纪最后三四十年采取的改革措施更多地受到了外来因素的制约，但并没有因此被扼杀。后一种情况的发生，更多是在 1895 年之后。[135]

/ 194

要深入研究 19 世纪中国融入世界经济的方式问题，最好的例子莫过于出口贸易。这一时期的经济史特征是贸易，而非金融业或制造业。尽管对那些已经迈入工业化的国家而言，当时的中国更多是被视作销售市场，而非商品的供应地（人们已经为这些商品找到了其他来源），但是只有通过对**出口**的观察，我们才能对鸦片战争背后的长期发展趋势做出透彻分析。自中国打开门户后，那些曾在对华贸易的传统时代里为大半个地球供应茶叶和丝绸的发达产区，如今发生了哪些变化？让我们首先来看一看中国出口的长期走势变化（见表 5）：

表5　中国主要出口商品比例表，1867~1930年（单位：百分比）

年份	丝绸	茶叶	棉花	大豆	油料	其他	总价值（百万关平两）
1867	36	64	—	—	—	—	53
1870	44	56	—	—	—	—	55
1875	36	53	—	—	—	11	69
1882	34	47	—	—	—	19	67
1885	31	50	—	—	—	19	65
1890	35	31	3	—	—	31	87
1895	35	21	8	—	—	36	143
1900	31	16	6	3	—	44	159
1905	31	11	5	6	2	45	228
1910	26	9	7	10	3	45	381
1915	24	13	3	10	4	43	419
1920	19	2	2	13	6	58	542
1925	23	3	4	16	6	48	776
1930	16	3	3	18	6	55	895

资料来源：Hsiao Liang-lin，*China's Foreign Trade Statistics，1864–1949*，Cambridge，Mass. 1974，第22–24，80f，95f，102–21页；

Chinese Maritime Customs，*A History of the External Trade of China 1834–1881，together with a Synopsis of the External Trade of China 1882–1931*，Shanghai 1931，第190页。

在1870年之前，中国出口商品基本上只有丝绸和茶叶两项。直到世纪之交时，在中国的所有出口货物中，这两种经典商品所占比例仍然在半数以上。此后，形势发生急剧变化。茶叶出口自1886年以13.3万吨总量达到史无前例的高峰后，便开始逐年下降。[136]在东印度公司垄断市场的最后几年里，从广州出口的茶叶每年约为2.3万吨。[137]由于中国出口的茶叶一向以价格较高的名贵品种为主，因此相对于数量而言，茶叶出口从价值来看，下降并不明显。但是，总体趋势的变化仍然是一目了然的：中国茶叶出口市场持续萎缩，并于一战后彻底崩盘。1932 年，全球茶叶出口中只有 9% 是来自中国。[138] 但是，中国当时仍然是全球最大的茶叶产地。1930 年代，中国出产的茶叶占世界茶叶产量的比例约为 47%（印度是 23%）。[139] 丝绸出口的形势相对略好一些。在出口量持续增长的情况下，中国丝绸出口占比从 1870 年的 44% 下降到 1930 年的 16%，按绝对价值计算，出口额增长于 1926 年达到顶峰。丝绸出口的全面滑坡是伴随 1932 年世界经济危机发生的，在此前长达 40 年的时间里，丝绸一直是中国最重要的出口商品。

泛泛地讲，茶叶 [140] 和丝绸 [141] 经历的是同一种命运，它们都是被生产与销售更加合理化的竞争者挤出了世界市场：在茶叶上，中国的对手是北印度和锡兰的种植园，这里出产的茶叶自 1875 年后数量骤增，并于 1887 年首次在英国市场上超越了中国产茶叶；[142] 丝绸上的竞争对手则来自日本。在茶叶和丝绸发展周期的其他阶段，也曾出现过类似的现象。早在“开放”之前，用于出口的丝绸和茶叶（当然，这两种商品在国内也都有巨大的市场）便是在高度专业化的地区集中种植生产的。1840 年之后，随着新的销售机会的涌现，茶叶生产商纷纷以扩大产品供应量作为回应。与世界市场联系的加深，给一些茶叶产区带来了前所未有的繁荣。特别是在中国南方，孕育着革命的危机形势也一度得到缓解。[143] 在这里以及其他许多地区，中国农民开始从成本收益比的考虑出发，敏锐地捕捉商机，并对生产进行合理化安排。[144] 这种做法更多是为生存所迫，而非受热衷资本积累的资本主义创业精神驱动的市场行为。

尤其是茶叶行业，除了专门供应俄国市场的汉口茶砖厂，在茶叶加工方面，并没有出现工厂之类的工业化元素，对于茶叶生产者来说，一切基本还是老样子。洋人从不插手生产环节，对原料来源也无从掌控。与南亚、东南亚或东非地区不同的是，中国从来没有出现过由洋人一手经营、采用资本主义管理形式的大型茶叶生产企业，就像殖民地常见的种植园那样。即使在茶叶采购方面，也没有发生太大变化。广州、汉口、上海和福州的外国茶叶商和过去东印度公司的大班一样，很少直接到乡下的茶农那里去采购茶叶，而是依赖其雇用的买办，反过来讲，这些买办也只是由本地掮客和中间商构成的整个采购链条上的最后一个环节。包括洋布进口在内，通商口岸以外的所有贸易活动都是由中国商人掌控。洋人的最大贡献仍与1842年之前一样，仅仅体现在为内地采购预支货款方面。洋行在适应中国传统商业模式方面表现出令人惊讶的适应性。无论在生产还是销售环节，洋人的参与都没能对推动现代化发展产生明显的效果。即使在海外市场开发方面，中国沿海的茶叶出口商也没有表现出太大的热情，而是眼睁睁地看着印度竞争者用相对物美价廉、更符合大众需求的产品（中国茶叶的洁净度往往欠佳）把客户从自己的手里夺走。

从这一点来看，边缘论的观点似乎是成立的：外国对中国茶叶产业的有组织入侵并没有发生。中国本土商业体系受洋人之托，把产品运送到各地通商口岸。虽然出口实际是由洋行操作的，但是这一点既没有通过对现代化的推动给中国经济带来积极影响，也没有因为剥削和压迫对其产生负面作用。虽然洋行原则上掌握着茶叶采购的垄断权，但是在实际操作中，各家洋行之间也存在着激烈的竞争，茶叶运输船的海上竞逐便是一个明证。尤其重要的是，这些洋行本身也必须要依赖于中国本土茶叶“垄断商”的产业链。西方资本主义并没有借助渗透给中国茶叶经济带来更大的活力，或使其成为供自己奴役的工具。在遭遇生存危机之前，传统机制更多是得到了保留。当时，或许只有国家出面，采取果断的改革措施——通过与洋人的合作或对洋人的抵制——才有可能使中国的茶叶出口得到挽救。于是，中国落后的家庭作坊式的茶叶加工业就这样在依附于出口贸易的中间商的盘剥下，被东南亚规模化农业生产这种先进的商品生产模式彻底击败。在1885年后爆发的危机中，中国茶叶生产者（对他们来说，茶商的收购价格向来也仅略高于成本）最终尝到了受制于人所带来的残酷后果，他们的产品因为缺乏竞争力而受到了世界市场的惩罚。至于说每位生产者受到的打击程度如何，则视其应对能力的大小而定。情况最坏的是那些自家土地除了茶树之外无法种植其他作物的茶农，[145]其他茶农则可以通过改种水稻或鸦片来挽回生路。

/ 197

蚕丝有别于茶叶的是，它是用于工业化再加工的一种原料。因此，中国为国际市场提供的丝制品主要分为两种：一是从蚕茧中缫取的生丝，另一种是用蚕丝织成的绸缎。这两种制品既可以用手工也可以用机器来加工生产，其经营者既有中国人也有洋人。自从1880年代初引进蒸汽机后，以工厂形式组建起来的缫丝企业便成为中国丝绸业的支柱，这些缫丝厂主要集中在广州，但是在上海和广东一些小型城镇，甚至包括村庄，同样也很常见。在20世纪纺纱业兴起之前，缫丝业是中国最重要的工业行业。早在1894年时，从事缫丝业的人员数量便达到2.7万人，几乎相当于所有洋务企业的员工总和。[146]1920年代时，缫丝业的发展达到鼎盛。在缫丝厂之外，华东地区的传统丝织业在整个出口领域仅扮演次要角色。中国不再像18世纪以前那样，向西方出口高档的绸缎制品，而更多是为东南亚华人供应日常所需的廉价丝绸。但是，中国的丝织业并没有沦为进口的牺牲品，在1930年以前，它一直能够满足国内市场对丝绸制品的大部分需求。从长期来看，在中国丝绸出口总额中，绸缎制品仅占五分之一，生丝则占五分之四。[147]欧洲是中国生丝的主要出口对象，特别是19世纪中叶之后缫丝业急剧萎缩的法国。[148]在以蒸汽机为动力的缫丝厂中加工生产的生丝，90%都被用于出口。[149]不仅是手工丝织作坊，包括自世纪之交陆续建起的机械化丝织厂使用的大部分原料，仍然是手工缫取的生丝。随着新型脚踏缫丝机的引进，手工缫丝行业的供应能力大幅提高。从整体来看，中国丝织业与出口并没有多少关联，它是小型手工业的一支，其从业者大多数都是年龄较大、被劳动环境恶劣的机械化缫丝厂淘汰的女工，其采用的原料也都是劣质的廉价生丝。[150]

中国丝绸加工业的一大特点是，与棉纺业截然相反，这一领域很少有洋人投资。就连工厂中使用的蒸汽机，很快也由国产品替代。另外，由于中国官员——甚至包括热衷改革的洋务派大臣在内——对丝绸业大都采取漠不关心的态度，因此，这个行业从一开始便成为由中国民营企业家在鲜有国家干预的环境下、自主发展起来的现代经济产业之典型，是（与“官僚资本主义”相对照的）“民族资本主义”堡垒。[151] 民族资本主义的这支力量虽曾兴盛一时，但始终充满了动荡，随时有可能遭遇危机。这些企业的固定资产有限，对投资先进设备而言并没有太大的空间。大部分企业都是临时租用厂房，很多企业维持的时间也仅有短短几年。因此，整个行业都透着一种明显的投机性质，[152] 到世界危机爆发时，这种投机性特点最终给整个行业带来了一场灾难。 / 198

在中国，当茶叶出口在“开放门户”后仍然按照传统轨道运转的同时，面向世界市场的丝绸加工业则经历了从手工织造到机械化缫丝——即半成品制造——的彻底转型。不过尽管如此，丝绸与茶叶在某些方面仍然体现出许多共性：第一是农业基础，对丝织业而言是以农户为单位的种桑和养蚕；第二是不同层面的中间商和掮客网络，特别是在蚕农与工厂之间；第三是原材料质量的下降以及终端产品的非标准化；第四是生产环节外来投资的欠缺；第五是通商口岸各大洋行对出口的垄断；第六是外国银行在预付金筹措方面为客户提供的部分支持（直接贷款或通过本地“钱庄”）。丝绸加工业是外国经济组织对中国经济有限渗透的一个案例，同时也是没有因外国直接投资而对现代化发展产生促进作用的一个案例。归根结底，这是一个成就乏善可陈的案例：在中国，对外出口的普遍增长没能同时带来丝绸出口的扩张。那么，中国丝绸加工业对世界市场的依赖度又是如何呢？

在这里，我们不免又要拿日本作为例子，与中国进行一番对比。这是因为，日本正是以牺牲中国为代价，逐步发展成为全球最大的生丝出产国：1871~1875 年间，中日两国占世界生丝产量的比例分别为 63% 和 8%；1896~1900 年，分别为 38% 和 34%。[153]1913 年，日本占世界生丝市场的比例达到 40%，1933 年，一举攀升到 87%。[154]是否如依附论者所言，是帝国主义对中国的压迫，导致它没能成功保住自己在世界市场的份额呢？或者是像现代化论者所说，因为中国没有一个思想开明的改革型政府，或（同时）也没有外国资本干预带来的革新效应，才使得产业发展的潜力受到了阻碍呢？正确的答案大概是在这些矛盾观点之间的灰色地带。毋庸置疑的是，中国丝绸业的诸多内部问题确实阻碍了这一行业的充分发展。这些问题包括：资金不足，由高税收和中间商投机所导致的价廉质优原材料的匮乏，蚕病的流行，对产品质量缺乏监督，自早期繁荣之后的技术停滞，非专业劳动力的频繁流动，在遭遇危机时未能得到来自国家的援助，等等。自世纪之交后，人们对丝绸产业在技术与管理上亟待革新的紧迫性已普遍有所意识，但同样值得一提的另一个事实是：所有改革尝试——无论是半心半意，还是姗姗来迟的各种改革——始终都没能取得任何收获。[155]由此可见，对整个产业造成负面影响的并非出口定位（虽然说正是这一点为日本的成就创造了有利条件），而在于产业基础的薄弱，这使得它在危机面前几乎没有任何抵抗力。当市场形势一片大好时，所有人在任何时候都有钱可赚，可一旦环境不利，行业里每个成员的处境都会变得岌岌可危。[156]

/ 199

由于丝绸加工业比制茶业的地域局限性更强，因此，危机影响的范围是有限的，但程度却往往十分严重。一直到19世纪末，中国丝绸的价格主要都是由国内市场决定。在此之后，里昂、伦敦、横滨等地的牌价都会直接左右上海的价格走势。除此之外，通商口岸的外国进口商在价格问题上还掌握着一定的操纵空间，其主要手段是对质量标准的肆意掌控。由于丝绸商和茶叶出口商一样，大多都是按照外国客户的订单去进行采购，因此，其赢利方式是在电报形式的报价和通过买办向中国批发商支付的实际费用之间赚取差价。[157]与茶叶经济相似，洋行对出口的垄断给丝绸业造成的影响也是保守的，而非革新性的。与世界市场的特殊关系同样对固有机制——特别是南方的地主佃农体系[158]——产生了强化作用，同时也使得以本地中间商为代表的市场力量在农户和工厂主面前所表现出的强势，以及整个产业的短期投机性质进一步得到了巩固。由外来投资带来的生产方式变革并没有发生。中国丝绸产业中的“边缘资本主义”是一种原生资本主义。从这一意义上讲，相对于其他观点而言，边缘论的说法似乎更为合理。但是，洋人之所以把精力局限于出口，却并非如“边缘论者”所言，是由本土高效机制的不可渗透性所导致的必然结果，而是因为在现有机制下，洋人只需要投入少量的资金和精力，而且无须冒太大风险，便可轻松地从中渔利。于是，当他们能够从日本得到物美价廉的同类商品后，也就自然把中国的生产者抛到了一边。

1890年代中叶，中国已经成为世界经济中一个并非无足轻重的因素。在上海、香港以及一些通商口岸城市，外国利益集团已牢牢扎根，生意也呈现出一派兴隆气象。早在1861年，一位德国观光客在描写上海时便曾写道，这个城市是如此“充满了欧洲气息”，让他心中“无限感伤”。[159]在经历1860年代和1880年代的建筑热潮后，特别是在黄浦江沿岸，上海“从任何一个角度看都与西方大城 / 200

市无异”，[160]“高楼大厦鳞次栉比，英式殖民风格的华丽宫殿随眼可见。”[161]伦敦、里昂、不莱梅、旧金山、横滨、加尔各答等城市的许多公司都是专门经营对华贸易，对本国政府的对华政策甚至也不乏影响。对鸦片商和军火商、轮船公司以及通商口岸的洋行来说，清帝国俨然就是一座金矿。特别是那些洋行，它们往往无须苦心经营和冒险，便可以把茶叶和丝绸出口或洋布进口生意做得一派红火。

尽管如此，当中国在政治上对外打开门户后，对这个所谓全球最具潜力市场的经济开发，却和人们预先想象的全然两样。仔细观察就会发现，恰恰是那些有目共睹的成就，使中国市场的边界暴露无遗。上海的十里洋场仿佛在昭示着，只有这里而非所有通商口岸，才有洋人的立足之地。依然兴隆的鸦片生意掩盖了对华贸易中的传统困境：中国人对欧洲的工业产品并没有太大的兴趣。即使在英属印度这种完全由殖民政权掌握的地区，直到进入 19 世纪很久之后，活力未减或重新复苏的本土传统势力面对来自西方世界的力量，仍然不断发起反抗。[162]然而在“半殖民地”中国，大多数人的生活并没有因为寥寥数千名洋人的存在而受到影响。中国经济依然在沿着古老的轨道运行，而且依然还有能力让大多数百姓的衣食得到保障。就连外贸和交通领域新涌现出的商机，也被人们借助既有或新设立的机制、以充满想象力的方式得到了利用。买办阶层的发迹便是一个最佳例子。洋人始终没有能力做到，对中国内地市场进行有组织的渗透。即使是意义非凡的轮船航运业，也从来没有完全被洋人控制。直到 19 世纪，中国的对外贸易仍然只是通商口岸贸易。

这也是边缘论者着重强调的一点。对于 1860~1895 年这一时期而言，边缘论是三种诠释视角当中最具说服力的一个。持现代化论的一派学者面对的难题是，他们必须要为中国现代化进程的**停滞**找到解释，换言之，“理应”发生的现代化为何在中国没有出现？这些人坚持认为，在 1895 年之前，外国经济势力对中国的影响是积极的，但是无论怎样努力，他们都无法为此提供充足的论据。“共治式”大清海关虽然在合理化管理方面颇有建树，但是在技术和资金引进方面的成绩却寥寥无几。现代化论更偏重的是另一个令人疑惑的问题：为什么中国精英没有主动地全面借鉴西方，而是一味恪守“中学为体，西学为用”这一信条，仅仅是从有限的实用目的出发去学习西方知识？[163]但是，现代化论者为此强调的一点，即儒家士大夫和权力精英在文化上的故步自封，并不能为19世纪最后三四十年洋务运动的失败提供充分解释。我们必须从中国政治的关联着眼对洋务运动进行观察，这里的中国政治既包括国内政治也包括对外政策。

对于外部关联的问题，依附论的说法更有说服力。比如说，根据这派观点，当洋务派大臣开始着手工业化尝试时，中国在国际上的行动空间十分狭小（特别是和明治时期的日本相比）。但是，中国在经济上对世界市场的依赖以及由此受到的制约并不是一种普遍现象，而只是一种局部现象。茶叶和丝绸经济就是最明显的例子，虽然这两个例子之间又充满了矛盾。不过，中国的茶叶和丝绸业融入世界流通体系早在鸦片战争之前就开始了。当19世纪末形势发生变化后，这两大行业并没有像第三世界其他许多国家的殖民产业一样，从根本上得到重新开发，而是以新的方式与世界经济相衔接，在这方面，丝绸又比“保守”的茶叶更典型。在《南京条约》签订半个世纪之后，中国经济整体上依然没有成为“开放型经济”（open economy），[164]也没有变成受洋人操纵的西方资本主义的附属空间。直到1895年之后，中国市场边界才逐渐向外扩展并出现松动。

第四章

20世纪上半叶——中国在屈从与反抗之间

/ 十二 “门户开放”与殖民政策：中国作为列强争夺的对象（1895~1931）

自1895年起，“远东问题”（Ouestion d’Extrême-Orient）出现了。[1]在此之前，中国已经通过三种方式融入了国际政治体系：条约体系的建立与扩大，外交与国际机制的被动接轨，朝贡体系的瓦解。这一切都是在西方列强之间没有发生大的摩擦的前提下发生的。当非洲早已陷入战火并成为欧洲各国的瓜分对象时，自由贸易帝国主义在生意上的默契协作仍在中国占据着主导。但是到1895年时，中国几乎在一夜之间变成了列强厮杀的战场。[2]其争夺焦点是对中国的经济开发和掠夺权，因为局势的突变给列强带来了新的机会。不过，这场较量同时还有另外一层含义，它与列强眼中的国家形象和未来保障息息相关。以俄国和日本为首的新兴扩张力量决定着变化的速度，以大不列颠为代表的老牌势力只能紧随其后。与地中海东部的“东方问题”一样，这场发生在远东的权力政治对抗也是因为某个亚洲君主制大国的内部衰败而升级：前一个是奥斯曼帝国，后一个是清帝国。在世纪之交前后，“中国取代土耳其的位置，成为头号病夫”。[3]列强的新一轮扩张行动与清帝国内部衰败的加剧是同步发生的。正因为如此，才出现了外交术语中所说的“问题”。这是一种特殊的政治格局：列强在第三国土地上陷入矛盾冲突，而这个国家的政治代表却对事态的发展毫无发言权。中国沦为列强玩物的最清楚证明是日俄战争。1904/05年，200多万外国兵在对战争持中立态度的中国展开血腥厮杀。[4]诞生于欧洲的世界政治，在这片远在亚洲的土地上得到折射。

/ 203

“远东问题”在权力政治上到底有哪些含义？要回答这一问题，我们可以把1895~1950年这一时期划分为4个阶段：1895~1914年，是列强在华势力的平衡期，英、俄、日、法、美、德等国务力对各方利益进行调整，以达成某种意义上的平衡。在这些国家中，前三个国家在中国有着直接的利益关系，对于其他几个国家而言，东亚在其外交格局中仅占次要的位置。[5]一战的爆发并没有使问题实质发生原则性改变，只是主要角色的数量减少为三个：在华寻求利益平衡的列强，只剩下日本、美国和英国。当平衡被打破后，1931~1945 年，“远东问题”获得了新的内涵：遏制并彻底打败大日本帝国。1945~1949 年，美苏成为在东亚地区仅存的两大势力，远东问题也由此呈现出第四种形态：在进入冷战后，双方如何在避免直接干预的情况下，继续对中国国内局势保持一定程度上的影响。

“远东问题”的特殊性在于，它是由一个东亚地区强国挑起的。清朝在 1895 年甲午战争中败给日本后，其最后仅存的实力和尊严被彻底打垮。1860/61 年以来，清廷正是凭借这些才得以在“合作”的口号下，用**积极**防御政策来对付列强。如今，一心想借洋务运动实现“自强”的中国变成了一只纸老虎。对列强来说，是甲午战争把梦想变成了机会。以往只能凭武力去争夺的好处，如今只靠勒索便有望得到。结果确实如此。就连中国在 1895 年之后的“被制服时期”对日本和西方各国做出的最极端让步，也不是通过帝国主义侵略战争的方式达成的。这时，只需要借助威胁和有限干预——就像 1900/01 年针对义和团发起的八国行动那样——便足以让西方取得令人满意的收获。在 1895~1931 年西方对华影响力的巅峰期，中国没有发生过类似鸦片战争或八年抗战时所遭受的军事侵略。中国在甲午战争中暴露出的软弱无能，使得西方有能力做到以温和施压的方式换取可观的收益。帝国主义政策的投入产出比以戏剧化的方式得到了改善。

很少有哪一场战争像甲午战争一样有如此多赢家，而输家只有中国一个。中日两国在马关签订的迦太基式和约①（1895年4月17日），让这一切变得昭然若揭：承认朝鲜独立；割让台湾岛及其附属岛屿、澎湖列岛、辽东半岛给日本；允许日本人在通商口岸开设工厂（根据最惠国待遇原则，该条款同样适用于来自其他国家的投资者）；赔偿日本2亿两白银——这是一个超乎想象的数字，因为当时清政府全年财政收入只有1亿两，全国税赋收入也仅有2.5亿两。[6]甲午战争失败对中国的打击不逊于鸦片战争。当时中国知识分子当中眼光最敏锐的学者梁启超写道："吾国四千余年大梦之唤醒，实自甲午战败割台湾、偿二百兆以后始也。"[7]这起事件不仅在民众当中，同时也在朝廷引起了激烈反响。1898年，倡导改良的各路人士聚集在27岁的光绪帝周围，[8]形成维新派势力。但是，在慈禧太后为首的保守派势力的阻挠下，维新遭遇惨败。不久后，义和团事件引发的悲剧使保守派势力丢尽颜面，并为中国政治最终走上现代之路做出了铺垫。[9]在甲午战争和1900年八国联军攻陷北京城的两场灾难之后，在失败的辩证影响下，民族主义浪潮以崭新的方式和规模在全国蓬勃掀起。

甲午战争的主要赢家当然是日本。但是，胜利带来的矛盾结果很快便露出了端倪。对日本来说，这场胜利是空前的，它让整个民族陷入了一场爱国激情沸腾的狂欢。[10]日本取消本国1858年与西方列强签订的领事裁判权协定不过只有几个月，日本自己便已在中国面前变成了享有完全资格的条约国之一。[11] 1896~1898年中国以英镑偿付的战争赔款，给日本的军备扩充和经济扩张提供了重要的财政支持。同时，日本也在列强圈子里为自己赢得了认可。不过，这是一种并不完全的认可。因为就在《马关条约》签订短短几天后，俄国、德国和法国便临时结成"东亚三国联盟"，强迫日本放弃对

① Carthaginian peace，在对战败国极其苛刻的条件下签署的和平协议。

辽东半岛这个重要大陆据点的割让要求，并同意清廷以 3000 万两白银的价格从日本手上“买回”这片领土。这场以舰队演习为后盾、通过外交途径展开的“三国干涉”行动，给日本带来的影响不亚于战争失败。[12] 对主张单方行动的日本各派势力来讲，“三国干涉还辽”从此变成了富有象征性意义的符号。与此同时，甲午战争的赢家数量也随之增多。三位“救星”要求中国对他们的相助给予慷慨“回报”。多年来一直梦想能够拥有“德属香港”的德意志帝国，趁机占领了山东北部的胶州湾，并于 1898 年逼迫清廷签署了租期 99 年的租借条约，同时允许德国在山东境内修筑两条铁路。[13] 法国在领土要求上则保持低调，只是提出让清廷将地处东京湾门户、没有太大经济和战略前景的港口广州湾租借给法国。在同意这一要求的同时，清廷还承诺保障法国在云、桂、粤三省的利益：如果中方决定扩大该地区采矿业规模，法国企业和技术人员有权优先获得开采许可；清廷保证不将西南三省“让与他国”；如果将来设立邮政局，须聘法国人襄办；同意法国承建由东京保护国至滇都云南府（今日昆明）以及从殖民地边境通往广西的两条铁路。[14] 第二个项目最后流产，第一个项目于 1903~1910 年间建设完成，即 863 公里长的云南铁路。[15]

甲午战争后，西方列强为争夺在华势力范围推出了一系列政策，在这些富有时代特色的政策当中，法国采取的策略颇具示范意义：争取铁路建设权和矿山开采权，同意不割让领土，在租借地分配问题上享受优先权等。这些具有形式合法性的条款是所谓“势力范围”（spheres of interest）政策的主要特征，除了各国与受逼迫的“东道主”单独签署的协议之外，往往还经过了列强之间的沟通和协商。不过，这些在行动前拟定的目标究竟能在多大程度上得到兑现，则完全是另外一个问题。在外交史写作中，人们经常会忽略这一点。实际上，很多在“利权之争”中取得的丰硕成果，最后变成了一纸空文。[16]资金的匮乏、对技术难度的低估或是当地民众的反抗，都是在计划实施中难免会遇到的难题。因此，在下述两者之间，经常会出现一道鸿沟：一边是外交官和利权“猎手”推行的乐观高调的帝国主义，另一边是真实的“价值变现”，即商人、领事官和热带工程师们通过日常工作，把各种条款形式的收获一步步变成经济上的利润和成果。

在甲午战争后的最初几年，这类困难还不常遇到，特别是对远东争端的最早赢家俄国来说。1898年，沙俄从清廷手中租下了旅顺和大连两个不冻港，租期25年。这两处港口是辽东半岛上具有重要战略意义的基地，也是日本3年前觊觎而未得的。俄国趁李鸿章1896年出访彼得堡之机，与其签订了一份秘密条约。在这份密约中，中方同意俄国修建一条全长1510公里、穿越黑龙江直至海参崴的铁路。在《旅大租地条约》中，俄国的铁路修造权被进一步扩大：以哈尔滨为开端，与中东铁路相连接，修建一条直达旅顺的南下支线（全长772公里），即南满铁路。1891年原则确定的中东铁路项目[17]很快得到了落实，其资金大部分都是由法国人提供。早在1901年9月，新任俄国大使便可以乘坐火车，沿着9000公里长的西伯利亚铁路和两条满洲支线，从陆路直达北京赴任。1903年，整套铁路系统正式向公共交通开放。当时，满洲大部分地区都被俄国军队占领，东北三省实际已变成沙俄的保护地。1900年夏，俄国趁义和团暴乱之机，派出20万兵力在东北驻扎。1904年，俄国没有按约定撤军，并成为引发日俄战争的导火索之一。[18]另一个导火索是朝鲜争端。甲午战争后，俄国在朝鲜的势力同样得到了巩固。俄国虽然在1896年的《莫斯科议定书》中明确承认了李氏朝鲜的独立地位，但仍然一心要掌握对朝鲜的政治控制权，并千方百计遏制日本对朝鲜的经济渗透。继“三国干涉还辽”后，在朝鲜受困让日本又一次在俄国这里吃到了苦头。[19]

与其他列强一样，俄国在东亚政策问题上，同样也存在关于扩张理由和目标的派系之争。财政大臣、著名的铁路扩张主义者维特伯爵（Graf Witte）[20]主张实施“和平入侵”，即通过修筑铁路、掠夺资源、开办工厂和港口开发对东北亚地区进行渗透。[21]他认为，应当利用铁路时代的各种新技术，仿效蒸汽机年代英国在上海和香港的做法，在北方达成类似的目标。和1860/61年后的英国人一样，维特伯爵也主张与中国执政者建立密切合作关系。俄国占领旅顺和大连则是外交大臣穆拉维耶夫（Mikhail N. Muravev）的“杰作”，这场仿效威廉二世强占胶州湾的蛮横做法而采取的行动，是俄国强权式帝国主义政策的表现，这类政策的支持者对与本地统治者的合作相对缺乏重视。[22]不过，我们对两派之间的分歧不能过分夸大。1900年俄国占领满洲与**两派**主张的思路都是相吻合的，主张“和平入侵”的一派同样也要求为本国投资者提供“保护”，而这种“保护”随时都有可能从防御转化为预防性应急行动。

甲午战争就这样打开了列强对华战略的潘多拉魔盒，各方战略在总体基调上与前一时期呈现出明显的差异。1895年，日本打开了清帝国军事和精神防御的关键性缺口，但很快便发现，它并没有得到自己应得的收获。德国开始凭借在远东有限的军事投入，为夺取地盘开拓新的途径。[23]法国和俄国在远离通商口岸的边陲地区——一个在南方，一个在北方——依靠以条约获得的利益保障，实施对中国的“和平渗透”（pénétration pacifique）。在这场“瓜分利权”（scramble for concessions）之战中，俄国是众多赢家中收获最丰的一个。但是，其独霸中国东北和朝鲜的企图不仅破坏了与清廷之间的关系，同时也引起了其他列强的不满。除日本之外，对俄国政策充满戒心的旁观者中还包括英美这两个老牌自由贸易强国。在利权争夺进入白热化的阶段，这两个国家都在其他地方被战争困住了手脚：英国是南非的布尔战争，美国是忙于在菲律宾镇压当地起义。[24]

但是，即使没有这些力量上的牵制，英美两国也很难与俄国及其盟友为敌，对远东实行直接干预。美国自不用说，就连英国实际上也不具备在东北亚推行强权政治的实力手段。自 1830 年代以来，在英国的战略布局中，与俄国在亚洲的“大博弈”一直具有极其重要的意义，然而到世纪末时，这场博弈却以不可阻挡的势头倒向了对俄国有利的一边。当时的各种地缘政治理论——例如麦金德（Halford John Mackinder）于 1904 年提出的陆权必将胜于海权的观点——都认为这场博弈在某种意义上事关生死，并认为英国应当集中精力，保障印度中亚边界地带的安全。[25] 俄国扩张遇到的阻力并不是武器，而是规则。1899 年和 1900 年，美国国务卿海约翰向各列强发出了一系列有关“门户开放”建议的照会，这些照会代表了这样一派观点：拯救英国人创立的条约体系，使其在领土划界的新时代仍然能够得以维系。不要歧视在本国势力范围或租界里从事贸易活动的第三国人员！尊重最惠国待遇条款！保持中国的“领土完整”！在海关的公正监管下，实行统一的条约关税！这些构想与列强对华政策的传统理念是一脉相承的，即维系清廷的中央政府地位，使其有能力履行条约规定的各项义务。[26] 从根本上讲，这些想法既无新意，也无任何约束力，但是它绝不仅仅是出于防御目的而发出的无奈呼吁。对那些 1890 年代以来满怀激情活跃于中国市场——尽管一开始收获甚微——的美国经济利益集团来说，门户开放原则为他们提供了一套方便实用的意识形态观念，既可以用于对外防御，也可以用来坚定信心，让自己相信美国在华扮演的角色是特殊的，在道德方面是至高无上的。对美国而言，这种自我认知的巩固是门户开放政策带来的最重要、持续时间最久的作用之一。[27] 不过在海约翰的照会中，这套理念的阐述也有很多含混的成分，因此，在此后的数十年里，门户开放原则变成了一套观念性模式，它让一系列不断变化的外交策略都能从中找到出处。

/ 208

英国没有充分的资格去宣扬这样一套道貌岸然的原则，因为和美国不同的是，它毕竟是“瓜分利权”的参与者之一。英国的收获虽不像俄国和德国那样令人垂涎，而且这些收获是在第二轮谈判中才争取到的“赔偿”，为此，英国人一直耿耿于怀。可是，这些赔偿的内容实际上相当可观：清政府承诺不将长江流域以租借或其他形式让予他国；在英国作为中国第一大贸易伙伴期间，海关总税务司一职始终交由英国人担任；扩大香港租借地，增租新界，租期自1898年起，为时99年；租借山东北部、与旅顺隔海相望的海军基地威海卫。此外，英国还是争夺铁路修建权的最大赢家，即使最初只是停留在纸面上：截至1898年11月，英国获准在华修筑铁路的长度超过2800英里，俄国为1530英里，法国和德国分别为420英里和720英里。[28]随着1902年英日同盟条约的签订，英国的这些收获在大国政治的层面得到了巩固。最初针对俄国扩张而缔结的英日同盟，[29]促成了1904年的英法协约，1905年经过修订，大大缓解了英国在欧洲与德国日渐激烈的对抗中所承受的压力。[30]英日同盟并没有将日本推入与俄国的战争冲突，但却让日本由此掌握了挑起战争的主动权。[31]此时的大不列颠已不再是东亚国际关系中的决定性力量，就像1840~1880年间那样；在1900年前后扩大的列强圈子里，英国也无力再扮演无可争辩的领导者角色。但是从中期来看，英国仍然算得上是甲午战争的赢家之一。同时，它还是1904/05年日俄战争的受益者。经过这场战争，该地区最危险的两股扩张力量都受到了严重损耗，一时难有大的作为。

这便是所谓“瓜分利权”之争，它是外交史学家格外重视的一个话题，因为各大列强在这里悉数登场，开展它们最热衷的活动：实力较量。这场较量从一场战争开始——1895年的中日战争，并以另一场规模更大的战争而结束——1904/05年的日俄战争。[32]1895~1905年发生在中国的一系列事件引起了各国政府和世界舆论的极大关注，直到1931/32年满洲危机爆发，这样的场面才再次重现。但是，我们不能因为这些事件表面的戏剧化，而忽略其背后的历史延续性。这场“瓜分”既不是帝国主义之间的一场决斗，也不是列强之间的一场零和游戏。列强在满洲之外的所有收获和甲午战争前一样，都是以牺牲中国而非损失竞争对手的利益为代价。最典型的例子是，当某个帝国主义“先锋”主动进犯时，其他列强的常见反应是：它们并不是对犯事者——不管是日本、俄国还是德意志帝国——予以抵制，而是一道向**中国**政府索要“赔偿”。在列强们看来，这个庞大帝国有着无穷无尽的可能性，永远都不会出现“空间日渐狭窄”的问题。[33] 围绕利权、贸易据点和势力范围展开的争夺证明：在中国，“人人都有一席之地”。至少对大国来讲如此，因为中国曾在1899年成功阻止了意大利强占中国领土的企图。[34] 在这里，我们不妨套用一句毛泽东有关政治辩证法的名言：“主要矛盾”是中国与帝国主义列强之间的矛盾，列强内部的矛盾则属于“次要矛盾”。[35] 在1931年之前，列强在中国或为瓜分中国而发生的争端，是建立在随时可以被“激活”的合作意愿的基础之上。1900年，这种意愿一度被唤醒：八国列强（包括意大利和奥地利）共同出兵组成联军，解放了北京被占领的外国公使馆。[36]

随着俄国进犯满洲，列强在义和团时期的合作受到了干扰。这场对清帝国渗透最深的干预行动通过《朴次茅斯和约》的签订（1905年9月5日）得到了修正。假如俄国在战争中获胜的话，满洲和蒙古或许都将落入俄国的版图。在美国人的调解下，日本接管了辽东和南满铁路（哈尔滨—旅顺），使其成为对南满洲实行“非正式”统治的基地。尽管日俄在华特权使清政府的权力受到束缚，但是在1905年，中国仍然成功收回了对东北的行政管理权，并于1907年在东北正式设省。[37] 在1931/32年之前，满洲一直都是中国控制的领土。日俄两国于1907年、1910年、1912年和1916年陆续签订一系列协议，巩固了各自在该地区的势力范围。[38]于是，在满洲形成了一片日俄共管地，一方面损害了中国利益，另一方面也造成了“门户开放”倡议者和受益者的不满。[39]英国外交方面虽然乐意看到日本将注意力转移到中原以外地区，但是它在日本政府面前却渐渐失去了分量，同时也丧失了对满洲事务的影响力。[40]由美国国务卿菲兰德·C. 诺克斯（Philander C. Knox）提出并受到中方欢迎和鼓励、旨在削弱日俄在东北势力的计划以失败收场，他的计划是利用“美元外交”，实现满洲铁路的“中立化”和“国际化”，并最终购回整段铁路。[41]继日俄之间达成新的和解后，随着1904年英法协约以及1907年8月英俄条约的签订（后者为亚洲“大博弈”最终画上了句号[42]），远东的外交局势得到了缓和。在1907年和1914年期间，列强在原则问题上基本达成了默契。回过头来看，那场为争夺势力范围而展开的“瓜分之战”，就像是利用新研发的帝国主义控制工具进行的一场原始而不成熟的试验。

但是，人们经常提起的1905年后“列强从海外向欧洲的转向”，[43]丝毫也没有使外围地区受到的压力得以减轻。从1858~1860年和1900~1901年中国经历的种种教训可以看出，列强之间的联合是使中国处境陷入不利的最重要因素，它让自林则徐以来朝廷正统势力所坚持的“以夷制夷”策略，很难再有施展的空间。[44]当然，列强联合只有在下述前提下才能发挥效力，或者说才有存在的可能：必须将压力集中起来，指向一个共同的目标。因此，和1895年之前的多国条约体系相比，“新”帝国主义的合作政策同样需要一个统一的中国，以及一个拥有足够执行力的中央政权。在当时的情况下，要想制服那些自甲午战争后气焰日渐嚣张的地方上层势力，唯有依靠清王朝的力量才有可能做到。这是帝国主义在中国长期以来始终不曾改变的功能性需求。从这一点来看，外交史教材中对中国在世纪之交为何没有遭遇领土瓜分的发问，实际上是一个伪问题。人们经常习惯用此前的“瓜分非洲”与中国相比较，这样的比较其实有很大的欺骗性。尽管慈禧太后及其幕僚在治国方面表现得平庸乏术，甚至有些拙劣，但是如果将这个高度复杂的国家机器交给外国人去管理，他们会根本不知道该从何处着手。在当时的中国，并不存在一个能够被填补的行政制度真空。中国的内地十八省不同于非洲或印度，它是一个民族、宗教和文化统一的国家，这里的百姓随时有可能因为不满和反抗揭竿而起，这一点通过义和团起义便暴露无遗。虽然在五花八门的著作中，有关“瓜分中国”之类的表述屡见不鲜，但是世界各地的中国问题专家以及注重务实的政客们对中原大地的不宜殖民性却有着一致认识。从长远来看，能够成为潜在殖民对象的只有那些人口稀少、行政管理松散的边疆地区，比如台湾或满洲。

中国在政治上的抵抗力是其领土得以保持完整的原因之一，另一个原因则与“新”帝国主义的本质有关。甲午战争后，除了满洲，中国的条约体系和通商口岸制度并没有解体，反而进一步扩大。这套最初针对商品出口而设置的体系，如今按照资本输出的需求得到了调整。资本输出需要在通商口岸以外的内陆地区获得更多的权利和保障，特别是在铁路建设方面；同时，它还比以往更加迫切地需要本地政权的支持，后者既要有能力履行约定的义务，同时还要有能力调动全国的资源——和过去相比，后一点变得格外重要。从股东的角度看，大规模发放贷款必须要有一个拥有资质保证的借债人，具体讲，贷款接受方必须对金钱有着极大的渴求并愿意为此忍受苛刻的条件，同时还要具备偿还债务的能力。因此，列强自世纪之交起，开始逼迫清廷对货币和金融业实行改革。[45]这些改革必须在洋人指导下进行，其责任由本地政府承担，并尽可能保证在全国范围内得到执行。在这方面，中外“共治式”的大清海关是一个经过实践验证的榜样，它没有让洋人花一分钱，却让洋人受益无穷。

金融帝国主义并不是殖民帝国之间的一种内部关系，[46]其存在的前提是把主权政府作为客户和牺牲品。后者必须要在借款协议上签字，并保证让债权人的愿望得到满足——在最坏情况下，是通过对本国百姓的搜刮和掠夺。正是因为中国在甲午战争后变成了金融帝国主义的重要目标，因此，保持其国家完整性是符合帝国主义发展逻辑的。当然，外国列强仍然会想方设法对各自利益进行划分，大多是以势力范围的形式。但是对西方外交官来说，“势力范围”更多是一种理念，这些人在欧洲对利益平衡和同盟关系的权衡早已习以为常。而对俄国和日本这种资本匮乏的国家来说，“势力范围”依然是一种颇有吸引力的秩序模式，因为它也可以借助地理上的优势来获得。相反，贸易和金融界向往的是一个没有任何屏障的广阔市场，在这个市场上，各方可以打破势力范围乃至领地的界线，共同开展行动。作为面向中国的最大商品和资本输出国，英国政府早在 1898 年便已认识到，势力范围的意义是有限的，因此，它对法国和比利时对华中地区铁路业的投资采取了默许的态度。[47]1911 年成立的国际银行团，使帝国主义精髓在中国得到了充分展现。成立银行团的想法，正是以中国拥有形式上的主权、领土不被瓜分作为前提。除了前文所述的两个原因——一是对中国不可治理性的担心，二是对新老帝国主义而言维护当地中央政权存在之必要性——另一个经常被提及的因素所起作用是次要的：列强之间的利益“调和”。[48]将中原地区瓜分为一块块殖民地，从来没有被提上历史的议程。

在 1895 年之前，贸易是西方国家在中国的首要利益。第一次世界大战结束后，这种局面又一次重现。在这中间的几年当中，西方与中国的商品交易量不断增长，但是这一时期最发达、最具时代特点的资本主义渗透形式是金融业务。我们可以明确地称之为**金融帝国主义**，因为国际资本在中国的活动并非纯粹意义上的市场经济行为，也绝不仅仅是发达的经济形式与相对落后的经济形式之间的关系。它在以下几个方面，都与列强在中国的制度化强权地位有着不可分割的联系：①中国对外国资本的结构性依赖，列强正是利用这一点确立了自身作为借款方的垄断地位；②列强利用外交政策对海外银行的操控；③不平等条约赋予洋人的各种特权，使得香港和各地通商口岸的外国银行及分支机构可以藉此逃脱中国当局的法律监管和经济政策操控；④名为“共治”、实为受洋人操纵工具的大清海关；⑤在列强逼迫下，清廷不得不把财政收入中的很大一部分——特别是易于挪用的关税收入——抵押给洋人。

外国金融业务的这五项框架条件，[49]绝不是从这些业务衍生出的附带现象，而是其存在的必备前提。并非所有的外国借款，也不是每一种国际债权关系都能被称作金融“帝国主义”。可是在中国，金融业与列强在政治和法律上的一整套特权体系是密不可分的，海外银行在华业务的运营**方式**，是由它们在非经济领域的权力地位直接决定的。对贸易而言，条约体系不过是打开了常规意义上的渠道，而金融活动的开展却更多是与政治环境相捆绑，并与政治投机行为一道经历起伏。金融帝国主义在甲午战争的剧变后诞生，在1913年善后大借款中达到高峰，之后随着一战的爆发而逐渐失去影响力。[50]一战结束后，这些海外银行和对华业务依然得到维持，其中最有实力的香港上海汇丰银行迄今仍是全球最重要的银行和金融机构之一。不过，这些银行的业务活动实现了彻底的去政治化，特别是在中国从1927年起逐渐恢复经济决策自主权之后。汇丰银行从战前扮演的英国外交政策工具的角色，转变为一家普通的业务银行，它很难让白厅①听取自己的意见，而且还不得不听任对方指责自己忽视贸易扩

① Whitehall，英国伦敦市内的一条街，国防部、外交部、内政部、海军部等英国政府机关均设在该区域，因此人们常用白厅作为英国行政部门的代称。

张对资金的需求，协助打理不光彩的战前债务。[51]（西方）金融帝国主义在中国的活动仅仅局限于1895~1914年这一阶段，它既是一个政治现象，同时也是一个经济现象。

这是一个十分复杂的话题，这方面的研究迄今仍然近乎空白。[52]因此，我们在这里只能用提纲挈领式的概括来代替严谨缜密的分析。从1853年到1893年，清廷通过各种渠道筹借了一系列小规模外国贷款，其中绝大部分是用于军事目的，总额大约为1300万英镑。[53]这些借款并没有让清廷陷入对西方的严重财政依赖。[54]在1895年之前，所有借款均已偿清。之后，在1894~1911年间，清廷的外国借款数额达到了9200万英镑。[55]第一批借款是甲午战争失败导致的直接后果，无论从起因还是目的来看，这些借款都属于政治性质，是中国以往不曾有过的一种新的借款形式。中国需要向日本支付的战争赔款（约折合4000万英镑）是清廷依靠自身财力远远无法负担的。由于清朝没有一套能够在短期内调动国内资金的机制，比如说国债市场，[56]因此，清廷只能被迫向外国求助。[57]一些私人金融机构表示愿意为中方提供借款，首先是1864年专为对华贸易成立的“本地银行”（local bank）——汇丰银行。尽管得到了英国外交方面的鼎力支持——在1880年代英国官方仍然奉行不介入私人事务原则的情况下，这种做法是不可想象的[58]——但是汇丰银行最终未能成功组织起一支国际银行团，就为清廷支付战争赔款提供借款问题达成一致。于是，“三国干涉还辽”的几位主角成为清廷第一批巨额贷款的债权人。这笔1895年签约的俄法借款（折合1580万英镑，年息四厘，偿还期限36年）以关税作为担保，并为未来所有以政治为动机的借款提供了样板。其政治特性通过一个例子便可得到反映：清廷承诺不许他国干涉中国财政的监督或行政，如他国获得这种干涉权，俄国也可均沾。[59]

赫德爵士一针见血地指出，这是一种“奴役”。[60]很快，这种奴役就变成了通行的做法，而政治和经济上的枷锁总是紧紧连在一起。这些借款的政治性质反映在它的担保方式以及相关的监督条款等方面，其经济特性则通过年息、发行折扣以及银行收取的佣金等得以体现。[61]1895 年发生的其他一系列事件让人们清楚地看到，作为一个软弱无能的借债人，它在筹措这些借款时面临着怎样的窘境，同时却又不乏谈判的空间。就在同一年，日本逼迫中国向其支付下一笔战争赔款。清廷无奈之下，只得向汇丰银行和德华银行组成的联合财团提出借款请求，后者给出的条件为年利 5%，发行折扣为 89.5%。法俄方面给出的条件虽然优惠，但附加的政治条件却更为苛刻。在激烈竞争下，英德两家银行最终同意以更为优惠的条件向清政府提供贷款：1896 年，双方签订《五厘金债合同》，借款总额 1600 万英镑，以九四折扣交付，期限 36 年。附加条件“仅”有一项：在借款未偿清时，须保证海关事务仍由欧洲人主管。1898 年，清廷再次向英德银行举借债款，总额仍为 1600 万英镑，年息四厘五，但折后实付仅有 83%（偿还期 45 年）。同时还增加了一项新的条件，即中方每年还款时还需向银行加付 4% 佣金。另一项新的内容是，除海关税收外，清廷第一次同意以厘金作为抵押。[62]

1895~1898 年间的几笔借款给清朝带来了沉重的负担。这些款项无一例外都是用于偿还给日本的战争赔款，因而无法对经济产生任何促进作用。借款条件都是不利的（特别是 1898 年的第三次借款），外国对大清海关的控制权也由此得到了巩固。对债权人来说，即使从长远来看，这些借款也是包赚不赔的生意。因为是以关税这项中国最重要的财政收入作抵押，因此这些借款可以说是唯一没有因 1920 年代中国丧失偿付能力而受损的贷款。新帝国主义的行为方式使得海关的性质在 1895 年后发生了变化。由于每年高达数百万的还款是以关税作为担保，因此清政府能够支配的关税收入只剩下一个零头。按照海关创始者的设想、本应为中外双方提供公平服务的

"共治"机构，如今却沦为外国债权人的"听差"。它不仅在外国银行和各国政府面前失去了独立性，同时也在中国执政者眼中失去了威信。[63]1906年，海关不再下属统领外交事务的总理衙门，而是改属新成立的、级别大大低于总理衙门的税务处负责。就连劳苦功高、颇受朝廷信任的总税务司赫德在任职的最后几年里（1908年卸任），在人们认清其真正的效忠对象后，也无法再像过去那样，继续扮演清廷外交顾问的角色。

义和团起义造成的后果，让中国又背上了新的重负。[64]"拳乱赔款"只是1901年9月7日签订的《辛丑条约》规定的一整套惩罚措施中的一部分。[65]惩罚中国的罪名有：杀害德国公使克林德（Baron von Ketteler）、日本使馆书记员杉山彬，还有其他229名洋人（大部分是华北地区的传教士）；围困北京使馆区长达55天，给使馆区中的900多名外国居民及其庇护者造成了近乎屠戮的严重伤害；[66]另外，还有清廷6月21日向列强发布宣战诏书等。朝廷将年事已高、处于半归隐状态的两广总督李鸿章召回北京，因为在朝廷看来，只有他才有能力和这些恼羞成怒的洋人周旋。但是，李鸿章这时也几乎没有任何谈判的余地，而只能依照列强的旨意行事。整起事件的主要责任者慈禧太后却于1900年8月带着所有皇室成员，以"西巡"为名逃到了1000公里之外的西安，直到1902年1月才返回京城。

在义和团运动中已遭到部分破坏的北京城，在这些大获全胜的洋人手下，经历了一场残酷无情的大洗劫。八国联军官兵，甚至像英国公使太太麦克唐纳夫人（Lady Macdonald）这种有身份的人，也怀着巨大的热情投入其中。据说在所有洋人当中，表现最恶劣的是俄国、法国和德国人。[67]这些欧洲人——而非美国人或日本人——在京城和整个华北地区四处搜捕所谓"拳民"，不经审判或只草草走完过场，便施以极刑。这正是威廉二世1900年7月27日在不来梅港发表的“匈奴演说”中向德国远征军发出的呼吁：“面对敌人不要宽恕，也不要活捉俘虏。谁要是落入你们手中，谁就遭殃！像一千年前匈奴人在他们的国王阿提拉领导下声威远播，至今还在传说和童话中威风凛凛一样，德国人的声威也要靠你们在中国流传千年，使中国人永远不敢再对德国人侧目而视。”[68]最高意志如愿得到了贯彻。“世界元帅”瓦德西伯爵亲自指挥了捣毁保定城的行动，在八国联军对华北地区发动的其他 40 余起血腥“讨伐行动”中，也经常有他的参与。[69]

恐怖行动过后，外交继而登场。列强指名道姓地要求清廷惩治“祸乱罪魁”，并派团赴德国和日本“谢罪”。[70]前往北京的海上通道被列强封锁，仅天津一地就有近 3000 名外国驻兵。[71]之前被赶出京城的外国军队，开始对使馆区实行严密把守。未经许可的军队调动也逐渐变成了常态。直到 1930 年，华北地区的外国驻军仍然有 6000 多人。在局势紧张时期（特别是 1926~1928 年），外国还会向中国增派兵力，把一块块小的地盘变成了“装甲营”。[72]除此之外，日本在 1905 年之后还在辽东租借地派驻了一个师团，并在南满铁路沿线派驻了 4 个步兵营。另外，当然还要再加上自 1842 年以来“合法”驻扎在中国海域的外国舰队。

拳乱赔款最终确定为 4.5 亿两白银，折合英镑约 6750 万，所有赔款须在 1940 年以前按照 4% 年息以黄金付清，以关税、厘金和盐税作为担保。列强专门成立了一家国际银行委员会，负责赔款的经收和摊付。赔款的分配情况如下：俄国 29%，德国 20%，法国 15.75%，英国 11.25%，日本 7.7%，美国 7.3%，其他国家 9%。1901 年后白银急剧贬值，导致中国赔款负担倍增。[73]如果把本息加在一起，中国需要支付的拳乱赔款总额将近 10 亿两白银。[74]从对经济造成的影响来看，拳乱赔款和 1895~1998 年间的几次借款并没有本质上的差别。和这些借款一样，赔款对中国也是净损失，是“财富外流”的教科书般案例。在清朝最后几年里，中国每年需要支付的还款和赔款高达4600~4700万两白银，相当于中央财政预算的一半。这些款项中有一小部分是用（1902年提高税率后有所增加的）关税收入以及缩减朝廷开支的办法解决的，其余大部分则是用来自19个省份的税赋收入来支付。清廷提高了盐税、厘金和其他直接税的税率，12个省份在正常田赋之外又增加了附加土地税。[75] 1895~1911年间，中国向外国债权人支付的三笔借款（1895年、1896和1898年）还款和拳乱赔款加在一起，总共是4770万两白银，比1895~1913年工业化浪潮中创办的所有企业的资本总额高出两倍以上。[76] 这些数额庞大的支出对中国经济而言是一笔巨大的净损失。

不过，中国并没有按照约定的数额，偿清高达10亿两白银的全部赔款。由义和团运动受益者组成的联合阵线逐步走向了分裂。[77] 1908年，美国决定将付清拳乱受害者赔偿金和远征军所有开支后的余款退还中国政府，用于兴办教育，其中最重要的一项成就是1911年创立的清华大学。[78]1924年，美国退还第二笔拳乱赔款（庚子赔款）。1917年8月中国宣布加入协约国一方，成为一战参战国（虽然只是在“理论上”），[79] 列强同意中方将赔款延付5年。在战后签订的《凡尔赛和约》中，德国和奥匈帝国的赔款被取消。庚子赔款中数额最大的一笔，即支付俄国的部分，中方自十月革命后便停止了支付。1924年，苏联正式宣布放弃赔款。相反，英法两国在赔款问题上则表现出商人式的虚伪和奸诈。法国于1922年宣布“退还”剩余赔款，但强迫中方必须将这笔款项用于重组倒闭的中裕实业银行（Banque Industrielle de Chine），即用于补偿法国债权人的利益。从这种表态里，看不出一丝一毫放弃赔款之意！中英两国经过多年谈判，直到1931年才达成协议。英国同意退还赔款，但条件是有限制的：中方只能将这些款项用于基础建设项目，特别是铁路建设，同时允许英国供货商在这些项目上享有优先权。在英国出口商在中国市场各个领域几乎彻底失去竞争力的年代里，英国人利用“退还”庚款把中国的税赋收入变成了对英国资本货物的需求，通过这种方式把货物以高于市场水准的价格卖给中国人。就这样，英国将其在金融帝国主义黄金时代收获的利益，按照贸易扩张时代的需求进行了调整。从 1902 年到 1938 年，中国向列强支付的拳乱赔款共计 6690 万两白银，大约相当于约定数额的三分之二。[80] 这些赔款一部分彻底流失，另一部分通过资本“循环”得到了利用，而中国对此只有有限的决定权。只有美国在处理这件不光彩的事情时，态度表现得略显友善。

/ 218

与借助政治手段强行索取并通过银行实施管理的赔款相比，1898 年之后的一系列铁路借款则要复杂得多，其意义也更难评价。[81] 1899~1911 年间中国获得的所有贷款，有九成都是用于这一目的。修建铁路穿越辽阔的亚洲（和美洲）大陆，以及与项目相关的融资问题，是一件并非完全由权力政治和金融寡头操控的事务，[82] 而是与地方层面有着直接关联。它涉及欧洲技术的利用，还有以适应新的地理环境为目标的技术革新，在理想情况下，还包括令接受国获益的技术转让。修筑铁路的工作是由本地劳动力完成的（在修建中东铁路时，同时动用的劳力多达 20 万），[83] 新成立的各大铁路公司通常都是其所在国的最大雇主（1935 年，中国铁路工人数量约有 13 万）。[84] 无产者的阶级意识最早就是在这些铁路工人当中形成的。[85] 铁路修造设备是移动的，大多数情况下，还要从工业化国家进口铁轨，甚至煤炭。铁路连通的地区，都是远离水路、以往通过陆路难以抵达的偏僻之地。铁路的开通使空间结构彻底发生了改变，这不仅是针对外国渗透而言，对国内市场流通也不例外。铁路是巩固军事统治的工具（无论对外来帝国主义者还是本地统治者，皆是如此），是每一场内战和革命中各方争夺的对象，是电影画面中经常出现的盗匪袭击和破坏的目标。

在这里，我们只从这些与铁路相关的复杂脉络中抽出单独的一支：铁路、金融和中国政治弱势地位之间的关联。[86]二战结束后，中国共有2.5万公里铁路线，与日本大致相当，是伊朗的两倍，但是比英属印度的铁路长度短4万公里（和欧洲国家相比，略超过意大利）。[87]这2.5万公里铁路线中，9600公里是修建于1912年以前；在1912~1927年间，也就是外国政治压迫的高峰期，中国新建成的铁路仅有3400公里；从1928年到1937年，新增铁路里程约为8000公里，其中3400公里是日本人在满洲修筑，另外还有2200公里是出自国民党领导的国民政府之手。[88]1949年之前中国铁路业的落后——例如和印度相比——一方面是由1912年后的军阀混战所导致，另一方面原因在于资金困难以及其他交通工具的优势地位，特别是南方发达的水路交通：在当时所有的铁路线中，只有22%是在长江以北，40%在满洲，32%在华北。[89]

铁路帝国主义的腹地是满洲。在这里，俄国人和日本人修建的铁路是建立在殖民特权的基础之上：这些铁路都是直接归外国人所属，其全部收入也都流入了外国人的腰包。铁路经过的地段，大都是外国管辖的租借地，或受外国军事力量保护的地盘。[90]因此，这些铁路实际上也可以被看作是一条条狭长的带状殖民地。在中国南方，唯一较具规模、性质与满洲相似的殖民铁路是法国人修建的云南铁路。但是，这段铁路是独立于中国铁路网之外的一条支线，其运营始终是依靠政府补贴来维持，因此，无论从经济还是政治意义上讲，都远远无法与满洲铁路相匹敌。在华北地区，依靠殖民特权修建的铁路是1904年开通的胶济铁路（长度435公里），其所有者是德华山东铁路公司。[91]

另一条穿越山东德国“势力范围”的铁路，1911年建设完工的津浦铁路（全长1078公里），[92]是中原地区具有代表性的另一类铁路：

所有权归中国政府，但是由外国银行和代理商凭借**金融**许可投资修建。[93]铁路的运营收入全部或绝大部分是由中方经营者获得，不过在正常情况下，这些收入基本上都被用作抵押，以偿还中国与列强间的债务。1890年代末的瓜分利权之战，正是围绕铁路许可权展开的。[94]当中国政府在众多潜在投资商当中进行选择时，往往会优先选择在政治上没有太大危险性的美国或比利时机构，如果涉及里程较长的铁路段，便将许可权同时分配给若干投资商。截至1914年，在中国实际获得的全部铁路借款中，各国债权人的比例分配如下：英国41%，法国和比利时各17%，德国16%，日本5%，美国4%。[95]由此可见，英国银行和代理商是中国铁路的第一大投资人。与1896年和1898年的两次赔偿借款一样，英国外交部与汇丰银行之间的密切合作在其中发挥了重要作用。后者作为东方最有实力的银行，与中国第一大洋行怡和洋行于1898年联手成立了一家专事铁路贷款和建设的机构——中英银公司（British & Chinese Corporation）。[96]尽管英国外交已经放弃了不为局部经济利益实施干预[97]的旧传统，但是它很少像德意志帝国或法兰西共和国那样，以粗暴和直接的方式为了私营公司的特权利益与中方展开交涉。英国银行也从未变成一个垄断性的国家利益“集团”，英国海外银行的性质便决定了这一点：以牺牲竞争对手（例如渣打银行[98]）为代价获得外交界鼎力支持的汇丰银行，是由从事对华贸易的英国商人成立的一家地方银行，

在一战爆发前，德国人也在其中占有大量股份，并参与管理事务。[99]然而德华银行的性质却与此大不相同。它是专门针对对华资本输出而成立的一家金融机构，其幕后操控者是一家贴现公司（Disconto-Gesellschaft）和另外12家银行。[100]政治优先在英国金融外交中的表现，并不像大陆列强那样突出。[101]英国虽然并不愿意与其他列强“瓜分”在华利益，但是出于同盟政策以及经济因素的考虑（特别是伦敦资本市场长期以来在对华贷款方面的抵触态度），[102]在铁路投资

问题上仍然选择了合作，最初是与德国，1905 年之后又加上了法国。这几个国家之间的关系是互补的：英国人掌握铁路修建许可权，法国和德国掌握着资金。[103]20 世纪最初几年的中国铁路业更多是一项合作而非竞争性质的生意。1911 年，列强为湖广铁路借款谈判（湘鄂两省共 600 万英镑）组成四国银行团（美国也参与其中），将铁路业合作推上了高峰。[104]

列强在中国的每一份铁路投资许可，都是在各国外交官向中国政府的“建议”下获得的，它与中外强弱关系的整体格局是密不可分的。但是，如果就此认为这些铁路借款都是被“强加”给中国的，则未免过于夸张。即使当时的国际格局相对有利，中国大概也很难在脱离外国资本的情况下实现交通业的现代化革新。[105]金融帝国主义的丑恶并非体现在原则上，而是反映在细节上，这一点与政治借款毫无二致：利息、发行折扣、还款期限、佣金、利润提成（在有些借款项目中，债权人除利息之外，还可以从铁路经营的纯利润中获得 20% 提成）、汇率操纵空间等。[106]此外，这种丑恶还体现在与借款相捆绑的附加条件上：在签署铁路借款协议的同时，颁发矿山开采权；提供担保时，除了相关铁路的运营收益，还要再加上中国政府的其他财政收入；委托借贷方作为代理商，负责采购铁路建设用的所有原材料（中英公司既是首屈一指的银行，也是最大的进出口商！）；高层管理人员和工程师职位必须由洋人出任；外国总工程师在人事安排和原材料采购方面拥有近乎百分百的决断权；财务监督交由外国审计师负责；等等。[107]

1936 年之前，中国完全没有能力做到在没有上述附加条件的前提下获得铁路贷款，[108]当时的每一笔借款协议都是与特殊的附加条款相捆绑。随着时间的推移，中方逐渐可以通过谈判，为自己争取相对有利的条件。在这方面，我们不妨将 1898 年签署的沪宁铁路借款合同作为例子，来做一番比较。在这份臭名昭著的借款协议中，中英公司获得了极其优惠的贷款条件，同时掌握了铁路建设和运营的实际控制权。[109]比较之下，1908 年津浦铁路借款协议所取得的进步是一目了然的：债权银行不得不放弃对铁路的行政监管权和利润提成，并放弃将铁路资产作为抵押担保，外国总工程师的职权也受到了限制。[110]此后，中国铁路外交的目标是，力争将“津浦”借款条件作为底线，无论如何不能跌回到“沪宁线”的水平。但是，过去签订的各项借款协议仍然有效，无法通过谈判重新修订。一战爆发前，中国所有重要铁路线当中，中方掌握行政监管全权的只有津浦和沪杭甬这两段铁路。沪宁铁路和京奉铁路都是由英国人控制，京汉铁路则是由法国人掌管。[111]其中，京奉线和京汉线是 1914 年之前全国铁路系统中经济效益最好、交通地理位置最重要的两条线路。[112]这两条铁路都是归中国政府所有，没有一条是属于殖民租借的范畴。长城以南的中国铁路正是通过这样的方式，变成了“非正式帝国”在新形势下的延续：它们是通过协议将控制权部分交给了洋人，而没有在形式上彻底落入洋人之手。

20 世纪头几年中国谈判地位之所以得到改善（其程度最初当然是微不足道的），一方面是得益于各国铁路利益集团之间的竞争，尤其是在英国失去铁路融资方面的绝对优势之后；另一方面是因为在中国公共舆论中，反抗外国经济侵略，特别是外国势力对铁路业渗透的呼声日渐高涨。这里所说的“公共舆论”，指的是在官僚体制内部争论之外、代表集体认知和利益的一种批评性表达。这在中国是前所未有的新生事物，[113]是梁启超、康有为和严复等文学名家的著作远远无法涵盖的。[114]这种新生的政治敏感性和社会运动，在中国民众当中覆盖的范围越来越广：受西方或日本教育的大学生，新闻记者，上海和少数省会城市的部分商人和士绅，还有分散在各地的城市底层人员。这些人群代表的是一股新兴民族主义潮流，这种民族主义与义和团蒙昧落后的反洋主张有着明显区别，其宣传的口号是以“文明”而非“野蛮”的方式“驱逐鞑虏”。[115]人们反对的是帝国主义，而不是现代化：中国应当拥有自己的铁路和发达的工业化企业，但这些必须是归中国人所有，并由中国人自己来管理和经营。人们并不是要求单方面废除不平等条约，而是主张在履行条约时采取谨慎和循序渐进的策略，努力减少不平等条约给中国造成的损害，并为此组织舆论攻势以及各种宣传活动。与义和团不同的是，这些宣传活动都是以和平方式进行的，以免让列强抓住把柄，插手干预。1905年，由于美国限制赴美华工法案的续约问题，中国南方爆发了一场大规模抵制美货运动。[116]1907年，士绅、商人和大学生率同2000多名乞丐和6000余名“苦力”为反对苏杭甬铁路借款发起了一场保路运动。[117]此起彼伏的爱国示威浪潮以及由爱国冲动所导致的自杀、绝食等行为，虽然并不能使外国政客和银行家的行径受到遏制，但意味着其行为规则的合理性门槛大大提高。英国公使萨道义爵士（Sir Ernest Mason Satow）1906年指出，“中国出现了一种全新的民族团结意识”，[118]他同时还发现，身在京城的朝廷官员必须要比以往投入更多精力，去了解各地的民情变化。[119]就在同一年，德国公使穆默（Alfons Mumm von Schwarzenstein）预言：“中国商人开始联合起来与洋人作对，这必将引发一场灾祸。这种联合通过很多迹象得以暴露：拒绝签署新的利权协议，力图废除既有协议，抵制洋货，码头工人罢工，帮会势力膨胀等。”[120]

自1902/03年起，各地掀起了多种形式的“收回路权运动”。这场运动大多是由地方士绅领导，其最大成就是1905年由湖广总督张之洞出面，从美国金融巨头约翰·皮尔庞特·摩根（J. Pierpont Morgen）手中（以675万美元巨资）收回粤汉铁路的修建权。[121]尽管这场运动还取得了其他一些更多是具有象征性意义的成果，但是从整体上讲，收回路权和矿权运动[122]是一次失败的行动。回购利权的代价十分高昂，因为洋人们清楚地懂得，如何在牺牲中国纳税人利益的前提下把这件事情变成一笔好生意。辛亥革命后，一些收回的路权又纷纷落回到洋人的控制之下。[123] 尽管中国不乏自有资金和技术知识，[124] 然而在 1911 年之前，只有 10% 的铁路线是在没有外国投资的情况下修建的。[125] 收回路权后的粤汉铁路直到 1936 年，才利用英国退回的庚子赔款修筑完工。另外，在 1910/11 年时，面对各地士商怀着极大热情投资兴办、尚处于萌芽期的自办铁路项目，清廷最终采取了反对的态度。朝廷担心这会导致财政收入下降，它同时也看到了修建由中央统一协调的全国铁路网络给交通运输带来的好处，以及向外国银行借款的种种便利。朝廷在推行这项全国铁路新政策的同时，勒紧了各省地方财政预算的缰绳。[126] 这种做法远远超出了清王朝的政治实力，并成为导致辛亥革命爆发的直接因素之一。从本质上讲，辛亥革命是各省地方精英为脱离清朝统治而发起的行动。

当我们对外国对华铁路借款做出整体评判时，必须要考虑到的一点是，这些借款是唯一原则上以经济收益摊还的重要贷款类型，虽然许多铁路线的净利润几乎连偿付利息的水平都达不到。[127] 与此不同的是，拳乱赔款以及赔偿借款归根结底都是中国的单方面支出，是强迫中国向列强缴纳的贡赋。那些身在伦敦、巴黎、柏林或布鲁塞尔，在辛亥革命前以 5.2% 的平均年息投资中国铁路股票的“食利者”（列宁语）[128] 万万没有料到，在 1920 年代时，几乎所有股票都会尽数被套牢。[129] 当年以关税作为抵押签署政治协议的那些人，处境相比之下要好得多。这不仅限于 1895~1898 年的各项赔偿借款，而且也包括 1913 年的“善后大借款”：这笔数额高达 2500 万英镑的最大一笔借款，是合作型金融帝国主义向中国渗透的巅峰，同时也是尾声。[130]

尽管对参与借款的外国银行和作为投资者的股民而言，善后大借款确实是一笔令人垂涎的生意，但是它首先是一个政治工具，是外交和金融寡头对辛亥革命做出的回应。面对满清王朝的覆灭，列强并没有感到遗憾，并且在革命期间始终保持着中立的态度。由于清朝政权是在近乎没有任何反抗的情况下倒台的，因此，如何在效忠者和反叛者之间做出选择的问题也随之迎刃而解。更重要的问题在于，在所有反帝激进派都身处局外的情况下，谁能够从共和派阵营中脱颖而出，最终执掌政权？这场由孙中山、黄兴、宋教仁等人领导的革命运动并没有足够坚实的权力基础，因此在迫不得已之下，这些革命者不得不把大权交给了袁世凯，这位清末功绩最大的维新派官员和军事领袖。1912 年 3 月，袁世凯成为中华民国临时大总统。袁确实是中国的一位“强人”，但最初却只是一个潜在的强人。这是因为早在清末便已破败不堪的中央税收体系已彻底失效，身为总统的袁世凯囊中空空、身无分文。以英法为首的列强在处理中国的乱局与秩序问题上并不缺乏经验，正如太平天国和义和团时期一样，列强首先是想趁乱为自己捞取好处，然后再出手协助巩固中央权力，使其成为勉强可以合作的伙伴。早在 1911 年 11 月，就在华中地区刚刚爆发革命后一个月，列强便在中国官僚体制中供职的洋人的帮助下，将海关纳入了自己的掌控之下。于是从此之后，所有关税都在中方无法插手的情况下，由海关的洋人关员直接存入了汇丰银行的各大分号。中国的关税收入便是以这种方式，被洋人从中国政府手中生生截留。与此同时，上海公共租界的外国领事公然违反条约，将租界内华人之间的诉讼也交由自己审理：过去只是由外国领事出任陪审官的“会审公廨”，从此变成了完全由洋人控制的机构。[131] 对于这些单方面限制中国主权的做法，列强以合法保护本国财产、关心和维护华人的利益，乃至捍卫世界文明秩序等各种理由作为解释。自 1911 年秋天之后，在列强口中，“监督”和“监护”之类的说辞比以往任何时候都更加频繁。换句话讲：“新中国”需要有经验 / 224

的外邦如兄长一般加以引导。[132] 正如在"黑暗"的旧中国，必须对故步自封的传统主义势力施行"教化"一样，当这些势力退出历史舞台后，面对年轻而毫无经验的共和国，外邦有责任向其伸出援手。

要想安心享用那些靠"趁火打劫"捞取的好处，只有在当地政权为此提供保障的前提下才能做到。英国外交大臣爱德华·格雷爵士（Sir Edward Grey）在以准殖民手段进一步限制中国主权的同时，秉承对华政策的古老传统，认为中国需要有"一个强大稳定的政府，从而为有利的贸易环境提供保障"。[133] 袁世凯这位清末最能干的行政管理者无疑是担当这一重任的最佳人选，早在辛亥革命前，英国人就和他打过交道并留下了良好的印象。[134] 要让他在对手面前占据上风，最巧妙的手段就是向他提供一笔借款。此时，袁世凯本人和他的竞争对手孙中山一样，[135] 正在为筹款四处求助。辛亥革命后，所有与借款有关的事项都是由四国银行团出面与中方交涉。1912 年 2 月，四国银行团正式宣布支持袁世凯，并在接下来的 4 个月里为其陆续提供了总额 180 万英镑的垫款。1912 年 6 月，俄国和日本加入银行团。作为债权国，日俄两国本身并没有能力输出资本，为了完成有限的贷款份额，它们不得不转而向比利时和法国银行筹借。[136] 日俄加入银行团的目的是与其他列强结成外交和财政上的联合阵线，共同对付袁世凯，同时以经济封锁为手段，逼迫其接受外国对中国财政的控制。顺带一提的是，在这方面，银行界表现出的兴趣和热情甚至在政客之上。尽管国际银行团的行动取得了明显收效，但是并非所有摆到谈判桌上的苛刻条件，都能如愿得到满足。不久，比利时财团以搅局者的身份加入了游戏，同时加入谈判的还有金融家克利斯浦（Birch Crisp）牵头的英国独立财团。中方利用与这些来自第三方的资金供应商的密切接触，成功阻止了国际银行团以控制中国为目的而提出的种种无理要求。在借款问题上，银行团的垄断几乎是不可抗拒的，却并未达到绝对的程度。但是，中国借款数目之庞大，却是那些第三方财团无力满足的。此后，当袁世凯1913年3月20日授意暗杀国民党领袖宋教仁后，其处境也随即陷入不利。随着政治斗争——所谓“第二次革命”——的日趋白热化，袁世凯对资金的需求比任何时候都更加紧迫。[137]

在1913年4月26日签署的《善后借款合同》中，[138]无论借款条件还是用途规定都对中方十分不利。合同明确规定，这些借款将用于遣散各省军队、整顿官僚机构和盐政事务、兴办实业等。借款总额为2500万英镑（9折出售，年息5厘），期限47年，归还本息合计高达6800万英镑。由于这些借款大部分都与指定用途相捆绑，其中最主要的两项是偿还各种赔款和外债以及整顿盐政，剩余可供袁世凯自由支配的数额，大约只有850万英镑。但是，这些款项的的确确为袁世凯铲除政治异己、建立独裁体制发挥了关键性作用。在1915年妄自称帝之前，袁世凯正是依靠这一独裁体制，再次实现了中国在行政上的统一。因此，对善后大借款的历史评价，归根结底取决于对袁世凯政权的评判。近年来，中国近代史写作在对这位“混世魔王”的评价上，多了一些积极的成分。[139]如果把这些褒贬抛在一边，可以说，善后大借款对历史进步的贡献近乎于零，偿还借款给中国财政带来了沉重的负担，其性质与贡赋无异，它标志着列强在中国及其在对华政策问题上的合作达到了巅峰。在一战爆发数月之前，热衷于资本输出的列强在东亚“边疆”达成了政治上的默契，彼此间一团和气，尽管在善后借款合同签署后不久，商业上的竞争便重新开始冒头。人们渐渐萌生出一种期望，或许实现统一的中国将在倡导维新的袁世凯领导下，掀起新一轮工业化热潮，让各方都可以从中分一杯羹。[140]1912年4月，专事中国业务的英国制造技术协会（British Engineer's Association）的成立，正是这类愿望的一种表现。[141]

在辛亥革命前后，列强瓜分中原的想法和甲午战争之后冲突不断的十年相比，变得更加淡薄。新兴民族主义浪潮让列强产生的畏惧，不亚于仇恨洋人、野蛮暴力的义和团。1907 年之后，在东亚国际体系里，列强又一次达成了原则上的利益统一，正如 1860~1895 年间曾经出现过的局面一样。[142] 在 1900~1914 年间，自 19 世纪中叶开始的另外两大历史性进程走到了终点：一是亚洲大陆朝贡体系的瓦解，二是非正式帝国的建设。1910 年，朝鲜被日本吞并，进入了长达 35 年的殖民期。与此同时，在西藏地区，中国政府的影响力也降到了最低点，虽然英属印度（除 1904 年一次短暂进犯之外）并不敢直接把拉萨变成自己的地盘。[143] 对中国来讲，局势发展最不利的是西北地区。1913 年，中国被迫承认外蒙在俄国保护下的“独立”。[144] 在接下来的几十年里，日本势力开始从南满洲悄悄向内蒙渗透。1931 年日本占领整个东北，并于两年后占领了毗邻的热河省，为满清帝国版图一步步向中原地区收缩的漫长历史，写下了最后一笔。

在辛亥革命之后，另一个划时代进程也达到了高峰并最终画上了句号。国际“监督”成为不断扩张的非正式帝国主义的新口号。19 世纪的条约体系在甲午战争和辛亥革命后通过三种形式得到了更新和扩展：一是在通商口岸以外地区的法律名分（“租界”）；[145] 二是在各地派驻军队；三是将海关由中央政府的财政支柱，变成帮助外国债权银行榨取利润的机构。特别是最后一点，在辛亥革命后更是取得了突破性进展。[146] 由各国公使共同组成的外交团（Diplomatic Body）自拳乱以来，便一直扮演着凌驾于中国政府之上的“太上政府”角色。早在 1911 年秋，外交团便将各大口岸的关税收入——中国偿还借款的最重要收入来源——置于自身的“保护”之下。1912 年 1 月，外交团强迫北京政府签署协议，将 1911 年的临时监管措施变成了固定的关税模式。从此之后，各通商口岸收取的关税都由洋人关员绕开华人同行（“海关监督”），直接汇存到上海的各大外国银行，由这些银行来打理中国的债务，并为之冠名为“托管银行”（Custodian Bank）。当关税收入在中方不得插手的情况下完成债权人之间的分配之后，倘若还有剩余，即所谓“关余”，中国政府可向外交团**申请**“分拨”。后者往往是以随意编造的借口拒绝中方索求。

从形式上看，这种新的财政机制并非公共债务管理委员会（Caisse de la Dette）的翻版，后者是列强自1876年以来在近东建立的特色机制。[147] 海关仍然是中国政府的下属机构，总税务司一职也从未被外国银行委员会所取代，但是实际上，海关发挥的作用相当于一种强制性债务管理，其手段是通过列强对中国财政收入的**局部**直接干预。在军阀混战时期，即从1916年袁世凯去世到1928年蒋介石在南京建立国民政府，这种机制对中国国内政治产生了重要影响，因为在此期间，列强拒绝将“关余”交给那些自视为中国合法政府的政治军事派系支配。[148] 外国对本地财政的全面控制——比如说埃及——在中国并不曾发生。另外，与近东相比较，外国财政控制的形成过程在中国也是截然不同的。它并不是债权人对借债国财政破产做出的回应，就像1875年奥斯曼帝国宣布财政破产后遭遇的情形那样。[149] 的确，如果在世界各国之间做一比较，中国在债务问题上的道德意识和偿付能力都是有目共睹的。[150] 直到1925年，当中国某些铁路借款在偿付方面第一次出现问题时，美国驻华公使马慕瑞（John MacMurray）这位中国通还曾肯定地表示，中国人“对待债务是非常讲究诚信的”。[151] 中国财政受外国控制是在整顿海关过程中出现的，而海关机制的形成是在金融帝国主义时代到来**之前**，它是列强以门户开放为口号实行贸易入侵的标志。再没有任何事例能够像海关经历的命运一样，使新老帝国主义的交替得到如此清晰的展现；也没有哪样变化像赫德爵士与安格联爵士（Francis

Arthur Aglen）之间的职位交接一样，使列强在对华关系中的地位和态度如此暴露无遗：作为海关总税务司，前者是恪尽职守、一身侍奉二主的仆人，后者是一心一意为国际金融资本效力的管家。

在中国处于屈从时期时，除个别少数地区外，国内的各项税赋收入，如田赋、厘金和消费税等，并没有落入洋人的掌控之下。但盐税却是例外。在善后大借款之后，出现了一个类似大清海关的小型"复制品"：盐务稽核所。自1908年以来的各种借款，包括1913年的善后大借款，都是用盐税作为担保。列强按照"共治"模式参与盐务管理的主要目的，是通过行政整顿，提高盐税征收效率。在第一任盐务稽核所会办丁恩爵士（Sir Richard Morris Dane）任职期间（1913~1920年），[152]通过一系列精明的改革，这一目标确实在很大程度上得到了实现。[153]在袁世凯执政时，中央财政收入21%来自盐税，与1908年的15%和1753年的12%相比，比例有明显提高。[154]但是，在短短几年内，大清海关的历史便又一次重演：外国银行对盐务的控制，远远超出了1913年善后借款协议规定的权限。20年代期间，在1926年盐务稽核体系受内乱影响彻底解体之前，列强仿效海关的做法，将托管银行机制非法引入了盐务管理：稽核总所会办把盐税所得，直接汇入汇丰银行和其他姊妹银行。[155]正是由于这些滥用职权的伎俩，盐务稽核所在中国人眼中变成了洋人统治的又一个堡垒。已经退休的丁恩爵士只能眼睁睁地看着自己的改革成果就这样蒙羞，于是毅然改变立场，变成了一名愤怒的反帝斗士。

摧毁非正式帝国主义体系的并不是一战，而是二战。在东亚地区，二战是1937年7月随着日本入侵中原展开的。一战改变了东亚权力政治的整体格局，但是对中国在国际体系中的地位却影响甚微。非正式帝国主义依然存在，并且在随着形势变化不断做出调整。中国在世界上的政治地位所呈现出的矛盾性比以往任何时候都更加明显：一方面，中华民国是一战的战胜国，是形式上拥有平等权力的巴黎和会参会国，是国际联盟的创始会员国；另一方面，对于中国收回被占领土主权的要求，列强却采取不予理睬的态度。直到1920年代末，西方才流露出愿意和解的迹象，但是列强在中国建立的各种政治和军事干预机制，却并没有明显收敛。在20年代局势相对缓和的时期，仍然有来自各国的炮舰在长江上巡航，其中英国15艘，日本10艘，美国8艘，法国5艘。当夏季水位条件允许时，英国甚至会派出一艘巡洋舰到汉口驻泊。[156]英国在香港有两个营的驻军，在天津有一个营。1934年5月，虽然当时的政治局势风平浪静，但是在上海各处租界驻扎的外国军队仍然有6000人。[157]即使是把自己装扮成中国特殊盟友的美国，在1937年中日战争爆发前，在中国领土上也至少有45名军官和700名士兵。[158]当1926/27年上海和其他几大城市因为民族主义风潮而形势告危时，仅英国一国便在中国集结了两艘小型航空母舰、12艘巡洋舰、20艘驱逐舰和12艘潜艇，并计划向上海增兵8个营（这些援兵后来并没有派出）。[159]

在中国这块棋盘上，外交博弈也依然没有停止。中国仍然是受世界政治摆布的对象，其形式也包括强硬的单边行动在内，尤其是日本。1915年，日本试图趁世界大战之后的暂时平静，通过最后通牒式的“二十一条要求”把袁世凯统治下的中国变成日本的保护国。[160]这次单边行动带来的结果是，日本在亚洲大陆的势力大幅提升，但与霸权目标的距离并没有明显缩短。对于1918年之后的几个年头来讲，比单边行动更具代表性的特征是多边会议外交，其目的是在东亚和太平洋地区各种力量之间达成新的平衡。从表面来看，这一目标似乎确已实现，权力政治格局因此被简化。当时，德国在中国的利益和势力范围已沦为战争的牺牲品；俄国——眼下的身份是苏联——在北方推行强硬务实政治的同时，对华南和华中地区的革命力量提供秘密支持，[161]但是直到1928年，它仍然称不上是西方列强和日本眼中值得重视的外交伙伴；法国延续一战前的传统，将海外利益集中于自己的殖民帝国，[162]它对中国的兴趣更多局限于对战前投资——借款、云南铁路、天主教教会财产等——的维护和经营，而且对整个东亚地区也没有太大的权力政治野心，这与它在近东的表现形成了反照。[163]

因此在20年代时，活跃于东亚的强国只剩下三个：美国、英国和日本。当华盛顿会议召开时（1921年11月至1922年2月），[164]作为东道主的美国俨然已成为“太平洋地区具有决定性作用的稳定力量”，[165]由美国国务卿查尔斯·埃文斯·休斯（Charles Evans Hughes）出面，为会议确定了政治上的基调。与会各国以限制军备为目的，就主力舰总吨位限额做出了规定（美英日三国的比例为5∶5∶3），力图藉此来阻止美日两国在扩充海军方面展开竞赛。这一规定真实反映了战后列强的军事实力对比。由于日本舰队力量更多是集中在本地区，而不像英美那样分散在全球各地，因此该条约实际上是默认了日本在西太平洋地区的头号强国地位。华盛顿会议同时还解除了英日同盟（1911年两国续签盟约后，同盟关系又被延续了10年），代之以结构相对松散的四国条约（法国也加入其中），以此首次建立了一套针对东半球的集体安全体系。会议的第三项成果是签订了关于中国问题的《九国公约》（1922年2月6日）。自1843年通过条约确立最惠国待遇准则后开始实行、在划分租界和势力范围时期由海约翰再次重申的门户开放原则，在《九国公约》中通过多边和国际法的形式变成了具有约束力的至高信条。条约签署国以前所未有的明确态度表示，尊重中国主权和领土完整，在发生战争时保持中立，放弃划分新的势力范围，遵守各国在华商务实业机会均等原则。在会议期间的“外围”谈判中，中日两国就日本军队撤出山东——日本自1914年起占领了这里的原德国租借地和周边地区——达成协议，1915年日本强迫中国接受的“二十一条要求”

在条约中未被提及。

在我们对后来的历史发展已然知晓的情况下，应当如何对华盛顿会议做出评价，这是一个涉及历史相对性的问题。这次会议是否如人们所说，是让混乱的局势重新恢复了秩序，并且至少在一段时间内避免了更坏情况的发生？[166]还是像另一些人所指责的那样，因为会议的解决方案优柔寡断且缺乏约束力，同时也未能建立起有效的制裁机制，对早在1915年便已野心毕露的日本扩张势力形成钳制，因此从长远来看，才最终导致了更坏情况的发生？[167]对参会国而言，各方最初对会议的结果似乎都有理由感到满意。美国利用新获得的强权地位，达到了自己的唯一目的：使美国长期以来遵循和倡导的原则得到确认。作为太平洋地区首屈一指、正在图谋进一步扩张的经济大国，它可以凭借比以往更强的实力，用经济行为来践行这条原则。英国作为传统的门户开放国家，对重申这条古老原则持欢迎态度。不同于日本的是，英国在中国并没有真正**有效**的势力**范围**，"海军基地"威海卫实际上不过是一处疗养地，是驻港海军官兵夏日避暑的地方。因此，在华盛顿会议上，英国外交官又一次提出了自由贸易的传统主张。在他们看来，为所有国家打开贸易和投资门户，既可以为英国经济带来好处，也可以借机将日本的扩张欲望引向"合法"轨道，并为中国的和平"重建"创造有利条件。[168]

更何况对西方列强而言，当时并没有其他可能性可供选择。1919年5、6月间发生京沪和其他城市、矛头指向列强和卖国贼的大规模示威活动，再次证明了在中原地区以低成本和不流血方式"公开"推行帝国主义是行不通的。这场史称"五四运动"的群众性抗议活动，是巴黎和会决定将德国在山东的权益交给日本"继承"而引发的，其广度、深度和影响都远远超过了1905年的抵制洋货运动。[169]日本与英国不同的是，它还有另外一条可供选择的出路：甲午战争之后，日本把台湾变成了一道"关闭的门户"，自1905年后，又将南满洲的“门户”关上了一半。这些**既有**的占领区域、租界和势力范围并没有因华盛顿会议确立的秩序而受到影响。另外，对日本帝国主义来说，把改良后的通商口岸体系扩大到中原地区并非绝无可能，换言之，日本可以在台湾建设“正式帝国”之外，在大陆着手开拓属于自己的非正式帝国。撇开 1921~1927 年经济危机时期日本对内强调政治自由、对外提倡国际合作的总体方针不谈，[170] 恰恰是通商口岸体系的大环境给日本创造了新的扩张机会。对一心谋求在华“特殊地位”的日本而言，这些机会简直再好不过：正是在这几年里，日本资本家将中国最重要工业行业——棉纱加工业——近乎一半，纳入了自己的掌控之下。简言之，《九国公约》并没有开启东亚国际关系的新时代，而仅仅是将现实逻辑的必然性写入了法律。

华盛顿会议确立的秩序又给中国带来了哪些影响呢？可以肯定的是，在国家首脑间交往的层面上，气氛确实比过去有所改善。在国际联盟的托管理念和委任统治制度开始流行，摒弃激进种族主义、提倡以仁爱之心对待有色世界的呼声甚嚣尘上的年代里，将自身意志公然强加于他国的做法显然已行不通。这一次，中国也和列强一道坐到了谈判桌前。一群年轻精明、怀揣美国名校文凭的中国外交官据理力争，在一些具体问题上取得了不小收获。[171] 正是这一点使得一些历史学家在评价华盛顿决议给中国带来的好处时，做出了过高的判断。华盛顿会议并没有对条约体系的本质产生触动，尽管人们模糊地意识到，条约体系的解体——特别是其核心治外法权的废除——已是不远的事情，就像在一战后，印度和亚洲其他地区的殖民统治者不再坚信欧洲帝国乃是永恒存在一样。但是对中国而言，这一切并没能转化为切实的收获。此外，它还为中国挣脱条约的法律枷锁设定了两个前提：稳定国内政治局势，实现国家体制尤其是法律和金融体系的“文明化”。在之后召开的另一场涉及中国的国际性会议，即1925/26年的北京特别关税会议上，中国依然未能为自己争取到任何地位上的改善。[172]各大列强的代表们仍然和过去一样，无一例外地是从托管和控制的思路出发去考虑问题。对中国主权的限制，甚至没能重新调整到1910年时的水平。在列强看来，停止在中国的进一步扩张已经是一个极大的让步。然而对中国人来说，无论其政治信仰如何，他们要求的都不是维持现状，而是对现状的修正。在华盛顿和北京，中国就像在1919年巴黎和会时一样，再次与会议外交的边界发生了碰撞："中国人由此学会了一个道理：不能与虎谋皮。"[173]

高调地宣扬原则是一回事，非正式帝国的日常运转则是另一回事。大政治与小政治、会议上的表态与现实中的利益之争背道而驰，其差距达到了空前的程度。于是，在没有列强直接插手的情况下，中国陷入了失控的状态。就在非正式帝国主义以战后的全新姿态在华盛顿登场的同一刻，在中国，国家权力的根基开始出现瓦解。这一点从两起貌似偶然的事件即可得到反映。这两起事件与两个小城的名字有关：临城和万县。

1923年5月6日凌晨2时，一列由浦口开往天津的"蓝钢皮"在山东南部临城火车站附近遭遇近1200名土匪抢劫。[174]一名英国人被杀，26名洋人被拖入山中，其中包括约翰·D.洛克菲勒（John D. Rockfeller）的妻妹和著名记者约翰·B.鲍威尔（John B. Powell）。当时，盗匪横行在中国已经变成了平常现象。自世纪之交，特别是1916年之后，有关土匪以及由其制造的各类暴力事件的报道是各大报纸和领事官报告的主要题目之一。[175]匪帮遍布全国，但是从活跃程度来看，没有任何地方能与山东和河南相比。这两个华北省份已经变成了一种"械斗型社会"（feuding societies），[176]与霍布斯所说的自然状态相类似。在这里，生命和财产失去了保障，弱肉强食成为常态。国家权威——如果它在中国还依然存在的话——

在华北“土匪化”趋势面前所表现出的无能和不作为，更多是社会秩序崩塌的症状而非原因。在中国历史上，许多王朝在灭亡前的最后阶段都会出现这种现象，最近一次是在300年前。就在同一时间，欧洲发生了三十年战争，给欧洲中部许多地区造成了类似的混乱。社会学家周谷城1933年写道，过去十年的中国已经变成了“兵士和土匪的天下”。[177]在现实生活中，这两种生存形态之间的界限是游动的。作为20世纪初标志性特征的“兵匪”，与西方读者从小说《水浒传》中所了解的“土匪”是有差别的。[178]许多兵士因领不到军饷而逃离军队或被解除兵役，然后落草为寇。这些匪帮的人数常常多达几千人，凡其所到之处，都被洗劫一空，其为害之深，远非传统“土匪”所能及。[179]尤其重要的是，这些兵匪缺少“起义者”和“侠盗”的罗宾汉式光环，后者一向因锄强扶弱、劫富济贫而为人称道。[180]“兵匪”是各种谋生策略当中最激进、最暴力的一种，在经济和政治环境极端恶劣的华北地区，这些策略是求生的必备手段。[181]土匪数量的爆炸式增长是在中国社会各层面逐渐走向军事化的背景下发生的。中国社会的军事化始于19世纪初，并因义和团起义、清末军事改革和辛亥革命而加速。[182]袁世凯去世后，中国陷入了军阀割据状态。随着各地军事武装的兴起，经费紧张的问题日益凸显。1928年，仅常规军队的人数便从1916年的50万攀升到200万，其他种类武装的数量更是比这一数字超出几倍。[183]军队每打一次败仗，民间就会多出一支土匪队伍。人口膨胀和农业危机使招兵买马变成了常态，在华北地区，镇压义和团起义的影响以及苛捐杂税的增多导致社群和社会的动荡进一步加重。[184]

1923年的临城劫车案正是在这样的背景下发生的。从程度来讲，这起事件既无法与19世纪末的几起手段极为恶劣的“教案”[185]相比，更难与义和团起义造成的动乱相提并论。与土匪动辄便将整个村子的人尽数杀绝的惯常做法相比，这次劫案的后果并不算严重：

在被劫持5周后，最后一名人质被释放。但问题的关键是，这些被绑架的人可是洋人！他们并不像1900年使馆区中被围困的洋人那样，是被外国军队解救的，而是在地方当局同意匪首孙美瑶要求将其队伍编入正规军的条件后被释放。孙美瑶离开土匪窝后当上了旅长，接下了曾多次与其交战的剿匪队伍的指挥权。从洋人的角度看，这起事件的结局是完全不可接受的。临城劫车案又一次引发了列强传统的过激报复反应：在英国，各大洋行要求政府以强力手段实施干预的呼声一浪高过一浪，外交部在强大压力之下开始考虑组织国际联军共管中国铁路，并没收中国的全部铁路收入。美国则要求断绝与中国政府的外交关系。但是，最终的结果却是不了了之。就连“惩办祸首”这种以往每逢洋人遇袭、中方都会应列强要求做出的道歉性表态，这次也没有发生。

一个极端费解的难题摆在人们面前：面对一个在现实中已不再存在的政府，究竟该如何教训它？临城劫车案这起本身颇为平常的意外事件，暴露出一个涉及广泛的问题：随着1916年袁世凯政治生涯和自身生命的结束，列强的挺袁行动也以无果告终。此后，中国不再拥有一个有行动能力的中央政权。“民国政府”落入了当时恰好控制京城的北洋军阀手中，其势力范围大致仅限于北京所在的直隶省。自1860/61年以来，与当地政权的合作一直是非正式帝国主义有效运转的必备前提。可如今，正当世界秩序在华盛顿会议上貌似被重新理顺时，令人担心的合作危机出现了：与本地政府的合作并不像1879~1882年在埃及（或1949年在中国）那样，是在民族主义政权上台后被废除，而是自然而然地化为乌有。经历多次危机而被屡屡重建的传统合作机制，彻底失去了效力。这一点并不仅仅体现在对“法律与秩序”的公然破坏，而更多是在非正式帝国的日常运转——具体来讲，是在受外国控制的飞地以外的商业活动——中得到暴露。抢劫和勒索洋行与外国商人的事件频频发生，向中国法庭起诉并索要赔偿几乎不会有任何结果，甚至对生意伙伴拖延货款的行为，洋人也往往无力对付。[186] 中国国家机器的瓦解是在所有层面上发生的，向高层施加的“压力”无法再由上至下层层传递，任何干预或“影响”都难有结果。谈判只能和每个地区的实际掌权者进行：不再是京城的总理衙门，而是军阀、盗匪和革命者。

当然，洋人也在抓住时机，努力适应中国的局势变化并从中渔利，而不肯被动地任由事态摆布。正是洋人一手操纵的大规模军火交易，助长了军事地方主义的泛滥，并为由此导致的残酷屠杀提供了支持。[187] 早在 1914 年以前，中国便已成为国际军火出口的重要目的国。[188] 尽管列强从 1919 年开始对华实施武器禁运，直至 1929 年才告结束，但是对列强来说，当本国经济需要时，打破禁令自然不在话下。[189] 在这一时期，各式各样的武器被大量出口到中国，其中大部分是一战的剩余物资，另外也包括为兵工厂提供的军工设备。[190] 假如没有这些进口军火，中国 20 年代的军阀割据状态不可能得以维持。每个拥有相对稳定的地盘并且有能力依靠对百姓的搜刮盘剥解决财政问题的大军阀，都会在竞争激烈的市场上找到渠道为自己搞来军火。虽然各路军阀的军火供应都是来自进口，但是他们通常都有办法不让自己被某个**固定**的军火供应国所钳制，因此，在军阀和列强之间很少会因为军火进口而形成一种直接的傀儡关系。[191] 其实在列强眼里，军阀都是一些不听话的“主顾”。列强当中几乎每一个都曾在某段时间为“自己”的军阀主顾充当靠山。就连苏联也曾在 1925~1927 年间与冯玉祥合作。这位“基督徒军阀”是军阀当中开明派的代表，与其对应的另一派代表是以野蛮粗鲁闻名的“狗肉将军”张宗昌，后者是 1925~1928 年间盘踞山东的军阀头目。[192] 美国人和英国人一直是略显迟疑地为军阀提供有限的财政和军事支持，并且在名义上坚持奉行中立政策。英国人即使对这些军阀当中与自己关系最密切的盟友——湘鄂军阀吴佩孚，也始终保持着距离，反过来讲，后者对英国人的态度也是一样。[193] 在列强看来，没有哪一个军阀拥有统一中国的潜力，正因为如此，也没有哪一个军阀能够像袁世凯或几年之后的蒋介石那样，能够获得西方的鼎力支持。

和西方列强相比，日本人的表现则活跃得多。就在中国军事领导权被几大彼此纷争的军阀派系瓜分后不久，[194] 日本人便开始积极着手建立自己的合作体系，并利用数额高达1.4亿日元的西原借款将袁世凯去世后华北势力最大的军阀段祺瑞拉到了自己一边。在1916年8月至1920年7月期间，段祺瑞是北洋政府的实际掌权者。[195] 在一段时间里，日本似乎已将中国政府收入自己的麾下。然而，随着1918年秋天寺内内阁倒台，特别是由段祺瑞领导的安福系的垮台，日本对华战略宣告失败，西原借款也变成了一笔无意义的开支。[196] 值得一提的是，透过西原借款，在日本领导下实现中日“共荣”的理念首次浮出水面：以美国金元外交为榜样推行日元外交，利用日方资金对中原地区实行经济开发，让西方列强尚未及开采的丰富自然资源为日本经济服务。为达到这一目的，既不需要推行正式的殖民主义，也无须依靠以不平等条约为基础的非正式帝国。[197] 当然，这一切不过是一种未来愿景。一来日本尚缺少可供输出的资本，二来日本军方对向亚洲大陆实行“和平渗透”并不看好。1920年之后，日本开始转向新的策略。它选择将满洲军阀、继段祺瑞之后势力最强的军事领袖张作霖作为合作对象，并扶植其成为日本势力范围满洲的秩序要素。张并非日本人的傀儡，就像几年后的“满洲国皇帝”溥仪一样。他是一个三心二意的合谋者，“只肯向日本人做出无法回避的战术性妥协”。[198] 日本这一战略与以往的不同之处在于，它希望将张作霖的势力限制在满洲，并阻止其野心向国家政治的层面发展。日本的新目标并不是把根基不稳的北洋政府控制在手心，而是要让自身势力范围得到巩固。但是，只过了短短几年，日本继段祺瑞之后，又一次丢掉了其后继者张作霖这张王牌。1928年6月4日， / 236

日本军方在未经东京内阁授权且未告知后者的情况下，将张作霖乘坐的专列炸毁。[199]在一些人眼里，这位合谋者实在太过霸道，总是擅作主张，一意孤行。但是，出乎日本人意料的是，张作霖之子和接班人张学良却是一位充满激情的民族主义者。这使得暗杀张作霖的行动变得毫无意义，同时也为1931年日本占领满洲的行动埋下了伏笔。

这种从细节上看极端复杂的局势，带来的结果却简单明了：与1980年代黎巴嫩的情况相似，一战后的国家分裂和衰落，使列强对中国的直接或间接干预企图全部落了空。随着1911年清王朝的覆灭以及1915/16年最后一位前朝重臣袁世凯的倒台，传统的“高层”干预机制彻底瓦解。从长远看，在地方层面与大军阀建立有效稳定的合作关系是无法做到的。英美日等列强虽没有撤出中国，其军事和经济上的影响力也并未削弱，但是它们与中国的关系却开始朝着另一个方向发展，这种变化使得帝国主义的权力潜能越来越难以转化为现实。

需要补充的一点是，在同一时期出现的另一类干预同样也没能达到预期目标。[200]莫斯科方面以提供资金、军火和顾问的方式，对一派并不相信马克思主义、在合作上态度冷淡也毫无成就可言的军阀加以扶植。另外，自1920年之后，苏联和共产国际还积极推动中国马克思主义力量的组织化，在1921年7月中国共产党成立后为其出谋划策，后来又以资金相助。它们鼓动中共与孙中山创建、作为“民族资产阶级”代表的国民党建立“统一战线”，并帮助国民党实行改组，组建有战斗力的军队。[201]但是，尽管苏联为援助中国革命投入了巨大精力，却未能成功地按照自身理念对中国民族革命进行引导。最迟在1926年7月蒋介石率领国民党军队从广州根据地出发，以打倒军阀、统一全国为目标开始北伐后，苏联顾问对中国时局的影响力大幅削弱。[202]1927年4月12日，身为苏联军事援助最大受益者的蒋介石，开始在上海对共产主义革命实行血腥镇压。[203]同年12月，最后一批苏联驻广州和其他城市的领事官员被驱逐出境。至此，苏联对中国国内局势的干预渠道彻底被切断。20年代，在所有列强当中，没有哪一个国家像苏联一样，在对华政策上遭遇过类似的厄运。不过，它们都一个共同的经验，这就是：中国绝不肯按照洋人的意志行事，无论对国内还是外界来讲，这个国家都是“无法治理”的。在这一问题上，最大的障碍并非义和团之类的反洋运动（在一些帝国主义战略家看来，中国人如今不再像义和团那样，把矛头明确指向洋人，实在是件憾事），而是中国对外来干预的结构性抵抗力。

证明这种抵抗力的，还有另外一个例子，它的名字叫万县。如果按照非正式帝国的经典原则来推理，人们或许会问：当“高层”（at the top）干预失去作用时，是否可以用“现场”（on the spot）干预取而代之？当抗议不再生效，何不把麻烦交给军舰去解决？对这些问题，万县事件便是答案。[204]

万县是长江上游的一处通商口岸。[205]1926年8月底，一场因英国商轮撞沉中国木船而导致的冲突在这里爆发。当地军阀小头目杨森扣押了英国太古公司的两艘货轮，并与一艘英国炮舰展开对峙。6名英国人落入了中国人之手。9月5日，这艘军舰以及另一艘奉命增援的英国军舰开始向岸上中国驻军和万县县城发起炮击。这场轰炸的动机纯粹是为了挽回脸面，因为在此之前，6名被拘押的英国人当中，已有5人被释放。据英国官方公布的数据显示，轰炸导致近400名中国人死亡，其中多数为平民。根据中方统计，县城中死于炮火的实际人数要多得多，据称在1000~4000之间。[206]万县事件作为20年代发生的多起炮舰冲突之一，最终演变为一场惨案，并在整个长江流域引发了一场抗英浪潮。在万县，英国货物从此受到抵制，并持续了9年之久，直到1935年才由蒋介石下令解除。[207] / 238

作为一处口岸，万县的地位并不起眼，这里出口的货物主要是植物油，关闭口岸并不会给英国造成太大的损失。但是，与临城劫车案一样，万县事件同样具有标志性意义。它暴露了两点问题：第一，在和平外交日趋流行的时代里，动辄诉诸武力依然是英国人的原则性做法；第二，同时也更重要的一点是，对解决国内地方问题而言，炮舰行动是无效的。在上海、香港、天津这些外国势力在中国沿海的重要堡垒，当出现紧急情况时，列强仍然可以调动大批军舰来对付中国人的反抗。在武汉这样的华中重镇，一旦形势危急，洋人的唯一应对办法就是撤离。然而到了内地的许多小型通商口岸城市，传统的干预手段则彻底失灵。对这些地区实施经济渗透，恰恰是英国在华势力的主要目标。自从中国人把抵制洋货这种独特灵活的被动反抗形式变成对付洋人的重要手段后，特别是当全社会的民族主义情绪使这些运动的声势和凝聚力大增之后，炮舰政治最终变成了一只“回力镖”。[208]一场因炫耀武力而引发的抵制运动（比如在万县），并不能借用作为诱因的同样手段得以平息。面对被动反抗，炮舰变得毫无用处。这就是万县的教训。[209]只有当恐吓和威慑能够起作用时，炮舰政治才是有用的。而军舰一旦开炮，在同仇敌忾的民族主义气氛下，开火者将不得不面临一个现实选择：或让冲突升级，借机发动对领土的全面侵略；或停止恐吓，放弃武力行动。[210]1931/32 年，日本做出了前一种选择。西方列强则选择了第二种方案：从 20 年代末起，进一步推进非正式帝国的“非正式化”。

临城和万县这两起事件证明，所有以镇压和教训为目的的高层或现场干预，都无法再起到像 1916 年以前一样的效果。在 1924/25 年到 1927 年中英两国的大规模交锋中，这两起事件仅仅只是插曲。在这些年里，英国是中国城市民族主义的主要反抗对象。其原因在于，日本暂时放弃了对亚洲大陆的侵略性政策，而英国作为香港的实际控制国、上海公共租界最大的外国势力以及工业和轮船运输业

/ 239

的重要雇主，自然便成为反洋运动的最明显目标。此外，租界中外国警察的残暴行径，也为冲突的爆发埋下了导火索。1925 年 5 月 30 日，上海公共租界的华人和印度锡克族巡捕在英国巡捕长的命令下，向手无寸铁的示威者开枪。这些示威者是为了抗议上海某日本纱厂的日本工头打死中国工人而走上街头的。4 名中国人被子弹击中身亡，另有多人受伤。在接下来的几天里，又有 10 人在上海的骚乱中丧生。[211]1925 年 6 月 23 日，悲剧再次在广州上演，其血腥程度甚至超过了上海。英法巡捕用机枪向经过租界的示威群众扫射，导致 52 人毙命，170 人重伤。[212] 此后，至少 28 座中国城市相继爆发示威活动。1925 年 7 月和 8 月间，上海的英国和日本纱厂纷纷遭遇罢工，抵制洋货浪潮席卷各地。从 1925 年 6 月到 1926 年 10 月，香港和广州也爆发了类似的抗议活动，在外国轮船工作的华人船员在其中扮演了领导角色。[213] 这场大规模罢工和抵制洋货运动，为年轻的中国工人运动的组织与意识形成发挥了极其重要的作用，是中国共产党在群众性动员领域的学徒期。此外，这场运动同时也清晰地展示了中国民族主义阵线的各种可能性和局限性，其一目了然甚至超过了 1919 年 5、6 月间的示威活动。从流氓无产者到上海总商会的富商和买办，都有可能成为这条阵线中的一员。

列强的反应虽然惊慌，却并非没有头脑。它们既没有匆忙地安排撤离，也没有不加思考地予以回击。其采取的做法是避免对示威运动实施进一步直接干预，并坐视事态发展，直到各地抗议活动的高潮逐渐回落并最终平息。这场从 1925 年持续到 1927 年的城市革命运动在蒋介石 1927 年春通过反革命政变将其彻底剿杀之前，并没能赢得“打败帝国主义”的决定性胜利。抵制和罢工使英国经济利益暂时受到影响（其他列强反而因此获益），却未能对其造成致命的伤害。早在1925年底，上海的生意活动便已“恢复正常”。[214] 此外，天津和整个华北地区几乎都没有被这场风潮波及，1925 年，北方甚 / 240

至创下了对外贸易额的新纪录。[215]反帝群众性运动的轰轰烈烈场面，与其在打击帝国主义方面取得的有限成果形成了鲜明反差。1927年，英国将汉口和九江两处原本可有可无的租界地交还中方接管。同年，上海公共租界由外国人组成的会审公廨被撤销。1930年（！），上海华界当局得到了赔偿1925年“上海事件”受害家属的寥寥15万美元抚恤费；1928年，3位华人董事进入了上海公共租界工部局——这是列强向权倾一方的上海买办势力，而非民族革命做出的让步。[216]除了上述几点之外，一切都是老样子。另外值得一提的是，就在南方反帝浪潮风起云涌的同时，在北京召开的特别关税会议上，列强也仅仅是向中方承诺，在对华问题上“愿以诚意相待”。[217]

然而尽管如此，这场发生在1925~1927年间的“大革命”[218]仍然不能被看作是一次彻头彻尾的失败。它进一步加深了西方列强的印象：外国对中国横加干涉的时代已成为过去。1923年的临城事件暴露了中国高层权力的空虚；1925~1927年沪粤港三地的反帝运动向世人宣告，在列强控制的沿海堡垒，当地民众已不肯再受洋人的肆意摆布；1926年的万县事件则反映了武力威胁在中国内地的无效性。外国势力在中国并没有受到现实的严峻威胁，英美日等列强在经济领域建立的非正式帝国仍在继续运转，但是其政治和军事基础却已出现动摇。在1927/28年之后的几年里，帝国主义开始着手进行政策上的调整，并选择了以下两条不同的道路：西方列强是通过特权体系的收缩和“非正式化”，以及重新构建与蒋介石领导下意欲改革的国民政府之间的合作关系；日本是通过一系列措施——从发展对华“特殊关系”，到以殖民方式篡夺权力——推进自身地位的“正式化”。到30年代时，以上两种战略，无论是西方还是日本，都已远远超越了条约体系和通商口岸体系的传统范畴。

/ 十三　经济入侵的新形式[1]

在中国，直到世纪之交过后，“西化之全球革命”[2]的影响才开始在零星外国飞地以外的地区显露出迹象。在经历了无数风云动荡——从禁烟、废除科举、清末新政[3]到辛亥革命，再加上1919年五四运动到1927年镇压群众性示威运动期间发生的一连串政治事件——之后，中国已不再是那个充满异域色彩却又面目可怖的19世纪中国，那个由一群梳着辫子的文武官员和太监掌管的世界。记者布兰德（J. O. P. Bland）与探险家、骗子和天才汉学家埃德蒙·巴克斯爵士（Sir Edmund Backhouse）在1910年合著的《慈禧统治下的大清帝国》（*China Under the Empress Dowager*）一书中，根据一半真实、一半伪造的史料，对上述景象再次做出了生动描绘。[4]从许多角度看，西方对中国的影响都是断裂的。生活方式的彻底西化只是发生在极少数人身上的个别现象。上海滩上那些洋派十足、以追逐西方时尚为荣的花花公子，只是昙花一现的现象，并令很多人所不耻。西方影响更具代表性的一大特征，是知识分子和学生群体的形成。在西方人看来，这些人与中国传统文化背景之间的关系总是若即若离、藕断丝连。[5]尤其值得一提的是，即使在那些主张全盘西化的知识分子当中，汉语作为中国优秀文化的标志性符号，也从未遭到摒弃。甚至在美国人创办的教会大学里，英语也没能彻底替代汉语，成为唯一授课语言。[6]从文化涵化（Akkulturation）到同化（Assimilation）的一步在中国始终没有迈出。没有哪一门外语能够像英语在印度或法语在北非和西非部分地区一样，成为受教育阶层的表达和交流媒介。[7]但是，在中国社会中，没有哪个群体像大学生一样，在世界观和人生观方面如此深刻地遭遇外来文化的冲击。

世纪之交后不久，一波赴日留学潮在中国悄然兴起。这或许是世界史上迄今最大规模的一场学生迁徙潮。1906年前后，在日中国留学生人数已经超过了7000人。[8]这些人是抱着学习现代科学技术的目的来到这里的。在他们看来，日本正是依靠这些知识才强大起来的。在儒家思想作为国学已走向没落的时代里，他们只有掌握了这些知识，才能有资本为国家效力。在闭关锁国方面，日本曾比中国表现得更为极端。在中国开放10年之后，日本才被迫对外打开国门。然而半个世纪之后，日本的发展水平却已远远领先于中国，并成为这个在文化上与自己有着深厚渊源的古老文明的“老师”。传统的角色分配发生了转换：在通往现代化的道路上，中国对日本这个“小弟”充满信任。日本在许多方面可以给中国提供启迪（甚至超过了俄国）。[9]对中国人来说，日本的整体环境他们更熟悉，语言门槛和生活开支都比欧美低。尤其重要的是，日本已经对西方现代知识进行了筛选，并从中挑出了对亚洲有用的内容。在20世纪头20年，对许多有着不同出身、兴趣和志向的中国人来说，留学日本是其重要人生经历。在辛亥革命前以及1913年反对袁世凯的“二次革命”失败后，这个岛国是革命者的避风港和根据地。这些人与欧洲各种激进思想和理念的接触——从最初的无政府主义，到后来的社会主义和马克思主义——都是以日文译介作为渠道。[10]包括中国的新一代官僚和军人，很多都是在日本走过了人生中重要的社会化阶段。例如，在早期民国政府财政部高层领导中，有一位次长便曾留学日本。此外，所有司长以上的职位（只一位副部长除外）都是由“海归”担任，其中四分之三都曾留学日本。外交部和交通部的情况也与此相仿。[11]在大大小小的军阀当中，有些人曾在日本军校接受教育。反过来讲，这些日本军校在很大程度上都是受德国的影响。[12]在军阀中有一位人物，他从许多角度看都堪称中国最有成就的军阀，是他将现代中国政治中的军事路线与国民革命路线结合在了一起。这个人也是日本体制培养出的学生，他就是蒋介石。1907~1911年间，年轻的蒋介石曾在东京一所士官学校就读。[13]在这些年里，许多拥有不同信仰和抱负的中国政治家都曾在日本寻求支持：无论是革命家孙中山，还是他的对手、西原借款的对象段祺瑞将军。这些人当中，很少有人会忘记1894年以来日本让中国蒙受的耻辱。他们的想法是借鉴对手的经验为自己所用，或者只是因为缺少其他选择，而不得不把希望寄托于日本。[14]

另外有少数中国年轻人选择赴德国或英国留学，还有更多人是响应1912年发起的勤工俭学计划赴法国读书。对于华南和内地省份的学生来说，后者尤其具有吸引力，因为与北方和华东地区的同学相比，他们很难有途径获得赴日留学奖学金。在1921年勤工俭学进入高峰期时，法国的中国留学生人数达到近2000人。两位后来的国家领导人也在其中：周恩来和邓小平。[15]一战结束后，美国变成了最受欢迎的留学目的国。在这方面，美国人在华创办的教会学校和大学对中国教育精英产生了一定影响，至少从程度上讲，要比欧洲所有国家的类似机构大得多。但是，在教会大学注册的学生人数仅占大学生总数的12%，况且在每1万个中国人里，只有一人有机会上大学。[16]

/ 243

在中国，大学生——至少是其中比例虽小但人数可观的留洋生——是除买办之外，唯一与外国有着密切接触的社会群体。相比之下，社会和地域分布更广泛的是人数多达400万的中国基督徒，这些人的皈依是西方传教活动的成果之一。[17]不过，这一数字的可信性正如这些皈依者对信仰的热情和严肃性一样，都是令人怀疑的。他们当中有很多人是纯粹从世俗动机出发，才加入信众队伍的“大米基督徒”。在城市里，少数教会机构在科学研究、社会和公益事业，特别是医疗教育与服务方面做出了可观贡献。[18]然而在农村地区，教会在大众教育和改良农业方面开展的各种示范性项目却鲜有成就。这些项目从动机上讲是反激进主义和家长式的，由于受到中国农村各种问题的限制，其作用也是零零星星，效果甚微。[19]尽管如此，对于一向排斥改革的传教实践而言，它们仍然称得上是具有启蒙精神的特例。在中国内地，20世纪的传教活动与19世纪时一样，都是对当地社会结构的一种破坏，并且在破坏的同时，没有为其带来任何意义上的革新。无论是打着法兰西共和国旗号讨伐异教徒的天主教传教士，还是唯一新教团体“中国内地会”（China Inland Mission）那些一心要把基督教传遍中国每一处偏远角落的基督教基要派，都没能担起西方现代化使者的责任。这些人倚仗权力标榜的所谓仁爱，以令人反感的方式，成为许多中国人眼中的西方形象代表。[20]

受西方影响最大的，当然是那些受洋人控制的地盘，例如辽东半岛和满洲的日俄“铁路区域”，另外还有胶州湾租借地以及上海。在胶州湾，德国“保护国”将青岛这个清代城市版图上不起眼的港口城市从满目荒凉的古老聚居地，变成了一座充满欧洲风情的模范城市，一个展示欧洲文明的窗口。德国人在城里修建排水设施和供水系统，用石块铺设马路和人行道，盖起了一排排整齐的两层红砖洋房，还有一座（1932 年才彻底完工的）教堂。从 1914 年到 1922 年，城市的发展在日本人手中得到了延续。之后，在中国收回青岛、城市人口从 15 万增长到 60 万的 15 年里，青岛的发展政策虽未能延续，但整个城市的准西洋风貌却得到了保留。[21]但是，青岛的工业化并不是在德国统治时期，而是 1917 年前后在被日本占据时开始的。20 年代时，青岛成为继上海之后第二大棉纺业中心，整个行业大部分是被日本人控制。早在德国殖民统治后期，青岛进口贸易近半数便已落入了日本商人之手。1913 年，生活在青岛的日本人约有 1000 人，1918 年增长到 1.9 万，30 年代中期时，仍然有 1.5 万。日本企业雇用员工数量占产业工人总数近三分之二，整个棉纺业的雇工人数大约是 2 万人。[22]当 1922 年中国收回青岛主权时，这座城市和外国殖民地没什么两样，它是除上海之外日本在中国核心地区最大的城市桥头堡。日本人作为“非正式”殖民者对这座城市经济生活的控制，甚至超出了德国作为“正式”殖民统治者所达到的水平。

青岛的规划式发展在其他任何地方都找不出第二例。人们经常听到的关于德国人和日本人做事严谨的说法，似乎都可以从中找到证据。在香港尤其是上海公共租界的“自由放任式”管理下，基础设施建设与改善更多是被交给了私人资本去打理。公共租界最初仅有的一项公有性质的公共服务——供电，也于1929年实现了私有化。[23]虽然已进入20世纪，但上海公共租界的管理仍然是采用英国俱乐部模式，即由商界精英自愿成立的联合会，根据国家行为最小化原则实行管理。[24]因此，上海的发展缺少一种由执政者主导的规划性，就像德国人和日本人在其领地所做的一样。就在高楼林立的“外滩”对面，便是大片厂区，当中夹杂着简陋的泥坯房和竹棚，里面居住着作为新兴群体的产业工人。下游几公里处，是外来移民和流民聚集、面积不断扩大的棚户区。[25]西方现代化对上海的影响呈现出差异化和两极化的面貌。在极端“现代”的环境里，富裕和贫困比肩并存。在这里，生活在阳光里的人与生活在黑暗中的人并不是严格按照种族界线划分的。种族界线的存在，自然是无可争议的事实：从1885年到1928年，黄浦公园门口一直挂着一个臭名昭著的牌子，上面写着“华人与狗不得入内！”[26]证明种族歧视的例子可谓数不胜数。（另外还有一件事虽不像前面的例子那样恶名远播，却同样值得一提：一位名叫爱德华·以斯拉（Edward Ezra）的富商在租界为自己修建了一座占地10公顷的别墅，禁止外人踏入，华人和狗当然也在其列。这位富商并不是某家洋行的巨头，而不过是一位兼营贸易的代理商。）[27]贫富差异既存在于殖民者当中，也存在于被殖民者当中。上海的顶尖富豪中也有华人，反过来讲，当世界经济危机爆发后，有些英国人也因穷困潦倒而沦落为“穷白人”。这些人的存在为“上等人”（Herrenmensch）神话提供了反证，因此往往遭到殖民当局的嫌弃。1934 年，租界的英国侨民当中，有 6% 是注册登记的失业救济金领取者。上海英国商会为此特意致函海外所有英国商会，并在信中声明，上海绝非失败者淘金的乐园。[28] 另外，白俄也给上海带来了不少麻烦。在 1918~1922 年间，大约有 25 万生活在东部的俄国人为逃避布尔什维克统治流亡到中国。20 年代中期，这些人当中大约有 1.9 万人在上海落脚，并且不受治外法权的保护。除了生意场之外，在所有其他行业几乎都能见到他们的身影，尤其是在闻名世界的上海午夜场上。[29] 到了 30 年代后期，随着又一波移民潮的出现，一批全新身份的“穷白人”来到了上海这个“全世界唯一不需要签证的地方”：来自欧洲的 1.8 万犹太难民。[30]

上海是监测中国与外部世界变化的“地震仪”。这座城市总是以异乎寻常的速度，对 20 世纪的各种变化做出反应。自 1842 年开埠后，上海成为全国首屈一指的对外贸易重镇，1895 年后又成为全国工业中心。[31] 但是，直到世纪之交过后，上海才成为一座巨大的社会变革试验室，并于一战后成为中国政治的焦点。自太平天国之乱后，中国的历次风波都没有使上海受到冲击：义和团与它擦身而过；1912 年，对上海洋人来说最重要的事件并不是革命，而是新高尔夫球场的开张。[32] 随着五四运动的爆发，上海突然间被推到了国家政治中心的位置。与此同时，一场巨大的工业化浪潮在这里掀起，这是 1949 年之前的上海城市史上规模最大的一次。[33] 20 年代时，随着北京中央政权的瓦解，中国的政治中心逐渐南移，从洋人的视角来看也不例外：在接下来的几年里，外国驻上海领事馆在外交上的
/ 246
地位超过了北京的公使馆。到 1928 年时，国民政府从北京（当时已更名为北平）迁到了离上海不远的城市南京。上海作为全国在社会和经济领域发展速度最快的城市，是 1925~1927 年“大革命”上演

的舞台。这场革命的主力军是中国社会最年轻、最先进的几个阶级：知识分子，在工业和运输行业务工的工人群体，具有政治多面性的“民族资产阶级”。上海为这些阶级的成长提供了土壤。一方面，它对内地来说是开放的，并因此吸引了来自内地的大量政治和经济资源。首先是人，那些被农村生活的暴力化和物质匮乏所迫、到城市寻找出路的人；其次是财富，这些财富的主人将它们转移到上海公共租界，目的是让它们在物理和法律意义上获得安全保障。这就是上海的磁石效应，它是那些在通商口岸问题上持边缘论观点的人难以解释的现象。另外，这座城市对海外也是开放的：尽管工部局竭其所能加以阻挠，却仍然挡不住上海变成难民和冒险者投奔的目标。这种开放性同时也给城市带来了风险。20 世纪上海的繁荣仍然是建立在 19 世纪打下的基础之上：作为框架的条约体系，租界内的勋阀政治机制，和平的门户开放环境等。这些基础——尤其是第三条——的脆弱性通过下述一点即暴露无遗：作为满洲危机的附属行动，日本从 1932 年 1 月 28 日起，并在之后的几周里持续对上海发动攻击，给华界造成了沉重的损失。此后，在经历了一段缓和期之后，随着 1937 年 11 月日军占领上海，这座国际大都会的黄金时代彻底结束。

由此可见，与“封闭”环境下的殖民或准殖民式现代化改造相比（最典型的是青岛），在上海的“开放”环境下，“西化之世界革命”以另一种——更复杂、更矛盾的——形式取得了更为明显的效果。另外，还有第三种城市模式。我们不妨以广州为例，对此加以探讨。广州是 20 年代后期中国革命的中心，在这里，洋人同样无法对当地社会直接施加影响。身处沙面人工岛的小小租界，他们不可能做到对整个城市进行治理。在广州，中国也已不再是人们印象中那个“停滞”的中国。昔日的落后面貌逐渐被消除，新生事物不断涌现。1919~1922 年间，广州拆除了 11 世纪建成的城墙，并于

1919~1932年间，对130公里长的道路完成了路面加固。自1919年起，地下水管道开始铺设。城市中的汽车数量从1921年的160辆增加到1935年的2000辆。在所有中国城市，电力化建设都在缓慢向前推进，而广州早在1926便已建成了一座效益颇佳的发电厂。从1908年起，自来水也已开通（用户数量不详）。[34]上述所有城市改造项目，都是由中国城市管理者一手推动完成的。换言之，现代化生活方式的技术性因素都是在没有外国文明帮助的情况下，由中方自主引进的。广州不仅从共产国际那里学会了革命政治，同时还从日本人和西方人那里学会了公共日常生活领域的渐进式改造。

这些变化只是一些表面迹象，其背后是清末民初中国社会众多领域所经历的一场深刻巨变。[35]可以肯定的是，这些社会经济变革大部分都不是由外部因素直接促成的。西方并不是中国革命的创造者，但是，一些从外部引进的因素在中国特有的条件下，使革命的性质发生了变化。与意识形态和信仰体系——尤其是马克思主义——的“中国化”一样，[36]从西方引进的技术和组织形式也是在按照中国国情进行调整，并在功能上做出改进后才在中国扎根和发展。一艘长江上的轮船与一艘莱茵河上的轮船，总不可能是一个模样。工业资本主义，现代化军队，立宪政府：所有这些外来的文明观念在中国社会环境下，都已不再是按照原有的模式运转。因此，中国的社会变革很难用作用力与反作用力的机械原理，即“现代化”的入侵与“传统”力量的抵抗来做出解释。更值得关注和探讨的是中国对现代思想的吸收过程，以及传递这些思想的媒介。前面我们谈到了三个方面的例子：海外留学潮，基督教传教运动以及不同形式的城市发展。从这些例子我们可以看出，西方的现代化一方面是通过传统殖民（“印度”）模式被强加给中国的，另一方面则是由中国社会中的一部分人按照日本自我改造的特殊模式，通过寻找和努力实现的。现代化确是事实，但是由中国人在中国国情下实施的。

这是中国与世界社会之间的主动选择式关系模式，从王韬一直到今天，这种模式始终通行。同时，它也是中国改革之模式，或许也是每一个国家要想在不失去主权的前提下完成追赶式发展的最佳模式。

此外，这种外部与内部力量的共同作用从第四个方面，也就是中国在经济上融入国际体系的过程，同样清晰地得到了反映。发生在“屈从时期”的洋务运动是中国向西方学习的第一次尝试，其目标是在不破坏中国经济体系总体稳定的前提下，在一些对国防至关重要的核心领域，零星地开展官僚资本主义建设。过去在中国，这 / 248 场运动往往因为其失败结局而备受非议，如今人们已开始谨慎地对固有观念做出修正。甲午战争后发生的一系列变化不仅动摇了中国原有的经济格局，同时也削弱了掌握权力的官僚阶层作为经济发展推动者的作用。因此，要想再重拾 1870 年的洋务理念，这条路已被彻底堵死。世纪之交后，在外国经济势力不断向中原地区扩张的阴云下，[37] 中国本土私人资本主义，即中国人所说的“民族资本主义”，逐渐萌芽并日益壮大。他们努力学习和借鉴外国技术，主动担起了经济现代化使者的角色，并在一些领域取得了卓越的成就。正是这一点为下述格局的形成奠定了基础：从世纪之交到世界经济危机爆发，中国经济发展始终是在内部与外部对抗的作用下进行的。

20 世纪时，中国出口贸易在文化层面逐渐失去了吸引力。随着丝绸出口从昂贵的绸缎降格为生丝，特别是随着茶叶贸易的衰败，昔日萦绕在“殖民商品”之上的浪漫光环不复存在。中国既不出口富有异域色彩的嗜好品或东方特有的香料，也不出口黄金和钻石，或橡胶之类的工业原料。中国出口的货物是原棉和棉纱，用于制作化肥、饲料和肥皂的大豆，还有铁矿石，作为颜料工业原料的植物油，以及业内人所说的各种“杂项”（muck and truck），例如猪鬃、草缏，还有中国母鸡每年下的 400 亿个鸡蛋中的一部分。[38] 农产品出口的组织形式与 19 世纪原则上并无差别：出口本身是由上海、香港和天津的洋行来打理，货物供应则由本地商业网络来完成。只有少数中国商行能够直接介入出口事务，在外国设有代表处的更是屈指可数。洋人仍和过去一样，避免插手出口货物的原始生产环节，最多只是投资开办一些小型企业，从事出口产品的再加工，例如轧棉、提炼植物油（特别是1930年代成为中国重要出口货物的桐油）、鸡蛋和其他食品所需的冷藏设备等。个别情况下——例如桐油——洋人也会在作为出口产品原产地的县城设立采购点，比如说在万县。这种做法打破了由本地中间商组成的链条，与传统通商口岸贸易相比，洋行对采购价格的影响力大大提高。[39]从总体来看，中国出口结构的多样化减少了中国对外贸易的依赖性。在宏观经济层面上，中国并不像第三世界的许多国家一样，完全是受单一产品的国际市场走向控制。从微观经济层面看，许多出口产品都是以农村家庭副业的形式生产的，而不像茶叶那样，关系到整个地区的经济命脉。种在荒坡上的几棵桐树、养在家里用来生蛋卖钱的几只鸡鸭，只是农民的额外收入来源。通常情况下，这些收入来源即使中断，也不会导致整个家庭陷入饥饿和贫困。在中国农村居民中，绝大多数人甚至对出口毫无贡献，靠出口维系生计的人只占极少数，其中最突出的是东北的大豆种植户。[40]自茶叶出口衰落后，以出口为重心的华中与华南农村在全国经济中的地位也随之下降。在出口总额增加（见第233页表5）的同时，中国经济对外贸的依赖度也在不断降低。

/ 249

如果说对华贸易最初的困难是为这个总体上自给自足的国家找到适合的出口产品（19世纪的解决方案是鸦片），那么从1880年代开始，问题转到了其他方面。出口的衰落给进口造成了资金上的困难。进口与出口对中国外贸的作用，前者是推动，后者是掣动。长期的贸易逆差只能通过新的外国投资，特别是通过近800万海外华人汇给家乡亲人的钱款得到平衡。[41]当鸦片贸易衰败并最终消亡后，还有哪些货物被进口到中国？从20世纪头30年的进口构成来看，我们可以发现以下几个趋势：[42]第一是洋布进口量的下降，在1880年以前，洋布是仅次于鸦片的第二大进口商品。直到1920年左右，洋布在总进口额中的比例仍然高达近五分之四。之后，随着一战期间以及战后本土棉纺业的兴起，进口洋布逐渐被国产棉布取代。到1931年时，进口洋布占比下降到7.6%。1937年中日战争爆发时，中国已经彻底实现了棉布的自我供给。这种变化透过一个现象便可得到充分反映：从1920年起，中国成为原棉纯进口国，自1927年之后，中国出口棉纱数量甚至超过了进口。于是，在棉纺业中形成了一种特殊的三角关系：上海、青岛和天津的日本纱厂利用中国劳动力，将美国进口的长绒棉纺成纱，再送回日本加工成棉布。

/ 250

第二，随着工业化的萌芽，资本货物进口逐渐增多，虽然势头并没有达到迅猛的程度。20年代时，机器进口占比从世纪之交的1%增长到3%。第三，多年来，中国一直从国外进口粮食，进口量每年都有很大起伏，数量多少主要取决于当年的粮食收成以及国内的交通状况，比如说在20年代，由于交通业因军阀混战而受到破坏，使得各省之间的粮食调剂出现了困难。第四，如果某种外国工业产品能够凭借优势，战胜本地以原始手工方式加工的同类产品，这种产品的进口便会随之增多。一个典型的例子是蔗糖。[43]直到1890年代中期，中国还是一个蔗糖纯出口大陆地区。之后，“爪哇糖”（往往是由当地华人种植加工）、来自中国台湾以及由英国人在中国香港开办的工厂生产加工的蔗糖大量涌入市场，以至到两次大战的间歇期时，国产蔗糖的市场占比只剩不到一半。国产蔗糖都是农村小作坊用简陋方法加工、没有经过提纯的红糖，在工业化生产的白糖出现后，它们逐渐被挤出了市场。这是本土手工业以及原材料生产（甘蔗种植）受国外进口工业品冲击的典型案例。但是，原有的前工

300

业化技术并没有彻底消失，特别是在困难时期，很多消费者都会从进口商品回归廉价的国产货（例如，有些家庭放弃了煤油，改用豆油用于照明）。第五，只要随意翻看一下当时的进口统计数据，我们就会发现不少国外产品成功进入并占领中国市场的例子：有些产品的名字刚刚出现在统计表上，地位便迅速攀升。纺织染料便是一例。自 1880 年代起，纺织染料成为德国对中国的特色出口产品。[44] 更典型的例子是煤油，也就是人们所说的"中国灯油"。[45]1876 年，煤油首次出现在中国市场，规模也很有限。从 80 年代中期开始，美国进口煤油成为市场主打。这是个颇有代表性的例子，值得我们详细加以讨论。

煤油进口之所以具有代表性，是因为它体现了一种全新的市场占领模式。[46] 我们不妨将它与过去的传统方式进行一下对比。19 世纪时，外国商品进口是按照通商口岸贸易的组织形式进行的：洋行在海外货物到港后（大部分是在上海），便当场通过买办将货物卖给本地的大型批发商，并由后者以独立经营和自负盈亏的方式将货物分销到全国各地。鸦片贸易便是采取这样的模式，棉织品进口在

/ 251

1930 年代衰退之前，同样也没能脱离这一模式。进口的第二种组织形式只有在下述情况下才会出现：进口货物的接受方并不是无名的大众消费者，而是经常以不同面目出现的中国政府。最典型的政府生意是军火贸易，另外还有铁路和洋务企业所需的机械设备。这两种传统的进口贸易模式都有可能导致中国对进口的依赖，但无论哪一种模式，都难以形成对中国市场的有组织渗透。一些大型洋行，如怡和洋行、太古洋行或美最时洋行等，虽然在内地开设了办事处，但其目的并不是要用洋货来充斥中国市场，而更多是作为船运公司，或为了拉拢与各省掌握财政大权的地方要员之间的关系。

进口贸易的第三种组织模式所采用的是完全不同的另一套规则。我们可以把这种模式称为跨地区直销模式，它是由德国纺织染

料生产商最早引进到中国，之后在大型油料公司和英美烟草公司[47]手里得到了改进，最后又被一些化肥、蔗糖和轮胎生产商在小范围里加以借鉴。甲午战争后，受列强势力范围之争以及金融资本主义入侵的影响，当年由璞鼎查爵士和额尔金伯爵创立的条约体系已变得面目全非。与此同时，在商业实践中，随着"管理资本主义"（managerial capitalism）的蓬勃兴起，传统通商口岸体系的束缚也被打破。跨地区直销模式实际上是通商口岸贸易的三个彼此独立的环节——海外生产、通商口岸代理、国内贸易网络——合并在一起，成为一个完全由洋人控制的组织，一家"垂直"管理的一体化企业。这种将大规模生产与大规模销售合并为一体的做法，并不是在中国诞生的。它最早是于1880年代在发达资本主义国家出现的，特别是美国。[48]当时，一些美国企业纷纷前往欧洲大陆，为自己开拓地盘，比如说胜家缝纫机。[49]但是，这种新型组织形式在中国市场上的蔓延速度却是惊人的。19世纪时，欧美对华贸易的经营模式是通过功能上的细化分工，以近乎自然生长的方式，从"港脚贸易"这种地区性私人贸易发展成为世纪末最后三四十年的跨领域大型洋行，[50]怡和洋行的企业发展史便是这方面的一个教科书式例子。[51]如今，随着跨地区直销模式的出现，一整套与城市资本主义相关的新兴事物从外部闯入了对华贸易这个在很大程度上以自足为乐的世界。跨国企业标志着对中国的经济开发进入了一个全新的发展阶段。作为进攻型资本主义的代表，它们与通商口岸贸易的传统组织模式同时在中国市场上展开了较量。与后者不同的是，跨国企业的业务并不局限于对华贸易。对那些活跃于全球的跨国企业来说，中国只是众多市场和投资目标中的一个。比如说以生产纯碱与肥料闻名的帝国化工集团（Imperial Chemical Industries），[52]还有1929年在上海开办肥皂厂的利华兄弟公司（Lever Brothers，即后来的联合利华）。和其他地区相比，中国甚至没有太大的吸引力。在一战后各大跨国企业在落后国家投资的众多项目中，只有少数进入了中国。[53]一个颇具讽刺性的原因是，在1933年之前，中国缺少有效的关税保护。对一家开在上海、为中国市场制造产品的外国工厂来说，它自然希望能享受关税屏障带来的好处。由此一来，传统条约体系所倡导的自由贸易理念反而变成了阻碍资本以现代模式输入中国的壁垒。投资者抱有顾虑的另一个原因是，在他们看来，中国只是一个**潜在**的市场，而且政治环境极不稳定。正是出于这样的考虑，亨利·福特（Henry Ford）1932年决定放弃在上海开办汽车制造厂的打算，克鲁格集团（Kreuger-Gruppe）也改变了投资中国火柴业的原有计划。[54]

在开采可供出口的原材料方面，跨国企业对中国并没有兴趣。它们当中没有一家企业在中国投资煤矿或农业开发。一项由标准石油公司投资、在华北寻找石油的大规模勘探行动，也于1916/17年无果而终。[55]各家跨国公司都把精力集中于对中国销售市场的开发之上。“市场导向”而非“供给导向”，是跨国企业对华投资的标志性特征。在这方面，美孚石油公司（Standard Oil of New York）堪称先驱。最初，美孚公司是采取传统营销手段来应对中国市场：它把石油卖给通商口岸贸易先驱——怡和洋行，再由后者将内地销售转交给中国大的经销商。1894年，美孚公司改变了策略。因为它发现，要想成功占领中国市场，必须绕开本地贸易网络，直接把昂贵的“火油”卖给那些往往是端着碗来买油的农民。这项策略成功的关键是免费发放锡制油灯。这种油灯是专门针对中国顾客的需求设计，它最大的好处是不易造成火灾。于是，这种印着“美孚”商标的西方产品在那些连洋人都没有见过的村寨，也变成了

家喻户晓的洋货。早在世纪之交前，美孚公司发放的油灯便超过了800万盏。从1903年起，美孚公司开始着手在中国内地建立营销网络，到1919年时，已经在全国设立了20家分公司，并雇用了

500名洋人代理商。不久后，亚细亚火油公司（Asiatic Petroleum Company），英国与荷兰合办的荷兰皇家壳牌公司（Royal Dutch Shell）下属的子公司，开始仿效美孚的策略，在中国建立类似的销售组织。当汽车进入中国后，这类营销体系随着加油站的出现进一步扩大。到1949年时，全国加油站共有366座。1930年代中，亚细亚火油公司在中国市场的份额达到44%，美孚和德士古公司（Texaco）分别占37%和11%，其他石油公司（特别是苏联的Neftsindikat）占8%。[56]事实上，三大西方石油公司共同构成了对中国市场的寡头垄断。[57]面对中国民族主义者为限制西方垄断而进行的抗争（1932~1934年广州煤油市场的华洋之争即是一例），这些西方企业凭借强大的市场力量联手予以回击。[58]

此时，“占领”中国市场终于不再是一种徒有其名的象征性行为。这场石油侵略是一次经过长期精心谋划发起的行动。为此，西方石油企业专门进行了市场调研，而这恰恰是兰开夏郡的棉布制造商未曾重视的一点。后者在生产过程中，从来都不曾考虑过中国顾客的需求。包括英美烟草公司在内，这些西方企业对派往中国的员工实行严格培训，汉语自然也在培训之列。据说，当时美孚公司选拔驻华人员的流程甚至比美国政府选拔外交官的考试还要严格。当然，这些西方企业的海外营销体系同样也离不开与华商的合作。在这方面，其成功的秘诀之一是，利用当地原有的商业网络来达到自己的目的。例如，这些企业总是挑选当地最有名望、最有势力的华商作为合伙人。另外，企业还派遣洋人员工以旅行为名，到大城市以外的其他地区进行考察。与通商口岸贸易不同的是，本地经纪人不再是作为自负盈亏的独立商人，而是以代理商的身份与外国企业合作。销往内地的货物不再是在上海或香港办理接收手续（就像洋布进口一样），而是在分布于各地县城的数百间油库或仓库（香烟、化肥等）。西方企业通过这种方式绕开了烦琐的本地商业链条，同时也摆脱了那些喜欢自作主张的买办们的束缚。由此一来，不仅实现了成本的内化，同时还在很大程度上掌握了对终端价格的控制权，以及通过营销策略操纵价格的可能性。这些公司利用这一手段，可以灵活地应对地区的市场变化，并有针对性地开展宣传和营销活动，并藉此打败同行业对手（例如俄国的石油企业）的竞争。反过来讲，它们同时也有能力做到，保证产品稳定不变的高品质。这也是和本地中间商贩卖的假货和劣质品相比（茶叶贸易的衰落便与此有关），西方企业拥有的一大优势。这种营销体系可以不受中国金融业的限制，从而避开本地银行高利率的盘剥。对通商口岸贸易来说，高利率往往会导致商品价格大幅上涨。

但是，海外直营模式只有在特定的条件下才有可能生效。这种模式并非商业资本主义的常规手段，而是工业制造商的一种自发式行为，同时还要有高额投资作为前提，而且只适用于那些适宜储藏和分装的大众消费品。此外，这些企业还必须在政治上具备一定的影响力。对美孚石油和英美烟草公司这些把商业触手一直伸向中国最偏远农村的企业，不可能再依赖本国的领事官和炮舰为自身提供保护。虽然治外法权依然有效，但已不再是这些企业的立足之本。对这些企业来说，关键是要与各地的掌权者搞好关系，特别是在政治碎片化的年代里，每一笔生意几乎都要通过谈判和贿赂才能做成。因此，大型跨国公司的直营模式不仅开启了对中国市场商业入侵的新时代，同时也改变了外来干预的参数。一方面，这些强势企业有能力在伦敦和华盛顿的决策天平上加上自己的砝码，对此，就连通商口岸来自不同派系的利益集团也奈何不得；另一方面，只要这些企业愿意，它们完全可以做到自行其是，而不需要任何干预机制为自己撑腰。当时甚至流行着一种说法：低调隐蔽的“康采恩政治”比僵化保守的外交更有效，因为后者总是墨守成规地把那些诞生于19世纪、如今已越来越不合时宜的条约当作谈判的资本。英美烟草公司对自己发明的“用中国人的办法对付中国人”[59]的策略之所以充满自豪，并不是没有道理的。直到1949/50年，这项策略才以不可预见的失败惨淡收场。

如果用前文提到的有关外国对华经济影响的三种观点——边缘论，现代化论和依附论——来分析这些西方企业占领市场的新模式，又会得出怎样的结论呢？[60]边缘论的观点只有从一点来看，才有可能成立：这些通过直营方式销售的商品对广大百姓而言，并非关乎生存的必需品。无论石油还是香烟，对大多数农民来说都属于奢侈品，只有当生活有了基本保障时，人们才会掏钱购买这些商品。如果家境拮据或经济上遇到困难，这些都可以暂时放弃。尽管中国当时是世界第5大石油消费国，仅次于美国、苏联、英国和印度，但是在30年代时，中国占全球石油消费的比例尚不足3%，人均年消费量只有2.6公升，而日本却已达到19公升。[61]不过，从市场渗透的角度看，海外直营体系对本土经济的影响是深远的。1934年，一份权威性报纸这样写道：“许多乡村农民不知道‘孙中山’是何许人，却很少有不知道‘大英牌’香烟的。”[62]这套体系的庞大规模为经济入侵赋予了新的性质。40年代初，在整个华北地区便有2.8万大大小小的商贩参与英美烟草公司的香烟销售。其中2.6万人都是走街串巷的小贩，他们不需要为这份生意投入本金，而是从县城的经销商手中批发少量香烟，通常只是一天的销量，然后再拿到偏僻的村庄去售卖。[63]西方商人和过去一样，并不会亲自深入农村，但是经济侵略带来的影响却已渗透到各大省会城市、小型通商口岸以及无数地方乡镇。这种分销体系从批发到零售，都是受上海的洋行总部控制。西方名牌货便是以这样的方式被扩散到全国，并成为人们心目中奢华和地位的象征。[64]海外分销突破了传统通商口岸贸易的束缚，如果套用边缘论的说法，即摆脱了后者的边缘化特点。 / 255

那么从对中国经济发展的作用来看，这种模式究竟是促进还是阻碍了中国的现代化呢？就不同行业而论，答案也不尽相同。为此，我们只需拿化工和石油作为例子。化肥的传播从原则上讲对农业生产的影响是有益的，但是从数量上看，其作用仍然十分有限。只有少数农民能够买得起化肥，而且由于在地主制经济环境下，租佃关系处于不稳定的状态，这对化肥之类的额外支出同样是不利的。此外，农民在使用化肥时经常会出现方法不当的问题，这样一来，反而对农业生产造成了破坏。[65]直到1960年代中期，中国农村才开始大规模使用化肥。[66]中国化工业的萌芽并没有因为洋货的进口而被扼杀。特别是1916年在塘沽创立、完全由中国人投资和管理的永利碱厂等企业，更是对进口商在化工领域的垄断提出了挑战。[67]进口油营销网络的强大效益并没有使手工方式的**植物油**加工受到遏制，石油进口反而为部分植物油制造商开辟了出口渠道。但从另一方面讲，对本土石油业的发展而言，跨国石油企业即使没有起到完全彻底的阻碍作用，却也有意识地为其制造了困难，使中国在该领域的进口依赖性进一步加深。[68]此外，它还为后来中国与国际石油企业在黄海海域的海上油田开发合作做出了重要铺垫。从总体上讲，这些以西方标准来衡量堪称最先进的市场营销模式进入中国后，并没有对本地经济的现代化起到促进作用。没有哪位国内竞争者有足够的资金和管理水平，对外国先进方法加以模仿或借鉴。由于这些营销体系全部是围绕大型进口口岸运转的，因此对于国内市场亟待解决的一体化问题并未带来太大帮助。

跨国企业在中国市场的行为既涉及商品输出，也涉及资本输出。一方面，它们需要加强投资，以开辟新的贸易渠道；另一方面，一些跨国企业开始将业务重心从进口转向制造，英美烟草公司便是其中最典型的代表。在对这一趋势做出分析和评价之前，让我们首先来看一看外国对华直接投资的总体状况。这里，我们不妨用4项参数来分别进行衡量：时间维度、投资国、投资领域，以及资金的空间分布。如果将前两项参数单独挑出，并根据当时的各项数据统计列出表格，我们将会看到下面的结果：[69]

表 6　外国对华直接投资（按投资国划分），1902~1936 年（单位：百万美元）

国家	1902[a]	%	1914	%	1930[b]	%	1936	%
英国	150	30	400	37	963	39	1059	40
日本	1	—	192	18	874	35	1118	42
俄国	220	44	237	22	273	11	0	0
美国	17	3	42	3	155	6	245	9
法国	30	6	60	6	95	4	142	5
德国	85	17	136	13	75	3	59	2
其他	0	0	0	0	59	2	59	2
总和	503	100	1067	100	2294	100	2682	100

资料来源：Hou Chi-ming，*Foreign Investment and Economic Development in China 1840-1937*，Cambridge，Mass. 1965，表 1（第 13 页），表 45（第 225 页）。

注：

a）日本 1900 年，美国 1900 年，俄国 1903 年，德国 1902~1904 年；

b）法国 1931 年，德国 1931 年。

表 6 的数据也包括满洲在内，这是俄国 1930 年之前投资占比明显偏高的原因。俄国对华直接投资几乎只限于中东铁路，它是维特伯爵时代留下的遗产，一直延续到两次大战的间歇期，直到 1935 年，这条被日本殖民地包围的铁路线才被卖给了日本人。[70] 无论沙皇俄国还是后来的苏联，都没有在中原地区进行大规模投资。同样，日本的投资增长也是集中在满洲。1930 年时，日本在满洲地区的投资占整个对华直接投资的比例达到了 63%。[71] 尽管如此，最迟从第一次世界大战起，日本已是关内仅次于英国的第二大投资国。除了日本和英国在对华投资中不可撼动的优势地位之外，我们还可以从 / 257

这张表上发现另外两个特点：首先值得一提的是，英国在全球政治和军事实力的衰退以及由此带来的对华投资的减少，并没有直接导致英国在华经济地位的下滑。从统计数据可以看出，在20世纪初，不列颠非正式帝国的经济势力已经与政治和军事因素脱钩；另一方面，我们还可以从表上发现，外国投资在1920年代后呈现出高速增长的势头。虽然说这种现象主要是由日本这位“后起之秀”的巨额资本输出造成的，但我们同时可以注意到，英国投资与战前相比同样也翻了一番。英国对华投资的增长主要来自三个方面：一是新增资本的输入，二是英国洋行以部分利润进行的再投资，三是沪港两地的地价上涨。这三项因素的作用各占几成，我们无法用具体的数字来加以判定。20年代时，美国成为英国和日本之外的第三大对华经济扩张力量。这一点主要反映在贸易方面。30年代初，美国占中国进口总额的比例从1913年的6%增长到近20%，并以此成为中国第一大贸易伙伴。[72]美国对华直接投资几乎全部是为了给贸易扩张提供支持，比如说美孚公司的加油设备和专用油轮，也属于这些投资的一部分。表7所列数据，反映了1931年——从相对繁荣转向严峻危机的过渡之年——各大投资国对华投资的基本情况。

美国59%的直接投资（进出口贸易和交通业，亦即轮船业）都是为对华贸易提供辅助。“城市公用事业”的幕后操手主要是美商上海电力公司以及国际电话和电报公司（Intrnational Telephone & Telegraph Co.，ITT）上海子公司，“银行业”背后是中国三大外资银行之一的花旗银行，[73]以及其他8家银行的分支机构。[74]由美国投资的大型工业企业在中国找不出一家，因为早在一战之前，美国投资者便将目光投向了日本，而放弃将印度、土耳其和中国等殖民地或半殖民地国家作为投资对象。[75]1929年，美国在海外的直接投资总计75.28亿美元，[76]其中对华投资仅占2%。[77]

表 7　四大投资国对华直接投资统计（按行业划分），1931 年（单位：百万美元）

	英国	日本	俄国	美国	总额	百分比
交通业	135	204	210	11	560	24.8
城市公用事业	48	16	—	35	99	4.4
采矿业	19	88	2	—	109	4.8
加工业	173	165	13	21	372	16.5
银行与保险业	115	74	—	25	214	9.5
房地产业	202	73	32	9	316	14
进出口贸易	241	183	12	48	484	21.4
其他	29	71	3	2	105	4.6
总计	962	874	272	151	2259	100

资料来源：C. F. Remer，*Foreign Investments in China*，New York 1933，表 10（第 86 页），数据经过四舍五入处理。

1914 年和 1938 年，在英国所有海外投资（直接投资与资产投资组合）中，对华投资占比分别为 3% 和 3.7%。[78] 中国由此成为英国在亚洲的主要资本输出目标之一，其地位超过日本，仅次于印度（1914 年为 9.3%）。对于一战后才从债务国转为债权国的日本来说，东亚大陆的重要性自然是无可匹敌的。1930 年前后，中国（不包括台湾）吸引了近乎 90% 的日本海外投资。[79] 从国际横向对比来看，资本输出的地理集中度达到如此水平是罕见的。在此，我们不妨用地理集中的其他例子作一对比：1914 年，英国海外投资 35% 集中于北美（美国和加拿大），美国海外投资 47% 集中在拉丁美洲。对英美两国来说，这两个地区都是地位遥遥领先的投资目标。[80] 从中国国内的地理分布来看，1930 年和 1931 年，日本对华直接投资近 63%（5.51 亿美元）集中在满洲，37% 是在中原地区（3.23 亿美元）；[81] 在英国直接投资中，77%（7.37 亿美元）集中于上海，9%（9000 万美元）在香港，包括满洲在内（英国在这里的经济势力十分有限）的其他地区所占比例共约 14%（1.36 亿美元）。[82] 从地理角度看，日本和英国的在华投资具有一定的互补性，同时，这两个国家在两个方面又反映出某种共性：一方面，它们是所有国家中仅有的两个几乎涉足所有投资领域的国家；另一方面，两国的投资在上海发生了交集。

/ 259

表 7 的许多数据都可以轻松地得到解释。日本对交通业的投资主要是南满铁路，英国是两大轮船运输线路。在进出口贸易领域，两国在各处通商口岸都有无数小型商行，同时还有几家在全国各地设有分号的大型洋行，后者在经济入侵方面扮演着至关重要的角色。和怡和洋行相对应的日本企业，是 1877 年开始在上海经营贸易的三井物产。[83] 表 7 所列行业的投资历史几乎都可追溯到甲午战争之前，除铁路之外，只有两个行业不在其列：一是工业化加工；二是采矿，具体讲是煤矿开采。

中国与印度不同的一点是：在欧洲人进入印度之前，这里仅有露天煤矿；而中国早在 17 世纪便已有和欧洲规模相当的矿井，但中国的人均煤炭消费量却非常低。[84] 先进技术的引进，大大提高了开采效率。随着 1881 年李鸿章创办的洋务企业——唐山开平煤矿的投产，机械化大规模的“现代”煤矿开采在中国拉开了帷幕。[85]1895 年之后，一系列现代化煤矿在各地相继创立。煤炭年产量持续增长，从 1896 年的 50 万吨一直增至 1924 年的 1790 万吨，之后进入了长达 10 年的停滞期。1936 年，煤炭产量以 2937 万吨创下战前的最高纪录。除此之外，各地传统小煤窑每年出产的煤炭也达到近百万吨。[86]1930 年代中期，现代化煤矿以年均 1 亿元净产值成为仅次于纺纱业（1.34 亿元）和烟草业（1.26 亿元）的第三大产业。按照就业人数计算，煤炭业与纺纱业的规模大致相当，从业人员大约都在 20 万人。[87] 直到 20 年代中期，东北各大煤矿（大多由日本人开办）

出产的煤炭约占全国总产量三分之一。当关内煤炭开采受军阀混战影响陷入困境时，东北煤炭产量占比达到了全国的一半，在战争爆发前，始终保持在 40% 以上。[88]

东北和关内的煤炭产区在外贸关系方面存在明显差异：1933~1936 年间，东北煤炭出口占总产量的比例在 34%~51%，而中原地区的煤炭出口比例却只有 3%~7%，与法国的煤炭出口水平相仿。[89] 所有出口煤炭几乎全部流向日本。虽然日本煤矿的政策是将满足东北地区需求——其中包括鞍山的大型钢铁企业——作为首要目标，但是东北采矿业仍然具有明显的“外向性”。另外，英国在华北地区投资的煤矿，并没有带来面向英帝国本土或其他属地的中国煤炭出口，[90] 而主要是为了保障其他英国在华企业对煤炭的需求，其最大客户是英美在上海的发电厂、太古和怡和洋行的轮船船队，上海的英国纱厂，以及部分用英国借款修建的铁路。当然，这些客户所需要的煤炭并不是由（在华）英国煤矿独家供应，而是在自由市场环境下自行采购，在这方面，没有人会拿大英帝国的“爱国主义”来做文章。

英国进入中国煤炭开采市场是利用不光彩手段实现的。在“瓜分利权”期间，英国得到了在中国开采 5 处煤矿的许可权。[91] 但是其中有些项目，因为缺乏资金而一直无法实施。自 1903 年起，中国开始千方百计从洋人手中夺回利权。在规划中的各处矿区，开采工作因当地官员和百姓的反抗而屡屡受阻，甚至被迫停工。在辛亥革命爆发前，英国得到矿权的 5 个项目中的 4 项已到期，却仍未兑现。真正投产的项目只有一个，这就是英意合资的北京福公司（Pekin Syndicate）在河南开办的煤矿。1907 年，福公司所属煤矿开采的第一批煤炭上市。1914 年，产煤量达到 48.2 万吨。[92] 面对当地官商合办企业中原公司的抗争，1915 年双方合组成立福中总公司，联合经营煤产运销。这项合作主要是出于政治因素的考虑：福公司可以借此避开地方官府部门的刁难。1925 年，就在福公司的采矿生意一派兴隆时，首先是随五卅运动掀起的反英浪潮，之后是军阀部队的盘剥掠夺，迫使福公司不得不压缩生产规模，并最终停产。直到 1933 年，矿山才重新开工。[93]

开平煤矿是中国第一家同时也是规模最大的现代化煤矿。英国夺取开平煤矿控制权的过程，与利权没有任何干系。早在 1890 年代，外国经济势力便开始通过贷款以及收购股票等方式，争夺对这家名义上归属中国的矿山企业的财政掌控权。[94]1900 年拳乱期间，当企业经营权被置于英国旗帜“保护”之下后，公开接管矿山的机会也随之出现。经过两位清廷“顾问”——德国人德璀琳（Detring Gustav）和美国人赫伯特·胡佛（Herbert Hoover，后出任美国总统）——的巧妙斡旋，由英国和比利时合办的开平矿务有限公司（Chinese Engineering and Mining Company）在成立短短两个月后便成为开平煤矿的掌控者。[95]作为应对措施，时任直隶总督的袁世凯于 1907 年在当地敦促成立了北洋滦州官矿有限公司。1912 年，两矿联合设立开滦矿务总局（Kailuanm Mining Administration，简称 KMA），负责矿山经营和煤炭销售等事宜，在其他方面，两矿仍然保持各自独立。但是，开滦煤矿的实际控制权由此落入了洋人特别是执掌大权的英国总经理之手。不过，滦州矿务公司的管理者仍然有权力就某些问题加以阻挠。开滦矿务局经营的两家矿山是满洲以外地区规模最大、设备最先进的煤矿，其雇用矿工人数于 1912/13 年已超过 7000 人，1931 年约为 3.1 万，到 1947 年更是达到 4.9 万。[96]在 20 和 30 年代时，在关内所有现代化煤矿中，开滦煤矿的产煤量占总产量的比例高达近四分之一。开滦矿务局是上海以北权力最大的英国势力。在华英国商人称之为“中外合作的突出典范”，[97]而华商则对洋人篡夺权力怨声不断。[98]从法律角度看，开滦矿务局的性质确实十分复杂。开平矿务有限公司是受治外法权保护的外商企业，然而开滦矿务局的成立却是以1912年双方依照私法签订的合作协议为基础，与以往的所有条约都毫无关系。从根本上讲，无论英国还是中国法律，都无法对开滦矿务局的地位做出准确定义。说到底，英国人之所以能够掌握开滦煤矿的经营权，实际是以英国驻扎在华北的军队作为靠山。在失去这个靠山后，[99]英国矿务公司只能依靠中国法律，为其独占开滦矿务局寻求合法化保障。1934年，国民党政府满足了英国人的要求。开滦矿务局的管理者始终是从实用主义出发，与压制工人群体的政治势力相互勾结，沆瀣一气：1934年是蒋介石，1935年之后是日本人——在七七事变之前，日本人便已将京津两地变成了自己的势力范围。[100]在中日战争期间，开滦矿务局一直与日伪政权保持着良好的合作关系，甚至在珍珠港事件后也依然如故。

在1937年之前，中国现代化煤矿开采的煤炭中，70%都是出自洋人投资的矿务公司。除了南满洲铁道经营的几处大型矿山完全是由日本人掌控之外，其他矿山都是采用各种形式的“合资”。在开办煤矿方面，洋人从来不曾像甲午战争之前在通商口岸开办企业那样，拥有受条约保障的自主权利。《矿业法》为洋人独霸中国采矿业设置了屏障。按照1930年颁布的《矿业法》，在矿山企业中，外国控股比例不得超过49%，公司董事半数以上必须由中国人出任。[101]然而在实际操作中，外国合作方——不只是开滦矿务局——通常都有办法将公司决策权掌握在自己手中，很多时候，它们仅仅凭借自身的雄厚资金实力以及丰富的技术经验，便可轻松做到这一点。[102]与中国人自己开办的矿山相比，[103]外国投资的矿山在许多方面都享有优势，特别是在逃避税收和各种名目的苛捐杂费方面，通常会有更大的自由度。另外，其运输安全性也更有保障，比如说，外国矿山可以使用自己的货运列车来运输煤炭（例如开滦煤矿）。尽管在一战之后，西方对华干预能力比以往有所减弱，但各路军阀对侵犯外国资产仍然心有忌惮。和这些相比，更重要的一点是，外国投资的大型矿山——无论是河北的开滦煤矿还是东北的抚顺煤矿——在地质和交通地理上都具有得天独厚的优势。

外国大型矿业公司的结构性优势与外国势力入侵时的环境因素有着密不可分的关系，具体地讲，一是 1900 年的义和团之乱，二是日本在对俄战争中赢得的战果。这些有利因素为外国采矿企业攫取中国优质煤矿资源创造了条件。外国公司在中原地区（满洲的情况与此不同）从事的煤矿开采活动，在当地经济中扮演的角色当然不能用“边缘”来定义，它对现代化发展的促进作用也是毋庸置疑的，但是，这种作用并不像持现代化论观点的一派历史学家所声称的那样重要。新中国虽然从洋人手中“继承”了唐山开滦煤矿的整套设施，但是这并不能为现代化论的下述观点提供充分依据：如果没有当年外国公司的参与，中国在采矿业领域所取得的成就是难以想象的。[104] 此外，在这一问题上，纯粹以经济学理论为根据的“依附论”同样也是不成立的。其原因在于，外国煤矿是为了供应中国市场而从事生产活动，其性质并非以出口为目标并可能由此导致外贸依赖的外国飞地。唯一可以确定的是，外国煤矿的出现并非出自中国对海外资金的需求，而是中国在外来入侵面前无力抵抗所导致的结果。外国企业进入后，依靠其自身的特权地位在各方面占据了优势，这种优势虽未达到压倒性的程度，但是每当局势出现动荡，它们便可趁乱打败中国竞争对手，占据领先的位置。

这些煤矿是中国劳工和外国工厂主在上海外资工厂之外最重要的接触点。关于外国资本家对中国无产者实行**极端**残酷剥削的说法，是有关 1937 年之前那段时期的各种民族主义神话之一。20 世纪初的中国绝非太平盛世，而是一个暴力猖獗、剥削无度、民不聊生的社会，除了极少数人之外，老百姓就连最基本的生存都得不到保障。[105] 对广大农民而言，工业资本主义并不是打破安宁生活的闯入者，而是为其摆脱悲惨命运提供了一线生机。在现代化煤矿或纱厂中谋得一份差事，是来自穷困农村的许多人梦寐以求的目标，其吸引力远远超过了那些没有机械化设施的小型煤窑或作坊，因为和前者相比，这些地方的工作环境要差得多，再加上没有企业规章制度的保护，其剥削手段也更为残酷。1930 年代时，在中国许多省份，煤矿开采仍然处于前工业化时代的水平，类似奴隶制的劳工关系十分常见。[106] 然而在**现代化**采矿行业中，这类现象则很少发生。另外，在现代大型煤矿中，也见不到 24 小时一班的井下作业，开滦煤矿甚至从一开始便实行 8 小时轮班制，虽然由于工资低，许多矿工不得不选择连续工作两班。但是尽管如此，即使在最先进的现代化企业中，工人的日常生活也一样是苦不堪言。中国煤矿的事故和伤亡率不仅比欧洲国家高出几倍，甚至和印度相比也是旗鼓相当，在全世界居于最高水平。[107] 在这方面，外资煤矿和本地煤矿之间并没有太大分别，甚至连工资水平也没有体现出明显的差距。[108]

在上海纺纱行业里，日本和英国纱厂的工作环境和中国同行相比不算太好，也不算太差。在华商开办的纱厂中，既有工资和福利优于平均水平的“模范企业”，也有遭打工者嫌弃、轻易不愿去做工的“坏典型”。在所有纱厂中名声最坏、以工头的凶狠毒辣而臭名远扬的是一家华商投资的大型纱厂。[109] 以微弱优势领先于同行的，大概要数日本纱厂。这些工厂的环境较洁净，设备维护妥善，其使用原料的质量也在中国和英国竞争对手之上。[110] 从技术水平和经济效益来看，日本纱厂也堪称整个行业的佼佼者。[111]

中国现代纺纱业大约诞生于 1890 年前后。《马关条约》签订后不久，外国资金开始流入中国。早在 1895 年，怡和洋行便投资创立了怡和纱厂有限公司（The Ewo Cotton Spinning & Weaving Co.），并于 1907 年和 1914 年陆续在上海开办了多家工厂。[112] 日本对中国纺纱业的投资是对英商和华商开办纱厂做出的直接回应，因为正是这些纱厂的创立，使日本刚刚在中国开发的棉纺市场受到了挑战。1902 年，三井洋行在上海买下了第一家纱厂，之后于 1909~1911 年成立了内外棉株式会社。这是三井集团在上海开办的第一家企业，同时也是洋人在华建立的规模最大的棉纱帝国。[113] 从 1897 年到 1913 年，中国棉纱业的纱锭数量翻了一番，达到 86.6 万枚。这些纱锭中有 60% 是掌握在华商手中，另有 27% 和 13% 分别由欧洲人（以英商为主）和日本人掌控。[114] 在第一次世界大战前夕，中国棉纺业的水平仍然十分落后。在同一时期，日本的纱绽数量达到了 250 万，印度甚至高达 680 万！[115] 一战为棉纺业的发展创造了空前有利的条件，因为在亚洲市场上，英国出口产品大都已经绝迹。1922 年，中国的纱绽数量达到了 361.1 万枚，是战前的 4 倍，机械化织布机数量增长了 3 倍。[116] 这一数字创造了当时全球轻工业发展的最高纪录。从 1912 年至 1920 年，中国现代工业的增长率始终保持在 13.4% 左右。后来，直到第一个五年计划期间（1953~1957），中国工业发展才重新恢复到这一水平。[117]

一战之前，中国实业的创办者通常是李鸿章[118] 之类执掌大权的高官，或是张謇[119] 这种出身传统上层社会、身份难以定义的改革者。而在战争期间以及战后，中国纺织业的领军人物则是来自于与官府和洋行关系疏远的商人群体。当时，煤矿仍然是由军界和民间权势人物掌控，它是军阀资产的首选投资领域，[120] 与此同时，在轻工业领域尤其是其重头行业——纺织业，一代“民族资产阶级”正在逐渐形成。[121] 但是，“中国资本主义的黄金年代”[122] 却仅仅从 1917 年持续到 1923 年。在战后爆发的纺织业危机中，[123] 众多华商企业沦为牺牲品。这些企业中大多是资金薄弱的新办企业，但也包括张謇创办的大生纱厂这样的业内先驱。随着日本企业的大规模侵入，其余幸存企业所面临的竞争形势也日益艰巨，产能扩张全面停滞。尽管在 1922~1930 年（世界经济危机爆发前最后一年）间，全国纱绽数量增长了88.7万，达到449.8万，但是其新增部分几乎全部是由日本纱厂贡献的。1922年，日本纱厂的纱绽数量占总数比例约为30%，1930年便提高到40%（1936年更达到44%）。1925年之后，中国纺织业的西方企业只剩下怡和洋行在上海的三家纱厂。1930年，其纱绽数量占比仅有4%。这些纱厂的生产设备虽然陈旧落后，但企业的利润率却始终保持在20%的水平。[124]1936年，英国和日本纱厂雇用的华工人数分别为1.4万和7万。在30年代期间，日本投资者将天津建成了上海和青岛之外的中国第三大纺织业重镇。[125]

单纯从数量看，日本企业在中国棉纺业的地位，从未达到过类似西方企业在中国煤矿业的垄断水平。用几乎所有标准来衡量，外国纱厂的占比都是在50%以下。1923年之后中国本地纱厂经济实力的薄弱和被动地位，并不能阻挡众多中国企业家和工程师的强大创业精神。荣宗敬和荣德生两兄弟便是其中的代表人物。其创办的纱厂和面粉厂从1901年开始，特别是在1915年之后迅速腾飞。1921年，荣氏兄弟在各地已有12家面粉厂和4家纱厂。[126]与19世纪兴办的包括中国最早纱厂在内的一系列洋务项目不同的是，这些企业的创办和发展都是在没有政府资助并尽可能避免政府插手的情况下进行的。而且，这一切都发生在军阀混战的头几年！这些中国人开办的工厂之所以和外国企业一样，也都集中在各大通商口岸城市，除了基础设施方面的考虑，一个重要原因是为了逃避各路军阀的干预和勒索。在1895~1949年的中国早期工业化阶段，中国始终缺少一个拥有发展眼光的强势政权，能够像美国经济史学家亚历山大·格申克龙（Alexander Gerschenkron）所说的那样，在“后起”工业化环境下肩负起领导者的角色，正如私人资本主义市场力量在早期工业革命时曾经发挥的作用一样。[127]格申克龙强调的推动发展的另一类机构——银行，最初在为工业建设提供资金方面圆满地完成了自己的职责。[128]这些银行中的几大巨头都是于1908~1921年间创立的。[129]然而受1923年经济危机的影响，大部分银行都将业务重点转向了低风险、高收益的政府生意。华北地区的银行更是从一开始便与官员和军阀保持着过从甚密的关系。

与中国本土棉纺企业相比，日本企业的一大优势在于其雄厚的资金实力。即使是1931/32年满洲危机期间掀起的抵制日货运动，也未能给这些在华日本企业带来严重影响。相比之下，日本纱厂的设备更先进，管理更完善，生产效率也远远超过中国竞争对手。[130]在整体落后的经济环境下，这些日本纱厂堪称先进经济模式的代表。不过，和煤矿行业一样，日本企业同样也享受着经济因素以外的特权所带来的额外好处。在商业实践中，其产品在销往国外时不会像中国厂商一样被肆意课税。一旦遇到棘手的问题，还可以通过外交途径寻求帮助。1923年，列强便曾以保障“条约权利”为由，联手阻止了中方禁止原棉出口（以降低原料价格）的计划。[131]任何类型的外国企业均可享受治外法权的保护，而无须对中国的法律规章有所忌惮。1931年之后，中国棉纱厂商失去了满洲这一重要市场。华北的日本纱厂利用关税优惠政策，（往往是以**转口**日本的方式）占据了大部分市场。正是出于上述原因，在两次世界大战的间歇期，内外棉株式会社以及其他日本企业在中国棉纺业的实际地位，远远超出了市场占有率所显示的数字。

/ 266

棉纺业，尤其是纺纱业，是继鸦片之后西方在中国成功实现进口替代的第二个案例。当时，英国、日本以及各地通商口岸的现代化工业，是否对中国农户的传统小型棉制品加工产生了毁灭性影响，并对中国农村的普遍贫困化产生了重要作用？对这一问题的肯定性回答是数十年来中国民族主义历史编纂者一贯主张的观点。就像对待中国经济史的其他许多问题一样，在这一问题上，我们也必须从时间和区域的视角来加以甄别。在并不出产棉花的中国南方地区，早在鸦片战争后不久，人们便开始采用进口棉纱作为主要原料来织造棉布。[132]在棉花种植与加工合作密切的华中与华北地区，手工纺制的棉纱并没有被进口品替代，而是直到世纪之交前后，才被逐渐兴起的中国本土纱厂彻底挤出了市场。但是，尽管许多农户不再以销售为目的从事棉纱生产，不过，一直到1950年代，为满足家庭自身需求的纺纱并没有停止。1930年前后，在中国出产的所有棉纱中，至少有四分之一仍然是出自于手摇纺车。[133]与棉纱相比，对外来影响更具抵抗力的是手工**织布**。据最新研究结果显示，1936年中国消费的所有棉布产品中，12%来自于进口，45%产自于本土工厂，另外43%是由家庭手工制造。当然，从长期来看，手工织布的市场占有率则呈现出下降的趋势。1894年，其市场占比为86%，直到1920年，在日本纱厂对华大规模扩张之前，仍然高达70%。[134]然而无论事态如何变化，在中国棉布市场上，总有一块领地是工业化无法触及的，这就是农民以自给自足为目的纺制的棉布。在特定条件下，为供应市场而进行的手工织造，还有可能随着廉价机纺棉纱的普及，为自身发展赢得新的动力。在1910年代和1920年代时，手工织布在华北农村地区曾经兴旺一时。农户从商贩手中买来青岛、天津和上海等地出产的机纺棉纱，有些家庭还购置了经过技术改良的织布机，之后再将加工后的棉布成品交给商贩，由其销往华北和东北各地。[135]这种前工业化生产模式之所以能够得以维系，完全是建立在农村家庭近乎无限度的自我剥削基础之上。特别是在人口过剩和季节原因造成的人员闲置的环境下，劳动力成本对农户来说趋近于零。然而对工厂而言，它们至少要向工人支付维持生计所需的最低工资。农户通过劳作换来的每一个铜板——无论付出多少精力和劳力——都比一无所得要好得多。[136]另外一些历史学家认为，手工织布业得以延续的最重要原因在于市场的分化：一边是价格昂贵、品质优良的机织布，另一边是质地粗糙但价格便宜的手织布。[137]相对确定的是，数千万农村家庭的自产自销是传统纺织业领域牢不可破的堡垒。1840~1936年间，市场销售的手织布比例从半数下降到四分之一。[138]作为副业形式的收入渠道，手织布的地位大大下降，然而在满足广大农村居民自身需求方面，其重要性并没有发生变化。就纺织业这一中国最重要的制造业领域而言，其中的各种因果关联是极其复杂的。我们或许可以尝试用下面这道简单的公式对其加以梳理：最初，进口的机纺棉纱将本地出产的手纺棉纱挤出了市场；之后，进口棉纱又被中国本地纱厂的产品所替代；国外工厂还有后来陆续开设于各地通商口岸的工厂用机器生产的棉布，代替了本地用手工方式制造的高档棉布，但是，满足农村家庭日常需求的任务并没有被这一渠道所包揽，这部分市场至少有半数仍然是由手工织布覆盖的。不过，手织布这个行业本身并非一味抱守传统，停滞不前，而是努力谋求自身发展，以适应工业化带来的新环境。

这些为时漫长的发展进程使得中国融入世界经济的方式和深度发生了变化。推动这场结构性变革的动力最初是英国的出口经济，之后是中国民族资本主义，最后是日本大型工业集团。中国纺织业的现代科技与资本主义生产方式引进，既不像边缘论者所言，对中国农村所谓自给自足的经济模式丝毫没有产生影响，[139]也不像依附论者在与其他第三世界国家相比较后得出的结论那样，对中国的前工业化生产造成了摧毁性破坏。面对日本资金的涌入，受伤害最大的并非传统行业，而更多是本土的现代企业。这同时也是年轻、为数不多的中国工业资产阶级政治地位薄弱的表现。在中国，棉纺业是促进社会现代化的原动力，这一点是毋庸置疑的，虽然说与甲午战争前由国家官僚主义领导的第一轮工业化浪潮相比，这场由私人资本推动的第二轮浪潮在推动全社会变革方面并没有创造更多的成就。正如历史学家王靖宇所说，1949 年以前，中国只有资本主义企业，而没有资本主义社会。[140] 甲午战争之后开始并于 1903/04 年前后大大加速的工业化发展，给中国带来的产物并不仅仅是资产阶级。[141] 20 世纪头二三十年，在北方的煤矿、南方的港口以及中部的轻工业重镇，同时也诞生了中国的无产阶级。在制造业领域里，其三分之二是由女性构成的。这个阶级的成员与家乡农村保持着密切的联系，在城市里，这些人的社会身份是流动的，随时有可能转入由失业人员组成的次无产阶级后备军。受世界经济危机和战争的影响，他们没有机会为自身确立稳固的社会地位，例如形成一支拥有稳定工作的专业工人队伍。除了外来入侵和依赖给农业中国带来的长远影响之外，这种社会历史意义上的近期影响同样也不容忽视，即“世界社会”场域下现代社会阶层的形成。

洋人在中国棉纺业领域扮演的角色，对整个中国工业而言并不具有典型性。不仅是在丝绸加工业这一重要行业，外国资本在其他核心产业——如火柴制造、面粉加工、造纸业等——的直接投资同样也是有限的。[142] 尽管在 1933 年之前，由于缺少有效的关税保护，这些行业的发展都难免受到阻碍，[143] 但是在某些行业，仍然出现了一些由“民族资本家”创立的实力企业。即使在战争繁荣期结束后，这些企业仍然成功地抵抗住了外国资本的竞争。其中具有代表性的企业除了永利化工之外，还有上海的大隆机器厂——1930 年代初，后者雇用的员工人数约有 1300 人，以纺织机械作为主要产品[144]——以及出版业巨头商务印书馆、民生轮船公司等。后者曾在 1925 年之后采用富有攻击性的商业手段，在长江中游地区将英国船运公司逼入困境。[145] 除此之外，还有多家私营百货公司，这些现代化商场甚至在上海这座大不列颠商业帝国的中心城市成功战胜了英国竞争对手。[146] 这些企业受 1923 年之后经济衰退的影响，与纺织业相比要小得多。[147] 在它们当中，很多企业的成功秘诀并非全盘照搬西方企业的管理手段，而是将国外引进的管理技术与中国传统组织模式——特别是家族和地域关系——相结合。[148]

由简氏家族创办的南洋烟草公司便是这些兴旺一时的中国民营企业中的一个。[149]1905 年，简氏兄弟依靠海外华人资本创立了南洋公司，最初是在香港为本地和东南亚市场生产香烟制品。1915 年，就在第一次世界大战如火如荼时（这是对中国工业化而言至关重要的一个时期），南洋公司在总裁简照南——一位符合熊彼特[①]理念的富有创新精神的企业家——的领导下，与行业巨头英美烟草公司展
/ 269 开厮杀。后者一手创建了中国的现代烟草行业，自 1902 年在沪开办第一家烟厂之后，便成为中国烟草业无可匹敌的霸主。南洋公司成功打入了这个强大对手的地盘，1920~1923 年这几个年头对简氏兄弟而言，也成为名副其实的黄金时代。1925~1927 年间，南洋公司利用英美烟草公司受抵制洋货和罢工潮冲击的机会，暂时遏制住了创始人去世后企业一度下滑的势头。但是从 1927 年到 1930 年，包括南洋公司在内的本土烟草企业彻底走向衰败。英美烟草公司近乎控制了整个行业，不再有任何对手。1936 年，其产量占中国烟草总产量的比例达到 62%。由于英美烟草的产品是以昂贵的高档品牌为主，因此，如果按价值计算，其市场份额还要远远高于这个数字。[150]

英美烟草公司是在华外国经济势力的绝佳代表，在这方面，无论内外棉还是怡和洋行或开滦煤矿，都无法与之抗衡。[151]其海外分销体系遍及全中国各个角落，其 8 家烟厂雇用的工人将近 2 万人，在英国对华制造业投资中占据着绝大部分份额。英美烟草公司的背

① Joseph Alois Schumpeter（1883 年 2 月 8 日 ~1950 年 1 月 8 日），奥地利著名政治经济学家，其提出的“经济循环”“创新”“精英竞争式民主”等理论对后世产生了重要影响。

后，是身为全球性企业所独有的雄厚资金支持。英美烟草公司是一个高度一体化的混合型企业，它不仅直接掌控着烟草加工、营销、烟盒生产，甚至还包括机器设备的制造，同时还将原料进口也揽于自身控制之下。最初，所有原料都是从美国弗吉尼亚州进口，1913年之后，英美烟草逐渐将种植烟叶的任务交给了山东、河南、安徽等地的农民去承担。除了日本人曾在控制华北棉花种植方面有过类似尝试之外，[152]英美烟草公司的做法是外国势力插手中国农业的唯一事例。但是，这种干预是间接的，其投入的资金也颇为有限：英美烟草通过本地中间商和买办联系了各地近26万家农户为其种植烟叶，烟种由公司向农户免费提供。在收购烟叶时，公司和代理商（采取与茶叶收购类似的做法）利用烟叶成色鉴定的随意性，从农民身上赚取好处。由于对华北贫困地区的种植烟叶户来说，几乎没有其他收入渠道可供选择，况且在市场行情好的时候，烟叶换来的收益——和鸦片一样——总要比粮食好得多，因此总有足够多的人心甘情愿承担起供应烟叶的任务。这里面无疑存在着依赖与剥削的问题。对英美烟草公司而言，这种做法没有任何风险，而买办和中间人也总能找到办法从中“揩油”。对农民来说，收购站负责鉴定烟叶成色的洋人的一句话，便可以决定一家人全年的收入。[153]尽管在遇到紧急情况时，英美烟草公司可以向英国或美国外交机构求助，但是其掌握的资源，已足以使它在不受外界左右的情况下，推行独立制定的对华策略。当时在各方眼里——无论是敌是友——英美烟草公司在中国的生意简直肥得流油，而实际情况很可能的确如此。[154]

/ 270

如果将英美烟草公司称作是一个教科书式的典范，其代表的一是跨国企业以销售市场为主导的政策；二是在外国操控下，利用本土劳动力和原材料以及对部分本土回收资金的再投资所进行的**轻**工业生产。那么相较之下，外国对中原地区**重**工业的干预，则采取了与此全然不同的另一套模式，即资本渗透和产业空心化模式。张之洞满怀雄心于1890年在汉口创立的汉阳铁厂，1908年与萍乡煤矿和大冶铁矿合并组成汉冶萍煤铁厂矿有限公司，改官督商办为完全商办，并以近万名员工和超过外国对华直接投资两倍以上的总资产，成为清末规模最大的现代企业。在1915年之前，汉阳铁厂一直是中国唯一的炼铁厂，其生铁产量在1900年时约为2.6万吨，1919年达到16.6万吨。正是在同一年，在满洲南部的鞍山，未来东亚大陆最大的钢铁企业正式投产。在第一轮铁路建设热潮平息后，汉冶萍公司在本土经济中的重要地位不复存在。在一战期间，其出产的生铁和铁矿石大部分被出口到日本。20年代初，随着日本经济危机的爆发，生铁出口大幅下滑。1925年，汉阳铁厂停产，而钢厂部分早在1922年便已停工。[155]在此期间，操纵中国重工业命运的除了日本财阀和银行之外，还有日本政府的高层政客。自1903年起，汉阳/汉冶萍公司开始接受日方巨额贷款，这些贷款以出口为抵偿，并以公司全部资产作为抵押。[156]1913年前后，在长期还贷无力的情况下，公司决策权由债权方接管。在这一问题上，高层政治发挥了重要作用。将私人银行作为政治工具的日本政府，一直在全力为官营钢铁厂八幡制铁所的优质矿石供应寻求保障。在开发东北矿山之前，大冶铁矿是优质矿石的最佳供应商。为汉冶萍公司提供的贷款，从一开始便是出于（经济）政策的考虑。中方曾尝试通过国有化来挽救这家全国首屈一指的重工企业，然而迫于外交压力，这一计划最终
/ 271
破灭。[157]日本的战略取得了丰硕的收获：二三十年代期间，为八幡制铁所供应矿石，几乎沦为汉冶萍公司的唯一业务。1928年，八幡制铁所的矿石需求只有不到4%是由本土资源贫乏的铁矿解决的；另外15%是来自朝鲜，54%来自中国。[158]中国的原材料供应，决定着整个日本钢铁产业的生死。企业内部的管理混乱与资金匮乏等问题，为日本占领中国重工业创造了便利条件。[159]此外，在辛亥革命

前，中国在接受日本借款方面缺乏警惕性，同样也对此起到了一定的作用，因为在当时人看来，与西方银行贷款相比，接受日方贷款是相对安全的。但是，汉冶萍事件的结果证明，这是日本以服务本国军事化工业建设为目的、借助资本手段向中国发动的一场侵略性攻击。

在这一问题上，依附论者的观点得到了充分印证：外来侵略给中国重工业核心所造成的重创，绝不是边缘性的。之后，直到整个民国时期结束，中国重工业几乎再未恢复生机。另外，现代化论的论点也在负面意义上、以“**去**现代化”的形式清晰地得以显现。英美烟草公司与汉冶萍的案例说明了一点：“资本主义经济侵略”（这是中方的习惯说法）是通过截然不同的形式展开的，其破坏性程度也有高低之分：与“去工业化”相比，受洋人操纵的工业化给中国带来的危害要小得多。这两条在时间上几乎同步发生的经济渗透进程，有一点是相同的：作为甲午战争后“新”帝国主义的纯粹表现形式，它们都远远超越了不平等条约体系的界限。

在其他行业，若要对外来经济力量对中国经济的影响做出分析乃至评判，则要困难得多。铁路业便是一例。谈到这方面问题，人们对中国铁路在何种意义上可以被称为“舶来品”便存在很大的争议。可以肯定的是，铁路确实是作为欧洲工业与科技革命产物和象征从外国输入到中国的，而且绝大部分是由西方人从满足自身利益考虑引进的，其中既包括经济利益，也包括战略利益。但是，满洲之外的中国铁路大部分都是归中国所有，它所带来的结果也绝非仅仅让洋人受益。作为投资对象，1920 年代的中国铁路曾让欧洲债权人大失所望。至于说与投资相比，中国铁路作为交通工具是否更有成就，按照目前的学术研究水平，我们在做出判断时也必须格外小心。[160] 仅仅就铁路是否**在很大程度上**对商品流通产生了刺激作用，我们就很难得出定论。铁路将商品流通更多地引向了通商口岸城市，并通过各地海关的统计记录变得更加易于观察。海关统计数据所反映出的商品流通增长，一部分原因是基于一个简单的事实：受海关监管的贸易比例比以往有所增加。但是对铁路本身的作用，各方则看法不一，因为人们很难找到数据来论证，这种作用的程度到底有多深。

在 1949 年之前，中国铁路网十分稀疏，远不足以给整个国家带来翻天覆地的影响。直到全面建设时期结束时，中国的铁路密度仅仅相当于德国的三十分之一和印度的六分之一。[161] 由于中国拥有高度发达的传统交通业，此外，当铁路引进中国时，中国已经拥有活跃稳定的轮船航运，因此，铁路很少能够修建到那些尚未被开发、完全孤立于市场体系之外的偏僻地区。[162] 在与水上运输直接发生较量时，铁路并没有明显优势。在水系发达的南方地区，铁路投资从一开始便受到制约，因此直到 1937 年，这些地区仍然没有形成一个完整的铁路网，而只有几段互不相连的独立线路。在中国北方，铁路主要是在南北线路上（特别是津浦铁路）与轮船运输形成了竞争关系。[163] 不过在以下三种情况下，铁路则表现出极其强大的影响力：第一是在连接矿山与港口方面：开滦矿务局的一大优势正是体现于陆路与海路连接的便捷性，其出产的煤炭可以在港口顺利装上自己的轮船，运送到海外各地。[164] 第二是大规模客运：京奉铁路之所以能够成为经济效益最好的铁路线，不单是因为它将东北的煤矿和铁矿与整个华北连接在一起，同时也是因为它是逃荒者和季节工到关外谋生和返乡的必由之路。1927 年，京奉铁路的客运量超过了 100 万人次。[165] 第三是在促进农村的市场化生产方面：这里的市场既包括铁路沿线的大城市，也包括出口，特别是天津和青岛周边的内陆地区。[166] 一些经济作物的生产正是因为铁路的通车才成为可能。[167] 不过，即使是在华北地区，铁路的重要性也从未达到决定农业运转的程度，其影响力往往只局限于铁路沿线的狭长地带。[168] 特别是与满洲相比（在这里，铁路已然成为连接世界市场的媒介），轨道运输在中原地区始终处于相对边缘的位置。铁路加快了华北地区的农业商品化既有趋势，同时也对贸易线路的转移起到了推动作用，但是，它并未就此开启一个市场开发的新时代，就像在印度或一些拉美国家那样。

列强在华的一股隐蔽势力是外国银行。上海外滩那些华丽气派的银行总部大楼虽然人人可见，但这些银行究竟在做些什么？它们的势力到底有多大？它们是靠什么赚钱？直到一战爆发后，这些银行中的各大巨头仍然忙于在华推行高层金融外交，然而与以往不同的是，曾经的多国机制如今已被英美主导的合作所代替。1920 年，美、英、法、日四国财团组成“新四国银行团”，开始酝酿一系列旨在加强对华经济操控的新计划。[169] 美国政客和银行家的表现尤其活跃，并一手制定了针对中国的市场最大化战略。例如，建设由外国投资和组织的全国性铁路网，以原有铁路规模无法达到的力度，全面开发中国市场。[170] 外国银行将以增设条款、加强监督为前提，向中方提供借款，从而实现这一目标。新四国银行团最终以失败收场，其原因一方面是合作方之间的矛盾，另一方面是北洋政府的软弱无能，以及中国民众不断高涨的民族主义情绪。类似 1913 年善后大借款的一幕未能重演，哪怕是以“缩水版”的形式；仿效西原借款，由西方列强向军阀反动政府提供准官方支持的计划自然也未能实现。20 年代中期，列强在华盛顿会议上依然强调的合作型金融外交终于走到了尽头。从此之后，美国银行更多是通过日本这个在其眼中更有诚信的“自由”国家，把资本**间接**输入中国；英国银行则开始将目光转向民族主义阵营中的温和派势力，并寻求与其建立合作。[171]

尽管中方并没有得到新的借款，但是，其战前借款的管理，包括 1928 年以前的关税和盐税收入，却一直是由外国银行掌控。同时，这些银行也在继续履行着传统延续下来的各种职能。[172]直到1930年代初，上海90%的进出口贸易都是依赖于外国银行的贷款。[173]其操作是通过两条渠道：一是为通商口岸的外国洋行提供贷款，二是为本地钱庄提供备用金。在当时，后者是华商获得资金的主要来源。钱庄作为金融组织，其历史可以追溯到宋代。但是，直到18世纪，随着南洋帆船贸易的日渐兴隆，钱庄的生意才进入了繁荣期。第一批通商口岸开埠后，钱庄与外国银行迅速结成了一种近似共生的关系。钱庄的强项在于对本地商业与金融体系的熟络，洋行以及自1860年代后兴起的新型银行则在掌握流动资金方面拥有强大的优势。于是，这两者之间便形成了一种类似买办式的关系。通常情况下，这种关系对双方都是有利的，然而一旦出现危机，洋人总是掌握着更多的主动权，因此，每逢银行缩减贷款，都会引发钱庄的一连串倒闭。外国金融机构以钱庄为媒介，以高度灵活的方式将外国资本注入了中国经济。[174]

此外，外国银行的业务还包括中外私人客户的存款管理，并以国库管家的角色为本国政府效力。例如，汇丰银行自1874年起便成为英国王室外交、领事和军事开支的管理者。[175]外国银行自进入中国后，便在治外法权的保护下开始发行自己的钞票，特别是在南方。这种做法一直延续到30年代。这些纸币的作用相当于“中国百姓为外国银行提供的一笔无息贷款”。[176]在1935年以前，外汇业务一直是外国银行的重要支柱。由于中国当局彻底失去了对白银作为流通货币的操控权，这为每一个巨额白银储备的持有者提供了投机的良机。首当其冲的是外国银行，1921年，它们掌握着上海近70%的白银储备。汇丰银行则在其中扮演着操盘手的角色：20年代时，汇丰银行每天一早发布的汇率数据被视为官方汇率。[177]至少在1928年之前，外国银行在华从事的各项业务，从未通过“东道国”的法律受到任何限制。由于当时的中国既没有统一的金融与货币体系，也没有中央银行，这些都为外国银行对白银帝国的垄断统治提供了便利。[178]

治外法权、白银货币与金融外交等因素的合并，为外国银行在中国的特殊地位奠定了基础。身处中国经济与世界经济的交界点，这些外国银行既可以发挥强大的影响力，又不必承担任何风险。但是，这种地位并未达到能够**全面**操控中国经济的地步。由此我们又一次看到，外国势力对中国的入侵——特别是就银行业而言——绝非属于“边缘”的性质，但是，它并未使当地的传统经济结构受到全面破坏，从而被外来机制彻底替代。中国的货币与金融体系尽管在许多方面被外国势力渗透，但从未因此被颠覆。直到帝制结束，中国各省之间的银行业务，包括国家财政的部分业务，都是完全掌握在中国人的手中，即所谓“票号”，人们根据从业者的籍贯，称之为“山西票号”。[179]与钱庄不同的是，它们与外国资本几乎没有任何瓜葛。在民国时期，这些票号的职能逐步被现代银行，即按照西方理念组织和管理的银行接管。30 年代时，这些现代银行曾对外国银行在中国的势力形成了挑战。无可否认的是，外国银行的许多做法确实对中国经济造成了损害，其后果最严重的莫过于对白银价格的操纵。但是，只有在前帝制时代延续下来的古老货币体系——银钱体系——得以维系的前提下，外国银行对白银的操纵才有可能做到。要废除白银货币，需要中国政府在现代化改革方面付出极大的努力才能实现。无论帝制时代的中国朝廷还是军阀时期的北洋政府，都不具备这样的能力。更何况，如果没有列强的同意和支持，任何努力都是空谈。只要治外法权依然存在，中国政府就无法强迫外国银行放弃对白银的操纵。[180]当时，中国在世界经济中的地位很大程度上是由白银货币决定的，但我们不能就此笼统地得出结论，认为这一问题给中国造成的影响完全是负面的。至少在 19 世纪最后 30 年里，当白银对黄金的比价缓慢下跌时，以白银为主体的货币体系，曾对防止洋货对中国市场的大规模渗透起到了保护性作用。[181]银钱体系给中国对外贸易带来了短期投机的机会，同时也使中国经济在许多领域对世界经济局势和危机的反应变得十分敏感。从明朝末年到1935年国民政府取消银本位制度，货币对外界刺激的敏感性一直是影响中国经济的持续性因素，它更多是与发现美洲后的跨大陆经济一体化有关，与权力政治领域的帝国主义扩张并没有太多关联。白银货币并不是由外国强加给中国的，然而在19世纪和20世纪初，洋人确实利用这一点，在各方面给自己捞到了许多好处。

在“帝国主义经济侵略”的不同形式中，有些对促进中国现代化发展起到了积极作用，还有一些对华造成的影响是有限的。如果要从所有侵略形式当中，找出一个对中国近代史影响最负面的因素，那么无疑要属战争赔款、政治借款以及一些铁路借款项目。鸦片战争之后，西方帝国主义的最丑陋一面恰恰是在它以道貌岸然形象登场时暴露出来的：具体地讲，是它于1895~1913年期间在国际外交和金融领域的一系列做法。

从18世纪最后三四十年开始，中央政权陷入了一场持久性财政危机。这场危机的根源在于相对僵化的税收结构与不断增多的开支之间的矛盾：首先是乾隆皇帝几次西征的巨大耗费，之后是1800年前后镇压各地起义的支出，还有后来为镇压太平天国、捻军以及陕甘回民起义所投入的数额庞大的开支。[182]引发这些起义的导火索虽各有不同，但是，反抗滥征捐税以及对朝廷在维护治安、保障民生等方面缺乏作为的不满，往往都是其中不可缺少的要素。反过来讲，朝廷在这些领域所表现出的无能，很大程度上正是由财政上的入不敷出导致的。19世纪中叶，清廷开始尝试通过两条途径为解决财政危机寻找出路：一方面是通过增设地方商业税——即所谓厘金——的方式，首次把地方市场体系变成了国家财政的收入来源；[183]另一方面，清廷对大清海关的"共治"机制采取默许态度，因为正是这种机制的存在，才使得朝廷得以系统高效地从不断扩张的对外贸易中获益，以填补财政亏空。通过这些举措，国家财政的拮据状况一度露出缓解的迹象。此后，甲午战争后的巨额赔款，再加上海关的角色沦落为朝廷的债务管家，中央政府的财政能力彻底被压垮。世纪之交后，当清廷开始着手实行新政时，只能通过大幅提高税收这一条途径来筹集资金。[184]与当年主要依靠海关收入实施的洋务运动相比，这次改革的方案相对周密。辛亥革命后，中央政府通过常规手段——而非明抢豪夺——调动国内财政资源的能力进一步下降，与此同时，因善后借款和西原借款导致的外债压力也达到了巅峰。由于贷款抵押开始采用新的办法（如1913年的盐政改革以及汉冶萍公司的日本借款），洋人对维系中国财政管理效率已不像过去那样关切，因为直接干预的方便性使这种关切变得多余。外债对地方财政体系这一直接涉及民生的层面造成的影响和后果，迄今仍鲜有人知。1895年后，山东为偿还外债支出的费用，占财政收入比例高达近20%。1911年时的江苏省，其比例甚至达到了近三分之一。在湘鄂两省，仅拳乱赔款一项带来的额外开支便超过了总预算的10%。[185]这些财政负担最终都是通过提高盐税、加征田赋附加税以及降低铜币成色等方式，转嫁到了平民百姓头上。[186]

我们不能草率地由此得出一条简单的因果关系链，将列强推行的金融帝国主义所导致的中央财政崩盘，看作是引发20世纪初中国一系列动荡的根源。这些动荡包括辛亥革命、军阀割据，以及自20年代末掀起的全国性革命浪潮等。外部因素总是与既有的现实问题相碰撞，并导致这些问题如病毒般蔓延。政治变革需要以社会转型为前提，反之亦然。同时，这两样只有在启蒙的前提下才有可能发生。但是无论如何，我们都不能轻视外国金融侵略对中国社会经济体系造成的影响，其程度之深是贸易、工业和现代交通对中国市场的入侵难以相比的：后者是直接作用于“事发地”，在地理上存在局限性，与当地经济环境的联系是通过买办关系建立的。金融帝国主义则不然。它通过控制海关、盐务等战略要害的方式掠夺中国各方面资源，并强迫中国政府将洋人以往无法染指的发财渠道，一个个拱手奉送给列强。金融帝国主义对中国的掠夺始于甲午战争后，1916 年随袁世凯政府倒台受阻，但之后却一路延续下来，即使在华盛顿会议推出“发展论”，日益高涨的反帝运动使战前帝国主义的合法性基础遭到质疑后，这种掠夺也不曾停止。

1895 年是中国历史和东亚国际关系史上的划时代年份：它是日本帝国主义兴起之年，同时也是西方列强采用新的形式推进对华侵略的开端，这些新的侵略方式远远超越了鸦片战争时创立的条约体系的界限。1895 年之后，中国社会对外来侵略的反应变得更加敏感，也更加剧烈：先是原始野蛮的义和团运动，之后是新兴城市改革派精英[187]为夺回矿权和路权发起的斗争；1915 年之后，是工业和银行业领域民族资本主义的崛起；1919 年，特别是 1925/26 年，是在外国经济势力盘踞的核心地带爆发的一轮轮罢工和抵制浪潮。在 20 年代的最后 5 年里，旧式帝国主义战略逐渐步入尾声。随着军阀割据以及民间反抗新策略的出现，对华干预的投入产出比趋向恶化。华盛顿会议制订的宏大计划之所以无法实现，部分原因在于其针对中国制定的多边机制越来越难以奏效，民国时期的混乱局势给新的资本输出——无论贷款还是直接投资——造成了重重障碍。与此同时，在日本（如今它已成为中国面对的最重要外国势力），那些对“币原外交”感到失望的人们开始呼吁对华采取单边行动，因为在这些人看来，这种倡导和平与国际主义的外交政策所取得的收获实属乏善可陈。1931 年，是东亚局势明朗化的一年。一个新的时代就此拉开帷幕。在经济大萧条的催化作用下，各方力量对比、战略意图和可能性变得越来越清晰。国际关系新模式不断涌现，又不断更新。这一年，有一样事物无疑被画上了句号：这就是经典形式的“非正式”帝国主义。

第一次世界大战后，**领土**意义上的势力范围概念变得比以往更加淡薄。所谓势力范围，更多指的是某些**行业**或**领域**。各大列强当中的每一个，都有其关注的特殊利益。[1] 早在一战前，争夺领土意义上的势力范围便给列强带来了令人不悦的经验。法国尽管花费巨资修建了云南铁路，却始终未能实现对西南地区的有效渗透，甚至连勉强立足都谈不上。法国原本是想利用云南和贵州这两个偏僻省份，作为进入人口稠密、资源富饶的华中地区的门户。但是直到 1939 年第一条连接相邻省份四川的公路开通时，云贵两省仍然处于几乎未被开发的状态，与华北的交通和贸易网络是完全切断的。[2] 相比之下，德国在山东的前景从一开始便乐观得多。与法国人在南方不同的是，德国人毕竟掌握着一块背靠辽阔中原腹地的根据地。但尽管如此，港口城市青岛所在的胶州“保护地”自始至终不过是一个“令人失望、麻烦不断”的象征物。[3]1913 年，德国在青岛的殖民开发临近尾声时，其占当地进口贸易的份额也只有 8%，比德国在整个对华贸易中的 5% 占比并没有超出太多。[4] 帝国海军在这块“模范殖民地”实施完成的大规模基础建设，给华人居民带来的好处远远超过了殖民者本身。在世界大战爆发前夕，中国官商联合在民间发起的收回租借地和利权的斗争正在如火如荼地展开。[5] 至少从经济角度看，德国人几乎从未成为自己所控制的这一地区的真正主人。更况且，礼和洋行（Carlowitz & Co.）、禅臣洋行（Siemssen & Co.）、美最时洋行（Melchers & Co.）等大型德国洋行与克虏伯、西门子和法本公司一样，从来都没有将精力集中或仅仅局限于德国在山东的势力范围。也恰恰是因为这一原因，当德国企业于 20 年代将目光重新盯住中国市场时，它们才能够在近乎全国范围内“激活”原有的业务关系。[6]

日本商社向中原地区渗透的程度至少与德国洋行一样深，而且它比所有西方竞争者都更加熟悉中国人的性格和生意习惯。日本虽是严格按照非正式帝国的规则行事，但同时，它也是一支领土意义上的殖民势力，以及势力范围策略的卓越践行者。在殖民比较史和殖民通史的写作中，包括各种与帝国主义相关的理论中，日本殖民主义很少受到关注，[7]究其原因，或许是它与欧洲主义的历史分期框架不相吻合。因为日本殖民主义直到1914年**之后**才达到巅峰，而历史编纂者从全球史角度出发，通常都将这一年视为“新帝国主义时代”的终结点。但是，日本殖民主义却无疑是近代史上给殖民者带来的中期**收益**最丰、对被殖民者**影响**最深远的殖民主义范例之一。其发生地是台湾和满洲。[8]

1683年纳入清朝版图时，台湾是一片没有法律管辖的蛮荒之地，在之后的两百年里，这种状况也始终未变。18世纪中叶，台湾的外来移民规模和殖民化程度大大加深，但从社会环境看，它仍然是一处管理松散的垦荒边疆。[9]1885年中法战争后，清政府开始加强对台湾的行政管辖，并开启了一场长达10年的改革。这场改革所取得的成果，为后来的日本殖民统治打下了良好基础。从1870年代初开始，台湾便出现了现代经济发展的种种迹象，特别是在交通运输和煤矿开采方面。外国公司也开始对这块岛屿产生了兴趣。[10]当时，生活在台湾的汉人大约有320万。[11]19世纪下半叶，樟脑和茶叶成为台湾最重要的出口产品。早在进入殖民时代前，台湾的许多产业便是面向世界市场的。1885年，台湾茶叶出口占全国茶叶出口总量的比例已经达到了6%。[12]

日本对台湾实行殖民后，在不到20年的时间里，便将台湾变成了一个“开放经济体”（open economy），其目标纯粹是满足宗主国的需求。[13]从此，台湾成为日本列岛的糖罐和米仓。[14]1930年前后，台湾出产的稻米和蔗糖中，分别有50%和90%是用于出口，并且几乎全部是面向日本。随着1901年第一家现代化糖厂的创立，台湾的工业发展开始起步，并最终落入了四家规模庞大、以托拉斯形式彼此合作的日本糖业公司的控制之下。大约自1920年起，这些日本企业已经能够做到依靠垄断利润维持再生产，不需要再从母国输入新鲜资本，同时还能将利润率保持在8%~12%的水平。[15]其他产业的规模则微不足道。在台湾，本地人投资创办企业是严格禁止的。与亚洲英属殖民地——特别是印度——截然不同的是，在日本殖民者的严酷统治下，台湾没能形成一个本土的企业家阶层，即所谓“民族资产阶级”。20年代末，日本对台湾的私人直接投资中，有66%是集中于加工业，这一比例大大超过了朝鲜和满洲。[16]台湾殖民经济的立足之本是制糖业。

甘蔗种植业是台湾经济发展的动力之源。1939年，台湾甘蔗产量从1905年的不足100万吨增长到1200万吨以上，[17]并且不像同期的古巴、爪哇和毛里求斯等甘蔗产地那样，因产量过剩而导致滞销。台湾制糖业扩张是日本推行有计划的殖民发展政策所带来的结果，如此系统化的殖民发展政策在英帝国领地从不曾出现。[18]这项政策的内容首先是引进科学合理的种植方法与管理技术：培育高产品种，普及化肥和灌溉，组织农业培训，划拨贷款等。1940年，在台湾从事这方面工作的日本农业专家多达2500人。[19]其次，将种植面积扩大到生态环境所能承受的最大极限；最后，仿效日本明治时期的做法，[20]实行土地改革，没收不在地主（absentee landlords）的土地，将原来的中间租赁商变成土地所有者，之后再将一部分土地分包给佃户。通过这项措施，将农业体制由过去的三级制改为两级制。这项改革虽然称不上是社会形态的彻底转型，但实现了租赁关系的合理化，同时也为明确土地所有权起到了积极作用。30年代时，台湾还有20%~25%的耕地是归日本制糖企业所属。这部分土地同样也被承包给佃户，而非按照种植园的模式、通过雇用零工由企业直接经营。但是在实践中，这两种模式之间的界限是模糊的：从企业手中租赁土地的承包户事实上是由企业直接监管，就像中国传统地主制中的佃户一样，因此从某种意义上讲，其身份与农业工人并无分别。[21] 日本对台殖民政策的第四项内容是对当地百姓的严格控制，一方面是通过中国传统的保甲制度，另一方面是通过拥有强大震慑力的殖民警察。[22] 这些措施可以帮助殖民者最大限度地榨取剩余价值，既保证了长期稳定的出口顺差，同时也为殖民政权的经费自给提供了保障。假如没有这种精心规划、严格实施、在世界殖民史上几乎没有第二例的高效控制手段作为后盾，这一切都是不可能实现的。[23]

台湾是针对资源稀缺的宗主国的需求，按计划量身打造并大获成功的殖民地典范。最迟在 20 世纪 20 年代，当日本农业生产力增长出现下滑的趋势时，台湾的**稻米**出口成为当务之急。当日本的先进种植技术被引进到台湾和朝鲜这两个仍有发展空间的稻米经济体之后，日本的稻米紧缺问题也随之迎刃而解。享受关税优惠的台湾蔗糖制品代替了来自第三国的蔗糖进口，并大大缓解了日本的财政支付压力。1895 年后，台湾经济逐渐摆脱了与大陆之间（一向并不密切）的往来关系，从此沦为日本经济的下属。其角色更多是日本市场的供应商，而非日本产品的销售市场。近乎悖论的是，从长期来看，台湾经济的极端外向性反倒给这块岛屿带来了许多好处。因为在台湾，不仅是出口行业，而且整个经济体系都与外部市场紧密相连，因此，不可能出现一边是原始落后的自然经济、一边是蓬勃兴旺的出口经济的二元形态。台湾经济体系一直是相对均衡的，这也是 1949 年之后的几十年里台湾经济高速发展的基础条件之一。另外，对台湾发展起到积极作用的还有：农业的现代化，基础设施的改善，基础教育体制——特别是鼓励女性接受教育的理念——的引进，公共医疗和卫生保障的进步等。[24] 与此形成反照的是日本殖民统治的高昂社会成本：在广大台湾百姓之上，是由20~30万日本侨民构成的特权阶层，这些人垄断着岛内的所有高等教育设施，并通过强大的警察力量来维系自身统治。经济发展的大部分成就，归根结底都是用台湾民众的血汗换来的，但是在发展决策问题上，台湾人却没有任何发言权。1919~1929年间，老百姓的平均生活水平有所提高。之后，特别是在二战期间，食品供应出现了严重困难。与亚洲其他受压迫民族一样，台湾百姓也不得不为大日本帝国的大国野心付出代价。[25]

在满洲，日本直到1931秋天完成军事占领后，才真正可以做到为所欲为。在此之前，它只能通过一块小小的“殖民实验田”来施展侵略手段：[26]位于辽东半岛南端、面积约2400平方公里的关东州租界地，这里有海军基地旅顺和商业港口大连；除关东州外，还有南满铁路沿线、从旅顺到哈尔滨的一条狭长的“铁路带”。早在1910年时，在这两片地区便生活着6.2万日本侨民；1930年，侨民人数达到23万。[27]为飞地提供军事保障的，是1919年成立的关东军。九一八事变前夕，关东军共有243名军官和4107名士兵。这是一支训练有素、装备精良的精锐部队，比中国军队的战斗力高出数倍。[28]对这支军队而言，要完成保护租借地和铁路带的任务，几乎不费吹灰之力。但是在九一八事变后，当整个东北沦为日本的保护国时，关东军的任务变得越来越艰巨。控制东北这片辽阔土地，可比控制小小的台湾岛要棘手得多。日本占领满洲后，当地抗日武装力量——抗日联军——与敌军展开了游击战，直到二战期间，经过日军的数次大规模扫荡，才被彻底剿灭。这些扫荡行动采取的手段十分残酷，除了抗日分子外，无数平民百姓也成为侵略者的屠杀对象。[29]

日本在以胶州湾租借地[30]为中心的势力范围内，成立了满洲保护国。[31]在该地区，对当地经济起决定性作用的外国势力最早是俄国，1905 年之后是日本。此外，在 1923~1928 年间，中国当局以开垦满洲北部为重点，实行积极有效的移民和开发政策。[32] 自 1860 年满洲第一处通商口岸牛庄开埠后，移民关外的汉人不断增多，特别是在 1903 年清廷全面开禁放垦后，移民数量的增长进一步加快，并于 20 年代达到高峰。东北人口数量从 1860 年的 330 万，增长到 1908 年的 1700 万，到 1940 年时，达到了 3800 万。据估计，在 19 世纪和 20 世纪上半叶，东北新增人口中大约有三分之二是外来移民。[33] 除长期定居下来的移民之外，还有大量来自华北农村的季节工，他们每年入冬时都会离开东北，返回自己的老家。另外，还有一些人只在东北暂居数年，而不会彻底留下来。在东北土地和森林的开垦过程中，并没有形成一个平等的移民社会，就像北美地区在相似条件下经常出现的情况那样。和清代其他放垦移民的边疆地区一样（比如说台湾），内地的地主制度同样也在满洲“重现”，而且在这里，土地分配不公的现象极其严重：一边是人口庞大的零工和佃农，以及只有 1~5 公顷土地的自耕农；另一边是拥有万顷良田的大地主，他们当中大部分都是生活在城市的“不在地主”。和 20 年代中国其他许多地区一样，这里的大地主多数都是军阀及其宗亲。[34] 外来移民只是以零工、佃户或二者合一的身份，融入了当地既有的体制。虽然东北有着广阔肥沃的土地，但是大多数农民的日常所得却只能勉强糊口。不过尽管如此，在华北各地受饥荒所困的穷人眼里，关外仍是其谋生和创业的唯一出路。

在 1860~1930 年间，东北的经济发展史是由三股潮流决定的：[35] 第一是新耕地的开发（在 1924~1929 年的垦荒热潮中，耕地面积几乎扩大了一倍）；[36] 第二，大部分耕地都被用于种植当地唯一的出口经济作物：大豆；第三是外国资本的引进，特别是铁路和煤炭开采。 / 283

东北的大豆出口早在 18 世纪便已开始，到 19 世纪上半叶时，大豆已成为东北最重要的出口产品。[37]不过，当时的出口数量仍然十分有限。直到1890年代，当日本稻农改用豆渣作为主要肥料后，出口规模才直线上升。同时，随着1907年南满铁路（其管理者是南满洲铁道股份有限公司，简称满铁）的开通，农产品运输价格大幅度下降。此外，三井集团还为东北大豆成功开发了欧洲市场。但是，大豆并不是东北地区的唯一出口要素。在1899~1929年间，东北出口总额（按照1913年的价格计算）足足增长了9倍。[38]世纪之交前后，在清帝国的全部出口中，满洲所占比例仅为4.4%。1909~1911年，达到17%，1928年，超过了32%。[39]与满洲出口的整体增长相比，大豆出口的增长要缓慢得多。1929年，大豆和大豆制品的出口占比从1899年的81%下降到60%。导致这一结果的原因是其他出口产品的增长，特别是棉花。[40]大豆种植都是由佃户和自耕农小规模进行的，其交易和茶叶等传统出口产品一样，也是掌握在大商人和中间商之手。这些人当中的一部分人是由日本洋行提供资金，后来，中国本地银行也逐渐加入了投资者的行列，这些银行的幕后操纵者是军阀张作霖及其党羽。其他与大豆相关的产业，则完全是由日本人掌控：运输是被满铁垄断，机械化榨油也是由日本企业经营。[41]与中欧和中美贸易相比，中日贸易的一个重要区别是，很长时间以来，它都是由华商直接经营的。甲午战争之前，对日贸易几乎全部是由华商垄断。1930年前后，活跃于日本的华商仍然多达1200~1500人。[42]与满洲之间的贸易更是这些人的强项之一。然而从1905年起，大豆出口逐渐落入了日本大公司之手，1931年之后，彻底被后者独霸。[43]

自1932年起，大豆和大豆制品的出口量大幅下跌，直到1937年，才重新恢复到1922年、大豆贸易进入高峰期之前的水平。[44]世界经济危机是大豆价格暴跌的原因之一，在1930~1933年的短短几年中，大豆价格下跌了一半。[45]但是，更重要的原因在于日方决策的转向。日本决定不再把满洲作为农产品供应地，而是要将其打造成日本的重工业基地。从此，东北的经济发展走向了一条与台湾截然不同的轨道。农业领域的主要目标不再是不惜一切加大对日出口，而是将保障本地供应作为唯一追求。1930 年之后，东北农业的发展速度明显减缓（但仍然超过中原地区），出口比例也大大减少。在这里，殖民者没有像在台湾一样实行土地改革，而是延续了既有的低效不公的地主制度。其中一方面原因是，日本军事当局在当地还需要仰仗与地主阶层的合作。从日本移民到东北的农民人数，要比开拓“生存空间”计划制订者预期的规模小得多。据统计，1945 年 8 月日本投降时，移民到东北的日本农民共有 10.6 万户。[46] 在“满洲国”的所有日本侨民中，农业殖民者的数量只有不到十分之一。相比之下，人数更多的是朝鲜移民，这些人是在家乡被日本殖民后因生活所迫，一路向西逃到了东北：1927 年约有 56 万，1940 年达到了 145 万。[47]

如果观察一下帝国主义覆灭前夕日本海外投资的整体情况，日本扩张的经济重点将变得一目了然。1945 年中旬，日本海外投资 39.4% 是在满洲（总额 219 亿美元），24% 在朝鲜，21.7% 在中国内地各省，8.6% 在中国台湾，6.3% 在其他地区。[48] 在满洲遥遥领先的数据背后，是日本在铁路、煤矿和重工业领域规模庞大、在整个殖民史上独一无二的投资。这些投资的支柱是俄国人修建、1903 年开通的南满铁路。在运行短短两年后，它便作为日俄战争的战利品落入日本人之手。1907 年，满铁作为南满铁路管理机构正式成立，日本政府作为股东拥有多数股份，并掌握着对整个公司的控制权。不久后，满铁的角色已不仅仅是一条铁路线的经营者。它是日本在亚洲大陆最重要的殖民机构，其社长的地位相当于关东州租界地的民事总督，其属下管理层相当于关东州的行政总署。满铁的名下有矿山、工厂、发电厂、港口设施和轮船以及大量不动产，同时还参与了租界地和铁路线以外众多本土铁路、煤矿和制造业项目的投资，并以投资者身份掌握着对相关企业的控制权。[49]1915年以后，生活在满洲地区的日本侨民在法律上拥有与本土居民近乎平等的地位，此外还可以享受到不平等条约赋予的种种特权，特别是治外法权，同时不受治外法权规定的只允许在通商口岸设立商业分支机构等条款的限制。然而在中原地区，类似于满洲的准殖民渗透则从未出现。在满洲，围绕满铁公司、以三井为代表的日本财团在华分支机构以及各大银行，形成了一股由依附大财团的日本小型服务商和供应商构成的外围势力，并通过这种方式，使日本经济“双元制”结构在殖民环境下得以重建。东北现代产业的第三支力量是那些没有日资参与的中国企业，但是，这些企业的发展空间十分有限。

对南满铁道株式会社来说，最危险的挑战来自于中国铁路。满铁虽然拥有整个东北技术最先进、维护最完善（堪称是“那个年代的日本航空”）、经济效益最佳、战略和地理位置最有利的铁道线路，但是在1930年时，除了其经营的1112公里铁路（再加上2267公里长的俄国东省铁路），还有3132公里长的铁路是归中国政府所有。[50]就连日本人的盟友、性格乖张的张作霖元帅，为了方便调动属下部队，同时为了和满铁争夺生意，也从1925年开始下令修建了多条铁路。1928年张作霖被关东军暗杀后，接替父亲之位成为东北军首领的“少帅”张学良却出乎日本人意料，旗帜鲜明地走上了抗日道路。1928年12月29日，张学良宣布归顺蒋介石领导下的国民政府，就此结束了军阀在东北的独立统治，并首次为抗日宣传敞开了大门。从此，与“满洲国”的“外交”关系由南京国民政府接手。年轻的张学良开始着手扩建铁路网，与满铁针锋相对地展开较量，通过新建线路把港口贸易从大连转到了中国管辖下的港口葫芦岛，并在抗日旗帜下，大力推动民族工业和商业建设。面对自己势力范围内发生的这一切，日本人却没有足够的实力来加以阻止。[51]

在引发九一八事变[52]以及日本对满洲全面占领的诸多因素当中，有一个原因并非无足轻重：面对中国新兴经济民族主义的威胁，必须采取措施予以反击。日本反击的结果是把势力范围变成了殖民地，用统治代替了干预。从1932年起，日本军国主义打着“满洲国”的幌子，将其统治下的地盘从租借地和铁路沿线扩大到整个东北。

在“满洲国”时期，日军坚定地执行日本政府的满洲政策，将经济政策的重点集中在大陆战争基地的建设之上，[53]并由此导致了东北经济结构的深刻变化。这一点从下述数据便可看出：农业占GDP的比重从1928年的46%，下降到1939年的29%。[54] 1937~1941年，是东北工业增长最快的时期。但是从1943年开始，东北经济陷入了停滞。整个经济运转的目标，都是为了满足日本在军事压力之下出现的种种临时需求。1932年之后，日本与满洲之间形成了比以往更加明显的殖民互补关系。当地百姓在日本经理和技术人员的指挥下，为原料开采和半成品生产提供劳动力。之后，这些原料和半成品再被运到日本进行再加工。东北与其他殖民地不同的一大特点是，这里出产的产品并不是热带“殖民商品”，例如台湾的蔗糖，而是煤炭、铁矿石、生铁和钢材。自1937年7月战争爆发后，华北和华中的工业与采矿业重镇也被日本占领。日军一度尝试，把这些地区也一并纳入到满洲的经济体系中来。[55]但是直到太平洋战争爆发，在“日元圈”（Yen-Block）实现经济自给自足的目标也没有达到。尽管东北地区的产能增长迅速，然而直到1940年，东北和华北占日本煤炭和钢铁进口的比例仅有44%。[56]“满洲国”反而变成了一些日本产业的重要销售市场，比如说机械制造和面粉加工。[57]1935~1939年间，中原地区在日本出口总额中的占比甚至超过了满洲，达到13.2%，而后者仅为11.8%。[58]特别是作为原料产地，满洲让那些对其充满期待的人大为失望。人们没能在这里发现大的油田，[59]棉花产量也远远无法满足日本制造业的需求。此外，东北出产的煤炭在质量上也达不到钢铁行业的要求，只能靠进口华北煤炭作为补充。[60]

日本殖民势力在满洲的工业建设虽然经历了战争与内战的破坏（1944 年 7 月，美军对满洲南部的工业重镇发动了第一轮轰炸），在 1945/46 年苏联红军进入后又一次遭到毁坏和洗劫，[61]但是这些建设成就仍旧为后来的新中国打下了未来发展可以依赖的基础。日本人扩大了满洲的铁路网，实现了各条线路之间的连通与整合。和印度一样，满洲铁路同样也是殖民时代留下的最有积极意义的遗产之一。另外，日本人还在满洲修建了现代化发电厂，并将 1903 年俄国人开办、1905 年由满铁接手的抚顺煤矿扩建成为亚洲最大煤矿。在与抚顺相邻的城市鞍山，日本人在《二十一条》签署后于 1915 年建成的铁矿之外，还设立了鞍山制铁所。20 年代时，鞍山制铁所成为全球技术最发达的钢铁企业之一，1943 年巅峰期时，年产生铁 132.8 万吨，低碳钢 84.3 万吨，轧钢 36.3 万吨。[62]同样不能被忘记的，还有满铁在市政建设方面取得的诸多成就：坚固的房屋、公路、园林、地下水系统、街道照明等，其中部分设施迄今仍在使用。

与日本殖民者给后殖民时代遗留下来的上述（并非出自本意的）建设性贡献相对应的，是其对满洲发展造成的负面作用，我们必须将两方面影响综合考虑，才能对满洲问题做出总结性判断。日本在满洲推行的工业化计划最初主要是依靠从日本引进的资金，但是在 1938 年之后，大都是以增加税收以及人为操纵下的通货膨胀作为资金来源，当地产业工人的实际工资因此大幅下降。[63]从 1932 年起，整个东北地区的工业都被掌握在日本人之手。和台湾一样，本土现代化企业的发展也被严格禁止，一旦出现任何苗头，都会被当即扼杀。东北从未能像华北和其他地区一样，形成所谓的“民族资产阶级”。由于在 1932 年之后，日本对农业发展的投入相对较少，工业化贡献也未能对“传统”产业起到系统化的带动作用，就像明治时期的日本或 1950 年代的中国那样。从发展政策角度看，关东军在经济规划方面所做的一切，并没有多少值得借鉴之处。在殖民时代结束时，东北经济并没有实现均衡发展，其结构上的两极化之严重，远远超过了台湾，甚至超过了包括以上海为中心的长江三角洲。满洲南部工业重镇的现代化大企业，与北部农村未经改造、充满原始色彩的地主制同时并存。由此可见，今天某些人对日本帝国主义“建设性”一面的常见描绘，明显是一种夸大。满洲的殖民工业化这一被视为世界史特例的特殊现象，更多是体现为宗主国经济与资源丰富的殖民地之间的劳动分工，而非对被殖民国家所产生的有益影响。换言之，它更多是体现在帝国组织的内部关系上，而不是对“外围”产生的现代化效应。

1931 年，长城以北地区彻底脱离了条约体系。一片地处大陆的 / 288
辽阔领土作为外国统治下的殖民地，从中华帝国和中华民族统一体中被分离了出去，这是中国历史上的第一次。此前，日本势力虽然早已渗透到该地区，但在政治上并未站稳脚跟（张学良的反戈一击便是一个例证），从性质上讲，它仍然没有脱开“非正式帝国”的框架。九一八事变后，日本帝国主义通过军事占领，将满洲正式变成了自己的保护国。同一时间在中原地区，事态却在朝着另一个方向发展：外国势力对华渗透变得比以往更加“非正式化”。但是，这两种形式的入侵带来的结果却是同一个：无论在“满洲国”还是中华民国，外国势力的根基都得到了巩固。历史事实证明，这是列强在中国赢得的最后一波胜利。

关东军在满洲的侵略行动在上海的西方“老牌中国通”（Old China Hands）当中得到了广泛支持。他们当中许多人在中国生活多年，自认为对中国政治和中国人的“本性”已了如指掌。在这些人看来，日本人在满洲的行动证明，对华采取强硬政策是行得通的，严厉的干预措施既可以结束军阀混战导致的乱局，也可以有效遏制民族主义情绪的蔓延。按照这些“沪上俱乐部”人士的说法，要制服中国人只能依靠武力。[64]蒋介石展开的一系列行动——1927年4月12日的反共“政变”，一周后在南京宣布成立“国民政府”，在这一年接下来的几个月里对各地城市的群众运动实行血腥镇压——并未让洋人中的这些声音得到平息。在这些极端强硬派眼中，蒋介石本人即使在打击“红色”势力之后，也依然属于“粉红色”，因为他只是取消了群众性示威（“街头恐怖”）和“革命外交”[65]等手段，但并未公开宣布放弃他所领导的政党国民党的一贯主张，即废除不平等条约体系。[66]西方各国外交界在表现上，比通商口岸的“鹰派”要友善一些。没有证据能够证明，蒋介石发动的反共政变（就像当时中共和共产国际所言），是在西方外交势力的煽动和支持下进行的。[67]英国早在1926年底便在奥斯丁·张伯伦爵士（Sir Austen Chamberlain）发表的《圣诞节备忘录》中宣布，面对中国民族主义者的诉求，英国原则上愿意通过谈判做出让步。尽管做出了如此高调的表态，但实际上伦敦政府对英国在华利益是有明确甄别的：一种是为了获得宣传效果可以放弃的不重要利益（例如用处不大的英租界威海卫），另一种是可以与中方谈判的次重要利益（比如关税问题），还有一种是必须不惜一切代价捍卫的核心利益，特别是当中方无法为英国人的“生命和财产”提供可靠保障时。[68]上海公共租界的特殊地位问题便属于第三种。直到1927年春，上海公共租界还处于英美舰队的保护之下，以避免受到革命浪潮的冲
/ 289 击。另外一个核心利益便是条约体系的基石——治外法权。由此可见，1927年这个中国革命史上具有划时代意义的年份，并没有成为改变中国在世界上地位的划时代坐标。西方列强，甚至包括日本在内（1928年4月，日本向山东派出远征军，在济南与蒋介石军队展开交火，导致无数平民丧生[69]），既没有放弃在中国的重要特权以及干预的基本权利，也没能与蒋介石——中共眼中的“帝国主义走

狗”——领导下的国民政府，达成一种和睦的恩庇侍从关系。后来又过了超过一年半的时间，双方才开始小心翼翼地拉近关系。

1928 年时，各种迹象显示，蒋介石至少有望在名义上将中国重新引上统一的道路。另外，在蒋介石用被民族主义斥为丧权辱国的方式处理“南京事件”后（1927 年 3 月，国民党军队在攻打南京时因袭击外侨而导致 7 名洋人被害[70]），西方列强以外交承认作为对国民政府的“奖励”，并在外交上为北洋政府的时代彻底画上了句号。但是，从外交人员和外交手段来讲，国民政府与北洋政府之间仍然保持着明显的延续性。南京政府自 1928 年之后提出的排斥一切形式的单边主义、以“撤废不平等条约”为核心的温和外交，实际上延续了军阀时期的潮流，它与 1903~1911 年收回利权运动的传统主张是一脉相承的。不过有一点与以往不同，这就是：国民党南京政府为自身打造的形象，是一个包容开放、立志现代化改革、对外国经济利益持开明态度的政权，与带有中世纪遗风的满清专制和肆意妄为的军阀暴政形成了鲜明对照。从表现来看，它比以往的中国政府更愿意接受华盛顿会议通过的一揽子决议，让列强以逐步放弃条约赋予的特权，作为对中国自主改革的奖赏。这种寄望于通过列强的恩赐来实现民族解放的做法，正是 20 年代中期中国激进民族主义者坚决反对的。国民党一向公开宣扬的“反帝”立场，也从 1928 年起重新得到了诠释，这一变化为它与列强之间的交易提供了可能性。国民政府对遭到惨酷镇压但并未被彻底剿灭的国内民族主义势力继续打压，对反帝旗帜下的罢工和抵制潮极力加以遏制，这些举措不仅是为了让西方在修订条约问题上做出让步，同时也是为了换取西方对中国新一轮“自强”运动的支持，归根结底是为了巩固自身权力。[71]

正是出于上述核心利益考虑，在 1931 年秋天满洲危机的爆发使中国陷入更严峻困境之前，有关撤废不平等条约的谈判更多是停留在象征和宣传的层面上，其目的是应对国内公众舆论以及国民党内部激进派的压力。中方意识到，要彻底废除不平等条约，必须事先经过一个为时数年的“过渡期”。国民党政府如果能够以“现代”或西方所说的“文明”政府的形象，借助外国势力的帮助成为拥有强大行动力的中央政权，那么中国或早或迟必将成功摆脱不平等条约的桎梏，就像明治时期的日本于19世纪末所经历的那样。这正是国民党外交新政的思路，它为利益平衡新时代的开启提供了充分的理由。在满洲危机爆发前，新政所取得的最重要收获是恢复关税自主权。在这一过程中，列强并未做出激烈的反抗。[72]收回关税自治权后，南京政府可以通过提高关税等手段增加收入，并使自身实力由此得到增强，但同时，它也给西方债权人带来了直接的好处。作为第一批重要外交措施之一，南京政府公开承认了中国的对外债务，这与1917/18年苏联宣布废除一切内债外债的做法形成反照。[73]于是，重新树立中国在国际资本市场的信用，成为南京政府的最高目标之一。[74]但是人们同时也可以看到，国民政府与列强新达成的这种和睦局面也存在明显的局限性。1929年7月，中国借收回中东铁路之机，挑起了一场与苏联之间的军事冲突。而早在1927年12月，国民政府便已宣布与苏联断交。南京政府的打算是利用西方列强与苏联之前的紧张关系，并借反帝名义为自身捞取资本。然而它不曾料到的是，英美两国秉承西方联盟的古老传统，对中方通过军事手段修改现状的**一切**尝试都横加阻止，哪怕其针对的是苏联这个在国际上备受冷落的国家。美国对苏联在捍卫路权问题上的强硬态度表示支持，并警告中国，这种做法违反了国际法条约之不可侵犯原则，令其与盟友深感不安。[75]

在“南京十年”期间（1927~1937），国民政府在外交上面临的最突出问题并不是修订不平等条约，而是来自日本的威胁。早在满洲危机之前，日本便明确表现出与西方列强不同的态度，不愿向中国民族主义做出任何让步。日方拒绝谈判，也不肯与中方达成妥协，而是强迫对方接受自己的条件。[76]1931/32年发生的一系列事件给中方带来了两点教训：首先，中国不能指望西方列强为其与日本的对抗施与援手。这些列强当中，没有哪一个愿意用武力来捍卫1922年华盛顿会议所强调中国的主权和领土完整。最迟在1932年3月东京政府宣布“满洲国”独立时，以美国为首的西方列强在重新修订的国际主义框架内阻止日本对华采取单方面行动的努力彻底落败。这时，美国和日本这两个太平洋国家之间的对抗显然已在所难免，但距离美方采取行动却尚有时日。与此同时，英国对华政策则一直在与日本修好和捍卫自身在华传统地位的两条路线之间摇摆。[77]

第二点教训是，中国与日本相比虽然在军事上处于绝对劣势，但面对侵略却并非毫无抵抗能力。1932年1月和2月，当日本对上海和周边地区发动攻击时，受蒋介石直接领导的第十九路军奋勇抵抗，与日军激战长达33天。这使得中方在停战谈判时的处境不至于陷入完全被动。在接下来的几年里，在中国国内舆论中，十九路军的事迹成为一个经常被提起的例子，人们用它来证明南京政府自1933年中旬以来对日采取的安抚姑息政策[78]并非中国的唯一选择，这一点无疑也为中国各派政治力量走向联合创造了条件。但蒋介石当时还没有这样的打算。自1930年12月以来，他一直把江西“剿共”作为首要目标。随着1934年10月中共苏区沦陷，红军残余部队踏上长征之路，这一目标似乎已经达到。[79]与此同时，日本的侵略脚步却并未因南京政府的妥协而停止。自1933年5月31日中日签署《塘沽停战协定》，在北京与满洲边界之间设置由国民党军队协作的警察部队负责治安的“非武装”地带后，日本势力开始一步步向华北和内蒙地区渗透。类似“满洲事变”的冲突频发不断。日军下级部队常常擅做主张挑起事端，用既成事实来逼迫本国政府。

而东京方面总是在事件发生后，对日军的冒进做出宽容处理。[80]日本每一次新的侵略行动，都让国民党以支持亚细亚主义旗号下的中日“合作”为由所采取的绥靖政策，与国内民众中的民族主义情绪陷入更深的矛盾。1935/36年冬天，一场由爱国学生发起的大规模抗日游行和示威活动再次遭到惨酷镇压。[81]直到1936年12月12日

张学良率领手下部队在西安发动兵谏，扣押蒋介石，逼迫其同意抗战并与在偏僻大西北重新立足的中国共产党结成统一战线，南京政府亲日派主导局势、暗中投降大日本帝国的时期才终于结束。[82]

1937年7月7日临近午夜时，在距离京城15公里的马可波罗桥（卢沟桥）附近，日本依照《辛丑条约》派驻当地的一个师在演习时与中国士兵发生交火。到底是谁向谁发出挑衅，又是什么原因导致这起冲突以如此戏剧化的方式迅速升级，迄今仍然未能彻底澄清。[83]但是，中日两国之间的一场战争便由此爆发。这场持续8年的战争夺去了1500万~2000万中国人的生命，并对1949年共产党的胜利起到了决定性作用。与1840~1842年的鸦片战争一样，在今天已知战争结局的情况下，回过头来对战争爆发前的最后和平年代进行“追溯式”分析，对研究者而言，同样充满了诱惑力。从长远来看，这场发生在东亚两大强国之间的冲突似乎确属不可避免。然而对于生活在那个年代的人而言，战争在1937年7月打响却是出乎意料的。从两国领导层的角度讲，中方有可能已经做好了与日本人拼死一搏的准备，但日本人却一定不曾料到，会在中国遭遇如此激烈的抵抗。对战争爆发最为震惊的，是那些生活在中国的欧洲人和美国人。在过去十年里，他们目睹了中国的一波又一波危机：1925~1927年的群众性示威运动，各路军阀之间的混战，国民党以军事化手段成功夺取政治权力，再加上世界性经济危机，在中国，这场经济危机从1931年一直持续到1935年。1936年是让人们又

开始对未来怀抱希望的一年，这是多年来不曾有过的事情。经济衰退的势头已被遏制，在连续数年灾荒之后，全国第一次没有出现大的自然灾害，农业收成喜人。老百姓购买力明显上升，市场也开始兴旺起来。尤其重要的是，自袁世凯执政相对顺利的一个时期——也就是1913/14年——结束以来，除了东北、华北和少数偏远省份（云南、山西和新疆），中国终于又有了一个统一的政府，它对内拥有足够强大的掌控力，对外则表现出良好的合作意愿。在西方人眼中，蒋介石的形象就像是一个新的袁世凯，而且比袁世凯更成功。在战争爆发前夕，许多西方外交官和欧美洋行老板都满心希望地认为，一个向中国市场和平渗透的新时代即将到来。届时，他们虽然要向中国民族主义做出比以往更多的让步，但同时，他们却可以通过这个有志于改革、懂得利用外国资本的新政权，获得有效的安全保障。这样一来，无论是在“满洲国”的殖民环境下，还是在中华民国的地盘上（只要日本在华中和华南各地对“门户开放”予以尊重），外国势力的地位都将重新得到巩固。 / 293

一场来势凶猛、波及范围超出以往的世界经济危机刚刚过去几个月，中国便出现了这样一种对外国势力看似十分有利的局面，乍听上去，这着实令人感到意外。按道理讲，人们定然会猜想，由于在经济危机期间世界经济的联系变得比过去松散，特别是受30年代全球资本输出停滞的影响，[84]西方势力在中国的地位理应受到削弱，正如英国殖民势力在印度所经历的一样。[85]然而在中国，大萧条并没有对“去殖民化”起到进一步推动的作用，它对长期革命进程的影响也更多是一种阻力，而非动力。原则上讲，这种作用是保守性的。要理解这一点，我们首先必须对这场危机的进程和影响做一番观察。[86]

1929年10月纽约股市崩盘后，在将近两年半的时间里，由于受到白银币制的保护，大萧条的影响一直没有波及中国。从1929年底开始，以黄金表示的国际白银价格一路暴跌。从总体上讲，这对中国经济是一件好事：由于进口价格上涨，本土企业在国内市场受外国竞争的压力也随之减小。白银流入中国，并以我们在回顾17、18世纪时观察到的机制，流向经济体系的各个领域。利息下降，农民出售农产品换来的钱有所增加，按白银计价的田赋和地租负担相对减轻，农村家庭可支配收入不断增多，在各地农村，人们对未来渐渐又有了信心。[87]随着一些重要出口产品在国际市场上的价格下跌，上述积极效应在一定程度上受到了限制，却并未被彻底抵消。[88]在中国，由于农业出口占比偏低，再加上出口产品种类的多样化，除满洲外，中国整体经济受出口损失的影响并不像第三世界许多国家那样严重。[89]不过，一些以出口为导向的小型产业——例如南方的丝织业——则受到了重创。在1930~1932年的短短两年间，纽约和里昂的生丝收购价格便缩水了一半。广州生丝出口数量从1931年的4890吨跌到了1932年的2032吨。桑树被大规模砍伐，蚕农在原来种植桑树的土地上，改种收益同样微薄的稻米和甘蔗，把养殖的蚕丢进鱼塘喂鱼。[90]

1930年时，饱受内乱蹂躏的中国并不是一个祥和安宁的孤岛。/ 294 但是，一些外国观察家在把中国与其他地区的经济状况进行比较后，却对“中国贸易的奇迹般活力”以及“遭受重创后在短时间内恢复生机的能力”大为惊叹，这样的打击“如果换在其他地方，必然将导致全面瘫痪”。[91]但是在进入1931年后，接二连三的灾祸席卷了整个中国。第一是江淮大水，在这场洪水中有2500万人受灾，死亡人数估计超过50万。[92]这一轮自然灾害潮最早从1928~1930年山西、陕西、河南、甘肃等地的大饥荒开始，[93]一直持续到1935年，这一年，继长江之后，黄河也开始泛滥成灾。[94]在一些地区，长年来一直挣扎在生死线的农民，因此失去了生路。与此同时，大批有钱人为了躲避灾害和匪患，举家逃往上海，寻找安身之地。第二，东北沦陷以及1932年日本对上海的进攻，对中国经济造成了严重的破坏：中国工业（特别是棉纺业和丝织业）失去了东北的销售市场，国民政府的关税和盐税收入减少了15%。[95]原为手工业和小型制造业中心的上海闸北地区，被炮火夷为平地。1932年春，随着上海贸易和生产的全面停顿，整个华东和长江盆地陷入了瘫痪。

第三，自英国和日本相继放弃金本位制后，白银行情发生了逆转，银价下跌带来的对外保护、对内刺激作用由此失效。进口不断增加，特别美日出口商在本国政府支持下，将过剩产品“倾销”到中国市场（在中国，很多人对这种行为恨之入骨），导致进口增长进一步加剧。[96]大批廉价稻米在没有关税阻拦的情况下，从法属印度支那流入中国南方市场，导致当地米价下跌。[97]1933年，美国政府以“赈灾”为名，强迫南京政府签署《棉麦借款合同》，其动机实际是为了“缓解本国物价问题带来的压力”。[98]这笔借款使中国不得不在违背意愿的情况下，将大批农产品进口到中国，从而导致市场的饱和。[99]1933年是中国粮食生产获得创纪录大丰收的一年，然而由于农产品价格的下跌，农民的困苦处境反而更加恶化。白银流入中断，利息上涨，几乎所有商品都出现了降价的现象（1931~1935年间，上海的批发价格下跌了26%）。[100]自1932年起，随着银价上涨，大量白银从中国内地农村流入了上海各大银行的保险库。以杭州为例，当地市场流通的银币中，有60%流向了上海。[101]在上海，货币过剩刺激了公债投机，从而在农业濒于破产的同时，又引发了一轮金融投机的热潮。美国从1934年6月开始在国外市场大量收购白银，导致上述局面进一步恶化。中国白银出口变成了一门有利可图的好生意，中国的各大银行，特别是上海的外国银行，绝不肯错过这样的良机。就在短短几个月内，中国国民经济就损失了近三分之二的白银储备。在这场热潮爆发之初，一位英国专家便曾这样写道：“中国这个比几乎所有国家都更需要资金的国度……如今却遭遇了‘去资本化’。”[102]就像整整一个世纪前一样，中国再度爆发了严重的通货膨胀危机，直到1935年11月国民政府废除银本位制才最终结束。第四，这场危机同样也波及了东南亚。这块地处南太平洋的地区——所谓“南洋”，无法再担当起中国产品销售市场的角色，曾对中国的国际收支和许多百姓家庭开支起到重要作用的海外侨胞汇款，也因此断流。南洋作为移民目的地也不再具有吸引力。1933年，移民潮首次回落，从海外返乡的人数比离家出洋的人数，整整多出了一倍。[103]

从1931年到1935年的几个年头可以看出，中国经济对世界经济变化的反应是多么敏感。引发危机的主要因素并非出口依赖的结构性问题（这是第三世界国家的典型问题），而是白银币制。但是，银价是由白银生产者决定的，而中国并不属于其中。对中国经济造成灾难性影响的美国白银收购政策，直接体现了出产白银的几个美国联邦州的利益。这些州在华盛顿的说客们成功借助政治手段，将白银价格操纵在自己手中。美国政府在制定决策时，丝毫也没有考虑过这些措施将给海外带来哪些影响。数百万中国农民的命运，就这样被美国内政的不确定性随意摆布。[104] 1935年11月南京政府实行币制改革，废止银本位制，推出法定纸钞，正是在这样的背景下发生的。因此，它同样也不是一件完全由中国自己决定的事情，至少要事先征得西方列强的同意。而当时对西方列强来说，稳定中国市场，实现中国货币制度的合理化，同时帮助蒋介石政府立足脚跟，这些考虑和其他因素相比要重要得多。这次币制改革虽是由中国金融专家起草拟定，但是如果没有外国特别是英国方面的合作，是不可能完成的。因为只有英国政府——而非南京国民政府——才有能力指示英国在华各大银行，将白银储备（以对银行自身极其优惠的条件）交给中国财政部门，面对汇丰银行这种不愿服从的机构，英国政府甚至采取了强制的态度。[105]如果说1931年时的中国是在无

/ 296

力抵抗的情况下被迫卷入了危机，那么到1935年时，它同样也无法依靠自身力量挣脱这场危机。从西方视角来看，中国货币改革的作用，是要为西方对华贸易和在华投资的新一轮扩张创造条件，为达到这一目的，不妨以牺牲西方银行的部分利益作为代价。汇丰银行及其姊妹银行由此被剥夺了利润可观的传统白银生意，其角色重新回归为单纯的贸易银行。但是，它们很快便适应了改革之后的新环境。在19世纪末年建立的西方银行与外交界的联盟，于1935年彻底解散。原来由西方银行担当的职能，大部分由中国国有或半国有金融机构接手。这些中方金融机构如今变成了受西方外交官和商人欢迎的谈判伙伴。通过这次货币改革，国民政府的对外和对内地位都得到了巩固，但是，国民党政府之所以能够得到列强的支持，[106]不过是因为与1927~1931年间相比，此时的南京政府看上去更像是一个值得信赖的合作伙伴。1930年时，蒋介石充其量只是各路军阀中的“同侪之首”(primus inter pares)。然而到1935年以后，他已是国家政权的领袖，理当有能力为建立与西方稳定的伙伴关系提供保障。在蒋介石地位攀升的过程中，经济大萧条扮演了重要角色。这场危机使除国民党以外几乎所有社会力量都受到了削弱，同时也为新型“执政阶层”的兴起开辟了空间。这是大萧条在中国历史上发挥的主要作用。

如果把目光转向中国社会的各个部分，它们在这场危机中受到的冲击又是如何呢？其中最难得出概括性结论的，是危机给中国农村带来的影响。这是因为各地区之间的差异太大，而现有的统计数据又缺乏可信度。[107]可以肯定的是，中国农村长期以来的艰苦状况随着危机进一步恶化。1931年对中国农民来说是划时代的一年，在这一年，其承受的苦难变成了灾难。[108]银价下跌导致的通货膨胀，出口价格的暴跌，廉价进口产品的增多，国内贸易量的整体减少，再加上各地不同的特殊问题等，在所有这些因素的作用下，农民收入大幅下降，进而导致债务负担的增加。而恰恰在同一时间，由于白银大量从农村流向上海，又从上海流向国外，使得人们迫切需要的贷款变得越来越稀缺。大量田地易主，在被迫出卖土地的人当中，既有穷人也有富人。但是，和20年代时一样，社会上有一群人恰恰是趁这场土地交易潮之机大发横财，这些人便是旧式军阀和新型军事领袖。[109]从各种迹象可以推测，全国范围内土地集中的现象变得比以往更加严重，但是我们并没有足够的证据能够证明这一点。相比之下，从这场危机衍生出的各种社会现象则是无可争议的：家庭社会地位的升跌速度大大加快（用社会学家的话说：社会垂直流动加快），没有土地耕种的农村底层人口被迫开始“水平流动”（1934~1936年间，背井离乡的流民人数高达农村总人口的5%！），[110]大量人口不断涌入大城市，村庄之间和村庄内部为争夺短缺资源而展开的斗争日益激烈，[111]农村上层人士的封建家长式扶弱济贫之举越来越罕见（如荒年时的减租减息等），以往正是这类慈善行为使得地主和佃户之间由市场主导的剥削关系在文化层面上得到了缓和。[112]几乎在全国各地，军阀恶霸对农民的掠夺都超出了以往。1931~1934年间，向农民征缴的苛捐杂税增加了大约30%。在提高原有捐税之外，又增加了新的名目，有些甚至是提前数年的“预征”。这种现象不仅出现在军阀盘踞的地盘上（很多军阀向来都是以搜刮民脂民膏来维系自身寄生虫式的生活），就连以理性开明自诩的国民政府，也在其统治区内编造各种名目，盘剥和掠夺百姓，其中最常见的名义便是“剿匪”。[113]这些款项主要被用于各类军事和警察行动的开支，其目标是剿灭共产党，镇压各种形式的群众性示威抗议活动。由此便出现了由苛税引发社会动乱，再以暴力维持“治安”的恶性循环。[114]

世界经济危机并没有把苦难的中国农民推上大规模起义之路。20年代发生的零星几起农民暴动，早在进入大萧条之前便已被剿灭。[115]在年景最坏的几年里，也仅出现过一些类似“米粮暴动”的突发性骚乱，其反抗对象是那些滥征苛税的恶吏、黑心的大米商人，以及当地的土豪劣绅。[116]这些骚乱影响有限，而且很快便被悉数镇压。在受到国民党围剿的“苏区”，深陷派系之争的中国共产党利用农民革命的矛盾策略，进行了一系列试验，[117]但是这些试验并没有就此在全国范围内引发一场轰轰烈烈的革命。当蒋介石1934年10月成功攻克江西中央苏区时，革命运动距离失败的边缘甚至有可能比1927年时更近。

世界经济危机同样也扼杀了城市工人群体的革命热情。1927年，共产主义工人运动遭到大规模镇压。尽管如此，在1928~1931年间，上海和北方各地的工人斗争并没有停止（但汉口除外，在军事专政统治下，整个汉口弥漫着一股肃杀之气）。为了提高工资和改善劳动条件，工人自发组织起各种行动，或在国民党左翼领导下展开斗争，并偶尔取得了胜利。[118]直到1931/32年大萧条出现后，局面才彻底发生了扭转。棉纺业和丝织业的危机尤其严重。许多工厂主在1928年后的经济繁荣期纷纷扩大生产规模，并为此背上了沉重的债务包袱。可眼下，在价格和需求一并下跌的同时，贷款利息却不断上涨。1934年和1935年，一场工厂倒闭潮如瘟疫一般蔓延开来。1932年，上海107家缫丝厂中只有10家没有停产。[119]1935年初，当中国经济受危机影响陷入低谷时，在华商开办的纱厂中，40%纱锭都处于闲置状态，[120]大规模解雇工人，缩短工作时间成为普遍现象。随着农村进城打工的人数不断增多，产业后备军的规模一天天壮大。30年代中期，城市产业工人中至少有三分之一处于失业状态（受雇于家庭作坊的临时工不在其内）。[121]中国工人的地位沦落到社会最底层，他们不仅要忍受工厂主的剥削，同时还要忍受国民党政府暴力机关的刁难，以及与其沆瀣一气的黑帮分子的欺压。[122]他们无法再通过示威抗议来阻止物质生活条件的不断恶化，除了谋生之外，所有政治诉求都被抛在了一边，原有的工人组织纷纷解散。1927年白色恐怖没能达成的目标——扼杀中国工人运动，如今被大萧条变成了现实。[123]

中国资产阶级在辛亥革命前的萌芽阶段，在很多方面都受到国家的管控。在20年代军阀混战时期，他们逐渐摆脱了政治上的监护，在很大程度上实现了独立。对此起到推动作用的因素之一在于，上海、天津、广州等经济重镇一直都没有落入保守军阀势力之手。那些盘踞在农村的军阀势力，总是把靠经商发家的城市富人视作眼中钉，并千方百计通过对地方政治的操纵，来遏制资本家的创业野心。[124] 在20年代初因军阀混战导致的危机前后，中国“民族资产阶级”在相对不受国家控制的空间里逐步壮大起来。但是，新一轮经济危机的爆发却改变了这一切。与20年代初相比，这场危机的性质要严重得多。面对沉重的压力，实业家们只得被迫向国家求助。他们虽然不情愿，可是在无奈之下，也只能硬着头皮与国民党政府打交道。1927年春，上海的企业家、大商人和银行家纷纷追随蒋介石，站到了劳苦大众和知识分子的对立面。此前，在1919~1926年的反帝浪潮中，他们还曾与后者联手，结成短暂而脆弱的同盟。[125] 蒋介石在上海夺权后，很快便借助上海滩的黑帮势力，[126] 向这些有恩于己的富人发动了一场以掠夺和搜刮财富为目标的运动。还没有掌握其他收入来源的新政府正是利用这样的方式，用资本家忍气吞声从腰包里掏出的钱，填满了自己的钱库。[127] 虽然这些只是临时性应急措施，但它一方面让资本家当中很大一部分人对新政权心生反感；另一方面也让人们看到，国民党在夺取权力之后，仍不打算放弃已经过世的党派创始人孙中山反对资本主义的固有立场。在1929年3月召开的第三次全国代表大会上，国民党明确宣布将实施训政，加强对民众的政治控制，这其中当然也包括城市资本家。[128]

在1929~1931年的繁荣发展期，南京政府暂时放过了本国的实业家，没有向他们找太多麻烦。[129]与此同时，曾留学哈佛的财政部长宋子文首次在中国推出公债，给银行家们带来了赚钱的大好机会。这一举措的背后，当然也是为了政府自身利益考虑。宋子文在担任财政部部长期间，通过一系列行政改革——如恢复盐务稽核所等[130]——为政府财政收入开辟了有效的渠道。与宋子文做法相反的是，国民政府为了达成中央与各省之间的利益平衡，于1928年下令将田赋划归地方。这项措施给国家财政带来了沉重的压力，因为在中国，田赋历来都是中央政府的主要收入来源，更何况在当时，国民政府的军事开支不断增加，从1928年到1934年，军事支出占总预算的比例从来没有低于44%。[131]宋子文通过发行公债，建立了一套行之有效的赤字融资体系，而高达20%的实际利率更是让银行赚得盆满钵满。[132]用于交易的资金，当然也包括主要被用于军事的公债收入，[133]最终都是通过大幅提高烟草、棉纱、面粉、火柴等商品的消费税，被转嫁到纳税者的头上。[134]特别是烟草制造商，高额税收的负担令他们个个叫苦不迭。另一个问题是炒作公债导致的高利率，这些投机者往往都有着雄厚的政治背景。在大萧条期间，外国企业之所以比中国企业能够更好地渡过危机，其主要原因在于，它们不必完全依赖中国银行，因此有更多途径以较低的利息得到贷款。就在金融资本家们生意兴隆的同时，实业家们的日子却着实很不好过。

这种把纳税者的钱塞入银行家腰包的财富再分配机制，随着世界经济危机的到来而失去了平衡。在资源紧缺的条件下，通过私人资本市场完成赤字融资的手段已经达到了极限。人们再也无法办到，让军方和金融界各得其所，彼此相安。1931年底和1932年初，靠投机炒热的公债市场彻底崩盘。宋子文以牺牲部分银行家利益为代价，发起了新一轮拯救财政危机的行动。但是，此时人们已经清楚地看到，只有大幅减少军费开支才是稳定国家财政的唯一出路。当宋子文联手银行界共同发出缩减军费的呼吁后，他不可避免地与自 / 300

己妹夫、正在全力剿共的蒋介石陷入了直接冲突。宋不仅要求停止围剿行动，缩减军事机构规模（这正是蒋介石本人的权力根基），同时还呼吁加大力量抵抗日本侵略，并向西方列强进一步靠拢。1933年，宋一度通过提高进口关税的办法，使部分国内市场自1930年恢复关税自主权以来首次得到了**有效**保护，特别是针对日货进口。[135]宋子文的长远目标是利用西方资本发展经济建设，并希望通过国际联盟对华“技术”援助的方式，[136]来促成这一计划。同时他还考虑，以后来的“欧洲市场之父”让·莫内（Jean Monnet）发起和创立的中国金融发展集团（China Development Finance Corporation）作为联络点，与西方银行开展新的合作。1933年，所有这些计划都化为了泡影。英美银行界在不排除未来合作可能性的情况下，婉拒了中方的建议。英美两国政府尤其是伦敦方面的最大担心是，如果支持宋子文的路线，很可能会惹怒日本政府。由于没能如愿在短时间内从西方争取到大笔援助，宋子文只能两手空空地等待蒋介石的发落。1933年10月下旬，蒋介石在日本的强大压力下，逼迫宋子文辞去了财长一职。数月后，日本迫使南京政府重新修订关税，取消了1933年以反日和保护国内市场为目的制定的税则。[137]在日本军事势力的保护下，走私活动在整个华北泛滥成灾，使国民政府在降低关税之外又损失了大笔收入。1936年，走私给南京政府造成的损失约占关税总收入的三分之一，或全部预计收入的九分之一。[138]面对这样的局面，中国政府却只能听之任之，它在日本面前的软弱无能由此得到了充分证明。

/ 301 1934/35年，当中国工厂主在遭受经济危机重创后转向政府求援时，他们的呼声没能得到任何回应。如果说南京政府的某些做法——如打压工人群体——在客观上迎合了工厂主利益的话，也纯粹是出于维护自身权力的考虑，而不是在资本家的呼吁之下向其施与援手。在其他方面，国民政府则义无反顾地倒向了洋人一边。它坚定地推行有利于日本企业、损害本国企业利益的关税政策，在税收方面也对各国洋行实行优惠待遇。最典型的例子莫过于英美烟草公司。[139] 与几乎所有外国在华企业不同的是，英美烟草公司并没有以不平等条约赋予的特权作掩护逃避缴税，而是从一开始便向中方自觉缴纳税款。这种做法一方面是因为，英美烟草公司清楚地意识到，其遍布全国的营销体系在实际运作过程中不可能处处倚仗特权的保护；另一方面是因为它内心还抱有这样的想法：作为纳税大户，它在与中国政府谈判时，手里就多了一张王牌。几十年来的经验证明，这项策略是明智的。各路军阀和政府官僚都对英美烟草公司善待有加，面对这只金灿灿的肥鹅，没有谁肯动手去拔它的毛。30 年代中叶，这项策略的收效更是达到了顶峰。中国本土烟草业虽然内部存在着各种问题和不足，但是在 1931 年之前，仍然在英美烟草巨头垄断的市场上为自己赢得了部分地盘。到了 1932 年，除大萧条的冲击之外，中国卷烟企业又遭受了另一重打击：南京政府颁布法令，对烟草行业实行二级税制。这种新税制对生产高档香烟的英美烟草公司十分有利，却让生产中低档香烟的本地烟厂叫苦不迭。中国民族烟草工业在遭此重创后，一步步走向了衰败。与中国企业的境遇相反，资本雄厚的英美烟草公司甚至还有能力通过预付税款的方式，讨取急需资金的国民政府的欢心。1932 年颁布的烟草税让人们看到了一个事实：南京政府不惜牺牲本国工厂主和工人的利益，在暗地里与西方大企业结成了同盟。

由此可见，世界经济危机给中国“民族”资本家带来的打击，并不亚于无产者和农民群体。它不仅使实业家的政治空间受到压制，就连长期享受优惠待遇的金融家也不例外。随着宋子文的失败和辞职，金融大佬们的处境也一落千丈。对这些人来说，这只是接下来一系列挫败的前奏。具有反讽意味的是，导致这一结果的恰恰是宋子文创建的赤字融资机制。受来钱快、利润高的公债生意诱惑，各家民营银行把其他业务——特别是企业融资——抛在了一边，与政府建立起危险的依赖关系。[140]同时，他们还解除了与工业资本家之间由阶级政治决定的同盟关系。在此之前，一直到20年代，两者间的合作还曾在一定程度上发挥着作用。资产阶级在国家机器面前的表现之所以越来越无能，与阶级内部的分化有着密切关联。当孔祥熙（蒋介石的连襟）出任财政部长后，银行家们终于对真实的权力对比有了清楚认识。孔上任后即宣布，其首要目标是为蒋介石的内战行动提供资金支持。他不再把笼络资本势力，作为巩固自身权力基础的手段，而是通过与最高统帅领导的军事委员会拉近关系，来达到这一目的。[141]在孔祥熙的指示下，公债市场再度被炒得火热。这位新财长所推行的金融政策，似乎与其前任如出一辙。不过，当公债市场又一次面临崩盘时，人们却开始意识到，这位合作伙伴相比他的前任，却要危险得多。这一次，银行家们绝不肯再像上次那样，在不加抵抗的情况下被迫卷入危机的旋涡。1934年，当人们越来越清楚地看到，公债投机是一场玩火自焚的游戏时，业内龙头、由张嘉璈领导的中国银行宣布，不再认购财政部为筹集军费发行的公债，今后也不再接手任何政府生意。其他银行紧随其后，一场由公债引发的破产潮眼看就要爆发。

1935年3月23日，孔祥熙以意想不到的方式向金融界发起反击。南京政府以应对危机为由，将中国银行与华东地区另一大金融业巨头——建设银行收归国家所有。[142]已与蒋介石达成和解的宋子文被任命为中国银行董事长，上海金融资本对政治的影响力由此被一举摧毁。1935年6月，政府又成功掌握了对另外三家民营银行的控制权。同年11月币制改革实施后，随着白银收归国有以及纸币发行权的集中化，其他民营银行的势力也进一步被削弱。币制改革结束了中国货币体系的混乱局面，实现了重要货币政策职能的统一。[143]但是，在金融业得到整顿的同时，民营金融资本的繁荣发展却受到遏制。那些为各地残余军阀势力提供财源的银行，也因这场改革而被大大削弱。从这一意义上讲，财政统一也为巩固蒋介石在国内权力政治中的领导地位发挥了重要作用。[144]

在货币改革的过程中，形成了一个由国家控制的“中央银行集团”，其成员包括宋子文领导的中国银行，交通银行，农业银行（一家专门从事鸦片生意、受蒋氏家族势力控制的金融机构），以及由孔祥熙任总裁、具备一定央行职能的中央银行。从此，整个中国货币和金融体系都被掌控在这个国有银行集团手中。1936 年，四大政府银行共有 164 家分支机构，在中国现代银行业中所占份额为：净资本 42%，总资产 59%，存款 59%，外汇储备 78%，净利润 44%。[145] 此外，四大国有银行还通过附属机构控制着各地的储蓄网点和彩票市场，并在保险和外贸行业积极开展业务。

自 1935 年起，国民政府，特别是身为中国银行董事长的宋子文，又开始将兴趣转向以往受到排斥和冷落的实业家群体。但是，政府对实业家的所谓扶持，实际上是通过贷款（一旦企业拖欠贷款，便采取强制措施）、参股或人事策略等方式，将越来越多的华资企业置于政府银行的控制之下。这些企业当中，也包括著名的南洋烟草公司。截至 1937 年中旬，受中国银行控制的纱厂多达 15 家，其拥有的纱锭数量占华资纱厂总量的 13%。[146] 许多受到排挤的民营金融家被招入国民党政府部门任职，曾于 1935~1942 年间担任铁道部长的前金融界领袖张嘉璈，便是其中一个。为此，他不得不放弃在美国大学的经济学教授职位。[147] 按照财长孔祥熙的算计，解决国家财政问题的办法很简单：以牺牲民营银行利益为代价，实行债务重组；统一纸币发行权，推出法币。由此引发的轻度通货膨胀最初尚可控制，甚至对 1936/37 年的中国经济产生了积极影响。但是在进入 40 年代后，形势急剧恶化，物价飞涨，导致不受控制的恶性通货膨胀，成为国民党统治倒台的重要原因之一。

世界经济危机以及由此造成的主要社会力量在物质实力上的削弱，也让一些人借机大赚特赚，这些人就是所谓“执政阶层”。它与中国帝制时代的统治阶级在许多方面都有所不同。[148]它不像后者那样，主要靠田产发家，而是依靠对工业、贸易、金融等各种现代经济资源的掌控。从地域角度看，这些势力是以割据形态分布，也就是说，他们各有各的“地盘”（主要集中在华东和华中各省），而在自己地盘以外的其他地区，他们只能把统治权交给当地的精英和权势人物。“执政阶层”与各省地方势力虽然保持着合作式关系，却无法强迫后者事事听凭中央的指挥。1937 年之前，偏远省份的地方势力并没有对国内政治产生太大影响，他们无法做到像帝制时代的总督或巡抚那样，倚仗自身权势左右朝廷的决策。李鸿章、张之洞、袁世凯等人，便是帝制末年这类人物的代表。无论从意识形态还是制度架构来讲，1930 年代的执政阶层都与帝制中国的权力精英有着本质上的不同。他们以孙中山 1924 年提出的一党“训政”主张，代替了传统的儒家治国之道，但是在执政过程中，他们却渐渐忘记了一点：按照孙中山的设想，“训政”只是通往“宪政”——以宪法为保障，建立人民代表制度——之前的过渡期。[149]特别是面对法西斯独裁的强大诱惑，国民党内部的当权派更是将孙中山的教诲彻底抛在了脑后。[150]

南京政府的组织结构采用的是孙中山设计的“五院制”，[151]但实际上，这项制度不过是个幌子，其背后运行的是一套与此截然不同的非正式权力机制。[152]像辛亥革命前的统治阶级一样，南京十年时的执政阶层也与整个官僚体系密不可分。相比之下，新兴官僚群体更注重发展，对现代世界的制度形式有着更深刻的了解，因为他们当中有些人本身就是在国外接受的教育。但另一方面，许多官员在行政管理方面缺乏实际经验，再加上封官加爵的传统陋习（例如用加封官职来安抚被挫败的政敌），而影响最恶劣的，莫过于在整个南京政府权力机构中弥漫着的贪污腐化、以权谋私的风气。与1905年之前的清廷相比，新的官僚体系在实力上甚至更加薄弱。官员队伍的招募也不再像过去一样，是按照一套适用于全国、对素质有着统一要求和标准的考核制度来操作的。南京政府更像是一个昏庸无能的中央管理部门，不停地打造各种计划和方案，却不把精力真正用在治国之上。1930年代的官僚体制从结构形式上看，的确比19世纪时更“现代”，然而其实际掌控力和当时相比却远远不及。

有些人把南京政府描述为一个由不同派系和政治“小集团”组成的对抗性联盟，[153]这种说法无疑切中了要害。但是从本质上讲，南京政府实际上是由蒋介石一人领导——无论其形式上担任何职——的军事专制。[154]在短短几年内，他便把“一场革命运动变成了一个军事独裁政权”。[155]政府中的文职部门始终只是军事核心之下的附属，要挑战军事领导权是没有出路的，1933年宋子文的失败就是一个例证。1924年在广州创立国民革命军的国民党，[156]1928年之后却不得不听凭自己军队的指挥。在南京十年结束时，国民党已经沦落为一个专事教育、宣传和动员的机构。

以效忠或利益关系为纽带、为最高统帅效力的军事领导层，构成了执政阶层的核心。在这一核心外围，是另外两个部分：一是国民党高级领导（例如保守派政治家陈立夫，1932年之后，他以国民党中央组织部部长的身份将国民党引上了蒋介石的路线）；[157]二是文职部门，1935年后，由孔祥熙和宋子文领导的中央银行体系成为这些部门中政治权力最大的势力。

这套银行体系作为中国经济界的现代产业领航者，从三个方面发挥着至关重要的作用：第一，对那些原以为在世界经济危机过后即将迎来发展新阶段的华人资本家，它可以起到教训的作用；第二，它保障了军事机关的资金供应，特别是当后者无法亲自出面调动资源，去解决经费问题时；第三，它是国民政府寻求外国援助的联络站。

1930年代中期，在南京政府和蒋介石的军事委员会中，聚集了大批外国顾问和间谍。在当时的报纸期刊中，充斥着关于各种外国模式——从斯大林的五年计划到罗斯福的新政——优劣性的争论。[158] 日本到处穿针引线，意大利和美国则在航空领域与中方签署了合作协议。[159] 各国金融和农业专家、水利工程师以及其他领域的专家，也纷纷来到中国。[160] 澳大利亚记者威廉·亨瑞·端纳（William Henry Donald）是与蒋介石关系最密切的外国顾问之一。英国政府首席经济顾问李滋罗斯爵士（Sir Frederick William Leith-Ross）曾为中国的货币改革出谋划策。另外还有英国退休将军汉猛德（F. D. Hammond），曾经参与了中国铁路改革计划的制订工作。

最具传奇色彩的是1933年受聘军事顾问的前德国国防军总司令汉斯·冯·塞克特将军（Hans von Seeckt）。塞克特率领的德国军事顾问团是中德合作史上最受瞩目的一段插曲。中国与德国之间的这段合作从鲁登道夫将军麾下的右翼激进分子马克斯·鲍尔将军（Max Bauer）1927年末以私人身份访华开始，到亚历山大·冯·法肯豪森将军（Alexander von Falkenhausen ）率领的135人军事顾问团最后25人1938年7月撤离中国结束。[161] 这起合作最初是由两拨人促成的，一拨是没能有机会在本国施展才华的失意德国将领，另一拨是少数想借机疏通自己在德国的人脉关系的中国政客。30年代初，还有一个经济方面的因素对此发挥了作用。德国企业界重新
/ 306
盯上了中国市场，正在小心翼翼地制订相应的开发计划。[162] 就在同一时间，经历满洲危机之后的南京政府开始启动第一轮军工建设，急需找到外国合作伙伴。[163] 从1933年到1937年中旬，在两个战争/战前经济体之间的互补性需求基础上，中德之间的合作获得了新的维度。在德国一边，特别是国家防卫军方面，中国作为德国武器的买家和实验田以及军工业重要原料钨和锑的供应国（后一点最

为关键），[164]受到了越来越多的重视。此外，按照德国对未来目标的模糊设想，中国将是“德意志帝国未来改变世界行动中的一个权力政治砝码”。[165]反过来在中国，蒋介石本人也看到了与德国合作的好处：[166]一方面，德国军事顾问曾经用普鲁士传统训练术培训了30万中国士兵，[167]同时还为国民党反共围剿的战略部署做出了贡献（当然，这份贡献实际是微不足道的）；[168]另一方面，与英美两国相比，蒋介石更有希望从德国方面获得援助，以推动其眼中重点经济政策项目的实施：在华中地区建立受国家/军方控制的重工业基地，在为军事机关打造工业后备力量的同时，为未来的中日之战做准备。当1937年7月这场战争比预想时间提早爆发时，这些项目当中很多已经规划，但真正落实的却寥寥无己。[169]在德国顾问团在华最后一年里，其角色不过是德国在远东“双轨战略”的残余物。希特勒明确选择日本作为盟友，为德国顾问团的使命画上了句号。

中德合作是在国内外形势高度复杂的环境下开展起来的。在短暂平淡且缺乏连续性的中德关系史上，德国顾问团无疑是一个亮点。而且在军事合作的同时，德国的文化工作——以美国为榜样、受经济利益推动的文化宣传——也得到了促进。[170]从中方视角看，这场合作的意义十分重要，却没有达到盖过其他一切的程度。德意志帝国，尤其是1933年后的纳粹德国，无疑是蒋介石和国民党军方最理想的外国伙伴，同时，它也是在意识形态上最亲近、行动上最积极、未来合作最有前景的一个。尽管如此，中德关系的加深并不能让我们忽视另一个事实：日本和英国这两支最具侵略性的帝国势力以及“非正式帝国”的捍卫者，在中国外交关系中扮演的角色至少和德国一样重要。

中德关系的特殊性和新意体现在三个方面：第一，两国关系是没有历史包袱的。20年代末的德国既非在华殖民势力，也非条约体系的受益者。两国可以恢复并延续一战前的贸易交往，同时又可以将半殖民地时期的法律上层建筑抛在一边。既没有未偿还的债务，也没有国家脸面之类的问题，能够对双方从时代需求出发打造关系造成障碍。中德两国在交往中采取的方式，是把对方视为地位平等的伙伴，1936 年双方签署的贸易协议便是一例。[171] 当时在中国与其他条约国的交往中，这一点是不可能做到的。

第二，从经济内涵来讲，中德关系也比中英或中美关系更“现代”。除了巨额武器出口（1936/37 年，中国是德国军工业的最大外国主顾），[172] 德国对华出口主要是以资本货物为主。德国公司——其中最具冒险精神的是科隆的奥托·沃尔夫公司（Otto Wolff）——不再把目光盯住人们想象中“广阔无际”的大众消费品市场，[173] 而是将中国由国家主导的工业发展作为目标。[174] 中国需要的是生产设备、发电厂、铁路和港口设施，而德国正是这方面的佼佼者。[175] 反过来看，中国出口到德国的货物几乎全部是原材料，这也是发展中国家最典型的出口产品。

第三点值得一提的是，德方的合作“意向”与中方的合作“需求”是如何做到一拍即合的呢？要了解这一点，我们需要对当时的中国形势再做一番观察。在经济大萧条之初，南京政府在经济政策上的可选方案是一目了然的：[176] 没有人愿意再重新回到 20 年代军阀割据时的无政府状态，这种状态只让工业资本家占得了便宜。国民政府的“训政”同样也不能放过企业界，这一点也是不容讨论的。“经济控制”是政府内部各个派系的一致共识。[177] 此外，全球盛行的新重商主义经济调控潮流同样也对中国产生了影响。[178] 各方争议的焦点在于，调控该以什么样的方式来操作，其程度又该如何。以宋子文为代表的改革派主张给民营企业家一定的自由，政府以合作者的角色参与“公私混合型经济”。发展的重点首先是轻工业。与此同时，通过适度的农业改革实现农业“复苏”，提高农民的购买力，让他们有能力购买轻工业产品，从而让共产主义农民运动失去号召力。[179]农业改革的措施应当局限于以下几个方面：限制地租比例，通过城市银行资本的输入来减轻农民借贷压力，以及改善农业生产技术条件等。而以蒋介石为核心的军事传统主义者则认为，中国农村的混乱是一个事关“法律和秩序”的问题，只有依靠暴力和对农民的管治才能得到解决。[180]工业必须由国家控制，并首先为军事目的服务。当初，宋子文的改革方案虽然得到了华盛顿和伦敦政府口头上的欢迎，却并未得到足够的实际支持。1933 年，这项计划最终以失败收场。蒋介石则相反。他在正确的时间找到了其军事独裁式经济计划所需要的外国伙伴。德国人很早就意识到，他们在中国的机会取决于蒋介石的成败。[181]当然，蒋介石并不是德国人的傀儡，就像他从来都不是任何外国势力的走狗一样。在国内各派势力就经济与社会政策问题展开的较量中，蒋介石与德国的合作虽不是起决定性作用的因素，但它确实让国民政府中的军事派系从中受益。通过与德国在重工业和军工业领域的合作（尽管最初并没有带来太多的实际成果），蒋介石终于找到了一条途径来落实孙中山的主张：在权利平等的前提下引进外资，发展国内建设。在竭尽所能避免外国控制的条件下，通过合作谋取最大收益。

德国防卫军与中国军队之间的利益互补，并非仅仅局限于经济领域。德国军事顾问团的存在，同时也为蒋介石在国内权力斗争中的获胜助了一臂之力。它不仅为后者提供了获得先进武器与军事训练手段的渠道，而且也使其掌握了其他竞争对手无法调动的经济资源。在后来的战争中，蒋介石再次利用同样的策略，成功赢得了美国的强大经济和军事支持。反过来看，蒋介石又能给德国人带来哪些好处呢？ 1936 年，国民政府资源委员会——其职能逐步转化为经济军事化控制的执行机构——成功掌握了对钨锑产业的操纵权，从而使德国收购商的供应得到了保障。[182]在战争爆发前，国家对金属原料出口的控制堪称军事独裁式经济政策的最大成就：相对于整个计划的庞大野心，这项成就实际是微不足道的。政府为此并未投入太多资本，其最终的结果是在满足国家利益以及国外大客户利益的前提下，通过垄断压低了国内原材料的收购价格。这种垄断从根本上讲属于寄生性质，政府在其中扮演的角色沦落为令人嫌弃的中间商。另外，它也没有给中国的经济发展带来任何贡献，就促进经济现代化而言，中德两国在军工领域的合作并未产生明显的积极作用。当然，我们无从得知，假如战争没有在1937年7月爆发，那些业已启动或签署的工业项目未来将有怎样的发展。但是，一些有可能出现的问题却是不容忽视的。当时的中国正在一步步陷入对外国资本尤其是外国技术的危险依赖。在30年代中期的中国自由市场上，这些资源尚处于供不应求的状态，在这种情况下，接受某个实行国营贸易的独裁国家出于政治目的所提供的经济援助是危险的。直到1960年苏联专家撤离，中国才深刻领受到这一教训。更何况与德意志帝国的合作，完全是靠帝国总理府对南京政府的政治善意这根脆弱的丝线来维系。同样值得担忧的是，尽管国民政府在实行计划经济方面不乏现代理念，但是其领导实施的工业项目与整个经济大环境却是脱节的，与40年前张之洞在湖北打造的重工业基地相比，情况几乎没有任何改观。军事现代化并非整体经济发展规划的一部分，无论是军事传统主义者，还是力主改革的文职官员，都没有能力拿出这样的规划，即使他们对此有所打算，也往往是不切实际的。南京政府即使在其权力的巅峰期——1936/37年前后——也不具备足够的政治手段，能够让国家对经济的控制突破局部的界限。

/ 309

中国市场并不是外国列强彼此间展开零和博弈的竞技场，特别是在1935年大萧条结束后。没有哪个国家被挤出中国的地盘，就连苏联都于1932年和南京政府建立了外交关系。同一时间在不同地区，外国在华势力都在一定程度上得到了巩固和发展，这在20年代末还是不可想象的。日本通过军事侵略以及向“非正式帝国”的过渡，巩固了在东北的优势地位，在借助颠覆活动向华北渗透的同时，逼迫国民政府对其一系列行为采取姑息的态度。德国以进攻型外贸和军事援助政策为手段，与中国核心执政阶层建立起一种近似共生式的关系。美国政府在大萧条时期同样转向了积极的外贸鼓励政策（例如发放棉花和小麦贷款），并在1936/37年间超越日本、德国和英国，成为中国最重要的贸易伙伴。[183]美国占中国进口市场份额一直保持在接近五分之一的水平，占中国出口总额的比例则从1929年的14%一路攀升到1937年的28%。[184]

最后还有英国。作为长期以来最重要的在华“非正式帝国”势力，英国也成功保住了自己的地盘。英国人既不能采用日本的铁拳手段，也不能像德国一样，通过兵工业和军事合作的途径来达成这一目标。同时，它也无法像美国那样，利用数额微薄的直接投资来捍卫其体量庞大的在华利益体系。[185]英国相对顺利地战胜了世界经济危机的考验，没有哪家大的英国洋行因危机破产或撤出中国，有些洋行甚至趁中国竞争对手受困之机，大肆渔利。对英国人来说，严峻的考验来自日本。日本在“满洲国”成立了国有石油公司，将英美石油企业挤出了自己的保护地，垄断了整个东北市场。日本通过这一举动向各方发出信号，在其统治的地盘上，它将不再遵循“门户开放”原则的约定。1931~1936年间，英国对满洲投资从3.3亿日元下跌到1800万日元。[186]不过，只要日本不把手伸向东北和华北以外地区，就不会给英国带来致命的危险。比日本威胁更大的考验是，在上海大本营之外的内地各省，英国公司总是因中国官僚部门的阻挠而陷入困境。1934年前后，这类怨言更是甚嚣尘上。按照这些人的说法，中方正在从“修约外交”转向“消耗战”，即采用“恶意刁难”但从法律角度却无可指摘的行政手段，来达到瓦解不平等条约体系的目的。鉴于任何形式的直接干预都无法奏效，英国人面前只有一条出路：与势力日渐强大、对现代化持积极态度的地方执政阶层建立合作关系，将“非正式帝国”进一步推向“非正式化”。

这项行动是从两个层面展开的。一是大外交层面：随着李滋罗斯爵士访华，英国开启了一场对华经济攻势，这场攻势和德国相比之所以来得缓慢，是因为经由政治谈判达成的框架必须用**私有**经济的内容来填充。值得注意的是，在这些年里，英国对华政策的制定者从谨慎保守的外交部转到了更具挑衅性的财政部。英国新型“积极政策”（active policy）的高峰是1937年5月与国民政府签订的“金融贷款”协议，其数额高达2000万英镑。早在1934年，中方便向英国提出了借款请求。这笔贷款与臭名昭著的“善后大借款”有明显的相似之处，因为就当时的中国经济而言，其意义并不大。它更多是出自政治的考虑，其目的是壮大南京政府，特别是蒋介石个人的实力，同时向英国经济利益集团表达善意以及在未来开展合作的意向。从借款条件看，它与中国日渐高涨的民族自信心完全是背道而驰的。其内容包括以关税作保，继续聘用英国人出任海关总税务司，授权英国金融顾问对贷款用项实行监督等，与1913年善后借款相比，并没有增加太多新的内容。1937年7月战争爆发，导致这项贷款协议没能得以实施。[187] 在1934~1937年，德国是中国最大的借贷国。[188] 但是，德国的资本输出能力却十分有限。如果需要大笔借款，中国只能向新五国银行团的主导者——英国求助。为了得到贷款，财长孔祥熙不惜接受苛刻的条件，赋予债权人更多的监督权，有些条款甚至与1914年前的金融帝国主义毫无分别。当然，中方同时也有另一方面考虑，即通过这些妥协——1936年，蒋介石甚至曾向英方提议，允许英国在华南地区享受特殊权利，并将海南岛纳入其“保护区域”[189]——来拉拢英国政府，如果中日之间发生战争，能够说服英国站到自己一边。

与大外交层面至少同等重要的另一个层面是独立的企业外交。许多大型洋行就像很早以前的英美烟草公司一样，认清了一个道理：只有凭借与当地统治势力的合作，才能使自身利益得到相对可靠的保护。英美烟草公司在没有英国外交界出面的情况下，与南京政府就烟草税问题达成了彼此互利的协议。英国在华北经营的大型矿山企业，也想方设法与政府拉近关系。福公司正是在国民政府1934年底结束剿匪清乡之后，才成功实现扭亏为赢。[190]在滚滚红利再次流入英国股东们腰包的同时，英方决定将企业管理权交予中方，以作为回报。怡和洋行和太古洋行两大巨头同样也认识到，通过出让股份或监事会席位等方式拉拢国民政府要员，实乃明智之举。让孔祥熙出任股东，其效用远胜于一队英国炮舰。[191]

于是，英国方面也开始与南京政府展开了合作。在这场合作当中，旧的条约体系已经很少再发挥作用。就在蒋介石和军方与德国建立伙伴关系的同时，英美两国则与执政阶层中的“盎格鲁撒克逊资本主义”派系走到了一起。这派势力的代表人物是1935年银行业动荡之后成为国有银行集团领导者的孔祥熙和宋子文。特别是宋子文，更被看作是一位愿意做出妥协的谈判对象。他于战争期间出任外长（1941年12月至1944年12月），之后担任总理（具体官职为行政院长），直到1947年3月卸任。在许多人眼里，“他与欧洲人或美国人一般无二，只是不幸生就了一身黄皮肤”。[192]德国人的成功对英国人也起到了示范性作用，这一点自然是毫无疑问的。它向人们证明了一点：没有条约特权和炮舰的支持，一样可以做成好生意。特权制度当然也需要捍卫，只要它存在一天（事实上，它一直延续到1943年），抛开旧帝国主义、建立新型合作式关系的任务就不能由政府代表，而只能交由私营公司去完成。在私营公司当中， / 312

只有那些真正的巨头才能在对华关系中扮演举足轻重的角色，并因此成为受中国欢迎的合作伙伴。于是，就在战争爆发前夜，英资洋行——当时，它们仍然是在华规模最大的西方企业——与南京政府执政阶层结成了联盟。这一联盟是在下述两方面因素的基础上建立起来的：一是西方对中国主权的默认，以及对中国统治者的权力和财富占有欲的迎合；二是西方清楚地认识到，蒋、宋、孔及其领导的政府离不开英美烟草公司这样的纳税大户，也离不开英国船运公司提供的服务，从政治角度看，这些外国洋行和那些有可能取代自己因此必须全力阻止其发展的中国民营资本家相比，威胁要小得多。在这种新型中西关系格局形成的过程中，“民族资本家”成为最大的输家。同样陷入被动的还有许多小型洋行，如果缺少了治外法权和公共租界的安全保护，它们的生存将难免受到威胁。美国记者和大学教师柯乐文（Grover Clark），一位对中国局势有着敏锐判断的观察家，曾于1935年写道：除了少数例外，治外法权在中国实际上已属于“过去时”。[193]

30年代中期的形势发展一度陷入了某种历史性僵局，但同时，这些变化也具有很强的典型性和说服力。在经过了一个漫长的缺少方向感和确定性的阶段之后，各种新型机制正在逐步成形，它们为深陷危机的“非正式”帝国主义开辟了一条新的出路。在局势变化的过程中，一个独立变量是新政权地位的巩固。这个新型政权已经有能力肩负起作为国家机器的传统责任，它对内有着一定的执政效率，对外则能够在对方认可本国权力集团利益的前提下，做出愿意合作的姿态。与帝制时代的朝廷以及后来的军阀政府不同的是，新政府注重经济发展，并以国家对经济的监管作为方针，这使得中国政府首次成为外国人眼中最重要的客户和伙伴。因此，那些身在伦敦、华盛顿和柏林，对未来具有前瞻性的经济战略家们一致认为，政府生意是促进对华贸易的最大动力。国家领导下的工业建设将为提高国内大众购买力创造条件，以往正是因为大众购买力的低下，才导致人们对这个巨大市场的期望屡屡落空。

英美德三国在对华策略上虽然存在许多差异，但是德英两国的战略有一点是相同的：在利益平衡基础上，努力与中国执政阶层建立密切关系。反过来讲，中方既没有能力而且也不愿意放弃与这些伙伴当中任何一方的合作，至于说哪一个称得上是中国最好的朋友和最亲密的盟友，则视具体情况而定。在外国面前，南京政府至少展现出两副面孔：一个是军事独裁、近似法西斯式的面孔，另一个是管理者和商人式的准自由主义面孔。就拿蒋介石本人来说，他更愿意以一位严厉的军事领袖的形象示人，但如果有需要的话，他也可以把自己扮作一位文质彬彬的总统。当然，与西方人打交道以及形象塑造之类的事情，他更多是推给“蒋夫人”，受基督教教育、善于交际、讲一口漂亮英文的宋美龄。南京政府在外交战术上的最大成就或许便在于一点：利用一切有可能的途径调动国外资源，用中国式马克思主义的说法：一个彻头彻尾的“买办”政府。与此同时，它努力避免让自己对某一个外国伙伴产生过度的依赖。不过，这项策略对日本却没有起到明显的效果。一战结束后，日本对华盛顿会议在门户开放原则下重建秩序的努力表示认可，然而到后来，当中国革命让“改良版”非正式帝国主义的傲慢自负得到充分暴露时，日本却做出了与美国和欧洲列强截然不同的反应。一边是西方为巩固自身在中原地区的势力而采取的**防御性**策略，另一边是日本为加强对满洲统治而采用的**进攻性**战术：在一段时间里，两者似乎彼此相安，各得其所。但是，天皇统治下的大日本帝国却并不满足，并最终挑起了一场战争。这场战争让日本帝国与欧洲新帝国主义的萌芽双双走向覆灭，中华民国则暂时逃过一劫。

/ 314

1937年7月7日，一场未经宣战的战争打响了。在中国，这场战争被称为“抗日战争”，而日本方面则时常轻描淡写地称之为“支那事变”。[1]引发这场战争的导火索，是北京城外12公里处的卢沟桥附近发生的一起小规模冲突。以往，类似事件都在地方及时得到了解决。但是这一次，尽管有许多国家出面进行调停（德国驻华大使陶德曼［Oskar Trautmann］便是其中最积极的一个），这起摩擦却依然升级为一场大规模武装冲突——东亚地区的第二次世界大战。[2]当时究竟是谁先开的第一枪，迄今仍是个谜。与1931年引发满洲危机的九一八事变不同的是，这起冲突并非日本军官经过冷静筹划而发起的挑衅。[3]但是当事件发生后，在冲突双方，无论中国还是日本，全面开战的意志都最终占据了上风。对蒋介石来说，他在不到一年半前的西安事变后辛辛苦苦树立的权威由此受到了考验。不仅是中国百姓，就连军队中的高级将领们也都不肯再对日本人的欺侮忍气吞声。在成功结束反共围剿行动后，蒋介石感觉自己的军事实力已然今非昔比。另外他还希望，能够将苏联这个亚洲最强军事国和日本的老对手拉入战争。[4]蒋介石一反常态的强硬态度，让日方主张延续九一八事变以来的铁拳政策、对中国施以教训的一派势力气焰大涨。他们希望能借机打垮中国，让它在未来再无还手之力。这个新的侵略借口对日本军界一些帮派来说确如天赐良机，但是即使是在对华政策上一贯强硬的“鹰派”势力，也不曾刻意寻找过这样的借口。日本战争机器并没有眼巴巴地等待这一刻，以便找到一个堂而皇之的理由向中国宣战。许多日本人确实认为，对自视为亚洲领导者的大日本来说，中国是一片近乎理所当然的扩张空间。但是按照日本特别是军方的战略计划，其目标是与苏联开战，而不是向中国内地十八省发起侵略。卷入七七事变的这支日军队伍，当天确实是在举行军事演习，而演习的内容是模仿与苏联红军交战。日军领导层一些人甚至警告说，不应该把兵力浪费在中国。[5]主张对苏发动“全面战争”的权威战略家石原莞尔便曾担心，中国对日本有可能会像西班牙对拿破仑那样，成为“一片无边无际的泥潭”。[6]“一系列愚蠢的纰漏和误判”，[7]让日本一步步陷入了这场半心半意的对华战争。“用默示同意来治理国家”[8]的决策风格，让内阁和军队（特别是海军）中的好战派掌握了主动权。[9]没有关于战争的原则性讨论，也没有批准宣战的原则性决策，日本政府所做的一切，只是听任战争的发生。

日本的目标并不仅仅是华北。最迟到 1937 年 8 月 13 日，各方都已彻底看清了这一点。这一天，日本在上海开辟了第二条战线。面对日本远征军 20 万兵力的大规模进攻，蒋介石一改 1932 年第一次淞沪战争时的做法，几乎将手下兵力悉数派上了战场：在大约 30 万兵力中，包括 8 万名受过德国人训练的精兵，他们是中国军队中唯一能够在军事素质和装备上与日军相匹敌的力量。[10]这场交战以中方的惨败告终，其失败原因与最高领导层在指挥上的重大失误不无关系。[11]中国在这场战役中损失了近三分之二精锐兵力，其中包括作为中坚力量的 1 万名年轻军官。11 月 12 日，上海这座现代中国的核心城市落入了日本人之手。截至当年年底，牺牲在各地战场上的中国士兵多达 35~45 万，占全部兵力将近一半。蒋介石在南京时期依靠德国人帮助建设起来的军队，在短短几个月之内便被日军击溃。中德之间短暂的目的性联盟，并非随着 1938 年中旬德国顾问团的撤离方才结束，而是早在 1937 年夏末的淞沪战场上便已画上了句号。与蒋介石的正规军相比，那些满怀保家卫国激情与侵略者展开殊死搏斗的各地武装力量，在实力上更是比敌军相差甚远。长达整整一个世纪的中国社会的军事化不过是提高了对内的暴力水平，而并未让国家抵御外敌的能力有所增强。能够阻挡日本坦克大军前 / 315

进的，除了中国辽阔无垠的土地之外，只有弱者的传统武器：游击战。

上海的沦陷清楚地证明，日本已经不再满足于在华北的缓慢扩张和渗透，并对中国人偶尔施加“教训”，而是为占领中国更广阔的领土发起了行动。日本侵略者瞄准的这些地区，长期以来一直在门户开放原则下——最近是在1922年华盛顿《九国公约》确立的外交框架之内——受到谨慎的保护。1937年12月12日日军占领南京后针对中国平民实施的残酷屠杀，更让人们清楚地看到，这场战争——至少从部分日军指挥官和手持刺刀的普通士兵的行为来看——是一场征服战乃至灭绝战。据称在这座中华民国的首都城市，近20万平民和战俘被日军以惨绝人寰的方式杀害。[12]“南京大屠杀”是德国对巴斯克小镇格尔尼卡（Guernica）实施地毯式轰炸半年后，又一起震惊世界的法西斯战争暴行。

/ 316

日军入侵给中国社会带来了新的混乱。此时的中国，早已不再是西方人印象中那个与世隔绝的“中央之国”。数百万人为了躲避战乱逃往内地或香港，大批工厂被转移到西部。但是由于搬迁过程缺少计划性，因此往往损失严重，场面极度混乱。这些西迁企业给“自由中国”带来的好处，与国民党的自我宣传相差甚远。面对国民政府为抵抗侵略做出的各种努力，大多数企业家和金融家都抱以观望态度。[13]与工人和工厂主不同的是，教授和学生们对战争在心理上早有准备。他们当中很多人毅然决然，加入了迁徙大军。高等学府也大多转移到了内地，在此后的几年里，云南首府昆明成为中国的文化教育中心。一路长达4000公里的艰苦跋涉，成为一代中国知识分子的集体经验。[14]国民政府先是迁到汉口（武汉三镇之一），后来又退守到四川重庆。有了崇山峻岭和长江天堑的保护，国民党政府就像躲入了“阿尔卑斯山堡垒”，暂时安全了下来。但是，这些天然屏障虽能挡住日本侵略大军，却挡不住日军飞机的进攻。早在

1939 年 4 月，日本空军便向这座新的首都城市发动了第一轮空袭。[15] 空袭造成的损失虽然惨重，但从战略角度讲，并没有带来太大威胁。后来，国民政府也开始通过空中运输，为孤岛般的“自由中国”补充给养：自 1942 年初日军切断滇缅公路后，蒋介石只能依靠印度的空中桥梁，跨越喜马拉雅山脉，为他的战争根据地运送援助物资。但是，“飞越驼峰”行动（Over The Hump）直到战争最后几年才达到较大规模，即使到这时，它所供应的数量仍然远远低于重庆政府申报的需求。

当然，在战争爆发后的最初几个月里，这种来自美国方面的直接援助还是无法想象的。中国只能在没有得到其所谓西方盟友任何物质支援的情况下，孤身与日本战争机器展开较量。在这些西方民主国家，尽管公众舆论对侵略受害者深感同情，并以浪漫英雄主义式手法对中国反抗侵略者的斗争大加歌颂（国民党海外宣传对此起到了一定作用），但是这些对于改变现实却无济于事。上海和南京沦陷后，日军从各个方向继续向前推进，在这一过程中虽然也遭受了不小的损失，但这些损失更多是受后勤保障不力的拖累，而不是中国步调一致的抵抗所取得的成果。1938 年 4 月，日军在苏北铁路枢纽徐州附近的台儿庄遭遇意外惨败，这是日军有史以来经历的最严重的一次失利。指挥中国军队赢得这场军事大捷的功臣并不是蒋介石，而是他的竞争对手、前桂系军阀李宗仁。[16] 在后来的 7 年抗战中，中国军事领导层再未取得能与台儿庄战役相匹敌的战果。这场胜利让人们看到，只要指挥有方，中国军队可以表现出怎样的战斗力，同时也让日本依靠速胜征服中国的幻想变得越来越渺茫。但是，它并没能以此给战争进程带来转折。与 1938 年 6 月 7 日炸毁黄河大堤以及为贯彻“焦土政策”将湖南大城市长沙无谓化为灰烬的“文夕大火”一样，台儿庄大捷也没能阻止华中和华南另外两座重镇相继落入敌手：武汉和广州。 / 317

从1938年10月占领武汉和广州到1941年12月7日偷袭珍珠港，日本侵华战争一度陷入停滞。大规模战役没有发生，各地频发不断的冲突并未使整体力量格局发生大的改变。日本控制着大部分城市以及太原—武汉—广州一线以东的铁路沿线地区，这些地区加在一起，占中国领土的比例不到十分之一。[17]四川、贵州、云南等西南省份是国民党统治的大本营。在日占区与国统区之间以及日军防线以外，是各种势力以不同形式管辖的地盘，其中包括："半占领区"，驻扎在城镇的日军通过不定期扫荡对其施加威慑；效忠国民党的战前管理机关控制下的地区；游击队根据地，这里白天受日军控制，夜晚则是游击队的天下；权力关系模糊难辨的"无人区"。[18]在全中国，占领区和非占领区之间几乎都没有明确的界线。即便在"前线"，人员、物资与信息的交流也一样畅通无阻。举例来说，在整个战争期间，邮件往来几乎未受影响。日本对"自由中国"实行经济封锁后，各种形式的走私活动日益猖獗。国民政府方面于1939年中旬取消了所有与对日贸易相关的限制，这一举措虽然使"自由中国"物资紧缺的问题得到了缓解，但同时也为日本军队的食品供应以及日占区战争重点企业的原料供应打开了方便之门。从长远来看，这些贸易活动给中方利益造成了严重损害。国民党军队对此不仅心知肚明，甚至积极参与其中。[19]正是这种物质和道德上的腐败，最终酿成了1949年蒋介石政府的厄运。国民党的腐败问题虽然在战争爆发前便已萌芽，但直到中日战争进入僵持阶段后才彻底得到暴露。战争陷入僵持的几年里，在国民党政府方面，保家卫国的责任感逐渐被一心牟取私利的投机主义所取代。

日本自1938年秋天起暂时停止大规模侵略行动一方面说明，日本已经部分实现了自身目标，特别是控制经济发达的华东地区，因此可以把进攻节奏暂时放缓；但另一方面也说明，日本一时无法通过**军事**手段来达成其最高目标——剿灭与自己为敌的国民党政权。

日本曾经期待在占领武汉后，能够逼迫蒋介石投降。当这一希望落空后，日本领导层意识到，自己低估了中国人的反抗意志和反抗能力。东京政府决定停止进一步进攻，转而采取新的双向策略：其一是巩固对占领区的统治，为本国利益服务；其二是利用政治手段，瓦解蒋介石的领导地位。为了实现第二个目标，1940 年 3 月，日本在南京成立了以逃离重庆的著名国民党政客汪精卫为首的傀儡政权——伪国民政府。[20] 与此同时，日本仍然没有放弃对蒋介石的拉拢，而后者对这些拉拢也并未完全排斥。后来，蒋介石曾经多次尝试以单独媾和作为要挟，向其美国盟友施压。

但是对日本政府来说，由于它已经清楚地意识到，这场“支那事变”势必将演变为一场列强之间的大战，因此相对于第二个目标，第一个目标要重要得多，这就是调动占领区的资源，为本国经济服务。特别是因为，当卢沟桥事变爆发时，日本经济并没有为持久战做好充分准备。在很多方面，“满洲国”似乎都能为殖民开发提供榜样。所以，就像在东北一样，日军在占领区也加强了对重点经济领域的控制。但是，这一点并不能确保日本能够如愿以偿，实现对中国的掠夺计划。于是，日本在对华扩张问题上的两种不同理念出现了矛盾：在东北，关东军和资金雄厚的南满洲铁道自 1905 年，特别是 1931 年之后，为日本殖民实验开辟了一片自由的实验田。然而在东北以外的日占区，日本军事机关从一开始便受资金匮乏所迫，不得不向许多爱国将领鄙视的本国私营企业家游说，劝其在华投资办厂。后者的反应并不积极，因为无论在国内还是国外，这些人对军方控制经济都持怀疑态度。日本私营企业，特别是棉纺企业，并不希望把中国变成殖民地。在华北地区，以条约体系和地方合作为保障的自由放任式经济，为他们带来了良好的经验。战争爆发前夕，他们正着手在天津创办一家大型综合性纺织企业，在日本侵华期间，该项目却遭到了本国军队的破坏。[21] 在日本私营企业家看来，传统 / 319

的“非正式”入侵要比高风险的战争政策好得多。他们呼吁在占领区以“自由”渗透来代替受军方“操纵”的渗透，并拒绝掏出资金投入新的项目。不过，他们绝不会错过时机，把没收的中国企业变成自己的买卖。[22]日本对占领区经济的影响力不断增大，这一点通过日本侨民的大规模涌入也可略见一斑。日侨数量从1937年7月的8.6万，增长到1941年4月的50.6万。[23]

1944年，虽然有大量中国企业落入日本人之手，然而和1938年相比，日本在华工业资产规模却只扩大了不到一倍。[24]以“满洲国”为榜样开展的长期经济建设，在任何地方都没能成功立足。日军在占领区推行的经济政策，都是以满足战争经济的短期紧迫需求为目标。特别是在采矿业领域，调动资源的努力颇有成效。华北和内蒙的煤炭产量从1936年的1670万吨，增长到1944年的2040万吨，其中大约有三分之一被运往日本和“满洲国”。在同一时期，华北生铁产量从5000吨增长到21.8万吨，在华北地区，生铁开采实际上是日本占领军进入后才开始启动的。[25]煤炭和生铁产量的迅猛增长，是在对中国劳工惨无人道的奴役和剥削前提下实现的。在其他对战争具有重要影响的产业（例如造船业），日本人同样引入了严格苛刻的劳动管理制度。[26]但是与满洲一样，在长城以南地区，生产效率在整个太平洋战争期间大幅下降，特别是作为中国工业化支柱的上海轻工业。1943年，上海棉纱产量下降到1936年产量的5%以下，织工人数从1930年高峰期的13.1万减少到1943年的4000人。[27]日占区并没有成为给母国经济带来巨大贡献的“第二个满洲国”。相反，华北地区传统的食品供应短缺问题，给占领军的后勤保障造成了极大困难。由于来自本土的粮食补给越来越难有保证，日军也没有能力借助市场力量，使华北农业资源得到充分开发，因此只能更多地依靠大规模扫荡来解决这一难题。[28]

大扫荡是日军“三光”（杀光、烧光、抢光）政策的一部分，其目的不仅是为了解决部队的粮食供应问题，同时也是为了对付日本的一大劲敌——共产党及其领导下的两支部队：八路军和规模较小、活跃于华南的“新四军”。自1940年8月的“百团大战”后，日本人已经深深地领教到了这个对手的厉害。这两支共产党部队在抗日民族统一战线建立后被编入国民军，[29]其兵力从1937年的9.2万人增长到1940年的50万人。[30]在各根据地，除了这些正规军，还有各种“地方”武装和民兵也加入了抗日的队伍。从战争一开始，共产党便与侵略者展开了斗争。在巩固根据地的同时，其领导的武装力量也不断壮大。面对国民党1939年以来推行的积极反共方针，共产党成功经受住了考验。1941年1月，1936年成立的抗日民族统一战线宣告破裂，但并没有由此引发一场国共之间的公开内战。从国民党方面看，蒋介石也成功抵住了联日反共的诱惑。于是，从这时起，日本不得不面对两个独立作战的对手，这两个对手之中，共产党显然是更具威胁的一个。大约从1941年中旬起，共产党军队逐渐成为敌后斗争的主力军。但是，在战争爆发后的头四年里，共产党并没有借抗日和与国民党较量之机来扩充自身力量。1940年8月的“百团大战”让共产党以令人瞩目的姿态登上了军事舞台，但这场战役只是暂时击退了日军，而且很快便遭到了敌人的凶狠报复。日军针对平民展开了惨绝人寰的大屠杀，虽然屠杀平民的事件早在1939年便时有发生，但规模相比之下要小得多。大屠杀的目的是切断游击队——共产党抗日力量中除正规军之外的另一大主力——和老百姓之间的后勤保障链，即所谓“竭泽而渔”。[31]因为无法辨别哪些是“普通”农民，哪些是游击队员，于是日军决定对整个华北农村实行“烬灭作战”。这项策略并非毫无成效。日军的暴行虽然加深了中国百姓对日本人的仇恨，但也让他们因此心生恐惧，从而使游击队获得的支援明显减少。日军通过加固铁路线、在根据地周围设立封锁线等措施，将中共及其领导的武装紧紧包围起来。1941年是共产党经历1927年和1934年两次挫折之后，面临形势最严峻的一年。在军事上陷入围困的同时，华北根据地的财政经济又遭遇了严重的困难。但是，共产党最终战胜了这场危机。其原因有二：一方面，共产党在根据地积极开展大生产运动，并通过土地政策的调整赢得民心；另一方面，日军的物质手段已濒于极限，而与其合作的汉奸队伍的无能则让日本人在恼怒之外又感到无可奈何。从1942年开始，日本—国民党—共产党权力三角关系的重心逐渐转向了以毛泽东作为绝对领导的共产主义运动。[32]

在1941年12月之前，除了日占区、共产党根据地、国民党统治下的“自由中国”以及分散在各地的“灰色”无人区，还有第五类区域：西方人管辖的飞地。在战争第一阶段，香港经历了前所未有的繁荣。从1937年夏天长江航道被封锁，到1938年秋天广州沦陷，粤汉—广九铁路（汉口—广州—九龙）成为连接内地和外界的主要交通干线。后来铁路中断后，运输逐渐转为航运。在1937~1941年这段特殊时期，香港在中国外贸领域的重要性达到了空前绝后的水平。1938年，中国对外贸易的一半都是经由香港进行的。[33]资金的大量流入以及内地工厂的陆续迁入，给这片英属殖民地的发展创造了有利条件。在1938至1941年间，香港产业工人数量从5.5万增长到9万。就连从内地涌入的50多万难民也在仓促之中得到了安置。[34]虽然香港有史以来首次对难民入境加强了限制（但收效寥寥），并在英德开战后开始对一些重要物资实行管控，然而从原则上讲，香港仍然和一个世纪以来一样，是一个自由港和“自由放任经济”的乐园。1938年10月广州沦陷后，香港殖民政府努力维护与日本人之间的良好关系，以保证当地铁路和公路运输的畅通。

与此同时，香港也在积极采取措施，为防御日本人侵做准备，因为人们已经意识到，香港在通商口岸的特权地位并不能凭借炮舰得到保护。天津英租界于1939年夏天被日本封锁，为此敲响了警钟。[35]最迟在法国陷落，1940年6/7月间英伦空战拉开序幕之后，英国作为西方列强在亚洲代言人的角色便已退场。[36]一向唯英国人马首是瞻的上海公共租界，只能把命运交给政治大气候去摆布。只要日本和西方列强没有公开宣战，日本人就会对上海现状采取容忍的态度。从战争爆发后不久日本在上海的表现，即可看出这一点：当日本海军对华界发动炮轰时，小心地把目标避开了法租界和公共租界。西方侨民站在旅馆顶楼的阳台上，遥望华界厂区和居民区陷入一片火海。[37]即使在淞沪会战的白热化阶段，上海公共租界也依旧安然无恙，除了一次因**中国**空军偏离目标而导致的“误伤”：1937年8月12日“血腥星期日”，租界2000多名平民因此丧生。欧洲战事爆发后，随着大批欧洲供应商撤离海外市场，上海的制造业企业迎来了新的商机。自1937年末与内地市场的联系被切断后，局势的突变让这些企业在太平洋地区和非洲的“前缘地带”（forelands）获得了新的营销机会。[38]其中最大的受益者是棉纺企业。怡和洋行和英美烟草公司等英资企业，同样也不例外。满员开工，加班加点生产，超额盈利——通商口岸体系辉煌再现，虽然只有短短几年。[39]“水平不错的乐队演奏着当下最流行的舞曲，日本军官和肥得流油的富人们整日花天酒地，活得就像肥肉里的蛆。”这是一位美国记者描绘的1939年中旬上海租界的景象。[40]上海的角色由此发生了逆转：自1842年以来，这座城市的立足之本一直是作为“非正式”帝国主义开发中国市场的门户；而如今，恰恰是在野蛮暴力的“正式”帝国主义封锁中国市场的这一刻，上海的经济成就却达到了前革命时代的巅峰，这一点充满了讽刺意味。

珍珠港事件的爆发，让这一切都成为了过去。日军还计划同时向夏威夷、香港、马来亚和菲律宾发起攻击。[41]1941年12月8日清晨8时，日军开始向香港发动空袭，并从陆上展开进攻。圣诞节当日，港督杨慕琦（Sir Mark Young）向日本陆军第23军正式投降。[42] 与香港战役中损失2232名士兵的英国人不同的是，[43] 上海公共租界的洋人彻底放弃了抵抗。这块飞地在几乎一弹未发的情况下落入了日本人之手。相比之下，日本占领军在这里的表现不像在香港那样凶狠和残暴。公共租界连同它的国际管理机构（日本几十年来一直参与其中）在名义上并且完全由日本人控制的情况下一直延续到1943年1月9日，并在这一天由日方移交给了汪精卫领导的傀儡政府。这是日本为宣传走出的一步棋，其目的是逼迫西方列强放弃在华特权。[44] 后来，英美两国果然于1943年1月11日与重庆政府签约，放弃不平等条约赋予的特权，其中包括治外法权。后者是支撑整个条约体系的基石，同时也是公共租界特殊地位的存在前提。[45] 其他国家也相继与中国签署了类似协议，最后一个是葡萄牙，这个最早活跃于远东的欧洲老牌海上强国于1947年5月与中方就取消治外法权达成了协议。[46] 事实上，西方列强放弃的这些特权早已徒有虚名。但是从未来影响看，1943年的“废约”仍然有着不同寻常的意义。1945年夏天日本投降后，“正式”帝国主义从此在东亚大陆消失，与此同时，1842年以来作为“非正式”帝国主义法律外衣的条约体系，自从在纸面上被清除之后，再也无法恢复效力。无论从政治还是法律意义上讲，战前帝国主义的制度形式都已一去不复返。在1945年日本投降到1949年中华人民共和国成立的过渡期，中国不再有通商口岸和租界，不再有让洋人免受中国法律管辖的治外法权，也不再有赋予列强的“内河航行权”和“驻兵权”。中国受西方干预的最后阶段，是在取消帝国主义特权的情况下度过的。

珍珠港事件是中国对外关系史上的重要转折点，这一点体现在两个方面：其一，它为外国以特殊形式维护在华利益、扩大势力范围画上了句号。“体系的崩塌”——英国对华经济关系史的作者在回顾1937~1941年这段历史时，把这几个字用作了整个章节的标题。[47] 直到赢得胜利的共产党用捍卫主权的坚定决心，让外国在华残余势力被迫屈服之后，旧的条约体系才被新的“系统化”秩序彻底取代。因此，从 1937 年、准确地讲是从 1941 年到 1949 年的这几个年头是中国对外关系的一段过渡期，是从一种秩序转向另一种秩序之间的大调整。在 1931~1937 年相对平稳的阶段过后，是战争和内战引发的动荡。随着 1949 年 10 月 1 日中华人民共和国成立，中国才迎来了新的和平——在局势重新走向稳定的过程中，西方人不仅无法插手，并且很快被变成了敌人。

其二，珍珠港事件之所以是一个重要的转折点，是因为它把中日战争变成了太平洋战争，导致了战争的国际化，中国在全球的地位也因此变得格外重要。从此之后，中国的抗日斗争不再只是信奉自由主义的各国人士出于人道关怀、为国民党军队募捐的对象，而是西方民主派和苏联与轴心国较量的一部分。中国在国际政治中的重要性大大提高，但在同一时刻，中国自身的分量却有所下降。因为珍珠港事件后，中国不再是抵御日本帝国主义狂潮的大堤，而只是列强在全球博弈的众多舞台之一。打击和消灭侵略者的主战场是欧洲和太平洋，而不是中国的平原和大山。 / 324

七七事变后，中国已不再是孤军作战。日本的侵略势头变得比以往更加凶猛，其矛头指向是中国内地的核心省份。在这些地区，日本不像在满洲那样，拥有列强默认的所谓“特殊利益”。这一次，日本的目标也是显而易见的，这就是彻底改变东亚的权力对比关系。与 1931/32 年满洲危机不同的是，上一次，西方国家除了对日本的口头谴责之外毫无作为，而这一次，中国不仅得到了国际舆论的同情，还有伦敦、华盛顿和莫斯科方面的外交支持（在 1937 年 11 月的布鲁塞尔会议上），[48] 同时还得到了外国的物质援助。最初，援助只来自苏联一方。1937 年 8 月 21 日，中苏签订《互不侵犯条约》，约定在整个战争期间，缔约任何一方不得单独与日本达成谅解。[49]

我们可以把1937~1939年的几个年头，称作是中苏结盟之年。中国尽管没能如愿说服苏联参战，但却从莫斯科方面得到了大量物资援助。在八年抗战期间，中国从苏联得到的援助总额相当于美国的28%。这里值得一提的是，苏联的经济实力和美国相比要落后得多。苏联1938/39年为中方提供了总额2.5亿美元的贷款，在1937年9月至1941年6月间，又向中国提供了904架战斗机、82辆坦克和9720挺机枪。在1939年2月之前，苏联派到中国的飞行员和军事专家便多达3665人，远远超过了当年德国顾问团的规模。不过，蒋介石一直十分小心，避免让苏联军官对中方的决策和战略规划指手画脚。200多名（“自愿参战”的）苏联飞行员死在中国战场，其中许多人是在与日军的空战中牺牲的。[50]苏联的重要贡献在于，日本自宣战后不久打败了弱小的中国空军之后，在战争第一阶段始终未能掌握对中国的制空权。

直到1938年12月，美国才犹豫不决地开始向中国提供援助。华盛顿政府逐渐改变了原来的孤立主义方针，与此同时，另一种观点开始占据上风：自门户开放阶段结束后，中国不再是一个亟待开发的潜在市场，它在东亚地区扮演的角色相当于多米诺骨牌的第一张。财长小亨利·摩根索（Henry Morgenthau, Jr.）是这种新型对华政策理念的代表人物。在这种理念的影响下，美国政府决定为蒋介石对日作战提供援助。[51]这项决策与美方对蒋介石本人的好感没有任何关系。摩根索甚至在私下里把蒋介石和他手下的财长同行孔祥熙称作“无赖”（crooks）。[52]不过，国民政府对公关工作的大力投入还是取得了可观的收效，它把美国国务院很大一部分人，甚至包括罗斯福总统本人，一步步变成了国民党政府的坚定支持者。最初，美方并不打算按照苏联模式向国民党提供军事援助。就连1938~1940年间的几笔贷款，按照官方说法也只用于非军事目的（实际情况当然是另一回事），以避免无谓地惹恼日本。1940

年，美国国务院开始从遏制轴心国势力的战略角度审视中国问题。1941 年 5 月，中国成为美国《租借法案》(Lend-lease) 的援助对象，该法案是两个月前为帮助英国解决外汇紧缺问题制定的。《租借法案》通过后，美国在尚未参战的情况下，开始向参战各国输送物资，得到物资援助的国家可以在战争结束后再偿还货款。从此时起，中国也陆续得到了美国运来的军事物资，虽然供货期总是拖延，而且从规模上讲也与蒋介石的期待相差甚远。美国援助的部分战斗机被交给了“飞虎队”，由美国退役空军上校陈纳德 (Claire Lee Chennault) 受国民政府之托成立的一支非正规空军部队。与苏联航空志愿队不同的是，飞虎队的主要目标并不是中国上空的对敌作战，而是对日本岛实施战略轰炸。从总体上讲，在珍珠港事件发生前，西方各国为中国提供的经济和军事援助在规模上远不及苏联。[53] 另外值得一提的是，尽管美国对日采取了一系列贸易封锁措施（从 1938 年 6 月开始，最初只是出于“道义”，1940 年 1 月之后，法律效力不断加强），但是在 1940 年之前，许多美国私人企业一直保持着相当规模的对日出口（特别是军事物资），[54] 并以此给日本侵华战争带来了一定程度的帮助。总而言之，在中日战争前 4 年半时间里，苏联无疑是中国最重要的外国后盾。直到 1941 年中旬，角色才发生了转换：1941 年 6 月 22 日德国入侵苏联后，苏联方面停止了对华援助，与此同时，美国《租借法案》计划开始启动。在中国，所有外国援助的唯一受益者是蒋介石领导的国民党政府。在整个战争期间，中共始终是凭借自己的力量在战斗。无论罗斯福还是斯大林，都没有给这支最迟在 1941 年之后成为抗日中坚的力量提供任何援助。 / 326

在 1937~1941 年间，受国际政治潮流的影响，中国在世界上的地位也发生了前所未有的变化。左右国际政治潮流的因素有德日关系、[55] 英美关系、苏联与轴心国的关系，特别是 1939 年 9 月以来的欧洲战争。[56] 对华政策不再是以强权政治作为幌子、由一些级别较低的部属官员和类似地方执政官式的外交人员操纵的对象。莫斯科、华盛顿和伦敦政府对中国抗战提供援助的规模大小，主要是取决于这些国家对国际局势的整体判断，以及由此做出的战略重点安排。特别是日本偷袭珍珠港，并对英国和荷兰在东南亚的殖民王国发动攻击之后，中国局势与国际大环境彻底融为了一体。在接下来的 4 年中，中国外交关系作为叙事线的一条分支被写入了宏大的太平洋或远东战争史。[57] 中国当时所处的世界，是一个深陷战争的世界。中国发生的一切，几乎没有一样能够摆脱全球力量对比变化的影响。不过，全球力量对比的变化并非本书探讨的主题。在这里，我们要澄清的问题是，中国与国际社会的新型关系**机制**是在怎样的条件下形成的。这种机制的真正形成，是在 1949 年 10 月共产党夺权之后。在中日战争结束时，还没有人能够预料到这样的结果。在八年抗战期间，中国局势在许多方面都发生了变化，然而它的未来却始终是开放的。1945 年夏天时，有谁会知道：经过了这场战争之后，中国将往何处去？[58]

日本在 1945 年 8 月 14 日宣布投降的一刻，并没有在中国战场上被打败，除去一个例外，这个例外对战争走向起到了重要作用：日本王牌部队、曾令人闻风丧胆、后来在战争期间却因不断被抽掉精锐兵力而实力大减的满洲关东军，在 8 月 9 日苏联对日宣战后被红军碾压。苏联红军以 150 万兵力、5000 多辆坦克、2.6 万门大炮和 3800 架战斗机，攻陷了“满洲国”。[59] 在日本战败问题上，苏联的贡献到底有多大，我们在此姑且不论。可以确定的是：日本帝国的覆灭是在广岛和长崎遭到原子弹轰炸后，从核心地带开始，一步步向外缘蔓延。中国通过顽强反抗，拖住了日军兵力，使其无法将更多兵力投入其他战场，并以此对日本战败做出了贡献。在战争结束时，驻扎在中国的日本官兵人数超过 100 万，占日军全部兵力近五分之一。[60] 日军的实力太弱，以至迟迟无法赢得对华战争的胜利；同时，它的实力又太强，让人无法轻易把它赶出中国的地盘。日本不可能征服中国，这一点最迟到1942年时已是有目共睹的事实。但是，它的实力却足以给中国造成人员和物质上的惨重损失，1944年4月至12月间的豫湘桂会战便是一个证明。这场战役的主要目标是国统区的各处机场，目的是防止陈纳德的美国陆军航空军从这里起飞攻击和轰炸日本本土。豫湘桂会战是日军自1938年以来在中国发动的规模最大、战果最显赫的一次战役，是日本这只受伤的老虎竭尽全力发起的最后反扑。它让国民党丢掉了有"粮仓"之名的湖南省，造成了蒋介石军队近30万人员的伤亡。[61] 在距离美国向广岛投下原子弹只有短短8个月的时候，国民党军队再次遭遇了重创。与过去几年来的清剿行动不同的是，在豫湘桂会战中，共产党没有成为日军攻击的主要目标。因此从中期来看，国民党军事力量的受损以及政治形象的恶化确实给共产党带来了好处。[62]1944年和1945年上半年，中共党员数量和军队兵力出现了大幅度增长。在1945年4月召开的第七次全国代表大会上，毛泽东在为抗战期间党的发展所做"结论"中称，党员人数已达到120万，两支正规军的兵力达到91万。[63] 尽管共产党的力量已如此壮大，但它并没能就此结束日本对中国的占领。与10年后法国人在印度支那经历的命运不同，日本侵略者并不是被民族解放战争赶出中国的。1945年夏天日本帝国主义迅速而彻底的覆灭，主要是在中国领土之外做出的军事决策所带来的结果。[64]

与一个世纪前一样，有关中国未来的政治决策也有一部分是由外国做出的，虽然人们很快便看到，现实是不由任何人意志操纵的。在太平洋战争期间，美国取代英国成为西方在亚洲的领导力量，同时还接下了德国和后来的苏联曾经在中国扮演的角色：蒋介石最重要的外国资助者。在战争期间，英美两国为结束日本占领后欧洲殖民列强的命运争执不下，[65] 然而在关于中国未来走向的问题上，双方的看法却几乎一致。英国外交界认为，以条约体系为核心的非正 / 328

式帝国已成为过去，它对美国推行的对华“大”战略表示认可，并同意美国与亚洲另一大世界强国苏联就远东问题直接进行磋商。[66]只有在一个（同时也是至关重要的）问题上，英国成功恢复了旧时的状态：它在美国违心默许的情况下，不顾中国的抗议，重新夺回了对香港的统治权。[67]1945年时的英国已无心再插手错综复杂的中国国内政治，以免因此而伤及自身。眼下，英国所有外交活动都是为了同一个战略目标：在失去军事干预手段的条件下，尽可能为英国在华经济利益提供保护，使其免受随时有可能爆发的内战的冲击。在丧失不平等条约所赋特权之后，英国人的目标只是千方百计保住自己的地盘。战争给英国在华资产带来的损失并不像想象得那样严重，相对而言，损失最大的是华北矿山和轮船航运业。此外，地价暴跌也使得英国资产的账面价值有所下降。另外，一些由日本人经手添置了新设备的英国工厂作为“敌方资产”被中方没收。据英国外交部统计，英国对华直接投资与1941年相比，跌幅只有大约11%。[68]1949年春，英国在沪侨民人数约有4000人，相当于1936年的一半。[69]英国对华贸易再也无法恢复到战前的水平。其原因一方面在于美国的超强商业实力，另一方面——同时也是更重要的原因——在于资金问题。中国战后的严重货币贬值，使得英国政府不得不从1947年开始采取措施，限制对华出口。[70]对中国当地的英国商人来说，他们所面临的是另外一些麻烦：行政管理与经济政策的混乱，国民党官僚的腐败无能（其程度之恶劣在战前是闻所未闻的），战争对交通和运输网络的破坏，工人暴动的复苏（上一次是在1924~1931年，这次连国民党政府也感到无可奈何），[71]恶性通货膨胀以及由此导致的工资水平上涨等。另外一方面的问题则与中国政府的对外经济政策有关，它延续了南京时期的政策矛盾性：国民党一方面按照后孙中山时代的发展方针，通过对外宣传吸引外国资本，另一方面却又不断加强国家对工业的控制，在西方人看来，这种控制无异于一种侵犯。[72]在抗战期间，国民党在落后的内地偏远省份，几乎将整个工业都纳入了自己的掌控之下。[73]当国民党回到原来的通商口岸城市后，又开始用国家控制经济的老套做法来对付当地的洋人。不过尽管如此，各大洋行对生意状况还是满意的，一些人甚至开始对未来抱以谨慎乐观的态度。当然，其前提是政治局势的逐渐稳定，至于说稳定最终该由谁来落实，则是相对次要的问题。最迟到1948年末，对国民党的不满情绪让许多英国商人和外交官更倾向于这样的观点：共产党统治下的秩序要比国民党统治下的混乱好得多。1949年2月，英国驻上海总领事用听天由命的口吻说道，共产党“无非是中国又一支新的军事力量，只是比其他那些更有效率而已”。[74]

曾经不可一世的不列颠帝国在对华政策上一改过去的作风，开始转向防御、务实和低调。在中共夺取政权之前的最后几年里，英国对中国局势往往是抱以见多不怪的态度，同时尽一切可能保住自己的地盘。与英国求生式战术形成鲜明对照的是美国，其策略是采取各种手段对华施加影响。最终结果表明，两种策略都是无效的。罗斯福总统曾经大胆地将中国定位为世界第四大强国以及远东最重要的秩序力量。[75]从今天来看，这种说法并不像当年同时代人感觉的那样荒诞。丘吉尔认为这种说法十分愚蠢。[76]事实上，蒋介石的确没能让自己看起来像是一位称职的全球领袖候选人，哪怕只是一次——在1943年11月召开的开罗会议上，当他和罗斯福、丘吉尔平起平坐地坐在谈判桌前时。[77]蒋介石政府的腐败无能，利用权势私吞援助款，在黑市上倒卖“租借”物资，面对亟待实施的社会与政治改革缺乏意愿和能力，残酷镇压政治异己，在抗日斗争中明显缺乏军事主动性（目的是保存兵力对付共产党）：在战争期间，这一切都没能逃过美国观察家的眼睛。[78]特别是1942~1944年担任最高统帅美方联合参谋长、外号“醋性子乔”的约瑟夫·史迪威中将（Joseph Stilwell），以及美国国务院几位年轻的中国通（谢伟思［John S. Service］，小约翰·佩顿·戴维斯［John Paton Davies Jr.］等），这些人都对国民党统治下的中国有着深刻的负面印象，并警告总统不要与蒋介石绑得太紧。[79]1944 年 7 月，一支美国观察家代表团在延安拜访了毛泽东，并就这次访问写下了一系列善意甚至充满激情的报道。[80]一向与外界隔绝的中国共产党由此开始了对外交往，并努力谋求与美国建立友好关系（1945 年 5 月，毛泽东甚至称之为“中国的最大盟国”[81]）。与此同时，美国在对华政策问题上首次遇到了一个棘手的麻烦：在中国，人们必须同时和两个

彼此势不两立的权力中心打交道。直到战争临近结束时，美国在对华态度上仍然没有找到明确的路线。英国历史学家克里斯托弗·索恩（Christopher Thorne）就此写道：“问题在于，美国在华谋求的主要目标到底应该是哪一个：帮助中国打败日本，把中国变成强国，还是保住蒋介石政权？”[82]到了 1944 年末，人们逐渐看清，美国政府的想法是把第三个目标与前两个结合在一起，这与那些反感国民党政权的中国通们的观点是背道而驰的。迫于蒋介石以及华盛顿支持国民党政权的“院外援华集团”的压力，美国政府召回了史迪威，反蒋亲共派的外交成果就此被一笔抹杀。[83]在战争最后几个月里，人们清楚地看到，无论罗斯福还是 1945 年 4 月入主白宫的新总统杜鲁门都不愿牺牲蒋介石，打“共产党的牌”。[84]当然，美国可以等到战争结束后再决定，到底该为蒋介石出多大的力。

战争结束时，人们还看清了另外一点：苏联未来将在东亚扮演关键性角色。在 1945 年 2 月召开的雅尔塔会议上（蒋介石这次未能受邀出席），斯大林向罗斯福施压，要求其承认苏联在满洲的特殊利益，特别是租借沙皇时代的古老海军基地旅顺港以及中苏共管中东和南满铁路等。斯大林为此承诺，苏联将在欧洲战争结束后 3 个月内参加对日作战。此外，他同意罗斯福的表态，支持蒋介石在战

后继续充当中国政治的领导者。[85]1945 年 8 月 14 日，在日本宣布投降的当天，苏联与中华民国——即重庆政府——签署条约，中国作为当事国正式接受雅尔塔会议达成的各项约定。在承诺支持蒋介石政权的同时，斯大林不仅为苏联赢得了在满洲的特权，同时还迫使中方就同意外蒙“独立”做出了表态。[86]斯大林以此挽回了 1905 年日俄战争失败带来的损失，并通过收复库页岛南部和千岛群岛，在东西伯利亚这一战略要地周围建起了大片缓冲区。中苏条约的签署避免了美方势力向东北工业区的渗透，并承诺向蒋介石政府提供支持。国民党作为中国政治力量中的一支，各方都期待它能够在不久之后，在权威受到挑战的情况下，成功肩负起治国重任；另外，由于国民党政权的实力一直较为薄弱，因此人们不必担心它在自身独立性方面有太多诉求。如果说长期以来斯大林在对华立场上存在某种延续性的话，那么这种延续性的表现即是“弱邻政策”：斯大林的目标是让中国成为一个内部安定、对外软弱，因此可以被苏联操纵的国家，而不是某个大国以军事手段控制的势力范围。[87]

战争结束时，摆脱了日本这个对手的蒋介石变成了两大列强虽不看好却竞相拉拢和支持的双重客户。无论杜鲁门还是斯大林，都无法忽视中国共产党的存在。他们更希望看到的结果是，中共以伙伴角色与国民党共同组成联合政府。在这方面，斯大林采取的是更灵活、更保险的多头下注策略。他在中共面前所表现出的自信和傲慢，与美国对华政策的犹豫多变形成了鲜明对比。正如人们所说，斯大林的做法就像是有钱人赌马：他给每匹马下注，以确保押中获胜的那一匹。不过在 1945 年夏天，就连他也没能料到，这场比赛这么快便决出了胜负。毛泽东本人直到 1948 年 3 月才较为肯定地预言，成立中央人民政府的时机大约在 1949 年。[88]

中共及其领导的武装力量之所以能够迅速获胜，原因在于其自身被低估的实力以及对手出乎意料的不堪一击。[89]全面内战是从

1946年6月开始的，[90]在此之前，国共两党进行了艰苦的和平谈判。这场谈判以1945年8月28日毛泽东赴重庆会见蒋介石为开端，最后以失败告终。内战最初是在华北和东北战场展开的。在内战第一年，共产党大多处于守势。1947年3月，中共甚至不得不放弃“首都”延安。从1947年中旬起，共产党逐渐掌握了军事主动权。同年12月，中共军队几乎在各地战场都转入了战略进攻。1948年中旬之后，那些态度中立的观察家已经意识到，国民党的失败只是时间问题。1948年11月6日至1949年1月10日在华北平原上展开的淮海战役，成为蒋介石的“坎尼之战”。之后等待他的，只有溃败和逃亡。从1948年初开始，越来越多的国民党部队向共产党投诚。1949年1月22日，蒋介石的得力干将傅作义将军将北京城交给了人民解放军（共产党军队自1946年7月之后的正式名称）。1月15日，解放军攻占天津；4月23日，南京；5月17日，武汉；5月25日，上海。一周后是青岛。8月24日，蒋介石撤退到山城重庆，准备组织最后的抵抗。早在同年1月，作为策略性手段，他已将总统职位转给了李宗仁将军。1949年10月1日，毛泽东在天安门城楼上宣布中华人民共和国正式成立。11月30日，解放军占领重庆。蒋介石逃到了相邻城市成都，并于12月10日乘飞机逃往台湾。蒋介石这位1927~1947间的中国头号强势人物，直到1975年去世，再未踏上过中国大陆的土地。他毕生都不曾怀疑过，自己是中华民族唯一合法领袖。1950年4月，人民解放军攻占海南岛，为共产党的军事夺权行动画上了句号。

国共内战——中国大陆史学界称之为“第三次国内革命战争”[91]——在决定胜负的关键性阶段，并没有受到来自外国的太多干预。原因一方面在于，英美两国都不愿再主动插手中国事务，但另一方面是因为，中国发生的各种事件已经超越了原有的维度，使得列强不得不转变角色，从历史舞台上的导演——就在1945年初雅尔塔会议时，它们仍然还在以此自居——变身为观众。在1947~1949年的几年间，中国革命迸发出的强大能量导致局势发生了突变。对列强而言，中国不仅是无法统治，而且也是不可操纵的。

在内战高潮阶段，两大对手的“强”和“弱”主要并不是由双方得到的外国援助多少决定的。外国的**直接**军事支持不再发挥重要作用，就像中日战争刚刚结束时一样。1945年10月到12月间，近50万国民党部队被美国飞机和轮船从大西南运送到华北，5.3万美国海军陆战队员抵达北方，占领了北平、天津、青岛以及各大矿山和主要铁路线，目标是在国民党军队到达前守住这些战略要地，以免让其落入共产党之手。[92]这场行动对中共及其领导的华北游击队快速取胜起到了拖延的作用。最后一批美军士兵1947年3月才最后撤出北平和天津，美国军事顾问团虽然到1948年底才撤离中国，但顾问团近千名成员一直都在努力避免对中国战事直接施加干预。[93]美军士兵对待中国百姓的粗暴态度，经常激起民众特别是北平学生的愤怒和抗议。[94]

与义和团之后列强在华强行驻兵不同的是，1945年之后外国对华北局部地区的占领是应中国政府请求而为。40年代末的美国军事顾问团是国民党获得的一连串外国军事援助的最后一环。这些外国军事顾问为国民党军队的壮大发挥了不可忽视的作用，1923~1927年是苏联，1934~1937/38年是德国，1937~1941年又换成了苏联，1942年之后是美国。其中对历史影响最大的，大概非第一批苏联顾问莫属。没有他们的帮助，国民党不可能建成一支有战斗力的国民军，1926/27年的北伐战争不可能取胜，蒋介石也不可能成为党和国家的最高统帅。1927年，加伦将军（本名为瓦西里·康斯坦丁诺维奇·布留赫尔）和他的同事们在毫无准备的情况下，被国民党解除了顾问职务。后来的外国军事顾问团没有再遭到类似的粗暴待遇，但是他们对许多中方指挥官的无能和不合作却多有怨言。史迪威将军便曾在公开场合和私人笔记中毫不避讳地表达了这类看法，特别是针对蒋介石本人。[95]最后几位美国军事顾问是在极度失望的情绪下，黯然离开中国的。令他们感到不满的，不仅是许多国民党军官的无能、指挥关系的混乱，以及从战争中延续下来的抓壮丁、虐待新兵等恶习，[96]这些人抱怨更多的是国民党领导层从私人利益和政治阴谋出发，对军事必要原则的滥用。[97]这个他们力图挽救的政权，正在义无反顾地走向灭亡。

美国自始至终没有向中国派驻大批部队（日本投降时，美国派驻中国的军事人员只有6万人），[98]相比之下，1945年苏联在东北驻军的规模要庞大得多。1946年3月到5月间，苏联将这支部队撤出了中国，从动机来看，它更有可能是斯大林在冷战即将拉开序幕时向外界发出的和解信号，而非苏联在对华野心上有所收敛。[99]苏联在东北的驻军为华北的共产党军队提供了便利条件，使其得以在东北迅速立足，并像国民党在其他地区一样，顺利接管日本留下的战争物资。苏联人自己也顺手牵羊，从日本人留下的工厂中拆走了大量先进设备。但是，苏联人给共产党带来的帮助，并没有达到让后者依靠它来打败国民党的程度。在苏联撤军后不久，东北大部分地区陆续被国民党军队占领。直到1947年下半年，中国人民解放军才在林彪率领下，在没有得到苏联任何援助的情况下，把国民党军队逼入了绝境，[100]使东北真正成为“胜利的铁砧”。从总体上看，中共从苏联驻军得到的好处，明显比美国军事顾问团给国民党带来的帮助要少得多。

/ 334

这一结论同样适用于**间接**形式的军事和经济援助，即与物理干预无关的援助。在1945~1949年间，中共从苏联方面得到的支持寥寥无几。中国革命的成功既不是依靠俄国人的刺刀，也不是依靠斯大林的卢布。[101]毛泽东后来更加明确地总结道：“中国革命的全国胜利是违背斯大林的意愿而取得的。”[102]在内战的另一边阵营里，美国对最高统帅的“有限支持”则一直持续到其政权倒台前的最后几个月。[103]到1945年年底时，国民党共有39个师配置了美国先进武器装备。1946年8月，国民党政府以1.75亿美元的优惠价格，（用贷款方式）从美国买下了价值至少5亿美元的战争剩余物资。对美国来说，这些民用和军事物资据说是以报废形式处理的。华盛顿政府为联合国善后救济总署（United Nations Relief and Rehablitation Administration，UNRRA）中国方案提供了5亿美元援助款，在用这笔款项购买的食品和医疗用品中，只有很少一部分流入了共产党统治区。美国将1947年美国“海军”撤离中国后留下的271艘船只和6500吨弹药，悉数移交给了蒋介石政权。在美国，虽然就连那些支持国民党的人士也纷纷指责“这个反动政权太过专制和腐败”，[104]但美国国会仍于1948年4月通过了涉及金额高达4亿美元的《援华法案》。而且这笔援助款并没有采取战前的习惯做法，由捐助者或债权人对具体用项实行监督。[105]这笔款项中至少有1.25亿美元被用于从美国采购武器装备。但是，援助行动本身已经无法扭转战争的进程，其最大影响是引发了中国的又一轮反美浪潮。因为在当时，国民党政权的名声已经一败涂地，共产党的胜利已是人心所向，众望所归。根据美国官方统计的数据，从1945年8月到1949年3月，美国为中国提供的各种形式援助总额高达30.86亿美元。[106]蒋介石后来在台湾反思失败原因时，虽然总是千方百计把责任推给他人，但对军事物资供应却从未有过抱怨。国民党秘密文件显示，蒋介石在整个内战期间从没有缺少过武器和弹药。[107]这些武器和弹药的主要来源便是美国。当然，其中也有一部分落入了共产党之手，有些在几年后的朝鲜战争中被派上了用场。

从日本投降到1950年6月朝鲜战争爆发期间的美国对华政策，一直是近代外交史上争论最激烈的一个话题。这场争议持续了数十年，直到近些年，史学家们通过对大量史料的梳理，在学术观点上才基本达成了一致。很长时间里，学者们在讨论这一问题时总是采用虚拟式的非已然语气（irrealis mood），为当年错失“良机”懊悔不已。右派政客和学者抱怨杜鲁门政府没能为反共斗争投入更多力量，在朝鲜战争阴云下，这些人声称，假如当年美国能够坚定地站在蒋介石一边，在军事介入的同时，以强有力手段敦促国民党政府实行内部改革，就可以避免出现“失去”中国这样的后果。[108] 在经历了越战的惨痛教训以及 1971/72 年基辛格、尼克松访华之行后，另一类“失去机会论”受到了许多人的追捧。按照这些人的说法，假如杜鲁门当年听从了国务院中国问题专家中反对国民党一派的建议（在 50 年代麦卡锡领导的反共浪潮中，这些人被斥为国家叛徒并被撤销了职务，直到 1971 年才得到平反[109]），保持 1944/45 年与中共达成的和睦关系，难道不就能阻止毛泽东“投身”社会主义阵营，长达数十年的中美关系冰冻期就不会出现，朝鲜和印度支那的战争也就可以避免了吗？[110] 面对蒋介石及其腐败政权，及时放手（就像 1986 年对菲律宾马科斯政权那样）难道不是最好的选择吗？对于杜鲁门政府在对华政策上的摇摆不定和处处被动，这两种充满脑力游戏色彩的分析，无疑都是基于同一个判断：美国对中国未来走向拥有潜在的决定权。但实际上，在后战争时代的中国，美国并不具备这样的能力。因此，最后的结果很可能既不像反共鹰派势力所认为的那样，美国的强势介入能够打垮共产党，保住蒋介石政权，使其成为公开的傀儡政府；也不像反帝鸽派势力所想象的那样，能够通过停止对蒋介石的各种援助并与毛泽东交好，来破坏中苏关系，进而把中国变成美国的盟友。[111] 这场围绕美国在中国“失去的机会”所展开的争论，在欧洲人眼里充满了魔幻色彩。所有争论都是以同一条假设作为前提，它是左派和右派势力共同默认的，这就是：美国拥有造福全人类的能力和责任。这条假设掩盖了一个简单的事实：“失去的机会”之所以没能被抓住，是因为它压根就不存在。

杜鲁门总统和他手下的两位国务卿乔治·C.马歇尔（George C. Marshall）和迪安·艾奇逊（Dean Acheson）比来自左右两翼的批评者更清楚地认清了这一现实。无论他们在对华问题上做出的每一项决策是多么缺乏章法和自相矛盾，对中国形势的判断是多么含混不清，但是，这一切都是建立在对美国权力边界的现实认识之上。当1946年夏天乔治·马歇尔以特使身份调停国共内战的努力失败后，中国的未来走向已然确定。[112]马歇尔调停的失败一方面是因为内战双方长期以来彼此缺乏信任，另一方面是因为美国的立场从一开始便是有失偏颇的。马歇尔代表的政府并不准备停止对蒋介石的单方支持，甚至在调停过程中也从未中断对国民党的援助行动。简单讲，马歇尔的态度并不是中立的。在离开中国时，他对中国政治，特别是国民党内部"占据主导地位的反动阵营"[113]充满了鄙视，并对时局做出了两条重要判断：第一，苏联不会介入中国事务，尤其是没有暗中策划对满洲发动袭击；[114]第二，战后许多人自信地认为，美国有义务和能力决定中国的政治命运，这种想法纯粹是一种幻觉。当马歇尔"疲惫、懊恼而失望"地返回美国时，[115]他清楚地认识到，中国政治只能在极其有限的范围内被外界操纵。对共产党一方，人们没有足够的手段向其施压；就另一方而言，事实证明，受美国人保护的蒋介石是一个头脑顽固、对现实逐渐失去理性判断的人物，他总是单纯为国内政治考虑，而且也不愿对美国过于依赖，对后者敦促其实行改革的建议更是一味推诿。

从1947年1月马歇尔调停失败，到1948年11月美国政府认识到共产党的胜利已是大势所趋，美国国务院在对华问题上遵循的方针是，在向国民党提供有限援助的同时，采取默而不宣的不干预政策。人们并不能指责它，为什么要放弃打"共产党的牌"，而是选择从中国事务中逐渐"脱身"（Disengagement）。但是一个明显的问题是，从美国内政的角度看，彻底撤出中国几乎是行不通的。

出任国务卿的乔治·马歇尔以中国问题专家的身份，受总统之命处理对华关系。他联手参议院外交事务委员会，否决了国防部、参谋长联席会议和驻华大使司徒雷登（John Leighton Stuart）要求为蒋介石提供直接军事援助的建议。1947 年底，美国政府正式决定不向中国派兵参战。[116] 华盛顿方面仍然不希望看到共产党的胜利，却不愿付出全力去加以阻止。它为国民党提供的援助仅限于 1948 年 4 月通过的《援华法案》，其数额还不及同时通过的欧洲马歇尔计划的十分之一（后者还只是针对 1948/49 两年）。[117] 美国不愿为阻止中共胜利而冒战争之险，并将中国归入了介于“紧要利益”（vital interests）和“周边利益”（peripheral interests）之间的“主要利益”（major interests），它固然需要维护，但无须不惜一切代价去捍卫。[118] 与西欧不同的是，中国并不是“自由西方”战后秩序的重要组成部分。当时，东西方对立的二元论世界观——其代表是 1947 年 3 月在希腊受共产主义运动威胁时诞生的“杜鲁门主义”——虽然也在东亚产生了一定影响，然而在 1949 年底之前，美国推行的遏制战略还没有将矛头指向远东地区。[119] 当冷战逐渐在全球范围内拉开帷幕时，无论在美国还是苏联眼中，中国暂时还是一个次要战场，[120] 对国际政治更具战略意义的是东亚另一个国家：1947/48 年，华盛顿政府在努力避免卷入中国内战的同时做出决定，将**日本**打造成为抵御苏联扩张和亚洲革命的堡垒。[121] 美国在亚洲的头号伙伴不再是腐败无能的国民党，而是在经历美国占领时期的一系列改革后、如凤凰涅槃般重生的日本保守派精英。几十年来，美国一直在与中国还是日本交好的问题上犹豫不决。这两个国家，前一个是履行宣教使命的主要目标，后一个是美国对亚洲贸易的主要对象。就在日美战争结束短短两年后，美国便受时局所迫做出了明确的选择。

控制日本，推动中国和朝鲜建立具有强大执政能力的亲美政府：这是 1945 年 4 月杜鲁门总统上台时制定的亚洲三大战略目标。[122]

1949年1月杜鲁门连任总统时，上述目标达到的只有第一个。三八线的设立把朝鲜分成了南北两半，一边是受苏联大力扶持、信奉共产主义的北朝鲜，另一边是李承晚总统领导下、对结盟美国持谨慎欢迎态度的大韩民国。在从未像日本和朝鲜一样被占领的中国，美国势力几乎已悉数撤出。罗斯福一心想把中国变成受美国经济文化影响的现代民主国家的宏大设想，从此化为了泡影。不过，美国并没有完全抛弃蒋介石这位老伙伴。在继续为其提供援助的同时，华盛顿方面并没有谁指望能从这些象征性举动中获益。1948年12月1日，蒋介石夫人宋美龄亲赴华盛顿，向美国人直截了当地提出索要30亿美元军事援助的请求。[123] 杜鲁门没有为之所动。司徒雷登大使在1948年11月10日从南京发来的电报中说，“大多数百姓以及除最高统帅和身边亲信之外的几乎所有（国民党）官员，都认为共产党很快将赢得胜利，并且相信，尽快结束内战是符合所有人利益的”。[124] 美国官方对共产党获胜虽然将信将疑，但表现却很平和。除了院外援华集团和少数右翼媒体，很少有人为国民党的政治破产公开进行辩解。大家都觉得，国民党的失败纯属咎由自取，但是，对新政权是否抱有好感则是另一回事。在许多美国人看来，共产主义并不适合中国，作为一种舶来品，它将对中美两国“人民”之间的传统“友谊”造成干扰。[125] 中共方面与美国外交人员曾就一些问题发生过冲突，美国人对毛泽东身边的幕僚在对外关系上究竟有何打算，完全是一头雾水。[126] 不过，华盛顿政府并不着急。在这方面，它与英国的考虑有所不同。后者急于通过对新政权的承认（实际日期是在1950年1月6日），来保护英国对华大规模投资。[127] 美国则选择采取观望的态度，并时刻提防，以免受到中国的报复。在它看来，最起码要等到国民党势力全部被赶到台湾之后，再做下一步打算。新中国成立后，虽然受意识形态和其他原则性问题的影响，美国政府对共产党政权抱有诸多疑虑，但国务卿艾奇逊在杜鲁门总统

/ 338

的幕后支持下，还是准备对新中国给予正式的外交承认，其目的之一是借此在北京和莫斯科之间制造隔阂。艾奇逊相信这种做法一定会得到英、法、日、印等国的支持，而且也一定会赢得众多国会政客、传教士、商人、记者和科学家的拥护。[128]1950 年 6 月 25 日朝鲜战争的爆发，让艾奇逊的政策彻底失去了土壤，并在中美之间埋下了仇恨的种子，使两国在之后长达 20 年的时间里，成为针锋相对的两大对手。

从美国视角看，1945 年理应成为中国对外关系进入新阶段的开端。然而出人意料的是，这个打败轴心国联盟的胜利之年，却为未来的决战拉开了序幕。从 1945 年中旬到 1949 年底的四个年头，是百年历史风云的最后尾声。这段历史始于 1840~1842 年鸦片战争，从这一刻起，中国的命运便落入了一群身为不速之客的洋人的掌控之中。为了突出历史的延续性与非延续性，我们不妨用分析帝国主义早期阶段时使用过的一些概念，来梳理一下内战这段历史，以检验这些概念对这一时期是否同样适用。

1945 年之后，旧帝国主义的主要形式再未在中国重现。与同期的印度、印度尼西亚和越南等国一样，中国同样经历了民族解放运动与冷战萌芽背景下的去殖民化。[129]以甲午战争为开端、在征服大半个中国和几乎整个东南亚地区后达到巅峰的日本帝国主义，在 1945 年夏天戛然终结。**“正式帝国主义”**，即大面积领土的殖民占领（与中国澳门、中国香港和新加坡之类的局部殖民不同），在东亚大陆从此成为历史。帝国主义第二个周期——**“非正式帝国主义”**（鉴于英国是这一形式虽非唯一但地位最显赫的发明者和实践者，我们亦可称之为“大不列颠式帝国主义”），在法律意义上是随着 1943 年废除不平等条约结束的。但实际上，它的终结是在 1937/38 年。当时，受日本侵华战争的影响，门户开放政策在中国内地彻底失效，通商口岸体系遭到了破坏和践踏。非正式帝国主义的本质是经济侵略，它以条约特权作为基础，并通过与本地政权的勾结获得保障。在度过 1920 年代的危机后，非正式帝国主义曾在 1930 年代初通过改良暂时得到了巩固，[130] 之后在中国民族主义浪潮和日本领土扩张的双重碾压下，最终化为齑粉。英国在战争和内战期间成功保住了在中国的经济利益，但是在 1945 年之后，它没有再尝试按照“半殖民主义”传统模式重建过去的旧秩序。

就连美国在 1945 年后也不曾在中国做过类似的尝试，虽然和英国不同的是，从权力政治的角度看，美国完全具备这样的能力。从威尔逊总统开始，美国甚至干脆把反帝国主义挂在了嘴边。美国并不打算在日本**正式**帝国主义的废墟上，按照战后模式重建改良式**非正式帝国**。美国的意图并不在控制（1842~1937 年的英国）或占领（1895 年、1931 年、1937~1945 年的日本），而是利用自身的强势影响力（preponderant influence），通过与中国“结好”（就像后来和日本那样），使自身经济和安全利益得到保障。1940 年代头 5 年，美国人坚定地相信，战后的中国必将成为一个“人民民主”、立志改革、内部安定的资本主义国家，并在美国的积极引导下开启无限的可能性。即使它不能如罗斯福所愿，担起“世界警察”的角色，但是，一个有自卫能力的非共产主义中国，必定会成为东亚最 / 340 重要的秩序要素。这些计划最后都落了空。从 19 世纪的新教传教士到海约翰的“门户开放”照会，从华盛顿会议到罗斯福对旧世界殖民主义路线的蔑视，美国对华“特殊关系”始终保持着现代、温和与意图单纯的风格。然而现如今，这种特殊关系却渐渐受到了中国人的排斥。中国不愿再做任何国家的势力范围或保护国，就连“兄长式”的监护关系也不再具有吸引力。在中国的现实面前，美国的“后帝国时代帝国主义”（imperialism after empire）之梦被击得粉碎。这并不是帝国主义内部竞争造成的：仅剩的唯一一位对手苏联和以往一样，从没有把经济渗透作为目标，在权力政治领域也采取了保守态度。斯大林与内战**双方**都保持着灵活开放的关系，并小心避免给中共过多援助而引发一场代理人战争。美国失败的主要原因在于，其计划本身并不具备成功的条件。它对此做出的种种算计都是错误的。

第一，除了知识分子当中流行的自由主义思潮之外，[131]中国并没有出现指向“人民民主”的发展苗头。结果只能是两种可能性当中的一个：一是蒋介石集团贪污腐败的军事专制，二是作风廉洁的共产主义“政党机器”对国家的统治。第二，中国缺少市场复苏的经济前提。这个饱受战争蹂躏的国家遍地废墟，满目疮痍。战前的“民族资本主义”萌芽几乎都已被扼杀，“现代”产业的残余都落入了一群寄生虫式的国民党当权派之手，共产党把这些人痛斥为“官僚资本家”。现代中国的第一大社会经济问题——农业问题，却很少进入美国政客和市场战略家的视野，即使偶尔受到关注，也只是在零星和局部的层面上，而不是从问题的宏观维度去考虑。要把中国变成以美国为中心的全球经济新秩序的有机组成部分，在未来相当长时间里只能是一种空想。

第三，实现国家的政治稳定是把中国纳入战后秩序的必备条件，
/ 341 但是这一目标并不能凭借施加影响这一政策手段来达成。马歇尔等人的调停努力并不能解决权力归属这一中国革命史的深层问题，传统的合作机制也不再奏效。从李承晚到吴廷琰、朗诺，以及巴列维和马科斯夫妇，美国在战后亚洲的一连串合作者都是些刚愎自用、目光短浅之辈（与日本精英截然不同），让人无法将信任托付于他们。蒋介石也是这些人当中的一个典型。虽然到后来，作为台湾当局的领导人，他向外界展现出强大的自我修正能力，最终以过去几十年来成就最大的现代独裁者形象，结束了自己的政治生涯。最迟到1946年底，蒋介石政府的执政效率突破了最低限，对独裁体制来说不可或缺的群众基础不复存在。除了保住自己的位子，蒋介石对

权力已经难有再多要求。另外，由于缺乏调动国内社会资源的能力，他只能将希望寄托于外国靠山的支持。从这一意义上讲，美国确实“抛弃”了蒋介石，因为在国民党山穷水尽的时候，美国没能为其提供足够多的援助，使它能够与社会各界支援下不断壮大的共产党力量相抗衡。在这种情况下，蒋介石的倒台几乎是不可挽回的。

第四，美国低估了中国民族主义的实力。虽然美国在抗日问题上为中国提供了帮助，但是中国民族主义者对任何形式的外来监护始终采取抵制的态度。各地学生的抗议示威活动便是一个突出的例子，其矛头从反对美国在华驻军，逐渐转向了反对拖延内战的一切外来干预。[132]蒋介石对国内的民族主义潮流多少是有所意识的。他知道，过度依赖美国会有损自己在公众中的形象，于是他总是利用各种场合，当众羞辱马歇尔等美方代表。但是，任何言论和宣传都无法掩盖蒋介石向美国人投怀送抱的事实，面对共产党推动和领导的民族主义浪潮，蒋介石根本没有赢的可能。美国人对这股浪潮的危险性却没有太多意识。他们中的一些人高估了那些来自延安的“高贵野蛮人”“铁托式农业改革者”对热心援华的美国人的信任，而另一些人则高估了中国共产党人在一心想做“教主”的斯大林面前低头服输的意向。[133]从社会心理的角度看，美国对华政策的失败同时也是一种集体自恋倾向的反映。后来，中国人的所谓“忘恩负义”甚至一度成为 50 年代美国媒体的主流声音。

1945 年之后美帝国主义的衰落——用形象的话讲，也就是中国从罗斯福的最大希望变成杜鲁门最大麻烦的过程[134]——与中国战场上发生的现实事件并无直接关系。这场内战的胜负是在没有外国干预的情况下决出的。从今天的角度看，苏联发挥的作用几乎微不足道，相比之下，美国为国民党提供的数量有限的经济和军事援助，一方面延缓了蒋介石政权的垮台，另一方面也让共产党军队有机会得到大批武器，来对付这些受美国人庇护的对手。在上海庆祝胜利 / 342

大游行中，解放军战士手中的武器大部分都是在战场上缴获的美国造。毛泽东的军队并不是在举世瞩目下获胜的，因为就在1948/49年大决战的几个月里，国际上发生的一系列事件引开了人们的目光：[135] 捷克斯洛伐克政权的颠覆，苏南决裂和柏林危机，东西两德政府的成立，两大阵营的形成，苏联第一次核爆（1949年8月），以色列建国，印度尼西亚民族解放斗争等。与1950年6月北朝鲜向南朝鲜发动攻击不同，中国内战始终停留于地方的层面，并没有演化为一场国际政治的危机。

1947年，中国近代史上的三个帝国主义周期都被画上了句号：正式帝国主义，非正式帝国主义，以及美国的“强势影响力”政策。中国革命在一个历史性时刻迎来了胜利，此时，列强在中国投入的精力比20世纪以往任何时候都要少，对中国的压迫程度也降到了甲午战争以来的最低水平。但是，旧帝国主义时代的一个遗留问题仍然没有解决：帝国主义的第四个周期，即苏俄帝国主义，还没有最后走到终点。

附　录

Adshead: World History = S. A. M. Adshead, China in World History, Basingstoke/London 1988.

Albertini: Kolonialherrschaft = Rudolf von Albertini, in Verbindung mit Albert Wirz, Europäische Kolonialherrschaft 1880–1940, Zürich/Freiburg i. Br. 1976.

Allen/Donnithorne: Enterprise = G. C. Allen/Audrey G. Donnithorne, Western Enterprise in Far Eastern Economic Development, London 1954.

Arnold: China = Julean Arnold, China: A Commercial and Industrial Handbook, Washington, D. C. 1926.

Bairoch: Development = Paul Bairoch, The Economic Development of the Third World since 1900, London 1975.

Barnett/Fairbank: Christianity = Suzanne W. Barnett/John K. Fairbank (Hrsg.), Christianity in China, Cambridge, Mass. 1985.

Bartlett: Conflict = C. J. Bartlett, The Global Conflict: The International Rivalry of the Great Powers, 1880–1970, London 1984.

Bastid: L'évolution = Marianne Bastid, L'évolution de la société chinoise à la fin de la dynastie des Qing, 1873–1911, Paris 1979.

Bauer: China = Wolfgang Bauer (Hrsg.), China und die Fremden. 3000 Jahre Auseinandersetzung in Krieg und Frieden, München 1980.

Beasley: Imperialism = W. G. Beasley, Japanese Imperialism 1894–1945, Oxford 1987.

Beasley: Japan = W. G. Beasley, The Modern History of Japan, 2nd ed., London 1967.

Becker/Wells: Economics = William H. Becker/Samuel F. Wells, Jr. (Hrsg.), Economics and World Power: An Assessment of American Diplomacy since 1789, New York 1984.

Bergère: L'âge d'or = Marie-Claire Bergère, L'âge d'or de la bourgeoisie chinoise 1911–1937, Paris 1986.

Bianco: Asien = Lucien Bianco (Hrsg.), Das moderne Asien, Frankfurt a. M. 1969 (= Fischer-Weltgeschichte, Bd. 33)

Bianco: Revolution = Lucien Bianco, Der Weg zu Mao. Die Ursprünge der chinesischen Revolution, Berlin/Frankfurt a. M. 1969.

Blussé: History = Leonard Blussé/H. L. Wesseling/G. D. Winius (Hrsg.), History and Underdevelopment: Essays on Underdevelopment and European Expansion in Asia and Africa, Leiden 1980.

Blussé/Gaastra: Companies = Leonard Blussé/Femme Gaastra (Hrsg.), Companies and Trade: Essays on Overseas Trading Companies during the Ancien Régime, Leiden 1981.

Boorman/Howard: Dictionary = Howard L. Boorman/Richard C. Howard (Hrsg.), Biographical Dictionary of Republican China, 4 Bde., New York/London 1967–1971.

Borg/Heinrichs: Uncertain Years = Dorothy Borg/Waldo Heinrichs (Hrsg.), Uncertain Years: Chinese-American Relations, 1947–1950, New York 1980.

Borsa: Nascita = Giorgio Borsa, La nascita del mondo moderno in Asia Orientale: La penetrazione Europea e la crisi delle società tradizionali in India, Cina e Giaponne, Mailand 1977.

Braudel: Sozialgeschichte = Fernand Braudel, Sozialgeschichte des 15.–18. Jahrhunderts, 3 Bde., München 1985–86.

Buck: Urban Change = David D. Buck, Urban Change in China: Politics and Development in Tsinan, Shantung, 1890–1949, London 1978.
Bull/Watson: Expansion = Hedley Bull/Adam Watson (Hrsg.), The Expansion of International Society, Oxford 1984.
Burns/Bennett: Diplomats = Richard Dean Burns/Edward M. Bennett (Hrsg.), Diplomats in Crisis: United States-Chinese-Japanese Relations, 1919–1941, Santa Barbara/Oxford 1974.

Cain: Foundations = Peter J. Cain, Foundations of British Overseas Expansion 1815–1914, London 1980.
Cain/Hopkins: Capitalism = Peter J. Cain/A. G. Hopkins, Gentlemanly Capitalism and British Expansion Overseas, in: EcHR 39 (1986), S. 501–25; 40 (1987), S. 1–26.
Cameron: Barbarians = Nigel Cameron, Barbarians and Mandarins: Thirteen Centuries of Western Travelers in China, Chicago/London 1970.
Cameron: Bondage = Nigel Cameron, From Bondage to Liberation: East Asia 1860–1952, Hongkong 1975.
Carlson: Kaiping = Ellsworth C. Carlson, The Kaiping Mines, 1877–1912, 2nd ed., Cambridge, Mass. 1971.
Chan: Crossroads = F. Gilbert Chan (Hrsg.), China at the Crossroads: Nationalists and Communists, 1927–1949, Boulder, Col. 1980.
Chan/Etzold: China = F. Gilbert Chan/Thomas H. Etzold (Hrsg.), China in the 1920s: Nationalism and Revolution, New York 1976.
Chang: Food = Chang Kwang-chih (Hrsg.), Food in Chinese Culture: Anthropological and Historical Perspectives, New Haven 1977.
Chang: Struggle = Chang Kia-ngau, China's Struggle for Railroad Development, New York 1943.
Chao: Cotton = Chao Kang, The Development of Cotton Textile Production in China, Cambridge, Mass. 1977.
Chao: Land = Chao Kang, Man and Land in Chinese History: An Economic Analysis, Stanford 1986.
Chao: Manchuria = Chao Kang, The Economic Development of Manchuria: The Rise of a Frontier Economy, Ann Arbor 1982.
Chaudhuri: Development = K. N. Chaudhuri (Hrsg.), The Economic Development of India under the East India Company, 1814–58, Cambridge 1971.
Chaudhuri: Indian Ocean = K. N. Chaudhuri, Trade and Civilization in the Indian Ocean: An Economic History from the Rise of Islam to 1750, Cambridge 1985.
Chaudhuri: Trading World = K. N. Chaudhuri, The Trading World of Asia and the English East India Company 1660–1760, Cambridge 1978.
Chen: Gongye shi = Chen Zhen (Hrsg.), Zhongguo jindai gongye shi ziliao (Materialien zur Geschichte der chinesischen Industrie 1914–1949), 4 Teile in 6 Bdn., Beijing 1957–61.
Chen: Jindai shi = Chen Zhenjiang u. a., Zhongguo jindai shi xin bian (Neue Geschichte des modernen China), Bd. 1 (ca. 1830–1864), Beijing 1981.
Chen: Jindai Zhongguo = Chen Xulu u. a., Jindai Zhongguo bashi nian (Achtzig Jahre des modernen China, ca. 1840–1919), Shanghai 1983.
Chen: Taiwan = Chen Bisheng, Taiwan difang shi (Geschichte Taiwans), Beijing 1982.
Ch'en: Military-Gentry Coalition = Jerôme Ch'en, The Military-Gentry Coalition: China under the Warlords, Toronto 1979.
Ch'en: West = Jerôme Ch'en, China and the West: Society and Culture, 1815–1937, London 1979.
Ch'en/Tarling: Studies = Jerôme Ch'en/Nicholas Tarling (Hrsg.), Studies in the Social History of China and South-East Asia, Cambridge 1970.
Cheng: Foreign Trade = Cheng Yu-kwei, Foreign Trade and Industrial Development of

China: An Historical Inquiry and Integrated Analysis through 1948, Washington, D.C. 1956.

Cheng: Guangzhou = Cheng Hao, Guangzhou gang shi (Geschichte des Hafens von Kanton, 18. Jahrhundert bis 1949), Beijing 1985.

Chesneaux: Geschichte = Jean Chesneaux, Geschichte Ost- und Südostasiens im 19. und 20. Jahrhundert, Köln 1969.

Chesneaux: Liberation = Jean Chesneaux/Françoise Le Barbier/Marie-Claire Bergère, China from the 1911 Revolution to Liberation, New York 1977.

Chesneaux: Opium Wars = Jean Chesneaux/Marianne Bastid/Marie-Claire Bergère, China from the Opium Wars to the 1911 Revolution, New York 1976.

China Proper = China Proper, hrsg. v. United Kingdom. Naval Intelligence Division, 3 Bde., London 1945.

Chiu: Hong Kong = T. N. Chiu, The Port of Hong Kong: A Survey of Its Development, Hongkong 1973.

CHOC = John K. Fairbank/Denis Twitchett (Hrsg.), The Cambridge History of China, Cambridge. Bd. 7 (1988), Bd. 10 (1978), Bd. 11 (1980), Bd. 12 (1983), Bd. 13 (1986), Bd. 14 (1987).

Cipolla/Borchardt: Wirtschaftsgeschichte = Carlo M. Cipolla/Knut Borchardt (Hrsg.), Europäische Wirtschaftsgeschichte, 5 Bde., Stuttgart 1983–86.

Clubb: China = O. Edmund Clubb, Twentieth-Century China, 2nd ed., New York 1972.

Clubb: Russia = O. Edmund Clubb, China and Russia: The «Great Game», New York 1971.

Clyde/Beers: Far East = Paul Hibbert Clyde/Burton F. Beers, The Far East: A History of the Western Impact and the Eastern Response (1830–1970), 6th ed., Englewood Cliffs, N.J. 1975.

Cochran: Big Business = Sherman G. Cochran, Big Business in China: Sino-Foreign Rivalry in the Cigarette Industry, 1890–1930, Cambridge, Mass. 1980.

Cohen: Frontiers = Warren I. Cohen (Hrsg.), New Frontiers in American-East Asian Relations: Essays Presented to Dorothy Borg, New York 1983.

Cohen: History = Paul A. Cohen, Discovering History in China: American Writing on the Recent Chinese Past, New York 1986.

Cohen/Schrecker: Reform = Paul A. Cohen/John E. Schrecker (Hrsg.), Reform in Nineteenth-Century China, Cambridge, Mass. 1976.

Collotti Pischel: Storia = Enrica Collotti Pischel, Storia della rivoluzione cinese, Rom 1982.

Coox/Conroy: China = Alvin D. Coox/Hilary Conroy (Hrsg.), China and Japan: Search for Balance since World War II, Santa Barbara/Oxford 1978.

Cowan: Development = C. D. Cowan (Hrsg.), The Economic Development of China and Japan, London 1964.

Crowley: East Asia = James B. Crowley (Hrsg.), Modern East Asia: Essays in Interpretation, New York 1970.

Curtin: Trade = Philip D. Curtin, Cross-Cultural Trade in World History, Cambridge 1984.

Davis: Industrial Revolution = Ralph Davis, The Industrial Revolution and British Overseas Trade, Leicester 1979.

Dayer: Bankers = Roberta A. Dayer, Bankers and Diplomats in China 1917–1925: The Anglo-American Relationship, London 1981.

Dermigny: La Chine = Louis Dermigny, La Chine et l'Occident: Le commerce à Canton au XVIIIe siècle, 1719–1833, 3 Bde. und Album, Paris 1964.

Diguozhuyi yu Zhongguo haiguan = Diguozhuyi yu Zhongguo haiguan (Der Imperialismus und und der chinesische Seezoll), 8 Bde., Neuausgabe, Beijing 1983.

Ding: Diguozhuyi = Ding Mingnan u. a., Diguozhuyi qin Hua shi (Geschichte der imperialistischen Aggression gegen China), 2 Bde., Beijing 1958/1986.

Domes: Revolution = Jürgen Domes, Vertagte Revolution. Die Politik der Kuomintang in China, 1923–1937, Berlin 1969.

Du Halde: Description = Jean-Baptiste Du Halde, Description géographique, historique, chronologique, politique, et physique de l'Empire de la Chine et de la Tartarie Chinoise, 4 Bde., Paris 1735.

Eastman: Family = Lloyd E. Eastman, Family, Fields, and Ancestors: Constancy and Change in China's Social and Economic History, 1550–1949, New York 1988.

Eikemeier: Ch'en-yüeh chi = Dieter Eikemeier u. a. (Hrsg.), Ch'en-yüeh chi: Tilemann Grimm zum 60. Geburtstag, Tübingen 1982.

Eldridge: Imperialism = C. C. Eldridge (Hrsg.), British Imperialism in the Nineteenth Century, London 1984.

Elvin: Pattern = Mark Elvin, The Pattern of the Chinese Past, London 1973.

Elvin/Skinner: City = Mark Elvin/G. William Skinner (Hrsg.), The Chinese City between Two Worlds, Stanford 1974.

Endacott: Hong Kong = George B. Endacott, A History of Hong Kong, revised ed., Hongkong 1973.

Eng: Imperialism = Robert Y. Eng, Economic Imperialism in China: Silk Production and Exports, 1861–1932, Berkeley 1986.

Etô/Schiffrin: 1911 Revolution = Etô Shinkichi/Harold Z. Schiffrin (Hrsg.), The 1911 Revolution in China: Interpretative Essays, Tokio 1984.

Fairbank: East Asia = John K. Fairbank/Edwin O. Reischauer/Albert M. Craig, East Asia: Tradition and Transformation, London 1973.

Fairbank: Missionary Enterprise = John K. Fairbank (Hrsg.), The Missionary Enterprise in China and America, Cambridge, Mass. 1974.

Fairbank: Revolution = John K. Fairbank, The Great Chinese Revolution, 1800–1985, New York 1986.

Fairbank: Thought = John K. Fairbank (Hrsg.), Chinese Thought and Institutions, Chicago 1957.

Fairbank: Trade = John K. Fairbank, Trade and Diplomacy on the China Coast: The Opening of the Treaty Ports, 1842–1854, new ed., Stanford 1969.

Fairbank: United States = John K. Fairbank, The United States and China, 4th ed., Cambridge, Mass. 1979.

Fairbank: World Order = John K. Fairbank (Hrsg.), The Chinese World Order: Traditional China's Foreign Relations, Cambridge, Mass. 1968.

Fang: Zhongguo jingji yanjiu = Fang Xianting (Hrsg.), Zhongguo jingji yanjiu (Studien zur chinesischen Wirtschaft), 2 Bde., Changsha 1938.

Farmer: History = Edward L. Farmer u. a., Comparative History of Civilizations in Asia, 2 Bde., Reading, Mass. 1977.

Feuerwerker: Approaches = Albert Feuerwerker/Rhoads Murphey/Mary C. Wright (Hrsg.), Approaches to Modern Chinese History, Berkeley 1967.

Feuerwerker: Economic History = Albert Feuerwerker (Hrsg.), Chinese Social and Economic History from the Song to 1900: Report of the American Delegation to a Sino-American Symposium, Ann Arbor 1982.

Feuerwerker: Establishment = Albert Feuerwerker, The Foreign Establishment in China in the Early Twentieth Century, Ann Arbor 1976.

Feuerwerker: State = Albert Feuerwerker, State and Society in Eighteenth-Century China: The Ch'ing Empire in Its Glory, Ann Arbor 1976.

Fieldhouse: Empire = David K. Fieldhouse, Economics and Empire 1830–1914, London 1973.

Fischer: Handbuch = Wolfram Fischer u. a. (Hrsg.), Handbuch der europäischen Wirtschafts- und Sozialgeschichte, Stuttgart. Bd. 2 (1980), Bd. 3 (1986), Bd. 5 (1985), Bd. 6 (1987).

Fischer: World Economy = Wolfram Fischer/R. Marvin McInnis/Jürgen Schneider (Hrsg.), The Emergence of a World Economy 1500–1914, 2 Bde., Wiesbaden 1986.

Fogel/Rowe: Perspectives = Joshua A. Fogel/William T. Rowe (Hrsg.), Perspectives on a Changing China, Boulder, Col. 1979.

Foreman-Peck: World Economy = James Foreman-Peck, A History of the World Economy: International Economic Relations since 1850, Brighton 1983.

Franke: Abendland = Wolfgang Franke, China und das Abendland, Göttingen 1962.

Franke: China-Handbuch = Wolfgang Franke, unter Mitarbeit von Brunhild Staiger (Hrsg.), China-Handbuch, Düsseldorf 1973.

Franke: Jahrhundert = Wolfgang Franke, Das Jahrhundert der chinesischen Revolution 1851–1949, 2. Aufl., München 1980.

Franke/Trauzettel: Kaiserreich = Herbert Franke/Rolf Trauzettel, Das Chinesische Kaiserreich, Frankfurt a. M. 1968 (= Fischer-Weltgeschichte, Bd. 19).

FRUS = Papers Relating to the Foreign Relations of the United States, compiled by the Department of States, Washington, D. C. (Jahresbände).

Fu: Chronicle = Fu Lo-shu (Hrsg.), A Documentary Chronicle of Sino-Western Relations (1644–1820), Tucson, Ariz. 1966.

Furber: Empires = Holden Furber, Rival Empires of Trade in the Orient, 1600–1800, Minneapolis 1976.

Furth: Limits = Charlotte Furth (Hrsg.), The Limits of Change: Essays on Conservative Alternatives in Republican China, Cambridge, Mass. 1976.

Gernet: Welt = Jacques Gernet, Die chinesische Welt, Frankfurt a. M. 1979.

Geyer: Russischer Imperialismus = Dietrich Geyer, Der russische Imperialismus. Studien über den Zusammenhang von innerer und auswärtiger Politik 1860–1914, Göttingen 1977.

Gillard: Struggle = David Gillard, The Struggle for Asia 1828–1914: A Study in British and Russian Imperialism, London 1977.

Girault: Diplomatie = René Girault, Diplomatie européenne et impérialismes: Histoire des relations internationales contemporaines, Bd. 1: 1871–1914, Paris 1979.

Gittings: World = John Gittings, The World and China 1922–1972, London 1974.

Gong: Standard = Gerrit W. Gong, The Standard of «Civilization» in International Society, Oxford 1984.

Graham: China Station = Gerald S. Graham, The China Station: War and Diplomacy 1830–1860, Oxford 1978.

Graham: Empire = Gerald S. Graham, A Concise History of the British Empire, London 1970.

Gray: Search = Jack Gray (Hrsg.), Modern China's Search for a Political Form, London 1969.

Greenberg: Trade = Michael Greenberg, British Trade and the Opening of China 1800–42, Cambridge 1951.

Grieder: Intellectuals = Jerome B. Grieder, Intellectuals and the State in Modern China: A Narrative History, New York 1981.

Grove/Daniels: State = Linda Grove/Christian Daniels (Hrsg.), State and Society in China: Japanese Perspectives on Ming-Qing Social and Economic History, Tokio 1984.

Grunfeld: Tibet = A. Tom Grunfeld, The Making of Modern Tibet, London 1987.

Gull: Interests = E. Manico Gull, British Economic Interests in the Far East, London 1943.

Guo: Jindai Zhongguo = Guo Tingyi, Jindai Zhongguo shigang (Abriß der neueren chinesischen Geschichte, ca. 1800–1950), Taibei 1979.

Hao: Comprador = Hao Yen-p'ing, The Comprador in Nineteenth-Century China: Bridge between East and West, Cambridge, Mass. 1970.
Hao: Revolution = The Commercial Revolution in Nineteenth-Century China: The Rise of Sino-Western Mercantile Capitalism, Berkeley 1986.
Harding: Foreign Relations = Harry Harding (Hrsg.), China's Foreign Relations in the 1980s, New Haven 1984.
Harrison: Marsch = John P. Harrison, Der lange Marsch zur Macht. Die Geschichte der Kommunistischen Partei Chinas von ihrer Gründung bis zum Tode Mao Tse-tungs, Stuttgart/Zürich 1978.
Hart: Journals = Entering China's Service: Robert Hart's Journals, 1854- 1863, hrsg. v. Katherine Frost Bruner u. a., Cambridge, Mass. 1986.
Hart: Letters = The I. G. in Peking: Letters of Robert Hart, Chinese Maritime Customs, 1868–1907, hrsg. v. John K. Fairbank u. a., 2 Bde., Cambridge, Mass. 1975.
Hayhoe/Bastid: Education = Ruth Hayhoe/Marianne Bastid (Hrsg.), China's Education and the Industrialized World: Studies in Cultural Transfer, Armonk, N. Y. 1987.
Headrick: Tentacles = Daniel R. Headrick, The Tentacles of Progress: Technology Transfer in the Age of Imperialism, 1850–1940, New York 1988.
Headrick: Tools = Daniel R. Headrick, The Tools of Empire: Technology and European Imperialism in the Nineteenth Century, New York 1981.
Heller: Handel = Klaus Heller, Der Russisch-Chinesische Handel von seinen Anfängen bis zum Ausgang des 19. Jahrhunderts, Erlangen 1980.
Hertslet: Treaties = Godfrey E. P. Hertslet (Hrsg.), Treaties &c. between Great Britain and China and between China and Foreign Powers . . ., Bd. 1, London 1908.
Hinsley: British Foreign Policy = F. H. Hinsley (Hrsg.), British Foreign Policy under Sir Edward Grey, Cambridge 1977.
Ho: Studies = Ho Ping-ti, Studies in the Population of China, 1368–1953, Cambridge, Mass. 1959.
Ho: Taiwan = Samuel P. S. Ho, Economic Development of Taiwan, 1860–1970, New Haven 1978.
Ho/Tang; Crisis = Ho Ping-ti/Tang Tsou (Hrsg.), China in Crisis, 2 Bde., Chicago 1968.
Hobsbawm: Capital = Eric J. Hobsbawm, The Age of Capital 1848–1875, London 1975.
Hobsbawm: Empire = Eric J. Hobsbawm, The Age of Empire 1875–1914, London 1987.
Hoffmann: Traditionale Gesellschaft = Rainer Hoffmann, Traditionale Gesellschaft und moderne Staatlichkeit. Eine vergleichende Untersuchung der chinesischen und europäischen Entwicklungstendenzen, München 1987.
Hoffmann: Untergang = Rainer Hoffmann, Der Untergang des konfuzianischen China. Vom Mandschureich zur Volksrepublik, Wiesbaden 1980.
Hou: Investment = Hou Chi-ming, Foreign Investment and Economic Development in China, 1840–1937, Cambridge, Mass. 1965.
Hou/Yu: Agricultural Development = Hou Chi-ming/Yu Tzong-shian (Hrsg.), Agricultural Development in China, Japan, and Korea, Taibei 1982.
Hou/Yu: Economic History = Hou Chi-ming/Yu Tzong-shian (Hrsg.), Modern Chinese Economic History, Taibei 1979.
Hsiao: Statistics = Hsiao Liang-lin, China's Foreign Trade Statistics, 1864–1949, Cambridge, Mass. 1974.
Hsü: Entrance = Immanuel C. Y. Hsü, China's Entrance into the Familiy of Nations: The Diplomatic Phase 1858–1880, Cambridge, Mass. 1960.
Hsü: Rise = Immanuel C. Y. Hsü, The Rise of Modern China, 2nd ed., New York 1975.
Hu: Imperialism = Hu Sheng, Imperialism and Chinese Politics, Beijing 1982.

Hu: Yapian Zhanzheng = Hu Sheng, Cong Yapian Zhanzheng dao Wu Si Yundong (Vom Opiumkrieg zur Bewegung vom 4. Mai 1919), 2 Bde., Beijing 1981.
Huang: Maiban jieji = Huang Yifeng, Jiu Zhongguo de maiban jieji (Die Kompradorenklasse in China vor 1949), Shanghai 1982.
Huang: Peasant Economy = Philip C. Huang, The Peasant Economy and Social Change in North China, Stanford 1985.
Huang: Xiandai shi = Huang Yuanqi u. a., Zhongguo xiandai shi (Neueste Geschichte Chinas), 2 Bde., o. O. 1982.
Huang/Jiang: Jingji shi = Huang Yifeng/Jiang Duo, Zhongguo jindai jingji shi lunwen ji (Aufsätze zur neueren chinesischen Wirtschaftsgeschichte), Yangzhou 1981.
Hubei daxue: Jingji shi = Hubei daxue zhengzhi jingjixue jiaoyanshi (Lehr- und Forschungsabteilung für politische Ökonomie der Universität Hubei), Zhongguo jindai guomin jingji shi jiangyi (Unterrichtsmaterial zur modernen chinesischen Wirtschaftsgeschichte, 1842–1949), Beijing 1958.
Huenemann: Dragon = Ralph W. Huenemann, The Dragon and the Iron Horse: The Economics of Railroads in China, 1876–1937, Cambridge, Mass. 1984.
Hummel: Eminent Chinese = Arthur W. Hummel, Eminent Chinese of the Ch'ing Period (1644–1912), Washington, D. C. 1943.
Hunt: Relationship = Michael H. Hunt, The Making of a Special Relationship: The United States and China to 1914, New York 1983.
Hyde: Trade = Francis E. Hyde, Far Eastern Trade 1860–1914, London 1973.

Idema: Leyden Studies = W. L. Idema (Hrsg.), Leyden Studies in Sinology, Leiden 1981.
Iriye: Chinese = Akira Iriye (Hrsg.), The Chinese and the Japanese: Essays in Political and Cultural Interactions, Princeton 1980.
Iriye: Cold War = Akira Iriye, The Cold War in Asia: A Historical Introduction, Englewood Cliffs, N. J. 1974.
Iriye: Imperialism = Akira Iriye, After Imperialism: The Search for a New Order in the Far East, 1921–1931, Cambridge, Mass. 1965.
Iriye: Second World War = Akira Iriye, The Origins of the Second World War in Asia and the Pacific, London 1987.

Jansen: Japan = Marius B. Jansen, Japan and China: From War to Peace, 1894–1972, Chicago 1975.
Jiang: Jingji shi = Jiang Jianping, Jianming Zhongguo jindai jingji shi (Kurzgefaßte Wirtschaftsgeschichte des modernen China, ca. 1800- 1949), Beijing 1985.
Jörg: Porcelain = C. A. J. Jörg, Porcelain and the Dutch China Trade, Den Haag 1982.
Johnson: Popular Culture = David Johnson/Andrew J. Nathan/ Evelyn S. Rawski (Hrsg.), Popular Culture in Late Imperial China, Berkeley 1986.
Jones: Miracle = Eric L. Jones, The European Miracle: Environments, Economies and Geopolitics in the History of Europe and Asia, Cambridge 1981.
Jones: Shanghai = F. C. Jones, Shanghai and Tianjin, London 1940.

Kamachi: Japanese Studies = Kamachi Noriko/John K. Fairbank/ Ichiko Chûzô, Japanese Studies of Modern China since 1953, Cambridge, Mass. 1975.
Kennedy: Great Powers = Paul M. Kennedy, The Rise and Fall of the Great Powers: Economic Change and Military Conflict from 1500 to 2000, London 1988.
Kennedy: Naval Mastery = Paul M. Kennedy, The Rise and Fall of British Naval Mastery, London 1983.
Kenwood/Lougheed: Growth = A. G. Kenwood/A. L. Lougheed, The Growth of the International Economy 1820–1980, London 1983.
Keylor: World = William R. Keylor, The Twentieth-Century World: An International History, New York 1984.

Kiernan: Empires = Victor G. Kiernan, European Empires from Conquest to Collapse, London 1982.
Kim: Last Phase = Key-hiuk Kim, The Last Phase of the East Asian World Order: Korea, Japan, and the Chinese Empire, 1860–1882, Berkeley 1980.
Kindermann: Ferner Osten = Gottfried-Karl Kindermann, Der Ferne Osten in der Weltpolitik des industriellen Zeitalters, München 1970.
Kindermann: Sun Yat-sen = Gottfried-Karl Kindermann (Hrsg.), Sun Yat-sen: Founder and Symbol of China's Revolutionary Nation-Building, München/Wien 1982.
King: Banking = F. H. H. King (Hrsg.), Eastern Banking: Essays in the History of the Hongkong and Shanghai Banking Corporation, London 1983.
King: Economic History = F. H. H. King, A Concise Economic History of Modern China, 1840–1961, New York 1969.
King: Hongkong Bank = F. H. H. King, The History of the Hongkong and Shanghai Banking Corporation, Cambridge. Bd. 1 (1987).
Kirby: Germany = William F. Kirby, Germany and Republican China, Stanford 1984.
Knapp: Island Frontier = Ronald G. Knapp (Hrsg.), China's Island Frontier: Studies in the Historical Geography of Taiwan, Honolulu 1980.
Kuo: Barbaren = Kuo Heng-yü, China und die «Barbaren». Eine geistesgeschichtliche Standortbestimmung, Pfullingen 1967.
Kuo: Berlin = Kuo Heng-yü (Hrsg.), Berlin und China. Dreihundert Jahre wechselvoller Beziehungen, Berlin 1987.
Kuo: Kolonialpolitik = Kuo Heng-yü (Hrsg.), Von der Kolonialpolitik zur Kooperation. Studien zur Geschichte der deutsch-chinesischen Beziehungen, München 1986.

Lama: Congress = Graciela de la Lama (Hrsg.), 30th International Congress of Human Sciences in Asia and North Africa: China, 5 Bde., Mexico City 1982.
Lamb: India = Alastair Lamb, British India and Tibet 1766–1910, 2nd ed., London/New York 1986.
Langer: Diplomacy = William L. Langer, The Diplomacy of Imperialism 1890–1902, 2nd ed., New York 1951.
Lanning/Couling: Shanghai = G. Lanning/S. Couling, The History of Shanghai, Shanghai 1921.
Latham: Depression = A. J. M. Latham, The Depression and the Developing World, 1914–1939, London 1981.
Latham: International Economy = A. J. M. Latham, The International Economy and the Underdeveloped World, 1865–1914, Totowa, N. J. 1978.
Lee: Korea = Lee Ki-baik, A New History of Korea, Cambridge, Mass. 1984.
LeFevour: Western Enterprise = Edward LeFevour, Western Enterprise in Late Ch'ing China: A Selective Study of Jardine, Matheson & Company's Operations, 1842–1895, Cambridge, Mass. 1968.
Levenson: Confucian China = John R. Levenson, Confucian China and Its Modern Fate: A Trilogy, 3 Bde., Berkeley 1958–1965.
Lévy: French Interests = Roger Lévy/Guy Lacam/Andrew Roth, French Interests and Policies in the Far East, New York 1941.
Li: Minguo shi = Li Xin u. a., Zhonghua minguo shi (Geschichte der Chinesischen Republik), Beijing 1981 ff.
Li: Silk Trade = Lillian M. Li, China's Silk Trade: Traditional Industry in the Modern World, 1842–1937, Cambridge, Mass. 1981.
Li: Xiandaihua = Li Guoqi, Zhongguo xiandaihua de quyu yanjiu: Min Zhe Tai diqu, 1860–1916 (Modernisierung in China: Eine regionale Studie über Fujian, Zhejiang und Taiwan), Taibei 1982.
Link: China = Hans Link u. a., China. Kultur, Politik und Wirtschaft. Festschrift für Alfred Hoffmann zum 65. Geburtstag, Tübingen 1976.

Lippit: Development = Victor D. Lippit, The Economic Development of China, Armonk, N. Y. 1987.

Liu: Waijiao shi = Liu Yan, Zhongguo waijiao shi (Geschichte der chinesischen Außenbeziehungen), 2 Bde., Taibei 1962.

Liu: Waizhai shigao = Liu Binglin, Jindai Zhongguo waizhai shigao (Geschichte der Auslandsanleihen im modernen China), Beijing 1962.

Lörincz: Mongolie = László, Lörincz, Histoire de la Mongolie des origines à nos jours, Budapest 1984.

Lorenz: Umwälzung = Richard Lorenz (Hrsg.), Umwälzung einer Gesellschaft. Zur Sozialgeschichte der chinesischen Revolution (1911–1949), Frankfurt a. M. 1977.

Louis: Imperialism = Wm. Roger Louis (Hrsg.), Imperialism: The Robinson and Gallagher Controversy, New York/London 1976.

Louis: Imperialism at Bay = Wm. Roger Louis, Imperialism at Bay, 1941–1945: The United States and the Decolonization of the British Empire, Oxford 1977.

Louis: Strategy = Wm. Roger Louis, British Strategy in the Far East, 1919–1939, Oxford 1971.

Lowe: Britain = Peter Lowe, Britain in the Far East: A Survey from 1919 to the Present, London 1981.

Macartney: Embassy = An Embassy to China. Being the Journal Kept by Lord Macartney during His Embassy to the Emperor Ch'ien-lung 1793–1794, hrsg. v. J. L. Cranmer-Byng, London 1962.

Mackerras: China = Colin Mackerras (Hrsg.), China: The Impact of Revolution, Hawthorn (Victoria) 1976.

Mackerras: Chronology = Colin Mackerras, Modern China: A Chronology from 1842 to the Present, London 1982.

MacMurray: Treaties = J. V. A. MacMurray (Hrsg.), Treaties and Agreements with and Concerning China, 1894–1919, 2 Bde., New York 1921.

Mancall: Center = Mark Mancall, China at the Center: 300 Years of Foreign Policy, New York 1984.

Martin: Beraterschaft = Bernd Martin (Hrsg.), Die deutsche Beraterschaft in China 1927–1938. Militär, Wirtschaft, Außenpolitik, Düsseldorf 1981.

May/Fairbank: Trade = Ernest R. May/John K. Fairbank (Hrsg.), America's China Trade in Historical Perspective: The Chinese and American Performance, Cambridge, Mass. 1986.

May/Thomson: Relations = Ernest R. May/James C. Thomson, Jr. (Hrsg.), American-East Asian Relations, Cambridge, Mass. 1972.

Meliksetov: Gomin'dan = A. V. Meliksetov, Social'no-ekonomičeskaja politika Gomin'dana v Kitae 1927–1949, Moskau 1977.

Meskill: Introduction = John Meskill (Hrsg.), An Introduction to Chinese Civilization, New York 1973.

Metzger: Escape = Thomas A. Metzger, Escape from Predicament: Neo- Confucianism and China's Evolving Political Culture, New York 1977.

Mi: Diguozhuyi = Mi Rucheng, Diguozhuyi yu Zhongguo tielu 1847–1949 (Der Imperialismus und die chinesischen Eisenbahnen), Shanghai 1980.

Mi: Tielu shi = Mi Rucheng, Zhongguo jindai tielu shi ziliao, 1863–1911 (Materialien zur Geschichte der chinesischen Eisenbahnen), 3 Bde., Beijing 1963.

Michael/Taylor: Far East = Franz Michael/George E. Taylor, The Far East in the Modern World, 3rd ed., Hinsdale 1975.

Miners: Hong Kong = Norman J. Miners, Hong Kong under Imperial Rule, 1912–1941, Hongkong 1987.

Mitchell: Asia = Brian R. Mitchell, International Historical Statistics: Africa and Asia, New York 1982.

Mitchell: Europe = Brian R. Mitchell, European Historical Statistics 1750–1950, abridged ed., London 1975.
Mommsen: Imperialismus = Wolfgang J. Mommsen, Der europäische Imperialismus. Aufsätze und Abhandlungen, Göttingen 1979.
Mommsen/Osterhammel: Imperialism = Wolfgang J. Mommsen/Jürgen Osterhammel (Hrsg.), Imperialism and After: Continuities and Discontinuities, London 1986.
Moore: Ursprünge = Barrington Moore, Soziale Ursprünge von Diktatur und Demokratie. Die Rolle der Grundbesitzer und Bauern bei der Entstehung der modernen Welt, Frankfurt a. M. 1966.
Morley: Quagmire = James William Morley (Hrsg.), The China Quagmire: Japan's Expansion on the Asian Continent 1933–1941. Selected Translations from «Taiheiyô sensô no michi: kaisen gaikô shi», New York 1983.
Morrison: Correspondence = George Ernest Morrison, The Correspondence, hrsg. v. Lo Hui-min, 2 Bde., Cambridge 1976–78.
Morse: Chronicles = Hosea Ballou Morse, The Chronicles of the East India Company Trading to China 1635–1834, 5 Bde., Oxford 1926–29.
Morse: Relations = Hosea Ballou Morse, The International Relations of the Chinese Empire, 3 Bde., London 1910–1918.
Morse: Trade = Hosea Ballou Morse, The Trade and Administration of the Chinese Empire, Shanghai 1908.
Moses/Kennedy: Germany = John A. Moses/Paul M. Kennedy (Hrsg.), Germany in the Pacific and Far East, 1870–1914, St. Lucia (Queensland) 1977.
Moulder: Japan = Frances V. Moulder, Japan, China and the Modern World Economy: Towards a Reinterpretation of East Asian Development ca. 1600 to ca. 1918, Cambridge 1977.
Murphey: Outsiders = Rhoads Murphey, The Outsiders: The Western Experience in India and China, Ann Arbor 1977.
Murphey: Shanghai = Rhoads Murphey, Shanghai: Key to Modern China, Cambridge, Mass. 1953.
Myers/Peattie: Empire = Ramon H. Myers/Mark R. Peattie (Hrsg.), The Japanese Colonial Empire, 1895–1945, Princeton 1984.

Nagai/Iriye: Origins = Nagai Yônosuke/Iriye Akira (Hrsg.), The Origins of the Cold War in Asia, New York 1977.
Naquin/Rawski: Eighteenth Century = Susan Naquin/Evelyn S. Rawski, Chinese Society in the Eighteenth Century, New Haven 1987.
Nepomnin: Ekonomičeskaja istorija = O. E. Nepomnin, Ekonomičeskaja istorija Kitaja (1864–1894 gg.). Moskau 1974.
Nepomnin: Social'no-ekonomičeskaja istorija = O. E. Nepomnin, Social'no-ekonomičeskaja istorija Kitaja 1894–1914, Moskau 1980.
Neueste Geschichte = Neueste Geschichte Chinas. Von 1917 bis zur Gegenwart, Berlin (DDR) 1975.
Nish: Japanese Foreign Policy = Ian Nish, Japanese Foreign Policy 1869–1942: Kasumigaseki to Miyakezaka, London 1977.

Opitz: Konfuzianismus = Peter J. Opitz (Hrsg.), Vom Konfuzianismus zum Kommunismus, München 1969.
Opitz: Wandlung = Peter J. Opitz (Hrsg.), Chinas große Wandlung. Revolutionäre Bewegungen im 19. und 20. Jahrhundert, München 1972.
Osterhammel: British Business = Jürgen Osterhammel, British Business in China 1860s–1950s, in: R. T. P. Davenport-Hines/Geoffrey Jones (Hrsg.), British Business in Asia since 1860, Cambridge 1989, S. 189–216, 279–88.
Osterhammel: Imperialismus = Jürgen Osterhammel, Britischer Imperialismus im

Fernen Osten. Strukturen der Durchdringung und einheimischer Widerstand auf dem chinesischen Markt 1932–1937, Bochum 1982.

Osterhammel: Modernisierungstheorie = Jürgen Osterhammel, Modernisierungstheorie und die Transformation Chinas 1800–1949, in: Saeculum 35 (1984), S. 31–72.

Osterhammel: Übersee-Expansion = Jürgen Osterhammel (Hrsg.), Britische Übersee-Expansion und britisches Empire vor 1840, Bochum 1987.

Otte: Landeskunde = Friedrich Otte, China. Wirtschaftspolitische Landeskunde, Gotha 1927.

Owen: Middle East = Roger Owen, The Middle East in the World Economy 1800–1914, London/New York 1981.

Peng: Shougongye = Peng Zeyi (Hrsg.), Zhongguo jindai shougongye shi ziliao (Materialien zur Geschichte des chinesischen Handwerks, 17. Jahrhundert bis 1949), 4 Bde., Beijing 1962.

Perkins: Development = Dwight H. Perkins, Agricultural Development in China, 1368-1968, Chicago 1969.

Perkins: Economy = Dwight H. Perkins (Hrsg.), China's Modern Economy in Historical Perspective, Stanford 1975.

Perry: Rebels = Elizabeth J. Perry, Rebels and Revolutionaries in North China, 1845–1945, Stanford 1980.

Platt: Business Imperialism = D. C. M. Platt (Hrsg.), Business Imperialism 1840–1930: An Inquiry Based on British Experience in Latin America, Oxford 1977.

Pong/Fung: Ideal = David Pong/Edmund S. K. Fung (Hrsg.), Ideal and Reality: Social and Political Change in Modern China, 1860–1949, London 1985.

Pritchard: Crucial Years = Earl H. Pritchard, The Crucial Years of Early Anglo-Chinese Relations, 1750–1800, in: Research Studies of the State College of Washington 4 (1939) S. 94–442.

Quan: Hanyeping = Quan Hansheng, Hanyeping Gongsi shilüe (Kurze Geschichte der Hanyeping Eisen- und Kohlegesellschaft, ca. 1890–1926), Hongkong 1972.

Quan: Luncong = Quan Hansheng, Zhongguo jingji shi luncong (Gesammelte Aufsätze zur chinesischen Wirtschaftsgeschichte), 2 Bde., Taibei o. J. (1974).

Quan: Yanjiu = Quan Hansheng, Zhongguo jingji shi yanjiu (Studien zur chinesischen Wirtschaftsgeschichte), 3 Bde., Hongkong 1976.

Quested: Sino-Russian Relations = Rosemary K. I. Quested, Sino-Russian Relations: A Short History, Sidney 1984.

Qin: Ming = Qin Peiheng, Ming Qing shehui jingji shi lungao (Abriß der Sozial- und Wirtschaftsgeschichte der Ming- und Qing-Zeit), Zhengzhou 1984.

Ratenhof: Chinapolitik = Udo Ratenhof, Die Chinapolitik des Deutschen Reiches 1871 bis 1945. Wirtschaft, Rüstung, Militär, Boppard 1987.

Reinhard: Expansion = Wolfgang Reinhard, Geschichte der europäischen Expansion, Stuttgart. Bd. 1 (1983), Bd. 2 (1985), Bd. 3 (1988).

Remer: Boycotts = C. F. Remer, A Study of Chinese Boycotts, Baltimore 1933.

Remer: Investments = C. F. Remer, Foreign Investments in China, New York 1933.

Remer: Trade = C. F. Remer, The Foreign Trade of China, Shanghai 1926.

Richthofen: China = Ferdinand Freiherr von Richthofen, China. Ergebnisse eigener Reisen und darauf gegründeter Studien, 5 Bde., Berlin 1877–1912.

Richthofen: Tagebücher = Ferdinand Freiherr von Richthofen, Tagebücher aus China, hrsg. v. Ernst Tiessen, 2 Bde., Berlin 1907.

Rodzinski: History = Witold Rodzinski, A History of China, 2 Bde., Oxford 1979–1983.

Rossabi: Inner Asia = Morris Rossabi, China and Inner Asia: From 1368 to the Present Day, London 1975.

Rothermund: Indien = Dietmar Rothermund, Indiens wirtschaftliche Entwicklung. Von der Kolonialherrschaft bis zur Gegenwart, Paderborn 1985.

Rothermund: Merkantilismus = Dietmar Rothermund, Europa und Asien im Zeitalter des Merkantilismus, Darmstadt 1978.

Rothermund: Peripherie = Dietmar Rothermund (Hrsg.), Die Peripherie in der Weltwirtschaftskrise. Afrika, Asien und Lateinamerika 1929–1939, Paderborn 1983.

Rowe: Approaches = William T. Rowe, Approaches to Modern Chinese Social History, in: Oliver Zunz (Hrsg.), Reliving the Past: The Worlds of Social History, Chapel Hill 1985, S. 236–296.

Rowe: Hankow = William T. Rowe, Hankow: Commerce and Society in a Chinese City, 1796–1889, Stanford 1984.

Rozman: Modernization = Gilbert Rozman u. a., The Modernization of China, New York 1981.

Rozman: Soviet Studies = Gilbert Rozman (Hrsg.), Soviet Studies of Premodern China: Assessments of Recent Scholarship, Ann Arbor 1984.

Sartorius von Waltershausen: Weltwirtschaft = A. Sartorius von Waltershausen, Die Entstehung der Weltwirtschaft. Geschichte des zwischenstaatlichen Wirtschaftslebens vom letzten Viertel des 18. Jahrhunderts bis 1914, Jena 1931.

Scalapino/Yu: Modern China = Robert A. Scalapino/George T. Yu, Modern China and Its Revolutionary Process: Recurrent Challenges to the Traditional Order, 1850–1920, Berkeley 1985.

Schaller: United States = Michael Schaller, The United States and China in the 20th Century, New York/Oxford 1979.

Schirokauer: Modern China = Conrad Schirokauer, Modern China and Japan: A Brief History, New York 1982.

Schluchter: Max Webers Studie = Wolfgang Schluchter (Hrsg.), Max Webers Studie über Konfuzianismus und Taoismus. Interpretation und Kritik, Frankfurt a. M. 1983.

Schmidt: Imperialismus = Gustav Schmidt, Der europäische Imperialismus, München 1985.

Schöllgen: Imperialismus = Gregor Schöllgen, Das Zeitalter des Imperialismus, München 1986.

Schram: Foundations = Stuart R. Schram (Hrsg.), Foundations of State Power in China, London/Hongkong 1987.

Schram: Scope = Stuart R. Schram (Hrsg.), The Scope of State Power in China, London 1985.

Schulin: Universalgeschichte = Ernst Schulin (Hrsg.), Universalgeschichte, Köln 1974.

Senghaas: Weltökonomie = Dieter Senghaas (Hrsg.), Kapitalistische Weltökonomie. Kontroversen über ihren Ursprung und ihre Entwicklungsdynamik, Frankfurt a. M. 1979.

Sha-E qin Hua shi = Sha-E qin Hua shi (Geschichte der zaristischen Aggression gegen China), hrsg. vom Institut für Moderne Geschichte an der Chinesischen Akademie der Sozialwissenschaften, 2 Bde., Beijing 1978.

Sheridan: Disintegration = James E. Sheridan, China in Disintegration: The Republican Era in Chinese History, 1912–1949, New York 1975.

Shi: Huobi shi = Shi Yufen, Zhongguo huobi jinrong shilüe (Abriß der chinesischen Geld- und Währungsgeschichte), Tianjin 1984.

Skinner: City = G. William Skinner (Hrsg.), The City in Late Imperial China, Stanford 1977.

Skinner: Marketing = G. William Skinner, Marketing and Social Structure in Rural China, in: JAS 24 (1964/65), S. 3-43, 195–228, 363–399.

Skinner: Structure = G. William Skinner, Structure of Chinese History, in: JAS 44 (1985), S. 271–92.

Skocpol: States = Theda Skocpol, States and Social Revolutions: A Comparative Analysis of France, Russia and China, Cambridge 1979.
Sladkovskij: Istorija = M. I. Sladkovskij, Istorija torgovo-ekonomičeskich otnošenij narodov Rossii c Kitaem (do 1917 g.), Moskau 1974.
Sladkovskij: Novejšaja istorija = M. I. Sladkovskij u. a., Novejšaja istorija Kitaja 1917–1927, Moskau 1983.
Sladkovskij: Relations = M. I. Sladkovskij, History of Economic Relations between Russia and China, Jerusalem 1966.
Smith: Heritage = Richard J. Smith, China's Cultural Heritage: The Ch'ing Dynasty, 1644–1912, Boulder, Col. 1981.
Smith: Imperialism = Tony Smith, The Pattern of Imperialism: The United States, Great Britain, and the Late-Industrializing World since 1815, Cambridge 1981.
So: Silk District = Alvin Yiu-cheng So, The South China Silk District: Local Historical Transformation and World-System Theory, Albany, N. Y. 1986.
Spence: Advisers = Jonathan D. Spence, To Change China: Western Advisers in China 1620–1960, Boston 1969.
Spence: Tor = Jonathan D. Spence, Das Tor des Himmlischen Friedens. Die Chinesen und ihre Revolution 1895–1980, München 1985.
Spence/Wills: Ming = Jonathan D. Spence/John E. Wills, Jr. (Hrsg.), From Ming to Ch'ing: Conquest, Region and Continuity in Seventeenth-Century China, New Haven 1979.
Staiger: China = Brunhild Staiger (Hrsg.), China, Tübingen/Basel 1980.
Stavrianos: Rift = Leften S. Stavrianos, Global Rift: The Third World Comes of Age, New York 1981.
Sun: Kang ge ji = Su Yutang, Kang ge ji (Aufsätze über den Imperialismus in China, ca. 1842–1922), Beijing 1981.
Sun/Huenemann: Manchuria = Kungtu C. Sun/Ralph W. Huenemann, The Economic Development of Manchuria in the Twentieth Century, Cambridge, Mass. 1969.

Tamagna: Banking = Frank M. Tamagna, Banking and Finance in China, New York 1942.
Teichman: Affairs = Sir Eric Teichman, Affairs of China: A Survey of the Recent History and Present Circumstances of the Republic of China, London 1938.
Teng/Fairbank: Response = Teng Ssu-yü/John K. Fairbank (Hrsg.), China's Response to the West: A Documentary Survey, 1839–1923, Cambridge, Mass. 1954.
Thomas: Intervention = Stephen C. Thomas, Foreign Intervention and China's Industrial Development, 1870–1911, Boulder, Col. 1984.
Thomson: Imperialists = James C. Thomson, Jr./Peter W. Stanley/John Curtis Perry, Sentimental Imperialists: The American Experience in East Asia, New York 1981.
Thorne: Allies = Christopher Thorne, Allies of a Kind: The United States, Britain and the War against Japan, 1941–1945, Oxford 1978.
Thorne: Issue = Christopher Thorne, The Issue of War: States, Societies and the Far Eastern Conflict of 1941–45, London 1985.
Thorne: Limits = Christopher Thorne, The Limits of Foreign Policy: The West, the League and the Far Eastern Crisis of 1931–33, London 1972.
Thornton: China = Richard C. Thornton, China: A Political History, 1917–1980, Boulder, Col. 1982.
Tichvinskij: Chapters = S. L. Tichvinskij (Hrsg.), Chapters from the History of Russo-Chinese Relations, 17th to 19th Centuries, Moskau 1985.
Tichvinskij: Domination = S. L. Tichvinskij (Hrsg.), La domination mandchoue en Chine, Moskau 1982.
Tichvinskij: Modern History = S. L. Tichvinskij u. a., Modern History of China, Moskau 1983.

Tilly: Formation = Charles Tilly (Hrsg.), The Formation of National States in Western Europe, Princeton 1975.
Tong: Shougongye = Tong Shuyue, Zhongguo shougongye shangye fazhan shi (Die Entwicklung von Handel und Gewerbe in China), Jinan 1981.
Treadgold: West = Donald W. Treadgold, The West in Russia and China. Bd. 2: China, 1582–1949, Cambridge 1973.
Tung: Institutions = William L. Tung, The Political Institutions of Modern China, Den Haag 1968.
Tung: Powers = William L. Tung, China and the Foreign Powers: The Impact of and Reaction to Unequal Treaties, Dobbs Ferry, N. Y. 1970.

Vucinich: Russia = Wayne S. Vucinich (Hrsg.), Russia and Asia: Essays on the Influence of Russia on the Asian Peoples, Stanford 1972.

Wakeman: Fall = Frederic Wakeman, Jr., The Fall of Imperial China, New York 1975.
Wakeman/Grant: Conflict = Frederic Wakeman, Jr./Carolyn Grant (Hrsg.), Conflict and Control in Late Imperial China, Berkeley 1975.
Wallerstein: World Economy = Immanuel Wallerstein, The Capitalist World-Economy: Essays, Cambridge/Paris 1979.
Wallerstein: World System = Immanuel Wallerstein, The Modern World System, New York, Bd. 1 (1974), Bd. 2 (1980).
Wang: Gengzi peikuan = Wang Shuhuai, Gengzi peikuan (Die Boxer-Entschädigung), Taibei 1974.
Wang: Gongye shi = Wang Jingyu (Hrsg.), Zhongguo jindai gongye shi ziliao, dier ji, 1895–1914 (Materialien zur Geschichte der modernen Industrie in China, 2. Sammlung), 2 Bde., Beijing 1957.
Wang: Jingji qinlüe = Wang Jingyu, Shijiu shiji xifang zibenzhuyi dui Zhongguo de jingji qinlüe (Die wirtschaftliche Invasion Chinas durch den westlichen Kapitalismus während des 19. Jahrhunderts), Beijing 1983.
Wang: Taxation = Wang Yeh-chien, Land Taxation in Imperial China, 1759–1911, Cambridge, Mass. 1973.
Weber: Konfuzianismus = Max Weber, Konfuzianismus und Taoismus, in: ders., Gesammelte Aufsätze zur Religionssoziologie, Bd. 1, Tübingen 1920, S. 276–536.
Weber: Wirtschaft und Gesellschaft = Max Weber, Wirtschaft und Gesellschaft, 5. Aufl., Tübingen 1972.
Weber: Wirtschaftsgeschichte = Max Weber, Wirtschaftsgeschichte. Abriß der universalen Sozial- und Wirtschaftsgeschichte, 3. Aufl., Berlin 1958.
Weggel: Rechtsgeschichte = Oskar Weggel, Chinesische Rechtsgeschichte, Leiden/ Köln 1980 (= Handbuch der Orientalistik, 4. Abt., 6. Bd.).
Wehler: Außenpolitik = Hans-Ulrich Wehler, Grundzüge der amerikanischen Außenpolitik 1750–1900, Frankfurt a. M. 1984.
Wehler: Imperialismus = Hans-Ulrich Wehler (Hrsg.), Imperialismus, Königstein 1979.
Weiers: Mongolen = Michael Weiers (Hrsg.), Die Mongolen. Beiträge zu ihrer Geschichte und Kultur, Darmstadt 1986.
Wesseling: Expansion = H. L. Wesseling (Hrsg.), Expansion and Reaction, Leiden 1978.
Wiethoff: Ältere Geschichte = Bodo Wiethoff, Grundzüge der älteren chinesischen Geschichte, Darmstadt 1971.
Wiethoff: Neuere Geschichte = Bodo Wiethoff, Grundzüge der neueren chinesischen Geschichte, Darmstadt 1977.
Willmott: Organization = W. E. Willmott (Hrsg.), Economic Organization in Chinese Society, Stanford 1972.
Willoughby: Rights = Westel W. Willoughby, Foreign Rights and Interests in China, 2 Bde., Baltimore 1927.

Wittfogel: Despotie = Karl August Wittfogel, Die Orientalische Despotie. Eine vergleichende Untersuchung totaler Macht, Köln/Berlin 1962.

Wittfogel: Wirtschaft = Karl August Wittfogel, Wirtschaft und Gesellschaft Chinas. Versuch einer wissenschaftlichen Analyse einer großen asiatischen Agrargesellschaft, Leipzig 1931.

Wolf: Studies = Arthur P. Wolf (Hrsg.), Studies in Chinese Society, Stanford 1978.

Wolf: Völker = Eric R. Wolf, Die Völker ohne Geschichte. Europa und die andere Welt seit 1400, Frankfurt a. M./New York 1986.

Woodruff: Impact = William Woodruff, Impact of Western Man: A Study of Europe's Role in the World Economy, 1750–1960, London 1966.

Woodruff: Struggle = William Woodruff, The Struggle for World Power 1500–1980, London 1981.

Wright: Coal Mining = Tim Wright, Coal Mining in China's Economy and Society, 1895–1937, Cambridge 1984.

Wright: Revolution = Mary C. Wright (Hrsg.), China in Revolution: The First Phase, New Haven 1968.

Wright: Tariff Autonomy = Stanley F. Wright, China's Struggle for Tariff Autonomy, 1843–1938, Shanghai 1938.

Wu: Diguozhuyi = Wu Chengming, Diguozhuyi zai jiu Zhongguo de touzi (Imperialistische Investitionen in China vor 1949), Beijing 1958.

Wyatt: Thailand = David K. Wyatt, Thailand: A Short History, New Haven 1984.

Xiao: Geming shi = Xiao Chaoran u. a., Zhongguo geming shigao (Historische Skizze der Chinesischen Revolution), Beijing 1984.

Xu: Shanghai = Xu Gongsu u. a., Shanghai gonggong zujie shi gao (Skizze einer Geschichte der Internationalen Niederlassung in Shanghai), Shanghai 1980.

Yan: Tongji ziliao = Yan Zhongping u. a., Zhongguo jindai jingji shi tongji ziliao xuanji (Ausgewählte Statistiken zur modernen chinesischen Wirtschaftsgeschichte), Beijing 1955.

Yang: Money = Yang Lien-sheng, Money and Credit in China: A Short History, Cambridge, Mass. 1952.

Yen: Baumwollindustrie = Yen Chung-ping (d. i. Yan Zhongping), Geschichte der Baumwollindustrie in China bis 1937, in: Jürgen Kuczynski, Die Geschichte der Lage der Arbeiter unter dem Kapitalismus, Bd. 28, Berlin (DDR) 1964, S. 11–107.

Ying-Mei Yan Gongsi = Ying-Mei Yan Gongsi zai Hua qiye ziliao huibian (Materialien zu den Unternehmungen der British-American Tobacco Corporation in China), hrsg. vom Ökonomischen Forschungsinstitut an der Akademie der Sozialwissenschaften zu Shanghai, 4 Bde., Beijing 1983.

Young: Effort = Arthur N. Young, China's Nation-Building Effort, 1927–1937: The Financial and Economic Record, Stanford 1971.

Zhang: Jindai xiandai shi = Zhang Yufa, Zhongguo jindai xiandai shi (Neuere und neueste Geschichte Chinas), 3. Aufl., Taibei 1980.

Zhang: Minguo shigang = Zhang Xianwen u. a., Zhonghua Minguo shigang (Geschichte der chinesischen Republik 1912–1949), o. O. (Kaifeng) 1985.

Zhang: Nongye shi = Zhang Youyi (Hrsg.), Zhongguo jindai nongye shi ziliao (Materialien zur Geschichte der Landwirtschaft im neuzeitlichen China), 3 Bde., Beijing 1958.

Zhang: Xiandaihua = Zhang Yufa, Zhongguo xiandaihua de quyu yanjiu: Shandong sheng, 1860–1916 (Modernisierung in China: Eine regionale Studie über die Provinz Shandong), 2 Bde., Taibei 1982.

Zhang: Xiandai shi = Zhang Yufa, Zhongguo xiandai shi (Geschichte Chinas 1911–1949), 2 Bde., Taibei 1976/77.

Zhang: Yinhangye = Zhang Yulan, Zhongguo yinhangye fazhan shi (Die Entwicklung des chinesischen Bankwesens), Shanghai 1957.

Zhong-Ri guanxi = Zhong-Ri guanxi shi luncong (Beiträge zur Geschichte der chinesisch-japanischen Beziehungen), Bd. 1, Shenyang 1982.

Zhu: Zhongwai guanxi = Zhu Jieqin, Zhongwai guanxi shi lunwen ji (Abhandlungen zur Geschichte der chinesischen Außenbeziehungen), Zhengzhou 1984.

Ziebura: Weltwirtschaft = Gilbert Ziebura, Weltwirtschaft und Weltpolitik 1922/24–1931. Zwischen Rekonstruktion und Zusammenbruch, Frankfurt a. M. 1984.

绪 论

1. Max Weber, Gesammelte Aufsätze zur Sozial- und Wirtschaftsgeschichte, Tübingen 1924, 第 291 页；将“中国人”作为文明参照物的说法在 Weber 下述文章中也有提及：«Die <Objektivität> sozialwissenschaftlicher und sozialpolitischer Erkenntnis» (1904), in: ders., Gesammelte Aufsätze zur Wissenschaftslehre, 3. Aufl. Tübingen 1968, 第 155 页及下页。
2. Weber: Konfuzianismus；另参 Max Webers Studie。
3. Kuo Heng-yü, Li Hongzhangs Besuch in Berlin 1896, in Kuo: Berlin, 第 71-78 页。
4. Paul Valery, Orient et Occident, in: ders., Regards sur le monde actuelle, Paris 1945, 第 183 页。
5. 另参 Urs Bitterli, Die «Wilden» und die «Zivilisierten». Grundzüge einer Geistes- und Kulturgeschichte der europäisch-überseeischen Begegnung, München 1976; ders., Alte Welt - Neue Welt. Formen des europäisch-überseeischen Kulturkontakts vom 15. bis zum 18. Jahrhundert, München 1986; Karl-Heinz Kohl, Entzauberter Blick. Das Bild vom Guten Wilden und die Erfahrung der Zivilisation, Berlin 1981。
6. 参见 Arnaldo Momigliano, Persian Empire and Greek Freedom, in: Alan Ryan (Hrsg.), The Idea of Freedom: Essays in Honour of Isaiah Berlin, Oxford 1979, 第 139-51 页；关于古希腊“他者”理念的原则性解释，参见 François Hartog, Le miroir d'Hérodote: Essai sur la représentation de l'autre, Paris 1980. 另参 Steven W. Hirsch, The Friendship of the Barbarians: Xenophon and the Persian Empire, Hanover/London 1985。
7. Philippe Sénac, L'image de l'autre: Histoire de l'Occident médiéval face à l'Islam, Paris 1983; Benjamin Z. Kedar, Crusade and Mission: European Approaches toward the Muslims, Princeton 1984; Ekkehart Rotter, Abendland und Sarazenen. Das okzidentale Araberbild und seine Entstehung im Frühmittelalter, Berlin/New York 1986。
8. 有关后中世纪“世界四大文明”的概念划分，参见 Ernest Gellner, Muslim Society, Cambridge 1981, 第 4 页。
9. David A. Pailin, Attitudes to Other Religions: Comparative Religion in Seventeenth- and Eighteenth-Century Britain, Manchester 1984, 第 99 页。
10. 参见 Frederick W. Mote, The Cosmological Gulf between China and the West, in: David C. Buxbaum/Frederick W. Mote (Hrsg.), Transition and Permanence: Chinese History

and Culture, Hongkong 1972, 第 3-21 页，尤参第 4 页及下页，第 11 页。

11. Valery, Orient, 第 201 页；关于欧洲对印度文明的认知，参见 A. Leslie Willson, A Mythical Image: The Idea of India in German Romanticism, Durham, N. C., 1964, 第 127 页及下页。
12. 早在 1700 年前后，欧洲对儒家思想已有大致清晰的认识，对印度教的了解则是在 18 世纪末。参见 P. J. Marshall (Hrsg.), The British Discovery of Hinduism in the Eighteenth Century, Cambridge 1970; Henri de Lubac, La recontre du Bouddhisme et de l'Occident, Paris 1952, 第 82 页及下页。
13. 有关古代欧洲与东方经验之间的关系，参见 Martin Bemal, Black Athena: The Afroasiatic Roots of Classical Civilization, Bd. I, London 1987。
14. 详参Ju ¨ rgen Osterhammel, Distanzerfahrung. Darstellungsweisen des Fremden im 18. Jahrhundert, in: ZHF. Beiheft 7 (1989), 第 9-42 页。
15. 概括性论述，参见 Adolf Reichwein, China und Europa. Geistige und künstlerische Beziehungen im 18. Jahrhundert, Berlin 1923; Raymond Dawson, The Chinese Chameleon: An Analysis of European Conceptions of Chinese Civilization, London 1967; Ingrid Schuster, China und Japan in der deutschen Literatur 1890-1925, Bern 1977。
16. Wolfgang Schluchter, Max Webers Konfuzianismusstudie. Versuch einer Einordnung, in Schluchter: Max Webers Studie, 第 15 页。
17. Friedrich Nietzsche, Werke in drei Bänden, hrsg. v. Karl Schlechta, Bd. 3, München 1966, 第 628 页。
18. Arnold Herrmann Ludwig Heeren, Handbuch der Geschichte des Europäischen Staatensystems und seiner Colonien [1800], in: ders., Historische Werke, Bd. 8, Göttingen 1822, 第 7 页。
19. Theodor Schieder, Staatensystem als Vormacht der Welt 1848-1914, Frankfurt a. M. 1975, 第 249 页及下页。
20. 关于儒家官僚体系在宋代得到完善的问题，参见 Charles O. Hücker, China's Imperial Past: An Introduction to Chinese History and Culture, London 1975, 第 315-23 页；Dieter Kuhn, Die Song-Dynastie (960-1279). Eine neue Gesellschaft im Spiegel ihrer Kultur, Weinheim 1987, 第 81 页及下页；从宪法意义上讲，"旧政权"结束于 1912 年。
21. "只有在中国，人们还能见到古代东方君主制度之原始政治建构的鲜活遗迹，在其他地区，这些机制或已彻底消亡，或以碎片形式散落于各处。" G. Pauthier/ M. Bazin, Chine moderne ou Description historique, géographique et littéraire de ce vaste Empire, Paris 1853, 第 130 页及下页。
22. 参见 Lucian W. Pye/Mary W. Pye, Asian Power and Politics: The Cultural Dimensions of Authority, Cambridge, Mass./London 1985。
23. 参见 Jeanette Mirsky (Hrsg.), The Great Chinese Travellers, Chicago/London 1964。
24. Thomas O. Höllmann, Das Reich ohne Horizont. Berührungen mit dem Fremden jenseits und diesseits der Meere (14. bis 19.Jahrhundert), in Bauer: China, 第 162-71 页；Roderich Ptak, China: Größte Seemacht der Welt im frühen 15. Jahrhundert, in: Ruperto Carola. Heidelberger Universitätshefte 39 (1987), 第 67-83 页；最新研究结果证实：15 世纪初，中国是超过威尼斯和葡萄牙的世界最强海上力量。"在近代曙光初现

时，中国拥有在全球实施海上扩张的潜力。” George Modelski/William R. Thompson, Seapower in Global Politics, 1494-1993, Basingstoke 1988, 第 337 页。

25. 参见何芳川《15 世纪中西三大航海活动比较初探》，刊于《北京大学学报》，1983/6, 第 81-91 页；与 16 世纪葡萄牙人在亚洲的海上探险相比，中国人的航海活动要和平得多。参见 Reinhard: Expansion, Bd. 1, 第 53 页及下页。
26. Helwig Schmidt-Glintzer, Ausdehnung der Welt und innerer Zerfall (3. bis 8. Jahrhundert), in Bauer: China, 第 84 页及下页；另参 Erik Zürcher, The Buddhist Conquest of China, 2 Bde., Leiden 1959; Stanley Weinstein, Buddhism under the T'ang, Cambridge 1987; Wang Gungwu, The Chinese Urge to Civilize: Reflections on Change, in: JAH 18 (1984), 第 5 页及下页。
27. 参见本书第六节。
28. 参见 Morris Rossabi, Khubilai Khan: His Life and Times, Berkeley 1988, 第 99-103, 207-12 页。
29. 关于“未知疆域”问题，参见 Edward H. Schafer 文化史研究系列著作：The Golden Peaches of Samarkand: A Study of T'ang Exotics, Berkeley/Los Angeles 1963, 以及 The Vermillion Bird: T'ang Images of the South, Berkeley/Los Angeles 1967；关于南部扩张问题参见：C. P. Fitzgerald, The Southern Expansion of the Chinese People: «Southern Fields and Southern Ocean», London 1972, 以及 Herold J. Wiens, China's March Towards the Tropics, New Haven 1954。
30. Fairbank: Revolution, 第 5 页。
31. 参见 Clifford Geertz 开拓性著作：Agricultural Involution: The Process of Ecological Change in Indonesia, Berkeley 1963, 第 32-37，90-103 页，并参 Francesca Bray, Patterns of Evolution in Rice-Growing Sode-' ties, in: JPS 11 (1983), 第 3-33, 9-13 页。
32. Herbert Lüthy, Die Epoche der Kolonisation und die Erschließung der Erde, in Schulin: Universalgeschichte, 第 245 页；历史地理学的类似观点参见 William H. McNeill, A World History, new ed., Oxford 1979。
33. 数字计算系根据 Hwang Tsong, Methode und Ergebnisse der neuesten Bevo ¨ lkerungsstatistik Chinas, Leipzig/Berlin 1933 (= Ergänzungshefte zum Deutschen Statistischen Zentralblatt, 13), 第 71 页；这一数字也包括生活在中国香港的西方侨民，但不包括自 1917 年以来因逃避布尔什维克政权而侨居中国的俄国侨民（1920 年代中期，约 8 万人）。
34. 参见 Bodo Wiethoff, Die chinesische Seeverbotspolitik und der private Überseehandel von 1368 bis 1567, Hamburg 1963; ders., Chinas dritte Grenze: Der traditionelle chinesische Staat und der küstennahe Seeraum, Wiesbaden 1969（尤参第 4 页有关海禁问题的论述）。
35. 参见 World Bank, World Development Report 1987, New York 1987, 第 202 页及下页。
36. 参见 Jonathan D. Pollack, China and the Global Strategie Balance, in Harding: Foreign Relations, 第 169 页及下页；Ju ¨ rgen Osterhammel, China in der Weltpolitik der achtziger Jahre, in: NPL 32 (1987), 第 408-21 页。
37. 参见 Francois Joyaux, La Chine et le règlement du premier conflit d'Indochine: Geneve 1954, Paris 1979; ders., La nouvelle question d'Extrême- Orient: L'ère de la guerre froide (1945-1959), Paris 1985, 第 253 页及下页，第 311 页及下页。

38. Henry Kissinger, Memoiren 1968-1973, München 1979, 第1117页（译文略有修改）。
39. 参见Donald J. Munro, The Concept of Man in Contemporary China, Ann Arbor 1977, 第15页及下页，第57页及下页。
40. 参见 Gilbert Rozman关于1970年代以来中俄关系的富于启迪性研究：A Mirror for Socialism: Soviet Criticisms of China, Princeton 1985; ders., The Chinese Debate about Soviet Socialism, 1978-1985, Princeton 1987。
41. 尤参Morishima Michio从本土社会文化视角出发，对日本经济奇迹的分析研究：Warum Japan so erfolgreich ist. Westliche Technologie und japanisches Ethos, München 1985, 并参Ronald P. Dore, Taking Japan Seriously: A Confucian Perspective on Leading Economic Issues, Stanford 1987, 第85页及下页。
42. Edward A. Tiryakhian, The Changing Centers of Modernity, in: Erik Cohen u. a. (Hrsg.), Comparative Social Dynamics: Essays in Honor of S. N. Eisenstadt, Boulder, Col. 1985, 第131-47页，第141-44页。
43. David E. Mungello, Curious Land: Jesuit Accomodation and the Origins of Sinology, Stuttgart 1985, 第13页及下页。
44. 参见Raymond Schwab, La Renaissance orientale, Paris 1950, 第73页及下页；Paul Demie ´ ville, Aperçu historique des études sinologiques en France, in: A A 11 (1966), 第56-110页，尤参第74页及下页，当时领先的是法国。
45. 参见W. Barthold, Die geographische und historische Erforschung des Orients mit besonderer Berücksichtigung der russischen Arbeiten, Leipzig 1913, 第76页；Otto Franke, Geschichte des Chinesischen Reiches, Bd. 1, Berlin 1930, 第xv-xvii页；本雅明对著名汉学家高延（J.J. M. de Groot）的评价颇具代表性："古老的中国将这个男人变成了奴隶，在精神上给他套上了牢牢的枷锁。" Walter Benjamin, Briefe, hrsg. von Gershom Scholem und Theodor W. Adorno, Frankfurt a. M. 1966, 第205页 (Brief an Ernst Schoen, 29. 1. 1919).
46. 这一点同样适用于Henri Cordie备受赞誉的作品，该著作因史料翔实而迄今颇有参考价值：Histoire des relations de la Chine avec les puissances occidentales 1860-1902, 3 Bde., Paris 1901-1902, 及Hosea Ballou Morse, The International Relations of the Chinese Empire, 3 Bde., New York 1910-18；费正清曾对Morse的开拓性贡献予以高度评价：Chinabound: A Fifty-Year Memoir, New York 1982, 第20-22页。
47. 开山之作当属Fairbank: Trade (1953), 它是作者依据30年代研究成果创作完成的。同样堪称典范还有Michael H. Hunt、Mark Mancall等人的著作。
48. Theodor H. von Laue, The World Revolution of Westernization, Oxford 1987.
49. 当然也有例外。参见Jan Vansina, Towards a History of Lost Corners of the World, in: EcHR 35 (1982), 第165-78页。
50. 例如Ernest Gellner, Plough, Sword and Book: The Structure of Human History, London 1988, 以及Michael Mann, The Sources of Social Power, 3 Bde., bisher Bd. 1, Cambridge 1986。
51. Benjamin Nelson, Zivilisatorische Komplexe und interzivilisatorische Begegnungen, in: ders., Der Ursprung der Moderne. Vergleichende Studien zum Zivilisationsprozeß, Frankfurt a. M. 1977, 第58-93页。
52. 同上，第72页。

53. 参见 Jacques Gemet 的优秀著作（但德文译本的书名十分糟糕）: Christus kam bis nach China. Eine erste Begegnung und ihr Scheitern, Zürich 1984。另参慕尼黑历史学家 Walter Demel 的论著，并参本书第一节。
54. Teng Ssu-yü/ John K. Fairbank 编写的著名文集即以此为书名：China's Response to the West: A Documentary Survey, 1839-1923, Cambridge, Mass. 1954。
55. 关于现代化论发展观的历史和批判，参见 Osterhammel: Modernisierungstheorie (mit weiterführenden Literaturangaben); Leonard Binder, The Natural History of Development Theory, in: CSSH 28 (1986), 第 3-33 页。
56. 参见 Hsü: Entrance。
57. 最新研究成果已经对这种论点做出了纠正，参见 Furth: Limits, sowie zusammenfassend dies., Intellectual Change: From the Reform Movement to the May Fourth Movement, 1895-1920, in CHOC, Bd. 12, 第 322-405 页，尤参第 350 页及下页；对以往视角的批判，参见 Cohen: History, 第 40 页及下页。
58. 对“华夏传统”与“西方现代性”二元对立观的批判，参见 Benjamin I. Schwartz, The Limits of «Tradition versus Modernity» as Categories of Explanation: The Case of the Chinese Intellectuals, in: Daedalus 101 (1972), 第 71-88 页，尤参第 83 页；与日本之比较，参见 Ikeda Takeshi, Japanese Political Culture: Change and Continuity, New Brunswick/London 1983, 第 69 页及下页。
59. 关于东 / 西、新 / 旧的矛盾对立问题，参见 Spence: Tor；对该问题更具哲学性的思考参见 Metzger: Escape, 第 191 页及下页；关于中国面对 19 世纪中叶西方入侵时所表现出的强大精神抵抗力，参见 Benjamin A. Elman, From Philosophy to Philology: Intellectual and Social Aspects of Change in Late Imperial China, Cambridge, Mass. 1984。
60. 参见 Cohen: History, 第 52 页及下页。
61. 社会主义理论的引进即是如此，参见 Li Yu-ning, The Introduction of Socialism into China, New York/London 1971；更详细的论述见 Wolfgang Lippert, Entstehung und Funktion einiger chinesischer marxistischer Termini. Der lexikalisch-begriffliche Aspekt der Rezeption des Marxismus in Japan und China, Wiesbaden 1979；1880 年代，俄国的平民主义与德国的社会民主思想在日本受到了极大关注，参见 John Crump, The Origins of Socialist Thought in Japan, London/ Canberra 1983, 第 29 页及下页。
62. 相关概述参见 Gong: Standard, 第 130-63 页；同作者，China's Entry into International Society, in Bull/ Watson: Expansion, 第 171-83 页。
63. 其具体含义：1880 年代时，国际关系——而不仅仅是（以英国为首）少数列强的外交和帝国主义政策——以前所未有的方式在全球维度上得到了发展。从此之后，全球几乎再没有哪个地区能够不受国际力量对比变化的影响。参见 Schiedet, Staatensystem, 第 260 页及下页；Bartlett: Conflict, 第 4 页及下页；Keylor: Twentieth-Century, 第 3 页及下页；Pierre Guillen, L'expansion 1881-1898, Paris 1985；“80 年代新帝国主义潮流的涌现”只是诸多全球化趋势之一种。
64. 按照 Sartorius von Waltershausen (Weltwirtschaft, 第 11-13 页）的观点，“世界经济”形成于 18 世纪末，在 1880~1914 年期间得到迅猛发展。就 Immanuel Wallerstein 等人将 16 世纪视为“欧洲世界经济”（European world-economy）起源的观点，O'Brien 以富有说服力的方式做出了批驳，并指出“世界贸易的飞速发展以及世界经济的形成是西欧工业化的结果而非前提”: Patrick O’Brien, Europe in the World Economy, in Bull/Watson: Expansion, 第50页及下页；类似观点见Peter Mathias, The Emergence of a World Economy 1500-1914, in: VSWG 74 (1987), 第11页；与这类“世界经济”概念有别的是布罗代尔的“经济世界”(economie-monde)概念，后者的含义是：“在我们所在的星球上，存在着一个经济自主的领域，它在很大程度上有能力实现自我供给，并通过相互联系和内部交换达成某种有机统一”(Braudel: Sozialgeschichte, Bd. 3, 第18页)；中国最迟在11世纪已经成为“经济世界”的成员，这一点是毋庸置疑的。我们在这里所说的“世界经济”指的是：众多“经济世界”逐渐融合，形成了一个主流的但并非单纯由欧洲主导的全球关联体。

65. 关于这些概念可参见下述著作的导言部分: Expansion, 第1-9页，尤参第4-7页，以及Hedley Bull, The Anarchical Society: A Study on Order in World Politics, London 1977, 第13页及下页。

66. 关于这类观点的最新阐述，参见Terence K. Hopkins/ Immanuel Wallerstein, Capitalism and the Incorporation of New Zones into the World- Economy, in: Review 10 (1987), 第763-79页；并参见旧版Grundzüge der Entwicklung des modernen Weltsystems. Entwurf für ein Forschungsvorhaben, in Senghaas: Weltökonomie, 第151-200页。

67. 沃勒斯坦本人和弟子及其反对派发表了大量著作，就该问题展开论述。参见Charles Ragin/Daniel Chirot, The World System of Immanuel Wallerstein: Sociology and Politics as History, in: Theda Skocpol (Hrsg.), Vision and Method in Historical Sociology, Cambridge 1984, 第276-312页；以沃勒斯坦观点为基础的德文专著见Hans-Heinrich Nolte, Die eine Welt. Abriß der Geschichte des internationalen Systems, Hannover 1982；沃勒斯坦学派对奥斯曼帝国融入世界经济的分析尤其具有说服力，参见Huri Islamoglu-Inan (Hrsg.), The Ottoman Empire and the World-Economy, Cambridge 1987；关于东亚问题的类似分析迄今仍是空白。Moulder: Japan ist ein anregender, aber letztlich mißlungener erster Entwurf。

68. 在新近的帝国主义理论研究中，人们特别提到了“勾结”的问题。参见Ronald Robinson, Non-European Foundations of European Imperialism: Sketch for a Theory of Collaboration, in: Roger Owen/ Bob Sutcliffe: Studies in the Theory of Imperialism, London 1972, 第117-42页；同作者，The Excentric Idea of Imperialism, with or without Empire, in Mommsen/Osterhammel: Imperialism, 第267-89页。

69. 关于经济帝国主义理论与政治帝国主义理论的矛盾分歧，参见Ziebura: Weltwirtschaft, 第14-27页；与当代国际关系问题的结合，参见Gustav Schmidt, Sicherheitsbelange und Wirtschaftsfragen in den internationalen Beziehungen, in: NPL. Beiheft 1 (1985), 第81-118页；以及Schmidt: Imperialismus, 第114页及下页。

70. 关于欧亚视角的重要性，参见Marshall G. S. Hodgson, Die wechselseitigen Beziehungen von Gesellschaften in der eurasiatischen Geschichte, in Schulin: Universalgeschichte, 第189-213页；与该视角相关的最新研究成果，参见Jones: Miracle；另一部史料翔实的相关著作见World History(从公元前200年一直到今天)。

71. 参见Franke: Abendland；另参文献合集Wm. Theodore de Bary u. a. (Hrsg.), Sources of Chinese Tradition, Bd. 2. New York 1960；更深层论述见Treadgold: West; Grieder: Intellectuals(堪称是一部优秀的现代中国思想史)；Scalapino/Yu: Modern China

（史料丰富但说服力有所欠缺的思想史与政治史合体）；Chester C. Tan, Chinese Political Thought in the Twentieth Century, Newton Abbot 1972; Chang Hao, Chinese Intellectuals in Crisis: Search for Order and Meaning (1890–1911), Berkeley 1987（对四大典型性案例的研究）；Eine geistesgeschichtliche Standortbestimmung, Pfullingen 1967（尤参第36–110页）；Wolfgang Bauer, China und die Hoffnung auf Glück. Paradiese, Utopien, Idealvorstellungen, München 1971，尤参第375页及下页；以及Bauer: China, Opitz: Konfuzianismus（尤参第7–33, 61–105页），以及Opitz: Wandlung（尤参第82–162页）；精彩的文化哲学解释见Metzger: Escape; Levenson: Confucian China; Joseph R. Levenson, Revolution and Cosmopolitanism: The Western Stage and the Chinese Stages, Berkeley 1971；从西方关系视角对众多中国知识分子个体的专述，见Paul A. Cohen, Between Tradition and Modernity: Wang T'ao and Reform in Late Ch'ing China, Cambridge, Mass. 1974; Benjamin I. Schwartz, In Search of Wealth and Power: Yen Fu and the West, Cambridge, Mass. 1964; Joseph R. Levenson, Liang Ch'i-ch'ao and the Mind of Modern China, London 1953; Philip C. Huang, Liang Ch'i-ch'ao and Modern Chinese Liberalism. Seattle/London 1972; Chang Hao, Liang Ch'i-ch'ao and Intellectual Transition in China, 1890–1907, Cambridge, Mass. 1971; Lawrence A. Schneider, Ku Chieh- kang and China's New History, Berkeley 1962; Jerome B. Grieder, Hu Shih and the Chinese Renaissance: Liberalism in the Chinese Revolution, 1917–1937, Cambridge, Mass. 1970; Chou Min-chih, Hu Shih and Intellectual Choice in Modern China, Ann Arbor 1984; Charlotte Furth, Ting Wen-chiang: Science and China's New Culture, Cambridge, Mass. 1970；对部分中国学者的评述，另参Spence: Tor。

72. 1959/60年与苏联的决裂也使得“社会主义母国”向中国施加影响力的可能性被彻底断绝。
73. 关于中国革命与亚洲去殖民化运动的关系问题，参见A. P. Thornton, Imperialism in the Twentieth Century, London 1978，第198–204页；另参Jürgen Osterhammel, Die Chinesische Revolution als Prozeß der Dekolonisation, in: Wolfgang J. Mommsen (Hrsg.), Dekolonisation und die Politik der Großmächte, Frankfurt a. M. 1989。
74. 参见对所有革命史写作富有启示性的著作：François Furet, 1789 – Vom Ereignis zum Gegenstand der Geschichtswissenschaft, Frankfurt a. M. 1980，第8–39页，尤参第17–26页。
75. 参见Jean Chesneaux u. a., La Chine: La marche de la re ´ volution 1921–1949, Paris 1975，这一论点在书名中已有体现（英译本见第104–349页，Chesneaux: Liberation)。
76. 关于中国古代对外关系问题，除参见一系列通史(Gemet: Welt; Franke/Trauzettel: Kaiserreich; Wiethoff: Ältere Geschichte, usw.) 之外，还可参见Bauer: China und Adshead: World History。
77. 在这里我们必须牢记Collingwood的警告：用历史分期法来衡量每一段历史的光影明暗是“一种视觉幻象，它是历史学家用自己的知识与无知打造的。”(R. G. Collingwood, The Idea of History, Oxford 1946，第328页)。
78. 在世界历史的分期问题上并没有统一认识。即使是在把“工业革命”作为划时代标志的问题上，人们也必须注意到，欧洲工业革命是在1860年蒸汽轮船和铁路技术出现并得到普及后，才对全球产生了决定性影响（J. Auber, Histoire de l'océan indien,

Tananarive 1955，第 325 页及下页）；但是，认识相对一致的是：在 18 世纪第三个四分之一时间里，国际体系的性质发生了改变：北美的去殖民化，七年战争后英国称霸海上，工业资本主义取代贸易——这些都被看作是新时代的标志（Stavrianos: Rift, 第 41 页；Woodruff: Struggle, 第 76 页及下页；Glyndwr Williams, The Expansion of Europe in the Eighteenth Century, London 1966, 第 187 页及下页；Peter Worsley, The Three Worlds: Culture and World Development, London 1984, 第 12 页）；Chaudhuri (Indian Ocean, 第 9 页）甚至称，"帝国主义始于 1750 年代。"另一个公认的世界史划时代年份是1815年，见 Kennedy (Great Powers, 第143页及下页), Smith (Imperialism), Kiernan (Empires), 以及 Eduard Fueter, Weltgeschichte der letzten hundert Jahre 1815-1920, Zürich 1921。

79. 笼统地讲，1870 年代或许算上是世界史的巨变之年，参见 Hobsbawm: Capital, 第 354 页及下页；Hobsbawm: Empire, 第 13 页及下页；JamesJoll, Europe since 1870: An International History, 2nd ed., Harmondsworth 1976。

80. 特别是 Mary Wright，她针对人们对辛亥革命意义的普遍高估提出，世纪之交才是真正具有决定性影响的划时代转折。参见其著作的绪论部分：Revolution, 第 1-63 页；另参 Fairbank: Revolution, 第 123 页及下页。

81. 参见 Sladkovskij: Novejsaja istoria, 第 4 页及下页。

82. Ziebura: Weltwirtschaft, 第 177 页及下页；"恐怖之年"的说法出自历史学家 Arnold Toynbee；Klaus Hildebrand 也将 1931 年称作是"和平与战争之间的制高点"：Krieg im Frieden und Frieden im Krieg. Über das Problem der Legitimität in der Geschichte der Staatengesellschaft 1931-1941, in: HZ 244 (1987), 第 2 页。

83. 在关于近代史的著作中不乏优秀作品，但也不乏劣作。关于 18~20 世纪的论述，建议参见 Gernets 的杰出著作：Welt，第 400-562 页；Franke/Trauzettel 的代表作 Kaiserreich，可惜只写到辛亥革命；关于辛亥革命后的中国，可参见 Franke: Jahrhundert，尽管有必要重新修订，但仍不失为论述这一时期的最出色作品；Kindermann: 其论述远东的著作主要偏重于外交史，而且有些内容也略嫌过时；Chesneaux: 其殖民史视角颇具启发性；Wiethoff: 其有关近代史的论著更多是一篇方法论式的研究报告，而非对这段历史的透彻分析，其水平不及同作者有关中国古代史的著作；下述流传甚广的著作非常俗套，而且难免空洞，很多细节也经不起推敲：Georg Franz-Willing, Neueste Geschichte Chinas. 1840 bis zur Gegenwart, Paderborn 1975；与其形成反照的是 Spence 的杰作：Tor，但略微缺乏系统性，而且有些描写文学色彩过浓；苏联教科书《中国近代史》（Neueste Geschichte），颇有借鉴性，但是在涉及中共历史的部分不乏偏见；关于中共历史，幸好还有 Harrison 经典著作的德文译本：Marsch；关于中华民国的社会和经济史（1911~1949），可参见 Lorenz: Umwälzung；对专业性要求更高的读者建议参见 Bianco (Revolution) 与 Hoffmann (Traditionale Gesellschaft; Untergang)，还有 Moore 著作中有关中国的部分 (Ursprünge, 第 196-269 页），当然最好是配合书中其他内容一起阅读。对所有希望深入了解中国历史的读者来说，最好的入门作品当推多卷本《剑桥中国史》（Cambridge History of China, bes. die Bände 10-13）；略嫌严肃但不乏可读性且配有插图的东亚现代史论著可参见 Cameron: Bondage, Schirokauer: Modem China，以及 Fairbank u. a.: East Asia；关于宋代以来中国历史的单卷本权威著作：Hsü: Rise，可与 Rodzinski: History, Bd. 2 (1914-1949) 对照阅读；比前面两本著作更偏重社会史的是 Chesneaux 等人的著作；外交史可参见

Clyde/Beers: Far East 及 Michael/Taylor: Far East，这两本书虽然有些过时，但论述十分详尽；关于中国国内政治史的论著，Thornton 的著作系出自“右翼”视角，Collotti Pischel 的 Stori 则偏向“左翼”，但两本都很少涉及经济与社会；Clubb 著作的优势在于其作为前美国外交官的身份；Wakeman 所著 Fall 虽然精彩，但偏于常识；Sheridan 的同期作品 Disintegration 更偏重于军事史，而很少涉及社会经济话题；King 所著 Economic History 部分内容已被《剑桥中国史》第 11 和 12 卷超越；数据较丰富的著作 见 Mackerras: Chronologie, Lebensläufe in Hummel: Eminent Chinese, Boorman/Howard: Dictionary 以 及 Wolfgang Bartke, Die großen Chinesen der Gegenwart, Frankfurt a. M. 1985；必须提到的还有 Geoffrey Barraclough 编写的地图册：Times Atlas of World History, London 1978；还有中国国内出版的地图册：张海鹏，《中国近代史稿地图集》, Shanghai 1984。

84. 以帝国主义理论为背景的相关论述可参见 Jürgen Osterhammel, Semi-Colonialism and Informal Empire in Twen- tieth-Century China: Towards a Framework of Analysis, in Mommsen/Osterhammel: Imperialism, 第 290-314 页，尤参第 292-99 页；关于中国国内史的理论分析参见同一著作中的现代化理论一章。
85. 关于帝国主义各种形式的归纳总结，参见 Osterhammel, Semi-Colonialism, 第 290 页及下页。
86. Josué de Castro, The Geopolitics of Hunger [1952], new ed., New York/London 1977, 第 258 页。
87. “中国革命”的概念涉及的时间十分漫长，而不仅限于 1940 年代之后或如 Wright（Revolution, 第 1-3 页）所描写的 1900 年之后中国历史上发生的各种事件。正如费正清 Revolution（第 41 页）所言：“20 世纪伟大的中国革命始于 19 世纪，其源头甚至可以追溯到 18 世纪。”类似观点见 Franke: Jahrhundert，第 276 页及下页。
88. Chalmers Johnson, Revolutionary Change, 2nd ed., London 1983, 第 126 页；法国和俄国革命是同类革命的另外两个例子。

一　来自中央之国的报道

1. The History of the Great and Mighty Kingdom of China and The Situation Thereof. Compiled by the Padre Juan Gonzalez de Mendoza and Now Reprinted from the Early Translation of R. Parke, ed. by Sir George T. Staunton, 2 Bde., London 1853/ 54 (= Hakluyt Society, 14/15). 另参 Donald F. Lach, Asia in the Making of Europe, Bd. i, 2. Halbband, Chicago 1965, 第 743-94 页。
2. Mendoza, The History, Bd. 1, 第 13, 60, 66 页及下页，第 93 页及下页；Bd. 2, 第 167, 285 页。
3. 参见 Henri Cordier, Bibliotheca Sinica: Dictionnaire bibliographique des ouvrages relatifs à l'Empire Chinois, Bd. 2, Paris 1905, 第 809-11 页。
4. 参见下述一系列经典著作：Wolfgang Reinhard, Gelenkter Kulturwandel im siebzehnten Jahrhundert. Akkulturation in den Jesuitenmissionen als universalhistorisches Problem, in: HZ 223 (1976), 第 529-90 页，尤参第 548 页及下页（以及相关文献索引）；入门著作见 Henri Bernard, S. J., Le Père Matthieu Ricci et la société chinoise de son temps, 2 Bde., Tianjin 1937；另参 Jacques Gernet, Christus kam bis nach China. Eine erste

Begegnung und ihr Scheitern, Zürich 1984, passim; Jonathan D. Spence, The Memory Palace of Matteo Ricci, London 1985; Paul A. Rule, K'ung-tzu or Confucius? The Jesuit Interpretation of Confucianism, Sidney 1986, 第 10 页及下页；Michel Cartier, Aux origines de la politique des Lumières: La Chine vue par Matteo Ricci, in: La Chine au temps des Lumières, Bd. 4, Paris 1980, 第 39-48 页（谈到利玛窦对明朝中国政治局势的美化嫌疑）；Wilhelm E. Mühlmann (Geschichte der Anthropologie, 4. Aufl., Wiesbaden 1986, 第 45 页）将利玛窦称作是浸入式观察的先锋。

5. Matteo Ricci, Storia dell'Introduzione del Christianesimo in Cina, hrsg. v. Pasquale M. D'Elia, S.J., Bd. 1, Rom 1942 (= Fonti Ricciane, 1), 第 6 页；这是利玛窦此前未公开发表的意大利文著作的批判性版本；经过修订的另一本同时代著作：Nicolaus Trigautius, De Christiana expeditione apud Sinas suscepta ab Societate Iesu, ex P. Matthaei Riccii eiusdem Societatis commentariis, libri V, Augsburg 1615, 第 3 页。
6. Ricci, Storia, 第 17, 37 页及下页。
7. Trigautius, De Christiana expeditione, 第 6 页。
8. 同上，第 8 页；Ricci, Storia, 第 16 页。
9. Mendoza, History, Bd. 1, 第 80 页及下页，作者在书中尝试对缴纳贡赋的臣民人数做出统计。利玛窦对官方人口统计数据的归纳更为详尽：Storia, 第 14 页及下页。
10. 这里参考的是英文译本：Alvarez Semedo, The History of That Great and Renowned Monarchy of China, Wherein all the Particular Provinces are Accurately Described..., London 1655, 第 3 页；西班牙文原版 Imperio de la China 于 1642 年出版，该作品似乎没有译成德文。有关作者的介绍参见 David E. Mungello, Curious Land: Jesuit Accomodation and the Origins of Sinology, Stuttgart 1985, 第 74-90 页。
11. Semedo, History, 第 4 页；作者大概是在近代早期欧洲肉类消费量比后中世纪减少的背景下，得出的这一结论。另参 Wilhelm Abel, Massenarmut und Hungerkrisen im vorindustriellen Deutschland, 2. Aufl., Göttingen 1977, 第 64 页及下页；Hans J. Teuteberg/ Günter Wiegelmann, Unsere tägliche Kost, Münster 1986, 第 65-67 页；当然，在 Semedo 描写的时代里，中国人也和今天一样，并不是偏爱肉食的人，特别是和欧洲人相比。另参 Frederick W. Mote, Yüan and Ming, in Chang: Food, 第 201 页。
12. Semedo, History, 第 7 页。
13. 同上，第 7, 29 页。
14. 同上，第 27, 37 页。
15. 同上，第 96-100 页。
16. 即使是后来受到指摘的酷刑问题也并非那么严重，和欧洲相比，中国虐待和处死犯人的方法不比西方更残忍。同上，第 26, 135-42 页。
17. 同上，第 28 页。
18. 参见 Nouveaux mémoires sur l'état present de la Chine, par le R. P. Louis Le Comte de la Compagnie de Jesus, Mathématicien du Roy, 2 Bde., Amsterdam 1697（据猜测是根据 1696 年巴黎版本翻印）；Le Comte 于 1687 年 4 月至 1691 年底在华居住。参见 Joseph Dehergne, S.J., Répertoire des Jésuites de Chine de 1552 à 1800, Rom/Paris 1973, 第 146 页。
19. 参见 Frederic Wakeman, Jr. 的巨著：The Great Enterprise: The Manchu Reconstruction of Imperial Order in Seventeenth-Century China, 2 Bde., Berkeley 1986。

20. Le Comte, Nouveaux mémoires, Bd. 2, 第 23 页。
21. 同上，Bd. 1, 第 89, 133 页。
22. 同上，第 369 页。
23. 同上，第 346, 362, Bd. 2, 第 64 页及下页。
24. 同上,Bd. 2, 第 51 页：«... la fortune des Chinois dépend absolument de leur capacité. »。
25. 同上，第 57 页及下页；莫非是借此向法国国王发出警示?
26. 同上，Bd. 1, 第 190 页：«... on y vit à peu près comme nous vivons en Europe.»
27. Du Halde 耶稣会士文集汇编：Description，原创性不及 Le Comte，并引用了后者许多富有偏见的内容，但其四卷本的体量使得它在内容丰富性上大大胜出。另一本耶稣会士文集见：Abbé Grosier, Description générale de la Chine ou Tableau de l'état actuel de cet Empire, Paris 1785, 一本严肃性颇强的作品，但很快被一系列新出版的英国游记作品所超越。不过直到 1818~1820 年，该书仍以七卷本形式第三次再版。
28. Macartney: Embassy, 第 342-52 页刊有与使团访华相关文字记录的修订书目。关于此次访华之行，另参 Pritchard: Crucial Years, 第 272-384 页，及 Cameron 撰写的通俗历史读本：Barbarians, 第 288-316 页；与英方相关的背景史料：Vincent T. Harlow, The Founding of the Second British Empire, 1763-1794, Bd. 2, London 1964, 第 544-94 页；关于中方反应：J. L. Cranmer-Byng, Lord Macartney's Embassy to Peking in 1793, in: JOS 4 (1957/58), 第 117-83 页；关于 Lord Macartney 其人：Peter Roebuck (Hrsg.), Macartney of Lisanoure 1737-1806: Essays in Biography, Belfast 1983, 其中尤参 J. L. Cranmer-Byng, China 1792-94（第 216-43 页）；关于使团成员日记在英国舆论中引起的反响，参见 William W. Appleton, A Cycle of Cathay: The Chinese Vogue in England during the 17th and 18th Centuries, New York 1951, 第 169-72 页；中方视角参见朱杰勤《英国第一次使团来华的目的和要求》，刊于《世界历史》，1980/3, 第 24-31 页；关于使团中德裔成员 Johann Christian Hüttner，见 Jürgen Osterhammel, Reisen an die Grenzen der Alten Welt. Asien im Reisebericht des 17. und 18. Jahrhunderts, in: Peter J. Brenner (Hrsg.), Der Reisebericht, Frankfurt a.M. 1989, 第 240 页及下页。
29. 1794 年 1 月 15 日日记，当时访华之行已临近结束。Macartney: Embassy, 第 219 页。
30. John Barrow, Travels in China: Containing Descriptions, Observations and Comparisons, Made and Collected in the Course of a Short Residence at the Imperial Palace ofYuen-Min-Yuen, and on a Subsequent Journey through the Country from Pekin to Canton, London 1804, 此处摘自 London 第二版，1806。
31. 同上，第 30 页及下页。
32. 同上，第 3 页。
33. 同上，第 4 页。
34. 参见 Appleton, Cycle, 第 53 页及下页；Basil Guy, The French Image of China before and after Voltaire, Genf 1963, 第 194 页及下页，第 285 页及下页，第 325 页及下页；P. J. Marshall/ Glyndwr Williams, The Great Map of Mankind: British Perceptions of the World in the Age of Enlightenment, London 1982, 第 169 页及下页。
35. A Voyage round the World in the Years MDCCXL, I, II, III, IV. By George Anson, Esq. (London 1748)，报告实际作者为随船牧师 Richard Walter；该报告的反响见 Sergio Zoli, La Cina e l'età deirilluminismo in Italia, Bologna 1974, 第 31 页及下页。

36. John Bell, A Journey from St. Petersburg to Pekin 1719-22, hrsg. von J. L. Stevenson, Edinburgh 1965。
37. Barrow, Travels, 第 355, 28 页及下页。
38. 同上，第 384 页；有趣的是，马戛尔尼爵士并不曾将中国与俄国进行过比较。马戛尔尼曾作为公使常驻圣彼得堡，对沙皇俄国有亲身了解，而不像巴罗一样，所有资料都是来自第二手。他对历史落后性问题也曾有过与巴罗类似的表述，但更具智慧，见 David Lowenthal, The Past is a Foreign Country, Cambridge 1985, 第 127-48 页。
39. Barrow, Travels, 第 138 页；在苏格兰，妇女在不同社会中的地位标准问题曾是启蒙时期的重要话题，见 John Miliar, Vom Ursprung des Unterschieds in den Rangordnungen und Ständen der Gesellschaft [1771], Herbert Zirker（译）, Frankfurt a. M. 1967, 第 58 页及下页。
40. Barrow, Travels, 第 400, 403 页。
41. 同上，第 400 页及下页。
42. Thomas Robert Malthus, First Essay on Population [1798], Reprint London 1926, 第 335 页。
43. Barrow, Travels, 第 401 页；文称，中国家庭体制是最优秀、最低成本的社会保障方式。
44. 在对中国的看法上，巴罗和他的上司马戛尔尼相比，前者是一位更大胆更直率的文学家，后者是一位更负责、更谨慎的分析家。马戛尔尼看重的并不是中国作为巨大消费品市场对年轻英国工业的重要性，而是作为生产资料（«everything in iron»）的销售市场，这些生产资料可以在伯明翰以比南京更低的成本制造生产。因此，他比巴罗更多地看到了中国作为工业生产国的意义。Macartney: Embassy, 第 258 页。
45. 关于这一时期最重要的一位到访中国的西方旅行者费迪南·冯·李希霍芬男爵，参见 Jürgen Osterhammel, Forschungsreise und Kolonialprogramm. Ferdinand von Richthofen und die Erschließung Chinas im 19.Jahrhundert, in: AfK 69 (1987), 第 150-95 页；法国情况参见 Numa Broc, Les voyageurs français et la connaissance de la Chine (1860-1914), in: RH 559 (1986), 第 85-131 页；关于世纪中叶西方人在华见闻的最全面描述仍推李希霍芬男爵 : China, Bd. 1, 第 705 页及下页。
46. 关于对华报道通讯网建设，参见 Robert W. Desmond, Windows on the World: The Information Process in a Changing Society, 1900-1920, Iowa City 1980, 第 11 页及下页，第 23-26 页，尤参第 200 页及下页。第一位常驻记者是《伦敦泰晤士报》1857 年派出的代表。但是在甲午战争爆发前，只有少数报纸和通讯社向中国派出了常驻记者。
47. Mary Gertrude Mason 曾尝试对各种资料进行整理，参见 Western Concepts of China and the Chinese, 1840-1876, New York 1939。
48. 参见 Ernst Schulin, Die weltgeschichtliche Erfassung des Orients bei Hegel und Ranke, Göttingen 1958, 第 69 页；Marian Sawer, Marxism and the Question of the Asiatic Mode of Production, Den Haag 1977, 第 23-29 页；当然，停滞论的流传更多还是在哲学层面之下。
49. Arthur H. Smith, Chinese Characteristics, revised ed., New York 1894, 第 325 页。
50. George Nathaniel Curzon, Problems of the Far East: Japan-Korea-China, London 1894, 第 370 页。
51. 参见 Paul Richard Bohr, Famine in China and the Missionary: Timothy Richard as Relief Administrator and Advocate of National Reform, 1876-1884, Cambridge, Mass. 1972.

同时人们还吃惊地发现，在欧洲早已绝迹的鼠疫在中国一些地区仍然还在流行。参见 Carol Benedict, Bubonic Plague in Nineteenth-Century China, in: MC 14 (1988), 第 107-55 页。

52. 完整书名为：The Middle Kingdom: A Survey of the Geography, Government, Literature, Social Life, Arts and History of the Chinese Empire and its Inhabitants, 2 Bde., New York 1883；卫三畏返回美国后任职于耶鲁大学，教授中国语言文学。
53. 同上，Bd. 2, 第 64 页。
54. 在这一问题上，他与 Friedrich List 的观点是矛盾的。后者在鸦片战争期间还曾写道："在商业与经济方面，中国比欧洲并没有落后太多。" (List, Schriften, Reden, Briefe, hrsg. v. Erwin von Beckerath u. a., Bd. 7, Berlin 1931, 第 242 页)
55. Williams, The Middle Kingdom, Bd. 2, 第 18 页。
56. Macartney: Embassy, 第 244 页。
57. Williams, The Middle Kingdom, Bd. 2, 第 18 页。
58. 类似观点参见 Eric Stokes, The English Utilitarians and India, Oxford 1959; John W. Burrow, Evolution and Society: A Study in Victorian Social Theory, Cambridge 1966, 第 16 页及下页，第 65 页及下页。
59. Williams, The Middle Kingdom, Bd. 1, 第 836 页。
60. 同上，Bd.2, 第 463 页及下页。
61. Heinz Gollwitzer, Die gelbe Gefahr. Geschichte eines Schlag worts. Studien zum imperialistischen Denken, Göttingen 1962.

二 有关世界差异的统计

1. Gemet: Welt, 第 66 页。
2. Lord Macartney 本人便曾做过这样的尝试，参见 Embassy, 第 254-57 页；耶稣会士的观点汇总参见 Abbé Grosier, Description générale de la Chine ..., Paris 1785, 第 268-90 页。
3. Georg Wilhelm Friedrich Hegel, Vorlesungen über die Philosophie der Weltgeschichte, Bd. 2: Die orientalische Welt, hrsg. v. Georg Lasson, 2. Aufl., Hamburg 1923, 第 276 页；关于中方统计数据可信性的讨论，参见 Ho: Studies, 第 38 页及下页；Perkins: Development, 第 192 页及下页；Zhou Yuanhe, A Study of China's Population during the Qing Dynasty, in: SSC 3:3 (September 1982), 第 61-105 页。
4. 更多分析参见 Gernet: Welt, 第 410 页及下页；Elvin: Pattern, 第 309-12 页。
5. 在这里，有关中国的数据采用的是最低估算数字。数据来自 Tabelle 1, Mitchell: Europe, 第 3-9 页；Carlo M. Cipolla, Before the Industrial Revolution: European Society and Economy, 1000-1700, London 1976, 第 4 页，表 1-1。
6. 例如 1870 年代时的李希霍芬（参见 Tagebücher, Bd. 1, 第 55, 64, 284 页）。
7. 这是所有文献中最保守的数据，参见 G. William Skinner, Introduction: Urban Development in Imperial China, in Skinner: City, 第 30 页；有些作者甚至认为数字高达 500 万，参见 Shiba Yoshinobu, Urbanization and the Development of Markets in the Lower Yangtze Valley, in: John Winthrop Haeger (Hrsg-), Crisis and Prosperity in Sung China, Tuscon, Ariz. 1975, 第 22 页及下页。

8. 参见 Alvise Zorzi, Marco Polo. Eine Biographie, Düsseldorf 1983, 第 230 页及下页；Jacques Gemet, La vie quotidienne en Chine à la veille de l'invasion mongole, 1250–1276, Paris 1959, 第 21 页及下页；Etienne Bálazs, Marco Polo in the Capital of China, in: ders., Chinese Civilization and Bureaucracy: Variations on a Theme, New Haven 1964, 第 79–100 页；背景史料参见 Leonardo Olschki, Marco Polo's Asia: An Introduction to <His description of the World>, Berkeley 1960。
9. Frederic C. Lane, Venice: A Maritime Republic, Baltimore 1973, 第 18 页；Tertius Chandler/Gerald Fox, 3000 Years of Urban Growth, New York 1974, 第 355 页。
10. 参见 Du Halde: Description, Bd. 1, 第 175 页。
11. Chandler/Fox, 3000 Years of Urban Growth, 第 368 页及下页；该书作者在提到中国时引用的数据普遍偏低，并且没有痴迷于对童话式东方的神奇描绘。
12. 关于这一趋势的原因与后果，参见 E. A. Wrigley, A Simple Model of London's Importance in Changing English Society and Economy, 1650–1750, in: Philip Abrams/E. A. Wrigley (Hrsg.), Towns in Societies: Essays in Economic History and Historical Sociology, Cambridge 1978, 第 215–43 页。
13. 参见 Murphey: Shanghai。
14. Smith: Heritage, 第 75 页；但是，关于清代初年中等城市数量是增多还是减少的问题，各方观点存在许多分歧。参见 Susan Mann, Urbanization and Historical Change in China, in: MC 10 (1984); 第 80–85 页。
15. [Ferdinand Freiherr von Richthofen], Baron Richthofen's Letters 1870–1872, Shanghai 1872, 第 117 页。
16. Richthofen: Tagebücher, Bd. 2, 第 254 页。
17. 同上，Bd. 1, 第 108 页及下页。
18. "在有文献记载的华夏文明史上，城市从一开始便已形成。" Michel Cartier, Une tradition urbaine: Les villes dans la Chine antique et médiévale, in: Annales, E. S. C. 25 (1970), 第 831 页。
19. Shiba Yoshinobu, Commerce and Society in Sung China, Ann Arbor 1970, 第 126 页及下页。
20. Gilbert Rozman, Urban Networks in Ch'ing China and Tokugawa Japan, Princeton 1973, 第 279–83 页，表 42–45（数据由笔者自行计算得出）; 关于"城市"定义见第 14, 60 页。
21. G. William Skinner, Regional Urbanization in Nineteenth-Century China, in Skinner: City, 第 229 页。
22. Wolfram Fischer, Wirtschaft und Gesellschaft Europas 1850–1914, in Fischer: Handbuch, Bd. 5, 第 41 页。
23. Skinner, Introduction, 第 28 页及下页。
24. 另外还包括日本，参见 Edward Seidensticker 的文化与社会史分析，Low City, High City: Tokyo from Edo to the Earthquake, London 1983, 尤参第 252 页及下页。
25. 这里所说的城市并非马克斯·韦伯定义的"西方"城市，而是 19 世纪晚期的大都市。参见 Anthony Sutcliffe (Hrsg.), Metropolis 1890–1940, London 1984; Donald J. Olsen, Die Stadt als Kunstwerk. London, Paris, Wien; Frankfurt a. M. 1988。
26. 例如，地理学家 Karl Haushofer 认为，上海是"地球上变化最剧烈、最癫狂、最刺激的城市化地带。”摘自 Wilhelm Schüler Schanghai, in: Sinica 8 (1933), 第 92 页；另参 Jürgen Osterhammel, Shanghai vor der Revolution, in: JfG 1985, Heft 6, 第 43–51 页。
27. Paul Bairoch, Le bilan économique du colonialisme: Mythes et réalités, in Blussé: History, 第 34 页及下页。
28. Paul Bairoch, Historical Roots of Economie Underdevelopment: Myths and Realities, in Mommsen/Osterhammel: Imperialism, 第 194 页。
29. Paul Bairoch, International Industrialization Levels from 1750 to 1980, in: JEEH II (1982), 第 292, 296 页。
30. 同上，第 296 页 (表 10) 及第 304 页 (表 13)。
31. 贝洛赫在这里采用的是非常宽泛的工业化概念，每一种形式的机械化生产都被包含于其中。
32. 同上，第 294 页 (表 9)。
33. 同上，第 302 (表 12)。
34. 尤参下述著作导语部分：Paul Bairoch/ Maurice Lévy-Leboyer (Hrsg.), Disparities in Economic Development since the Indu- striai Revolution, London 1981, 第 7 页。
35. 参见 Jones: Miracle, 第 5 页及下页；但是，他在提出批评意见时并未明确提及贝洛赫的名字。
36. Stavrianos 更是将这一概念用作书名：Rift，一本颇有价值但在方法上偏于向传统全球史的综合性著作。贝洛赫的研究成果在书中并未被贬低。
37. Angus Maddison, A Comparison of the Levels of GDP per capita in Developed and Developing Countries, 1700–1980, in: JEH 42 (1983), 第 30 页 (表 2)。
38. Braudel: Sozialgeschichte, Bd. 2, 第 138 页；世界鸿沟问题是近代史的“核心问题”，同上。
39. 1750 年前后，“清代中国作为一个富裕大国在一群前现代社会显得格外突出。”Rozman: Modernization, 第 141 页；类似观点参见 Elvin: Pattern, 第 285 页及下页；Charles O. Hücker, China's Imperial Past, London 1975, 第 342 页。
40. 关于国家富裕程度对比，参见 Irma Adelman/Cynthia Taft Morris, A Typology of Poverty in 1850, in: EDCC 25 (1977), Supplement, 第 314–43 页，尤参第 331 页及下页；关于中国的内容，参见 Institutional Influences on Poverty in the Nineteenth Century: A Quantitative Comparative Study, in: JEH 43 (1983), 第 43–55 页，尤参第 49 页及下页；Comparative Patterns of Economic Development, 1850–1914, Baltimore 1988, 第 178 页及下页。

三　18 世纪作为过渡期

1. Adam Smith, Der Wohlstand der Nationen [1776], Horst Claus Recktenwald 译，München 1974, 第 526 页；该处系对下述著作的回应：Histoire philosophique et politique des établissements & du commerce des Européens dans les deux Indes [1762]，作者为 Abbé Guillaume-Thomas Raynal 和 Denis Diderot。
2. Eric J. Hobsbawm, The Age of Revolution: Europe 1789–1848, London 1962, 第 22 页。
3. 其开端是 1793 年驻印度总督康沃利斯侯爵颁布的《康沃利斯法规》；此后，殖民者对当地社会的影响仍然停留于表面，对这一问题的精彩论述参见 C. A. Bayly, Indian

Society and the Making of the British Empire, Cambridge 1988 (= The New Cambridge History of India, Bd. II, l)。

4. 参见本书第二节。

5. 正是基于这种可比性，法国才有人提出了引进中国行政机制的建议。1707 年 Vouban 提出的有关国家税收政策的“十分之一税捐”计划即是一例。参见 Heinz Gollwitzer, Geschichte des Weltpolitischen Denkens, Bd. 1, Göttingen 1972, 第 198 页及下页。到了 19 世纪之后，这类事情是不可想象的。

6. Weber: Konfuzianismus, 第 278-90 页，韦伯在此不无道理地指出了中国货币制度的落后性。不过我们在这里所强调的是，此时，人类各大文明都已逾越了实物交换的阶段，这是无可否认的事实。

7. 有关亚洲的论述可参见 Frank Perlin, Proto-Industrialization and Pre-Colonial South Asia, in: P&P 98 (1983), 第 30-95 页；同作者：Scrutinizing which Moment?, in: E&S 14 (1985), 第 374-98 页；有关中国的类似理论研究目前仍是空白；有关原始工业化问题的讨论参见 Geoff Eley, The Social History of Industrialization: «Proto-Industry» and the Origins of Capitalism, in: E&S 13 (1984), 第 519-39 页；Wolfgang Mager, Protoindustrialisierung und Protoindustrie; in: GG 14 (1988), 第 275-303 页。

8. 有关欧洲的论述参见 Emmanuel Le Roy Ladurie, La civilisation rurale, in: ders., Le jsrritoire de l'historien, Paris 1973, 第 141-68 页及下页，尤参第 153 页。

9. Jones: Miracle, 第 28-31 页。

10. 参见 R. Bin Wong 的重要学术文章：Les émeutes de subsistance en Chine et en Europe occidentale, in: Annales, E. S. C. 38 (1983), 第 234-58 页；另参同作者：Food Riots in the Qing Dynasty, in: JAS 41 (1982), 第 767-88 页；有关欧洲的论述（含详细文献索引）参见 Heinz-Dietrich Löwe, Teuerungsrevolten, Teuerungspolitik und Marktregulierung im 18.Jahrhundert in England, Frankreich und Deutschland, in: Saeculum 37 (1986), 第 291-312 页。

11. Emmanuel Le Roy Ladurie, L'histoire immobile, in: Annales, E. S. C. 29 (1974), 第 673-92 页，尤参第 679 页及下页；对于这一论点始终存在争议；另参 Bob Scribner, Understanding Early Modem Europe, in: HJ 30 (1987), 第 743-58 页，尤参第 748, 756 页。

12. Jerome Blum, The End of the Old Order in Rural Europe, Princeton 1978, 第 147 页。

13. Sidney Pollard 特别强调了早期工业化的区域性特征：Peaceful Conquest: The Industrialization of Europe 1760-1970, Oxford 1981, 第 vii 页及下页。

14. 这种经过“修正”的新派观点，参见 Rondo Cameron, A New View of European Industrialization, in: EcHR 38 (1985), 第 1-23 页；N. F. R. Crafts, British Economic Growth during the Industrial Revolution, Oxford 1985; Cain/Hopkins: Capitalism, Teil 1, 以及 N. F. R. Crafts, Jeffrey G. Williamson, Joel Mokyr 等人的文章：in EEcH 24 (1987), 第 245-325 页。

15. Braudel: Sozialgeschichte, Bd. 1, 第 12 页。

16. Arnd Morkel, Montesquieus Begriff der Despotie, in: ZfP 13 (1966), 第 14-32 页，尤参第 27 页。

17. 参见 1985 年在斯图加特召开的国际史学家会议议题“Monarchie absolue en Europe et en Asie”，一些有关该议题的文章刊登在会刊上：«Actes», Bd. 3, Stuttgart 1986,

第 183-92 页；非常具有启发性的文章见 Roland Mousnier, Quelques remarques pour une comparaison des monarchies absolues en Europe et en Asie, in: RH 551 (1984), 第 29-44 页；有关东西对比的各种有趣观点见：Jack A. Goldstone, East and West in the Seventeenth Century: Political Crises in Stuart England, Ottoman Turkey, and Ming China, in: CSSH 30 (1988), 第 103-41 页；Chris Wickham, The Uniqueness of the East, in: Jean Baechler/John A. Hall/ Michael Mann (Hrsg.), Europe and the Rise of Capitalism, Oxford 1988, 第 66-100 页；戚国淦：《十六世纪中英政治制度比较》，刊于《历史研究》，1987/4, 第 9-27 页。

18. 关于中国传统政治的概括性论述，参见 Jacques Ger- net, Introduction, in Schram: Scope, 第 xxvii-xxxiv 页。
19. 参见 Stefan Breuer, Imperien der Alten Welt, Stuttgart usw. 1987。
20. 参见 Amo J. Mayer, Adelsmacht und Bu ¨ rgertum. Die Krise der europa ¨ ischen Gesellschaft 1848-1914, München 1984, 尤参第三章。
21. 在马戛尔尼使团访华之前，中国在朝廷觐见礼仪方面从未遇到过大的问题。参见 Earl H. Pritchard, The Kotow in the Macartney Embassy to China in 1793, in: FEQ 2 (1942/43), 第 163-203 页；直到 1787 年，英国方面仍然愿意按照朝廷烦琐的觐见礼仪行事。参见 James M. McCutcheon, «Tremblingly Obey»; British and Other Western Responses to China and the Chinese Kowtow, in: The Historian 33 (1971), 第 563 页及下页；过去的葡萄牙和荷兰使团在遵照规矩觐见皇帝时，从未有过任何抗拒或不从。参见 John E. Wills, Jr. Embassies and Illusions: Dutch and Portuguese Envoys to K'ang-hsi, 1666-1687, Cambridge, Mass. 1984; 就连最后一个荷兰使团也“毫无怨言地依照规矩向朝廷行叩拜之礼”，（其更多是出于在荷属印度而非在家乡荷兰积累的经验。）参见 J. J. L. Duyvendak, The Last Dutch Embassy to the Chinese Court (1794-1795), in: TP 34 (1938), 第 1 页。
22. 一个代表性例子是备受自由派指摘的国家垄断经济，例如盐业专卖，这种现象在前现代世界每一种复杂的国家制度中都十分常见。有学者曾从中国、印度、奥斯曼帝国、法国和威尼斯等地的对比分析入手，对以盐课这一东西方共同的“前现代国家典型性机制”为代表的结构性普遍特征做出阐述，参见 S. A. M. Adshead, Un cycle bureaucratique: L'administration du sel en Orient et en Occident, in: Annales, E. S. C. 38 (1983), 第 221-33 页（引语摘自第 228 页）。
23. William Doyle, The Old European Order 1660-1800, Oxford 1978, 第 267-9 页；Derek McKay/H. M. Scott, The Rise of the Great Powers, 1648-1815, London 1983, 第 201-14 页。
24. M. S. Anderson, Europe in the Eighteenth Century 1713-1783, London 1961, 第153页；这种观念在 18 世纪最后二十年发生转变，参见 Felix Gilbert, The «New Diplomacy» of the Eighteenth Century, in: ders., History: Choice and Commitment, Cambridge, Mass. 1977, 第 323-49 页。
25. 1799 年奥斯曼帝国与英俄等国结成反法联盟，可以被视作伊斯坦布尔融入欧洲国际体系的标志。参见 Thomas Naff, The Ottoman Empire and the European States System, in Bull/Watson: Expansion, 第 162 页及下页。
26. 关于这一类型的特征分析，参见 Reinhard: Expansion, Bd. 1, 第 156 页及下页；Chaudhuri: Indian Ocean, 第 80-97 页；Horst-Joachim Leue, Die europäischen

Asien-Kompanien 1600-1800, in: Geschichte, Politik und ihre Didaktik 15 (1987), 第 12-28 页；关于 17 世纪出现的以特权垄断式贸易公司为代表的制度性创新，参见 Niels Steensgaard betont: The Companies as a Specific Institution in the History of European Expansion, in Blussé/Gaastra: Companies, 第 245-64 页，尤参 The Dutch East India Company as an Institutional Innovation, in: Maurice Aymard (Hrsg.), Dutch Capitalism and World Capitalism, Cambridge 1982, 第 253-57 页。

27. Philip D. Curtin, The Atlantic Slave Trade: A Census, Madison, Wisc., 1969, 第 266 页；有关奴隶贸易的概览，参见 Albert Wirz, Sklaverei und kapitalistisches Weltsystem, Frankfurt a. M. 1984, 第 12-40 页；Horst Pietschmann, Der atlantische Sklavenhandel bis zum Ausgang des 18. Jahrhunderts. 相关问题分析，in: HJb 107 (1987), 第 122-133 页；Wolfgang Reinhard, Frühneuzeitliche Neger Sklaverei und ihre Bedeutung für Wirtschaft und Gesellschaft, in: GWU 37 (1986), 第 660-72 页。
28. 参见 Stig Förster, Imperialismus aus Versehen? Die britische Eroberung Indiens 1798-1819, in Osterhammel: Ubersee-Expansion, 第 154-206 页，尤参第 155 页及下页。
29. 关于英国政策全球主义导向的分析参见 Michael Wagner, Zwischen Kolonialexpansion und gegenrevolutionärer Solidarität: Die englische Intervention auf Saint-Domingue 1793-1798, in: ebd., 第 120-53 页，尤参第 120-26 页。
30. 参见 Bernard Lewis, The Emergence of Modern Turkey, 2nd ed., London 1968, 第 59 页及下页；同作者 The Muslim Discovery of Europe, London 1982, 第 51 页及下页；Stanford J. Shaw, Between Old and New: The Ottoman Empire under Sultan Selim II, 1789-1807, Cambridge, Mass. 1971, 尤参第 71 页及下页；Marshall G. S. Hodgson, The Venture of Islam, Bd-3, Chicago 1974, 第 176 页及下页。
31. 参见 Grant K. Goodman, Japan: The Dutch Experience, London 1986; Bob Tadashi Wakabayashi, Anti-Foreignism and Western Learning in Early- Modern Japan, Cambridge, Mass. 1986, 第 40 页及下页；另参另一部较早的著作：Donald Keene, The Japanese Discovery of Europe, 1720-1830, revised ed., Stanford 1969, 第 16 页及下页。
32. 在华耶稣会教士中最后一位伟大学者钱德明（Joseph Amiot）或许称得上是法国大革命波及最远的受害者。1793 年 10 月 8 日，在得到路易十六被处死的消息短短数小时后，他便因中风身亡，据称诱因是出于惊吓和绝望。参见 Cammille de Rochemonteix, Joseph Amiot et les derniers survivants de la mission française à Pékin (1750-1795), Paris 1915, 第 43 页及下页；法国大革命的消息实际上是在 8 个月后才传到北京的。
33. 此后，皇帝名字被直接用作年号，后来几位皇帝也是一样。
34. 关于这一时期的睿智分析参见 Harold L. Kahn, Monarchy in the Emperor's Eyes: Image and Reality in the Ch'ien-lung Reign, Cambridge, Mass. 1971, 第 231 页及下页。
35. 1759 年，约为 1150 万平方公里，中华人民共和国现在的版图面积为 960 万平方公里。
36. 相关分析参见 Owen Lattimore; 另外该作者另一本伟大著作：Inner Asian Frontiers of China, Boston 1962 (zuerst 1940), 及其关于边疆历史的著作：Collected Papers 1928-1958, London 1962。
37. Lörincz: Mongolie, 第 136 页及下页。
38. Isabel de Madariaga, Russia in the Age of Catherine the Great, London 1981, 第 205 页及下页；Muriel Atkin, Russia and Iran, 1780-1828, Minneapolis 1980, 尤参第 22-45 页。
39. 参见 Sir George Sansom, A History of Japan, Bd. 2, London 1961, 第 352-62 页；

Arcadio Schwade, Der China-Eroberungsplan des Toyotomi Hideyoshi, in Link: China, 第 164-82 页。

40. 参见 Ronald P. Toby, State and Diplomacy in Early Modem Japan: Asia in the Development of the Tokugawa Bakufu, Princeton 1984, 第 23 页及下页。
41. Mayura Jang Kunwar, China and the War in the Himalayas, 1792-3, in: EHR 77 (1962), 第 283-97 页。
42. 详细阐述参见 Frederic Wakeman, The Manchu Restoration of Imperial Order in Seventeenth-Century China, 2 Bde., Berkeley 1986。
43. 关于几次西征的具体细节，参见 Franke/Trauzettel: Kaiserreich, 第 289-95 页；Tichvinskij: Modern History, 第 40-49 页。
44. 吕万和、罗谢伟:《西学在封建末期的中国和日本》，刊于《历史研究》，1981/3, 第 18-30 页，尤参第 24-27 页；Lü Wanhe, Western Learning and the Meiji Ishin, in: Nagai Michio/Miguel Urrutia (Hrsg.), Meiji Ishin: Restoration and Revolution, Tokio 1985, 第 154 页及下页。
45. 参见 John S. Galbraith, Die «unruhige» Grenze als Faktor britischer Expansion, in: Rudolf von Albertini (Hrsg.), Moderne Kolonialgeschichte, Köln 1970, 第 41-59 页。
46. 参见本书第六节。

四 经济基础

1. Josef Matuz, Das Osmanische Reich. Grundlinien seiner Geschichte, Darmstadt 1985, 第 98 页。
2. 在内地十八省之内，经济与政治中心却不是重叠的。当初修建大运河的目的，正是在京城与富饶的长江三角洲之间建立连接。参见经典著作：Chi Ch'ao-ting, Key Economic Areas in Chinese History, London 1936。
3. Joshua A. Fogel, Politics and Sinology: The Case of Naitô Konan (1866-1934), Cambridge, Mass. 1984, 第 xv 及下页，第 168 页及下页；美国全球史学家 William H. McNeill 便持这样的观点。他认为在世界历史上，宋代中国是市场经济原则最早出现的地区：Krieg und Macht. Militär, Wirtschaft und Gesellschaft vom Altertum bis heute, München 1984, 第 32 页及下页；另参 E. L. Jones, Growth Recurring: Economic Change in World History, Oxford 1988, 第 73-84 页。
4. 下述内容参见 Elvin: Pattem, 第 113-99 页；Gemet: Welt, 第 256-81 页；Franke/Trauzettel: Kaiserreich, 第 191-97 页；Herbert Franke, Neue Staatengründungen in Ostasien (906-1206), in: Saeculum Weltgeschichte, Bd. 4, Freiburg i. Br. 1967, 第 461-541 页，尤参第 500-508 页；Shiba Yoshinobu, Commerce and Society in Sung China, Ann Arbor 1970; Michel Cartier, L'Asie Orientale du Xle au XHIe siècle, in: Georges Duby/Robert Mantran (Hrsg.), L'Eurasie Xle-XIIIe siècles, Paris 1982, 第 480-502 页，尤参第 483-86 页；Peter J. Golas, Rural China in the Song, in: JAS 39 (1980), 第 291-325 页，尤参第 295-99 页；Francesca Bray, The Rice Economies, Oxford 1986, 第 203-206 页；同作者，Patterns of Evolution in Rice-Growing Societies, in: JPS 11 (1983), 第 3-33 页，尤参第 15-17 页；Joseph Needham/ Francesca Bray, Science and Civilisation in China, Bd. 6: Biology and Biological Technology, Teil 2: Agriculture,

Cambridge 1984, 第 597-615 页；Dieter Kuhn, Die Song- Dynastie (960-1279). Eine neue Gesellschaft im Spiegel ihrer Kultur, Weinheim 1987, 第 127 页及下页，第 189 页及下页；Chao: Land, 第 49 页及下页；类似趋势直到 16 世纪才在欧洲出现，参见 Peter Kriedte, Spätfeudalismus und Handelskapital. Grundlinien der europäischen Wirtschaftsgeschichte vom 16. bis zum Ausgang des 18. Jahrhunderts, Göttingen 1980, 第 28 页及下页。

5. Gemet: Welt, 第 273 页；Mitchell: Europe, 第 215 页。
6. Michael Freeman, Sung, in Chang: Food, 第 141-76 页，尤参第 145-58 页；Shiba, Commerce and Society in Sung China, 第 202 页及下页。
7. Elvin: Pattern, 第 113 页。
8. 蒙古人对中原的统治实际开始得更早。早在 1215，蒙古人便已攻占了元大都（北京）。关于这一时期参见 Herbert Franke, Geld und Wirtschaft in China unter der Mongolenherrschaft, Leipzig 1949; John D. Langlois (Hrsg.), China under Mongol Rule, Princeton 1981。
9. 吴承明:《论清代前期我国国内市场》，刊于《历史研究》，1983/1, 第 99 页。
10. G. William Skinner, Introduction, in Skinner: City, 第 9-16 页。
11. 尤参 Skinner: Marketing, 第 5 页及下页；根据史学界最新观点，施坚雅的模型式研究并没有展现中国农业生产的全貌，因为中国农业并不是完全按照市场体系运转的。参见 Barbara Sands/Ramon H. Myers, The Spatial Approach to Chinese History: A Test, in: JAS 45 (1986), 第 737 页及下页。
12. Skinner: Structure, 第 281 页及下页。
13. 参见 Albert Feuerwerker, The State and the Economy in Late Imperial China, in: Th&S 13 (1984), 第 297-326 页；Elvin 认为 1350 和 1900 年是“后帝制时代中国”的起止点：Mark Elvin, The Technology of Farming in «Late Traditional China», in: Randolph Baker/Radha Sinha (Hrsg.), The Chinese Agricultural Economy, Boulder, Col., 1982, 第 15 页。
14. 农业史是中国历史研究中分歧最大的领域，与此相关的研究进展以及重要学术讨论参见 Rowe: Approaches, 第 241-55 页；Linda Grove/Joseph W. Esherick, From Feudalism to Capitalism: Japanese Scholarship on the Transformation of Chinese Rural Society, in: MC 6 (1980), 第 397-438 页，尤参第 401-19 页；黄启臣:《中国封建社会经济结构学术讨论会综述》，刊于《中山大学学报》，1983/1, 第 85-93 页。
15. 在西方论述亚洲的学术著作中，类似观点参见 Lawrence Kräder, The Asiatic Mode of Production, Assen 1975, 第 24 页及下页。
16. Golas, Rural China in the Song, 第 299 页；Bray, The Rice Economies, 第 206 页；Richard Lorenz, Die traditionale chinesische Gesellschaft. Eine Interpretation sowjetischer Forschungsergebnisse, in Lorenz: Umwälzung, 第 53 页及下页。
17. Chao: Land, 第 149-57 页；关于 18 世纪劳动关系的变化，参见吴量恺《清代乾隆时期农业经济关系的演变和发展》，刊于《清史论丛》(1979), 第 5-36 页；经君健《论清代社会的等级结构》，刊于《中国社会科学院经济研究所集刊》, Beijing 1981, 第 1-64 页，尤参第 23 页及下页；奴役制在法律意义上直到 1909 年才彻底废除，但在实践中实际早已失效。
18. Jerome Blum, The End of the Old Order in Rural Europe, Princeton 1978, 第 39 页

及下页；Perry Anderson, Die Entstehung des absolutistischen Staates, Frankfurt a. M. 1979, 第 237 页及下页；关于俄国与美国奴隶制的比较，参见 Peter Kolchin, Unfrec Labor: American Slavery and Russian Serfdom, Cambridge, Mass. 1987。

19. Richard Hellie, Slavery in Russia, 1450-1725, Chicago 1982, 第 710 页及下页。
20. “从明代以来，没有任何地契规定，佃户在身份上与自由人有何不同。” Chao: Land, 第 183 页。
21. Naquin/Rawski: Eighteenth Century, 第 100 页。
22. 参见历史地理学名著：Arif Dirlik, Revolution and History: The Origins of Marxist Historiography in China, 1919-1937, Berkeley 1978, 第 59 页及下页；同作者：The Universalisation of a Concept: «feudalism» to «Feudalism» in Chinese Marxist Historiography, in: JPS 12 (1985), 第 197-227 页。
23. 方行：《论清代前期地主制经济的发展》，刊于《中国史研究》，1983/2, 第 88-98 页；李文治：《地主制经济与中国封建社会长期延续问题论纲》，刊于《中国史研究》，1983/1, 第 37-50 页；同作者：China's Landlord Economy and the Sprouts of Capitalism in Agriculture, in: SSC 2:1 (März 1981), 第 68-89 页；在封建主义问题上持传统观点者，参见 Fu Zhufu, The Economic History of China, in: MC 7 (1981), 第 3-30 页。
24. Chang Chung-li, The Chinese Gentry: Studies on Their Role in Nineteenth-Century Chinese Society, 3rd ed., Seattle/London 1967, 第 32-51 页。
25. 黄启臣强调，投资置地的商人并没有成为经营农业的企业家，换言之，他们并没有对农业的资本主义发展直到促进作用：黄启臣：《试论明清商业资本流向土地的问题》，刊于《中国史研究》，1983/1, 第 72 页；另参 Chao: Land, 第 106 页及下页。
26. 农民发家后变身地主的例子，参见方行《论清代前期地主制经济的发展》，第 88-90 页；另参同作者：The Economic Structure of Chinese Feudal Society and the Seeds of Capitalism, in: SSC 2:4 (Dezember 1981), 第 138 页及下页；在变身地主的过程中，当然也会经历一些中间阶段，如家中雇有长工的“富农”。关于 18 世纪中国社会的垂直流动，参见 Ho Ping-ti, The Ladder of Success in Imperial China: Aspects of Social Mobility, 1368-1911, New York/London 1962, 第 168 页及下页。
27. 参见 Emmanuel Le Roy Ladurie, Peasants, in: Peter Burke (Hrsg.), The New Cambridge Modem History, Bd. 13, Cambridge 1979, 第115页及下页；这类“自耕农”（Yeoman）在西欧国家十分常见，特别是英国。
28. 日本历史学家村松祐次（Muramatsu Yüji）特别强调这一点。参见 Kamachi: Japanese Studies, 第 376 页。
29. Elvin 对这些起义的意义十分看重：Pattem, 第 244-47 页；事件史角度的分析参见 ames Bunyan Parsons, The Peasant Rebellions of the Late Ming Dynasty, Tuscon, Ariz., 1970; W. Andreas Mixius, «Nu-Pien» und die «Nu-P'u», von Kiangnan. Aufstände Abhängiger und Unfreier in Südchina 1644/45, Hamburg 1980。
30. Mi Chu Wiens, Lord and Peasant: The Sixteenth to the Eighteenth Century, in; MC 6 (1980), 第 12-16 页；关于“道德经济” (E. P. Thompson) 对亚洲农业社会的影响，参见 James C. Scott, The Moral Economy of the Peasant: Rebellion and Subsistence in Southeast Asia, New Haven 1976, 第 13 页及下页；最新学术争论，参见 Edwin E. Moise, The Moral Economy Dispute, in: BCAS 14:1 (1982), 第 72-77 页；Michael G.

Peletz, Moral and Political Economies in Rural Southeast Asia, in: CSSH 25 (1983), 第731–39页。

31. Fang Xing, The Economic Structure, 第139页及下页；Fu Yiling, A New Assessment of the Rural Social Relationship in Late Ming and Early Qing China, in: CSH 15 (1981/82), 第68页及下页；Elvin甚至提出：«Financial resources were thus [in the 18th century] in many ways becoming a more important source of social and economic power in the countryside than ownership of land.» (Pattern, 第250页)。
32. 樊树志：《明清租佃契约关系的发展》，刊于《复旦学报》，1983/1, 第62页。
33. Chao Kang, Tenure Systems in Traditional China, in Hou/Yu: Agricultural Development, 第282–87页；Chao; Land, 第168–77页；李文治：《明清时代的地租》，刊于《历史研究》，1986/1, 第119页及下页。
34. 下面的内容主要参见Rowe: Approaches, 第254–52页；傅衣凌：《明清封建各阶级的社会构成》，刊于《中国社会经济史研究》，1982/1, 第7–20页，尤参第11页。
35. 参见Jing Su/Luo Lun, Landlord and Labour in Late Imperial China: Case Studies from Shandong, Cambridge, Mass. 1978, 第157页及下页；Qin: Ming, 第8–14页；Chao: Land, 第147–49页；"managerial landlords"的中文对应概念是"精英地主"，它与"租佃地主"是有明显区别的。更大的问题在于，地主与富农之间究竟是否有清晰的界限。
36. Chao Kang, New Data on Land Ownership Patterns in Ming-Ch'ing China: A Research Note, in: JAS 40 (1981), 第733页。
37. Fu Yiling, Capitalism in Chinese Agriculture: On the Laws Governing its Development, in: MC 6 (1980), 第314页；另参Stephen C. Averill, The Shed People and the Opening of the Yangzi Highlands, in: MC 9 (1983), 第84–126页，尤参第91页及下页；亦可参见Naquin/Rawski: Eighteenth Century, 第130–33, 184–212页。
38. Du Halde便已提出这样的说法：Description, Bd. 2, 第64页及下页；更著名的是李希霍芬对这一问题的描述，Wittfogel对此曾做出评述，详见Wirtschaft, 第337–47页；最新研究见Needham/ Bray, Science and Civilization, Bd. 6/2, 第133页。
39. 该问题可参见关于18世纪湖南农业商品化的案例研究，稻米在其中扮演着关键性角色。参见Evelyn S. Rawski, Agricultural Change and the Peasant Economy of South China, Cambridge, Mass. 1972, 第101页及下页。
40. 关于康熙和雍正年间实行的复苏农业与改革政策参见Shang Hung-k'uei, The Process of Economic Recovery, Stabilization, and Its Accomplishments in the Early Ch'ing, 1681–1745, in: CSH 15 (1981/82), 第19–61页。
41. Du Halde: Description, Bd.2, 第145页。
42. Lillian M. Li, Introduction: Food, Famine, and the Chinese State, in: JAS 41 (1982), 第689页（会议文献汇编）。
43. Perkins: Development, 第185页。
44. Ho: Studies, 第183–92页；关于宋代时期的发展，参见Needham/Bray, Science and Civilization, Bd. 612, 第597–608页。
45. Perkins: Development, 第23, 51, 186页及下页；John C. H. Fei/Liu Ts'ui-jung, Population Dynamics of Agrarianism in Traditional China, in Hou/Yu: Economic History, 第25页及下页。
46. James Lee, Food Supply and Population Growth in Southwest China, 1250–1850, in:

JAS 41 (1982), 第 743 页。

47. Ho: Studies, 第 213-15 页。
48. 参见 Rozman: Modernization, 第 139 页。
49. 姜守鹏:《清代前期广东商业型农业的发展》，刊于《华南师范大学学报》，1983/4, 第 65 页；余思伟:《清代前期广州与东南亚的贸易关系》，刊于《中山大学学报》，1983/2, 第 74 页。
50. Chao: Cotton, 第 103-105 页。
51. 参见 Du Halde: Description, Bd. 2, 第 206 页。
52. Abbé Grosier, Description générale de la Chine, Paris 1785, 第 639 页；Braudel: Sozialgeschichte, Bd. I, S. 第 350 页。
53. 持此观点者如英国植物学家 Robert Fortune, 引自 E-tu Zen Sun, Sericulture and Silk Textile Production in Ch'ing China, in Willmott: Organization, 第 80 页。
54. 关于丝织技术的基础知识参见 Joseph Needham/Dieter Kuhn, Science and Civilization in China, Bd. 5: Chemistry and Chemical Technology, Teil 9: Textile Technology. Spinning and Reeling, Cambridge 1988, 第 285-433 页。
55. Needham/Bray, Science and Civilization, Bd. 6/2, 第 111, 115 页。
56. Macartney: Embassy, 第 182 页。
57. 彭泽益:《清代前期手工业的发展》，刊于《中国史研究》，1981/1, 第 43 页及下页。
58. Li: Silk Trade, 第 42 页及下页。
59. Chao Kang, La production textile dans la Chine traditionelle, in: Annales, E. S. C. 39 (1984), 第 965 页；傅崇兰:《论明清时期杭州城市的发展》，刊于《中国史研究》，1983/4, 第 74 页及下页。
60. Shih Min-hsiung, The Silk Industry in Ch'ing China, Ann Arbor 1976, 第 49 页。
61. Paolo Santangelo, The Imperial Factories of Suzhou: Limits and Characteristics of State Intervention during the Ming and Qing Dynasties, in Schram: Scope, 第 292 页。
62. 这些织造厂在中文里被称为"机户"，它更多是指家庭式作坊。有关这一概念的更宽泛含义参见 Liu Yung- ch'eng, The Handicraft Guilds in Soochow during the Ch'ing Dynasty, in: CSH 15 (1981/82), 第 150 页及下页。
63. Chao, La production textile, 第 965 页。
64. Shih, The Silk Industry, 第 35 页；Li: Silk Trade, 第 50-57 页。
65. 关于 18 世纪中国手工业的私营经济性质，参见罗一星《论明清时期佛山城市经济的发展》，刊于《中国史研究》，1985/3, 第 117 页。
66. 这里必须对同乡会性质的"会馆"与职业性质的"行会"加以甄别。
67. 有关中国的情况，参见 Liu Yung-ch'eng, The Handicraft Guilds in Soochow, 第 140 页及下页；Peter J. Golas, Early Ch'ing Guilds, in Skinner: City, 第 565 页；另参 Timothy R. Bradstock, Ch'ing Dynasty Craft Guilds and Their Monopolies, in: Tsing Hua Journal of Chinese Studies, n.s., 15 (1983), 第 143-53 页。
68. 有关欧洲的情况，参见 Peter Kriedte/Hans Medick/Ju ̈ rgen Schlumbohm, Industrialisierung vor der Industrialisierung: Gewerbliche Warenproduktion auf dem Land in der Formationsperiode des Kapitalismus, Göttingen 1977, 第 59 页。
69. 丛瀚香:《试论明代棉和棉纺织业的发展》，刊于《中国史研究》，1981/1, 第 61, 75-78 页。

70. Craig Dietrich, Cotton Culture and Manufacture in Early Ch'ing China, in Willmott: Organization, 第 111 页。
71. 马克思在 1857/58 年发表的《政治经济学批判》(Grundrisse der Kritik der politischen Ökonomie, Moskau 1939, 第 377 页) 中在谈及"亚细亚基本模式"时指出，小型乡镇中农业与制造业的结合既实现了自给自足，同时也满足了生产与再生产所有条件。按照当时的知识水平，这一结论是富有信服力的，但并不能确保是永恒真理。
72. 18 世纪时，江苏棉纺业对原棉需求的不足部分是通过从印度进口得到满足的。参见全汉升《鸦片战争前江苏的棉纺织业》，刊于《中国经济史论丛》，卷 2, 第 631 页。
73. Nishijima Sadao, The Formation of the Early Chinese Cotton Industry, in Grove/Daniels: State, 第 19 页。
74. 参见徐新吾《中国和日本棉纺织业资本主义萌芽的比较研究》，刊于《历史研究》，1981/6, 第 69-80 页，尤参第 69-72 页。
75. 棉布贸易之所以活跃还有另一原因：有些地主在向佃户收缴地租时，部分是以棉布抵扣。参见 Nishijima, The Formation, 第 45 页。
76. Chao: Cotton, 第 31 页。
77. 参见 Medick, in: Kriedte u. a., Industrialisierung vor der Industrialisierung, 第 90 页及下页。
78. 全汉升在《鸦片战争前江苏的棉纺织业》(第629页) 指出，江苏作为棉花加工业重镇，同时也是中国人口密度最大的省份。
79. Reinhard: Expansion, Bd. 1, 第 19 页。
80. Kathryn Reyerson, Medieval Silk in Montpellier: The Silk Market ca. 1250-ca. 1350, in: JEEH 11 (1982), 第 128 页。
81. Gernet: Welt, 第 119 页。
82. 陈严:《略论海上"丝绸之路"》，刊于《历史研究》，1982/3, 第 161-77 页，尤参第 166-69 页。
83. 参见 Chuan Han-sheng, The Chinese Silk Trade with Spanish America from the Late Ming to the Mid-Ch'ing Period, in: Laurence G. Thompson (Hrsg.), Studia Asiatica, San Francisco 1975, 第 99-117 页；关于中国丝绸出口规模，参见沙丁、杨典求《中国和拉丁美洲的早期贸易关系》，刊于《历史研究》，1984/4, 第 115-17 页；关于丝绸贸易组织形式，参见 John Villiers, Silk and Silver: Macau, Manila and Trade in the China Seas in the Sixteenth Century, in: JHKBRAS 20 (1980), 第 66-80 页。
84. Earl H. Pritchard, Anglo-Chinese Relations during the Seventeenth and Eighteenth Centuries, Urbana, Ill., 1929, 第 54 页。
85. Pritchard: Crucial Years, 第 164, 167 页。
86. 关于出口欧洲的丝绸制品类型，参见 Leanna Lee-Whitman, The Silk Trade: Chinese Silks and the British East India Company. in: Winterthur Portfolio. A Journal of American Material Culture 17 (1982), 第 21-41 页；尤参第 24 页及下页。
87. Dermigny: La Chine, Bd. 3, 第 1286 页。
88. Davis: Industrial Revolution, 第 14-16 页。
89. Dermigny: La Chine, Bd. 3, 第 1287 页。
90. Greenberg: Trade, 第 1 页。
91. Dermigny: La Chine, Bd. 1, 第 391 页。

92. Du Halde, Description, Bd. 2, 第 177-204 页；关于殷弘绪对中国制瓷业的考察，参见 Yves Thomaz de Bossière, François Xavier Dentrecolles et l'apport de la Chine à l'Europe du XVIIIe siècle, Paris 1982, 第 105-14 页。
93. Jörg: Porcelain, 第 125 页。
94. 蒋建平：《简明中国近代经济史》，第 23 页。
95. Richthofen: China, Bd. 3, 第 610 页。
96. 关于劳动分工的生动描述（但作者依据的是 20 世纪时的史料），参见 Wittfogel: Wirtschaft, 第 561 页。
97. Jörg: Porcelain, 第 124 页。
98. Richthofen: China, Bd. 3, 第 610 页。
99. 下述内容参见 Michael Dillon, Jingdezhen as a Ming Industrial Center, in: Ming Studies 6 (1978), 第 37-44 页；Yuan Tsing, The Porcelain Industry at Ching-te-chen, 1550-1700, in: ebd., 第 45-53 页；Harriet T. Zurndorfer, Chinese Merchants and Commerce in Sixteenth-Century China: The Role of the State in Society, in Idema: Leyden Studies, 第 80-84 页。
100. 下述内容参见王玉新的精彩学术文章：《明清两代江西景德镇的官窑生产与陶政》，刊于《清史论丛》(1982/2), 第 80-99 页；作者在这里明确提到了官营手工工场（第 83 页）。
101. Zurndorfer, Chinese Merchants, 第 81 页。
102. 王玉新：《明清两代江西景德镇的官窑生产与陶政》，第 85 页。
103. 同上，第 92 页及下页。
104. 这句话出自于殷弘绪写于 1712 年 9 月 1 日的一封信函，摘自 Lettres édifiantes et curieuses, écrites des missions étrangerès, Bd. 18, Paris 1781, 第 277 页。
105. Wittfogel (Wirtschaft, 第 509 页）将这种制度称作是中国整个封建时期的特色。
106. 参见 Jörg: Porcelain, 第 123 页，及 Thomaz de Bossierre, François Xavier Dentrecolles, 第 110 页；广州商人经常在景德镇定制白色瓷器，然后拿到广州，让匠人绘上欧洲人喜爱的花色纹样，参见朱杰勤《十七、八世纪华瓷传入欧洲的经过及其相互影响》，刊于《中国史研究》1980/4, 第 118 页。
107. Lettres édifiantes et curieuses, Bd. 18, 第 277, 283 页。
108. 按照 Cartier 的观点，一直到 18 世纪，东亚在相对独立的条件下实现了经济的繁荣发展，在 1700 年之前，其动力主要来自于日本。参见 Michel Cartier, Les importations de métaux monétaires en Chine: Essai sur la conjoncture chinoise, in: Annales, E. S. C. 36 (1981), 第 454-66 页，尤参第 462 页及下页。
109. 参见 K. N. Chaudhuri, The Economie and Monetary Problem of European Trade with Asia during the Seventeenth and Eighteenth Centuries, in: JEEH 4 (x975). 第 323-58 页，尤参第 334 页；J. H. Elliott, The Old World and the New 1492-1650, Cambridge 1970, 第 60 页及下页；Om Prakash, Precious Metal Flows in Asia and World Economie Integration in the Seventeenth Century, in Fischer: World Economy, Bd. 1, 第 83-96 页及下页。
110. 导致中国对白银需求的因素，参见 Yuan Tsing, The Silver Trade between America and China, 1550-1700, in: Hermann Kellenbenz (Hrsg) Precious Metals in the Age of Expansion, Stuttgart 1981, 第 266 页；印度经济也出现了类似现象，在 1591 至 1639 年

间，印度的白银流通量增长了 3 倍。参见 Rothermund: Indien, 第 19 页。

111. William S. Atwell, Notes on Silver, Foreign Trade, and the Late Ming Economy in: CSWT 3:8 (Dezember 1977), 第 1-33 页；同作者：International Bullion Flows and the Chinese Economy, circa 1530-1650, in: P&P 95 (1982), 第 86-89 页。

112. 参见 Mio Kishimoto-Nakayama, The Kangxi Depression and Early Qing Local Markets, in: MC 10 (1984), 第 229-36 页。

113. 全汉升:《美洲白银与十八世纪中国物价革命的关系》，刊于《中国经济史论丛》(全汉升编)，第 2 卷，第 507 页；彭泽益，《清代前期手工业的发展》，第 44 页。

114. 同上，第 45, 49-50 页。

115. 市场上流通的都是未经铸造的原始形态白银，参见 Yang: Money, 第 47 页；国家货币政策几乎完全是以铜作为前提，直到 1820 年代，朝廷才开始对白银予以关注。参见 Hans Ulrich Vogel, Chinese Central Monetary Policy, 1644-1800, in: Late Imperial China 8 (1987)。

116. Hans Ulrich Vogel, Der Kupferbergbau in der chinesischen Provinz Yunnan vom 18. bis zur Mitte des 19. Jahrhunderts: Produktion, Administration, Finanzierung, in: Der Anschnitt 41 (1989)。

117. 彭雨新:《清代前期云南铜矿业及其生产性质的探讨》，刊于《武汉大学学报》，1984/5, 第 80 页及下页，第 83 页及下页。

118. E-tu Zen Sun, Ch'ing Government and the Mineral Industries before 1800, in: JAS 27 (1967/68), 第 843 页。

119. 王明伦:《鸦片战争前云南铜矿业中的资本主义萌芽》，刊于《历史研究》，1956/3, 第 43 页。

120. Du Halde: Description, Bd. 2, 第 169 页。

121. 同上，第 170 页。

122. 全汉升:《清朝中叶苏州的米粮贸易》，刊于《历史研究所季刊》，台北 1969 年，第 71-86 页，尤参第 76 页及下页；同作者:《南宋米粮的生产与运销》，刊于《中国经济史论丛》，卷 1, 第 265-94 页，尤参第 278-84 页；另参 Kuhn, Die Song-Dynastie, 第 143-51 页。

123. 参见张培刚、张之毅《浙江省食粮之运销》, Changsha 1940, 第 36 页及下页。

124. 关于组织形式，参见 Timothy Brook, The Merchant Network in 16th Century China: A Discussion and Translation of Zhang Han's «On Merchants», in: JESHO 24 (1980), 第 168 页及下页；关于广东籍商人在全国范围内的活动，参见李华《清朝前期广东的商业与商人》，刊于《学术研究》，1982/2, 第 41 页及下页。

125. 参见 Shiba Yoshinobu, Ningpo and its Hinterland, in Skinner: City, 第 403 页；关于山西票号，参见卫聚贤《山西票号》，Taibei 1978。

126. 此类观点参见Samir Amin, Die ungleiche Entwicklung. Essay u ̈ ber die Gesellschaftsformation des peripheren Kapitalismus, Hamburg 1975。

127. 参见本书第七节。

128. 参见张铠《晚明中国市场与世界市场》，刊于《中国史研究》，1988/3, 第 3-15 页；作者在此处特别强调了对外交往带来的积极作用。

五 弱势专制

1. Hosea Ballou Morse, The Gilds of China, London 1909, 第 20 页。
2. Morse: Trade, 第 46 页。
3. 持该观点的著名代表人物是社会学家与人类学家费孝通，参见 Fei Hsiao-tung, Basic Power Structure in Rural China, in: ders., China's Gentry: Essays on Rural-Urban Relations, Chicago 1953, 第 75-89 页；关于科学史背景，参见 R. David Arkush, Fei Xiaotong and Sociology in Revolutionary China, Cambridge, Mass. 1981; René König, Fei Xiaotong. Ein Soziologe in den Turbulenzen des sozialen Wandels, in: KZfSS 37 (1985), 第 172-75 页；Li Hanlin u. a., Chinese Sociology 1898-1986, in: Social Forces 65 (1987), 第 626 页及下页。
4. 参见 Etienne Balâzs, China as a Permanently Bureaucratic Society, in: ders., Chinese Civilization and Bureaucracy: Variations on a Theme, New Haven 1964, 第 13-27 页；另参 Rolf Trauzettel, Stabilita ̈ t und Kontinuita ̈ t der chinesischen Gesellschaft. Bemerkungen zum Werk des Sinologen Etienne Balâzs (1905-1963), in: Saeculum 18 (1967), 第 264-77 页；最新学术研究成果，参见 Hsiao Kung-chuan, Rural China: Imperial Control in the Nineteenth Century, Seattle 1960; Qian Wen-yuan, The Great Inertia: Scientific Stagnation in Traditional China, London 1984。
5. 由内藤湖南创立的京都学派，参见 Rowe: Approaches, 第 261 页及下页。
6. 参见 Gilbert Rozman, Soviet Reinterpretations of Chinese Social History: The Search for the Origins of Maoism, in: JAS 34 (1974/75), 第 65 页。
7. 瑞士社会学家台奥多尔·洛依恩贝尔格（Theodor Leuenberger）便是其中之一，他曾提出关于“官僚制枷锁”“官僚式国家资本主义”等观点，并认为魏特夫的“治水社会”甚至对辛亥革命前的中国社会来说依然适用。参见 Theodor Leuenberger, Zur Entstehung und Entwicklung von Bürokratien am Beispiel von China, in: ders./Karl-Heinz Ruffmann (Hrsg.), Bürokratie: Motor oder Bremse der Entwicklung? Bern 1977, 第 38 页。
8. 如 Jacques Gernet, Introduction, in Schram: Scope, 第 xviii 页；以及 Wolfram Eberhard, Die institutionelle Analyse des vormodernen China. Eine Einschätzung von Max Webers Ansatz, in Schluchter: Max Webers Studie, 第 57 页；关于各朝代之间的差异，参见 Ch'ien Mu, Traditional Government in Imperial China: A Critical Analysis, Hongkong 1982（中文版于 1955 年问世）。
9. 概括性综述参见 Hsü: Rise, 第 55-91 页；Smith: Heritage, 第 31-54 页；Feuerwerker: State, 第 35-54 页；关于体制结构细节的阐述，参见 Hsieh Pao-chao, The Government of China (1644-1911), Baltimore 1925。
10. 关于这一问题的透彻分析参见 Levenson: Confucian China, Bd. 2；关于中国传统政治理论参见 Alfred Forke, Geschichte der alten chinesischen Philosophie, Hamburg 1927; ders., Geschichte der mittelalterlichen chinesischen Philosophie, Hamburg 1934; ders., Geschichte der neueren chinesischen Philosophie, Hamburg 1938; Fung Yu-lan, A History of Chinese Philosophy, 2 Bde., Princeton 1952/53; Hsiao Kung-chuan, A History of Chinese Political Thought, Bd. 1, Princeton 1979; Benjamin I. Schwartz, The World of Thought in Ancient China, Cambridge, Mass. 1985；相对浅显的读本参

见以唐宋为例的相关论著：E. A. Kracke, Jr., The Chinese and the Art of Government, in: Raymond Dawson (Hrsg.), The Legacy of China, London 1964, 第309-39页；另参 Theodore de Bary, Chinese Despotism and the Confucian Ideal: A Seventeenth-Century View, in Fairbank: Thought, 第163-203页，尤参第170页及下页。

11. 对这段故事的精彩叙述参见 Charles O. Hücker, The Ming Dynasty: Its Origins and Evolving Institutions, Ann Arbor 1978, 第15-23页。
12. Wolfgang Franke, China 1368 bis 1780, in: Saeculum-Weltgeschichte, Bd. 6, Freiburg i. Br. 1971, 第240页；但是蒙古人的统治并没有对中国专制统治体系的形成起到决定性影响。参见 Elizabeth Endicott-West, Imperial Governance in Yüan Times, in: HJAS 46 (1986), 第523-49页；对洪武帝作为改革者的相对温和评价参见 John W. Dardess, Confucianism and Autocracy: Professional Elites in the Founding of the Ming Dynasty, Berkeley 1983, 第183页及下页。
13. 下述内容参见 Franke, China 1368 bis 1780, 第237-41页；Hucker, The Ming Dynasty, 第66-73页；Edward L. Dreyer, Early Ming China: A Political History, 1355-1435, Stanford 1982, 第147页及下页；John D. Langlois, Jr., The Hung-wu Reign, 1368-1398, in CHOC, Bd. 7, 第107-81页，尤参第139页及下页。
14. 参见 Peter Greiner, Die Brokatuniform-Brigade (chin-i wei) der Ming-Zeit von den Anfängen bis zum Ende der T'ien-shun-Periode (1368-1464), Wiesbaden 1975, 尤参第159页及下页。
15. 这些人的职责原本是专门辅佐皇帝，然而到明朝中叶时，却变成了独断专行的决策者。参见 Ray Huang, 1587: A Year of No Significance: The Ming Dynasty in Decline, New Haven 1981, 第18页。
16. 摘自 Tilemann Grimm, State and Power in Juxtaposition: An Assessment of Ming Despotism, in Schram: Scope, 第34页。
17. 参见 Harold L. Kahn, Monarchy in the Emperor's Eyes: Image and Reality in the Ch'ien-lung Reign, Cambridge, Mass. 1971; Frederic Wakeman, Jr., High Ch'ing, 1683-1839, in Crowley: East Asia, 第6-8页。
18. 最重要的改革举措是1729年设立了军机处。参见 Ch'ien Mu, Traditional Government, 第127页。
19. 参见 Albert Chan, The Glory and Fall of the Ming Dynasty, Norman, Okla. 1982, 第154页及下页。
20. 参见Bernd-Michael Linke, Zur Entwicklung des mandjurischen Khanats zum Beamtenstaat. Sinisierung und Bürokratisierung der Mandjuren während der Erobererzeit, Wiesbaden 1982, 尤参第29-59页；满族人并不是以野蛮人身份，突然闯入一个陌生而发达的文明社会，参见 Gertraude Roth, The Manchu-Chinese Relationship, 1618-1636, in Spence/Wills: Ming, 第1-38页。
21. 为了体察民情，康熙皇帝曾于1684~1707年间六次南巡，参见Jonathan Spence, Ts'ao Yin and the K'ang-hsi Emperor: Bondservant and Master, New Haven 1966, 第124页及下页。
22. 参见 Ray Huang, 1587, 第93页及下页。
23. Silas H. L. Wu, Communication and Imperial Control in China: Evolution of the Palace Memorial System, 1693-1735, Cambridge, Mass. 1970, 第115页及下页。

24. Huang Pei, Autocracy at Work: A Study of the Yung-cheng Period, 1723-1735, BIoomington/London 1974, 第 113 页及下页。
25. Paul R. Greenough 通过中印两国的比较得出了这一结论，参见 Comments from a South Asian Perspective: Food, Famine and the Chinese State, in:JAS 41 (1982), 第 789-97 页，尤参第 791 页及下页，第 794 页及下页。
26. Weber: Wirtschaft und Gesellschaft, 第 134 页；关于韦伯对中国统治秩序的分析，参见 Stefan Breuer, Imperium und Rechtsordnung in China, in: ders.: Hubert Treiber (Hrsg.), Die Rechtssoziologie Max Webers. Interpretation, Kritik, Weiterentwicklung, Opladen 1984, 第 70-91 页。
27. 清皇帝日常需要处理的朝政从规模上看极其庞大，参见 Silas H. L. Wu, Emperors at work: The Daily Schedules of the K'ang-hsi and Yung-cheng Emperors, 1661-1735, in: Tsinghua Journal of Chinese Studies, n. s. 8 (1970), 第 210-27 页；乾隆帝的两位继任者、其子嘉庆（1796-1820）与其孙道光（1821-1850）也都勤于政务，立志成为贤明的君主，只是因为天时不利，其取得的成就也相对有限。参见 F. W. Mote in Rozman: Modernization, 第 56 页及下页。
28. 摘自 Ray Huang, The Merger of Chinese History with Western Civilization, in: CSH 20 (1986), 第 102 页。
29. 科举制简史参见 Wolfgang Franke, The Reform and Abolition of the Traditional Chinese Examination System, 第 1 页及下页；关于科举考试的规制，参见 Miyazaki Ichisada, China's Examination Hell: The Civil Service Examinations of Imperial China, New Haven 1976；有关科举制末期某次会考的生动描述，参见 Chiang Monlin, Tides from the West: A Chinese Autobiography, New York 1947, 第 54 页及下页。
30. Miyazaki, China's Examination Hell, 第 119-21 页；Ho Ping-ti, The Ladder of Success in Imperial China: Aspects of Social Mobility, 1368-1911, New York 1962, 第 190-94 页；另参 Chou Hsiu-fen Vetter, Korruption und Betrug im traditionellen Prüfungssystem Chinas, Freiburg i. Br. 1985, 但作者的阐述并没有针对某个具体的历史阶段。
31. Wakeman: Fall, 第 22 页。
32. Smith: Heritage, 第 50 页。
33. Ho Ping-ti, The Ladder of Success, 第 119 页。
34. 最著名的例子莫过于和珅。1775 年，这位年仅 25 岁只有最低科举头衔的满族侍卫得到乾隆赏识和重用，被一路提拔，在乾隆晚期成为权倾天下的重臣。参见 Hummel: Eminent Chinese, 第 288-90 页
35. 19 世纪时的情况参见 James H. Cole, Shaohsing: Competition and Cooperation in Nineteenth-Century China, Tucson, Ariz. 1986, 第 73 页及下页。
36. Montesquieu, De l'Esprit des lois, III/9。
37. 参见 Wolfgang Bauer, China und die Hoffnung auf Glu ̈ ck. Paradiese, Utopien, Idealvorstellungen, München 1971, 第 93 页及下页；另参 Hsiao Kung-chuan, History of Chinese Political Thought, Bd. 1, 第 368 页及下页；Quellentexte in Wm. Theodore de Bary u. a. (Hrsg.), Sources of Chinese Tradition, Bd. 1, New York 1960, 第 122-49 页。
38. Thomas A. Metzger, The Internal Organization of Ch'ing Bureaucracy: Legal, Normative

and Communicative Aspects, Cambridge, Mass. 1973, 第404页及下页。

39. Levenson: Confucian China, Bd. 2, 第48页。
40. 参见Klaus Malettke (Hrsg.), Ämterka ¨ uflichkeit. Aspekte sozialer Mobilita ¨ t im europäischen Vergleich (17. und 18. Jahrhundert), Berlin 1980。
41. Wang: Taxation, 第9页。
42. Gabriel Ardant, Financial Policy and Economic Infrastructure in Modern States and Nations, in Tilly: Formation, 第180页。
43. Chiang Tao-chang, The Production of Salt in China, 1644-1911, in: Annals of the Association of American Geographers 66 (1976), 第516-30页; 同作者: The Salt Trade in Ch'ing China, in: MAS 17 (1983), 第197-219页; 另参Hans Ulrich Vogel, Untersuchungen über die Salzgeschichte von Sichuan (311 v. Chr. - 1911). Strukturen des Monopols und der Produktion, Habilitationsschrift, Heidelberg 1988, 尤参第58页及下页, 及萧国亮《论清代纲盐制度》, 刊于《历史研究》, 1988/5, 第64-73页。
44. Thomas A. Metzger, The Organizational Capabilities of the Ch'ing State in the Field of Commerce: The Liang-huai Salt Monopoly, 1740-1840, in Willmott: Organization, 第19页及下页。
45. Ho Ping-ti, The Salt Merchants of Yang-chou: A Study of Commercial Capitalism in Eighteenth Century China, in: HJAS 17 (1954), 第149页。
46. 王思治、金成基:《清代前期两淮盐商的盛衰》, 刊于《中国史研究》, 1981/2, 第66-84页, 此处参见第73-75页。
47. "两"曾是中国的白银货币单位, 人们无法根据某种标准将它换算成今天的货币单位。
48. 叶显恩:《徽商利润的封建化与资本主义萌芽》, 刊于《中山大学学报》, 1983/1, 第49页; 关于田赋问题, 参见Feuerwerker: State, 第91页, 图表5; 关于官员的俸禄问题, 参见nach Madeleine Zelin, The Magistrate's Tael: Rationalizing Fiscal Reform in Eighteenth-Century Ch'ing China, Berkeley 1984, 第27页, 图表2.7; 关于盐商的庞大财富, 参见Wakeman: Fall, 第47-50页; Ho Ping-ti, Salt Merchants, 第153页及下页。
49. Wang: Taxation, 第80页。
50. 关于法律背景, 参见同上, 第130-32页。
51. Feuerwerker: State, 第90-92页。
52. Ch'ü T'ung-tsu, Local Government in China under the Ch'ing, Stanford 1962, 第139页。
53. Wang: Taxation, 第26页及下页。
54. 同上, 第29页。
55. Weber: Konfuzianismus, 第342页。
56. Wang: Taxation, 第27-29页。
57. Hsiao Kung-chuan, Rural China, 第508页。
58. 正如人们经常引用的杜赫德名言:"中国政权在某种程度上只能依靠'大棒'政策来维系"(qu'on peut dire que le gouvernement Chinois ne subsiste guères que par l'exercise du bâton) (Description, Bd. 2, 第134页); 但杜的这句话是在讨论中国刑法制度时说到的。杜赫德在有关中国政治的问题上, 观点都是有具体针对性的。
59. Albert Feuerwerker, The State and the Economy in Late Imperial China, in: Th&S 13

(1984), 第 300 页 , 表 1。

60. Carlo Cipolla, Before the Industrial Revolution: European Society and Economy, 1000-1700, London 1976, 第 47 页。
61. 参见 Louis Le Comte, Nouveaux mémoires sur l'état present de la Chine, Amsterdam 1697, Bd. 2, 第 11 页。
62. 特别是著名的“一条鞭法”，参见 Ray Huang, Taxation and Government Finance in Sixteenth-Century Ming China, Cambridge 1974。
63. Wang: Taxation, 第 131 页 ; Zelin, The Magistrate's Tael, 第 1 章。
64. 参见 Wittfogel: Despotie, 尤参第 25 页；对魏特夫观点的评论，参见 Gary L. Ulmen, The Science of Society: Toward an Understanding of the Life and Work of Karl August Wittfogel, Den Haag 1979; Dieter Senghaas, Wittfogel redivivus, in: Leviathan 8 (1980), 第 133-41 页；中国学界对魏特夫观点的研讨始于吴大琨发表的一篇论文，刊于《历史研究》，1982/4, 第 27-36 页；有关“亚细亚生产方式”的探讨，在此恕不细论，有兴趣者可参见下述较新的史学著作：Reinhart Kößler, Dritte Internationale und Bauernreyolution. Die Herausbildung des sowjetischen Marxismus in der Debatte um die «asiatische» Produktionsweise, Frankfurt/New York 1982; Stephen P. Dunn, The Fall and Rise of the Asiatic Mode of Production, London 1982; Alfons Esser, Die gegenwärtige Diskussion der asiatischen Produktionsweise in der Volksrepublik China, Bochum 1982; Joshua A. Fogel, The Debate over the Asiatic Mode of Production in Soviet Russia, China and Japan, in: AHR 93 (1988), 第 56-79 页。
65. «In general, the Qing approach to agrarian problems was more technological than redistributionist.» Peter C. Perdue, Exhausting the Earth: State and Peasant in Hunan, 1500-1800, Cambridge, Mass. 1987, 第 16 页。
66. Feuerwerker, The State and the Economy, 第 313 页。
67. 参见Jerome Blum, Lord and Peasant in Russia: From the Ninth to the Nineteenth Century, Princeton 1961, 第 475 页及下页。
68. 关于这些古代工程的简史，参见 Yang Liensheng, Economic Aspects of Public Works in Imperial China, in: ders., Excursions in Sinology, Cambridge/Mass. 1969, 第 191-248 页，尤参第 202-204 页。
69. 我们在这里只讨论“治水”问题，关于粮食贮藏问题可参见 Pierre-Etienne Will 的精彩分析 : Bureaucratie et famine en Chine au 18e siècle, Paris 1980; ders., Le stockage public des grains en Chine à l'époque des Qing (1644-1911): Problèmes de gestion et problèmes de contrôle, in: Annales, E. S. C. 38 (1983), 第 239-78 页；关于 Will 的研究成果，参见 R. Bin Wong/Peter C. Perdue 的评述 : Famine's Foes in Ch'ing China, in: F1JAS 43 (1983), 第 291-332 页。
70. 参 见 Klaus Flessel, Der Huang-ho und die historische Hydrotechnik jn China. Unter besonderer Berücksichtigung der nördlichen Sung-Zeit und mit einem Ausblick auf den vergleichbaren Wasserbau in Europa, Tübingen 1974, 尤参第 87-106 页。
71. Naquin/Rawski: Eighteenth Century, 第 23 页及下页。
72. 这种观点的最早版本见：Pierre-Etienne Will, Un cycle hydraulique en Chine: La province de Hubei du XVIe au XIXe siècle, in: Bulletin de l'Ecole Française d'Extrême-Orient 68 (1980), 第 261-87 页 ; 另见同作者：On State Management of

Water Conservancy in Late Imperial China, in: PFEH 36 (1987), 第 71-91 页。

73. 同作者：State Intervention in the Administration of a Hydraulic Infrastructure: The Example of Hubei Province in Late Imperial Times, in Schram: Scope, 第 295-347 页。
74. 同上，第 327 页；对这一问题的生动描绘参见 Peter C. Perdue, Water Control in the Dongting Lake Region during the Ming and Qing Period, in: JAS 41 (1982)， 第 747-65 页；同作者：Exhausting the Earth, 第 197 页及下页；另参 Antonia Finnane, Bureaucracy and Responsibility: A Reassessment of the River Administration under the Qing, in: PFEH 30 (1984), 第 161-98 页。
75. Will, State Intervention, 第 339 页。
76. 参见下述精彩论著：Jian Rui:《清代四川盐业出现资本主义萌芽的条件》，刊于《中研院近代史研究所集刊》，2 (1982), 第 470-97 页，尤参第 483 页及下页。
77. 参见 Susan Mann, Brokers as Entrepreneurs in Presocialist China, in: CSSH 26 (1984), 第 614-36 页。
78. Chiang Tao-chang, The Salt Trade in Ch'ing China, 第 205 页。
79. 盐商子嗣可以受到整个国家最好的教育，参见 Ping-ti, Salt Merchants, 第 165 页。
80. 萧国亮:《清代两淮盐商的奢侈性消费及其经济影响》，刊于《历史研究》，1982/4, 第 136-44 页；叶显恩:《徽商利润的封建化与资本主义萌芽》，第 50-53, 55 页。
81. 韦庆远、吴其衍:《清代著名皇商范氏的兴衰》，刊于《历史研究》，1981/3, 第 127-44 页，尤参第 139-43 页。
82. 参 见 Thomas A. Metzger, T'ao Chu's Reform of the Huaipei Salt Monopoly (1831-1833), in: PC 16 (1962), 第 1-39 页。
83. “重农抑商”更多是一个带有文学意味的习惯概念，人们不能将它笼统地与现实画上等号。该观点参见 Thomas A. Metzger, The State and Commerce in Imperial China, in: Asian and African Studies 6 (1970), 第 23-46 页，尤参第 25-32 页。
84. 在帝制时期的中国，商人群体是对政治体制威胁最小的社会群体，朝廷无须对其特别加以防范（就像对动辄揭竿而起的农民或与朝廷时有二心的文人士大夫那样）。参见 Yang Lien-sheng, Government Control of the Urban Merchant in Traditional China, in: Tsing Hua Journal of Chinese Studies, n. s., 8 (1970), 第 186-209 页，尤参第 199-203 页。
85. 参见 Naquin/Rawski: Eighteenth Century, 第 26 页。
86. Yang Lien-sheng, Government Control, 第 197 页。
87. 参见 Edwin G. Beal, The Origins of Likin, 1853-1864, Cambridge, Mass. 1958。
88. Karl Polanyi 曾经指出，从世界史角度讲，市场经济总体不受国家控制的情况属于特例，参见 The Great Transformation: The Political and Economic Origins of Our Time, New York 1944。
89. 这里之所以将“国家”与“社会”对立起来，只是为了使对比变得更加清晰。在此需要提醒的是，在中国人的世界观或宇宙观中（如 Sir Edmund Leach 所言：«the ideological superstructure which serves as a justification for everything that goes on», Social Anthropology, London 1982, 第 213 页），国家与社会、“公”与“私”之间的界限并没有西方那样明确，类似的现象也存在于“官”与“民”的关系。Gernet (Introduction, 第 xxx 页）曾经不无道理地指出，在中国人的观念中，是否存在“经济”领域独立以及国家从外部施加干预的观念，是一个有待探讨的问题。这一问题同样适用于前自由主义时代的欧洲。从这一点来讲，前工业化时期全球各地的旧政权之间并不存在本质性差异。关于华夏宇宙观的主要特点，参见 Peter Weber-Schäfer, Staat und Gesellschaft in China. Über die Anwendbarkeit sozialwissenschaftlicher Kategorien, in Link: China, 第 243-60 页，尤参第 249 页；Benjamin I. Schwartz, Some Polarities in Confucian Thought, in: Arthur F. Wright (Hrsg.), Confucianism and Chinese Civilization, Chicago 1964, 第 3-15 页；关于中国人的法律意识，参见 Oskar Weggel, Chinesische Rechtsgeschichte, Leiden/KÖln 1980, 第 216-35 页，尤参第 220-22 页。

90. 该观点参见 Feuerwerker, The State and the Economy, 第 322 页。
91. Jerome Blum, The Internal Structure and Polity of the European Village Community from the Fifteenth to the Nineteenth Century, in: JMH 43 (1971), 第 541 页。
92. Ramon H. Myers, Cooperation in Traditional Agriculture and Its Implications for Team Farming in the People's Republic of China, in Perkins: Economy, 第 261 页。
93. 关于农户合作的传统形式，参见 Joachim Durau, Arbeitskooperation in der chinesischen Landwirtschaft. Die Veränderung bäuerlicher Produktionsbeziehungen zwischen Agrarrevolution und Kollektivierung (1927-1957), Bochum 1983, 第 10-19 页。
94. Ch'ü T'ung-tsu, Local Government, 第 2 页；Hsiao Kung-chuan, Rural China, 第 281-84 页；中日之间富于启迪性的对比参见 Fukutake Tadashi, Rural Society: China, India, Japan, Tokio 1967, 第 12 页及下页。
95. Teodor Shanin, Russia as a «Developing Society», Basingstoke 1985, 第 75 页。
96. Wang: Taxation, 第 41 页；尽管作者在该著作中对中国税赋问题做出了精彩的分析，然而在涉及捐税收缴办法问题时，并没有达到 Ray Huang 论述 16 世纪中国税赋问题时所达到的细致入微的程度：Taxation and Government Finance in Sixteenth-Century Ming China, 第 141 页及下页。
97. Furushima Kazuo, Village Society in Prerevolutionary China, in: The Developing Economies 10 (1972), 第 219 页。
98. 参见 Morton H. Fried, China: An Anthropological Overview, in: Meskill: Introduction, 第 369 页及下页；近年来又出现了大量有关中国农村问题的社会人类学论著，在此恕不一一罗列。
99. 参见 Skinner: Marketing, jetzt leicht versta ̈ ndlich resu ̈ miert bei Eastman: Family, 第 115-20 页。
100. G. William Skinner, Chinese Peasants and the Closed Community: An Open and Shut Case, in: CSSH 13 (1971), 第 272 页。
101. 参见 Johnson: Popular Culture。
102. 参见 Perry: Rebels, 第 80-94 页。
103. Skinner, Chinese Peasants and the Closed Community, 第 281 页。
104. John K. Fairbank, Introduction: The Old Order, in CHOC, Bd. 10, 第 21 页。
105. 关于这些官员的职责与招募方式，参见 John R. Watt, The District Magistrate in Late Imperial China, New York 1972, 第 11 页及下页。
106. Ray Huang/Joseph Needham, The Nature of Chinese Society: A Technical Interpretation, in: JOS 12 (1974), 第 7 页。
107. 关于“士绅”问题，参见 Wakeman: Fall, 第 19-37 页；关于其在政治一行政体制中扮演的角色问题，参见 Rozman: Modernization, 第 82-97 页；Wolfram Eberhard 甚

至以“士绅”角色的变化为主线，撰写了一部中国历史：Geschichte Chinas. Von den Anfängen bis zur Gegenwart, Stuttgart 1971；另参 Cole, Shaohsing, 第 14 页及下页；Hilary J. Beattie, Land and Lineage in China: A Study of T'ung-ch'eng County, Anhwei, in the Ming and Ch'ing Dynasties, Cambridge 1979, 尤参第 1 和第 3 章。

108. Chang Chung-li, The Chinese Gentry, 第 113 页。

109. 参见 Hoffmann: Traditionale Gesellschaft, 第 65-70 页；Paolo Santangelo, Alcuni elementi della società cinese nel periodo Ming e Qing, Neapel 1987, 第 55-73 页。

六　中国在亚洲大陆腹地的经略与朝贡协定

1. 参见 Robert H. G. Lee, Frontier Politics in the Southwestern Sino-Tibetan Borderlands during the Ch'ing Dynasty, in Fogel/Rowe: Perspectives, 第 35-68 页；另参 Claudine Lombard-Salmon 的精彩专题论著：Un exemple d'acculturation chinoise: La province du Gui Zhou au XVIIIe siècle, Paris 1972, 尤参第 163 页及下页。
2. 参见 Alan S. Whiting, China Crosses the Yalu: The Decision to Enter the Korean War, Stanford 1960, 第 114 页；Peter Lowe, Origins of the Korean War, London 1986, 第 150 页及下页，以及本书第 360 页及下页。
3. 参见魏能涛《明清时期中日长期商船贸易》，刊于《中国史研究》，1986/ 2, 第 49-64 页；Iwao Seiichi, Japanese Foreign Trade in the 16th and 17th Centuries, in: A A 30 (1976), 第 1-18 页，尤参第 10-14 页；关于进口对江户时代日本经济的意义，参见 Robert L. Innés, The Door Ajar: Japan's Foreign Trade in the Seventeenth Century, Ph. D. thesis, University of Michigan 1980, 第 474 页及下页；对日本闭关锁国极端性的不同见解参见 Ronald P. Toby, State and Diplomacy in Early Modern Japan: Asia in the Development of the Tokugawa Bakufu, Princeton 1984。
4. 关于中亚地区的复杂形势，在此只能勾勒出一个大致轮廓。从经济、地缘政治和世界史角度的精彩分析，参见 Owen Lattimores。相关概述可参 Studies in Frontier History. Collected Papers 1928-1958, London 1962, 第 501-13 页；以及 Owen and Eleanor Lattimore, The Making of Modern China, New York 1944, 第 41-52 页。
5. 满洲同时也是皇帝的猎场，它为皇室人员提供了避暑休闲围猎等多项功能，参见 Hou Ching-lang/Michèle Pirazzoli, Les chasses d'automne de l'empereur Qianlong à Moulan, in: TP 65 (1979), 第 13-50 页，尤参第 38-40 页。
6. Naquin/Rawski: Eighteenth Century, 第 207 页。
7. Chao: Manchuria, 第 2 页及下页；田志和:《清代东北蒙地开发述要》，刊于《东北师大学报》，1984/1, 第 87-93 页，尤参第 92 页。
8. Joseph Fletcher, Ch'ing Inner Asia c. 1800, in CHOC, Bd. 10, 第 39-47 页；Robert H. G. Lee, The Manchurian Frontier in Ch'ing History, Cambridge, Mass. 1970。
9. Veronika Veit, Die mongolischen Völkerschaften vom 15. Jahrhundert bis 1691, in Weiers: Mongolen, 第 386-89 页；Luc Kwanten, Imperial Nomads: A History of Central Asia, 500-1500, Leicester 1979, 第 10 章。
10. David M. Farquhar, The Origins of the Manchu's Mongolian Policy, in Fairbank: World Order, 第 204 页；同作者：Mongolian versus Chinese Elements in the Early Manchu State, in: CSWT 2:6 (1971), 第 11-23 页。

11. 关于理藩院的组织结构与职能，参见 Hsieh Pao-chao, The Government of China (1644-1911), Baltimore 1925, 第 321-41 页；赵云田:《理藩院》，刊于《清史研究》卷 2, Beijing 1982, 第 238-45 页。
12. Veronika Veit, Qalqa 1691 bis 1911, in Weiers: Mongolen, 第 437-39 页；Hans-Ramer Kämpfe, Die Innere Mongolei von 1691 bis 1911, in ebd., 第 414-16 页。
13. Rossabi: Inner Asia, 第 141-49 页，对相关历史背景做出了清晰的阐述。
14. 对这起事件的生动描述参见 Maurice Courant, L'Asie centrale aux XVIIe et XVIIIe siècles: Empire Kalmouk ou Empire Mantchou? Lyon/Paris 1912, 第 106-14 页。
15. Tichvinskij: Modem History, 第 44 页。
16. 关于新疆问题，参见 Lattimore, Studies in Frontier History, 第 183-99 页；关于新疆作为华夏省份的历史沿革，参见 Nailene Josephine Chou, Frontier Studies and Changing Frontier Administration in Late Ch'ing China: The Case of Sinkiang 1759-1911, Ph. D. thesis, University of Washington 1976, 第 214 页及下页。
17. 仅 1753 ~1757 年，清廷便从蒙古人手中没收或以人为压低的价格购买了 15 万只马匹，22.1 万匹骆驼，2.23 万头牛，46.9 万只羊。参见 Veit, Qalqa 1691 bis 1911, 第 454 页。
18. Rossabi: Inner Asia, 第 149 页；Joseph Fletcher, China and Central Asia, 1368-1884, in Fairbank: World Order, 第 216-19 页。
19. Fletcher, Ch'ing Inner Asia, 第 77 页。
20. 相关理论与实践，参见 Michael Crowder, West Africa under Colonial Rule, London 1968, 第 216 页及下页。
21. 参见 Peter Worsley, The Three Worlds: Culture and World Development, London 1984, 第 5 页。
22. Lattimore, Studies in Frontier History, 第 197 页。
23. Lörincz: Mongolie, 第 149 页。
24. Veit, Qalqa 1691 bis 1911, 第 447 页及下页。
25. 同上，第 448 页及下页。
26. 同上，第 460-62 页；另参 M. Sanjdorj, Manchu Chinese Colonial Rule in Northern Mongolia, London 1980, 第 40 页及下页。
27. Fletcher, Ch'ing Inner Asia, 第 52 页。
28. 直到 18 世纪中叶，随着放牧向农耕生活的转变，汉人对内蒙的农业垦殖才真正开始。Joseph Fletcher, The Heyday of the Ch'ing Order in Mongolia, Sinkiang and Tibet, in CHOC, Bd. 10, 第 356-58 页。
29. Kämpfe, Die Innere Mongolei von 1691 bis 1911, 第 427 页。
30. Fletcher, Ch'ing Inner Asia, 第 54 页。
31. Larry Moses/Stephen A. Halkovic, Jr., Introduction to Mongolian History and Culture, Bloomington 1985, 第 225 页。
32. 参见 Wang Chen-main, The Ch'ing Dynasty and Its Influence and Effects on Mongolia, in: Chinese Culture 26 (1985), 第 79 页及下页。
33. 参见 S. Mart'ynov, Quelques particularite ´ s de la politique du gouvernement Qing au Tibet ὰ la fin du XVIIIe siècle, in Tichvinskij: Domination, 第 222 页及下页；同作者，Status Tibeta v XVII-XVIII vekach v tradicionnoj kitajskoj sisteme politiceskich predstavlenij, Moskau 1978, 第 134 页及下页；关于 18 世纪清廷对西藏的政策，参

见 Luciano Petech, China and Tibet in the Early Eighteenth Century: History of the Establishment of a Chinese Protectorate in Tibet, Leiden 1972, 尤参第 230 页及下页；Fletcher, Ch'ing Inner Asia, 第 90-106 页；Grunfeld: Tibet, 第 42-45 页。

34. 相关比较参见 Franke/Trauzettel: Kaiserreich, 第 292 页。
35. 参见 Luciano Petech, Aristocracy and Government in Tibet 1728-1959, Rom 1973。
36. Lattimore, Inner Asian Frontiers, 第 137 页。
37. 参见 Barry Hindess/Paul Q. Hirst, Vorkapitalistische Produktionsweisen, Frankfurt a. M. 1981, 第 140 页及下页，尤参第 160 页；另参 Ulrich Menzel, Theorie und Praxis des chinesischen Entwicklungsmodells. Ein Beitrag zum Konzept autozentrierter Entwicklung, Opladen 1978, 第 21 页及下页。
38. 关于朝贡体系的经典分析，参见 John K. Fairbank/Teng Ssu-yu, On the Ch'ing Tributary System, in: HJAS 6 (1941), 第 135-246 页；简要而精彩的概述参见 Hsü: Rise, 第 181-85 页；Wiethoff: Ältere Geschichte, 第 200 页及下页。
39. Franke: Abendland, 第 24 页。
40. Arthur F. Wright, On the Uses of Generalization in the Study of Chinese History, in: Louis Gottschalk (Hrsg.), Generalization in the Writing of History, Chicago 1963, 第 40 页；对该观点的批判，参见 Heiner Roetz, Mensch und Natur im alten China. Zum Subjekt-Objekt-Gegensatz in der klassischen chinesischen Philosophie. Zugleich eine Kritik des Klischees vom «chinesischen Universismus», Frankfurt a. M. 1984, 第 78 页及下页。
41. Wang Gungwu, The Rhetoric of a Lesser Empire: Early Sung Relations with Its Neighbors, in: Morris Rossabi (Hrsg.), China Among Equals: The Middle Kingdom and Its Neighbors, 10th to 14th Centuries, Berkeley 1983, 第 50 页。
42. 与此思路不同但十分有趣的另一种观点，参见 Karl Bünger, Concluding Remarks on Two Aspects of the Chinese Unitary State as Compared with the European State System, in Schram: Foundations, 第 313-23 页。
43. 参见 Otto Kimminich, Die Entstehung des neuzeitlichen Vo ¨ lkerrechts, in: Iring Fetscher/Herfried Münkler (Hrsg.), Pipers Handbuch der politischen Ideen, Bd. 3, München 1985, 第 73-100 页；Harm Klueting, Die Lehre von der Macht der Staaten. Das außenpolitische Machtproblem in den «politischen Wissenschaften» und in der praktischen Politik im 18. Jahrhundert, Berlin 1986; Herfried Münkler, Im Namen des Staates. Die Begründung der Staatsraison in der Frühen Neuzeit, Frankfurt a. M. 1987。
44. 在朝贡问题上观点最具影响力的现代史学家 Fairbank 也曾提出：«Taken together, these practices constituted the tribute system. » John K. Fairbank, A Preliminary Framework, in Fairbank: World Order, 第 10 页；有学者曾以批判的态度指出，Fairbank 所说的朝贡体系只是一种假设，它只存在于史学家的意识里。该观点虽然切中要害，但选错了批判的对象。参见 Tan Chung, Interpretations of the Opium War (1840-42): A Critical Appraisal, in: CSWT 3, Supplement 1 (Dez. 1977), 第 34 页及下页。
45. Mancall: Center, 第 13 页及下页。
46. Fletcher, China and Central Asia, 第 210 页及下页，第 224 页。
47. Erhard Rosner, Die «Familie der Völker» in der Diplomatiegeschichte Chinas, in: Saeculum 32 (1981), 第 103-16 页，尤参第 111-16 页。

48. 参见本书第七节。
49. 直到 1899 年，当这些王国除暹罗外都已落入欧洲殖民政权手中时，在清廷各类文书中，它们仍然被称作朝贡国。参见 Fairbank/ Teng, On the Ch'ing Tributary System, 第 174 页。
50. Fairbank, A Preliminary Framework, 第 11 页。
51. Lee: Korea, 第 215 页及下页。
52. Erling von Mende. China und die Staaten auf der koreanischen Halbinsel bis zum 12. Jahrhundert. Eine Untersuchung zur Entwicklung der Formen zwischenstaatlicher Beziehungen in Ostasien, Wiesbaden 1982, 第 18 页；另参 M. Frederick Nelson, Korea and the Old Orders in Eastern Asia, Baton Rouge 1945。
53. Fairbank: East Asia, 第 306 页。
54. Kim: Last Phase, 第 6-9 页
55. Chun Hae-jong, Sino-Korean Tributary Relations in the Ch ing Period, in Fairbank: World Order, 第 90-111 页，尤参第 102-109 页。
56. 关于暹罗对中国和日本的双重朝贡关系，参见 Robert K. Sakai, The Ryûkyû (Liu-ch'iu) Islands as a Fief of Satsuma, in Fairbank: World Order, 第 112-34 页；Ch'en Ta-tuan, Investiture of Liu-ch iu Kings in the Ch ing Period, in: ebd., 第 135-64 页。
57. 参见 Alexander B. Woodside, Vietnam and the Chinese Model: A Comparative Study of Nguyen and Ch'ing Administration in the First Half of the Nineteenth Century, Cambridge, Mass. 1971, 第 234-46 页。
58. 关于 18 世纪东南亚的多种政治形态，参见 David Joel Steinberg u. a., In Search of Southeast Asia: A Modem History, Honolulu 1985, 第 59-91 页，尤参第 62-64 页关于暹罗的部分。
59. Wyatt: Thailand, 第 145-61 页；暹罗君主专制直到 1932 年才被废除，相关历史背景参见 Benjamin A. Batson, The End of the Absolute Monarchy in Siam, Singapore 1984, 第 1-25 页。
60. 其中包括小规模的跨地区贸易，细节参见 Andrew D. W. Forbes, The «Cin-Ho» (Yunnanese Chinese) Caravan Trade with North Thailand during the Late Nineteenth and Early Twentieth Centuries, in: JAH 21 (1987), 第 1-47 页。
61. 参见 Jennifer W. Cushman, Fields from the Sea: Chinese Junk Trade with Siam During the Late Eighteenth and Early Nineteenth Centuries, Ph. D. thesis, Cornell University 1975。
62. Sarasin Viraphol, Tribute and Profit: Sino-Siamese Trade, 1652-1853, Cambridge, Mass. 1977, 第 70 页及下页，第 248 页。
63. 同上，第 145, 244 页。
64. 同上，第 123-25 页。
65. 同上，第 158 页及下页。
66. Subsaeng Promboon, Sino-Siamese Tributary Relations, 1282-1853, Ph. D. thesis, University of Wisconsin 1971, 第 288, 294 页及下页。
67. Wyatt: Thailand, 第 183-85 页。
68. 关于组织形式参见 Ng Chin-keong, Trade and Society: The Amoy Network on the China Coast, 1683-1735, Singapore 1983, 第 95 页及下页；另参郭蕴静《乾隆康熙时

期的对外贸易》，刊于《求是学刊》，1984/4，第71-77页，尤参第75页及下页。

69. V. S. Mjasnikov, The Ch'ing Empire and the Russian State in the 17th Century, Moskau 1985, 第64-72页。
70. Rolf Trauzettel, Anfänge chinesischer Landesbeschreibung der Grenzzone Chinas mit Sibirien in der frühen Neuzeit, in: Hans-Bernd Harder (Hrsg.), Landesbeschreibungen Mitteleuropas im 15. bis 17. Jahrhundert, Köln/Wien 1983, 第266页；V. S. Mjasnikov First Chinese Russologists, in: Cina (1988), 第233-43页。
71. Giovanni Stary, Chinas erste Gesandte in Rußland, Wiesbaden 1976, 第5页。
72. Mjasnikov, The Ch'ing Empire, 第81页及下页。
73. 关于这些使团访华情况，参见 Mjasnikov, The Ch'ing Empire, 第99页及下页；Mark Mancall, Russia and China: Their Diplomatie Relations to 1728, Cambridge, Mass. 1971, 第9-140页；Beate Hill-Paulus, Nikolaj Gavrilovič Spatharij (1636-1708) und seine Gesandtschaft nach China, Hamburg 1978; Clubb: Russia, 第19-29页；Alexandre Bennigsen, Russes et Chinois avant 1917, Paris 1974, 第53-62页；另参 Gaston Cahen, Histoire des relations de la Russie avec la Chine sous Pierre le Grand (1689-1730), Paris 1911。
74. 条约英译本参见 Nercinsk bei Mancall, Russia and China, 第280-83页；俄文、拉丁文与满文原文参见 Michael Weiers (Hrsg.), Die Verträge zwischen Rußland und China 1689-1881, Bonn 1979, 第1-10页；德译本参见 Walter Fuchs, Der russisch-chinesische Vertrag von Nertschinsk vom Jahre 1689. Eine textkritische Betrachtung, in: MS 4 (1939/40), 第586-89页。
75. 康熙早在1693年便曾预言："千百年后，中国恐受其累。" 摘自 Fu: Chronicle, 第106页。
76. Mjasnikov, The Ch'ing Empire, S. 283 £1; Mancall, Russia and China, 第149页。
77. Heller: Handel, 第22-27页。
78. Arthur Attman, The Bullion Flow between Europe and the East, 1000-1750, Göteborg 1981, 第118页。
79. Mancall, Russia and China, 第179页及下页，第201页。
80. 条约文本见 Mancall, Russia and China, 第302-10页；Weiers (Hrsg.), Die Verträge zwischen Rußland und China, 第61-83页；关于从《尼布楚条约》到《恰克图条约》的过渡，参见 V. S. Mjasnikov/ N. V. Sepeleva, Imperija Cin i Rossija v XVII - nacale XX v., in S. L. Tichvinskij (Hrsg.), Kitaj i sosedi, Moskau 1982, 第34-87页，尤参第54-57页。
81. A. N. Khokhlov, The Kyakhta Trade and Its Effects on Russian and Chinese Policy in the 18th and 19th Centuries, in Tichvinskij: Chapters, 第100页。
82. 参见本书第七节。
83. Clifford M. Foust, Muscovite and Mandarin: Russia's Trade with China and Its Setting, 1727-1805, Chapel Hill, N. C. 1969, 第77-82页。
84. 同上，第159页。
85. Sladkovskij: Istorija, 第142页。
86. Foust, Muscovite and Mandarin, 第160页及下页。
87. William H. McNeill, The Eccentricity of Wheels, or Eurasian Transportation in

Historical Perspective, in: AHR 92 (1987), 第 1121 页。

88. Sladkovskij: Istorija, 第 173 页。
89. 同上，第 168 页；Foust, Muscovite and Mandarin, 第 231 页；关于跨大陆毛皮贸易，参见 Wolf: Völker, 第 228-77 页，尤参第 261 页及下页；Curtin: Trade, 第 207-29 页；关于毛皮贸易与俄国亚洲政策之间的关联，参见 Glynn Barratt, Russia in Pacific Waters, 1715-1825: A Survey of the Origins of Russia's Naval Presence in the North and South Pacific, Vancouver 1981, 第 100 页及下页。
90. Khokhlov, The Kyakhta Trade, 第 78 页及下页。
91. Foust, Muscovite and Mandarin, 第 355 页。
92. 自马戛尔尼使团访华之后令欧洲人格外气愤的朝廷觐见大礼，未必一定意味着“羞辱”。1720 年，俄国公使伊兹玛依洛夫（Lev Vasilevic Izmailov）出使中国时，便曾依照规矩向康熙帝行三叩六拜大礼，但同时提出，未来中国使团访俄时，也应依样行事。1731 年，满清使团果然按照约定，向沙皇安娜·伊凡诺夫娜行叩拜之礼。参见 Stary, Chinas erste Gesandte in Rußland, 第 158 页。
93. 参见 Henning Scheu, Das Völkerrecht in den Beziehungen Chinas zu den europäischen Seemächten und zu Rußland. Ein Beitrag zur Geschichte des Völkerrechts, jur. Diss. Frankfurt a. M. 1971, 第 96 页及下页；Wolfgang Preiser, Frühe völkerrechtliche Ordnungen der außereuropäischen Welt. Ein Beitrag zur Geschichte des Völkerrechts, Wiesbaden 1976, 第 183 页。
94. Mancall: Center, 第 79 页。
95. Horst Pommerening, Der chinesisch-sowjetische Grenzkonflikt. Das Erbe der ungleichen Verträge, Olten/Freiburg i. Br. 1968, 第 125 页。
96. 参见本书第七节关于广州体系的部分。
97. 俄国当年在北京有一座教堂和一所俄语学堂。俄国传教士不像早年耶稣会教士那样，享有朝廷的特殊待遇。但是当清廷撤销耶稣会、禁止西方人在华进行传教活动后，俄国成为唯一在华设有常驻记者的国家。早在英国人之前，俄国就成立了由一群“中国通”组成的对华政策顾问团。详见 Eric Widmer, The Russian Ecclesiastical Mission in Peking in the 18th Century Cambridge, Mass. 1977。

七　东印度公司时代的印度、中国南方以及欧洲对亚洲贸易

1. Reinhard: Expansion, Bd. 1, 第 75 页；Roderich Ptak, Portugal in China. Kurzer Abriß der portugiesisch-chinesischen Beziehungen und der Geschichte Macaus im 16. und beginnenden 17. Jahrhundert, 2. Aufl., Heidelberg 1982, 第 20-27 页。
2. 同上，第 66-69 页；葡萄牙人就在 1622 年守住澳门的同时，失去了其在波斯湾的据点霍尔木兹，并由此丧失了“帝国最重要的堡垒之一”（one of the buttresses of their Empire），语出 Niels Steensgaard, The Asian Trade Revolution of the Seventeenth Century, Chicago 1973, 第 346 页；霍尔木兹的陷落，而非守卫澳门的成功，才是历史发展趋势的反映。
3. 下述史实可参见西方经典文献：O. H. K. Spate, The Pacific Since Magellan, Bd. 2: Monopolists and Freebooters, London 1983, 第 78-84 页；关于占领中国台湾的过程和影响，参见 Chen: Taiwan, 第 60 页及下页。

4. 参见 Bodo Wiethoff: Tribut und Handel. Chinesische Seeräuber und Überseehändler im 16. Jahrhundert, in: Saeculum 15 (1964), 第 230-48 页，尤参第 235 页及下页；关于朝廷的干预问题，参见 Wong Young-tsu, Security and Warfare on the China Coast: The Taiwan Question in the Seventeenth Century, in: MS 35 (1981-83), 第 111-96 页；另参 C. R. Boxer, War and Trade in the Indian Ocean and the South China Sea, 1600-1650, in: The Great Circle. Journal of the Australian Association for Maritime History 1 (1979), 第 3-17 页。
5. 参见 C. R. Boxer, The Dutch Seaborne Empire 1600-1800, London 1965, 第 144 页及下页；关于台湾内部状况的精彩概述，参见 Hsu Wen-hsiung, From Aboriginal Island to Chinese Frontier: The Development of Taiwan before 1683, in Knapp: Island Frontier, 第 3-29 页；关于中国收复台湾后的形势，参见 Gudula Linck-Kesting, Ein Kapitel chinesischer Grenzgeschichte. Han- und Nicht-Han im Taiwan der Qing-Zeit 1683-1895, Wiesbaden 1979，第 106 页及下页，关于荷兰人留下的遗产问题。
6. 关于台湾问题的特殊性，参见 Denys Lombard, Questions on the Contact between European Companies and Asian Societies, in Blussé/ Gaastra: Companies, 第 184 页。
7. 参见 Leonard Blusse ´, The VOC as Sorcerer's Apprentice: Stereotypes and Social Engineering on the China Coast, in Idema: Leyden Studies, 第 93 页及下页。
8. 关于清廷对南方统治的加强，参见 Lynn A. Struve, The Southern Ming, 1644-1662, New Haven 1984, 尤参第 167 页及下页。
9. 如今，郑成功已经成为抗击外来侵略的民族英雄典范。参见 Ralph C. Croizier, Koxinga and Chinese Nationalism: History, Myth, and the Hero, Cambridge, Mass. 1977, 尤参第 50 页及下页。
10. 关于这一时期的详细情况，参 John E. Wills, Jr., Pepper, Guns and Parleys: The Dutch East India Company and China, 1662-1681, Cambridge, Mass. 1977；更多视角参见 Maritime China from Wang Chih to Shih Lang: Themes in Peripheral History, in Spence/Wills: Ming, 第 201-38 页。
11. 最新学术观点参见 Dietmar Rothermund, in: HZ. Beiheft io, München 1982, 第 229 页及下页。
12. Chaudhuri: Trading World, 第 51, 113 页及下页，第 120 页；Chaudhuri: Indian Ocean, 第 88 页。
13. 另参 G. M. Scammell, The World Encompassed: The First European Maritime Empires, c. 800-1650, London 1981, 第 184 页及下页。
14. C. R. Boxer, Macao as a Religious and Commercial Entrepôt in the 16th and 17th Centuries, in: AA 26 (1974), 第 84 页。
15. George Bryan Souza, The Survival of Empire: Portuguese Trade and Society in China and the South China Sea, 1630-1754, Cambridge 1986, 第 227 页及下页。
16. C. A. Montalto de Jesus, Historic Macao, 2nd ed. 1926, Reprint Hongkong 1984, 第 432-36 页。
17. Furber: Empires, 第 299 页。
18. J. Baylin, Pratique commerciale en Chine, Beijing 1924, 第 17 页；Siegfried Berliner, Organisation und Betrieb des Import-Geschäfts in China, Hannover 1920, 第 15 页。
19. 参见 John E. Wills, Jr.: Embassies and Illusions: Dutch and Portuguese Envoys to K'ang-hsi,

1666-1687, Cambridge, Mass. 1984, 第 1 章，以及本书第三节及第 21 条注释。

20. 同上，第 170 页及下页。
21. 中国贸易的“总体史”（histoire totale）及其相关背景，参见 Louis Dermigny 的巨著《La Chine》，该著作虽然部分有待修订，但仍然称得上是当代史学界标杆性杰作。
22. Wakeman: Full, 第 129 页，Fn. 5; 彭泽益:《清初四榷关地点和贸易量的考察》，刊于《社会科学战线》，1984/3, 第 128 页。
23. Kristof Glamann, Dutch-Asiatic Trade 1620-1740, Kopenhagen 1958, 第 216 页；Ts'ao Yung-ho, Pepper Trade in East Asia, in: TP 68 (1982), 第 245 页；18 世纪末的 30 年，是荷兰依赖对华商船中转贸易的最后一个时期。随着种植园经济的发展建设，中国也有其他领域对印度尼西亚经济产生了一定的依赖性。参见 A. R. T. Kemasang, The 1740 Massacre of Chinese in Java: Curtain Raiser for the Dutch Plantation Economy, in: BCAS 14 (1982), 第 63-65 页；对华商船贸易在巴达维亚的结构性关联及其发展（在 1690~1740 年间呈倍数增长），参见 Leonard Blussé, Strange Company: Chinese Settlers, Mestizo Women and the Dutch in VOC Batavia, Dordrecht 1987, 第97-155页；1740 年大屠杀的历史背景，参见第 81-96 页。
24. Earl H. Pritchard, Anglo-Chinese Relations during the 17th and 18th Centuries, Urbana, 111. 1929, 第 77-80 页；Dermigny: La Chine, Bd. 1, 第 147-54 页；Chaudhuri: Trading World, 第 388 页；18 世纪英国对华贸易当然是以 17 世纪英国向亚洲的逐步渗透为前提的。参见 D. K. Bassett, Early English Trade and Settlement in Asia, 1602-1690, in: J. S. Bromley/E. H. Kossmann (Hrsg.), Britain and the Netherlands in Europe and Asia, London 1968, 第 83-109 页。
25. 关于法国东印度公司以及其他小型东印度公司，参见 Furber: Empires, 第 201-26 页；Reinhard: Expansion, Bd. I, 第 146-53 页；Dermigny: La Chine, Bd. 1, 第 155-57, 160-200 页；Blussé/Gaastra: Companies; J. van Goor (Hrsg.), Trading Companies in Asia, 1600-1800, Utrecht 1986。
26. Dermigny: La Chine, Bd. 1, 第 191 页；相关背景参见 Eberhard Schmitt, The Brandenburg Overseas Trading Companies in the 17th Century, in Blussé/Gaastra: Companies, 第 159 页及下页。
27. 关于中国船只在技术与航海方面的优势，参见 Chaudhuri: Indian Ocean, 第 155-57 页；其他学者相反则更多强调的是中国商船贸易的落后性，参见 Tien Ju-k'ang, Causes of the Decline in China's Overseas Trade between the Fifteenth and Eighteenth Centuries, in: PFEH 25 (1982), 第 40-43 页。
28. Jörg: Porcelain, 第 74-76 页。
29. 同上，第 77 页；另参 Dermigny: La Chine, Bd. 1, 第 406 页及下页。
30. 同上，第 379, 381 页。
31. Edward H. Schafer, Tang, in Chang: Food, 第 122 页及下页；关于茶叶在“中世纪”中国的重要性，参见贾大全《宋代四川地区的茶叶和茶政》，刊于《历史研究》，1980/4, 第 109-24 页。
32. 持该观点者（不仅限于茶叶）如 Woodruff Smith, The European-Asian Trade of the Seventeenth Century and the Modernization of Commercial Capitalism, in: Itinerario 6 (1982), 第 68-90 页。
33. Reinhard: Expansion, Bd. 1, 第175页；Cipolla/Borchardt: Wirtschaftsgeschichte, Bd. 2,

第78页及下页。

34. Chaudhuri: Trading World, 第385页；Sidney W. Mintz, Sweetness and Power: The Place of Sugar in Modem History, New York 1985, 第148页（但作者强调，蔗糖消费直到1850年后才在“贫困工人阶层”当中得到普及。
35. Braudel: Sozialgeschichte, Bd. 1, 第270页；另参 Wolfgang Schivelbusch, Das Paradies, der Geschmack und die Vernunft. Eine Geschichte der Genußmittel, München 1980, 第90–95页。
36. Nach Reinhard: Expansion, Bd. 1, 第176页，表26。
37. Jörg: Porcelain, 第39页。
38. 同上，第81页。
39. 关于明代与清代洋行的差异，参见李龙潜《明代广东三十六行考》，刊于《中国史研究》，1982/3, 第45页。
40. 参见彭泽益《广东十三行述谈》，刊于《历史研究》，1981/4, 第110–25页。
41. “特许公司最成功也最具革命性的影响是，它让大众习惯了这样的想法：一家商业组织的职责义务，同时也可以成为一些人的资本。”参见 Chaudhuri: Indian Ocean, 第95页。
42. 以往在史学界，人们更多强调的是东印度公司的贸易活动及其在英国政治中所扮演的角色（如 Cyril H. Philips, The East India Company 1784–1834, 2nd ed. Manchester 1961），而以 Chaudhuri 为代表的学者更重视的是东印度公司的内部组织结构和现代性，参见 Chaudhuri: Trading World, 第19页及下页；尤参同作者，The English East India Company in the 17th and 18th Centuries: A Premodem Multinational Organization, in Blussé/Gaastra: Companies, 第29–46页，尤参第38页及下页；以及同作者：The World-System East of Longitude 20: The European Role in Asia 1500–1750, in: Review 5 (1981), 第219–45页。
43. 将公行视作“行会”的习惯性看法同样也夸大了它的内部统一性，因为这种说法往往是将欧洲中世纪行会作为参照物。
44. Dermigny: La Chine, Bd. 1, 第324页及下页。
45. Jörg: Porcelain, 第66页及下页。
46. 关于朝廷内部的财政问题，参见 Preston M. Torbert, The Ch'ing Imperial Household Department: A Study of Its Organization and Principal Functions, 1662–1796, Cambridge, Mass. 1977。
47. Wakeman: Fall, 第121页。
48. 关于这段插曲，详见 Dermigny: La Chine, Bd. 2, 第502–504页。
49. 关于这方面问题的论述可谓不计其数。下述内容可参见 Hsü: Rise, 第192–205页；Jörg: Porcelain, 第46–73页（这段描述最为生动直观）；Dermigny: La Chine, Bd. 2, 第496–516页；Pritchard: Crucial Years, 第119–41页；Randle Edwards, The Old Canton System of Foreign Trade, in: Victor H. Li (Hrsg.), Law and Politics in China's Foreign Trade, Seattle 1977, 第360–78页；1759/60修订规则后的情况，参见 Fu: Chronicle, 第224页及下页；另参 Morse: Chronicles, Bd. 5, 第94–98页。
50. 但是在1771~1782年间，公行再度被解散。
51. 和其他许多官府衙门一样，海关监督也是三年一任。
52. W. E. Cheong, Canton and Manila in the Eighteenth Century, in Ch'en/Tarling:

Studies, 第 233 页。

53. 尽管如此，破产的行商仍然数不胜数。中国的富人通常都富不过三代。
54. Frederic Wakeman, Jr., The Canton Trade and the Opium War, in CHOC, Bd. 10, 第 166 页。
55. 关于中国传统信贷机制，参见 Yang: Money, 第 71–80 页。
56. C. R. Boxer, All the Company's Men, in: Times Literary Supplement, 7. August 1981, 第 913 页。
57. 参见 Curtin: Trade, 第 177 页。
58. 关于茶叶贸易与走私，参见 Dermigny: La Chine, Bd. 2, S. 517–685; Bd. 3, 第 971–1043 页。
59. Pritchard: Crucial Years, 第 163 页及下页，第 166 页。
60. Vincent Harlow, The Founding of the Second British Empire, Bd. 2, London 1964, 第 544 页。
61. 同上，第 141, 146–51 页；Dermigny: La Chine, Bd. 3, 第 971 页及下页;《折抵法案》全文参见 P.J. Marshall, Problems of Empire: Britain and India I757–Ï8I3, London 1968, 第 205 页及下页。
62. 关于英国茶叶贸易的组织形式，参见 Hoh-cheung Mui/Loma H. Mui, The Management of Monopoly: A Study of the English East India Company's Conduct of Its Tea Trade, 1784–1833, Vancouver 1984, 第 12–22 页；东印度公司只负责茶叶进口，而不负责国内的茶叶经销。
63. Dermigny: La Chine, Bd. 3, 第 1020 页及下页。
64. 数据推算根据 Dermigny: La Chine, Bd. 2, 第 539 页。
65. 该措施被称为“亚当斯密原则的第一次伟大胜利”。参见 Davis: Industrial Revolution, S. 46。
66. Dermigny: La Chine, Bd. 3, 第 1004 页。
67. 同上，Bd. 3, 第 1012 页。
68. 同上，第 1015–17 页；H. C. Mui 与 Lorna H. Mui 将茶叶需求在关税不断提高情况下的持续增长，视为东印度公司灵活价格政策所取得的结果。参见两位作者所著：The Management of Monopoly, 第 52 页及下页。
69. Greenberg: Trade, 第 3 页。
70. Marshall, Problems of Empire, 第 93 页及下页；Rothermund: Indien, 第 27 页及下页。
71. 中英印三角贸易的另一个作用，是将英国人在印度积蓄的资本在“无现金交易”的情况下转回母国。有关这一机制的分析，参见 P.J. Marshall, East Indian Fortunes: The British in Bengal in the Eighteenth Century, Oxford 1976, 第 97–99 页。
72. 关于东印度公司在广州的进口生意，详见 Pritchard: Crucial Years, 第 154–60 页；关于欧洲整体视角，仍然首推 Dermigny: La Chine, Bd. 2, 第 686 页及下页。
73. Greenberg: Trade, 第 8 页；Janardan Kumar, Indo-Chinese Trade 1793–1833, Bombay 1974, 第 3 页；关于白银和黄金流入中国的分支渠道，参见 Dermigny: La Chine, Bd. 2, 第 734 页及下页。
74. 参见 Judith Blow Williams, British Commercial Policy and Trade Expansion 1750–1850, Oxford 1972, 第 292 页及下页；从人类探索史角度的分析，参见 David Mackay, In the Wake of Cook: Exploration, Science and Empire 1780–1801, New York 1985。

75. 关于其复杂的运转机制，这里无法一一细述。详见 Dermigny: La Chine, Bd. 3, passim。
76. Pritchard: Crucial Years, 第 197 页。
77. Kumar, Indo-Chinese Trade, 第 38 页及下页。
78. 沈定平:《从国际市场的商品竞争看明清之际的生产发展水平》，刊于《历史研究》，1988/3, 第 21 页。
79. 参见本书第二节和第四节。
80. Wolfgang Reinhard 曾将其翻译为“陆地贸易”(Expansion, Bd. 1, 第 180 页)，显然是不准确的。这个概念在德语中很难找到对应的词汇。
81. 经典分析参见 Furber: Empires, 第 264-97 页；另参 P.J. Marshall, Private British Trade in the Indian Ocean before 1800, in: Ashin Das Gupta/ M. N. Pearson (Hrsg.), India and the Indian Ocean 1500-1800, Kalkutta 1987, 第 276-300 页；Dermigny 指出，港脚贸易是巩固欧洲对亚洲的整体贸易以及少数欧洲国家在亚洲统治地位的重要因素。“在港脚贸易中，亚洲商业领域的权力秩序在不断变化中得到了沉淀，因为港脚贸易为其提供了资本运作的手段。一个国家或一个公司是否能够战胜对手，关键取决于其是否能实现港脚贸易的区域化以及贸易行为的亚洲化，换言之，取决于它是否能够成功加入现有的贸易浪潮，并不断开辟新的渠道，并成为中国和印度海域的地区性霸主。”(La Chine, Bd. 2, 第 769 页)。
82. 相关统计数据参见 Serafin D. Quiason, English «Country Trade» with the Philippines, 1644-1765, Quezon City 1966, 第 74-81 页；另参 W. E. Cheong, An Anglo-Spanish-Portuguese Clandestine Trade between the Ports of British India and Manila, 1785-1790, in: Philippine Historical Review 1 (1965), 第 80-94 页；但是从 1760 年代起，马尼亚贸易很快便失去了原有的重要性。参见同作者：Canton and Manila, 第 237 页及下页。
83. Furber: Empires, 第 279 页；另参 Earl H. Pritchard, Private Trade Between England and China in the Eighteenth Century, in: JESHO 1 (I957/58), 第 108-37, 221-56 页(特别是相关统计数据)。
84. Wakeman, The Canton Trade and the Opium War, 第 167 页。
85. 参见 P.J. Marshall: East Indian Fortunes, passim, bes. 第 47-50 页。
86. Furber: Empires, 第 290 页；同时代人对代理行职能的详细分析，参见 Chaudhuri: Development, 第 217 页及下页。
87. Harlow, The Founding, Bd. 2, 第 570 页。
88. 使团花费的支出超过 8 万英镑，“或许是英伦三岛有史以来最昂贵的一次外交出访。”参见 Harlow, The Founding, Bd. 2, 第 578 页。
89. 它对观念史的影响在当时便已引起关注，参见本书第一节以及注释第 28 条。
90. Harlow, The Founding, Bd. 2, 第 553, 556 页及下页，第 565, 567 页及下页。
91. 参见 Holden Furber, Henry Dundas, First Viscount Melville, 1742-1811: Political Manager of Scotland, Statesman, Administrator of British India, London 1931； 另参 John Ehrman, The Younger Pitt: The Years of Acclaim, London 1969；关于邓达斯对英国对印度政策的影响，参见 Stig Förster, Präventiver Imperialismus und Pax Britannica. Die britische Expansionspolitik in Indien 1793-1819, Habilitationsschrift, Universität Düsseldorf 1989。
92. 手谕文本见 Morse: Chronicles, Bd. 2, 第 232-42 页。

93. Pritchard: Crucial Years, 第 295 页及下页 , 第 309 页。
94. 诏书译文见 J. L. Cranmer-Byng, Lord Macartney's Embassy to Peking in 1793, in: JOS 4 (1957/58), 第 134-37 页。
95. 这种傲慢口吻在当时的译文中（拉丁文以及由拉丁文转译的英语文本），并没有得到充分的反映。

八　中国的衰落与不列颠治世

1. “1840~1842 年间发生于中英两国之间鸦片战争，开启了人类历史的一个崭新阶段。”参见 Georg Franz-Willing, Neueste Geschichte Chinas, Paderborn 1975, 第 23 页。这是一个颇有代表性的说法。
2. 胡绳:《从鸦片战争到五四运动》，第 1 卷，第 1 页。
3. 有人为炮舰外交做出了如下定义:“炮舰外交”是以保障自身特权或避免自身损失为目的，对他国主权范围内，并以他国民众为对象，在战争状态之外对舰队力量的有限使用或以之相威胁。参见 Sir James Cable, Gunboat Diplomacy: Political Applications of Limited Naval Force, London 1971, 第 21, 175 页。
4. 关于风云动荡的 1830 年代和 1840 年代里中国对外部世界的认识，参见 Kuo: Barbaren, 第 36-5 页 ; Jane Kate Leonard, Wei Yuan and China's Rediscovery of the Maritime World, Cambridge, Mass. 1984; Peter M. Mitchell, The Limits of Reformism: Wei Yüan's Reaction to Western Intrusion, in: MAS 6 (1972), 第 175-204 页 ; Fred W. Drake, China Charts the World: Hsu Chi-yü and His Geography of 1848, Cambridge, Mass. 1975；另参胡逢祥《鸦片战争时期中国的世界史地研究》，刊于《华东师大学报》,1984/4, 第 87-95 页；以及潘振平《鸦片战争后的‘开眼看世界’思想》，刊于《历史研究》1986/1, 第 138-53 页。
5. 参见 Morse: Chronicles, Bd. 3, 第 256 页及下页 ; Fu: Chronicle, 第 402 页及下页 ; Henry Ellis, Journal of the Proceedings of the Late Embassy to China, 2 Bde., London 1818；尤参 Hsü: Rise, 第 214-19 页。
6. 参见 Hsü: Entrance。
7. 参见本书第九节。
8. 见嘉庆帝 1816 年 8 月 30 日下达的诏书，参见 Fu: Chronicle, 第 404 页及下页。
9. 关于嘉庆帝及其统治的时代，目前还没有权威性专题论著。A. E. Grantham 在其著作中的相关论述存在许多缺陷 : A Manchu Monarch: An Interpretation of Chia Ch'ing, London 1934；相对值得参考的是 Hummel: Eminent Chinese, 第 965-69 页。
10. 同上 , 第 574-76 页；关于道光帝生平，参见 Fairbank: Revolution, 第 22 页及下页。
11. 参见 Fernando Bortone, I Gesuiti alla corte di Pechino, Rom 1969, 第 220 页及下页；1784 年，耶稣会被遣使会取代。1784 到 1830 年间，遣使会在华只有 18 位成员，在澳门有 14 位。参见 Arnold H. Rowbotham, Missionary and Mandarin: The Jesuits at the Court of China, Berkeley 1942, 第 211 页。
12. 不过，嘉庆和道光两位皇帝都是“精明能干的统治者，从性格来讲颇有同情心”。参见 Franke/Trauzettel: Kaiserreich, 第 311 页。
13. 关于中国走向衰落的普遍观点（尽管着重点各有不同），参见 Fairbank: East Asia, 第 238-43 页 ; Rodzinski: History, Bd. 1, 第 243 页及下页 ; Gemet: Welt, 第 415-17,

447-55 页；Hsü: Rise, 第 172-81 页；Tichvinskij: Modem History, 第 96-111 页；Franke/Trauzettel: Kaiserreich, 第 311-13 页；Chesneaux: Opium Wars, 第 38-49 页；最新研究与探讨，参见 Susan Mann Jones/Philip Kuhn, Dynastie Decline and the Roots of Rebellion, in CHOC, Bd. 10, 第 107-62 页；Naquin/Rawski: Eighteenth Century, 第 217-36 页；Fairbank: Revolution, 第 63-73 页；陈恭禄：《近代史》，第 1 卷，第 1-12 页。

14. Ho: Studies, 第 64 页；自 1790 年代中期起，人口增速开始放缓。
15. 参见 Susan Naquin 精彩专著：Shantung Rebellion: The Wang Lun Uprising of 1774, New Haven 1981；作者在著作中并没有提到阿尔弗雷德·德布林（Alfred Döblin）以此作为历史背景创作的表现主义小说作品《王伦三跳》(Die drei Sprünge des Wang Lun，1915 年)。
16. Naquin/Rawski: Eighteenth Century, 第 227 页及下页；Jones/Kuhn, Dynastie Decline, 第 132 页；另外，人口稠密的中原省份之间的逃荒潮也有可能导致社会冲突。关于江西流民在邻省湖南本地人当中引发的反抗，参见 Peter C. Perdue, Insiders and Outsiders: The Xiangtan Riot of 1819 and Collective Action in Hunan, in: MC 12 (1986), 第 166-201 页。
17. 参见 Susan Naquin, Millenarian Rebellion in China: The Eight Trigrams Uprising of 1813, New Haven 1976, 第 270 页；Elizabeth J. Perry, Millenarianism and Rural Rebellion in China, in: PS 10 (1982), 第 60, 64 页；另参 Frederick Wakeman, Jr., Rebellion and Revolution: The Study of Popular Movements in Chinese History, in: JAS 36 (1977), 第 205-12 页；同作者：Ming and Qing Studies in the People's Republic of China, Berkeley 1980, 第 104-112 页；Harriet T. Zumdorfer, Violence and Political Protest in Ming and Qing China: Review and Commentary on Recent Research, in: IRSH 28 (1983), 第 316 页及下页。
18. 参见陈恭禄《近代史》，第 1 卷，第 12 页；据相关统计研究，这一时期社会暴乱的数量为：1796-1805: 107, 1806-15: 131, 1816-25: 117, 1826-35: 206, 1836-45: 248；参见 C. K. Yang, Some Preliminary Statistical Patterns of Mass Actions in Nineteenth-Century China, in Wakeman/Grant: Conflict, 第 177（表 1），另参第 209 页（重要起义一览表）。
19. Jones/Kuhn, Dynastie Decline, 第 144 页。
20. 参见本书第四节。
21. Jones/Kuhn, Dynastie Decline, 第 127 页；粮仓问题专家 Pierre-Etienne Will 称，公共事业的瘫痪是从道光年间（1821-1850）开始的：Bureaucratie et famine en Chine au 18e siècle, Paris 1980, 第 254 页。
22. Ku Hung-ting, Upward Career Mobility of High-Ranking Officials in Ch'ing China, in: PFEH 29 (1984), 第 63 页及下页。
23. 参见 Weber: Wirtschaft und Gesellschaft, 第 608 页及下页。
24. 参见本书第五节。
25. 参见 Thomas A. Metzger, T'ao Chu's Reform of the Huaipei Salt Monopoly (1831-1833), in: PC 16 (1962), 第 1-39 页。
26. Asa Briggs, The Age of Improvement 1783-1867, London 1959。
27. 参见本书第一节巴罗爵士书中的相关分析。

28. George Modelski/William R. Thompson, Seapower in Global Politics, 1494-1993, Basingstoke 1988, 第 104 页及下页，第 208-10 页；Kennedy: Great Powers, 第 154 页。
29. 参见 C. J. Bartlett, Great Britain and Sea Power 1815-1853, Oxford 1963, 第 13 页及下页。
30. Kennedy: Naval Mastery, 第 163 页。
31. Gerald S. Graham, Tides of Empire: Discursions on the Expansion of Britain Overseas, Montreal 1972, 第 80 页。
32. 参见 Magali Morsy, North Africa 1800-1900, London 1984, 第 131 页及下页；A. Jardin/A.-J. Tudesq, La France des notables, Bd. 1, Paris 1973, 第 192-201 页；与大英帝国历史的其他关联，参见 Peter von Sievers, Nordafrika in der Neuzeit, in: Ulrich Haarmann (Hrsg.), Geschichte der arabischen Welt, München 1987, 第 531 页及下页。
33. D. A. G. Waddell, International Politics and Latin American Independence, in: Leslie Bethell (Hrsg), The Cambridge History of Latin America, Bd. 3: From Independence to c. 1870, Cambridge 1985, 第 224 页。
34. 参见 Christopher Lloyd, The Navy and the Slave Trade: The Suppression of the African Slave Trade in the Nineteenth Century, new impression, London 1968。
35. Gerald S. Graham, Great Britain in the Indian Ocean: A Study of Maritime Enterprise 1810-1850, Oxford 1967, 第 237-62 页；J. B. Kelly, Britain and the Persian Gulf ,795-1880, Oxford 1968, 第 99 页及下页。
36. 参见 Grace Fox, British Admirals and Chinese Pirates 1832-1869, London 1940；关于 20 世纪的情况参见 John Pal, Shanghai Saga, London 1963. 第 195 页及下页。
37. R. J. Gavin, Aden under British Rule, 1839-1967, London 1975。
38. Graham, Great Britain in the Indian Ocean, 第 329-46 页；C. M. Turnbull, A History of Singapore 1819-1975, Kuala Lumpur 1977, 第 6-27 页；C. E. Wurtzburg, Raffles of the Eastern Isles, London 1954, Neuausgabe Oxford 1986, 第 22 章。
39. Cain: Foundations, 第 28 页及下页。
40. Bartlett, Great Britain and Sea Power, 第 135-47 页；M. S. Anderson, The Eastern Question 1774-1923: A Study in International Relations, London 1961, 第 88-109 页，尤参第 103 页；William L. Langer, Political and Social Upheaval 1832-1852, New York 1969, 第 299-306 页；Kenneth Bourne, Palmerston: The Early Years 1784-1841, London 1982, 第 594-620 页；Afaf Lutfi al-Sayyid Marsot, Egypt in the Reign of Muhammad Ali, Cambridge 1984, 第 245 页及下页。
41. Bernard Semmel, Liberalism and Naval Strategy: Ideology, Interest, and Sea Power during the Pax Britannica, Boston 1986, 第 39 页。
42. 该观点参见 Owen: Middle East, 第 75 页（第 64-74 页，对穆罕默德·阿里经济政策的精彩阐述）；相对积极的评价参见 al-Sayyid Marsot, Egypt in the Reign of Muhammad Ali, 第 246 页及下页。
43. Reinhard: Expansion, Bd. I, 第 229 页。
44. Edward Ingram 的一系列著作就存在这样的嫌疑：The Beginning of the Great Game in Asia, 1828-1834, Oxford 1979; ders., Commitment to Empire: Prophecies of the Great Game in Asia, 1797-1800, Oxford 1981；另参 Garry Alder, Big Game Hunting in Central Asia, in: JICH 9 (1981), 第 318-30 页。

45. 参见 Gillard 的精彩分析：Struggle, 第 18 页及下页，尤参第 28 页及下页。
46. 同上，第 38 页。
47. 同上，第 43 页；经典分析参见 M. E. Yapp, Strategies of British India: Britain, Iran and Afghanistan 1798-1850, Oxford 1980；相对缺乏说服力的分析参见 Edward Ingra 较早前的作品：The Beginning of the Great Game in Asia, 1828-1834, Oxford 1979；另参同作者：In Defence of British India: Great Britain in the Middle East, 1775-1842, London 1984；关于“东方问题”形成较为宏观的分析参见 M. E. Yapp, The Making of the Modem Near East, 1792-1923, London 1987, 第 47-96 页。
48. Ronald Robinson/John Gallagher, Der Imperialismus des Freihandels, in Wehler: Imperialismus, 第 183-200 页；相关著作以及由此引发的争论，参见 Louis: Imperialism, 第 53 页及下页；与这场争论无关的同时代人对自由贸易与帝国主义的探讨，参见 Bernard Semmel, The Rise of Free Trade Imperialism: Classical Political Economy, the Empire of Free Trade and Imperialism 1750-1850, Cambridge 1970。
49. 这一问题是 D. C. M. Platt 在批评 Robinson /Gallagher 观点的同时，经过潜心研究提出的，参见该作者 Finance, Trade and Politics in British Foreign Policy 1815-1914, Oxford 1968。
50. Cain/Hopkins: Gentlemanly Capitalism, Teil I, 第 523 页。
51. 同上。
52. 参见 Eric Stokes, The English Utilitarians and India, Oxford 1959。
53. Charles A. Fisher, The Britain of the East? A Study in the Geography oflmitation in: MAS 2 (1968), 第 343-76 页；同时代人对日英之间“特殊相似性”的思考，参见 1850-80, Basingstoke 1987, 第 46 页及下页。
54. 参见 F. C. Jones, Extraterritoriality in Japan, New Haven 1931。
55. 1926 年 9 月通过的《调查治外法权委员会报告书》（共有 13 个国家参与）便是以此作为基调。参见 Report of the Commission on Extraterritoriality in China Presented by the Secretary of State for Foreign Affairs to Parliament by Command of His Majesty, London 1926 (Cmd. 2774), besonders die «Recommendations»（第 93-96 页）。
56. 关于所谓普世“文明标准”（standard of civilization）的思想也是出自于这一时期。其中颇具影响力的代表是美国外交家和法学家亨利·惠顿（Henry Wheaton）1836 年出版的《国际法原理》（Elements of International Law），亦称《万国公法》。参见 Gong: Standard, 第 26 页及下页。
57. 另参 Victor G. Kiernan, The Lords of Human Kind: European Attitudes to the Outside World in the Imperial Age, Har- mondsworth 1972; Kiernan: Empires, 第 146-66 页；Raymond F. Betts, The False Dawn: European Imperialism in the Nineteenth Century, Minneapolis 1976, 第 20 页及下页，第 150 页及下页。
58. “19 世纪上半叶可以被称作是传教士的时代。” Graham: Empire, 第 140 页。
59. 参见 Cornelia Witz, Religionspolitik in Britisch-Indien 1793-1813. Christliches Sendungsbewußtsein und Achtung hinduistischer Tradition im Widerstreit, Stuttgart 1985, 第 37 页及下页，第 95 页及下页。

九 鸦片入侵与鸦片战争

1. Peter W. Fay, The Protestant Mission and the Opium War, in: PHR 40 (1971), 第 146, 149, 160 页及下页；关于传教士的专题研究，参见 Bamett/Fairbank: Christianity (mit Bibliographie!); Herman Schlyter, Karl Gützlaff als Missionar in China, Lund 1946, 第 33 页及下页；同作者，Der China-Missionar Karl Gützlaff und seine Heimatbasis, Lund 1976; Edward V. Gulick, Peter Parker and the Opening of China, Cambridge, Mass. 1973, 第 80 页及下页；关于思想史与社会史背景，参见有关“福音派复兴”（evangelical revival）的多种论著，如 Boyd Hilton, The Age of Atonement, Oxford 1988。
2. Peter W. Fay, The French Catholic Mission in China during the Opium War, in: MAS 4 (1970), 第 115–28 页。
3. 英印之间的私人贸易由此第一次获得了合法性。
4. Dermigny: La Chine, Bd. 3, 第 1387–89 页；Greenberg: Trade, 第 179–84, 191–95 页。
5. 参见 Matthias Seefelder, Opium. Eine Kulturgeschichte, Frankfurt a. M. 1987。
6. 包括华兹华斯（Wordsworth）在内，英国所有浪漫主义诗人都曾尝试过鸦片。参见 Alethea Hayter, Opium and the Romantic Imagination, London 1968, 第 30 页；鸦片作为毒品也曾对其他许多作家的文学创作发挥过重要作用，如托马斯·德·昆西（Thomas De Quincey）、塞缪尔·泰勒·柯勒律治（Samuel Taylor Coleridge）、诺瓦利斯（Novalis）、E. T. A. 霍夫曼（E. T. A. Hoffmann）、格拉贝（Christian Dietrich Grabbe）、爱伦·坡（Edgar Allan Poe）、波德莱尔（Charles Baudelaire）等。
7. 参见 Virginia Berridge/Griffith Edwards, Opium and the People; Opiate Use in Nineteenth-Century England, London 1981, 第 21 页及下页。
8. Charles C. Stelle, American Trade in Opium to China, Prior to 1820, in: PHR 9 (1940), 第 429–31 页。
9. 关于新英格兰与中国之间的首次通航，参见 Philip C. F. Smith, The Empress of China, Philadelphia 1984。
10. Alfred D. Chandler/Richard S. Tedlow, The Coming of Managerial Capitalism, Homewood, 111. 1985, 第 60–73 页；关于美国早期对华贸易，参见 Jonathan Goldstein, Philadelphia and the China Trade 1682–1846: Commercial, Cultural and Attitudinal Effects, University Park, Penn. 1978, 第 25 页及下页。
11. 关于皮毛贸易，参见汪熙、邹明德《鸦片战争前的中美贸易》，刊于《复旦大学学报》，1982/4, 第 93 页及下页；关于鸦片贸易的组织形式，参见 Jacques M. Downs, American Merchants and the China Opium Trade, 1800–1840, in: BHR 42 (1968), 第 422–24, 428–34 页；另参 Charles S. Stelle, American Trade in Opium to China, 1821–39, m: PHR 10 (1941), 第 57–74 页。
12. 在很长时间里，美国历史学家对美国参与鸦片贸易的问题一直采取漠视的态度，其代表人物如 S. E. Morison, The Maritime History of Massachusetts 1783–1860, new ed., Boston 1961, 第 278 页；事实上，美国商人因为拥有技术上最先进的帆船，因此在鸦片走私运输中扮演着十分重要的角色，虽然其自主经营的鸦片贸易从数量上看明显少于英国商人。参见 Dilip K. Basu, The Opium War and the World Trade System, in:

CSWT 3, Supplement 1 (1977), 第 56-59 页。

13. B. Chaudhuri, Eastern India, in: Dharma Kumar (Hrsg.), The Cambridge Economic History of India, Bd. 2, Cambridge 1983, 第 312 页；A. C. Sahu, Genesis and Growth of Indo-Chinese Opium Monopoly under East India Company, in: JIH 57 (1979), 第 163 页及下页。
14. 此外，后来成为印度工业先驱的印度祆教徒也在其中发挥了一定的作用。他们当中一些人通过鸦片走私积累了可观的财富。参见 Rothermund: Indien, 第 40 页。
15. Wolfgang Schivelbusch, Das Paradies, der Geschmack und die Vernunft. Eine Geschichte der Genußmittel, München 1980, 第 234 页。
16. John K. Fairbank, The Motive Power of Opium, in: ders., China Watch, Cambridge, Mass. 1987, 第 13 页。
17. 就连一向有着宏大视野的约翰·斯图尔特·穆勒（John Stuart Mill）也于 1859 年提出，禁止对华鸦片出口（以及其他类似措施）是令人谴责的，这并不是因为它侵犯了制造商和销售商的自由，而是因为它侵犯了消费者的自由：Über die Freiheit, hrsg. v. Manfred Schlenke, Stuttgart 1974, 第 131 页。
18. 例如，诗人拉迪亚德·吉卜林（Rudyard Kipling）便曾于 1888 年说过："黄种人的构造是不同的，鸦片几乎不会给他们的身体留下任何痕迹。"摘自 Brian V. Street, The Savage in Literature: Representations of «Primitive» Society in English Fiction 1858-1920, London 1975, 第 75 页。
19. 这一问题很少受到研究者的重视。参见 Stuart C. Miller, The American Trader's Image of China, 1785-1840, in: PHR 36 (1967), 第 375-95 页，尤参第 383 页及下页；另参 Jacques M. Downs, Fair Game: Exploitive Role-Myths and the American Opium Trade, in: PHR 41 (1972), 第 133-49 页。
20. 参见 Berridge/Edwards, Opium and the People, 第 50 页及下页；类似思考参见郭曦晓《第一次鸦片战争后的鸦片问题》，刊于《近代史研究》，1987/4, 第 20 页。
21. 这里面当然不包括东印度公司对纺织产业的干预。参见有关 18 世纪上半叶英国纺织业的专项研究：Sergio Aiolfi, Calicos und gedrucktes Zeug. Die Entwicklung der englischen Textilveredelung und der Tuchhandel der East India Company 1650-1750, Stuttgart 1987, 尤参第 292 页及下页。
22. Tan Chung, The Britain-China-India Trade Triangle (1771-1840), in: IESHR 11 (1974), 第 422 页；J. Kumar, Indo-Chinese Trade 1793-1833, Bombay 1974, 第 92 页。
23. 按照一位印度史学家的说法，东印度公司作为印度统治者对印度鸦片经济起到了积极的推动作用。参见 J. Kumar, Indo-Chinese Trade 1793-1833，第 165 页及下页。
24. Dermigny 称之为"大众观念在毒品领域的胜利"（le triomphe de la notion de masse dans le domaine de la drogue），La Chine, Bd. 3, 第 1313 页。
25. 参见 W. E. Cheong, The Beginnings of Credit Finance on the China Coast: The Canton Financial Crisis of 1812-1815, in: BH 13 (1971), 第 87-103 页；同作者：China Houses and the Bank of England Crisis of 1825, in: BH 15 (1973), 第 56-73 页；同作者：China Agencies and the Anglo-American Financial Crisis, 1834-1837, in: Revue internationale de l'histoire de la banque 9 (1974), 第 134-59 页。
26. W. E. Cheong, Mandarins and Merchants: Jardine Matheson & Co., a China Agency of the Early Nineteenth Century, London 1979, 第 114, 207 页及下页，第 263 页。

27. 在鸦片贸易呈跃进式增长的同时，英国也开始了对华棉制品出口，最初只是很小规模。参见 Hamashita Takeshi, Foreign Trade Finance in China, 1810-50, in Grove/ Daniels: State, 第 387 页及下页。
28. 有关这两位创始人的生平，参见 Peter W. Fay, The Opium War 1840-1842, Chapel Hill, N. C. 1975, 第 45 页及下页，第 190 页及下页。
29. Chang Hsin-pao, Commissioner Lin and the Opium War, Cambridge, Mass. 1964, 第 32-36 页；Jonathan Spence, Opium Smoking in Ch'ing China, in Wakeman/Grant: Conflict, 第 161-67 页；Hao: Revolution, 第 118 页及下页。
30. 参见 Wolfgang Bauer, China und die Hoffnung auf Glu ¨ ck. Paradiese, Utopien, Idealvorstellungen, München 1971, 第 378-83 页。
31. Spence, Opium Smoking, 第 153 页。
32. Maximilian von Brandt, Dreiunddreissig Jahre in Ost-Asien. Erinnerungen eines deutschen Diplomaten, Bd. 3, Leipzig 1901, 第 109 页。
33. Spence, Opium Smoking, 第 168 页；Hao: Revolution, 第 55-58 页。
34. 参见 Fairbank: Trade, 第 133-51 页。
35. Morse: Relations, Bd. 1, 第 556 页；关于 1850 年代鸦片贸易的组织形式，参见聂宝璋《19 世纪中叶在华洋行势力的扩张与暴力掠夺》，刊于《近代史研究》，1981/2, 第 94-126 页，尤参第 115-21 页。
36. LeFevour: Western Enterprise, 第 22-30 页；Stephen C. Lockwood, Augustine Heard and Company, 1858-1862: American Merchants in China, Cambridge, Mass. 1971, 第 22-30 页。
37. 一些数字系根据 Hsiao: Statistics, 第 52 页（表 2）。
38. 数字出自 Spence, Opium Smoking, 第 154 页；第二项数据系根据 S. A. M. Adshead, Province and Politics in Late Imperial China: Viceregal Government in Szechwan, 1898-1911, London 1984, 第 51 页。
39. Leonard P. Adams, China: The Historical Setting of Asia's Profitable Plague, Anhang zu: Alfred W. McCoy, The Politics of Heroin in Southeast Asia, New York 1973, 第 361 页。
40. Royal Commission on Opium, Final Report, Bd. 6, London 1895, 第 52 页（第 147 项数据）。
41. J. C. S. Hall, The Yunnan Provincial Faction, 1927-1937, o. O. [Canberra] 1976, 第 99-118 页。
42. David E. Owen, British Opium Policy in China and India, New Haven 1939, 第 311 页及下页。
43. 同上，第 332 页及下页；Thomas D. Reins, China and the International Politics of Opium, 1900-1937: The Impact of Reform, Revenue, and the Unequal Treaties, Ph. D. thesis, Clarmont Graduate School 1981, 第 15 页及下页；另参 Meribeth E. Cameron, The Reform Movement in China, 1898-1912, Stanford 1931, 第 136-59 页。
44. Sheridan: Disintegration, 第 86 页及下页，第 102 页及下页；精彩专题研究参见 Hall, Yunnan Provincial Faction；关于四川臭名昭著的鸦片走私，参见林寿荣、龙岱《四川军阀与鸦片烟》，刊于《四川大学学报》，1984/3, 第 101-106 页。
45. Parks M. Coble, The Shanghai Capitalist Class and the Nationalist Government, 1927-

1937. Cambridge, Mass. 1980, 第 114 页及下页；Adams, China, 第 373 页及下页；Sir Frederick Leith-Ross, Money Talks: Fifty Years of International Finance, London 1968, 第 209 页。

46. 例如，1936 年四川省政府设立了 2 万（！）处新的鸦片销售点。CWR, 18.7.1936, 第 258 页。
47. N. J. Miners, The Hong Kong Government Opium Monopoly, 1914-1941, in: JICH H (1983), 第 275-99 页；Miners: Hong Kong, 第 207 页及下页；关于英国统治下的新加坡的鸦片垄断，参见 Carl A. Trocki, The Rise of Singapore's Great Opium Syndicate, 1840-86, in: JSEAS 18 (1987), 第 58-80 页；Otte: Landeskunde, 第 44 页及下页。
48. 核心是 1858 年 7 月 29 日签订的《日美修好通商条约》第 4 条。条约全文见 W. G. Beasley (Hrsg.), Select Documents on Japanese Foreign Policy 1853-1868, London 1955, 第 186 页："严禁鸦片进口。"
49. Reins, China, 第 205 页及下页。
50. CWR, 9. 4.1932, 第 179 页及下页；4.6. 1932, 第 3 页。
51. Ezra Vogel, Canton under Communism: Programs and Politics in a Provincial Capital, 1949-1968, Cambridge, Mass. 1969, 第 65 页及下页。
52. Chang, Commissioner Lin, 第 165 页及下页。
53. 同上，第 20 页；Spence, Opium Smoking, 第 158 页；Wei Peh-t'i, Juan Yüan's Management of Sino-British Relations in Canton 1817-1826, in: JHKBRAS 21 (1981), 第 156-58 页。
54. W. C. Costin, Great Britain and China 1833-1860, Oxford 1937, 第 21 页。
55. 关于 1834 年之后中英关系的政治化趋势，参见千家驹《论英国的产业革命与鸦片战争》，刊于《思想战线》，1984/3, 第 27 页及下页。
56. 律劳卑事件最终以当事人去世结束，参见 Graham: China Station, 第 44-64 页。
57. 关于这场"大辩论"，参见 Chang, Commissioner Lin, 第 92-98 页；Frederic Wakeman, Jr., The Canton Trade and the Opium War, in CHOC, Bd. 10, 第 178-85 页；陈恭禄《近代史》第 1 卷，第 57-64 页；Bernhard Heilig, Chinas Außenpolitik am Vorabend des «Opiumkrieges» (1839-1842). Politische und kulturelle Souveränität in der Begegnung mit dem Westen: Das Beispiel England, Wuppertal/Witten 1987, 第 160 页及下页。
58. Naquin/Rawski: Eighteenth Century, 第 234 页。
59. 石毓符：《中国货币金融史略》，第 118 页。
60. 参见本书第八节；关于南方社会秩序所受到的侵蚀，参见 Dian Murray, Pirates of the South China Coast, 1790-1810, Stanford 1987, 尤参第 57 页及下页。
61. 关于 1820 年代和 1830 年代的货币与金融危机，参见 Fairbank: Trade, 第 75-77 页（但作者低估了这场危机所造成的影响）；最新研究参见 John Nolde, A Plea for a Regional Approach to Chinese History: The Case of South China Coast, in: JHKBRAS 6 (1966), 第 17 页；Wang Yeh-chien, Evolution of the Chinese Monetary System, 1644-1850, in Hou/Yu: Economic History, 第 442-45 页；Ramon H. Myers, Economic Structure and Growth, in Rozman: Modernization, 第 114 页及下页；另参陈春声《清代广东银钱比价》，刊于《中山大学学报》，1986/1, 第 102 页及下页；以及 Franke: Jahrhundert, 第 41-45 页。

62. 印度罂粟种植户所得到的利润当然仅占其中极少一部分。参见 Kumar, Indo-Chinese Trade, 第 169 页及下页。
63. Tan Chung, Foreign Mud on Good Earth: British Opium Enterprise vis-à-vis China, in: CR 17 (1981), 第 21 页及下页，其中摘引了英国驻华领事阿礼国（Sir Rutherford Alcock）当时对局势的分析；另参 Tan Chung, A New Look at the Causes of the First Opium War 1840-1842, in Lama: Congress, Bd. 5, 第 292-305 页。
64. 关于英帝国当时所处的其他历史背景，参见 John P. Halstead, The Second British Empire: Trade, Philanthropy, and Good Government, 1820-1890, Westport Conn. 1983, 第 13 页及下页。
65. Peter W. Fay, Was the Opium War of 1840-1842 a Just War?, in Lama: Congress Bd. 5, 第 283 页。
66. 概括性分析参见 Fay, Opium War；以及（纯粹出自英国视角的）Graham: China Station；可读性较强的通俗史读本，参见 Brian Inglis, The Opium War, London 1976（以背景分析为重点）; Jack Beeching, The Chinese Opium Wars, London 1975（详细描述了 1840-1860 年间发生的各种事件）; 对主题的展开论述，见 John Selby, The Paper Dragon: An Account of the China Wars, 1840-1900, London 1968；描述最生动的著作，见 Arthur Waley, The Opium War through Chinese Eyes, London 1958。但是，上述著作都没有对这些事件从根源上做出清晰的解释，而这一点正是学术界近年来关注的重点，参见 Dilip K. Basu, The Opium War and the Opening of China: A Historiographical Note, in: CSWT 3, Supplement 1 (1977), 第 2-16 页；Basu 从沃勒斯坦式世界体系思想出发，做出了（并非完全令人满意的）解释：The Peripheralization of China: Notes on the Opium Connection, in: Walter L. Goldfrank (Hrsg.), The World- System of Capitalism: Past and Present, Beverly Hills 1979, 第 171-87 页。
67. Kenneth Bourne, Palmerston: The Early Years 1784-1841, London 1982, 第 588 页。
68. 这类神话的一个代表性例子是三元里抗英事件，它是 1841 年 5 月底发生在广州附近的一起中国百姓与英国军队之间的冲突。参见 Frederic Wakeman, Jr., Strangers at the Gate: Social Disorder in South China, 1839-1861, Berkeley 1966, 第 11-21 页；1978 年，中国为纪念这场斗争出版了一本内容丰富的资料集：《三元里人民抗英斗争史料》。
69. Graham: China Station, 第 18 页及下页，140, 147, 153-55 页；Headrick: Tools, 第 18 页及下页，第 43-57 页。
70. 《南京条约》全文见 Hertslet: Treaties, 第 7-12 页。
71. Sze Tsung-yu, China and the Most-Favored-Nation Clause, New York 1925, 第 30 页及下页。
72. 参见 Tung: Powers；Willoughby: Rights（该著作对这一体系后来的发展做出了清晰解读，但对其开端的论述却过于简略）；关于法律问题的百科全书式著作见 G. W. Keeton, The Development of Extraterritoriality in China, 2 Bde., London 1928。
73. 其中最具影响力的是 1858 年 8 月 26 日签署的《中英天津条约》以及 1860 年 10 月 24 日签订的《中英北京条约》。条约文本见 Hertslet: Treaties, 第 18-52 页；另参 Hsü: Rise, 第 249-76 页；以及 John K. Fairbank, The Creation of the Treaty System, in CHOC, Bd. 10, 第 237-61 页。
74. 由于英语是中国沿海地区的通用语，所以我们在本书中经常会使用英文概念。
75. 论述太平天国的文字数不胜数（中国 1983 年出版的一本太平天国传厚达 680 页），

这里只举几个例子：Gernet: Welt, 第458-65页；Franke: Jahrhundert, 第37-65页；Franz Michael, Die Taiping Rebellion, in Opitz: Konfuzianismus, 第35-60页；Peter J. Opitz, Die Taiping-Bewegung, in Opitz: Wandlung, 第23-54页；英文著作首推Rodzinski: History, Bd. I, 第262-86页；Chesneaux: Opium Wars, 第85-128页；Philip A. Kuhn, The Taiping Rebellion, in CHOC, Bd. 10, 第264-317页；略嫌过时但叙述之生动无与伦比：Franz Michael, The Taiping Rebellion, Bd. 1, Seattle 1966；对起义过程描写十分详细，但未做任何解释和说明：Jen Yu-wen, The Taiping Revolutionary Movement, New Haven 1973；相反，对起义爆发原因（特别是社会经济原因）的精彩分析，见Hans Ulrich Vogel, Lokale Administration und Bodenpolitik der Himmlischen Dynastie des Großen Friedens (Taiping Tianguo, 1850-1864), Hamburg 1981, 第21-43页；直观且富有启迪性的评论文集，见Prescott Clarke/ J. S. Gregory (Hrsg.), Western Reports on the Taiping, London 1982；独立成篇的精彩论文：C. A. Curwen, Taiping Rebel: The Deposition of Li Hsi-ch'eng, Cambridge 1977；新中国有关太平天国问题的讨论，参见Robert P. Weller, Historians and Consciousness: The Modem Politics of the Taiping Heavenly Kingdom, in: SR 54 (1987). 第731-55页。

76. Perkins: Development, 第28页及下页；根据最新计算，中国总人口从1850年的4.12亿减少到1870年的3.58亿。参见刘克智、黄国枢《15世纪以来中国人口与经济成长》，刊于《经济论文》，6:1 (1978年3月), 第30页（表A1）。

77. 同上，第29-30页，从亩到公顷的转换由笔者自行完成；中国权威经济史学家罗尔纲估算，在19世纪的技术条件下，要解决人口的基本温饱问题大约需要人均3亩土地。引自Zhou Yuanhe, A Study of China's Population during the Qing Dynasty, in: SSC 3 (1982), 第89页。

78. 我们在这里避开一个复杂的问题，即太平天国到底应当被看作是一场革命还是起义。作为妥协，我们不妨称之为“运动”。

79. 参见hilip A. Kuhn, Origins of the Taiping Vision: Cross-Cultural Dimensions of a Chinese Rebellion, in: CSSH 19 (1977), 第350-66页；Rudolf G. Wagner, Reenacting the Heavenly Vision: The Role of Religion in the Taiping Rebellion, Berkeley 1983。

80. Rudolf G. Wagner, God's Country in the Family of Nations: The Logic of Modernism in the Taiping Doctrine of International Relations, in: Jânos M. Bak/Gerhard Benecke (FIrsg.), Religion and Rural Revolt, Manchester 1984, 第354-72页，尤参第359-61页。

81. 广州外贸总量在1844~1855年从3340美元下降到650万美元。同一时期，上海外贸规模从480万美元增长到2330万美元。参见黄苇《上海开埠初期对外贸易研究》，Shanghai 1961, 第71页；另参Cheng: Guangzhou, 第51-63页。

82. Kuhn, Taiping Rebellion, 第264页及下页；Wakeman, Strangers at the Gate, 第100页；So: Silk District, 第64页。

83. 参见Liu Kwang-ching, The Ch'ing Restoration, in CHOC, Bd. 10, 第456-77页。

84. 1856年曾发生过一起美国军舰针对中国的短暂行动。参见易延镇《第二次鸦片战争初期美国对华军事行动始末》，刊于《南开学报》，1984/3, 第18-25页；关于法国的参与，参见Henri Confier, L'expédition de Chine de 1857-58, Paris 1905; 同作者：L'expédition de Chine de 1860, Paris 1906。

85. 关于广州与华南地区的情况，参见Y. Wong, Yeh Ming-ch'en: Viceroy of Liang Kuang 1852-8, Cambridge 1976, 尤参第36, 119, 186页。

86. Macartney: Embassy, 第 367 页，第 27 条注释。
87. 关于额尔金及其家族，参见苏格兰权威社会史和经济史学家 Sydney Checkland, The Eigins, 1766-1917: A Tale of Aristocrats, Proconsuls and their Wives, Aberdeen 1988, 第 164 页及下页。
88. 西方针对太平天国的干预行动在 1862 至 1864 年期间达到巅峰，参见 J. S. Gregory, Great Britain and the Taipings, London 1969, 第 111 页及下页；S. Y. Teng, The Taiping Rebellion and the Western Powers, Oxford 1971, 尤参第 284 页及下页；Richard J. Smith, Mercenaries and Mandarins: The Ever-Victorious Army in Nineteenth Century China, New York 1978, 第 24 页及下页；Charles Chenevix Trench, Charley Gordon: An Eminent Victorian Reassessed, London 1978, 第 33 页及下页。

十　外交与“非正式帝国”

1. Morse 的三卷本著作 Relations 即以此作为各卷的副标题。
2. J. V. A. MacMurray, Problems of Foreign Capital in China, in: FA 3 (1925), 第 412 页。
3. 缜密分析参见 Horst Pommerening, Der chinesisch-sowjetische Grenzkonflikt. Das Erbe der ungleichen Verträge, Olten 1968, 第 34 页及下页；关于其他历史背景，参见 Jörg Fisch, Die europäische Expansion und das Völkerrecht. Die Auseinandersetzungen um den Status der überseeischen Gebiete vom 15. Jahrhundert bis zur Gegenwart, Stuttgart 1984。
4. 该条约签订于 1915 年，条约文本见 MacMurray: Treaties, Bd. 2. 第 1190 页及下页。
5. 这一点迄今仍然遭到一些人的漠视。例如 Adam Watson, 他在不久前还以夸奖的口吻称，中国条约体系是“大国海外协调最令人印象深刻的成果”(European International Society and Its Expansion, in Bull/Watson: Expansion, 第 31 页)。
6. 参见 Alexander Scho ¨ lch, Ägypten den Ägyptern! Die politische und gesellschaftliche Krise der Jahre 1878-1882 in Ägypten, Zürich 1972。
7. 英国全球地位的巅峰期为 1848 至 1870 年，参见 Bernard Porter, Britain, Europe and the World 1850-1986: Delusions of Grandeur, London 1983, 第 1 页及下页。
8. Kennedy: Great Powers, 第 198 页及下页。
9. 美国海外地位自大约 1860 年起进入新阶段，参见 Wehler: Außenpolitik, 第 168 页及下页；论述 19 世纪中美关系的经典著作，参见 Hunt: Relationship；最新学术研究成果，参见 Michael H. Hunt, New Insights But No New Vistas: Recent Work on Nineteenth-Century American-East Asian Relations, in Cohen: Frontiers, 第 17-43 页；汪熙、王邦宪:《我国三十五年来的中美关系史研究》，刊于《复旦学报》，1984/5, 第 73-76 页；另参 David L. Anderson, Imperialism and Idealism: American Diplomats in China 1861-1898, Bloomington 1985。
10. Yü Wen-tang, Die deutsch-chinesischen Beziehungen von 1860-1880, Bochum 1981, 第 44 页及下页；Holmer Stahncke, Die diplomatischen Beziehungen zwischen Deutschland und Japan 1854-1868, Stuttgart 1987, 第 88-119 页；Bernd Martin, The Prussian Expedition to the Far East (1860-1862), in: Newsletter for Modem Chinese History 6 (1988), 第 38-52 页。
11. 在 1897 年之前，德国的行动最多只能称得上“试探性扩张”。参见 Hans- Ulrich

Wehler, Bismarck und der Imperialismus, Köln 1969, 第 194 页及下页。

12. 迄今仍然没有一本用西方语言写作的有关李鸿章新的传记，所以只能推荐参考 Hummel: Eminent Chinese, 第 464-71 页；另外，虽充满偏见但仍然值得一读的是：J. O. P. Bland, Li Hung-chang, London 1917。
13. 中国历史编纂者在很长时间里一直称其为“卖国贼”。参见 Fan Wön-lan, Neue Geschichte Chinas, Bd. 1, Berlin (DDR) 1959, 第 296 页及下页；Hu Sheng, Imperialism and Chinese Politics, Beijing 1981, 第 102 页；目前在中国，在对李鸿章的评价问题上已开始出现不同的声音。
14. Masataka Banno, China and the West, 1858-1961: The Origins of the Tsungli Yamen, Cambridge, Mass. 1964, 第 219 页及下页；Hsü: Entrance, 第 105 页及下页。
15. 这位公使及其随行人员记录下的观感十分有趣，参见 J. D. Frodsham (Hrsg.), The First Chinese Embassy to the West: The Journals of Kuo Sung-t'ao, Liu Hsi-hung and Chang Te-yi, Oxford 1974；中国新近又出版了张德彝撰写的多卷本《随使英俄记》；关于中国早期对外关系，参见 Earl Swisher, Chinese Representation in the United States, 1861-1912, in: Kenneth W. Rea (Hrsg.), Early Sino-American Relations, 1841-1912: The Collected Articles of Earl Swisher, Boulder, Col. 1977, 第163-203页。
16. Gong: Standard, 第 151 页。
17. 条约文本见 Hertslet: Treaties, Bd. 1, 第 73-80 页。
18. S. T. Wang, The Margary Affair and the Chefoo Agreement, London 1940, 第 66 页及下页。
19. 参见 Hsu: Rise, 第 368-72 页；关于中国方面的历史背景，参见 John K. Fairbank, Patterns behind the Tientsin Massacre, in: HJAS 20 (1957), 第 480-511 页；对后续事件的深入分析参见 Aadel Brun Tschudi, The Chenzhou Murder Case, in: Proceedings of the First International Symposium on Asian Studies, Bd. 1, Hongkong 1979, 第 291-305 页；在经过相对平静的 1880 年代后，反教运动于 1891 年之后又逐渐复苏。参见 Edmund S. Wehrle, Britain, China, and the Antimissionary Riots, 1891-1900, Minneapolis 1966。
20. Britten Dean, China and Great Britain: The Diplomacy of Commercial Relations, 1860-1864, Cambridge, Mass. 1974, 第 120 页及下页，尤参第 132 页；Alexander Michie, The Englishman in China during the Victorian Era, Bd. 1, Edinburgh 1900, 第 402 页。
21. 1925 年，在长江江面巡航的外国炮舰中，美国有 14 艘，日本有 14 艘，英国有 12 艘，法国有 5 艘，意大利有 4 艘。参见张注洪《现代史》，第 1 卷，第 21 页。
22. 美国海军少将约翰·L. 戴维斯（John Lee Davis）1884 年所言，摘自 Kenneth J. Hagan, American Gunboat Diplomacy and the Old Navy, 1877-1889, Westport, Conn. 1973, 第 124 页。
23. Victor G. Kieman, British Diplomacy in China 1880 to 1885, Cambridge 1939, 第 143 页。
24. 在这场对峙中的各方势力早在 1868 年发生在台湾的一起冲突中便已悉数登场：反对洋人的中国百姓，充满挑衅的商人、领事官和海军将领，以及伦敦和北京主张和解的外交官。参见 Leonard H. D. Gordon, Taiwan and the Limits of British Power, 1868, in: MAS 22 (1988), 第 225-35 页；关于英国领事官在华扮演的角色，参见 D. C. M. Platt,

The Cinderella Service: British Consuls since 1825, London 1971, 第 165 页及下页；P. D. Coates, The China Consuls: British Consular Officers, 1843-1943, Hongkong 1988。

25. Clarendon1869 年 1 月 28 日致 Alcock 的信函，摘自 Nathan A. Pelcovits, Old China Hands and the Foreign Office, New York 1948, 第 56 页。

26. 英国在中国内地发动的最后一起大规模炮舰行动是 1930 年夏轰炸湖南长沙，美国舰队最后一次行动是 1934 年在福州。参见 Kemp Tolley, Yangtze Patrol: The U. S. Navy in China, Annapolis 1971, 第 193 页；直到 1920 年代，意大利公使还亲自下令，为惩罚对传教士的袭击展开报复行动。参见 Daniele Varè, Laughing Diplomat, London 1938, 第 299 页。

27. 参见 Marina Warner, Die Kaiserin auf dem Drachenthron. Leben und Welt der chinesischen Kaiserin-Witwe Tz'u-hsi, 1835-1908, Würzburg 1974；从宪政史角度看，慈禧的合法性令人质疑的统治是一种制度化的特殊形态。参见 Luke S. K. Kwong, Imperial Authority in Crisis: An Interpretation of the Coup d'état of 1861, in: MAS 17 (1983), 第 237 页。

28. Alastair Lamb, British India and Tibet 1766-1910, 2nd ed., London 1986, 第 88 页及下页，尤参第 134 页及下页；关于西方对西藏的入侵，参见 Peter Hopkirk, Trespassers on the Roof of the World: The Race for Lhasa, Oxford 1982。

29. 参见 John F. Cady, The Roots of French Imperialism in Eastern Asia, new ed., Ithaca, N. Y. 1967。

30. Milton Osborne, River Road to China: The Mekong River Expedition 1866-1873, London 1975, 第 30 页及下页。

31. Dieter Brötel, Französischer Imperialismus in Vietnam. Die koloniale Expansion und die Errichtung des Protektorates Annam-Tongking 1880-1885, Freiburg i. Br. 1971, 尤参第 119 页及下页。

32. 同上，第 275 页及下页，第 305 页及下页；Hsü: Rise, 第 398-403 页；Mancall: China, 第 156 页及下页；Immanuel C. Y. Hsü, Late Ch'ing Foreign Relations, 1866-1905, in CHOC, Bd. 11, 第 96-101 页；Jean Ganiage, L'expansion coloniale de la France sous la Troisième République (1871-1914), Paris 1968, 第 120 页及下页；Marwyn S. Samuels, Contest for the South China Sea, New York 1982, 第 42-48 页；Pierre Guillen, L'expansion 1881-1898, Paris 1984, 第 185 页及下页（尤参关于战争中的国际形势部分）。

33. 相关历史背景参见 D. G. E. Hall, A History of South-East Asia, 3rd ed., London 1968, 第 618 页及下页；相关经济背景参见 D. R. SarDesai, British Trade and Expansion in Southeast Asia 1830-1914, New Delhi 1977. 第 177-219 页。

34. Dieter Brötel, Frankreichs ökonomische Penetration auf dem China-Markt 1885-1895, in: Peter Hablützel u. a. (Hrsg.), Dritte Welt: Historische Prägung und politische Herausforderung. Festschrift zum 60. Geburtstag von Rudolf von Albertini, Stuttgart 1983, 第 55 页。

35. 下述内容参见 Hsu ¨ , Late Ch'ing Foreign Relations, 第 101-109 页；Beasley: Imperialism, 第 41-54 页；Hilary Conroy, The Japanese Seizure of Korea, Philadelphia 1960; Martina Deuchler, Confucian Gentlemen and Barbarian Envoys: The Opening of Korea, 1875-1885, Seattle 1977; Robert R. Swartout, Jr., Mandarins, Gunboats and Power

Politics: Owen Nickerson Denny and the International Rivalries in Korea, Honolulu 1980，尤参第 23 页及下页；Hang-Soo Kim, Korea und der «Westen» von 1860 bis 1900, Frankfurt a. M. 1986, 第 22 页及下页；关于中国在其中扮演的角色，参见 Kim: Last Phase；关于朝鲜冲突后的局势，特别是俄国政策，参见 George Alexander Lensen, Balance of Intrigue: International Rivalry in Korea and Manchuria, 1884-1899, 2 Bde., Tallahassee, Fla. 1982。

36. Edwin Pak-Wah Leung, The Quasi-War in East Asia: Japan's Expedition to Taiwan and the Ryûkyû Controversy, in: MAS 17 (1983), 第 257-81 页。

37. 关于 1870 年代和 1880 年代极端复杂的中亚权力政治，参见 Liu Kwang-ching/Richard J. Smith, The Military Challenge: The North-West and the Coast, in CHOC, Bd. 11, 第 221-43 页；Rossabi: Inner Asia, 第 179-91 页；Gerald Morgan, Anglo-Russian Rivalry in Central Asia, 1810-1895, London 1981, 第 151-69 页；Baymirza Hayit, Turkestan zwischen Rußland und China, Amsterdam 1971, 第 131-50 页。

38. R. K. I. Quested, The Expansion of Russia in East Asia 1857-1860, Kuala Lumpur 1968; Joseph Fletcher, Sino-Russian Relations, 1800-62, in CHOC, Bd. 10, 第 333 页及下页；L. G. Beskrovnyj/A. L. Narocnickij, K istorii vnesneji politiki Rossii na Dal'nem Vostoke v XIX veke, in: VI 1974/6, 第 14-36 页，尤参第 25-30 页；Sha-E qin Hua shi, Bd. 2, 第 53 页及下页；人口统计学视角，参见徐昌翰《19 世纪下半叶沙俄对黑龙江以北乌苏里江以东地区殖民》，刊于《求是学刊》，1983/5, 第 100-104 页。

39. Hélène Carrère d'Encausse, Systematic Conquest, in: Edward Allworth (Hrsg.), Central Asia: A Century of Russian Rule, New York 1967, 第 131-50 页；Seymour Becker, Russia's Protectorates in Central Asia: Bukhara and Khiva, 1865-1924, Cambridge, Mass. 1968, 第 3-78 页。

40. Immanuel C. Y. Hsü, The Ili Crisis: A Study of Sino-Russian Diplomacy, 1871-1881, Oxford 1965; B. P. Gurevich, History of the «Ili Crisis», in Tichvinskij: Chapters, 第 301-26 页（作者对俄国政策给予了积极评价）；王绳祖:《中英关系史论丛》, Beijing 1981, 第 159-95 页。

41. 关于 1884 年后的新疆历史变迁，我们在这里不予涉及。可参见 Oskar Weggel, Xinjiang/Sinkiang: Das zentralasiatische China. Eine Landeskunde, 2. Aufl., Hamburg 1985, 第 27-35 页；Lars-Erik Nyman, Great Britain and Chinese, Russian and Japanese Interests in Sinkiang, 1918-1934, Stockholm 1977; Han-jung Ziemann, Die Beziehungen Sinkiangs (Ostturkestans) zu China und der UdSSR 1917-1945, Bochum 1984; Andrew D. W. Forbes, Warlords and Muslims in Chinese Central Asia: A Political History of Republican Sinkiang 1911-1949, Cambridge 1986。

42. 参见 Immanuel C. Y. Hsü, The Great Policy Debate in China, 1874: Maritime Defense versus Frontier Defense, in: HJAS 25 (1965), 第 212-28 页。

43. 参见 John L. Rawlinson, China's Struggle for Naval Development, 1839-1895, Cambridge, Mass, 1967。

44. 左宗棠之所以能够成功平定回乱，战胜沙俄，与英国银行的 5 笔借款有着直接关系。这些借款是用关税收入抵偿的。参见 Kuo Ting-yee/Liu Kwang-ching, Self-Strengthening: The Pursuit of Western Technology, in CHOC, Bd. 11, 第 515 页。

45. Liu/Smith, The Military Challenge, 第 268 页及下页；关于李鸿章建立的北洋水师——

当时中国唯一有作战能力的海军力量——在军事上的弱势，参见关捷《甲午战争前中日海军力量之对比》，刊于《东北师大学报》，1982/1，第 55-60 页，尤参第 59 页。

46. Arthur Holitscher, Das unruhige Asien, Berlin 1926, 第 275 页。
47. Richthofen: Tagebücher, Bd. 1, 第 24 页。
48. 同上。
49. 赫德生平简介，参见 Stanley F. Wright, Hart and the Chinese Customs, Belfast 1950；关于赫德其人及其影响，参见John K. Fairbank, Epilogue: The Impact of Robert Hart's Administration, in Hart: Journals, 第 319-38 页；关于大清海关的职能和历史，参见 L. K. Little, Introduction, in Hart: Letters, Bd. 1, 第 3-34 页；较早文献：Ting Tso-chao, La douane chinoise, Paris 1931; Morse: Trade, 第 352-76; Teichman: Affairs, 第 116-25 页；Otte: Landeskunde, 第 9 页及下页。
50. 关于海关早期情况，参见 Jack J. Gerson, Horatio Nelson Lay and Sino-British Relations, 1854-1864, Cambridge, Mass. 1972, 第 50 页及下页；Hart: Journals, 第 161 页及下页，第 230 页及下页；赫德自 1861 年起便已正式接掌大清海关的领导工作。
51. Fairbank, Epilogue, 第 324 页；Morse: Trade, 第 364 页。
52. Henri Cordier, Les Douanes Impériales Maritimes Chinoises, in: ders., Mélanges, Bd. 2, Paris 1920, 第 219 页。
53. 赫德早在 1906 年便曾预言："我怀疑到 1930 年时，海关里恐怕已经见不到洋人。" (Hart: Letters, Bd. 2, S. 1511)；不过，海关的"本土化"是在 1930 年前后才刚刚开始的。
54. Fairbank 便持这样的观点，参见 Hart: Letters, Bd. 1, 第 xi 页。
55. 参见 Weber: Wirtschaft und Gesellschaft, 第 610 页。
56. Michie, The Englishman in China, Bd. 2, 第 160 页。
57. 引自 Michael Edwardes, The West in Asia 1850-1914, New York 1967, 第 167 页。
58. 海关收入有四成归朝廷，六成被分配给各省，但部分是用于由朝廷掌管的工程项目。参见 Kuo/Liu, Self-Strengthening, 第 515 页。
59. Cheng Ying-wan, Postal Communication in China and Its Modernization, 1860-1896, Cambridge, Mass. 1970, 第 63 页及下页；黄成：《清末近代邮政的创办和发展》，刊于《杭州大学学报》，1983/3，第 101-13 页，尤参第 101-106 页；美国在中国设有自己的邮局。参见 Peter L. Koffsky, The Consul General's Shanghai Postal Agency, 1867-1907, Washington, D. C. 1972。
60. 这种观点是由 John K. Fairbank 提出的：Synarchy under the Treaties, in Fairbank: Thought, 第 204-31 页；作者在书中将"共治"定义为"外（满）族统治下中国政府下属的中外合作机构"（joint Sino-foreign administration of the government of China under a foreign [i. e. Manchu] dynasty，第 212 页）；另参 Rudolf G. Wagner, Staatliches Machtmonopol und alternative Optionen. Zur Rolle der «westlichen Barbaren» im China des 19. Jahrhunderts, in: Jan-Heeren Grevemeyer (Hrsg.), Traditionale Gesellschaften und europäischer Kolonialismus, Frankfurt a. M. 1981, 第 119-23, 132 页及下页。
61. 关于上海历史，参见 Brunhild Staiger, Shanghais politische wirtschaftliche und kulturelle Entwicklung in historischer Perspektive, in: Institut für Asienkunde (Hrsg.), Shanghai: Chinas Tor zur Welt, Hamburg 1986, 第 7-49 页；Folker Reichert, «Heimat der Ballen und Fässer». Grundzüge einer Stadtgeschichte, in: Sieg., fried Englert/Folker Reichert

(Hrsg.), Shanghai. Stadt über dem Meer, Heidelberg 1985 第 41-89 页；关于上海的“殖民”气质，参见下述经典著作：F. L. Hawks Pott, A Short History of Shanghai, Shanghai 1928；Lanning/Couling: Shanghai。

62. 遗憾的是，迄今仍然没有一本能够满足当今历史地理学要求的 19 世纪香港史论著。香港政治发展史，参见 G. B. Endacott, A History of Hong Kong, rev. ed., Hongkong 1973; Ernst Johann Eitel, Europe in China, Shanghai 1895, Reprint Oxford 1983; Geoffrey R. Sayer, Hong Kong 1841-1862: Birth, Adolescence and Coming of Age, Hongkong 1937; ders., Hong Kong 1862-1919: Years of Discretion, Hongkong 1975；关于香港殖民时期的状况，参见陈胜麟《香港地区被迫“割让”与“租借”的历史真相》，刊于《学术研究》，1983/2, 第 89-94 页；1983/3, 第 85-95 页。
63. Wong Siu-lun, The Migration of Shanghai Entrepreneurs to Hong Kong, in: David Faure u. a. (Hrsg.), From Village to City: Studies in the Traditional Roots of Hong Kong Society, Hongkong 1984, 第 206-27 页。
64. Chiu: Hong Kong, 第 24-26, 29 页。
65. Baruch Boxer, Ocean Shipping in the Evolution of Hong Kong, Chicago 1961.
66. Remer: Investments, 第 395 页（表 13）。
67. D. K. Lieu, The Growth and Industrialization of Shanghai, Shanghai 1936, 第 13 页及下页。
68. 香港的相关数据出自 Chiu: Hong Kong, 第 29, 50 页；上海的数据出自周源和、吴申元《上海历史人口研究》，刊于《复旦学报》，1985/4, 第 95 页。
69. 引自 Endacott, A History of Hong Kong, 第 18 页。
70. Susan Mann Jones, The Ningpo Pang and Financial Power at Shanghai, in Elvin/Skinner: City, 第 74, 76 页；同作者：New Perspectives on Chinese Urbanization, in: JUH 13 (1986), 第 74 页及下页；潘君祥、陈立仪：《19 世纪后半期上海商业的演变》，刊于《历史研究》，1986/1, 第 154 页。
71. 英格兰植物学家福钧（Robert Fortune）在 1843 年——即上海开埠后第二年——出版的一本著作中，对上海各方面优势做出了详细描述。参见 Three Years Wanderings in the Northern Provinces of China, London 1847, 第 115-27 页。
72. 参见 Shiba Yoshinobu. Ningpo and Its Hinterland, in Skinner: City, 第 391-439 页；Murphey: Shanghai, 第 29 页及下页。
73. 尽管人们坚定地相信这一点，但实际上，这种保护并不是绝对的。特别是在 1927 年之后，英国当局经常会把革命者抓捕后交予中国警方。
74. 关于类型学上的区别以及全球范围内的比较，参见 Ernst Grünfeld, Hafenkolonien und kolonieähnliche Verhältnisse in China, Japan und Korea. Eine kolonialpolitische Studie, Jena 1913；有关中国的论述参见 Wilhelm Wagner, Aufenthalt und Niederlassung Fremder in China, Berlin 1918; A. Nord, Die Handelsverträge Chinas, Leipzig 1920, 第 188 页及下页；Friedrich Otte, Niederlassungen, Konzessionen und Pachtgebiete, in: ZfP 16 (1927), 第 603-13 页。
75. 这里所说的“通商口岸”是狭义的，即指设有海关的对外贸易港口。参见 Chong Su-see, The Foreign Trade of China, New York 1919, 第 396 页及下页；另参 Bernhard Großmann, Vertragshäfen, in Franke: China-Handbuch, 第 1473-76 页。
76. 参见 Rüdiger Machetzki, Konzessionen und Niederlassungen, in ebd., 第 676-82 页；

关于 1900 年之前租界地形成的阶段，参见戴一峰《近代中国租界的形成和扩展》，刊于《中国社会经济史研究》，1982/4, 第 68-77 页。

77. 这种做法并非没有先例。在实行领土统治之前的阶段，东印度公司在加尔各答便曾采取过类似的措施。参见 P.J. Marshall, East India Fortunes, Oxford 1976, 第 25 页。
78. Grover Clark, Economic Rivalries in China, New Haven 1932, 第 50 页。
79. 概况参见 Tung: Powers, 第 71-73 页。
80. Jones: Shanghai, 第 120 页及下页；卢绳:《天津近代城市建筑简史》，刊于《天津文史资料选集》，第 24 卷，Tianjin 1983, 第 1-47 页，尤参第 6-12 页。
81. 肖致治:《汉口租界》，刊于《武汉大学学报》，1978/4, 第 77-80 页。
82. Grünfeld, Hafenkolonien, 第 163 页。
83. 下述内容可参见众多当代著作：脉络清晰的梳理见 Sir John T. Pratt, The International Settlement and the French Concession at Shanghai, in: British Yearbook of International Law 90 (1938), 第 1-18 页；另参 Jones: Shanghai. Zur Verwaltungsgeschichte: J. H. Haan, Origin and Development of the Political System in the Shanghai International Settlement, in: JHKBRAS 22 (1982), 第 31-64 页；中国学界经典论著见 Xu: Shanghai (1933 年首次出版)。
84. 关于华界的内部结构秩序，参见 Mark Elvin, The Gentry Democracy in Chinese Shanghai, 1905-1914, in Gray: Search, 第 41-65 页；同作者：The Administration of Shanghai, 1905-1914, in Elvin/Skinner: City, 第 239-62 页；Elvin 在这里修正了韦伯关于中国城市缺乏欧洲中世纪城市自治的论点。
85. 数据计算系根据周源和、吴申元《上海历史人口研究》，第 96 页。
86. 1915 年日本超过英国，成为在华驻军人数最多的国家，这是外国势力的力量对比变化带来的结果。参见谢俊美《上海历史上人口的变迁》，刊于《社会科学》，1980/3, 第 112 页。
87. Annual Report of the Shanghai Municipal Council 1935, Shanghai 1935, 第 50 页及下页。
88. 参见 Robert J. Ross/Gerard J. Telkamp (Hrsg.), Colonial Cities, Leiden 1985；书中并没有关于上海的专述，但从中可以看到，生活在其他一些国家如埃及的西方人超过了中国。按照埃及方面的统计，1917 年，定居在埃及的外国人数为 14.3 万。参见 Robert Tignor, The Economic Activities of Foreigners in Egypt, 1920-1950: From Millet to Haute Bourgeoisie, in: CSSH 22 (1980), 第 421 页。
89. 1842 年《南京条约》第三条及 1860 年《北京条约》约定；关于香港的国际法地位，参见 Anthony Dicks, Treaty, Grant, Usage or Sufferance? Some Legal Aspects of the Status of Hong Kong, in: CQ 95 (September 1983), 第 427-55 页，尤参第 441-51 页。
90. 参见 Ch.-B. Maybon/Jean Fre ́ det, Histoire de la Concession Française de Changhai, Paris 1929, 第 24 页及下页；关于租界史的最新研究迄今仍是空白。
91. 1930 前后，生活在公共租界的外国人当中，大约只有 12%（！）拥有选举权。这一比例与早期宪政时代的欧洲状况十分接近。参见 William W. Lockwood, Jr., The International Settlement at Shanghai, 1924-1934, in: APSR 28 (1934), 第 1034, Fn. 4。
92. 据保守猜测，1926 年的比例约为 37%。Report of the Hon. Richard Feetham, C. M. G., to the Shanghai Municipal Council, Shanghai 1931, Bd. 1, 第 323 页，关于法律背景，参见第 319-21 页；早在 1893 年，上海黄金地段的土地便已被中国商人和退休官僚掌

控。Imperial Maritime Customs, Decennial Reports 1882-91, Shanghai 1801, 第332页。

93. 详参 Osterhammel: Imperialismus, 第 120-23 页。
94. 下述内容详参Ju¨rgen Osterhammel, Semi-Colonialism and Informal Empire in Twentieth-Century China: Towards a Framework of Analysis, in Mommsen/Osterhammel: Imperialism, 第 290-314 页，尤参第 297 页及下页；其他有关帝国主义理论的著作参见 Britten Dean, British Informal Empire: The Case of China, in: JCCP 14 (1976), 第 64-81 页；J. Y. Wong, The Building of an Informal British Empire in China in the Middle of the Nineteenth Century, in: Bulletin of the John Rylands Library of Manchester 59 (1976), 第 472-85 页。
95. 因此人们不无道理地称之为“不负责任的帝国主义”；参见 Tan Chung, The Unequal Treaty System: Infrastructure of Irresponsible Imperialism, in: CR 17:5 (Sept.-Okt. 1981), 第 3-33 页。
96. Levenson: Confucian China, Bd. 1, 第 153 页。

十一　中国市场的边界

1. 引自 A. J. Sargent, Anglo-Chinese Commerce and Diplomacy, Oxford 1907, 第 106 页。
2. Sir Hughe Knatchbull-Hugessen, Diplomat in War and Peace, London 1949, 第 96 页；书中记录了作者 1936 年夏在华中地区旅行时所感。
3. Harry F. Burrill, Southern China, in: ders., Raymond F. Christ, Report on Trade Conditions in China, Washington, D. C. 1906, 第 14 页。
4. 1921 之前的数据引自 Remer: Trade, 第 125, 233 页；1929 和 1936 年（均不含满洲）引自 League of Nations. Economic Intelligence Service, Review of World Trade 1936, Genf 1937, 第 25 页；1960 年代数据引自 Mah Feng-hwa, The Foreign Trade of Mainland China, Edinburgh 1972, 第 187 页（表 6-2, 这里不包含台湾和香港的贸易以及中国与朝鲜、北越和蒙古之间的贸易）。
5. Wolfram Fischer, Die Weltwirtschaft im 20. Jahrhundert, Göttingen 1979, 第 11-13 页；概念系由 Fischer 自创。
6. Paul A. Cohen, Between Tradition and Modernity: Wang T'ao and Reform in Late Ch'ing China, Cambridge, Mass. 1974, 第 202-205 页。
7. 史全生：《论郑观应的经济思想》，刊于《南京大学学报》，1980/2, 第 40 页及下页；《郑观应的商战论》，刊于《学术研究》，1984/5, 第 69-72 页；有关郑观应对民族资本主义的看法，参见汪熙《论郑观应》，刊于《历史研究》，1982/1, 第 26 页及下页；关于郑观应生平，参见 Johannes Kehnen, Cheng Kuan-ying. Unternehmer und Reformer der späten Ch'ing-Zeit, Wiesbaden 1975。
8. Chang Hao, Liang Ch'i-ch'ao and Intellectual Transition in China, 1890-1907, Cambridge, Mass. 1971, 第 161-67, 254-70 页。
9. 孙中山、王韬、郑观应等人对殖民地的某些改革措施印象颇深，这些措施与针对中国的“准殖民地”式“不负责任式剥削”形成了对比。参见 Sally Borthwick, Education and Social Change in China: The Beginnings of the Modem Era, Stanford 1983, 第 40 页及下页，第 44 页。
10. 孙中山称之为“进贡”，这种说法与同期印度经济学家关于“财富流失”（drain of

wealth）的说法不谋而合 (R. C. Dutt)。

11. 见孙中山在 1924 年 2 月 3 日有关“三民主义”的第二次演讲，《孙中山选集》，Beijing 1956，第 602-15 页，尤参第 609-14 页。
12. 尤见漆树芬《经济侵略下之中国》, Shanghai 1925；另参陈铭勋《经济改造中之中国工业问题》，Shanghai 1928, 尤参第 120 页及下页。
13. Arif Dirlik, Revolution and History: The Origins of Marxist Historiography in China, 1919-1937, Berkeley 1978, 第 75-87 页；叶桂生、刘茂林:《中国社会史论战与马克思主义历史学的形成》，刊于《中国史研究》1983/1, 第 3-16 页。
14. 关于蒋介石其人，参见 Chiang Kai-shek, China's Destiny, New York 1947, 第 63-68 页；关于蒋介石的帝国主义观，参见 Marie-Luise Näth, Chinas Weg in die Weltpolitik: Die nationalen und außenpolitischen Konzeptionen Sun Yat-sens, Chiang Kai-sheks und Mao Tse-tungs, Berlin 1976, 第 120-24 页；中国国内相关学术论著，参见刘大年《中国近代史问题》, Beijing 1978, 第 73 页及下页。
15. 这一辩证观点具体地讲：帝国主义以商品出口为目的，在不实行工业化的前提下对外围国家实行开发；但帝国主义自身的活力却将商品输出推向资本输出，而后者反过来又导致了这些地区的工业化，并以此为其摆脱帝国主义的控制起到了促进作用。参见 Xu Zongshi《中国工业化问题》，刊于《国立中央大学半月刊》，1931 年 1 月 1 日，第 128 页及下页。
16. 见列宁 1916 年所著《帝国主义是资本主义的最高阶段》；另参 Hans-Christoph Schröder, Sozialistische Imperialismusdeutung. Studien zu ihrer Geschichte, Göttingen 1973, 第 40 页及下页。
17. 《中国革命和中国共产党》，刊于《毛泽东选集》第 2 卷，Beijing 1968，第 362 页及下页；这是毛泽东论述中国近现代史最重要的一篇文章。
18. 周谷城:《中国社会之结构》, Shanghai 1935, 第 350 页。
19. 如 1934-1937 年任北大社会史教授的陶希圣，陶后来成为蒋介石的笔杆子和台湾最著名学者之一。参见其著作《中国社会与中国革命》, Shanghai 1931;《中国社会史的分析》, Shanghai 1933。
20. 相关论著见 Ronald Robinson, Non-European Foundations of European Imperialism: Sketch for a Theory of Collaboration, in: Roger Owen/Bob Sutcliffe (Hrsg.), Studies in the Theory of Imperialism, London 1972, 第 117-42 页；Johan Galtung, Eine strukturelle Theorie des Imperialismus, in: Dieter Senghaas (Hrsg.), Imperialismus und strukturelle Gewalt. Analysen über abhängige Reproduktion, Frankfurt a. M. 1972, 第 29-104 页；在近代有关马克思主义的讨论中，“买办资产阶级”的提法出自 Paul A. Baran, Politische Ökonomie des wirtschaftlichen Wachstums, Neuwied 1966（英文版于 1957 年问世）。
21. 《中国经济原论》；另一本较新的相关著作于 1957 年在北京出版，题为《中国半封建半殖民地经济形态的研究》；关于王亚南其人，参见《中国现代社会科学家传略》，第 1 卷，Taiyuan 1982, 第 8-19 页；及陈克俭、甘民重《王亚南经济思想初探》，刊于《厦门大学学报》，1981/1, 第 1-11 页，1981/2, 第 50-62 页，1981/8, 第 94-102 页。
22. 对这些观点的阐述与批判，参见 Jürgen Osterhammel, Semi- Colonialism and Informal Empire in Twentieth-Century China: Towards a Framework of Analysis, in Mommsen/Ostcrhammel: Imperialism, 第 292-95 页（内有重要学者的著作索引）；侧

重点不同的阐述参见 Cohen: History, 第 97-147 页；David D. Buck, Themes in the Socioeconomic History of China, 1840-1940, in: JAS 43 (1984), 第 463-68 页。

23. 持该观点的代表人物如 Murphey: Outsiders；另参同作者论文：The Treaty Ports and China's Modernization, in Elvin/Skinner: City, 第 17-72 页。
24. Albert Feuerwerker, Characteristics of the Chinese Economic Model Specific to the Chinese Environment, in: Robert F. Demberger (Hrsg.), China's Development Experience in Comparative Perspective, Cambridge, Mass., 1980, 第 289 页及下页。
25. 有关这一论点的逻辑清晰的经济学论述，见 Robert F. Demberger, The Role of the Foreigner in China's Economic Development, 1840-1949 in Perkins: Economy, 第 19-47 页；另参 Hou: Investment, 第 216-21 页；Elvin: Pattern, 第 312-16 页；对持同样论调的现代化论一派的批判，参见 Osterhammel: Modemisierungstheorie。
26. Moulder: Japan ist die bekannteste neuere Formulierung dieser Position, allerdings auch immanent schon sehr anfechtbar. Gute Zusammenfassung der Hauptargumente bei A. K. Bagchi, The Political Economy of Underdevelopment, Cambridge 1982, 第 94-111 页；另参 Bobby Siu, Women of China: Imperialism and Women's Resistance, 1900-1949, London 1981, 第 15-72 页；现代化论与依附论的折中观点，参见 Lippit: Development, 第 35 页及下页。
27. F&C, 24. April 1935, 第 471 页。
28. Hao: Revolution, 第 201 页；有关 20 世纪的论述，参见 Osterhammel: Imperialismus, 第 228-35 页。
29. Hou: Investment, 第 103 页。
30. 另参 Platt: Business Imperialism。
31. Heller: Handel, 第 60 页及下页；A. N. Khochlov, The Kyakhta Trade and Its Effect on Russian and Chinese Policy in the 18th and 19th Centuries, in Tichvinskij: Chapters, 第 88 页及下页；Liu Ts'ui-jung, Trade on the Han River and Its Impact on Economic Development, c. 1800-1911, Taibei 1980, 第 49-51 页。
32. Philip S. Bagwell, The Transport Revolution from 1770, London 1974, 第 64 页。
33. Gerald S. Graham, The Ascendancy of the Sailing Ship 1850-85, in: EcHR 9 (1956), 第 81 页。
34. Basil Lubbock, The China Clippers, London 1914, 第 121 页及下页。
35. Latham: International Economy, 第 28 页；Hyde: Trade, 第 25 页及下页；同作者：British Shipping Companies and East and South-East Asia, 1860-1939, in Cowan: Development, 第 28 页；D.A. Farnie, East and West of Suez: The Suez Canal in History 1854-1956, Oxford 1969, 第 177-94 页；C. G. F. Simkin, The Traditional Trade of Asia, London 1968, 第 262-64 页；Headrick: Tentacles, 第 26 页及下页。
36. B. M. Deakin, Shipping Conferences: A Study of Their Origins, Development and Economic Practices, Cambridge 1973, 第 29 页及下页。
37. Headrick: Tools, 第 157-61 页；Headrick: Tentacles, 第 97-144 页；Jorma Ahvenainen, The Far Eastern Telegraphs: The History of Telegraphic Communications between the Far East, Europe and America before the First World War, Helsinki 1981, 第 44 页及下页；Wang Shu-huai, China's Modernization in Communications, 1860-1916, in Hou/Yu: Economic History, 第 335 页及下页。

38. Cheng Ying-wan, Postal Communication in China and Its Modernization, 1860-1896, Cambridge, Mass. 1970, 第 53 页及下页。
39. 汪熙：《从英美烟公司看帝国主义的经济侵略》，第 166-70 页；Stephen C. Lockwood, Augustine Heard and Company, 1858-1982: American Merchants in China, Cambridge, Mass. 1971, 第 104-107 页。
40. King: Hongkong Bank, Bd. 1, 第 41 页及下页。
41. Hao: Revolution, 第 163 页及下页。
42. Foreign Office, Diplomatic and Consular Reports on Trade and Finance. No. 1280: Report for the Year 1892 on the Foreign Trade of China, London 1893, 第 17 页。
43. LeFevour: Western Enterprise, 第 48 页；另参 Mayako Ishii: Shakai keizai shigaku 45 (1979), 第 357-89 页 (English summary, 第 481 页及下页)；作者在书中将 1863-1895 的几十年看作是英国怡和洋行的危机和探索期。
44. 吴承明：《帝国主义在旧中国的投资》，第 41 页。
45. Rowe: Hankow, 第 81-85 页；Murphey: Shanghai, 第 125 页及下页.; Chang Ke-ming, A Study of the Import and Export Trade of Hankow, in: CSPSR 20 (1936), 第 296 页及下页，第 308 页。
46. Imperial Maritime Customs, Decennial Reports 1882-91, Shanghai 1893, 第 367, 369 页。
47. Inspectorate General of Customs, Reports on Trade at the Treaty Ports in China for the Year 1870, Shanghai 1871, 第 59 页。
48. Paul A. Cohen, Christian Missions and Their Impact to 1900, in CHOC, Bd. 10, 第 554 页及下页。
49. 1900 年前后，重庆人口约为 5 千万，与同期的德意志帝国人口大致相当。参见 Morse: Trade, 第 223 页；Mitchell: Europe, 第 4 页。
50. James E. Spencer, Trade and Transshipment in the Yangtze Valley, in: GR 28 (1938), 第 120 页；A. D. Blue, Land and River Routes to West China, in: JHKBRAS 16 (1976), 第 171 页。
51. United Kingdom, Diplomatie and Consular Reports. Miscellaneous Series, No. 458: Report on the Trade of Central and Southern China, London 1898, 第 51 页。
52. 例如在中缅边境附近的山区，参见 Archibald R. Colqu- hon, Across Chrysê, Being a Narrative of a Journey of Exploration through the South China Border Lands from Canton to Mandaley, London 1883, Bd. 2, 第 189 页；法国人在 1867 年湄公河探险行动后发现，在滇南地区，没有人对法国人的“玻璃珠”感兴趣。西方消费品在当地人眼里并不稀罕。参见 Milton Osbome, River Road to China: The Mekong River Expedition 1866-1873, London 1975, 第 143 页。
53. 根据海关进口记录，1885 年进口的棉纱和棉布制品占进口总额 36%，比例首次超过了鸦片。参见 Chinese Maritime Customs, Decennial Reports 1922-1931, Shanghai 1931, 第 180 页。
54. Kang Chao, The Chinese-American Cotton-Textile Trade, 1830-1930, in May/Fairbank: Trade, 第 116-18 页；Albert Feuerwerker, Economic Trends in the Late Ch'ing Empire, 1870-1911, in CHOC, Bd. 11, 第 50-53 页；Motono Eiichi, «The Traffic Revolution»: Remaking the Export Sales System in China, 1866-1875, in: MC

12 (1986), 第 75, 77 页。

55. 崩盘的过程十分复杂。参见 Osterhammel: Imperialismus, 第 137-40 页；相关历史背景参见 William Lazonick, Industrial Organization and Technological Change: The Decline of the British Cotton Industry, in: BHR 57 (1983), 第 195-236 页；另参 Lars G. Sandberg, Lancashire in Decline: A Study in Entrepreneurship, Technology and International Trade, Columbus, Ohio 1974。
56. 参见林满红《对外汇率长期下跌对清末国际贸易与物价之影响》，刊于《教育与研究》，1979 年 2 月，第 148 页。
57. D. A. Farnie, The English Cotton Industry and the World Market 1815-1896, Oxford 1979, 第 91 页，表 5。
58. 水路与陆路运输成本差异的详细分析，参见 Laurence Evans, Junks, Rice, and Empire: Civil Logistics and the Mandate of Heaven, in: Historical Reflections il (1984), 第 271-313 页，尤参第 282 页及下页。
59. 精彩分析参见 Gary Hamilton, Chinese Consumption of Foreign Commodities: A Comparative Perspective, in: ASR 4.2 (1977), 第 877-91 页；另参 Shannon R Brown, The Partially Opened Door: Limitations on Economie Change in China in the 1860s, in: MAS 12 (1977), 第 181-83, 188 页。
60. 下述分析在方法上受益于 Robert Greenhill 文章的启发：Shipping 1850-1914, in Platt: Business Imperialism, 第 119-55 页。
61. 印度在 1950 年之前从未达到过中国所拥有的蒸汽轮船和机动船的吨位数量。参见 Mitchell: Asia, 第 551-53 页。
62. 长江各港口之间的距离：上海—汉口，1121 公里；汉口—宜昌，724 公里；宜昌—重庆，650 公里。在夏季，小于 500 吨位的船只可以从重庆继续逆江而上，抵达 370 公里以外的宜宾。有关航运的详细数据，参见王洸《水道运输学》，Shanghai 1947, 第 72-79 页，尤参第 72 页；从 4 月到 10 月，万吨远洋巨轮可以一路驶抵汉口。
63. E. K. Haviland, Early Steam Navigation in China: The Yangtze River, 1861-1867, in: American Neptune 43 (1983), 第 85-128 页，186-221 页；Liu Kwang-ching, Anglo-American Steamship Rivalry in China, 1862-1874, Cambridge, Mass. 1962, 尤参第 37 页及下页。
64. 参见 Sheila Marriner/Francis E. Hyde, The Senior: John Samuel Swire, 1825-98. Management in Far Eastern Shipping Trades, Liverpool 1967; Sugiyama Shinya, A British Trading Firm in the Far East: John Swire & Sons, 1867-1914, in: Yonekawa Shinichi/Yoshihara Hideki (Hrsg.), Business History of General Trading Companies, Tokio 1987, 第 171-202 页。
65. 关于轮船招商局的成立过程，参见 Albert Feuerwerker, China's Early Industrialization: Sheng Hsuan-huai (1844-1916) and Mandarin Enterprise, Cambridge, Mass. 1958, 第 96 页及下页；胡滨、李时岳：《李鸿章和轮船招商局》，刊于《历史研究》，1982/4, 第 44-59 页；关于后来对私人资本的压制，参见夏东元、杨晓敏《论清季轮船招商局的性质》，刊于《历史研究》，1980/4, 第 55-66 页，尤参第 60-64 页；另参 Osterhammel: Imperialismus, 第 394 页及下页。
66. 关于这些公司的历史，参见张心澂《中国现代交通史》，Shanghai 1931, 第 272 页及下页。

67. 另参 William D. Wray, Mitsubishi and the N.Y. K., 1870-1914: Business Strategy in thejapanese Shipping Industry, Cambridge, Mass. 1984, 第 384 页及下页。
68. Osterhammel: Imperialismus, 第 221 页（表 18）。
69. 中国远洋舰队直到 1949 年之后才逐渐发展建设起来。参见 David G. Müller, Jr., China as a Maritime Power, Boulder, Col. 1983, 第 58 页及下页。
70. 朱建邦:《扬子江航业》Shanghai 1937, 第 146 页及下页；另外，人们还可以在市场上租用外国船只的旗帜：意大利旗的月租费为 800 美元，法国旗的租金更高一些。这两个国家的领事坚称，这些悬挂该国旗帜的船只是由本国商人指挥的。Konsul E. W. P. Mills (Yichang) an Sir Alexander Cadogan, 11. 2.1935, Public Record Office London FO 371/19264 (F2078)。
71. 聂宝璋:《轮船的引进与中国近代史》，刊于《近代史研究》，1988/2, 第 141-61 页，尤参第 247-49 页。
72. Osterhammel: Imperialismus, 第 229 页（数据来自伦敦太古洋行档案）。
73. 聂宝璋:《轮船的引进与中国近代史》，第 141 页。
74. 伦敦的例子参见 Gavin Weightman/Steve Humphries, The Making of Modern London 1815-1914, London 1983, 第 97 页及下页。
75. Muller, China as a Maritime Power, 第 59 页。
76. Osterhammel: Imperialismus, 第 493 页，注释第 578 条（数据来自伦敦太古洋行档案）。
77. Allen/Donnithorne: Enterprise, 第 132 页。
78. 沙为楷:《中国买办史》，Shanghai 1930, 第 28-31 页；聂宝璋:《中国买办资产阶级的发展》，Beijing 1979, 第 18 页及下页。
79. 同时代人的详细描述，参见 Günther Benecke, Der Komprador. Ein Beitrag zur Geschichte der einheimischen Handelsvermittlung in China, in: WWA 18 (1922), 第 377-413 页，第 525-56 页；J. Baylin, Pratique commerciale en Chine, Beijing 1924, 第 17-22 页，第 110-16 页；August Reiß, Innere Organisation fremder Firmen in China, in: Josef Hellauer (Hrsg.), China. Wirtschaft und Wirtschaftsgrundlagen, Berlin 1921, 第 163-67 页（尤参关于买办的法律地位问题）。
80. Waldemar Koch, Die Industrialisierung Chinas, Berlin 1910, 第 29 页。
81. 王水:《清代买办收入的估计及其使用方向》，刊于《中国社会科学院经济研究所季刊》，5 (1983), 第 301-307 页。
82. 参见黄逸峰《关于旧中国买办阶级的研究》，刊于《历史研究》，1964/3, 第 92 页。
83. Hao: Comprador. Als Zusammenfassung: ders., A «New Class» in China's Treaty Ports: The Rise of the Comprador-Merchants, in: BHR 44 (1970), 第 446-59 页。
84. 黄逸峰:《关于旧中国买办阶级的研究》，第 92 页及下页。
85. Hao: Comprador, 第 44-63 页。
86. 陈诗启:《论鸦片战争前的买办和近代买办阶级的产生》，刊于《社会科学战线》，1982/2, 第 150 页。
87. 黄逸峰:《关于旧中国买办阶级的研究》，第 95 页。
88. 同上，第 29 页及下页。
89. 汇丰银行直到 1965 年才最后撤销买办职位。参见 C. T. Smith, Compradores of the Hongkong Bank, in King: Banking, 第 111 页；在许多规模较小的从事进出口贸易的洋行中，“外国经理仍然只是其所雇买办的采购代理人”。参见 Richard Wilhelm,

Chinesische Wirtschaftspsychologie, Leipzig 1930, 第 77 页。

90. Bastid: L'évolution, 第 40 页。
91. 参见许涤新《中国国民经济的变革》, Beijing 1982, 第 112 页及下页；黄逸峰《关于旧中国买办阶级的研究》，第 85 页及下页。
92. 关于这些概念之间的差别，参见丁日初、沈祖炜《对外贸易同中国经济近代化的关系》，刊于《近代史研究》，1987/6, 第 42 页。
93. 参见黄逸峰《关于旧中国买办阶级的研究》, 第 240-75 页。
94. Hao: Revolution, 第 212 页及下页。
95. 关于买办的投资行为，参见王水《清代买办收入的估计及其使用方向》，第 308 页及下页。
96. 具体事例参见 Hao: Revolution, 第 258 页及下页。
97. Hao: Revolution, 第 247-58 页；Hao: Comprador, 第 120-36 页；汪熙:《从英美烟公司看帝国主义的经济侵略》, 第 483-537 页。
98. Hao: Comprador, 第 136 页。
99. 王水:《清代买办收入的估计及其使用方向》，第 312 页及下页，第 321 页。
100. 中国学界对鸦片利润的估计达到了 15 亿墨西哥元的惊人数额。参见蒋建平《简明中国近代经济史》，第 126 页。
101. Ronald Robinson 特别强调这一点，参见 The Excentric Idea of Imperialism, with or without Empire, in Mommsen/Osterhammel: Imperialism, 第 270-72 页，第 281 页及下页。
102. 比较型分析参见 Tom Kemp, Industrialization in the Non- Western World, London 1983。
103. 19 世纪下半叶，整个近东地区的“工业化发展都远不及拉美和远东”。参见 Charles Issawi: An Economie History of the Middle East and North Africa, London 1982, 第 155 页；埃及、伊朗和奥斯曼帝国直到 20 世纪才达到 1870 年前后中国达到的工业化水平。
104. 孙毓棠:《抗戈集》, 第 117, 123 页；关于甲午战争前各国在华开办企业的情况，参见第 125-42 页；严中平等,《中国近代经济史统计资料选辑》，第 116-22 页；关于中国早期工业史的重要基本数据，参见孙毓棠（编）《中国近代工业史资料第一辑》第 2 卷, Beijing 1957。
105. Remer: Investments, 第 70 页，表 5。
106. Shannon R. Brown, The Transfer of Technology to China in the Nineteenth Century: The Role of Direct Foreign Investment, in: JEH 39 (1979), 第 181-97 页；另参同作者：The Ewo Filature: A Study in the Transfer of Technology to China in the 19th Century, in: Technology and Culture 20 (1979), 第 550-68 页，尤参第 567 页；同作者：Cakes and Oil: Technology Transfer and Chinese Soybean Processing, 1860-1895, in: CSSH 23 (1981), 第 449-63 页。
107. 1960 年之后出版了一系列以洋务运动为题的著作，经典综述见 Kuo Ting-yee/Liu Kwang- ching, Self-strengthening: The Pursuit of Western Technology, in CHOC, Bd. 10, 第 491-542 页；以及 Liao Kuang-sheng, Antiforeignism and Modernization in China, 1860-1980, Hongkong 1984, 第 29-37 页；以原始文献和数据为主的作品见 Jerome Ch'en, State Economic Policy of the Ch'ing Government, 1840-1895, New

York 1980, 第 75 页；概括性论述见张国辉《洋务运动与中国近代企业》, Chongqing 1979；以依附论为基调的作品见 Thomas: Intervention, 第 81-108 页；关于洋务运动的各种建设项目，参见 Chao: Cotton, 第 106-14 页；Thomas L. Kennedy, The Arms of Kiangnan: Modernization in the Chinese Ordnance Industry, 1860-1895, Boulder, Col. 1978；关于洋务运动主要领导者的思想，参见 Stanley Spector, Li Hung-chang and the Huai Army: A Study in Nineteenth-Century Chinese Regionalism, Seattle 1964, 第 234-58 页；Lee Kuo-chi, Chang Chih-tungs Vorstellungen zur Modernisierung Chinas, in: OE 15 (1968), 第 1- 33 页。

108. 数据计算系参照 Huang Rutong《试论洋务派企业的性质和作用》，刊于《中国社会经济史研究》，2 (1982), 第 521 页。
109. 同上，第 512 页。
110. Carlson: Kaiping, 第 24-49 页；Shannon R. Brown/Tim Wright, Technology, Economics, and Politics in the Modernization of China's Coal Mining Industry, 1850-1895, in: EEcH 18 (1981), 第 76 页。
111. Kennedy, The Arms of Kiangnan, 第 153 页及下页。
112. Feuerwerker, China's Early Industrialization, 第 190-207 页。
113. 同作者：China's Nineteenth-Century Industrialization: The Case of the Hanyehping Coal and Iron Company, Limited, in Cowan: Development, 第 79 页。
114. 曾钜生:《福州船政学堂》，刊于《杭州大学学报》，1983/2, 第 132-38 页；Kuo/Liu, Self-Strengthening, 第 532-37 页；关于西方思想引进中国的早期情况，参见 Gerhard Pfulb, Soziale Voraussetzungen der Rezeption westlichen Lernens in China zwischen 1840 und 1929, Bielefeld 1981, 第 52 页及下页。
115. “中日战争期间的清军是一支由不同发展阶段的军队组成的杂牌军。”参见 Richard J. Smith, Reflections on the Comparative Study of Modernization in China and Japan: Military Aspects, in: JHKBRAS 16 (1976), 第 15 页；关于清廷军事协调能力的欠缺，参见 John L. Rawlinson, China's Failure to Coordinate Her Modern Fleets in the Late 19th Century, in Feuerwerker: Approaches, 第 105-32 页；关于日本军事改革，参见 D. Eleanor Westney, The Military, in: Manus B Jansen/Gilbert Rozman (Hrsg.), Japan in Transition: From Tokugawa to Meiji, Princeton 1986, 第 168-94 页。
116. Su Yu-feng, The Role of the Government in the Emergence of Heavy Industry in China, 1865-1911: A Comparative Study of Hupeh and Kiangsu Provinces, in: ZYJYJ 8 (1979), 第 184, 187, 191, 214 页及下页。
117. Thomas: Intervention, 第 104 页。
118. Moulder 便曾有类似误解：Japan und entwertet damit den Kern ihrer Argumentation. Wie ein Vergleich aussehen könnte, skizziere ich in der Studieneinheit «Aufbruch in Asien: Chinesische Revolution und Modernisierung Japans» des Funkkollegs «Jahrhundertwende», Studienbegleitbrief 7, Weinheim 1989, 第 100-41 页。
119. Carl Riskin, Surplus and Stagnation in Modern China, in Perkins: Economy, 第 49-84 页。
120. Wellington K. K. Chan, Merchants, Mandarins, and Modem Enterprise in Late Ch'ing China, Cambridge, Mass. 1977, 第 3-63 页。
121. 参见 Hatano Yoshihiro, The Response of the Chinese Bureaucracy to Modern Machinery,

in: AA 12 (1967), 第 13-28 页。

122. 流传颇广的观点有：铁路和电报等将会破坏当地的“风水”。

123. 汉阳铁厂与萍乡煤矿和大冶铁矿之间的交通十分不利，并由此导致巨额运输成本。铁厂的选址主要是由政治因素决定的。

124. 参见 Feuerwerker, China's Early Industrialization, passim; 另参 Su Yun-feng, The Role of the Government, 第 193 页及下页。

125. 参见赵春晨《第四届洋务运动史讨论会综述》，刊于《历史研究》1988/2, 第 183 页。

126. 参见 Philip A. Kuhn, Rebellion and Its Enemies in Late Imperial China: Militarization and Social Structure, 1796-1864, Cambridge, Mass. 1970。该著作为人们开辟了崭新的视角。

127. 精辟论述见 James Polachek, Gentry Hegemony: Soochow in the T'ung- chih Restoration, in Wakeman/Grant: Conflict, 第 211-56 页；但是，对这一观点的分析迄今仍然没能得到展开。最新学术研究修正了将同治中兴视为一场彻底失败的既有认识（参见 Mary C. Wright, The Last Stand of Chinese Conservatism: The T'ung-Chih Restoration, 1862-1874, Stanford 1957）；今天人们更多倾向于将清朝的灭亡与传统中国社会的衰落区分开来（参见 Kuhn, Rebellion, 第 1 页）。

128. Wakeman: Fall, 第 168 页。

129. Liu Kwang-ching 特别强调，不能过分夸大地方主义的影响：The Limits of Regional Power in the Late Ch'ing Period: A Reappraisal, in: Tsing Hua Journal of Chinese Studies, n. s., 10 (1974), 第 207-23 页。

130. Chao: Cotton, 第 109 页。

131. 关于这两大历史进程的“内在”差异，参见 Moore: Ursprünge, 第 4、5 章。

132. Kennedy, The Arms of Kiangnan, 第 105 页及下页；Ratenhof: Chinapolitik, 第 75 页及下页；Helmuth Stoecker, Deutschland und China im 19. Jahrhundert. Das Eindringen des deutschen Kapitalismus, Berlin (DDR) 1958, 第 90 页及下页。

133. 数据系参考 Huang Rutong《试论洋务派企业的性质和作用》，第 502 页；当时，外国银行贷款的影响还微乎其微。参见张国辉《论外国资本对洋务企业的贷款》。刊于《历史研究》，1982/4, 第 62 页；直到甲午战争后，对借款的依赖才开始出现。

134. 参见汪熙《论晚清的官督商办》，刊于《历史学季刊》，1 (1979), 第 105 页。

135. Thomas: Intervention；作者对甲午战争的转折意义做出正确判断，但他对战争前形势的描述却过于美好。

136. 数据计算参照 Hsiao: Statistics, 第 117 页。

137. Morse: Relations, Bd. 1, 第 366 页。

138. 数据计算参照 Vernon D. Wickizer, Tea under International Regulation, Stanford 1944, 第 184 页（表 4）；关于衰退原因的精彩分析，参见 Franz Sabelberg, Tee, Leipzig 1938, 第 21 页及下页。

139. F. A. O., Les grands produits agricoles, Rom 1948, 第 195 页。

140. Robert P. Gardella, Fukien's Tea Industry and Trade in Ch'ing and Republican China: The Developmental Consequences of a Traditional Commodity Export, Ph. D. thesis, University of Washington 1976; ders., The Boom Years of the Fukien Tea Trade, 1842-1888, in May/Fairbank: Trade, 第 33-75 页；Rowe: Hankow, 第 122-57 页；汪敬虞：《中国近代茶叶的对外贸易和茶叶的现代化问题》，刊于《近代史研究》，

1987/6, 第 1-23 页；关于 20 世纪时的状况，参见 Osterhammel: Imperialismus, 第 187-96 页；另参 T. H. Chu 经济人文史专著，Tea Trade in Central China, Shanghai 1936。

141. 在关于丝绸经济史的最新学术著作中，几种理论观点得到了清晰的呈现。现代化论见 Li: Silk Trade; 同作者：Silks by Sea: Trade, Technology, and Enterprise in China and Japan, in: BHR 56 (1982), 第 193-217 页；同作者：The Silk Export Trade and Economic Modernization in China and Japan, in May/Fairbank: Trade, 第 78-99 页；依附论的几种不同版本见 Eng: Imperialism（与经济帝国主义的传统理论有相通之处）；同作者：Chinese Entrepreneurs, the Government, and the Foreign Sector: The Canton and Shanghai Silk-Reeling Enterprises, in: MAS 18 (1984), 第 353-70 页；另参 So: Silk District（与 Immanuel Wallerstein 的观点相吻合）；这些观点充分证明，地域性研究是多么重要。

142. Sir Percival Griffiths, The History of the Indian Tea Industry, London 1967, 第 125 页。

143. 精彩论述参见 Eng: Imperialism, 第 137-46 页；如今，中国史学家对出口制造的积极影响也已有所认识，参见丁日初、沈祖炜《对外贸易》，第 41, 43 页。

144. 人类学家和经济史学家对农民意识里的理性思维与市场逻辑一向存在争议。参见 Michael G. Peletz, Moral and Political Economies in Rural Southeast Asia: A Review Article, in: CSSH 25 (1983), 第 731-39 页。

145. Gardella, Fukien's Tea Industry, 第 212, 215 页。

146. Eng: Imperialism, 第 12 页。

147. Li: Silk Trade, 第 74-76 页（表 9）。

148. Eva Flügge, Rohseide. Wandlungen in der Erzeugung und Verwendung der Rohseide nach dem Weltkrieg, Leipzig 1936, 第 22 页及下页。

149. 据判断，至少上海的情况是这样。Eng: Imperialism, 第 157 页。

150. 参见 Silk District, 第 117, 121 页及下页。

151. “民族资本主义”与“官僚资本主义”。

152. Eng: Imperialism, 第 70 页及下页；另参陈慈玉《近代江南机械缫丝业之发展》，刊于《经济论文》（台北），11 (1983), 第 81-106 页，尤参第 85 页及下页。

153. Sugiyama Shinya, Japan's Industrialization in the World Economy, 1859-1899: Export Trade and Overseas Competition, London 1988, 第 78 页（表 4-1），尤参第 77-139 页对 19 世纪晚期日本丝绸出口的分析。

154. Flügge, Rohseide, 第 39 页。

155. Li: Sük Trade, 第 188-96 页；Eng: Imperialism, 第 130-36 页。

156. 参见 Silk District, S. 159, auch 82fr.; Eng: Imperialism, 第 167 页及下页，第 189 页；茅盾在 1932 年发表的小说《春蚕》中对这种状况做出生动的描述。

157. 但是，对于洋行凭借这一点得以“用低于市场的价格收购生丝”（Eng: Imperialism, 第 93 页及下页），而这一切最终归结于治外法权所赋予的特权，Eng 在其论著中并没有做出充分的论证；关于茶叶贸易实践，参见吴觉农、范和钧《中国茶叶问题》，Shanghai 1937, 第 188 页及下页；关于 19 世纪的情况，参见汪敬虞《中国近代茶叶的对外贸易和茶叶的现代化问题》，第 19-21 页。

158. 尤参 Silk District, 第 86 页及下页，第 127 页。

159. Ost-Asien 1860-1862 in Briefen des Grafen Fritz zu Eulenburg, hrsg. von Graf Philipp

zu Eulenburg-Hertefeld, Berlin 1900, 第 185 页。

160. H. G. W. Woodhead, The Yangtze and Its Problems, Shanghai 1931, 第 143 页。
161. A. H. Exner, China. Skizzen von Land und Leuten, Leipzig 1889, 第 40 页。
162. 参见 C. A. Bayly, Indian Society and the Making of the British Empire, Cambridge 1988, bes. S. 136fr. Vgl. auch den vorzüglichen Forschungsbericht D. A. Washbrook, Progress and Problems: South Asian Economic and Social History c. 1720-1860, in: MAS 22 (1988), 第 57-96 页。
163. 即所谓“体用模式”：中学为体，西学为用。对相关文化背景的精彩论述，参见 Hoffmann: Untergang, 第 67 页及下页。
164. 从经济史角度看“开放型经济”，参见 A. G. Hopkins, An Economic History of West Africa, London 1973, 第 168-86 页。

十二 “门户开放”与殖民政策：中国作为列强争夺的对象（1895~1931）

1. Pierre Renouvin 的名著即以此作为标题：La Question d'Extrême-Orient 1840-1940, Paris 1946（该书绝非是一部“干巴巴”的外交史！）；另参 G. F. Hudson, The Far East in World Politics, 2nd ed., Oxford 1939。
2. 迄今仍然没有一部堪比 M. S. Andersons «The Eastern Question» (London 1966) 的有关世纪之交东亚外交的全面概述；有关整个亚洲的全景式作品，参见 Reinhard: Expansion, Bd. 3, Kap. 6；另参 Langer: Diplomacy; Philip Joseph, Foreign Diplomacy in China 1894-1900, London 1928；有关中国外交史的历史教科书中，尤荐 Hsü: Rise；中国国内相关著作：胡绳《从鸦片战争到五四运动》，第 2 卷，第 433 页及下页；刘彦，《中国外交史》，第 1 卷，第 132 页及下页。
3. A. J. P. Taylor, The Struggle for Mastery in Europe 1848-1918, Oxford 1954, 第 391 页。
4. 在战争高潮期，战场上的俄国军队人数约为 130 万，日军人数约 90 万。仅奉天会战一役，双方伤亡人数便超过 15.5 万。参见 Ian H. Nish, The Origins of the Russo-Japanese War, London 1985, 第 2 页。
5. 如果将“强国”定义为“一个强权，其现有的或潜在的军力名声令其他强权只能望其项背”（one whose reputation for existing or latent military strength may be equalled but not significantly surpassed by that of any other power），那么在东亚政治中，德国和法国，包括一战之前的美国，都算不上真正意义的“列强”。G. R. Berridge/John W. Young, What is «a Great Power»?, in: Political Studies 36 (1988), 第 224, 233 页。
6. Albert Feuerwerker, Economie Trends in the Late Ch'ing Empire, 1870-1911, in CHOC Bd. 11, 第 64 页。
7. 摘自 Jerome Ch'en, Historical Background, in Gray: Search, 第 3 页。
8. 最著名的维新派代表是康有为、梁启超和谭嗣同。新近有史学家指出，不能过分夸大这几个人的作用。“……所谓维新运动是由多股不同的甚至矛盾的潮流组成的，而康梁等人不过是其中一支。” Luke S. K. Kwong, A Mosaic of the Hundred Days: Personalities, Politics, and Ideas of 1898, Cambridge, Mass. 1984, 第 230 页，亦参第 196-200 页。
9. 关于 1900 年作为划时代之年的意义，参见 Mary C. Wright, Introduction: The Rising

Tide of Change, in Wright: Revolution, 第 1-63 页(第 3 页:"1900 年是中国近代史上最重要的转折点")。

10. Reiches Material in: Donald Keene, The Sino-Japanese War of 1894-95 and Its Cultural Effects in Japan, in: Donald H. Shively (Hrsg.), Tradition and Modernization in Japanese Culture, Princeton 1971, 第 121-75 页。
11. Beasley: Imperialism, 第 68 页;法律史参见 F. C. Jones, Extraterritoriality in Japan, New Haven 1931。
12. 日本从俄国及其盟友方面所感受到的威胁,在时任日本外相陆奥宗光的笔记中有所记 录:Mutsu Munemitsu, Kenkenroku: A Diplomatie Record of the Sino-Japanese War, 1894-95, Princeton 1982, 第 205 页及下页;关于德国视角,参见 Rolf-Harald Wippich, Japan und die deutsche Fernostpolitik 1894-1898. Vom Ausbruch des Chinesisch- Japanischen Krieges bis zur Besetzung der Kiautschou-Bucht. Ein Beitrag zur Wilhelminischen Weltpolitik, Stuttgart 1987, 第 143 页及下页;关于俄国视角,参见 George Alexander Lensen, Balance of Intrigue: International Rivalry in Korea and Manchuria, 1884-1899, Tallahassee, Fla. 1982, Bd. 1, 第 282 页及下页。
13. Wippich, Japan, 第 273 页及下页,第 325 页及下页;Werner Stingl, Der Ferne Osten in der deutschen Politik vor dem Ersten Weltkrieg (1902-14), Frankfurt a. M. 1978., Bd. 1, 第 122 页及下页;Horst Gründer, Christliche Mission und deutscher Imperialismus. Eine politische Geschichte ihrer Beziehungen während der deutschen Kolonialzeit (1884-1914) unter besonderer Berücksichtigung Afrikas und Chinas, Paderborn 1982, 第 276 页及下页。
14. Langer: Diplomacy, 第 475 页及下页;Jacques Thobie, La France impériale 1880-1914, Paris 1982, 第 162-66 页。
15. Jürgen Osterhammel, Einfluß-Sphäre ohne Einfluß. Frankreichs «Interessengebiet» in Yunnan und Guizhou, in: Das Neue China 15:1 (Januar 1988), 第 28 页及下页;王叔武:《十九世纪英、法侵略云南史述略》,刊于《思想战线》,1980/6, 第 25-30 页。
16. 1905 年德国总领事做出论断:"中国政府多年来签发的一系列许可,没有一样得到执行。"摘自 Wilfried Feldenkirchen, Deutsches Kapital in China vor dem Ersten Weltkrieg, in: Bankhistorisches Archiv 9 (1983), 第 73 页,第 58 条注释。
17. 项目的起源与意义,参见 Andrew Malozemoff, Russian Far Eastern Policy 1881-1904, Berkeley 1958, 第 20 页及下页。
18. 详参 Nish, Origins of the Russo-Japanese War, 第 9-13 章。
19. 同上,第 32-34 页;Beasley: Imperialism, 第 71-75 页。
20. 维特伯爵于 1888 年从一家私营铁路公司转行从政。
21. B.A. Romanov, Russia in Manchuria (1892-1906), Ann Arbor 1952, 第 62 页及下页;Geyer: Russischer Imperialismus, 第 151 页。
22. 同上,第 152 页。
23. 在这方面,香港并不是德国的榜样。当年英国人占据香港时,它只是一个人烟稀少的小岛。相反,1897/98 年被德国人占据的地区则是人口稠密的中原省份之一。
24. 参见 Stuart Creighton Miller, «Benevolent Assimilation»: The American Conquest of the Philippines, 1899-1903, New Haven 1982。
25. Gillard: Struggle, 第 153 页及下页;L. K. Young, British Policy in China 1895-

1902, Oxford 1970, 第 40 页；关于当时的政治理论，参见 Paul Kennedy, Mahan versus Mackinder: Two Interpretations of British Sea Power, in: ders., Strategy and Diplomacy 1870–1945: Eight Studies, London 1983, 第 41–86 页，尤参第 46–49 页；Geoffrey Parker, Western Geopolitical Thought in the Twentieth Century, London 1985; Pier Paolo Portinaro, Nel tramonto dell'Occidente: la geopolitica, in: Comunità 184 (1982), 第 1–42 页。

26. Xiang Rong, On the «Open Door» Policy, in: CSH 16 (1982), 第 148 页，书中摘引了"门户开放"政策起草者柔克义（W.W. Rockhill）的观点。

27. Hunt: Relationship, 第 148–52 页，关于西方对中国的经济兴趣；第 153 页及下页，第 177–83 页，关于"门户开放"理念的促进性影响；第 351–54, 364–66 页，关于学界围绕门户开放政策的讨论。对门户开放政策相对全面的阐释，参见 Marilyn B. Young, The Rhetoric of Empire: American China Policy, 1895–1901, 第 115–43, 160–71 页；另参 Hans- Ulrich Wehler, Der Aufstieg des amerikanischen Imperialismus. Studien zur Entwicklung des Imperium Americanum 1865–1900, Göttingen 1974, 第 259–70 页（内含对传统文献的分析与探讨）；针对"门户开放"作为美国长期对华政策的分析，参见 Raymond A. Esthus, The Open Door and Integrity of China, 1899–1922: Hazy Principles for Changing Policy, in: Thomas H. Etzold (Hrsg.), Aspects of Sino-American Relations since 1784, New York 1978, 第 48–74 页；William Appleman William 及其门徒认为，"门户开放"的理论与实践作为美国外交政策的核心，远远超出了对华政策的范畴，参见 Wilhams, Die Tragödie der amerikanischen Diplomatie, Frankfurt a. M. 1973。

28. 综述参见 David Steeds/Ian Nish, China, Japan and 19th Century Britain, Dublin 1977, 第 56 页及下页；基础分析参见 Young, British Policy, 第 77 页及下页；关于香港领地的扩大，参见 Peter Wesley-Smith, Unequal Treaty 1898–1997: China, Great Britain and Hong Kong's New Territories, Hongkong 1983, 第 29 页及下页；关于威海卫的全面分析，参见 Pamela Atwell, British Mandarins and Chinese Reformers: The British Administration of Weihaiwei (1898–1930) and the Territory's Return to Chinese Rule, Hongkong 1985；关于英国人在大清海关的主导地位，参见 Chan Lau Kit-ching, The Succession of Sir Robert Hart at the Imperial Chinese Maritime Customs Service, in: JAH 9 (1975), 第 1–33 页。

29. 俄国的真正实力是一个未知数。参见 Lensen, Balance of Intrigue, betont immer wieder die Schwäche und Verwundbarkeit der russischen Position in Ostasien (Bd. 2, 第 844 页)；关于 1905 年之后其他列强对俄国实力的判断，参见 William C. Wohlforth, The Perception of Power: Russia in the Pre-1914 Balance, in: WP 39 (1987), 第 353–81 页；对俄国作为防御式强国的分析，参见 D. C. B. Lieven, Russia and the Origins of the First World War, Basingstoke 1983, 第 5–27 页。

30. Paul Kennedy, The Rise of Anglo-German Antagonism 1860–1914, London 1982, 第 249 页及下页；关于英法协约的诞生过程，参见 Ian H. Nish, The Anglo-Japanese Alliance: The Diplomacy of Two Island Empires, London 1966。

31. 只有当日本与两个敌对国家发生对抗时（具体地讲，即受到来自法俄同盟的攻击时），英国才有义务为其提供支援。

32. 在此，我们不对这场战争详作分析。有兴趣者可参见 Nish, Origins of the

Russo-Japanese War. Zum Kriegsverlauf: J. N. Westwood, Russia against Japan, 1904-05: A New Look at the Russo-Japanese War, Basingstoke 1986；关于和谈以及罗斯福在其中扮演的调解角色，参见 Raymond A. Esthus, Double Eagle and Rising Sun: The Russians and Japanese at Portsmouth in 1905, Durham, N. C. 1988, 尤参第76页及下页。

33. Schöllgen: Imperialismus, 第 51 页。

34. Langer: Diplomacy, 第 683 页；Giorgio Borsa, Italia e Cina nel secolo XIX, Mailand XIX, 1961, 第 97-124 页；意大利直到 1886 年之后才开始在通商口岸活动，它同时也是 1901 年拳乱协定的受益国。参见 Frank M. Tamagna, Italy's Interests and Policies in the Far East, New York 1941, 第 4 页及下页。

35. 参见毛泽东《矛盾论》(1937 年 8 月)，《毛泽东选集》，Beijing 1968, 第 1 卷，第 365 页及下页。

36. 参见 William J. Duiker, Cultures in Collision: The Boxer Rebellion, San Rafael, Cal. 1978, 第 145 页及下页；Peter Fleming, The Siege at Peking, London 1959, 第 177 页及下页；八国虽没有有效的统一指挥，但是从一致的目的出发，彼此之间存在着战略上（而未必一定是战术上）的协调。围绕“世界统帅”瓦德西展开的闹剧在政治上并未起到重要作用。瓦德西抵华时，八国行动已经结束。«After his arrival Waldersee exercised little real control. The French and the Russians ignored him, the Japanese barely tolerated him, the Americans thought him amusing.» Young, British Policy, 第 157 页。

37. 在此之前，满洲作为清朝的大本营一直享有特殊地位。参见 Robert H. G. Lee, The Manchurian Frontier in Ch'ing History, Cambridge, Mass. 1970, 第 152 页及下页。

38. Ernest Batson Price, The Russo-Japanese Treaties of 1907-1916 Concerning Manchuria and Mongolia, Baltimore 1933（参见第 99-123 页英文条约译本）；另参 Sir Harold Parlett, A Brief Account of Diplomatie Events in Manchuria, Oxford 1929; 侧重国际法视角的分析，参见 C. Walter Young, The International Relations of Manchuria, New York 1929。

39. Geyer: Russischer Imperialismus, 第 243 页，称之为“伙伴关系”；另参 Quested: Relations, 第 86-88 页。

40. Ian H. Nish, Alliance in Decline: Anglo-Japanese Relations, 1908-1923, London 1972, 第 81 页及下页。

41. Hunt: Relationship, 第 209-16 页；Michael H. Hunt, Frontier Defense and the Open Door: Manchuria in Chinese-American Relations, 1895-1911, New Haven 1973, 第 200-29 页；关于 1909 至 1920 年期间“美元外交”作为美国外交政策一部分对全球产生的影响，参见 Robert D. Schulzinger, American Diplomacy in the Twentieth Century, New York 1984, 第 39-61 页；英国在这一问题上始终采取摇摆的态度，参见 E. W. Edwards, Great Britain and the Manchurian Railway Question 1909-10, in: EHR 81 (1966), 第 740-69 页。

42. Gillard: Struggle, 第 176 页及下页；从英国视角的精彩分析，参见 Klaus Wormer, Großbritannien, Rußland und Deutschland. Studien zur britischen Weltreichspolitik am Vorabend des Ersten Weltkriegs, München 1980, 第 86 页及下页，作者在全球框架内对亚洲协定做出了诠释。

43. Andreas Hillgruber, Deutschlands Rolle in der Vorgeschichte der beiden

Weltkriege, 2. Aufl., Göttingen 1979, 第 23 页。

44. 20 世纪初的教训使得清廷不得不放弃这项策略。李鸿章是“以夷制夷”策略的最后一位重要代表人物。参见胡绳《从鸦片战争到五四运动》，第 2 卷，第 461-67 页。

45. 参见 Cho Tsun-hung, Currency Reform in Late Ch'ing China, 1887-1912, in: National Taiwan Normal University. Bulletin of Historical Research 11 (1983), 第 322-78 页，尤参第 362 页及下页；Hamashita Takeshi, International Financial Relations behind the 1911 Revolution: The Fall in the Value of Silver and Reform of the Monetary System, in Etô/Schiffrin: 1911 Revolution, 第 227-55 页，尤参第 240 页及下页。

46. 从根本上讲，在 1914 年之前，流入各殖民国的资本数量很少。1914 年，法国在殖民地投资占海外投资的比例约为 9%，英国对亚非殖民地的投资占海外投资比例为 11%（对“白人”殖民地投资为 34%）。参见 Girault: Diplomatie, 第 43 页；对英国数据的理论分析，参见 Sidney Pollard, Britain's Prime and Britain's Decline: The British Economy 1870-1914, London 1989, 第 58-114 页。

47. Nathan A. Pelcovits, Old China Hands and the Foreign Office, New York 1948, 第 233 页。

48. 参见 Schöllgen: Imperialismus, 第 51 页及下页；但是，作者所说的观点——美国于世纪之交在华高调登场对阻止中国被瓜分起到了重要作用——却是不符合事实的。

49. 这一说法借鉴了 Wolfgang J. Mommsen, Europa ¨ ischer Finanzimperialismus vor 1914. Ein Beitrag zu einer pluralistischen Theorie des Imperialismus, in Mommsen: Imperialismus, 第 92 页及下页。

50. 其影响当然又持续了数十年时间。

51. 30 年代英国内阁经济顾问委员会便持这样的观点。参见其对华问题报告：«Notes of Sir Frederick Leith- Ross on his Mission to China», [1936，无具体日期], 第 22 页及下页，Public Record Office London, T 188/122。

52. 在这方面，有关中国问题的研究，没有哪部著作能与 René Girault 有关俄国的论述（Emprunts russes et investissements français en Russie 1887-1914, Paris 1973）以及 Jacques Thobie 有关奥斯曼帝国的分析（Intérêts et impérialisme français dans l'Empire ottoman 1895-1914, Paris 1977）相媲美。对帝国问题的分析，参见 G. Kurgan-van Hentenryk 经典著作（这也是论述对华金融帝国主义的最精彩作品！）：Léopold II et les groupes financiers belges en Chine: La politique royale et ses prolongements (1895-1914), Brüssel 1972，然而其视角过于独特。另参企业史原始资料汇编：King, Hongkong Bank (bisher ein Band über die Zeit 1864-1902), 但是其水平并未达到其姊妹项目的水平：Geoffrey Jones, Banking and Empire: The History of the British Bank of the Middle East, 2 Bde., Cambridge 1986/87；另参立论颇有启发性但内容偏于陈旧的作品：T. W. Overlach, Foreign Financial Control in China, New York 1919。

53. Hou: Investment, 第 29 页（表 7）；Hou 在书中（第 23 页）谈及 1861 年中国第一笔对外借款。在中国国内学术著作中，第一笔对外借款的时间被确定为 1853 年。参见中央财政金融学院财政教研室所编《中国财政简史》, Beijing 1980, 第 190 页及下页。

54. 日本学术界对此持同样观点，参见 Motono Eiichi/Sakamoto Hi- roko, Japanese Studies of Post-Opium War China 1985, in: MC 14 (1988), 第 225 页。

55. Hou: Investment, 第 29 页（表 7）；详参 King: Hongkong Bank, Bd. 1, 第 547-53 页。

56. 1898年第一次发售国债因无人问津而失败。参见 Feuerwerker, Economic Trends, 第66页。
57. 下述内容可参见 Gull: Interests, 第75页及下页；Arthur Gardiner Coons, The Foreign Public Debt of China, Philadelphia 1930, 第6-14页；David McLean, The Foreign Office and the First Chinese Indemnity Loan, 1895, in: HJ 16 (1973), 第303-21页；刘秉麟：《近代中国外债史稿》，第13-22页；E. W. Edwards, British Diplomacy and Finance in China, 1895-1914, Oxford 1987, 第8-29页；Fritz Seidenzahl, Als in Europa noch chinesische Anleihen emittiert wurden, in: Deutsche Bank (Hrsg.), Beiträge zu Wirtschafts- und Währungsfragen und zur Bankgeschichte, Mainz 1984, 第35-41页；另参 Maria Möring, Die chinesischen Anleihen von 1896 und 1898, in: Zeitschrift fur Unternehmensgeschichte 29 (1984), 第180-84页；从金融数据角度对外债的分析见 Bank of China. Research Department, Chinese Government Foreign Loan Obligations, Shanghai 1935。
58. 参见 David McLean, Commerce, Finance and British Diplomatie Support in China, 1885-86, in: EcHR 26 (1973)，第475页。
59. 借款协议第四项条款。参见 MacMurray: Treaties, Bd. 1, 第41页。
60. 原文为"Bondage"，见赫德1895年11月24日致 Campbell 函，摘自 Hart: Letters, Bd. 2, 第1042页（第997封）。
61. 相关的统计数据极不精确。真正有意义的数据是付给债权人的金额，这些金额很难从借款合同以及当时公开的信息渠道中从得以体现，而往往只能通过银行档案进行研究分析。但这项工作迄今很少有人去做。
62. MacMurray: Treaties, Bd. 1, 第109页。
63. Morse: Relations, Bd. 2, 第405页。
64. 关于义和团运动的起因与特点在此不予细述，可参见 Tilemann Grimm, Die Boxerbewegung in China 1898-1901, in: HZ 224 (1977), 第615-34页；Qi Qizhang, Stages in the Development of the Boxer -vs Movement and their Characteristics, in: CSH 20 (1987), 第11-336页；Hsü: Rise, 第470-98页；Chesneaux: Opium Wars, 第324-37页；Rodzinski: History, Bd. 1, 第374-87页；另参 Joseph W. Esherick, The Origins of the Boxer Movement, Berkeley 1987（内含中日英相关文献的详细索引）；在中国国内，学术界对义和团的评价存在很大争议。它是一场以反抗帝国主义瓜分中国为宗旨、被清朝"封建反动势力"镇压的英勇起义？还是一次与洋务运动和维新运动相反、逆历史潮流而动并挑起帝国主义列强残酷报复的短视而落后的行动？各派观点参见李时岳《中国近代史主要线索及其标志之我见》，刊于《历史研究》，1984/2, 第129-31页。
65. 条约原文见 MacMurray: Treaties, Bd. 1, 第278-308页；另参 Morse: Relations, Bd. 3, 第290-400页。
66. 在当时通讯不便的条件下，占领和解放公使馆是媒体关注的头条大事。许多亲历者都写下了自己的回忆录，参见 Philip Knightley, The First Casualty: The War Correspondent as Hero, Propagandist and Myth Maker, London 1975, 第59-61页；Jean Mabire, Blutiger Sommer in Peking. Der Boxeraufstand in Augenzeugenberichten, Berlin 1978。
67. Fleming, The Siege at Peking, 第242页及下页；Duiker, Cultures in Collision, 第182页；

Young: British Policy, 第 193 页；丁名楠等:《帝国主义侵华史》，第 2 卷，第 122-25 页；关于美国人相对文明的表现，参见 Michael H. Hunt, The Forgotten Occupation: Peking, 1900-1901, in: PHR 48 (1979), 第 501-29 页；对其他列强的表现没有类似的专门研究。

68. 摘自 Bernd Soesemann, Die sog. Hunnenrede Wilhelms II. Textkritische und interpretatorische Bemerkungen zur Ansprache des Kaisers vom 27. Juli 1900 in Bremerhaven, in: HZ 222 (1976), 第 350 页；相关历史背景，参见 M. Michael, Zur Entsendung einer deutschen Expeditionstruppe nach China während des Boxeraufstandes, in Kuo: Kolonialpolitik, 第 141-61 页。

69. Duiker, Cultures in Collision S. 184-86; Ratenhof: Chinapolitik, 第 167 页。

70. 参 见 Stefanie Hetze, Feindbild und Exotik. Prinz Chun zur «Sühnemission» in Berlin, in Kuo: Berlin, 第 79-88 页。

71. 据 1902 年签订的一项附加条款，参见 MacMurray: Treaties, Bd. 1, 第 316 页。

72. Jean Escarra, La Chine et le droit international, Paris 1931, 第 134 页。

73. Cho Tsun-hung, Currency Reform, 第 357 页。

74. Wang: Taxation, 第 62 页。

75. 同上，第 62-64 页；王树槐:《庚子赔款》，第 134-83 页；盐税作为清代最灵活的税收工具，是朝廷最重要的收入渠道。王树槐:《庚子赔款》，第 163 页。

76. Feuerwerker, Economic Trends, 第 68 页。

77. 下述内容可参见王树槐《庚子赔款》，第 269 页及下页；Michael H. Hunt, The American Remission of the Boxer Indemnity: A Reappraisal, in: JAS 31 (1971/72), 第 539-59 页；Osterhammel: Imperialismus, 第 101-8 页。

78. 参见《清华大学校史稿》, Beijing 1981, 第 4-6 页；关于庚子赔款的其他用项，参见 Peter Buck, American Science and Modem China, 1876-1936, Cambridge 1980, 第 74 页及下页。

79. Madeleine Chi, China Diplomacy, 1914-1918, Cambridge, Mass. 1970, 第 129 页。

80. 王树槐:《庚子赔款》，第 571 页。

81. 我们在这里撇开 1895 年前刚刚兴起的中国铁路建设不谈（仅 370 公里！），可参见宓汝成《中国近代铁路史资料》，第 25-65 页；中国铁路史综述见 Grover Clark, Economic Rivalries in China, New Haven 1932, 第 18-31 页；中国铁路的长期发展（截至 1952 年），参见 E-tu Zen Sun, The Pattem of Railway Development in China, in: FEQ 14 (1955), 第 179-99 页。

82. 关于美洲、亚洲和非洲的铁路开发，参见经典著作：Woodruff, Impact, 第 225-36 页；有关印度的专题研究，参见 Headrick: Tentacles, 第 49-96 页。

83. 宓汝成:《帝国主义与中国铁路，1847-1949》，第 355 页，Fn. 3；修建铁路经常会带来巨大的人员伤亡（第 359 页），例如在修建技术难度极大的云南铁路过程，大约有 18 万（！）中国工人丧生。

84. China. Ministry of Railways, Statistics of Chinese National Railways for the 23rd Fiscal Year (July 1, 1934 to June 30, 1935). Nanjing 1935, 第 93 页。

85. 关于铁路工人组织和斗争，参见宓汝成《帝国主义与中国铁路，1847-1949》，第 565-87; Jean Chesneaux, The Chinese Labor Movement, 1919-1927, Stanford 1968, passim; Angus W. McDonald, Jr., The Urban Origins of Rural Revolution: Elites and

Masses in Hunan Province, China, 1911-1927, Berkeley 1978, 第172-79页。
86. 相关经济视角参见本书第十三节。
87. 严中平:《中国近代经济史统计资料选辑》, 第180页; Mitchell: Asia, 第506页; Mitchell: Europe, 第319页。
88. 严中平:《中国近代经济史统计资料选辑》, 第180页; Huenemann: Dragon, 第95页。
89. Albert Feuerwerker, Economic Trends, 1912-1949, in CHOC, Bd. 12, 第95页。
90. 以俄国中东铁路为例对该问题做出的生动描述, 参见R. K. I. Quested, «Matey» Imperialists? The Tsarist Russians in Manchuria, 1895-1917, Hongkong 1982, 第163-80页。
91. Vera Schmidt, Die deutsche Eisenbahnpolitik in Shantung 1898-1914. Ein Beitrag zur Geschichte des deutschen Imperialismus in China, Wiesbaden 1976, 第65页及下页。
92. 铁路线南端的浦口位于长江北岸, 与南京隔江相望。在1969年南京长江大桥建成前, 津浦铁路与沪宁铁路只能靠轮渡相连。撇开这一缺陷, 中国自1912起便已拥有了连通南北两大经济重镇天津与上海的铁路线路。
93. 各条铁路的详细数据, 参见Chao Yung Seen, Les chemins de fer chinois: Etude historique, politique, économique et financière, Paris 1939 (关于津浦铁路, 见第83-95页); 另参关于中国铁路史的另外两本经典著作: Chang: Struggle以及宓汝成《帝国主义与中国铁路, 1847-1949》。
94. 参见MacMurray: Treaties。
95. 陈晖:《中国铁路问题》, Beijing 1955再版, 第77页(首版问世于1936年)。
96. King: Hongkong Bank, Bd. I, 第460页。
97. 参见D. C. M. Platt, Finance, Trade and Politics in British Foreign Policy 1815-1914, Oxford 1968。
98. 企业发展史参见Compton Mackenzie, Realms of Silver: One Hundred Years of Banking in the East, London 1954, 尤参第52页及下页。
99. King: Hongkong Bank, Bd. 1, 第135-44, 166-81, 335-39, 544-47页。
100. Feldenkirchen, Deutsches Kapital, 第67页。
101. David McLean, Finance and «Informal Empire» before the First World War, in: EcHR 29 (1976), 第304页及下页; 同作者: International Banking and Its Political Implications: The Hongkong and Shanghai Banking Corporation and the Imperial Bank of Persia, 1889-1914, in King: Banking, 第6, 9, 12页及下页; 国际比较参见Mommsen: Imperialismus, 第109-16页。
102. Edwards, British Diplomacy, 第125页。
103. E. W. Edwards, The Origins of British Financial Co-operation with France in China, 1903-1906, in: EHR 86 (1971), 第300-6, 315-17页; 同作者, Great Britain and China, 1905-1911, in Hinsley: British Foreign Policy, 第355-58页。
104. 具体地讲, 四国银行团是在1910年“币制实业借款”时首次登台亮相的。参见Edwards, British Diplomacy, 第151页及下页; Roberta Allbert Dayer, Finance and Empire: Sir Charles Addis, 1861-1945, Basingstoke 1988, 第61-64页。
105. Huenemann曾尝试论证与此相反的观点, 见Dragon, 第126-32页, 对此我难以苟同。
106. Hou: Investment, 第35页; Huenemann: Dragon, 第114-22, 261-65页。
107. Coons, Foreign Public Debt, 第27-42页; 陈晖:《中国铁路问题》, 第78-117页; E-tu

Zen Sun, Chinese Railways and British Interests, 1898-1911, New York 1954, 第 39 页及下页。

108. Kate L. Mitchell, Revitalizing British Interests in China, in: FES 6:13 (23. Juni 1937), 第 144 页。

109. MacMurray: Treaties, Bd. 1, 第 402-404 页；尤参 E-tu Zen Sun, Chinese Railways, 第 37-60 页。

110. MacMurray: Treaties, Bd. 1, 第 684-92 页 ; Sun, Chinese Railways, 第 134-36 页；Lee En- han 称之为“中国铁路外交史无前例的胜利”，见 China's Quest for Railway Autonomy, 1904-1911: A Study of the Chinese Railway-Rights Recovery Movement, Singapore 1977, 第 181 页；关于谈判过程，参见 Hsu Cheng-kuang, Foreign Interests, State and Gentry-Merchant Class: Railway Development in Early Modem China, 1895-1911, Ph. D. thesis, Brown University 1984, 第 186-96 页。

111. Frank Rhea, Far Eastern Markets for Railway Materials, Equipment, and Supplies, Washington, D. C. 1919, 第 82, 90-95, 104, 261 页及下页。

112. Chao, Les chemins de fer, 第 8 页及下页 , 第 67-70 页 ; 何汉威:《京汉铁路初期史略》, Hongkong 1979, 第 71-85 页。

113. 在围绕“民族大业”问题的讨论中，官员与体制外的意见领袖逐渐走到了一起，各种社团和报刊相继出现，参见 Mary Backus Rankin, «Public Opinion» and Political Power: Qingyi in Late Nineteenth Century China, in: JAS 41 (1982), 第 453-77 页；关于商人群体的社会地位以及官商之间的勾结关系，参见 Joseph Fewsmith, From Guild to Interest Group: The Transformation of Public and Private in Late Qing China, in: CSSH 25 (1983), 第 617-40 页；大众报刊业的出现，参见 Andrew J. Nathan, The Late Ch'ing Press: Role, Audience and Impact, in: Proceedings of the International Conference on Sinology. Section on History and Archeology, Bd. 3, Taibei 1981, 第 1281-1308 页 ; Leo Ou-fan Lee/ Andrew J. Nathan, The Beginnings of Mass Culture: Journalism and Fiction in the Late Ch'ing and Beyond, in Johnson: Popular Culture, 第 360-95 页；在这一领域里，1895 年同样是新潮流兴起之年（第 361 页）；参见中国学术经典著作：方汉奇:《中国近代报刊史》第 2 卷，Taiyuan 1981。

114. 关于 20 世纪初中国知识界的新思潮，有一系列经典著作可供参阅。如 Chang Hao in Bd. 11 und von Charlotte Furth in Bd. 12 der CHOC；另参 Scalapino/Yu: Modem China, 第 109 页及下页；以及 Spence: Tor; Hsiao Kung-chuan, A Modern China and a New World: K'ang Yu-wei, Reformer and Utopian, 1858-1927, Seattle 1975；这些年涌现出的针对帝国主义的政治讨论，参见 Tilman Spengler, Sozialismus für ein neues China. Wirtschafts- und gesellschaftspolitische Themen in der Auseinandersetzung zwischen Reformern und Revolutionären gegen Ende des letzten Kaiserreiches, München 1983, 第 130 页及下页。

115. “野蛮排外”与“文明排外”。参见胡绳《辛亥革命中的反帝、民主、工业化问题》，刊于《历史研究》，1981/5, 第 5 页。

116. Edward J. M. Rhoads, China's Republican Revolution: The Case of Kwangtung, 1895-1913, Cambridge, Mass. 1975, 第 83-91 页 ; Hunt: Relationship, 第 227-41 页 ; Delber L. McKee, Chinese Exclusion versus the Open Door Policy, 1900-1906: Clashes over China Policy in the Roosevelt Era, Detroit 1977; 同作者 , The Chinese Boycott

of 1905-1906 Reconsidered: The Role of Chinese Americans, in: PHR 55 (1986), 第 165-91 页。

117. Mary C. Wright, Introduction, in Wright: Revolution, 第 17 页。

118. 摘自 Madeleine Chi, Shanghai-Hangchow-Ningpo Railway Loan: A Case Study of the Rights Recovery Movement, in: MAS 7 (1973), 第 85 页。

119. 关于社会经济发达的省份中社会上层人士的政治灵活性问题，参见 Charlton M. Lewis, Prologue to the Chinese Revolution: The Transformation of Ideas and Institutions in Hunan Province, 1891-1907, Cambridge, Mass. 1976, 第 110 页及下页；Joseph W. Esherick, Reform and Revolution in China: The 1911 Revolution in Hunan and Hubei, Berkeley 1976, 第 34 页及下页；Mary Backus Rankin, Elite Activism and Political Transformation in China: Zhejiang Province, 1865-1911, Stanford 1986, 第 170 页及下页；关于 19 世纪末这一潮流的根源问题，参见 Cohen/Schrecker: Reform。

120. 摘自 Stingl, Der Feme Osten, Bd. 2, 第 406 页。

121. Daniel H. Bays, China Enters the Twentieth Century: Chang Chih-tung and the Issues of a New Age, 1895-1909, Ann Arbor 1978, 第 163-84 页；Lee En-han, China's Quest, 第 50-84 页；Kurgan-Van Hentenryk, Léopold II, 第 514 页及下页；Vincent P. Carosso, The Morgans: Private International Bankers 1854-1913, Cambridge, Mass. 1987, 第 428 页及下页。摩根从这个根本没有开工的铁路项目中大赚了一笔。

122. 关于矿权问题，参见 Lee En-han, China's Response to Foreign Investment in Her Mining Industry (1902-1911), in: JAS 28 (1968/69), 第 55-76 页；另参同作者《晚清的收回矿权运动》，Taibei 1963。

123. Lee En-han, China's Quest, 第 276 页；另参王笛《清末新政与挽回利权》，刊于《四川大学学报》，1984/2, 第 91-101 页，尤参第 99 页及下页。

124. 1905~1909 年，留学美国的詹天佑用国内资金主持修建了京张铁路，在外国人眼中，这条铁路也是技术精湛的一大杰作。参见 Lee En-han, China's Quest, 第 122 页及下页；Chao Yung Seen, Les chemins de fer chinois, 第 114-25 页。

125. Huenemann: Dragon, 第 78 页（表 4）。

126. 参见 Ho Hon Wai, A Final Attempt at Financial Centralisation in the Late Qing Period, 1909-11, in: PFEH 32 (1985). 第 9-56 页。

127. Hou: Investment, 第 40 页。

128. 利息计算系根据 Huenemann: Dragon, 第 104 页；另参 Ulrich Drumm/Alfons W. I Henseler, historische Wertpapiere. Bd. 2; Chinesische Anleihen und Aktien, Frankfurt a. M. 1976。

129. 参见 Huenemann: Dragon, 第 180 页及下页；关于 1930 年代的债务规定，参见 Osterhammel: Imperialismus, 第 416 页及下页。

130. 下述内容可参见丁名楠等《帝国主义侵华史》，第 2 卷，第 366-92 页；Edwards, British Diplomacy, 第 114 页及下页；Anthony B. Chan, The Consortium System in Republican China 1912-1913, in: JEEH 6 (1977), 第 597-640 页；K. C. Chan, British Policy in the Reorganization Loan to China 1912-13, in: MAS 5 (1971), 第 355-72 页；dies., Anglo-Chincsc Diplomacy in the Careers of Sir John Jordan and Yiian Shih-k'ai, 1906-1920, Hongkong 1978, 第 55-62, 71 页及下页；Carosso, The Morgans, 第 564-78 页；Marianne Bastid, La diplomatic française et la révolution chinoise de 1911, in:

Jean Bouvier/Rcné Girault (Hrsg.), L'impérialisme français d'avant 1914, Paris 1976, 第 127-52 页，尤参第 140-46 页；Stingl, Der Ferne Osten, Bd. 2, 第 883-706 页；Jerome Ch'en, Yuan Shih-k'ai 1859-1916, Stanford 1961, 第 146, 156-64 页；Ernest P. Young, The Presidency of Yuan Shih-k'ai: Liberalism and Dictatorship in Early Republican China, Ann Arbor 1977, 第 122-29 页；夏良才《国际银行团和辛亥革命》，刊于《近代史研究》，1982/1, 第 188-215 页；刘蜀永《沙俄与在华国际银行团》，刊于《近代史研究》，1983/3, 第 185-208 页；张水木《民国二年列强银行团对华善后大借款及中国政治风潮之激荡》，刊于《中央研究院近代史研究所集刊》，3 (1979), 第 33-81 页。

131. A. M. Kotenev, Shanghai: Its Mixed Court and Council, New York 1925, 第 162 页及下页，第 273 页及下页。
132. 参见 Young, The Presidency of Yuan Shih- k'ai, 第 46-48 页。
133. 摘自 Edwards, British Policy, 第 158 页。
134. Stephen R. MacKinnon, Power and Politics in Late Imperial China: Yuan Shi-kai in Beijing and Tianjin, 1901-1908, Berkeley 1980, 第 182-86 页，第 217 页及下页；Chan, Anglo- Chinese Diplomacy, 第 11 页及下页。
135. C. Martin Wilbur, Sun Yat-sen: Frustrated Patriot, New York 1976, 第 74 页及下页。
136. 张水木:《民国二年列强银行团对华善后大借款及中国政治风潮之激荡》，第 41 页及下页；关于俄国资本输出的法国历史背景，参见 Girault, Emprunts russes；东亚背景（截至 1909 年），参见 R. K. I. Quested, The Russo-Chinese Bank: A Multi-National Financial Base of Tsarism in China, Birmingham 1977, 第 3 页及下页。
137. 张水木:《民国二年列强银行团对华善后大借款及中国政治风潮之激荡》，第 48 页；关于宋教仁对袁世凯的政治制衡作用，参见 K. S. Liew, Struggle for Democracy: Sung Chiao-jen and the 1911 Chinese Revolution, Berkeley 1971, 第 152 页及下页。
138. MacMurray: Treaties, Bd. 2, 第 1007-38 页；不久之前，威尔逊总统责令摩根大通退出了银行团，此后银行团成员包括汇丰银行、东方汇理银行、德华银行、横滨正金银行和俄国亚洲银行。
139. 参见 Young, The Presidency，作者更多是将袁世凯视作帝国主义的牺牲品，而非帮凶。
140. Edwards, British Diplomacy, 第 176 页及下页。
141. R. P. T. Davenport-Hines, The British Engineers' Association and Markets in China 1900-1930, in: ders. (Hrsg.), Merchants and Bagmen, London 1986, 第 111 页；德国的情况参见 Peter Mielmann, Deutsch-chinesische Handelsbeziehungen am Beispiel der Elektroindustrie, 1870-1949, Frankfurt a. M. 1984, 第 74 页及下页。
142. 丁名楠等:《帝国主义侵华史》，第 2 卷，第 226 页。
143. Parshotam Mehra, The McMahon Line and After: A Study of the Triangular Contest on India's North-eastern Frontier Between Britain, China and Tibet, 1904-47, Delhi 1974, 第 123 页及下页；Grunfeld: Tibet, 第 62 页及下页。
144. 参见 Thomas E. Ewing, Ch'ing Policy in Outer Mongolia, 1900-1911, in: MAS 14 (1980), 第 145-57 页；同作者：Revolution on the Chinese Frontier: Outer Mongolia in 1911, in: JAH 12 (1978), 第 101-19 页；同作者：China and the Origins of the

Mongolian People's Republic, 1911-21: A Reappraisal, in: SEER 58 (1980), 第 399-421 页；丁名楠等《帝国主义侵华史》，第 2 卷，第 410-37 页。

145. "Konzession" 一词有两个不同的含义：一是租界，即在通商口岸划定的外国人居住区；二是利权，即铁路修建权和采矿权。这里所指是第二个含义。

146. Stanley F. Wright, The Collection and Disposal of the Maritime and Native Customs Revenue since the Revolution of 1911, Shanghai 1925, 第 1-7 页。

147. Alexander Schölch, Wirtschaftliche Durchdringung und politische Kontrolle durch die europäischen Mächte im Osmanischen Reich (Konstantinopel, Kairo, Tunis), in: GG 1 (1975), 第 417 页及下页，第 424-26，第 436 页及下页；Thobie, Intérêts et impérialisme, 第 110 页及下页，第 221 页及下页。

148. Marie-Claire Bergère, The Issue of Imperialism and the 1911 Revolution, in Etô/Schiffrin: 1911 Revolution, 第 269 页；金融方面的细节问题，参见 Wright, Collection, 第 145-72 页。

149. Owen: Middle East, 第 108 页。

150. 关于 20 世纪初的外债偿还情况，参见 Max Winkler, Foreign Bonds: An Autopsy. A Study of Defaults and Repudiations of Government Obligations, Philadelphia 1933, 尤参第 34 页及下页；Charles P. Kindleberger, Historical Perspectives on Today's Third World Debt Problem, in: ders., Keynesianism vs. Monetarism and Other Essays in Financial History, London 1985, 第 201 页及下页。

151. John V. A. MacMurray, Problems of Foreign Capital in China, in: FA 3 (1925), 第 415 页。

152. 会办即 "Assistant"，因为总办一职始终是由中国人担任（与海关不同）。

153. S. A. M. Adshead, The Modernization of the Chinese Salt Administration, 1900-1920, Cambridge, Mass. 1970, 第 90 页及下页；这里我们采用的是该作者的观点：丁恩爵士的盐务改革与帝国主义无关（参见第 204, 210, 214 页）；持不同观点者见王仲《袁世凯统治时期的盐务和盐务改革》，刊于《近代史研究》，1987/4, 第 95-121 页，作者认为，整个改革都是为了袁世凯和列强的财政利益服务的。

154. 同上，第 114 页；Wang: Taxation, 第 30 页。

155. E. W. Mead, memo, 13.7.1927, Public Record Office London, FO 405/254, Nr. 86 (F7389)。

156. Anthony Clayton, The British Empire as a Superpower, 1919-39, Basingstoke 1986, 第 190, 196 页；Claytons 在谈及中国的一章中特别纳入了中国国内因素，而这一点是 Paul Haggie 在其著作中未曾顾及的：Britain at Bay: The Defence of the British Empire against Japan, 1931-1941, Oxford 1981。

157. NCH, 23. Mai 1934, 第 264 页。

158. 数据系根据 Reports of the Secretary of War to the President, Washington, D. C.。

159. Clayton, The British Empire, 第 207 页及下页；1927 年上海为防御革命军所采取的措施，参见 Bernard D. Cole, Gunboats and Marines: The United States Navy in China, 1925-1928, Newark 1983, 第 98-109 页。

160. 参见 Etô Shinkichi, China's International Relations 1911-1931, in CHOC, Bd. 13, 第 92-100 页；Beasley: Imperialism, 第 108-15 页。

161. "务实政治" 视角，参见 Leong Sow-theng, Sino-Soviet Diplomatie Relations 1917-

1926, Canberra 1976;“革命”视角，参见 Günter Kleinknecht, Die kommunistische Taktik in China 1921-1927. Die Komintern, die koloniale Frage und die Politik der KPCh, Köln 1980; Kuo Heng-yü, Die Komintern und die Chinesische Revolution. Die Einheitsfront zwischen der KP Chinas und der Kuomintang 1924-1927, Paderborn 1979。

162. 法国在 1914 年之前绝没有在经济上“忽视”自己的殖民帝国，参见 Jacques Marseille, The Phases of French Colonial Imperialism: Towards a New Periodization, in: JICH 13 (1985), 第 127-40 页，尤参第 128-34 页。

163. 参见 Christopher M. Andrew/A. S. Kanya-Forstner, France Overseas: The Great War and the Climax of French Imperial Expansion, London 1981；Roger Lévy/Guy Lacam/Andrew Roth, French Interests and Policies in the Far East, New York 1941；关于法国在亚洲最重要的金融机构东方汇理银行 1918 年之后的情况，参见 Martin J. Murray, The Development of Capitalism in Colonial Indochina (1870-1940), Berkeley 1980, 第 132 页及下页。

164. Thomas H. Buckley, The United States and the Washington Conference, 1922, Knoxville, Tenn. 1970; Roger Dingman, Power in the Pacific: The Origins of Naval Arms Limitation, 1914-1922, Chicago 1976; Iriye Akira, After Imperialism: The Search for a New Order in the Far East, 1921-1931, Cambridge, Mass. 1965, 第 13 页及下页；Nish: Japanese Foreign Policy, 第 133-45 页；关于“华盛顿体系”的经济内涵，参见 Ziebura: Weltwirtschaft, 第 124-44 页（但是在关于中国处境问题上，作者存在某些误解）；经典综述参见 Lloyd C. Gardner, Safe for Democracy: The Anglo-American Response to Revolution, 1913-1923, New York 1983, 第 305-23 页；另参 Hannsjörg Kowark, Die Konferenz von Washington 1921-1922. Archivalien, Literaturbericht und Bibliographie, in: Jahresbibliographie der Bibliothek für Zeitgeschichte 45 (1973), 第 473-503 页。

165. Ziebura: Weltwirtschaft, 第 125 页；关于美国在两次世界大战期间对华政策的广泛探讨，在此未及细述，可参见 Dingman、Iriye、Heinrichs 等人撰写的文章，刊于 May/Thomson: Relation; 以及 Waldo Heinrichs, The Middle Years, 1900-1945, and the Question of a Large U. S. Policy for East Asia, in Cohen: Frontiers, 第 77-106 页。

166. “华盛顿体系”最迟在 1931 年满洲危机爆发后彻底解体，按照 Iriye 的看法，该体系早在 1926 年便已失效：“旧秩序已经消失，没有任何稳定的机制能够取而代之。”(After Imperialism, 第 88 页)

167. 参见 Robert A. Hart, The Eccentric Tradition: American Diplomacy in the Far East, New York 1976, 第 99 页；作者认为，美国逃避了对中国的责任。

168. Louis: Strategy, 第 17 页。

169. 参见 Joseph T. Chen, The May Fourth Movement in Shanghai, Leiden 1971。

170. 有关这一时期的概述，参见 Gerhard Krebs, Die Taisho-Zeit: Lernphase der Demokratie (1918-1932), in: Manfred Pohl (Hrsg.), Japan, Stuttgart 1986, 第 99 页及下页；与币原外交相关的国际外交背景，参见 Nish: Japanese Foreign Policy, 第 126-51, 165-74 页。

171. 新一代外交官的代表人物是顾维钧（Dr. V. Ki Wellington Koo），生于 1887 年，曾留学哥伦比亚大学，27 岁出任驻墨西哥公使，曾代表中国出席巴黎和会、华盛顿会议（并主持各种外交谈判）；1922-28 年，在国民政府内阁中担任部长等各种职务，1931-49 年受蒋介石委派多次出任外交特使。最后以八旬高龄从海牙国际法院副院长职位上退休。参见 Boorman/Howard: Dictionary, Bd. 2, 第 255-59 页；William L. Tung, V. K. Wellington Koo and China's Wartime Diplomacy, New York 1977。

172. Pratt, War and Politics in China, 第 201 页；关于北京特别关税会议，参见 Wright: Tariff Autonomy, 第 461-600 页。

173. Teng Ssu-yü, A Decade of Challenge, in Chan/Etzold: China, 第 8 页；从这一意义上讲，历史教科书中常见的观点，即认为华盛顿会议打破了旧帝国主义的樊篱，是令人质疑的，参见 Dayer: Bankers, 第 96-107 页。

174. Chan Lau Kit-ching, The Lincheng Incident: A Case Study of British Policy in China between the Washington Conference (1921-22) and the First Nationalist Revolution (1925-28), in: JOS 10 (1972), 第 172-86 页；Diana Lary, Warlord Soldiers: Chinese Common Soldiers, 1911-1937, Cambridge 1985, 第 65 页及下页。

175. 只举一例。"湖南一位臭名昭著的土匪头子'张寡妇'被国民政府任命为国民军旅长，其手下3千人马被编入Fan Tso-yuan将军率领的第4师。"OR 11 (1930), 第766页。

176. 参见 Jacob Black-Michaud, Feuding Societies, Oxford 1975。

177. 周谷城:《中国社会之现状》，Shanghai 1933, 第 184 页。

178. 见 Franz Kuhn 1953 年创作的同名小说;《水浒传》是以 17 世纪中叶的中国作为历史背景。

179. Phil Billingsley, Bandits, Bosses, and Bare Sticks: Beneath the Surface of Local Control in Early Republican China, in: MC 7 (1981), 第 237 页；同作者，Bandits in Republican China, Stanford 1988。

180. 这类"侠客式"的组织也已消失不见，其代表之一是 1921 年前后在北方活跃一时的"红枪会"（它并非是以某个阶层为主体的社会暴动）。参见 Roman Slawinski, La Société des Piques Rouges et le mouvement paysan en Chine en 1926-27, Warschau 1975; 另参 Tai Hsüan-chih, The Red Spears, 1916-1949, Ann Arbor 1985 (Elizabeth Perry 在为该书撰写的绪论中其他相关研究做出了评点，第 vii-xxi 页)；"侠盗"一词系由 Eric J. Hobsbawm 所创：Sozialrebellen, Neuwied 1962; ders., Die Banditen, Frankfurt a. M. 1972；中国的罗宾汉式人物是白狼 (1873-1914)，参见 Elizabeth J. Perry, Social Banditry Revisited: The Case of Bai Lang, a Chinese Brigand, in: MC 9 (1983), 第 355-82 页。

181. 参见 Perry: Rebels, 第 48 页及下页；关于"兵匪"，参见 R. G. Tiedemann, The Persistence of Banditry: Incidents in Border Districts of the North China Plain, in: MC 8 (1982), 第 395-433 页，尤参第 416-24 页；另参 Lary 的中国社会史名著，Warlord Soldiers, 第 59 页及下页。

182. Edmund S. K. Fung, The Military Dimension of the Chinese Revolution: The New Army and Its Role in the Revolution of 1911, Vancouver 1980。

183. 关于各类武装的数量以及从正规军到地主武装的五花八门形式，参见 Lary: Warlord Soldiers, 第 2-4 页及下页。

184. Tiedemann, The Persistence of Banditry, 第 416 页。

185. 参见 Tilemann Grimm, Anti-imperialistische Bauernaufsta ¨ nde in China, in: GWU 29 (1978), 第 361-64 页；另参蔡少卿《论长江教案与哥老会的关系》，刊于《南京大学学

报》，1984/2, 第 101-12 页。

186. James E. Sheridan, The Warlord Era: Politics and Militarism under the Peking Government, 1916-28, in CHOC, Bd. 12, 第 303 页及下页。
187. 军阀之间的争斗绝非是小打小闹（就像奥芬巴赫的轻歌剧《热罗尔斯坦公爵夫人》中那样），仅 1929~1930 年发生在阎锡山和冯玉祥与蒋介石之间的战争，就导致超过 30 万人丧生。参见 Sheridan: Disintegration, 第 89 页。
188. 德国的情况参见 Ratenhof: Chinapolitik, 第 100-102, 117-22, 144-46, 183-85, 220-23 页。
189. 参见 Noel H. Pugach, Anglo-American Aircraft Competition and the China Arms Embargo, 1919-1921, in: DH 2 (1978), 第 351-71 页。
190. Anthony B. Chan, Arming the Chinese: The Western Armaments Trade in Warlord China, 1920-1928, Vancouver 1982, 第 45 页及下页；另参陈存恭《民初陆军军火之输入》，刊于《中研院近代史研究所集刊》，6 (1977), 第 237-309 页。
191. Chan, Arming the Chinese, 第 133 页；Ch'i Hsi-sheng, Warlord Politics in China, 1916-1928, Stanford 1976, 第 123 页。
192. James E. Sheridan, Chinese Warlord: The Career of Feng Yü-hsiang, Stanford, 1966, 第 163-69, 177-79, 197-202 页；刘培卿:《山东军阀张宗昌》，刊于《文史哲》，1983/4, 第 30-35, 92 页：张宗昌人称"混世魔王"（第 33 页）；以"反动"和"进步"为尺度对军阀的划分，参见 Sheridan: Disintegration, 第 59-77 页；综述性论著见同作者，The Warlord Era；全面分析见 Ch'en: Military-Gentry Coalition；学术界的相关探讨，参见 Diana Lary, Warlord Studies, in: MC 6 (1980), 第 439-70 页；Edward McCord, Recent Progress in Warlord Studies in the PRC, in: RC 9(1984), 第 40-47 页；James E. Sheridan, Chinese Warlords: Tigers or Pussycats?, in: RC 10, 第 35-41 页；另参 Jürgen Osterhammel, Anfänge der chinesischen Revolution: Die zwanziger Jahre, in: NPL 27 (1982), 第 84-115 页，尤参第 103-11 页。
193. Odoric Y. K. Wou, Militarism in Modem China: The Career of Wu P'ei-fu, 1916-39, Dawson 1978, 第 151-97 页。
194. 有关军阀各大派系的研究，参见 Ch'i Hsi-sheng, Warlord Politics（尤参第 10-76 页）。
195. 关于军阀时期的人事政治，参见 Boorman/Howard: Dictionary（关于段祺瑞：Bd. 3, 第 330-35 页）；另参 Andrew J. Nathan, Peking Politics, 1918-1923: Factionalism and the Failure of Constitutionalism, Berkeley 1976。
196. Jansen: Japan, 第 221 页及下页；关于西原借款，详参 Madeleine Chi, Ts'ao Ju-lin (1876-1966): His Japanese Connections, in Iriye: Chinese, 第 140-60 页，尤参第 145-55 页；刘秉麟:《近代中国外债史稿》，第 125 页及下页；假如没有这些借款，早期军阀统治不可能得以维持。参见 Ch'en: Military-Gentry Coalition, 第 136 页；关于对华策略的经济背景，参见裴长洪《西原借款与寺内内阁的对华策略》，刊于《历史研究》，1982/5, 第 21-38 页，尤参第 24-29 页。
197. Beasley: Imperialism, 第 118-21 页。
198. Gavan MacCormack, Chang Tso-lin in Northeast China, 1911-1928: China, Japan, and the Manchurian Idea, Folkestone 1977, 第 254 页；另参 G. C. Karetina, Cžan Czolin' i političeskaja bor'ba v Kitae v 20-e gody XX v., Moskau 1984, 第 144 页及下页。

199. 相关历史背景，参见 William Fitch Morton, Tanaka Giichi and Japan's China Policy, Folkestone 1980, 第 130-34 页。
200. 关于 1920 年代中苏两国革命者之间的关系是一个宏大的主题，在此我们无法展开论述。有大量学术著作以此作为课题，并提出了彼此不同的观点。参见 Osterhammel, Anfänge der chinesischen Revolution, 第 87-96 页；另参 CHOC, Bd. 12, Jerome Ch'en (The Chinese Communist Movement to 1927, 第 505-26 页）和 C. Martin Wilbur (The Nationalist Revolution: from Canton to Nanking, 第 527-721 页，尤参第 566-73 页）分别撰写的章节；对中共党史的全面阐述参见 Harrison: Marsch；以 20 年代为重点的论述，参见 Kleinknecht, Die kommunistische Taktik in China。
201. 参见 Dieter Heinzig, Sowjetische Milita ¨ rberater bei der Kuomintang 1923-1927, Baden-Baden 1978; 另参 Domes: Revolution, 第 83 页及下页。
202. 参 见 Dan N.Jacobs, Borodin: Stalin's Man in China, Cambridge, Mass. 1981, 第 212 页及下页。
203. 也许我们应当把反共大清洗开始的时间再提前一些：1927 年 3 月 31 日夜，在四川省会重庆发生了一起针对共产党的大屠杀。此后，重庆变得"一派肃静，没有丝毫排外气息"（quiet with no anti-foreign feeling），见 Sir Miles Lampson 1928 年 1 月 31 日致 Sir Austen Chamberlain 的信函，Public Record Office London, FO 371/13183 (F1397)；关于 1927 年大革命失败的经典论著，参见 Harold R. Isaacs, The Tragedy of the Chinese Revolution, London 1938, 2nd ed. Stanford 1951。
204. 下述内容可参见 Peter G. Clark, Britain and the Chinese Revolution 1925-1927, Ph. D. thesis, University of California Berkeley, 1973, 第 234 页及下页；Robert A. Kapp, Szechwan and the Chinese Republic: Provincial Militarism and Central Power, 1911-1938, New Haven 1973, 第 76 页；Richard Stremski, The Shaping of British Policy during the Nationalist Revolution in China, Taibei 1979, 第 90 页及下页。
205. 1917 年开埠，居民约 15 万人。通商范围只限周边区域，主要出口商品为桐油。参见 China Proper, Bd. 3, 第 370-72 页。
206. 马宣伟、肖波：《四川军阀杨森》，Chengdu 1983, 第 62 页；Agnes Smedley, The Great Road: The Life and Times of Chu Teh, New York 1956, 第 174 页；后来的红军总司令朱德当时在杨森部队中担任政治部负责人。
207. Osterhammel: Imperialismus, 第 255 页。
208. 关于抵制洋货策略及其影响，参见 Osterhammel: Imperialismus, 第 243-70 页；Remer: Boycotts. Geringere Erfolge der chinesischen Boykotte vermutet Donald A. Jordan, China's Vulnerability to Japanese Imperialism: The Anti-Japanese Boycott of 1931-1932, in Chan: Crossroads, 第 91-123 页。
209. 在中国内地远离水道的地区，外国资产确实是难以守卫的，特别是那些距海岸较远的矿山，完全无法通过炮舰得到保护。参见 Osterhammel: Imperialismus, 第 367 页及下页。
210. 持此观点者如目光敏锐的英国对华问题专家 Sir John T. Pratt：Aktennotiz, 14. 3. 1935, Public Record Office London, FO 371/19287 (F1623)。
211. 各种文献中记载的伤亡人员数字存在巨大的差异。本书中的数字系参考 Wilbur, The Nationalist Revolution, 第 548 页及下页；黄元起等：《中国现代史》，第 1 卷，第 143 页，称"约有 90 人伤亡"。

212. 数字出处同上，第 148 页。
213. 参见一系列相关著作：Chesneaux, The Chinese Labor Movement; Richard W. Rigby, The May 30 Movement: Events and Themes, Canberra 1980（纯叙事写法）；Nicholas R. Clifford, Shanghai, 1925: Urban Nationalism and the Defense of Foreign Privilege, Ann Arbor 1979（分析比 Rigby 精辟，但视角着重于中英关系）；Ku Hung-ting, Urban Mass Movement: The May Thirtieth Movement in Shanghai, in: MAS 13 (1979), 第 197-216 页；Guido Samarani, Il «30 maggio 1925»: svolta storica nel raporto tra movimento operaio e rivoluzione nazionale in Cina, in: Cina 13 (1979), 第 143-66 页；李建民，《五卅惨案后的反英宣传》，刊于《中央研究院近代史研究所集刊》，10 (1981), 第 245-81 页。
214. United Kingdom. Department of Overseas Trade, Report on the Commercial Industrial and Economic Situation in China to 30th June, 1926, London 1926, 第 44 页。
215. Chinese Maritime Customs, Chinwangtao and Tientsin Annual Trade Report and Returns 1925, Shanghai 1926, 第 1 页。
216. Clifford, Shanghai, 第 70 页；William W. Lockwood, Jr., Some Recent Changes in the Status of the International Settlement, in: CWR, 23. 6.1934, 第 141 页及下页。
217. Wright: Tariff Autonomy, 第 598 页。
218. 在中国，1925~1927 年这一时期被称为“大革命”时期。

十三　经济入侵的新形式

1. 一个内容丰富的特殊问题在本书中无法详加探讨，这便是海外华人的问题，这其中包括海外移民（特别是苦力），海外华人资本的积累（尤其是在东南亚）及其对母国政治经济的影响等等。关于美洲华人的情况，参见 Ch'en: West, 第 234-62 页，以及 Hunt: Relationship, 第 61-73,108-14,227-41；另参经典作品：Victor Purcell, The Chinese in Southeast Asia, 2nd ed., Kuala Lumpur 1965；另外还有一系列优秀专著，如 Wang Sing-wu, The Organization of Chinese Emigration, 1848-1888, SanFrancisco 1978; Yen Ching-hwang, The Overseas Chinese and the 1911 Revolution, Kuala Lumpur 1976; 同作者：The Overseas Chinese and Late Ch'ing Economic Modernization, in: MAS 16 (1982), 第 217-32 页；同作者：Coolies and Mandarins: China's Protection of Overseas Chinese during the Late Ch'ing Period (1851-1911), Singapore 1985; Robert L. Irick, Ch'ing Policy toward the Coolie Trade, Taibei 1982; Michael R. Godley, The Mandarin-Capitalists from Nanyang: Overseas Chinese Enterprise in the Modernization of China 1893-1911, Cambridge 1981; Patricia Cloud, Chinese Immigration and Contract Labor in the Late Nineteenth-Century, in: EEcH 24 (1987), 第 22-42 页；以及优秀社会经济史论著：Peter Richardson, Chinese Mine Labour in the Transvaal, London 1982; 同作者：Coolies, Peasants, and Proletarians: The Origins of Chinese Indentured Labour in South Africa, 1904-1907, in: Shula Marks/Peter Richardson (Hrsg.), International Labour Migration: Historical Perspectives, London 1984, 第 167-85 页；另参通俗历史作品：Stan Steiner, Fusang: The Chinese Who Built America, New York 1979；关于欧洲早年对该问题的关注 Ein Zeugnis früher europäischer Aufmerksamkeit ist Friedrich Ratzel, Die chinesische Auswanderung, Breslau 1876;

Hans Mosolff, Die chinesische Auswanderung, Rostock 1932；关于海外华人在中国现代化过程中所扮演的角色，参见 Michael Godley, The Treaty Port Connection: An Essay, in: JSEAS 12 (1981), 第 249-59 页；包含华人移民案例在内的比较性研究，参见 Klaus J. Bade, Sozialhistorische Migrationsforschung, in: Ernst Hinrichs/Henk van Zon (Hrsg.), Bevölkerungsgeschichte im Vergleich: Studien zu den Niederlanden und Nordwestdeutschland, Aurich 1988, 第 63-74 页。

2. 参见 Theodore H. von Laue, The World Revolution of Westernization: The Twentieth Century in Global Perspective, Oxford 1987。
3. 参见 Ichiko Chuzo, Political and Institutional Reform, 1901-11, in CHOC, Bd., 第 375-415 页；Wright: Revolution. Zu der vielleicht wichtigsten Einzelreform: Wolfgang Franke, The Reform and Abolition of the Traditional Chinese Examination System, Cambridge, Mass. 1960。
4. 德文版：China unter der Kaiserin Witwe, Berlin 1912；关于天才汉学家、冒险家和骗子埃德蒙·巴恪思爵士的生平，参见 Hugh Trevor-Roper, A Hidden Life: The Enigma of Sir Edmund Backhouse, London 1976。
5. 参见 Chow Tse-tsung, The May Fourth Movement: Intellectual Revolution in Modem China, Cambridge, Mass, 1960; Wolfgang Franke, Chinas kulturelle Revolution. Die Bewegung vom 4. Mai 1919, München 1957；较新学术著作，参见 Lin Yü-sheng, The Crisis of Chinese Consciousness: Radical Antitraditionalism in the May Fourth Era, Madison, Wise. 1979; Vera Schwarcz, The Chinese Enlightenment: Intellectuals and the Legacy of the May Fourth Movement of 1919, Berkeley 1986; 同作者：Remapping May Fourth: Between Nationalism and Enlightenment, in: RC 12 (1986), 第 20-35 页。
6. 这些教会大学当中最重要的一所甚至将文化"本土化"作为办校宗旨。参见 Philip West, Yenching University and Sino-Westem Relations, 1916-1952, Cambridge, Mass. 1976, 第 48 页；当然，在这些教育机构中，洋人的主导地位仍然是不容忽视的。"在有些教会大学里，身为教师的传教士所获得的薪酬是中国教师的 20 倍，虽然后者可能曾留学海外，拥有比前者更优越的教育背景和资质。"见 Wolfgang Franke, Zur anti-imperialistischen Bewegung in China, in: Saeculum 5 (1954), 第 349 页；当然，教会大学的存在与洋人在中国的治外法权保障是分不开的。参见李清悚、顾岳中《帝国主义在上海的教育侵略活动资料简编》, Shanghai 1982, 第 108 页及下页。
7. 中国人以外语写作并未成为集体现象，林语堂等人只属于特例。而印度在这方面则呈现出完全不同的文化趋势，参见 K. S. Ramamurti, The Rise of the Indian Novel in English, New Delhi 1987。
8. Abe Hiroshi, Borrowing from Japan: China's First Modem Educational System, in Hayhoe/Bastid: Education, 第 75 页；Marius B. Jansen, Japan and the Chinese Revolution of 1911, in CHOC, Bd. 11, 第 350 页；另有学者甚至称，留日人数超过 1.3 万：Sally Borth- wick, Education and Social Change in China: The Beginnings of the Modem Era, Stanford 1983, 第 84 页。
9. 在 20 世纪最初几年，俄国是中国的第二大榜样：一方面是伟大的独裁式改革者彼得大帝领导下的古代俄国，另一方面是 1905 年后崛起的作为革命先驱的现代俄国，参见 Don C. Price, Russia and the Roots of the Chinese Revolution, 1896-1911, Cambridge, Mass. 1974, 第 29 页及下页。

10. 参见 Wolfgang Lippert, Entstehung und Funktion einiger chinesischer marxistischer Termini. Der lexikalisch-begriffliche Aspekt der Rezeption des Marxismus in Japan und China, Wiesbaden 1979；关于 20 世纪初中国各种激进浪潮，参见 Scalapino/Yu: Modern China；另参 Opitz: Wandlung（内含 Daniel W. Y. Kwok、Tilman Spengler 等人的精彩论文）。
11. Ch'en: West, 第 169 页。
12. 1903 年之后，中国各地建起了许多军校，由德国人、后来更多是由日本人担任教官，参见 Bastid: L'évolution, 第 23 页及下页；Ratenhof: Chinapolitik, 第 171-74 页。
13. S. I. Hsiung, The Life of Chiang Kai-shek, London 1948, 第 55-62 页。
14. 参见 Ernest P. Young, Chinese Leaders and Japanese Aid in the Early Republic, in Iriye: Chinese, 第 124-39 页。
15. 周恩来于 1920-24 年留学欧洲，邓小平是 1920~1925 年。关于法国勤工俭学项目，参见 Paul Bailey, The Chinese Work-Study Movement in France, in: CQ 115 (1988), 第 441-61 页；关于邓小平年轻时留学法国的情况，参见 Nora Wang, Deng Xiaoping: The Years in France, in: CQ 92 (1982), 第 698-705 页；人数远远超过留学生的一批移民是英国人招募的活跃于法国前线的 10 万中国劳工旅，参见 Michael Summerskill, China on the Western Front: Britain's Chinese Work Force in the First World War, London 1982。
16. Ch'en: West, 第 126, 409 页；关于教会大学的办学情况，参见该书第 122-29 页；另参 Jessie G. Lutz, China and the Christian Colleges, 1850-1950, Ithaca 1971；关于 19 世纪和 20 世纪中国教育发展史，参见 Evelyn S. Rawski, Education and Popular Literacy in Ch'ing China, Ann Arbor 1979（其中部分内容是讲述民国时期的情况，第 155-80 页）；另参 Rozman: Modernization, 第 183-202, 401-42 页。
17. West, Yenching University, 第 12 页；由于参与机构众多，人们很难撰写一部内容全面的西方在华传教史。当时在中国活动的欧洲和美国宗教组织分别为 62 个和 59 个。它们当中每一个都有自己的文献和档案资料。参见查时杰《民国基督教会史》，刊于《历史学习学报》，8 (1981), 第 109-45 页；9 (1982), 第 257-94 页，尤参第 124 页。
18. 参见 Jonathan D. Spence, Aspects of Western Medical Experience in China, 1850-1910, in: John Z. Bowers/Elizabeth F. Purcell (Hrsg.), Medicine and Society in China, New York 1974, 第 40-54 页；对意识形态背景的批评性分析，参见 Peter Buck, American Science and Modern China, 1876-1936, Cambridge 1980, 第 8 页及下页；传教士从人道主义出发，为废除旧社会妇女的缠足陋习做出了积极贡献，参见 Howard S. Levy, Chinese Footbinding: The History of a Curious Erotic Custom, New York 1966。
19. Ch'en: West, 第 134-37 页；另参 James C. Thomson, Jr., While China Faced West: American Reformers in Nationalist China, 1928-1937, Cambridge, Mass. 1969; Randall E. Stross, The Stubborn Earth: American Agriculturalists on Chinese Soil, 1898-1937, Berkeley 1986（其中提到的改良者并非每一个都是传教士身份）；在这些农业项目中，出现了许多重要的社会学研究成果，如 Sidney D. Gamble, Ting Hsien: A North China Rural Community, Stanford 1954, 以及颇有影响的 John Lossing Buck, Land Utilization in China, 3 Bde., Nanjing 1937。
20. 一位中国通对此做出了十分犀利但基调总体正确的判断："这些天主教传教士是其名人前辈的愚蠢模仿者。他们以法国保护势力为靠山，以主子的口吻对与其无关的中国主权事务横加干涉，……以英美人为主的新教教团里都是些没有受过多少教育的人等，他们在各地大街小巷和集市上四处推广自己那一套兑了水的教义。这些人虽然并不像天主教传教士那样令中国官员们反感，但却成为文人鄙视和嘲笑的对象，让西方教育水准因此颜面尽失。”见 Otto Franke, Erinnerungen aus zwei Welten, Berlin 1954, 第 174 页；关于德国传教士的情况，参见 Horst Gründer, Christliche Mission und deutscher Imperialismus, Paderborn 1982, 第 263 页及下页；另参 Karl Josef Rivinius, Weltlicher Schutz und Mission. Das Protektorat über die katholische Mission von Süd-Shantung, Köln/Wien 1987；当然，也有不少例外对这种印象起到了淡化的作用。例如，一位“激进”的加拿大传教士与和平斗士曾在 1949 年后与中共领导层保持着密切友好的关系：文忠志（Stephen L. Endicott），参见 James G. Endicott: Rebel out of China, Toronto 1980；以及另一位半真实半虚构的人物：美国传教士 David Treadup，参见 John Hersey, The Call, New York 1985；最新传教运动研究，参见 Fairbank: Missionary Enterprise。

21. 参见 Norton S. Ginsburg, Ch'ing-tao: Development and Land Utilization, in: EG 24 (1948), 第 181-220 页，尤参第 189-91 页；另参 Wilson L. Godshall, Tsingtau under Three Flags, Shanghai 1929；关于德国统治时期的情况，参见 Jork Artelt, Tsingtau. Deutsche Stadt und Festung in China 1897-1914, Du¨sseldorf 1984, 第 14 页及下页；Joachim Schultz-Naumann, Unter Kaisers Flagge. Deutschlands Schutzgebiete im Pazifik und in China einst und heute, München 1985, 第 173 页及下页。
22. 龚骏:《中国都市工业化程度之统计分析》, Shanghai 1934, 第 162-69 页；Buck: Urban Change, 第 83, 110, 173 页。
23. 自 1893 年起由工部局主管的上海电力局被卖给了美国通用电气公司的一家子公司。
24. 自租界建立之初，这种理念便开始流行。参见 Lynn T. White III, Non-Governmentalism in the Historical Development of Modern Shanghai, in: Laurence J. C. Ma/Edward W. Hanten (Hrsg.), Urban Development in Modern China, Boulder, Col. 1981, 第 23 页及下页。
25. 对上海居住区地理环境的描述，参见 Emily Honig, Sisters and Strangers: Women in the Shanghai Cotton Mills, 1919-1949, Stanford 1986, 第 22-26 页。
26. Ch'en: West, 第 217 页及下页；直到 1974 年，一位老牌中国通还扬扬自得地吹嘘：是白人将上海从一片“瘟疫流行的沼泽地”变成了繁荣的大都市，作为奖赏，他们理应有一片属于自己的小小的公园。参见 James R. Paton, Wide Eyed in Old China, Edinburgh 1974, 第 22 页及下页。
27. Allister Macmillan, Seaports of the Far East: Historical and Descriptive Commercial and Industrial Facts, Figures and Resources, 2nd ed., London 1925, 第 65 页。
28. British Chamber of Commercejoumal (Shanghai) 19:12 (Dezember 1934), 第 249 页及下页。
29. John J. Stephan, The Russian Fascists: Tragedy and Farce in Exile, 1925-1945, London 1978, 第 33-36 页；这些俄国人也是当时新闻报道热衷的话题。参见 John Pal, Shanghai Saga, London 1963, 第 84 页及下页；关于上海夜生活，参见 Renate Scherer, Das System der chinesischen Prostitution, dargestellt am Beispiel Shanghais in der Zeit von 1840 bis 1949, phil. Diss. FU Berlin 1983。

30. 参见 David Kranzier, Japanese, Nazis and Jews: The Jewish Refugee Community in Shanghai, 1938-1945, New York 1976（引语摘自第 19 页）。
31. 中国学术界将 1895-1911 年称为上海工业崛起期，参见陈正书《上海近代工业中心的形成》，刊于《中国史论集》，1987/4, 第 114-22 页。
32. F. L. Hawks Pott, A Short History of Shanghai, Shanghai 1928, 第 186 页；中国的视角当然与此截然不同，参见 Mark Elvin, The Revolution of 1911 in Shanghai, in: PFEH 29 (1984), 第 119-61 页，尤参第 140 页及下页。
33. 参见 Marie-Claire Berge ` re, «The Other China»: Shanghai from 1919 to 1949, in: Christopher Howe (Hrsg.), Shanghai: Revolution and Development in an Asian Metropolis, Cambridge 1981, 第 3-6 页；详参同作者：L'âge d'or, 第 69 页及下页。
34. Edward Bing-shuey Lee, Modern Canton, Shanghai 1936, 第 5, 13-15, 51 页及下页，第 62 页。
35. 以最新学术研究为依据的有关现代中国的社会史著作迄今仍是空白，书名很有气魄但内容不尽如人意的著作见 Rosemarie Juttka-Reisse, Geschichte und Struktur der chinesischen Gesellschaft, Stuttgart 1977; 水平相对较高但是对新中国的描写比旧中国更具可信性的著作见 Ulrich Menzel, Wirtschaft und Politik im modernen China. Eine Sozial- und Wirtschaftsgeschichte von 1842 bis nach Maos Tod, Opladen 1978； 英美类似著作见 Ch'en: West und Rozman: Modernization, aus Europa die Bücher von Jean Chesneaux；台湾历史学家近年来撰写了一些很有分量的相关论文，如 Lee Kuo-chi, Die sozialen und ökonomischen Wandlungen im China der späten Ch'ing-Zeit, in Eikemeier: Ch'en-yüeh chi, 第 149-71 页；Chang Yu-fa, Trends of Modernization in Late Ch'ing China, 1860-1911, in: Issues & Studies 21:5 (Mai 1985), 第 73-85 页。但是这些颇有价值的文章，其观点更多是单纯以 1950 和 1960 年代的现代化理论作为论据。
36. 按照狭义理解，马克思主义"中国化"的表现是毛泽东等人提出的一套理论。参见 Raymond Wylie, The Emergence of Maoism: Mao Tse-tung, Ch'en Po-ta, and the Search for Chinese Theory, 1935-1945, Stanford 1980；但实际上，在欧洲马克思主义与中国国情相结合方面，中国早期社会主义和马克思主义理论家们便曾做出各种尝试。参见 Scalapino/Yu: Modem China, 第 486 页及下页（内含早期文献的详细索引）；Maurice Meisner, Li Ta-chao, in Opitz: Konfuzianismus, 第 149-86 页，尤参第 166 页及下页。
37. 关于台湾和满洲的殖民环境，参见本书第十四节（第 279-87 页）。
38. 出口货物的详细清单，参见 Arnold: China, 第 206-61 页（有关鸡蛋产量的猜测，参见第 219 页）。
39. 关于出口组织结构，参见 Osterhammel: Imperialismus, 第 182-217 页。
40. 参见本书第十四节；关于丝绸经济的特殊条件，参见本书第十一节（第 197-200 页）。
41. Cheng: Foreign Trade, 第 85-93 页。
42. 下述内容系参照 Hsiao: Statistics, 第 27-70 页；严中平等：《中国近代经济史统计资料选辑》，第 70-82 页；Tim Beal, The China Trade, Sheffield 1982, 第 80 页及下页；另参 Remer: Trade, 第 150-60, 195-200 页；Cheng: Foreign Trade, 第 15-17, 30-37 页。
43. 有关蔗糖市场的分析，参见 Osterhammel: Imperialismus, 第 172-82 页；另参范

毅军《广东汉梅流域的糖业经济》，刊于《中央研究院近代史研究所集刊》，12 (1983), 第 127-61 页；1860 年汕头开埠后，这里出现了出口导向型制糖产业，并于 19 世纪末达到高峰，1926 年之后迅速衰落，其中原因之一是来自进口蔗糖的冲击（同上，第 149, 157-61 页）。

44. 参见 John Joseph Beer, The Emergence of the German Dye Industry, Urbana, 111. 1959, 第 95 页；Arnold: China, 第 61 页及下页。
45. 参见与此同名的小说：Alice Tisdale Hobart, Oil for the Lamps of China, Indianapolis 1933；故事是以满洲的美孚油中间商为背景。
46. 下述内容参见 Osterhammel: Imperialismus, 第 47-49, 144-54, 321-27 页；Cheng Chu-yuan, The United States Petroleum Trade with China, 1876-1949, in May/ Fairbank: Trade, 第 205-33。
47. 其相关营销体系，参见 Cochran: Big Business, 第 16-19, 27-35, 130-34 页；Osterhammel: Imperialismus, 第 154-59 页；张仲礼：《旧中国外资企业发展的特点》，刊于《社会科学》，1980/6, 第 52-56 页，尤参第 55 页；汪熙：《一个国际托拉斯在中国的历史记录》，刊于《复旦大学学报》，1983/5, 第 55-61 页；陈曾年：《英美烟公司在中国的销售网》，刊于《学术月刊》，1981/1, 第 16-21 页（转载于《复印报刊资料：经济史》，1981/6, 第 123-28 页）；关于英美烟草公司，另参《英美烟公司在华企业资料汇编》（1983 年）。
48. 经典阐析参见 Alfred D. Chandler, Jr., The Visible Hand: The Managerial Revolution in American Business, Cambridge, Mass. 1977, 第 285 页及下页；关于德国的情况，参见 Fritz Blaich, Absatzstrategien deutscher Unternehmen im 19. und in der ersten Hälfte des 20.Jahrhunderts, in: Zeitschrift fur Unternehmensgeschichte, Beiheft 23, Wiesbaden 1982, 第 5-46 页。
49. 参见 Robert Bruce Davies, Peacefully Working to Conquer the World: Singer Sewing Machines in Foreign Markets, New York 1976。
50. 参见 Stanley D. Chapman, The Rise of Merchant Banking, London 1984, 第 142 页及下页；同作者，British-based Investment Groups Before 1914, in: EcHR 38 (1985), 第 230-47 页；Mira Wilkins, The Free-Standing Company, 1870-1914: An Important Type of British Foreign Direct Investment, in: EcHR 41 (1988), 第 259-82 页。
51. 关于 19 世纪的情况，参见 LeFevour: Western Enterprise；关于 20 世纪的情况，参见 Maggie Keswick (Hrsg.), The Thistle and the Jade: A Celebration of 150 Years of Jardine, Matheson and Co., London 1982。
52. 关于企业的组织结构，参见 Osterhammel: Imperialismus, 第 167-72 页。
53. 参见综述性著作：John H. Dunning, Changes in the Level and Structure of International Production: The Last One Hundred Years, in: Mark Casson (Hrsg.), The Growth of International Business, London 1983, 第 92 页及下页；对跨国企业在世界经济中扮演角色的历史解释，参见同作者，The Organisation of International Economic Interdependence: An Historical Excursion, in: ders./Mikoto Usui (Hrsg.), Structural Change, Economic Interdependence and World Development, Bd. 4, Basingstoke 1987, 第 3-18 页，尤参第 8-11 页。
54. Mira Wilkins, The Impacts of American Multinational Enterprise on American-Chinese Economic Relations, 1786-1949, in May/Fairbank: Trade, 第 276 页及下页；

Karl-Gustaf Hildebrand, Expansion, Crisis, Reconstruction, 1917-1939, Stockholm 1985, 第 160-62 页。

55. Noel H. Pugach, Standard Oil and Petroleum Development in Early Republican China, in: BHR 45 (1971), 第 469 页。
56. «Memorandum of Meeting at Petroleum Division on 30 August 1946». Public Record Office London, FO 371/53597 (F12898)。
57. 另一个例子是1930年针对中国市场成立的国际染料集团，参见 Harm G. Schröter, Kartelle als Form industrieller Konzentration: Das Beispiel des internationalen Farbstoffkartells von 1927 bis 1939, in: VSWG 74 (1987), 第 508 页及下页。
58. 关于广州石油市场的“华洋之争”，参见 Osterhammel: Imperialismus, 第 321 页及下页。
59. P. D. Coates, Aktennotiz, 29. 1.1949, Public Record Office London, FO 371/75864 (F1472)。
60. 参见本书第十一节（第 175 页及下页）。
61. American Petroleum Institute, Petroleum Facts and Figures, 5th ed., New York 1937, 第 24 页；Boris Torgasheff, Digest of Coal, Iron and Oil in the Far East, Honolulu 1929, 第 54 页。
62. 《申报》，1934 年 8 月 20 日，摘自张仲礼《旧中国外资企业发展的特点》，第 55 页。
63. 陈曾年:《英美烟公司在中国的销售网》，第 128 页。
64. 中国人的“名牌意识”经常令外国观察者目瞪口呆。参见一位美国广告商对此的评价：Carl Crow, Four Hundred Million Customers, London 1927, 第 15 页及下页；其结果之一当然是仿冒（同上，第 37 页）。Crows Buch 对中国商业实践做出生动细致的描述，另参 Frank R. Eldridge, Oriental Trade Methods, New York 1923, 第 183 页及下页。
65. Chang Yu-fa, China's Agricultural Improvement, 1901-1916: Regional Studies on Thirteen Provinces, in Hou/Yu: Economic History, 第 149 页及下页；Chinese Maritime Customs, Decennial Reports, 1922-1931, Shanghai 1933, Bd. 2, 第 529 页；中国学者认为，应当以天然肥料更合理的使用来替代化肥，参见蔡斌咸《中国农村崩溃的真实性及其自救》，刊于《申报月刊》，3:8 (August 1934), 第 19-25 页，尤参第 24 页及下页。
66. Perkins: Development, 第 70, 74, 128 页及下页。
67. Thomas G. Rawski, China's Transition to Industrialism: Producer Goods and Economic Development in the Twentieth Century, Ann Arbor 1980, 第 16-21 页及下页；Osterhammel: Imperialismus, 第 170-72 页；关于永利碱厂创始人、化学家和企业家范旭东其人，参见《工商经济史料丛刊》，第 2 卷，Beijing 1983, 第 1-33 页；张能远，《范旭东传略》，刊于《民国档案》，1988/1, 第 129-36 页。
68. Cheng Chu-yuan, The United States Petroleum Trade with China, 第 225-33 页。
69. 关于 1902-1931 年的数据估算系根据 Remer: Investments；1936 年的数据系根据日本方面的资料（参见 Hou: Investment, 第 13 页，表 1，数据来源）。
70. 参见 Chang Tao Shing, International Controversies over the Chinese Eastern Railway, Shanghai 1936, 第 190-214 页；Sladkovskij: Relations, 第 189-91 页。
71. Hou: Investment, 第 18 页；之后一个时期的数据目前仍是空白，但从“满洲国”

的工业发展趋势看，其比例应有大幅增长。

72. Cheng: Foreign Trade, 第 20, 48 页。
73. 另外两家分别是汇丰银行和横滨正金银行，参见 Harold van B. Cleveland/Thomas F. Huertas, Citibank, 1812-1970, Cambridge, Mass. 1970, 第 150 页及下页。
74. Anon., Foreign Banks of Shanghai, in: CEJ 16:1 (Januar 1935), 第 70 页及下页；一家特殊的分支机构是“合资企业”——中美商业银行，参见 Noel H. Pugach, Keeping an Idea Alive: The Establishment of a Sino-American Bank, 1910-1920, in: BHR 56 (1982), 第 265-93 页。
75. Mira Wilkins, The Emergence of Multinational Enterprise, Cambridge, Mass. 1970, 第 205 页。
76. William Woodruff, America's Impact on the World: A Study of the Role of the United States in the World Economy, 1750-1970, London 1975, 第 238 页（表 IV-B）。
77. 同上；另有人估计，比例仅有 1.5%。参见 Mira Wilkins, The Maturing of Multinational Enterprise: American Business Abroad from 1911 to 1970, Cambridge, Mass. 1974, 第 58 页。
78. 1914: Albert Fishlow, Lessons from the Past: Capital Markets during the 19th Century and the Interwar Period, in: IO 39 (1985), 第 394 页（表 2）; 1938: Woodruff: Impact, 第 154, 156 页。
79. 根据 Remer (Investments, 第 548 页) 的计算，1930 年日本对华投资总额为 22.74 亿日元；William W. Lockwood (The Economic Development of Japan, expanded edition, Princeton 1968, 第 261 页 , Fn. 36) 计算，1931 年日本海外投资总额为 25 亿日元。
80. Fishlow, Lessons, 第 394 页。
81. Remer: Investment, 第 470 页，从日元到美元的换算由笔者自行完成。
82. 同上 , 第 395 页。
83. Mira Wilkins, Japanese Multinational Enterprise before 1914, in: BHR 60 (1986), 第 217 页。
84. Wright: Coal Mining, 第 5, 9 页；下述内容系参考 C. Y. Hsieh/M. C. Chu, Foreign Interest in the Mining Industry in China, Shanghai 1931。
85. Carlson: Kaiping, 第 1 页。
86. Wright: Coal Mining, 第 10 页（表 1）；4000 万吨的年产量大致相当于波兰同期以及 1870 年代末德意志帝国的煤炭年产量。Mitchell: Europe, 第 186, 191 页。
87. Wright: Coal Mining, 第 23 页及下页；在第 2 页，Wright 指出，中国煤矿工人数量为 27 万，这个数字明显过高。
88. 一直延续到 1932 年，这时候，日本占领满洲的后果才逐渐显现。参见 Wright: Coal Mining, 第 91 页。
89. International Labour Office, The World Coal-Mining Industry, Genf 1938, Bd. 1, 第 116 页（表 3）。
90. 中国更多是从英属印度进口煤炭。
91. 细节参见 W. F. Collins, Mineral Enterprise in China, revised ed., Tianjin 1922, 第 54-60 页 ; Hsieh/Chu, Foreign Interest, 第 6-15 页 ; 丁名楠等 :《帝国主义侵华史》, 第 2 卷 , 第 88-91 页。
92. 汪敬虞 :《中国近代工业史资料》，第一辑，第 92 页。

93. 关于福公司的历史，参见 Hou: Investment, 第 71-73 页；Osterhammel: Imperialismus, 第 51-53, 367-82 页。
94. Carlson: Kaiping, 第54页及下页；Chen Jiang：《开平矿务局经济活动史析(1878-1900)》，刊于《复旦大学学报》，1983/3, 第 91 页。
95. Carlson: Kaiping, 第 57-69, 71-74 页；Vera Schmidt, Aufgabe und Einfluß der europäischen Berater in China: Gustav Detring (1842-1913) im Dienste Li Hung-changs, Wiesbaden 1985, 第 99-108 页；George H. Nash, The Life of Herbert Hoover: The Engineer, 1874-1914, New York 1983, 第 117-59 页；G. Kurgan-Van Hentenryk, Léopold II et les groupes financiers belges en Chine, Brüssel 1972, 第 672-716 页；在接下来的几年里，比利时所占股份减少，这部分股份被转给了英国。自 1904 年起，开平矿务局总经理职位一直掌握在英国人之手。
96. 郭士浩、阎光华：《旧中国开滦煤矿工人队伍的形成》，刊于《南开学报》，1984/4，第 65 页。
97. Teichman: Affairs, 第 275 页。
98. 参见徐梗生《中外合办煤矿业史话》，Shanghai 1947, 第 14-20 页。
99. 直到 1928 年，英国军队仍然担负着保护煤矿的职责。从 1933 起，这项职责原则上被取消。参见 Sir R. Vansittart1933 年 1 月 27 日致 Sir M. Lampson 的信函，Documents on British Foreign Policy 1919-1939, 2nd series, Bd. 9, London 1965, Nr. 253。
100. B. Winston Kahn, Doihara Kenji and the North China Autonomy Movement, 1935-1936, in Coox/Conroy: China, 第 177-207 页；另参本书第十四、十五节。
101. Karl Bünger, Das neue Chinesische Berggesetz von 1930, in: Zeitschrift für Bergrecht 73 (1932), 第 152-74 页。
102. 参见 Tim Wright, Sino-Japanese Business in China: The Luda Company, 1921-1937, in: JAS 39 (1979/80), 第 711-27 页，尤参第 718-22 页。
103. 纯粹由中国人投资的第一大煤矿是山东中兴煤矿，其产量只有开滦煤矿近五分之一。关于中国小型煤矿的经营状况，参见 Rainer Falkenberg, Der Kohlenbergbau in Boshan-xian, Shandong, im ersten Drittel des 20.Jahrhunderts, Bonn 1984。
104. 我在这里采用的是西方权威专家 Wright 的观点：Coal Mining, 第 135-37 页。
105. 参见 Diana Lary, Violence, Fear and Insecurity: The Mood of Republican China, in: RC 10:2 (April 1985), 第 55-63 页；另参相关史料集：Sherman Cochran/ Andrew C. K. Hsieh/Janis Cochran, One Day in China: May 21, 1936, New Haven, 1983。
106. Wright: Coal Mining, 第 165 页；在 17 世纪至 18 世纪的欧洲煤矿（例如苏格兰）仍然存在这样的现象。参见 T. C. Smout, A History of the Scottish People 1560-1830, London 1969, 第 168-70 页。
107. 参见 Wright: Coal Mining, 第 171-76 页。
108. 在这方面，一些数据的确是难以定性的。参见南开大学经济研究所《旧中国开滦煤矿的工资制度和包工制度》，Tianjin 1983, 第 150-54 页。
109. 这里是指拥有 5 千名工人的申新九厂，参见《荣家企业史料》第 2 版，上海 1980 年，第 1 卷，第 556 页。
110. Emily Honig, Sisters and Strangers: Women in the Shanghai Cotton Mills 1919-1949, Stanford 1986, 第 140 页及下页，第 178 页及下页。

111. 参见 Chao: Cotton, 第 155-64 页；另参 R. Q. P. Chin Management, Industry and Trade in Cotton Textiles, New Haven 1965, 第 98-101 页。
112. 汪敬虞:《中国近代工业史资料》，第一辑，第 49 页。
113. Wilkins, Japanese Multinational Enterprise, 第 208-10 页。
114. Chao: Cotton, 第 117 页。
115. Lockwood, The Economic Development of Japan, 第 29 页；Rothermund: Indien, 第 70 页。
116. 具体数据参见 Chao: Cotton, 第 301-307 页（表 40, 41）。
117. John K, Chang, Industrial Development in Pre-Communist China: A Quantitative Analysis, Chicago 1969, 第 71 页；Alexander Eckstein, China's Economic Revolution, Cambridge 1977, 第 219 页。
118. 参见 James Morell, Two Early Chinese Cotton Mills, in: PC 21 (1968), 第 43-98 页。
119. Samuel Chu, Reformer in Modern China: Chang Chien, 1852-1926, Londoi 1965; 章开沅:《对外经济关系与大生资本集团的兴衰》，刊于《近代史研究》，1987/5, 第 49-64 页。
120. Wright: Coal Mining, 第 145-52 页。
121. 这个经常被"诅咒"的阶级的社会成长史，如今已逐渐被揭开（法国学者对此功不可没）。参见 Marie-Claire Bergère, Essai de prosopographie des élites shanghaiennes a l'époque républicaine, 1911-1949, in: Annales E.S.C. 40 (1985), 第 901-29 页；Bergère: L'âge d'or, passim; 其萌芽过程参见 Nepomnin: Social'no-ekonomiceskaja istorija, 第 237 页及下页。
122. 引语出自专事中国资产阶级经济和社会史研究的西方专家 Bergère: L'âge d'or, 第 67 页及下页；同作者：The Chinese Bourgeoisie, 1911-1937, in CHOC, Bd. 12, 第 721-825 页，尤参第 745-62 页。
123. 亦参 Berge ` re: L'a ̂ ge d'or, 第 98-104 页；另参中国经典论著德译本 Yen: Baumwollindustrie, 第 43-58 页。
124. F&C, 2.4.1934, 第 523 页；18. 3.1936, 第 308 页。
125. Gail Hershatter, The Workers of Tianjin, 1900-1949, Stanford 1986, 第 35-38 页。
126.《荣家企业史料》，第 1 辑，第 107, 109 页；对这套 1962 年首次出版的丰富历史资料的点评，参见黄逸峰《旧中国荣家资本的发展》，刊于黄逸峰、姜铎《中国近代经济史论文集》，第 39-56 页，尤参第 40 页。
127. 参见 Alexander Gerschenkron, Economic Backwardness in Historical Perspective: A Book of Essays, Cambridge, Mass. 1962, 第 5-30 页；德文著作参见 Hans-Ulrich Wehler (Hrsg.), Geschichte und Ökonomie, Köln 1973, 第 121-39 页。
128. 详细数据参见张郁兰《中国银行业发展史》，第 29, 51 页。
129. 参见姜铎《略论旧中国三大财团》，刊于《社会科学战线》，1982/3, 第 186-99 页，尤参第 188-90 页。
130. 另一类观点参见 Chao: Cotton, 第 135-64 页。
131. Bergère, The Chinese Bourgeoisie, 第 790 页及下页。
132. Xu Xinwu, The Struggle of the Handicraft Cotton Industry against Machine Textiles in China, in: MC 14 (1988), 第 34 页。
133. Chao: Cotton, 第 229, 232, 236 页。

134. Xu Xinwu, The Struggle, 第 41 页（表 3）。
135. 详参 Chao: Cotton, 第 197-217 页。
136. Chao Kang, The Growth of Modem Cotton Textile Industry and the Competition with Handicrafts, in Perkins: Economy, 第 167-201 页，尤参第 180 页（和作者的著作相比，这篇文章的观点更易被人接受）。
137. Bruce Lloyd Reynolds, The Impact of Trade and Foreign Investment on Industrialization: Chinese Textiles, 1875-1931, Ph. D. thesis, University of Michigan 1975, 第 69 页。
138. Xu Xinwu, The Struggle, 第 43 页（表 4）。
139. 从事市场化生产的农民们，通常并不会主动去抓住“机会”，而更多是被动去适应不断变化的市场条件，该观点参见 Alvin Y. So, Foreign Capitalism and Chinese Rural Industry: A Re-examination of the Destruction Thesis, in: AP 9 (1981), 第 487 页。
140. 汪敬虞:《略论中国资本主义生产的历史条件》，刊于《历史研究》，1984/2, 第 102 页。
141. 我们在此绕过了人们经常争执不休的一个话题，即资产阶级在辛亥革命中所扮演的角色。对该问题的探讨参见 CSH 的多篇相关文章：Heft 17:4 (Sommer 1984), 内有 Jerome Ch'en 撰写的绪论（第 3-24 页）；1923~1982 年间中国学术界有关该问题的文章参见：复旦大学历史系编辑出版的《近代中国资产阶级研究》, Shanghai 1983；另参何干之《中国民族革命时期的资产阶级》, Shanghai 1980（特别是有关 1920 年代和 1930 年代的内容）。
142. 有关这些产业的大量史料，参见陈真《中国近代工业史资料》，以及刘翠溶《民国初年制造业之发展》，刊于《经济论文》，11 (1983), 第 69-127 页。
143. 中国虽于 1930 年恢复关税主权，但直到 1933 年才初次实行具有一定保护性的关税。参见 Young: Effort, 第 50-54 页。
144. Rawski, China's Transition to Industrialism, 第 9 页。
145. 熊甫:《试论民生公司的发展》，刊于《四川大学学报》，1981/4, 第 34-39 页。
146. 最成功的是永安百货公司。参见上海社会科学院经济研究所编写的《上海永安公司的产生、发展和改造》, Shanghai 1981, 第 48 页及下页。
147. 参见上海市工商行政管理局编写的《上海民族机器工业》, Beijing 1966, 第 1 卷，第 311 页及下页。
148. W. K. K. Chan, The Organizational Structure of the Traditional Chinese Firm and Its Modern Reform, in: BHR 46 (1982), 第 218-35 页，尤参第 233 页；Bergère, L'âge d'or, 第 159-71 页；Wong Siu-lun, The Chinese Family Firm: A Model, in: BJS 36 (1985), 第 58-72 页；Andrea McElderry, Confudan Capitalism? Corporate Values in Republican Banking, in: MC 12 (1986), 第 401-16 页，尤参第 411-14 页（关于家庭关系的部分）。
149. 下述内容系参考 Cochran: Big Business, 第 54 页及下页；王菊:《第一次世界大战期间民族卷烟工业发展原因辨析》, 第 6 卷, Shanghai 1987, 第 24-37 页，尤参第 31-33 页。
150.《英美烟公司在华企业资料汇编》，第一辑，第 236 页。
151. 同上，第 514 页，第 47 条注释；下面的描述系指 30 年代中叶的情况。
152. Yen: Baumwollindustrie, 第 80-85 页； 章有义:《中国近代农业史资料》，第三辑，第 585-90 页。

153. 参见同时期学者的论著：Chen Han-seng, Industrial Capital and the Chinese Peasants: A Study of the Livelihood of Chinese Tobacco Cultivators, Shanghai 1939；相关史料参见章有义《中国近代农业史资料》，第 3 辑，第 454-63 页；另参《英美烟公司在华企业资料汇编》，第一辑，第 239-422 页。
154. 相关财务数据参见《英美烟公司在华企业资料汇编》，第四辑，第 1469-1612 页，数据有待重新核订。
155. 数据出自全汉升《汉冶萍公司史略》，第 4-5 页（表 1）。
156. 同上，第 91 页及下页，第 167 页及下页；汪熙：《从汉冶萍公司看旧中国引进外资的经验教训》，刊于《复旦大学学报》，1979/6, 第 16-30 页，尤参第 19-23 页（关于这些借款导致的依赖形式）。
157. 国有化计划是日本 1915 年提出“二十一条要求”的由头之一。中方在互换照会时称，不会在没有日方同意的情况下对汉冶萍公司实行国有化或接受日本以外国家的借款。参见 Beasley: Imperialism, 第 114 页及下页。
158. 数据系根据 J. H. Ehlers, Raw Materials Entering into the Japanese Iron and Steel Industry, Washington, D. C. 1928, 第 13 页。
159. 全汉升：《汉冶萍公司史略》，第 237-59 页；Albert Feuerwerker, China's Nineteenth-Century Industrialization: The Case of the Hanyehping Coal and Iron Company Limited, in Cowan: Development, 第 79-110 页，尤参第 94-106 页。
160. 参见张瑞德《平汉铁路与华北的经济发展》，Taibei 1987（另参 CQ 115, 1988, 第 484 页）。
161. 参见 Arnold: China, 第 274 页。
162. 一个例外大概要数农业落后、人口稀少的西北地区，不过，当地的进出口潜力也不大。参见宓汝成《帝国主义与中国铁路，1847-1949》，第 591 页。
163. Wang Shu-hwai, The Effect of Railroad Transportation in China, 1912-1927, in: CSH 17 (1984), 第 58 页及下页；Huenemann: Dragon, 第 197 页，作者对这种竞争关系的重要性没有过于看重。
164. Wright: Coal Mining, 第 84 页及下页。
165. Wang, The Effect, 第 82 页及下页。
166. Ramon H. Myers, The Chinese Peasant Economy: Agricultural Development in Hopei and Shantung, 1890-1949. Cambridge, Mass. 1970, 第 194-97 页；Ernest P. Liang, China, Railways and Agricultural Development 1875-1935. Chicago 1982, 第 61 页及下页（作者的观点是：铁路将对农业现代化具有促进作用）；同作者：Market Accessibility and Agricultural Development in Prewar China, in: EDCC 30 (1981), 第 77-105 页，尤参第 97-100 页。
167. 英美烟草公司在河南种植烟叶便是一个例子；参见何汉威《京汉铁路初期史略》，Hongkong 1979，第 168-70 页。
168. 与 Myers 持不同观点者见 Arthur Rosenbaum, Railway Enterprise and Economic Development: The Case of the Imperial Railways of North China, 1900-1911, in: MC 2 (1976), 第 227-72 页，尤参第 251, 255-59 页；另参 Vera Schmidt, Die deutsche Eisenbahnpolitik in Shantung 1898-1914, Wiesbaden 1976, 第 98 页。
169. Dayer: Bankers, 第 57-64 页，作者在此提出了与以往不同的观点。过去人们一直把新四国银行团主要看作是英美两国制衡日本的工具。这两种观点其实并不矛盾，它们之间是一种相辅相成的关系。

170. 同上，第 82 页。

171. 同上，第 199 页及下页；关于银行团中的几位银行界大佬，参见 Roberta Allbert Dayer, Finance and Empire: Sir Charles Addis, 1861-1945, Basingstoke 1988, 第 123-28, 253-62 页；Warren I. Cohen, The Chinese Connection: Roger S. Greene, Thomas W. Lamont, George Sokolsky and American-East Asian Relations, New York 1978 (Lamont war der Vertreter J. P. Morgans im Konsortium, 尤参第 91-119 页)；美国并不打算通过向日本提供借款的方式对日本对华政策实行干预。美国在口头上仍然强调"门户开放"的同时，甚至为日本对满洲的殖民提供资金。参见 Joan Hoff Wilson, American Business and Foreign Policy, 1920-1933, Lexington 1971, 第 211-14 页；关于一战之后银行与各国政府之间的对抗式合作，参见 Clarence B. Davis, Financing Imperialism:, British and American Bankers as Vectors of Imperial Expansion in China, 1908-1920, in: BHR 56 (1982), 第 236-64 页，第 256 页及下页。

172. 下述内容主要是参考 Tamagna: Banking, 第 89-120 页。

173. Report of the Hon. Mr. Justice Feetham, C. M. G., to the Shanghai Municipal Council, Shanghai 1931, Bd. 1, 第 304 页。

174. Wang Yeh-chien, The Growth and Decline of Native Banks in Shanghai, in Lama: Congress, Bd. 4, 第 63-87 页，尤参第 72-79 页；另参 Andrea L. McElderry, Shanghai Old-Style Banks (ch'ien-chuang), 1800-1935, Ann Arbor 1976, 第 21 页及下页；King: Hongkong Bank, Bd. 1, 第 503-509 页（以茶叶贸易投资为例）；关于华北地区的情况，参见杨固之《天津钱业史略》，刊于《天津文史资料选辑》，第 20 辑，Tianjin 1982, 第 91-154 页，尤参第 101-104 页。

175. King: Hongkong Bank, Bd. 1, 第 161 页。

176. Hou: Investment, 第 56-58 页，引语摘自第 57 页。

177. Tamagna: Banking, 第 113 页；关于白银交易的大量史料，参见 King: Hongkong Bank, Bd. 1, 尤参第 273-78, 400-404 页。

178. 关于 20 世纪初中国金融与货币形势的经典分析，参见 Miyashita Tadao, The Silver Tael System in modern China, in: Kobe University Economic Review 2 (1956), 第 11-32 页。

179. 卫聚贤:《山西票号》, Taibei 1978; 张国辉:《19 世纪后半期中国票号业的发展》，刊于《历史研究》，1985/2, 第 148-65 页。

180. 1903 年，中国改用金本位制的方案得到了美、德、法等国的同意，但却遭到英国和俄国的反对。张之洞提出的异议使计划最终落空。参见 Ichiko Chûzô, Political and Institutional Reform, in CHOC, Bd. 11, 第 404 页。

181. Sugihara Kaoru, Patterns of Asia's Integration into the World Economy, 1880-1913, in Fischer: World Economy, Bd. 2, 第 723 页。

182. 关于镇压这些起义的开支，参见彭泽益《十九世纪五十至七十年代清朝财政危机和财政搜刮的加剧》，刊于《历史学》，1979 年 6 月第 2 期，第 131-51 页，尤参第 151 页概述（镇压太平天国运动的开支仅占 40%）。

183. Susan Mann, Local Merchants and the Chinese Bureaucracy, 1750-1950, Stanford 1987, 第 6, 94 页及下页，第 114, 120 页。

184. Joseph W. Esherick, Reform and Revolution in China: The 1911 Revolution in

Hunan and Hubei, Berkeley 1976, 第 113-16 页。

185. 张玉法:《中国现代化的区域研究》，第 1 卷，第 343 页及下页；王树槐:《清末民初江苏省的财政》，刊于《中央研究院近代研究所集刊》，11 (1982), 第 89 页；Esherick, Reform, 第 113 页及下页。
186. 同上，第 115 页；S. A. M Adshead, Province and Politics in Late Imperial China: Viceregal Government in Szechwan, 1898-1911, London 1984, 第 33 页。
187. Esherick, Reform, Kap. 3（第 66-105 页）; Bastid, L'évolution, 第 37-49 页。

十四 平稳期:"满洲国"与国民党统治下的中国

1. 吴寿彭:《金融资本主义与中国》, Shanghai 1934, 第 56 页。
2. Dorothy J. Solinger, Regional Government and Political Integration in Southwest China, 1949-1954, Berkeley 1977, 第 68 页。
3. Ratenhof: Chinapolitik, 第 251 页，尤参第 197 页。
4. John E. Schrecker, Imperialism and Chinese Nationalism: Germany in Shantung, Cambridge, Mass. 1971, 第 235 页。
5. 参见 Schrecker, 同上；另参王守中《德国侵略山东史》, Beijing 1988, 第 241 页及下页。
6. 有关这些企业的历史，参见 Heinz Beutler, Hundert Jahre Carlowitz und Co. Hamburg und China, rer. pol. Diss. Hamburg 1948 (Masch.); Dieter Glade, Bremen und der Feme Osten, Bremen 1966, 第 105-17 页（关于美最时洋行）; Maria Möring, Siemssen und Co., Hamburg 1971。
7. 一个值得关注的例外是 Fritz Sternberg, Kapitalismus und Sozialismus vor dem Weltgericht, Reinbek 1951。
8. 关于日本侵略的整个过程，参见 Richard Stony, Japan and the Decline of the West in Asia 1894-1943, London 1979; Bemd Martin, The Politics of Expansion of the Japanese Empire: Imperialism or Pan-Asiatic Mission?, in Mommsen/ Osterhammel: Imperialism, 第 63-82 页；Ian H. Nish, Some Thoughts on Japanese Expansion, in ebd., 第 83-89 页；1941 年之前日本帝国主义兴起的国内社会背景在这里未及论述，可参见 Beasley: Imperialism；德文著作参见 Bemd Martin, Aggressionspolitik als Mobilisierungsfaktor. Der militärische und wirtschaftlichel Imperialismus Japans 1931 bis 1941, in: Friedrich Forstmeier/Hans-Erich Volkmann (Hrsg.), Wirtschaft und Rüstung am Vorabend des Zweiten Weltkrieges, Düsseldorf 1975, 第 222-44 页；同作者，Wirtschaftliche Konzentration und soziale Konflikte in Japan, in Rothermund: Peripherie, 第 197-223 页。
9. 参见 Gudula Linck-Kesting, Ein Kapitel chinesischer Grenzgeschichte: Han und Nicht-Han im Taiwan der Qing-Zeit, 1683-1895, Wiesbaden 1979; Johanna Menzel Meskill, A Chinese Pioneer Family: The Lins of Wu-feng, Taiwan, 1729-1895, Princeton 1979; Knapp: Island Frontier；关于这一时期的台湾对外关系，参见 Chan Lien, Taiwan in China's External Relations, 1683-1874, in: Paul K. T. Sih (Hrsg.), Taiwan in Modem Times, Philadelphia 1973, 第 87-170 页。
10. 参见汪敬虞《建省前后的台湾经济》，刊于《历史研究》，1987/5, 第 85-103 页，尤参第 85–94 页；作者特别强调了中国大陆在台湾现代化发展中的主导作用，而另一位作者则更多强调台湾在这一时期的“半殖民化”：Chen: Taiwan, 第 164 页及下页。

11. Ho: Taiwan, 第 11 页。
12. 数据系根据 Robert P. Gardella, The Boom Years of the Fukien Tea Trade, in May /Fairbank: Trade, 第 44, 46 页；另参 P. Steven Sangren, Social Space and the Periodization of Economic History: A Case from Taiwan, in: CSSH 27 (1985), 第 540 页及下页。
13. 全面描述参见 Ulrich Menzel, In der Nachfolge Europas. Autozentrierte Entwicklung in den ostasiatischen Schwellenländem Südkorea und Taiwan, München 1985, 第 156–58 页。
14. 早在 1878 ~1884 年，台湾便开始向日本大量出口蔗糖，1880 年的出口量约为 6.2 万吨：参见李国祁《中国现代化的区域研究》，第 353 页（单位由笔者自行换算成吨）；因此，台湾制糖业并不是由日本人从零开始建设的。
15. Ho: Taiwan, 第 29, 31, 46, 84–86 页 ; Jack F. Williams, Sugar: The Sweetener in Taiwan's Development, in Knapp: Island Frontier, 第 231 页。
16. Kaneko Fumio, Prewar Japanese Investments in Colonized Taiwan, Korea and Manchuria: A Quantitative Analysis, in: Annals of the Institute of Social Science, Tokyo, 23 (1982), 第 46 页（表 5）。
17. 蔗糖产量在同一时期也呈飞速增长：从 8.2 万吨增长到 94.8 万吨。参见 Ho: Taiwan, 第 47, 72 页。
18. 关于英国人后来的一些试验性做法，参见 Herward Sieberg, Colonial Development. Die Grundlegung moderner Entwicklungspolitik durch Großbritannien 1919–1949, Stuttgart 1985, 以及 Stephen Constantine（主要是 1940 年之前的情况）, The Making of British Colonial Development Policy, 1914–1940, London 1984。
19. Ho: Taiwan, 第 65 页。
20. William G. Beasley, The Meiji Restoration, Stanford 1973, 第 390 页及下页。
21. Samuel P. S. Ho, Colonialism and Development: Korea, Taiwan and Kwangtung, in Myers/Peattie: Empire, 第 371 页及下页 ; 同作者 , Agricultural Transformation under Colonialism: The Case of Taiwan, in: JEH 28 (1968), 第 313–40 页。
22. 这套极端高效（和暴力）的安全控制机制或许可以称得上是日本为全球殖民主义历史做出的最大贡献。参见 Chen Ching-chih, Police and Community Control Systems in the Empire, in Myers/Peattie: Empire, 第 213–39 页。
23. 除此之外，还有税收体系的合理化改革（引进土地登记制度、统一税率、消除腐败等），在改革的同时，避免为大多数人口造成税收负担的加重。德国人 1904 年之后在山东采取了同样的做法。参见 Schrecker, Germany, 第 214 页。
24. 参见 E. Patricia Tsurumi, Japanese Colonial Education in Taiwan, Cambridge, Mass. 1977, 第 110 页及下页。
25. Ho: Taiwan, 第 96–98 页。
26. Gustav Fochler-Hauke, Die Mandschurei. Eine geographisch-geopolitische Landeskunde, Heidelberg 1941, 第 209 页。
27. Alvin D. Coox, Nomonhan: Japan Against Russia, 1939, Stanford 1985, Bd. 1, 第 3, 20 页。
28. 同上 , 第 27 页。

29. Lee Chong-sik, Revolutionary Struggle in Manchuria: Chinese Communism and Soviet Interest, 1922-1945, Berkeley 1983, 第 268 页及下页。
30. 1932 年 9 月作为独立国家获得日本承认的"伪满洲国"实际是日本的保护国，它是由日本当局在汉奸的帮助下执掌权力。在政治控制的程度上，它与作为殖民地的朝鲜和台湾有着明显的差别。
31. 港口城市大连在 1905 年之后以德国统治下的青岛为榜样，被建设成为现代商业和移民中心。参见 Bank of Chosen, Economic History of Manchuria, Seoul 1920, 第 82 页及下页。
32. Roland Suleski, Regional Development in Manchuria: Immigrant Laborers and Provincial Officials in the 1920s, in: MC 4 (1978), 第 419-34 页；同作者：The Rise and Fall of the Fengtien Dollar, 1917-1928: Currency Reform in Warlord China, in: MAS 13 (1979), 第 643-60 页。
33. Chao: Manchuria, 第 6-8 页。
34. 1934~1936 年日本在 37 个县所做的土地调查显示：在所有农户当中，15% 是地主，33% 是自耕农，20% 是佃户，23% 是雇工，9% 是其他（手工业者、乞丐等）。1917 年在辽东半岛上，60% 的土地是由占人口五分之一的农户所有。在人口稀少的北满洲，大地主更为常见：1931 年，占人口 3% 的人，拥有耕地的比例达到 51%。参见 Ramon H. Myers, Socioeconomic Change in Villages of Manchuria during the Ch'ing and Republican Periods: Some Preliminary Findings, in: MAS 10 (1976), 第 600 页及下页，第 617 页；ders./Thomas R. Ulie, Foreign Influence and Agricultural Development in Northeast China: A Case Study of the Liaotung Peninsula, 1906-42, in. JAS 31 (1971/72), 第 333 页；Herbert P. Bix, Japanese Imperialism and the Manchurian Economy, 1900-31, in: CQ 51 (1972), 第 433 页；共产党领导的土地革命前夕的社会状况，参见 Steven I. Levine, Anvil of Victory: The Communist Revolution in Manchuria, 1945-1949, New York 1987, 第 199 页及下页；关于移民和定居的情况，参见 Föchler-Hauke, Die Mandschurei, 第 277-87 页；关于土地所有权和租佃关系，参见该书第 97-99 页。
35. 参见 Baron Sakatani Yoshiro (revised by Grover Clark), Manchuria: A Survey of Its Economic Development, New York 1980；这是一篇此前未公开发表的论文，它是在参考了大量日方史料的基础上，为 Carnegie Endowment for International Peace 撰写的。
36. 从 2000 万亩增加到 3500 万亩，参见 Suleski, Regional Development, 第 430 页及下页。
37. Sun/Huenemann: Manchuria, 第 13 页及下页。
38. Chao: Manchuria, 第 10 页（表 3）。
39. Bix, Japanese Imperialism, 第 428 页。
40. Chao: Manchuria, 第 10 页；Suleski, Regional Development, 第 426 页及下页。
41. Bix, Japanese Imperialism, 第 431 页及下页；和中国其他地区一样，传统方法榨油也依然很普遍，这些榨油作坊都是由中国人经营。参见雷惠儿《东北豆货的销售状态》，刊于《历史学报》，8 (1980), 第 358 页。
42. Kamachi Noriko, The Chinese in Meiji Japan: Their Interaction with the Japanese before the Sino-Japanese War, in Iriye: Chinese, 第 66 页；Sakatani, Manchuria, 第

186 页。

43. 雷惠儿:《东北豆货的销售状态》，第 361 页。
44. 统计数字参见 Sun/Huenemann: Manchuria, 第 29 页（表 6），第 59 页（表 13）。
45. Chen Chao-shung, La vie de paysan en Manchourie, Paris 1937, 第 39 页。
46. 孔经纬:《中国近百年经济史纲》, Changchun 1980, 第 201 页。
47. Lee: Korea, 第 357 页；这些数字指的是生活在满洲的朝鲜人。
48. Kaneko, Prewar Japanese Investments, 第 41 页；这些都是估算出来的数字，其根据不详，但是 Kaneko 认为它们是可信的。
49. 参见孔经纬《九一八前东北的中日“合办”企业》，刊于《史学月谈》，1959/II, 第 33-36 页；关于日本对中国铁路业投资，参见 Sakatani, Manchuria, 第 65 页。
50. 有关这些铁路线的详细数据参见上述著作第 48 页及下页。
51. 这段值得一提的插曲在西方学术界尚未得到充分重视。相关资料参见王维远《论张学良时期东北经济的发展》，刊于《辽宁大学学报》，1983/3, 第 55-59, 87 页；关于铁路业的发展，参见 Chang: Struggle, 第 83-85 页。
52. 参见 Coox, Nomonhan, Bd. 1, 第 17 页及下页；关于日本政府与关东军之间的关系，参见 Sadako N. Ogata, Defiance in Manchuria: The Making of Japanese Foreign Policy, 1931-1932, Berkeley 1964; 另参 James W. Morley (Hrsg.), Japan Erupts: The London Naval Conference and the Manchurian Incident, 1928-1932, New York 1984, 第 119 页及下页。
53. 关于伪满洲国的经济计划及其组织，参见 F. C. Jones, Manchuria since 1931, London 1949, 第 140 页及下页，该书虽然在细节上有待修订，但仍不失为有关 1931~1945 年日本对东北统治的最佳西方著作；有关伪满洲国“战略家”之一的思想体系，参见 Mark R. Peattie, Ishiwara Kanji and Japan's Confrontation with the West, Princeton 1975, 第 141 页及下页。
54. Chao: Manchuria, 第 16 页。
55. 参见 Nakamura Takafusa, Japan's Economic Thrust into North China, 1933-1938: Formation of the North China Development Corporation, in Iriye: Chinese, 第 220-53 页。
56. 数据计算系根据 Beasley: Imperialism, 第 212 页。
57. John R. Stewart, Manchuria since 1931, New York 1946, 第 44 页；值得注意的是巨额机器进口：满洲本地落后的机械制造水平暴露了工业化战略的一大缺陷，即对当地发展的阻碍性影响。参见 Ramon H. Myers, The Japanese Economic Development of Manchuria, 1932 to 1945, New York 1982, 第 147 页。
58. Beasley: Imperialism, 第 211 页（表 9）。
59. 位于黑龙江的著名大庆油田对减轻中国石油进口依赖起到了重要作用，但是它的发现是在 1960 年。
60. Christopher Howe, Japan's Economic Experience in China before the Establishment of the People's Republic of China: A Retrospective Balance-sheet, in: Ronald Dore/Radha Sinha (Hrsg.), Japan and World Depression, Basingstoke 1987, 第 165 页。
61. 参见 Sun/Huenemann: Manchuria, 第 88 页。
62. M. Gardner Clark, Development of China's Steel Industry and Soviet Technical

Aid, Ithaca, N. Y. 1973, 第 12 页。

63. Ann Rasmussen Kinney, Investment in Manchurian Manufacturing, Mining, Transportation and Communications, 1931–1945, New York 1982, 第 148 页及下页。

64. 代表性论著如 Ralph Townsend, Ways That Are Dark: The Truth About China, New York 1933; H. G. W. Woodhead, The Truth About the Chinese Republic, London o.J. [1925]; J. O. P. Bland, China: The Pity of It, London 1932; Harold Stringer, China: A New Aspect, London 1929，关于西方对九一八事变的官方反应，亦参 Thome: Limits, 第 134–40 页。

65. 这种以民众爱国情绪为背景的革命外交，是国民党左翼代表、外交部长陈友仁的特长。1927 年 2 月和 3 月，在其领导下，国民政府成功收回了汉口和九江英租界。参见徐义君《试论广州武汉时期国民政府的反帝外交策略》，刊于《近代史研究》，1982/3, 第 31–48 页，尤参第 34–43 页；Lee En-han, China's Recovery of the British Hankow and Kiukiang Concessions in 1927, Perth 1980; Edmund S. K. Fung, Anti-Imperialism and the Left Kuomintang, in: MC 11 (1985), 第 39–76 页。

66. 关于 1923~1928 年期间国民党的反帝斗争，参见 Ku Hung-ting, The Emergence of the Kuomintang's Anti-Imperialism, in: JOS 16 (1978)，第 87–97 页。

67. 蒋介石与日本人的关系似乎要更密切一些。参见沈予《"四一二"反革命政变与帝国主义关系再探讨》，刊于《历史研究》，1984/4, 第 46–58 页；与英国人的勾结可以排除，参见 David Clive Wilson, Britain and the Kuomintang 1924–1928, Ph. D. thesis, University of London 1973, 第 623–33 页；关于上海事变，参见 Wu Tien-wei, Chiang Kai-shek's April 12th Coup of 1927, in Chan/ Etzold: China, 第 147–59 页；另参 André Malraux, La condition humaine (1933 年，德译本 «So lebt der Mensch» 1955 年出版)。

68. Edmund S.K. Fung, The Sino-British Rapprochement, 1927–1931, in: MAS 17 (1983), 第 86 页。

69. 关于"济南事件"，参见 Martin Wilbur, The Nationalist Revolution: From Canton to Nanking, 1923–28, in CHOC, Bd. 12, 第 702–6 页；作者对整个北伐战争做出了全面描述，"济南事件"便是在北伐最后阶段发生的；相对缺少参考价值的是 Donald A. Jordan, The Northern Expedition: China's National Revolution of 1926–1928, Honolulu 1976。

70. Ku Hung-ting, The U. S. A. versus China: The Nanking Incident in 1927, in: Tunghai Journal 25 (1984), 第 95–110 页。

71. Patrick Cavendish, Anti-Imperialism in the Kuomintang 1923–8, in Ch'en/ Tarling: Studies, 第 51 页及下页。

72. 相关外交背景，参见 Edmund S. K. Fung, Britain, Japan and Chinese Tariff Autonomy, 1927–1928, in: Proceedings of the British Association for Japanese Studies, Bd. 6, Teil I, Sheffield 1981, 第 23–36 页。

73. 参见 Edward Hallett Carr, The Bolshevik Revolution 1917–1923, Bd. 2, Harmondsworth 1966, 第 143 页。

74. 参见 Hussey-Freke, Memo, 13. April 1927, Public Record Office London, FO 371/ 12447 (F5269); 李建昌《官僚资本与盐业》, Beijing 1963, 第 20 页及下页。

75. Stimson, Memo, 22. Juli 1929, in: FRUS 1929, Bd. II, Washington, D. C 1943,

第 222 页及下页。

76. 下述内容尤参 Edmund S. K. Fung, Nationalist Foreign Policy, 1928-1937, in Pong/Fung: Ideal, 第 185-217, 191 页。

77. 优秀但仅局限于外交史的综述性作品：Wm. Roger Louis, The Road to Singapore: British Imperialism in the Far East, 1932-42, in: Wolfgang J. Mommsen/Lothar Kettenacker (Hrsg.), The Fascist Challenge and the Policy of Appeasement, London 1983, 第 352-88 页，第 352-69 页；Ansonsten Thome: Limits; Dorothy Borg, The United States and the Far Eastern Crisis of 1933-1938, Cambridge, Mass. 1964; Ann Trotter, Britain and East Asia 1933-1937, Cambridge 1975; E. M. Andrews, The Writing on the Wall: The British Commonwealth and Aggression in the East 1931-1935, Sydney 1987, 尤参第 2-3 章；John F. LafTey, French Far Eastern Policy in the 1930s, in: MAS 23 (1989), 第 117-49 页；James B. Crowley, Japan's Quest for Autonomy: National Security and Foreign Policy, 1930-1938, Princeton 1966；苏联对日本侵华行动的反应纯粹是防御性的，因此它不可能为中国主权和领土完整提供保障。参见 Jonathan Haslam, Soviet Foreign Policy, 1930-33: The Impact of the Depression, London 1983, 第 71 页及下页；关于德国扮演的角色，参见 Gabriele Ratenhof, Das Deutsche Reich und die internationale Krise um die Mandschurei 1931-1933, Frankfurt a. M. 1984。

78. 关于这场外交上的转折，参见 Lin Han-sheng, A New Look at Chinese Nationalist «Appeasers», in Coox/Conroy: China, 第 228 页；另参 James T. C. Liu, Accomodation Politics: Southern Sung China and 1930 's China, in: Wolfgang Bauer (Hrsg.), Studia Sino-Mongolica. Festschrift für Herbert Franke, Wiesbaden 1979, 第 69-82 页。

79. 关于国民党五次反共围剿行动及其"政治"方案，参见 William Wei, Counterrevolution: The Nationalists in Jiangxi during the Soviet Period, Ann Arbor 1985；关于江西苏维埃的陷落与红军长征，参见 Harrison E. Salisbury, Der Lange Marsch, Frankfurt a. M. 1985。

80. Iriye Akira, Japanese Aggression and China's International Position, in CHOC, Bd. 13, 第 514 页及下页；关于日本政府对关东军的秘密支持，参见 James E. Weland, The Japanese Army in Manchuria: Covert Operations and the Roots of Kwantung Army Insubordination, Ph. D. thesis, University of Arizona 1977, 第 82 页及下页。

81. John Israel, Student Nationalism in China, 1927-1937, Stanford 1966, 第 111 页及下页。

82. 1935 年 12 月的学生抗议运动是促使张学良发动西安事变的决定性因素。参见 Wu Tien-wei, The Sian Incident: A Pivotal Point in Modern Chinese History, Ann Arbor 1976, 第 72 页及下页；关于第二次国共合作，参见 Lyman P. Van Slyke, Enemies and Friends: The United Front in Chinese Communist History, Stanford 1967, 第 48 页及下页；最新学术进展，参见 Jerome Ch'en, The Communist Movement 1927-1937, in CHOC, Bd. 13, 第 220-29 页；Wolfgang Lippert, Die Komintern, die Kommunistische Partei Chinas und die Anbahnung der antijapanischen Einheitsfront in China 1935-1936, in: JGO 32 (1984), 第 541-58 页；John W. Garver, The Origins of the Second United Front: The Comintern and the Chinese Communist Party, in: CQ 113 (1988), 第 29-59 页。

83. 参见 Lloyd E. Eastman, Nationalist China during the Sino- Japanese War 1937-1945, in CHOC, Bd. 13, 第 547-54 页。
84. William Ashworth, A Short History of the International Economy since 1850, 3rd ed., London 1975, 第 260 页。
85. 参见 Judith M. Brown, Modem India: The Origins of an Asian Democracy, Delhi 1985, 第 253 页及下页；Dietmar Rothermund, Die Interferenz von Agrarpreissturz und Freiheitskampf in Indien, in Rothermund: Peripherie, 第 127-44 页。
86. 下述内容参见 Ju ¨ rgen Osterhammel, Weltwirtschaftskrise und revolutiona ¨ rer Prozeß in China, in: Helmut Bley (Hrsg.), Die Weltwirtschaftskrise und die Dritte Welt, Hamburg 1990；对经济大萧条影响的综述性分析，参见孙怀仁《中国经济上所显示的变态情形》，刊于《申报月刊》，3:7 (Juli 1934), 第 9-13 页。
87. Lloyd Eastman, The Abortive Revolution: China under Nationalist Rule, 1927-1937, Cambridge, Mass. 1974, 第 185-88 页；关于白银货币的运作方式，参见 Dickson H. Leavens, Silver Money, Bloomington, Ind. 1939; Liao Bao-seing, Die Bedeutung des Silberproblems für die chinesischen Währungsverhältnisse, Berlin 1939。
88. 具体例子参见 Peasant Economy, 第 129-33 页；Chen Han-seng, Economic Disintegration in China, in: PA 6 (1933), 第 174 页。
89. 对比数据参见 Charles P. Kindleberger, Die Weltwirtschaftskrise 1929-1939, Mu ¨ nchen 1973, 第 200-202 页。
90. Eng: Imperialism, 第 158-60 页。
91. United Kingdom. Department of Overseas Trade, Economic Conditions in China to August 30th, 1930. Report by E. G. Jamieson, London 1930, 第 45 页；Chinese Maritime Customs, Report on the Trade of China 1928, Shanghai 1929, 第 1 页。
92. University of Nanking, The 1931 Flood in China, Nanjing 1932, 第 10, 35 页；这份报告的作者是著名美国传教士和农业经济学家约翰·洛辛·布克（John Lossing Buck）。
93. 关于华北地区的饥荒，参见 Andrew J. Nathan, A History of the China International Famine Relief Commission, Cambridge, Mass. 1965, 第 16-22 页；有人说死亡人数是 300 万（Ho: Studies, 第 233 页）。当事人令人震惊的讲述参见 Lewis C. Arlington, Through the Dragon's Eye: Fifty Years Experience of a Foreigner in the Chinese Government Service, London 1931, 第 245 页及下页；关于民国初期的几次饥荒，参见 Walter H. Mallory, China: Land of Famine, New York 1926。
94. CWR, 12. 10. 1935, 第 202 页及下页，具内含体的死亡人数；关于 1931~1935 年间的几次长江洪水，参见《长江水利史略》, Beijing 1979, 第 186-92 页。
95. Young: Effort, 第 44, 56 页。
96. 章有义:《中国近代农业史资料》第 3 辑，第 41 页及下页。
97. David Faure, The Plight of the Farmers: A Study of the Rural Economy ofjiangnan and the Pearl River Delta, 1870-1937, in: MC 11 (1985), 第 29 页。
98. 美国国务卿科德尔·赫尔（Cordell Hull），1933 年 8 月 10 日备忘录，in: FRUS 1933, Bd. 3, Washington, D. C. 1949, 第 508 页；另参郑会欣《1933 年的中美棉麦借款》，刊于《历史研究》，1988/5, 第 128-37 页。
99. 早在 1931 年，中国政府便从美国采购了 45 万吨小麦和面粉。湖北大学政治经济学教研室编《中国近代国民经济史讲义》，第 357 页。

100. Parks M. Coble, The Shanghai Capitalists and the Nationalist Government, 1927-1937, Cambridge, Mass. 1980, 第 148 页。
101. 马寅初:《世界经济恐慌如何影响及于中国与中国之对策》，刊于《东方杂志》，32:13 (1.7.1935), 第 5-41 页，尤参第 10 页。
102. Sir Arthur Salter, China and the Depression, in: The Economist. Supplement, 10. Mai 1934, 第 11-16 页，尤参第 2 页。
103. Oriental Economist 2:4 (April 1935), 第 57 页；关于东南亚华人的情况，参见 Christopher Baker, Economic Reorganization and the Slump in South and Southeast Asia, in: CSSH 23 (1981), 第 340 页及下页。
104. 参见 Arthur F. Sewall, Key Pittman and the Quest for the China Market, 1933-1940, in: PHR 44 (1975), 第 351-71 页，尤参第 366 页及下页。
105. 参见 Stephen L. Endicott, Diplomacy and Enterprise: British China Policy 1933-1937, Manchester 1975, 第 102 页及下页；Osterhammel: Imperialismus, 第 406 页及下页。
106. 从日本得到的支持当然是有限的。支持国民政府改革是英国对付日本的举措之一。参见 Meliksetov: Gomin'dan, 第 89 页及下页；随着货币改革的实行，南京政府与日本政府交往最密切的阶段（1933~1935）也随之结束。
107. 关于每个省内部的微观差异，参见 Robert Ash, Land Tenure in Pre-Revolutionary China: Kiangsu Province in the 1920s and 1930s, London 1976；直到 1935/36 年，国民政府才首次采用相对科学的方法就土地所有权和租佃关系情况实行了全国性普查。但是，对于世界经济危机之前的情况，却缺乏可比性数据。即使是 1935/36 年的普查，结论也存在许多的分歧。参见 Ramon H. Myers, Land Distribution in Revolutionary China, 1890-1937, in: Chung Chijournal 7 (1969), 第 62-77 页；另参 Joseph W. Esherick, Number Games: A Note on Land Distribution in Prerevolutionary China, in: MC 7 (1981), 第 387-411 页；对农村社会经济关系的不同解释，参见 Philip C. C. Huang, Analyzing the Twentieth-Century Chinese Countryside: Revolutionaries versus Western Scholarship, in: MC 1 (1975), 第 132-60 页；另参 Robert Y. Eng, Institutional and Secondary Landlordism in the Pearl River Delta, 1600-1949, in: MC 12 (1986), 第 3-37 页，尤参第 3-7 页；关于 1930 年代数据的解读，参见 Linda Gail Arrigo, Landownership Concentration in China: The Buck Survey Revisited, in: MC 12 (1986), 第 259-360 页；韩凌轩《第二次国内革命战争时期中国农村社会性质的论战》，刊于《文史哲》，1982/1, 第 55-62 页；Kong Fanjian, The 1930s Debate on the Nature of China's Rural Economy, in: SSC 1989/1, 第 28-43 页。
108. 参见 Eastman: Family, 第 80-100 页，尤参第 98 页及下页；另参 Joachim Durau, Die Krise der chinesischen Agraro ̈ konomie, in Lorenz: Umwa ̈ lzung, 第 94-193 页；Ramon H. Myers, The Agrarian System, in CHOC, Bd. 13, 第 230-69 页。
109. Leonard T. K. Wu, Rural Bankruptcy in China, in: FES 5:20 (8. 10. 1936), 第 213 页。
110. Eastman, Abortive Revolution, 第 190 页；关于逃荒潮，亦参 Durau, Krise, 第 172-77 页。
111. 关于这类谋生手段，参见 Perry: Rebels, 第 48 页及下页。
112. 关于"道德经济"退化的观点，参见 Ralph Thaxton, China Turned Rightside Up: Revolutionary Legitimacy in the Peasant World, New Haven 1983, 第 36 页及下页；对

此持激烈批评意见者，参见 Chen Yung-fa/Gregor Benton, Moral Economy and the Chinese Revolution: A Critique, Amsterdam 1986, 第 5 页及下页；Thaxton 则认为，在非封建式地主经济体系的条件下，所谓“道德经济”只是极个别的现象。

113. Eastman, Abortive Revolution, 第 194-208 页。

114. 这是官方承认的正式说法，参见 China. Ministry of Industries, Silver and Prices in China, Shanghai 1935, 第 137 页。

115. 参见 Xhaxton, China, 第 78 页及下页；Roy Hofheinz, Jr., The Broken Wave: The Chinese Communist Peasant Movement, 1922-1928, Cambridge, Mass. 1977, 第 263 页及下页；Robert Marks, Rural Revolution in South China: Peasants and the Making of History in Haifeng County, 1570-1930, Madison, Wise. 1984, 第 230-81 页；Werner Meißner, Das rote Haifeng. Peng Pais Bericht über die Bauembewegung in Südchina, München 1987(其绪论部分十分精彩，第 11-67 页)；另参 Fernando Galbiati, P'eng P'ai and the Hai-Lu-Feng Soviet, Stanford 1985。

116. 在当时的各种文章中，“土豪劣绅”成为流行的说法（见《毛泽东选集》第 1 卷，北京，1968 年，第 23 页及下页），它并不是某个特定社会阶层的正式名称，而是一个带有贬义、以斗争为目的的标签式称谓。它通常是指那些依靠土地买卖获得权力地位，并倚仗权势欺压百姓的人物。这些人物的出现是帝制时代的大地主和士绅子弟逐渐转向城市、脱离乡村所导致的结果。于是，留在农村的只剩下了“土豪劣绅”：“对帝制时代遗留下来的农村中下层精英来说，在传统入仕途径被切断后，他们既难以适应新时代的变迁，其与城市精英的联系也变得越来越淡薄。”参见 Philip A. Kuhn, Local Self-Government under the Republic: Problems of Control, Autonomy, and Mobilization, in Wakeman/Grant: Conflict, 第 293 页。1940 年代时，这一社会群体成为农民革命的泄愤对象。

117. 参见 Trygve Lo ¨ tveit, Chinese Communism 1931-1934: Experience in Civil Government, Lund 1973, 第 145 页及下页；Ilpyong J. Kim, The Politics of Chinese Communism: Kiangsi under the Soviets, Berkeley 1973, 第 120 页及下页；Hsu King-yi, Political Mobilization and Economic Extraction: Chinese Communist Agrarian Policies during the Kiangsi Period, New York 1980； 另参 Marcia R. Ristaino, China's Art of Revolution: The Mobilization of Discontent, 1927 and 1928, Durham, N. C. 1987。

118. 金应熙:《从“四一二”到“九一八”的上海工人运动》，刊于《中山大学学报》，1957/2, 第 74-94 页；V. I. Chor'kov, Nankinskij Gomin'dan i rabocij vopros 1927-1932 Moskau 1977, 第 76-80 页。

119. Eng: Imperialism, 第 158 页；这场危机在丝织业导致的后果，参见茅盾小说《子夜》，德译本：Shanghai im Zwielicht, Frankfurt a. M. 1983；相关经济史背景，参见孔令仁《〈子夜〉与 1930 年前后的中国经济》，刊于《文史哲》，1979/5, 第 60-67 页。

120. Bank of China, Annual Report for 1935, Shanghai 1936, 第 32 页。

121. 程海峰:《1935 年之中国劳动节》，刊于《东方杂志》33:17 (1.9.1936), 第 157 页。

122. 关于上海与蒋介石私交甚密的“青帮”组织在控制上海工人方面所扮演的角色，参见 Emily Honig, Sisters and Strangers: Women in the Shanghai Cotton Mills, 1919-1949, Stanford 1986, 第 4-7, 120-31 页。

123. 另参 Osterhammel: Imperialismus, 第 270-96 页。

124. 经济最发达的省份之一浙江便是一个突出的例子，参见 R. Keith Schoppa, Chinese

Elites and Political Change: Zhejiang Province in the Early Twentieth Century, Cambridge, Mass. 1982, 第 175 页及下页。

125. 关于资产阶级 1927 年春与蒋介石结盟的情形，参见 Bergère: L'âge d'or, 第 239-43 页。
126. 关于民国时期上海黑社会组织的情况，参见 Frederic Wakeman, Jr., Policing Modem Shanghai, in: CQ 115 (1988), 第 408-40 页；描写偏于戏剧化但学术上流于表面的著作见 Sterling Seagrave, Die Soongs. Eine Familie beherrscht China, Zürich 1986, 第 377-95 页。
127. 参见 Parks M. Coble, The Kuomintang Regime and the Shanghai Capitalists, 1927-1929, in: CQ 77 (1979), 第 1-23 页；关于民国时期的黑帮头目（同时也是民国最有权势的人物之一）杜月笙，参见 Y. C. Wang, Tu Yue-sheng (1888-1951): A Tentative Political Biography, in: JAS 26 (1966/67), 第 394-414 页；朱华、苏智良《杜月笙其人》，刊于《历史研究》，1988/2, 第 102-15 页；关于杜月笙领导的“青帮”组织，参见胡珠生《青帮史初探》，刊于《历史学季刊》，3 (1979), 第 102-20 页。
128. Marie-Claire Bergère, The Chinese Bourgeoisie, 1911-37, in CHOC, Bd. 12, 第 815 页；国民党第三次全国代表大会确认了国民党保守派的胜利，参见 Domes: Revolution, 第 323-27 页；张宪文:《中华民国史纲》，第 357 页。
129. Richard C. Bush, The Politics of Cotton Textiles in Kuomintang China, 1927-1937, New York 1982, 第 271 页及下页。
130. Katherine Vine, The Metamorphosis of the Chinese Salt Administration: Institutions and Images, 1930-1960, in: AP 12 (1984), 第 98 页；盐务改革后，1913 年引入的外国监督机制被取消。盐务稽核由国民政府实行有效管理，但仍有外国人（大多是美国人）在其中担任会办职务。
131. Nach Tien Hung-mao, Government and Politics in Kuomintang China, 1927-1937, Stanford 1972, 第 83 页（表 4）。
132. 经典阐述参见 Coble, The Shanghai Capitalists, 第 67-78 页；另参千家驹《旧中国公债史资料》, Beijing 1984, 第 26 页及下页（绪论）。
133. 1933 年，一位中国通估算，公债收入 85% 被用于军事开支，只有 20% 是供财政部支配。引语摘自 Frederick H. Field (Hrsg.), Economic Handbook of the Pacific Area, Garden City, N. Y. 1934, 第 221 页。
134. 数据系出自刘冰《1927-1933 年南京国民党政府办理统税简述》，刊于《民国档案》，1987/3, 第 96-99 页；老百姓人人都要缴纳的盐税，也在 1931~1934 年间大幅提高。
135. Coble, The Shanghai Capitalists, 第 125 页。
136. Jürgen Osterhammel, «Technical Co-operation» between the League of Nations and China, in: MAS 13 (1979), 第 661-80 页。
137. Coble, The Shanghai Capitalists, 第 129-37 页；最清楚的证明是中国企业界的不满和抗议以及日本媒体对新税则的称赞，参见 CWR 14. Juli 1934, 第 262 页。
138. H. D. Föng, Toward Economic Control in China, Tianjin 1936, 第 38 页。
139. 下述内容参见 Osterhammel: Imperialismus, 第 354-66 页。
140. 参见 Leonard G. Ting, Chinese Modem Banks and the Finance of Government and Industry, in: NSEQ 8 (1935), 第 578-616 页。
141. Coble, The Shanghai Capitalists, 第 162 页及下页；关于孔祥熙的发迹，参见古僧《孔祥熙与中国财政》, Taibei 1979, 第 61 页及下页。

142. 这只是国有化措施的结果，对每一个银行而言，其过程自然是复杂的。参见 Coble, The Shanghai Capitalists, 第 18 页及下页。
143. 参见虞宝棠《1935 年国民党政府币制改革初探》，刊于《华东师范大学学报》，1982/4, 第 29 页；在中国大陆，学术界对币制改革原则的评价仍然是积极的，只是由于国民党的无能而未能得到有效执行。参见 Li Zongyi, Report on the First Symposium on Republican History in the People's Republic of China, in: RC 10 (1985), 第 74 页；另参石毓符《中国货币金融史略》，第 279-84 页，作者对货币改革的评价较客观和冷静。
144. 参见湖北大学政治经济学教研室编《中国近代国民经济史讲义》，第 370 页。
145. 参见张郁兰《中国银行业发展史》，第 112 页。
146. Coble, The Shanghai Capitalists, 第 224 页。
147. Boorman/Howard: Dictionary, Bd. 1, 第 26-30 页；另参 Berge ` re, The Chinese Bourgeoisie, 第 816 页及下页。
148. 关于“执政阶层”定义，参见 Hartmut Elsenhans, Nord-Su ¨ d-Beziehungen, Geschichte. Politik. Wirtschaft, 2. Aull., Stuttgart 1987, 第 63 页及下页；同作者：Abhängiger Kapitalismus oder bürokratische Entwicklungsgesellschaft. Versuch über den Staat in der Dritten Welt, Frankfurt a. M. 1981, 第 13 页及下页。
149. Ch'ien Tuan-sheng, The Government and Politics of China, 1912-1949, Cambridge, Mass. 1950, 第 136 页；Tung: Institutions, 第 135-37 页。
150. 关于国民党部分势力与法西斯之间的相似性，Eastman, Abortive Revolution, 第 31-84 页；关于德国和意大利作为榜样，参见 Über Italien und Deutschland als Vorbilder vgl. Michael R. Godley, Fascismo e nazionalismo cinese: 1931-1938. Note preliminari allo Studio dei rapporti italo-cinesi durante il periodo fascista, in: Storia contemporanea 4 (1973). 第 739-77 页，尤参第 760 页及下页；Kirby: Germany, 第 145 页及下页。
151. Tung: Institutions, 第 119 页及下页；Edgar Tomson, Die Verfassungsentwicklung in China seit dem Beginn des 20.Jahrhunderts, in: Osteuropa-Recht 20 (1974), 第 114-24 页，尤参第 118 页；从政治学而非宪法史角度的分析，参见 Robert E. Bedeski, State-Building in Modern China: The Kuomintang in the Prewar Period, Berkeley 1981, 第 79-96 页。
152. 关于南京时期这套非正式权力机制所暴露出的政治体制特点，一直是学术界争论不休的话题。参见 Lloyd E. Eastman, New Insights into the Nature of the Nationalist Regime, in: RC 9 (1984), 第 8-18 页；另参 Fewsmith 和 Geisort 在同一本文集中的论述。不过近年来，人们更多是将这套机制视作“独裁 + 社团主义”的表现，参见 Joseph Fcwsmith, Party, State, and l ocal Elites in Republican China: Mereliant Organizations and Politics in Shanghai, 1800-1030, Honolulu 1985, 第 109 页及下页。
153. Tien, Government and Politics, 第 45 页。
154. 蒋介石在其中扮演的是超越党团和派系的领导者角色，这一点和当年孙中山为自己打造的角色是一致的。参见 Yamada Tatsuo, The Foundations and Limits of State Power in Guomindang Ideology: Government, Party and People, in Schram: Foundations, 第 192 页及下页。
155. Lloyd E. Eastman, Nationalist China during the Nanking Decade 1927-1937, in CHOC, Ed. 13, 第 110-07 页，尤参第 136 页；这篇文章如今已成为有关南京政府的经

典论述。

156. Domes: Revolution, 第 99 页及下页；Richard B. Landis, Training and Indoctrination at the Whampoa Academy, in Chan/Etzold: China, 第 73-93 页。

157. Boorman/Howard: Dictionary, Bd. 1, 第 206-11 页，尤参第 207 页；关于“CC系”头目陈立夫（及其兄陈果夫），参见 Tien, Government, 第 47-49 页。

158. 参见罗敦伟《中国统治经济论》，第 2 版，Shanghai 1935, 第 20-35 页。

159. William M. Leary, Jr., The Dragon's Wings: The China National Aviation Corporation and the Development of Commercial Aviation in China, Athens, Ohio 1976; Bodo Wiethoff, Luftverkehr in China 1928-1949. Materialien zu einem untauglichen Modemisierungsversuch, Wiesbaden 1975, 第 116 页及下页，第 132 页及下页；Godley, Fascismo e nazionalismo, 第 754 页及下页。

160. 美国工程师 O. J. Todd 便是其中一位代表，其生平简介参见 Spence: Advisers, 第 205-16 页。

161. 参见 Bernd Martin, Die deutsche Beraterschaft. Ein Überblick, in Martin: Beraterschaft, 第 15-53 页；另参同作者，Das Deutsche Reich und Guomindang- China, 1927-1941, in Kuo: Kolonialpolitik, 第 325-75 页；关于鲍尔等人的对华政策思路，参见 Ratenhof: Chinapolitik, 第 367 页及下页；关于中德合作的结束，参见 Liang Hsi-huey, The Sino-German Connection: Alexander von Falkenhausen between China and Germany 1900-1941, Assen 1978, 第 158 页及下页；另参 Hartmut Bloß, Die Abberufung der Beraterschaft (April-Juli 1938), in Martin: Beraterschaft, 第 249-71 页。

162. 参见 Burkhard Schmidt, Die China-Studienkommission des «Reichsverbandes der Deutschen Industrie» im Jahre 1930, in: Kuo Heng-yü/Mechthild Leutner (Hrsg.), Beiträge zu den deutsch-chinesischen Beziehungen, München 1986, 第 67-90 页。

163. Kirby: Germany, 第 78-101 页。

164. 同上，第 105-108 页。

165. Martin, Die deutsche Beraterschaft, 第 38 页；关于德方政策目标的精彩分析，参见 John P. Fox, Germany and the Far Eastern Crisis 1931—1939: A Study in Diplomacy and Ideology, Oxford 1982。

166. 除此之外，德国与广东自治政府之间也有着密切接触。

167. 数据系参考孙果达《国民党政府中的德国军事顾问述论》，刊于《近代史研究》，1988/6, 第 131 页。

168. 关于德国的贡献微不足道的观点，参见 Wei, Counterrevolution in China, 第 108 页及下页。

169. 关于这些项目的规划与开端，参见 Kirby: Germany, 第 206-17 页，作者的分析并不能充分证明这样的结论：这些项目取得的收获是“丰硕”的（第 210 页）。

170. 参见 Rotraut Bieg-Brentzel, Die Tongji-Universita ̈ t. Zur Geschichte deutscher Kulturarbeit in Shanghai, Frankfurt a. M. 1984; 另参 Françoise Kreissler, L'action culturelle allemande en Chine: De la fin du XIXe siècle à la Seconde Guerre Mondiale, Paris 1989。

171. 这里指的是 1934 年中德经过谈判商定，直到 1936 年才正式生效的《合步楼条约》，参见 Kirby: Germany, 第 125 页。

172. 其具体数额是难以估算的，参见 Kirby: Germany, 第 220 页及下页；Ratenhof:

Chinapolitik, 第 477 页，作者称，1936 年中国从德国进口的武器占德国出口的比例高达 45%。

173. 德国染料行业在市场开发上已经成功实现了这一点。
174. 参见 Peter Mielmann, Deutsch-chinesische Handelsbeziehungen am Beispiel der Elektroindustrie, 1870-1949, Frankfurt a. M. 1984, 第 246-304 页。
175. 德国的确是最初“唯一愿意对中国进行未来投资的国家”。参见 Kirby: Germany, 第 262 页；Sir Frederick Leith-Ross 等英国战略家以及英国驻沪商业代表 Sir Louis Beale 等人也向国人发出了同样呼吁，参见 Osterhammel: Imperialismus, 第 97-99 页。
176. 参见 George E. Taylor, The Reconstruction Movement in China, in: William L. Holland/Kate L. Mitchell (Hrsg.), Problems of the Pacific, Chicago 1936, 第 376-408 页，第 385-88 页。
177. 关于经济政策上的不同观点，参见 Jürgen Osterhammel, State Control of Foreign Trade in Nationalist China, 1927-1937, in: Clive Dewey (Hrsg.), The State and the Market: Studies in the Economic and Social History of the Third World, New Delhi 1987, 第 209-37 页，尤参第 209-12 页。
178. 全球概览参见 Derek H. Aldcroft, The Development of the Managed Economy before 1938, in: JCH 4 (1969), 第 117-37 页，尤参第 123 页及下页。
179. 这些计划都没能得以实现。参见 Noel R. Miner, Agrarian Reform in Nationalist China: The Case of Rent Reduction in Chekiang, 1927-1937, in Chan: Crossroads, 第 69-89 页；除了这些技术官僚的倡议之外，还出现了一些以儒家改良传统为思路的农村改革实验，参见 Guy S. Alitto, The Last Confucian: Liang Shu-ming and the Chinese Dilemma of Modernity, Berkeley 1979, 第 192 页及下页。
180. 该方案的具体实践参见 Wei, Counterrevolution, 第 126 页及下页；Stephen C. Averill, New Life in Action: The Nationalist Government in South Jiangxi, 1934-1937, in: CQ 88 (1981), 第 594-628 页。
181. William Kirby, Developmental Aid or Neo-Imperialism? German Industry in China, in Martin: Beraterschaft, 第 203 页。
182. Kirby: Germany, 第 210-12 页；Osterhammel: Imperialismus, 第 336-47 页；另参吴太昌《国民党政府的易货偿债政策和资源委员会的矿产管制》，刊于《近代史研究》，1983/3, 第 83-102 页，作者指出，直到 1948 年末，政府的所有做法都是以国家垄断为目的。国民政府资源委员会在扩大采矿业和加工业规模方面并没有做出值得一提的贡献。
183. China. The Maritime Customs, The Trade of China 1937, Shanghai 1938, Bd.1, 第 56 页。
184. Ethel B. Dietrich, United States Commercial Relations with the Far East, 1930-39, New York 1939, 第 40 页。
185. 下述内容参见 Ju ¨ rgen Osterhammel, Imperialism in Transition: British Business and the Chinese Authorities, 1931-1937. in: CQ 98 (1984), 第 260-86 页。
186. CWR, 13. Juni 1936, 第 60 页。
187. 借款谈判过程参见 Endicott, Diplomacy and Enterprise, 第 165 页及下页；Trotter, Britain and East Asia, 第 205 页及下页；Young: Effort, 第 373 页及下页。
188. 德方借贷主要是以易货原则进行的，即中方用原材料来支付借款。

189. Endicott, Diplomacy and Enterprise, 第 138–45 页。
190. 详参 Osterhammel: Imperialismus, 第 367–82 页。
191. 同上，第 382 页及下页；David G. Brown, Partnership with China: Sino–Foreign Joint Ventures in Historical Perspective, Boulder, Col. 1986, 第 49 页及下页；William C. Kirby, Joint Ventures, Technology Transfer and Technocratic Organization in Nationalist China, 1928–1949, in: RC 12 (1987), 第 3–21 页。
192. Thome: Allies, 第 563 页。
193. Grover Clark, The Great Wall Crumbles, New York 1935, 第 353 页。

十五　衰落与过渡：战争、内战与革命胜利（1937~1949）

1. 中方对日本这种隐瞒历史的做法一直采取激烈的反应，1982 年的教科书之争即是一例。以家永三郎为代表的日本学者也对日本美化历史的做法提出了强烈批评。参见其有关日本在二战中行为的论著：World War II and the Japanese, 1931–1945, Oxford 1979（日文版于 1968 年问世）；中国有关二战史研究的论著，参见黄美真《建国以来抗日战争史研究述评》，刊于《民国档案》，1987/4, 第 95–110 页。
2. 参见 Nieh Yu–hsi, Die Entwicklung des chinesisch–japanischen Konfliktes in Nordchina und die deutschen Vermittlungsbemu ̈ hungen 1937–1938, Hamburg 1970, 第 143 页及下页；另参 Carl–Adolf Maschke, Friedensfu ̈ hler. Die deutsche Vermittlung im chinesisch–japanischen Konflikt 1931–1941, phil. Diss. München 1980；关于英美两国扮演的角色，参见 Dorothy Borg, The United States and the Far Eastern Crisis of 1933–1938, Cambridge, Mass. 1964。
3. 参见 James B. Crowley, A Reconsideration of the Marco Polo Bridge Incident, in: JAS 22 (1963), 第 277–91 页；另参 Hata Ikuhiko, The Marco Polo Bridge Incident, 1937, in Morley: Quagmire, 第 243–54 页。
4. John W. Garver, Chiang Kai–shek's Quest for Soviet Entry into the Sino–Japanese War, in: PSQ 102 (1987), 第 297, 306–15 页。
5. 参见 Marc R. Peattie, Ishiwara Kanji and Japan's Confrontation with the West, Princeton 1975, 第 294–303 页。
6. 摘自 Michael A. Barnhart, Japan Prepares for Total War: The Search for Economic Security, 1919–1941, Ithaca/London 1987, 第 89 页。
7. David Lu, Introduction, in Morley: Quagmire, 第 236 页。
8. «Government by acquiescence». Nish: Japanese Foreign Policy, 第 222 页。
9. 关于 1937 年夏天冲突升级的过程，参见 Tong Te–kong, China's Decision for War: The Lukouchiao Incident, in: Gary L. Ulmen (Hrsg.), Society and History: Essays in Honor of Karl August Wittfogel, Den Haag 1978, 第 411–36 页；Iriye: Second World War, 第 41–44 页。
10. Ch'i Hsi–sheng, Nationalist China at War: Military Defeats and Political Collapse, 1937–45, Ann Arbor 1982, 第 42, 48 页；关于战争的军事史背景，参见 F. F. Liu, A Military History of Modem China, 1924–1949, Princeton 1956；偏于通俗但不乏可信性的历史写作，参见 Dick Wilson, When Tigers Fight: The Story of the Sino–Japanese War 1937–45, London 1982（尤参第 36, 46 页）。

11. 对总司令蒋介石的犀利批评来自国民革命军的主要统帅之一李宗仁将军：Tong Te-kong/Li Tsung-jen, The Memoirs of Li Tsung-jen, Boulder, Col. 1979, 第324页及下页（该书同时也是一部有关中华民国历史的重要著作之一）。
12. John W. Dower, War without Mercy: Race and Power in the Pacific War, New York 1986, 第43, 326页，第26条注释；具体细节参见David Bergamini, Japan's Imperial Conspiracy, London 1971, 第3-48页。
13. Lloyd E. Eastman, Nationalist China during the Sino-Japanese War 1937-1945, in CHOC, Bd. 13, 第562页及下页。
14. 西迁经验及其对1949年后许多领导干部的人生影响，参见John Israel/Donald W. Klein, Rebels and Bureaucrats: China's December 9ers, Berkeley 1976, 第137页及下页；另参John Israel, Random Notes on Wartime Chinese Intellectuals, in: RC 9:3 (April 1984), 第1-14页。
15. 直到1941年8月，重庆才具备了一定的防空能力，参见Harold S. Quigley, Far Eastern War, New York 1943, 第78页及下页。
16. 详见Wilson, Tigers, 第86-113页。
17. Eastman, Nationalist China, 第566页。
18. 参见Lincoln Li, The Japanese Army in North China, 1937-1941, Tokio 1975, 第9页及下页。
19. 参见有关这段发生在战争期间的微观历史的难得佳作：Lloyd E. Eastman, Facets of an Ambivalent Relationship: Smuggling, Puppets, and Atrocities during the War, 1937-1945, in Iriye: Chinese, 第275-303页，尤参第275-84页；广西是国民党、共产党、军阀和日本占领者等各方势力控制相对薄弱的省份，参见Graham Hutchings, A Province at War: Guangxi during the Sino-Japanese Conflict, 1937-45, in: GQ 108 (1986), 第652-79页；关于国民党高官参与走私和黑市交易的情况，参见一位比利时外交官1944年夏天的回忆：Robert Rothschild, La chute de Chiang Kai-shek: souvenirs d'un diplomate en China (1944-1949), Paris 1972, 第63页及下页（这或许也是这一时期留下的、与美国观察者对中国的神话式描写全然不同的西方当事人记录）；关于农村地区的经济形势，参见Joachim Durau, Die chinesische Landwirtschaft während des antijapanischen Krieges (1937-1945), in: Bernd Martin/Alan S. Milward (Hrsg.), Agriculture and Food Supply in the Second World War, Stuttgart 1985, 第242-68页。
20. 参见John Hunter Boyle, China and Japan at War, 1937-1945: The Politics of Collaboration, Stanford 1972; Gerald E. Bunker, The Peace Conspiracy: Wang Ching-wei and the China War, 1937-1941, Cambridge, Mass. 1972；日方视角参见Usui Katsumi, The Politics of War, 1937-1941, in Morley: Quagmire, 第309-435页，尤参第379-404页；在对汉奸的评价问题上，各方看法不一：这些人究竟是"国家叛徒"还是"避免了更坏情况的发生"？相对冷静的评价参见Susan H. Marsh, Chou Fo-hai: The Making of a Collaborator, in Iriye: Chinese, 第304-27页。
21. 参见姚洪卓《抗日战争前叶帝国主义对天津纺织工业的兼并》，刊于《历史教学》，1982/6, 第19页。
22. Li, The Japanese Army in North China, 第123页及下页，第130页及下页；Nakamura Takafusa, Japan's Economic Thrust into North China, 1933-1938: Formation

of the North China Development Corporation, in Iriye: Chinese, 第 243, 246 页及下页；Buck: Urban Change, 第 192 页。

23. Usui, The Politics of War, 第 429 页。
24. 吴承明:《帝国主义在旧中国的投资》，第 165 页。
25. 中国人民大学政治经济学系:《中国近代经济史》，Beijing 1978, Bd. 2, 第 120 页。
26. 参见 Ch'en Kang, Changes at the Shanghai Harbor Docks, in: Chinese Sociology and Anthropology 5:3 (Frühjahr 1973), 第 70 页及下页；7:2 (Winter 1974/75), 第 7 页及下页；上海社会科学院经济研究所,《江南造船厂厂史》, Shanghai 1983, 第 236-42 页。
27. 中国人民大学,《中国近代经济史》，第 2 卷，第 121 页；Emily Honig, Sisters and Strangers: Women in the Shanghai Cotton Mills, 1919-1949, Stanford 1986, 第 30 页及下页，第 36 页。
28. Prasenjit Duara, Culture, Power, and the State: Rural North China, 1900-1942, Stanford 1988, 第 240 页及下页；Li, The Japanese Army, 第 145 页及下页；关于收效较小的“农村经济控制”法，参见上一本书，第 153-81 页；关于华北地区在整个日占区经济中的重要性，参见 Kate L. Mitchell, Industrialization of the Western Pacific, New York 1942, 第 142 页及下页，尤参第 146-48 页。
29. 中共在整个抗日战争期间所经历的历史（这是一个极其复杂的话题），并不是本书所要探讨的课题。关于这一话题，可参见众多（观点不一的）论著：如 Chalmers Johnson, Peasant Nationalism and Communist Power: The Emergence of Revolutionary China, 1937-1945, Stanford 1963; Mark Seiden, The Yenan Way in Revolutionary China, Cambridge, Mass. 1971; Peter Schran, Guerilla Economy: The Development of the Shensi-Kansu-Ninghsia Border Region, 1937-1945. Albany, N. Y. 1976; Kataoka Tetsuya, Resistance and Revolution in China: The Communists and the Second United Front, Berkeley 1974; Claudia Lux, Der politisch-ökonomische Entscheidungsprozeß in China 1937-1945. Die Yan'an-Periode, Bochum 1986; Shum Kui-kwong, The Chinese Communists' Road to Power: The Anti-Japanese National United Front, 1935-1945, Oxford 1988, 第 105-230 页；Chen Yung-fa, Making Revolution: The Communist Movement in Eastern and Central China, 1937-1945, Berkeley 1986, und Dagfinn Gatu, Toward Revolution: War, Social Change and the Chinese Communist Party in North China 1937-45, Stockholm 1983；Lyman Van Slyke, The Chinese Communist Movement during the Sino-Japanese War 1937- 1945, in CHOC, Bd. 13, 第 609-722 页；德文著作参见 Harrison: Marsch, 第 13-17 章；关于中共军事力量，参见 Hektor Meyer, Die Entwicklung der kommunistischen Streitkräfte in China 1927 bis 1949. Dokumente und Kommentar, Berlin 1982, 第 240-499 页；另参 1936 年到访延安的美国记者埃德加·斯诺 1937 年发表的著作《红星照耀中国》(Roter Stern über China), Frankfurt a. M. 1974；关于《红星照耀中国》一书的创作和影响：John Maxwell Hamilton, Edgar Snow: A Biography, Bloomington, Ind. 1988, 第 60 页及下页；影响较小但不乏参考价值的著作见 Agnes Smedley, China Fights Back, London 1939；关于史沫特莱和其他几位记者，参见 Stephen R. MacKinnon/Oris Friesen, China Reporting: An Oral History of American Journalism in the 1930s and 1940s, Berkeley 1987。
30. Van Slyke, The Chinese Communist Movement, 第 621 页。

31. 毛泽东曾经提出，游击队应当和群众建立“鱼水之情”。关于游击战略，参见毛泽东1938年5月发表的著名文章《抗日游击战争的战略问题》和《论持久战》，刊于《毛泽东选集》第2卷，Beijing 1968，第83-228页。
32. 参见Raymond F. Wylie, The Emergence of Maoism: Mao Tse-tung, Ch'en Po-ta, and the Search for Chinese Theory, 1935-1945, Stanford 1980（关于毛泽东早期思想，参见Buch über das Denken des frühen Mao: Brantly Womack, The Foundations of Mao Zedong's Political Thought, 1917-1935, Honolulu 1982）；另参Mechtild Leutner, Die Diskussion um die «Sinisierung» in der Zeit des anti-japanischen Widerstandskrieges. Ein Beitrag zur Modernisierung Chinas im ideologischen Bereich, in: BJOAF 2 (1978), 第23-53页；关于毛泽东在党内的领导地位何时得以确认的问题，迄今仍然不乏分歧，大多数观点认为是1935年1月召开的遵义会议。参见Hu Chi-hsi, L'Armée Rouge et l'ascension de Mao, Paris 1982, 第85页及下页；但也有学者认为，遵义会议只是一个过渡，见Thomas Kämpen, The Zunyi Conference and Further Steps in Mao's Rise to Pover, in: CQ. 117 (1989), 第118-34页；德文有关毛的论著见Thomas Scharping, Mao Chronik. Daten zu Leben und Werk, München 1976; Ross Terrill, Mao. Eine Biographie, Hamburg 1981; Tilemann Grimm, Mao Tse-tung, Reinbek 1968. Die maßgebliche Darstellung von Maos Denken ist Stuart Schram, Mao Tse-tung's Thought to 1949, in CHOC, Bd. 13, 第789-870页。
33. Miners: Hong Kong, 第26页。
34. G. B. Endacott, Hong Kong Eclipse, Hongkong 1978, 第11页及下页，第23页及下页；Chiu: Hong Kong, 第62页及下页。
35. 关于这场“天津危机”，参见Peter Lowe, Great Britain and the Origins of the Pacific War: A Study of British Policy in East Asia, 1937-1941, Oxford 1977, 第72-102页。
36. Nicholas R. Clifford, Retreat from China: British Policy in the Far East, 1937-1941, London 1967, 第147页（该书虽然写于档案开放前，但是书中的分析在整体上并没有被后来的Lowe[Great Britain]所超越）。
37. 对这一场面的描写参见《纽约时报》时任记者的报道：Hallett Abend, My Years in China, 1926-1941, London 1944, 第267页。
38. 关于海上“前缘地带”理念，参见G. G. Weigend, Some Elements in the Study of Port Geography, in: GR 48 (1958), 第195页。
39. 参见Robert W. Barnett, Economic Shanghai: Hostage to Politics, 1937-1941, New York 1941; 魏达志《上海“孤岛经济繁荣”始末》，刊于《复旦学报》，1985/4, 第109-13页；魏认为繁荣的结束是在1941年初。关于英国洋行的获利情况，参见Osterhammel: British Business, 第211页。
40. Hallett Abend, Chaos in Asia, New York 1939, 第27页。
41. 关于太平洋战争的爆发，参见Peter Herde, Pearl Harbor, 7. Dezember 1941. Der Ausbruch des Krieges zwischen Japan und den Vereinigten Staaten und die Ausweitung des europäischen Krieges zum Zweiten Weltkrieg, Darmstadt 1980; Frank P. Mintz, Revisionism and the Origins of Pearl Harbor, Lanham 1985; Dorothy Borg/Okamoto Shumpei (Hrsg.), Pearl Harbor as History: Japanese-American Relations 1931-1941, New York 1973；关于日本太平洋扩张计划的历史背景，参见John J. Stephan, Hawaii under the Rising Sun: Japan's Plans for Conquest after Pearl Harbor, Honolulu 1984,

第 55-88 页；关于 1970 年代之前的学术研究状况，参见 Bernd Martin, Japan und der Krieg in Ostasien. Kommentierender Bericht über das Schrifttum, in: HZ. Sonderheft 8, München 1980, 第 79-220 页。

42. Endacott, Hong Kong Eclipse, 第 102 页；颇富戏剧性的实况描述，参见 Oliver Lindsay, The Lasting Honour: The Fall of Hong Kong, 1941, London 1978；关于占领军对待英国人的做法，参见同作者：At the Going Down of the Sun: Hong Kong and South-East Asia 1941-1945, London 1981；关于地下抗日斗争，参见 Edwin Ride, BA AG: Hong Kong Resistance 1942-1945, Hongkong 1981。
43. Endacott, Hong Kong Eclipse, 第 103 页。
44. Lynn T. White III, Non-Govemmentalism in the Historical Development of Modern Shanghai, in: Laurence J. C. Ma/Edward W. Hanten (Hrsg.), Urban Development in Modern China, Boulder, Col. 1981, 第 50 页。
45. K. C. Chan, The Abrogation of British Extraterritoriality in China 1942-43: A Study of Anglo-American-Chinese Relations, in: MAS II (1977), 第 257-91 页；从历史纵深的角度看条约体系的兴衰，见钱泰《中国不平等条约之缘起及其废除之经过》, Taibei 1961。
46. 对所有双边条约签署过程的综合性论述，参见 Tung: Powers, 第 324 页。
47. Gull: Interests, 第 177 页。
48. Tsien Tai, China and the Nine Power Conference at Brussels in 1937, New York 1964; Bradford A. Lee, Britain and the Sino-Japanese War, 1937-1939; A Study in the Dilemmas of British Decline, Stanford 1973, 第 50-78 页；这次会议的一个重要目标（按照后来 Anthony Eden 的观点 [同上，第 71 页] 甚至是最重要的目标），是巩固英美同盟，中国不过只是一个随意找到的借口。
49. 英译本参见 Chinese Ministry of Information, China Handbook 1937-1944: A Comprehensive Survey of Major Developments in China in Seven Years of War, Chongqing 1944, 第 109 页及下页。
50. 参见 John W. Garver, Chinese-Soviet Relations, 1937-1945: The Diplomacy of Chinese Nationalism, New York 1988,（第 37-50 页，关于 1937~1939 苏联对华援助）；但作者并没有参考苏联的文献史料，因此建议另参 Jonathan Haslam, Soviet Aid to China and Japan's Place in Moscow's Foreign Policy, 1937-1939, in: Ian H. Nish (Hrsg.), Some Aspects of Soviet- Japanese Relations in the 1930s, London 1982, 第 35-58 页（第 38 页及下页，对苏联援助的概括性论述）; V. I. Achkasov/M. F. Jur'ev, China's War of National Liberation and the Defeat of Imperialist Japan: The Soviet Role, in: Soviet Studies in History 24 (Winter 1985/86), 第 9-68 页，尤参第 43-48 页；完全依据已出版英文文献的分析，参见 Siegfried Thielbeer, Revolution oder Kollektive Sicherheit. Stalin, Mao und die Großmächte, Baden-Baden 1986, 第 203-43 页。
51. Michael Schaller, The U. S. Crusade in China, 1938-1945, New York 1979, 第 27-29 页。
52. 引语摘自 Margaret B. Denning, The Sino-American Alliance in World War II, Bern 1986, 第 33 页。
53. 细节参见 Arthur N. Young, China and the Helping Hand, 1937-1945, Cambridge, Mass. 1963, passim; ders., China's Wartime Finance and Inflation, 1937-1945, Cambridge, Mass. 1965, 第 97-108, 118-20 页。

54. 数据参见 Mira Wilkins, The Role of U. S. Business, in: Borg/Okamoto (Hrsg.), Pearl Harbor as History, 第 371 页。
55. 另参 Gerhard Krebs, Japans Deutschlandpolitik 1935–1941. Eine Studie zur Vorgeschichte des Pazifischen Krieges, 2 Bde., Hamburg 1984。
56. 权威分析参见 Iriye: Second World War, passim. In Kurzform auch ders., Japanese Aggression and China's International Position 1931–1949, in CHOC, Bd. 13, 第 492–546 页，尤参第 519–30 页关于 1937~1941 年的部分。
57. 参见 Thome: Issue, 一份近似"总体历史"的全新外交史写作样本；另参 Iriye Akira, Power and Culture: The Japanese-American War 1941–1945, Cambridge, Mass. 1981；传统军事史写作参见 Basil Collier, The War in the Far East, London 1970, 以及 Peter Calvoco- ressi/Guy Wint, Total War: Causes and Courses of the Second World War, London 1972, 第 573–890 页；新闻式写作（部分内容有待商榷）参见 Edwin P. Hoyt, Japan's War: The Great Pacific Conflict, 1853–1952, London 1986; Michael Montgomery, Imperialist Japan: The Yen to Dominate, London 1987, 第 371 页及下页。
58. 在这一问题上当然也存在立场不同的多国视角，参见 Louis Allen, The End of the War in Asia, London 1976, 以及以之后一个时期为题的 François Joyaux, La nouvelle question d'Extrême-Orient: L'ère de la guerre froide (1945–1959), Paris 1985, 第 19–136 页。
59. Robert J. C. Butow, Japan's Decision to Surrender, Stanford 1954, 第 154 页；George Alexander Lensen, The Strange Neutrality: Soviet-Japanese Relations during the Second World War 1941–1945, Tallahassee, Fla. 1972, 第 156 页。
60. Alvin D. Coox, Recourse to Arms: The Sino-Japanese Conflict, 1937–1945, in Coox/Conroy: China, 第 304 页。
61. Eastman, Nationalist China, 第 581 页；关于豫湘桂会战，参见 Ch'i, Nationalist China at War, 第 68–81 页。
62. 国民党政府之所以失去政治威信，其重要原因之一在于它没有能力阻止和减轻发生在其统治区内的大饥荒，而这本应是历代中国朝廷的传统职责。参见一位美国外交官对 1942 年河南大饥荒描写：Joseph W. Esherick (Hrsg.), Lost Chance in China: The World War II Dispatches of John S. Service, New York 1974, 第 9–19 页。
63. 《论联合政府》（1945 年 4 月 24 日），《毛泽东选集》第 3 卷，第 250、313 页。
64. 所谓"迅速"当然是从长远历史视角来看，在现实中其实是不乏例外的。直到 1946 年 11 月，中国战场上最后一批日本部队才被彻底缴械。许多地方在日本投降后，日本或汉奸伪政权还持续了一段时间，其中不少是由国民党代管。参见 Philip R. Piccigallo, The Japanese on Trial: Allied War Crimes Operations in the East, 1945–1951, Austin 1979, 第 158 页。
65. 参见 Thorne: Allies, 第 7, 8, 13, 14, 20, 21, 27, 28 章；Wm. Roger Louis, Imperialism at Bay, 1941–1945: The United States and the Decolonization of the British Empire, Oxford 1977; John J. Sbrega, Anglo-American Relations and Colonialism in East Asia, 1941–1945, New York 1983。
66. Thorne: Allies, 第 552, 559 页。
67. Aron Shai, Britain and China 1941–47: Imperial Momentum, London 1984, 第

106-24 页；Chan Lau Kit-ching, The Hong Kong Question during the Pacific War (1941-45), in: JICH 2 (1973/74), 第 56-78 页；Steve Yui-sang Tsang, Democracy Shelved: Great Britain, China, and Attempts at Constitutional Reform in Hong Kong, 1945-1952, Hongkong 1988, 第 14-20 页。

68. 数据计算系根据 G. V. Kitson, Memorandum «The British Position in China», 21. Januar 1947. Public Record Office London, FO 371/63282 (F846)。

69. China Association, Annual Report 1950-51, London 1951, 第 2 页（未公开发表）；School of Oriental and African Studies London, China Association Archives。

70. Shai, Britain and China, 第 151 页及下页；同作者，Britain, China and the End of Empire, in: JCH 15 (1980), 第 295 页及下页；关于货币政策的相关背景，参见 Allister E. Hinds, Sterling and Imperial Policy, 1945-1951, in: JICH 15 (1987), 第 148-69 页。

71. 国民党政府 1945 年之后没有能力在应对突发性经济危机的同时镇压城市工人暴动，这一点充分暴露了国民党在其统治最后阶段的软弱无能。参见 Suzanne Pepper, Civil War in China: The Political Struggle, 1945-1949. Berkeley 1978, 第 98-112 页；相对较为谨慎的分析见 Gail Hershatter, The Workers of Tianjin, 1900-1949, Stanford 1986, 第 229-37 页。

72. 1945 年之后经济政策的矛盾性，参见 Wu Yuan-li, China's Economic Policy: Planning or Free Enterprise?, New York 1946, 尤参第 40 页及下页；D. K. Lieu, China's Economic Stabilization and Reconstruction, New Brunswick 1948, 第 22 页及下页。

73. 参见程麟荪《论抗日战争时期资源委员会的企业活动及其历史作用》，刊于《中国近代经济史研究资料》，第 5 辑，Shanghai 1986, 第 1-26 页。

74. Consul-General, Shanghai, an Foreign Office, 22. Februar 1949. Public Record Office London, FO 371/75864 (F3530)。

75. Robert Dallek, Franklin D. Roosevelt and American Foreign Policy, 1932-1945, New York 1979, 第 389 页；中国在联合国安全理事会的常任理事国地位，便是罗斯福这一想法最显而易见的结果。

76. Iriye, Japanese Aggression, 第 532 页及下页。

77. Keith Sainsbury, The Turning Point: Roosevelt, Stalin, Churchill, and Chiang Kai- Shek. The Moscow, Cairo, and Teheran Conferences, Oxford 1985, 第 5-7 章。

78. Dazu Lloyd E. Eastman, Seeds of Destruction: Nationalist China in War and Revolution, 1937-1949, Stanford 1984, 第 1-6 章（尤参第 2 章，第 45-70 页）；更具系统性的分析，参见同作者，Nationalist China, 第 566-75, 584-92, 601-8 页；另参 Paul K. T. Sih (Hrsg.), Nationalist China during the Sino-Japanese War, 1937-1945, Hicksville, N. Y. 1977, 作者的论述并不能彻底否定 Eastman 的批评性观点；关于战争时期国民党统治下的老百姓生活状况，参见 Graham Peck, Two Kinds of Time, New York 1950; Theodore H. White/Annalee Jacoby, Donner aus China, Reinbek 1949; Lily Abegg, Chinas Erneuerung. Der Raum als Waffe, Frankfurt a. M. 1940; Edgar Snow, Scorched Earth, 2 Bde., New York 1941; Agnes Smedley, Battle Hymn of China, London 1944。

79. 关于史迪威其人，参见 Barbara W. Tuchman, Sand gegen den Wind. Amerika und

China 1911-1945, Stuttgart 1973（原书名为：Stilwell and the American Experience in China, 1911-1945); Schaller, The U. S. Crusade, 第 94 页及下页，第 125 页及下页；反蒋派外交官当中的一部分人在麦卡锡时代（1950~1954）受到迫害，但最迟在越战大讨论期间得到平反。此后出现了许多关于这些人的传记作品，如 Paul G. Lauren (Hrsg.), The China Hands' Legacy: Ethics and Diplomacy, Boulder, Col. 1987（尤参第 1-36 页的编者按）；另参 Esherick (Hrsg.), Lost Chance in China。

80. David D. Barrett, Dixie Mission: The United States Army Observer Group in Yenan, 1944, Berkeley 1970。
81. Gittings: World, 第 90 页；关于美国与延安的早期接触，参见 James Reardon-Anderson, Yenan and the Great Powers: The Origins of Chinese Communist Foreign Policy, 1944-1946, New York 1980。
82. Thorne: Allies, 第 567 页。
83. Schaller, The U. S. Crusade, 第 190 页及下页。
84. 参见 Kenneth S. Chern, Dilemma in China: America's Policy Debate, 1945, Hamden, Conn. 1980。
85. Schaller, The U. S. Crusade, 第 211 页；Diane Shaver Clemens, Yalta, London 1970, 第 250-52 页；Peter M. Kuhfus, Die Risiken der Freundschaft. China und der Jalta-Mythos, in: BJOAF 7 (1984), 第 247-86 页。
86. 参见 Heinz Brahm, Die ferno¨stliche Einflußspha¨re der UdSSR, 1945-1949, in: Dietrich Geyer (Hrsg.), Osteuropa-Handbuch. Sowjetunion. Außenpolitik 1917-1955, Köln 1972, 第 572-81 页。
87. Steven I. Levine, Anvil of Victory: The Communist Revolution in Manchuria, 1945-1948, New York 1987, 第 30 页及下页。
88. 《关于情况的通报》,《毛泽东选集》，第 4 卷，Beijing 1968, 第 233 页。
89. 参见Ju¨rgen Domes, The Emergence of the People's Republic of China, in Chiu Hungdah/Leng Shao-chuan (Hrsg.), China: Seventy Years after the 1911 Hsin-hai Revolution, Charlottesville, Va. 1984, 第 58-83 页；Suzanne Pepper, The KMT-CCP Conflict 1945-1949, in CHOC, Bd. 13, 第 723-88 页；关于内战期间的军事史，参见两位法国将领的著作：Lionel Max Chassin, The Communist Conquest of China: A History of the Civil War 1945-49, London 1965; Jacques Guillermaz, Histoire du parti communiste chinois (1921-1949), Paris 1968, 第 367-415 页。
90. 中国学术界将国共之间关系区分为 1946 年 6 月爆发的全面内战以及自 1941 年以来的内战式敌对关系，这种区分是合理的。参见黄元起等,《中国现代史》，第 2 卷，第 292 页。
91. “第一次国内革命战争”是 1926/27 年国共合作领导的北伐，第二次是 1927~1937 国民党与共产党之间的斗争。参见萧超然、沙健孙主编《中国革命史稿》。
92. Gittings: World, 第 117 页及下页，以及第 118 页插图。
93. 同上，第 124 页及下页；G. K. Pickier, United States Aid to the Chinese Nationalist Air Force, 1931-1949, Ph. D. thesis, Florida State University 1971, 第 332 页及下页，第 428 页。
94. 参见 Pepper, Civil War, 第 52-58 页。
95. 史迪威私下把其名义上的上司蒋介石称作“花生米”，并在 1944 年 7 月的日记里写道:“解决中国问题的药方是罢免蒋介石。”参见 Theodore H. White (Hrsg.), The Stilwell Papers, New York 1948, 第 321 页。

96. 到后来，为了逃避国民党军队拉壮丁，经常会出现全村人连夜外出逃难的情况。当然，有钱的大户人家可以花钱找人替自己服役。参见 Eastman, Seeds of Destruction, 第 80 页及下页。
97. United States Relations with China. With Special Reference to the Period 1944-1949, Washington, D. C. 1949, Neuausgabe u. d. T. The China White Paper, August 1949, with a New Introduction by Lyman P. Van Slyke, 2 Bde., Stanford 1967, Bd. I, 第 350 页 (fortan: China White Paper)。
98. 同上 , Bd. 1, 第 338 页。
99. 参见 Levine, Anvil of Victory, 第 79 页。
100. 同上 , 第 132 页。
101. 有趣的是，在苏联有关中俄经济关系史的经典著作中，对苏联 1946~1949 与中共之间的关系只字未提。参见 Sladkovskij: Relations, 第 221-31 页；最重要的民间援助项目大概要属满洲铁路的重建，但俄国人对它的兴趣更多是出于自身利益的考虑。参见 O. B. Borissow/B. T. Koloskow, Sowjetisch-chinesische Beziehungen 1945-1970, Berlin (DDR) 1973, 第 38-40 页。
102. 《在成都会议上的讲话》, 1958 年 3 月 10 日 : Helmut Martin (Hrsg.), Mao intern. Unveröffentlichte Schriften, Reden und Gespräche Mao Tse-tungs 1949-1971, München 1974, 第 38 页。
103. 下述内容参见 China White Paper, Bd. 1, 第 354-409 页 ; Gittings: World, 第 125 页及下页 ; Pepper, Civil War, 第 53 页。
104. 1947 年 9 月，史迪威的接班人阿尔伯特·魏德迈中将（Albert C. Wedemeyer）在致总统的驻华使团报告中便曾这样写道 : China White Paper, Bd. 2, 第 769 页；关于这份报告的缘起，参见 William Whitney Stueck, Jr., The Wedemeyer Mission: American Politics and Foreign Policy during the Cold War, Athens, Ga. 1984, 第 29 页及下页 , 第 70 页及下页；关于魏德迈作为 1944~1946 年驻中国美军指挥官的职责，参见 Keith E. Eiler (Hrsg.), Wedemeyer on War and Peace, Stanford 1987。
105. 关于《援华法案》及其影响，参见 Tang Tsou, America's Failure in China 1941-1950, Chicago 1963, 第 470-86 页；最新研究显示,《援华法案》一方面是美国国会和舆论中挺蒋派的胜利，另一方面也是美国向西欧和苏联发出的信号，意在证明美国在危难时刻也不会抛弃自己的盟友。参见 John H. Feaver, The China Aid Bill of 1948: Limited Assistance as a Cold War Strategy, in: DH 5 (1981), 第 117 页。
106. 数据计算系根据 China White Paper, Bd. 2, 第 1043 页及下页。
107. Eastman, Seeds of Destruction, 第 160 页。
108. 关于这一论点的严肃性最强的阐述，参见 Tang, America's Failure in China, eine sehr krude, wissenschaftlich indiskutable Fassung in Anthony Kubek, How the Far East Was Lost, Chicago 1963;“失去机会论”在美国右翼阵营中的不断复苏，参见 Michael W. Miles, The Odyssey of the American Right, New York 1980, 第 94 页及下页。
109. Paul M. Evans, John Fairbank and the American Understanding of Modem China, Oxford 1988, 第 290 页；另参第 135-65 页，针对美国中国问题专家中自由派的反共迫害，参见 Gary May, China Scapegoat: The Diplomatie Ordeal of John Carter Vincent,

Washington, D. C. 1979；另参 David Caute, The Great Fear: The Anti-Communist Purge under Truman and Eisenhower, London 1978。

110. 参见 Barbara Tuchman, Wenn Mao nach Washington gekommen wa ¨ re, in: dies., In Geschichte denken. Essays, Düsseldorf 1982, 第 217-38 页；Michael Hunt, Mao Tse-tung and the Issue of Accomodation with the United States, 1948-1950, in Borg/Heinrichs: Uncertain Years, 第 195-233 页，从中我们可以看到，1940 年代末毛的行动空间是多么狭窄。

111. 参见 Steven M. Goldstein, Chinese Communist Policy Toward the United States: Opportunities and Constraints, 1944-1950, in Borg/Heinrichs: Uncertain Years, 第 235-78 页，尤参第 260 页，以及 Okabe Tatsumi, The Cold War and China, in Nagai/Iriye: Origins, 第 224-51 页，尤参第 241 页。

112. 关于这次调停的经过（可惜没有档案文献和中方史料加以佐证）：Bonner Russell Cohen, Marshall, Mao and Chiang. Die amerikanischen Vermittlungsbemühungen im chinesischen Bürgerkrieg, München 1984；马歇尔调停于 1947 年 1 月 6 日正式结束，但是这次调停失败的后果在 1946 年 6 月 30 日国共内战爆发时便已显现。

113. 马歇尔本人 1947 年 1 月 7 日表示，参见 China White Paper, Bd. 2, 第 688 页。

114. Levine, Anvil of Victory, 第 46-55 页。

115. John F. Melby, The Mandate of Heaven: Record of a Civil War, China 1945-49, Toronto 1968, 第 218 页，1947 年 1 月 6 日日记；Melby 曾是马歇尔在中国的主要助手之一，同时也是 1949 年 China White Paper 的作者。

116. Ernest R. May, The Truman Administration and China, 1945-1949, Philadelphia 1975, 第 31 页；关于美国当时面临的各种选择，参见 Russell D. Buhite, Soviet-American Relations in Asia, 1945-1954, Norman, Okla. 1981, 第 59-66 页；William P. Head, America's China Sojourn: America's Foreign Policy and Its Effects on Sino-American Relations, 1942-1948, Lanham 1983, 第 225-45 页；对 1947 年美国对华政策的最佳分析，见 William Whitney Stueck, Jr., The Road to Confrontation: American Policy toward China and Korea, 1947-1950, Chapel Hill, N. C. 1981, 第 54-72 页；另参 Arnold Xiangze Jiang, The United States and China, Chicago 1988, 第 114-33 页。

117. 有关马歇尔计划的各种数据，参见 Wilfried Loth, Die Teilung der Welt. Geschichte des Kalten Krieges 1941-1955, München 1980, 第 205 页及下页。

118. 参见 Russell D. Buhite, «Major Interests»: American Policy toward China, Taiwan, and Korea, 1945-1950, in: PHR 47 (1978), 第 425-51 页。

119. 对此学术界仍然存在争议。参见 Ernest R. May, Military Affairs since 1900, in Cohen: Frontiers, 第 114-16 页；Akira Iriye, Contemporary History as History: American Expansion into the Pacific since 1941, in: PHR 53 (1984), 第 198-201 页。

120. 关于冷战问题的讨论，参见 Michael Wolffsohn, Die Debatte u ¨ ber den Kalten Krieg. Politische Konjunkturen, historisch-politische Analysen, Opladen 1982; Kenneth W. Thompson, Cold War Theories, Bd. 1: World Polarization, 1943-1953, Baton Rouge, La. 1981; Richard A. Melanson, Writing History and Making Policy, Lanham 1983; Detlef Junker u. a., War der Kalte Krieg unvermeidlich?, in: Aus Politik und Zeitgeschichte B 25/83, 25. Juni 1983; John Lewis Gaddis, The Emerging Post-Revisionist Synthesis on the Origins of the Cold War, in: DH 7 (1983), 第 171-90 页。

121. 参见 Michael Schaller, The American Occupation ofjapan: The Origins of the Cold War in Asia, New York 1985, 尤参第 2 章和第 4 章；关于美国占领日本时期，参见 Robert E. Ward/Sakamoto Yoshikazu (Hrsg.), Democratizing Japan: The Allied Occupation, Honolulu 1987；争议最大的是关于占领时期的激进改革措施，它究竟是带来了日本的重生，还是以改革为借口使旧制度得以延续？ 关于“失去”中国与日本重建之间的关联，参见 Robert A. Pollard, Economic Security and the Origins of the Cold War, 1945–1950, New York 1985, 第 168 页及下页。
122. Marc S. Gallicchio, The Cold War Begins in Asia: American East Asian Policy and the Fall of the Japanese Empire, New York 1988, 第 135 页。
123. Brian Crozier, The Man Who Lost China, New York 1976, 第 318 页。
124. Kenneth W. Rea/John C. Brewer (Hrsg.), The Forgotten Ambassador: The Reports of John Leighton Stuart, 1946–1949, Boulder, Col. 1981, 第 280 页；关于共产党上台前的国内社会气氛，参见当事人的叙述：A. Doak Barnett, China on the Eve of Communist Takeover, New York/London 1963。
125. David McLean, American Nationalism, the China Myth, and the Truman Doctrine: The Question of Accomodation with Peking, 1949–50, in: DH 10 (1986), 第 38 页及下页。
126. Manfred Vasold, Versäumte Gelegenheiten? Die amerikanische Chinapolitik im Jahr 1949, in: VfZG 31 (1983) 第 246 页及下页，第 250 页及下页，第 254–58 页。
127. Ritchie Ovendale, Britain, the United States, and the Recognition of Communist China, in: HJ 26 (1983), 第 158 页；David C. Wolf, «To Secure a Convenience»: Britain Recognizes China, 1950, in: JCH 18 (1983), 第 310, 320 页。
128. 参见 Nancy Bemkopf Tucker, Patterns in the Dust: Chinese–American Relations and the Recognition Controversy, 1949–1950, New York 1983（观点见第 194 页）；另参 Warren I. Cohen, Acheson, His Advisers, and China, 1949–1950, in Borg/Heinrichs: Uncertain Years, 第 13–52 页；John Lewis Gaddis, Strategies of Containment: A Critical Appraisal of Postwar American National Security Policy, Oxford 1982, 第 68–70 页。
129. 参见 Wolfgang J. Mommsen (Hrsg.), Dekolonisation und die Politik der Großma ¨ chte, Frankfurt a. M. 1989, 所有这些经历去殖民化的国家在书中都有论及，其中包括 Jürgen Osterhammel, Die chinesische Revolution als Prozeß der Dekolonisierung。
130. 参见本书第十四节。
131. 参见 Boorman/Howard: Dictionary, Bd. I, 第 376–79 页；另参 Ch'ien Tuan-sheng, The Government and Politics of China, 1912–1949, Cambridge, Mass. 1950, 尤参第 18–25 章。
132. 1947 年 5 月爆发的抗议运动便是一个例子。参见《五二零运动资料》，第一辑，Beijing 1985。
133. 关于中国民族主义的特点，参见 Tilemann Grimm, Probleme des Nationalismus in China, in: Heinrich August Winkler (Hrsg.), Nationalismus in der Welt von heute, Göttingen 1982, 第 125–39 页。
134. «All in all, China was the most momentous, the most explosive, the most damaging issue that Harry Truman confronted as president.» Robert J. Donovan, Tumultuous Years: The Presidency of Harry S. Truman, 1949–1953, New York 1982, 第 66 页。

135. 关于发生这些年的各种国际政治风云，参见 Loth, Die Teilung der Welt, 第 7-9 章；Joyce und Gabriel Kolko, The Limits of Power: The World and United States Foreign Policy, 1945-1954, New York 1972, 第 12-20 章；Walter LaFeber, America, Russia, and the Cold War, 1945-1980, 4th ed., New York 1980, 第 50-100 页；Bartlett: Conflict, 第 255-318 页。

1271~1295

马可·波罗在亚洲。

1368

朱元璋（洪武帝）建立明朝。

1405~1433

郑和七下西洋。

1498

欧洲人开辟通往印度的航线。

1514

第一批葡萄牙人到达广东海岸。

1520

中国军队首次使用欧洲火炮。

1521

麦哲伦到达菲律宾。

1550~1552

蒙古人对中国北方发动最后一次大规模攻击。

1557

葡萄牙人在澳门建立定居点。

1564-1571

西班牙人在菲律宾定居。

1570 年前后

中国开始从美洲进口白银。

1579

英国人首次抵达印度。

1582-1610

利玛窦在中国（ 1601 年起在北京居住）。

1585

门多萨著《中华帝国史》出版。

1592-1598

丰臣秀吉征服朝鲜的行动以失败告终。

1600-1868

德川幕府统治日本。

1600

英国东印度公司成立。

1601

第一艘荷兰船只到达广东沿海。

1602

荷兰东印度公司成立。

1610 年前后

茶叶初次在欧洲流行。

1613

东印度公司在日本建立商馆。

1615

利玛窦、金尼阁著《利玛窦中国札记》出版。

1618

菲德林率哥萨克人出使北京，这是俄国派赴中国的首个使团。

1624

英国人撤离日本。

1624~1662

荷兰人占据台湾。

1627

中国爆发大规模起义，并最终导致明朝灭亡。

1627~1636

清征服朝鲜。

1635

第一艘英国船只抵达广州。

1639

日本进入闭关锁国时期。

1640 起

俄罗斯对西伯利亚东部实行殖民。

1642

谢务禄著《大中国志》出版。

1644

明朝灭亡，满族建立清王朝。

1656

巴伊科夫率俄国使团访华。

荷兰首次派遣使团出使北京。

1661

据文献记载，欧洲人初次到访拉萨。

1661-1722

康熙皇帝在位。

1680 年代

蒙古西部势力进入巅峰期。

1681

清朝结束西征，完成统一大业。

1683

清朝收复台湾。

1684-1685

解除海禁。

1688

法国耶稣会教士来到北京。

1688~1691

东部蒙古成为清朝保护地。

1689

中俄签订《尼布楚条约》。

1696

李明著《中国现势新志》出版。

1700 年前后

中俄商队贸易达到鼎盛。

1700 年之后

清廷对西藏影响力逐渐增强。

1702

耶稣会教士介绍中国的《耶稣会士书信集》陆续出版。

1713~1723

康熙对税赋实行改革。

1715

东印度公司在广州设立商馆。

1717

东印度公司开始定期从广州出口茶叶。

1720

广州设立十三行。

1720 年代

中国进一步解除对南洋贸易的禁令，国内经济更加趋向自由化。

约 1720~1770

清朝盛世：在清统治下，物质繁荣达到巅峰。

约 1720~1760

以东印度公司为主导，欧洲对华贸易稳步发展。

1723~1735

雍正帝在位。

1727

清政府与沙俄签订《恰克图条约》。

1730 年前后

中国棉布首次销往欧洲。

中国与暹罗的朝贡贸易进入繁荣期（约至 1830 年）。

1735

杜赫德著《中华帝国全志》出版。

1736~1796

乾隆帝在位（实际掌权至 1799 年）。

1740

荷兰人在巴达维亚对华人施行大屠杀。

1740 年代

官办丝绸织造业进入鼎盛期。

1740 年前后

南洋港脚贸易逐渐兴起。

1748

安森男爵《环球航行报告》出版，成为西方对中国负面认识的主要源头。

1751

清政府在西藏地位得到巩固。

1756~1757

清朝平定准噶尔部。

1757

普拉西战役：英国人在印度的阶段性胜利。

1760

东南沿海贸易趋向系统化，“广州体系”形成。

约 1760~1860 年

以恰克图体系为框架，中俄贸易进入繁荣期。

1765

东印度公司接管孟加拉邦统治权。

1768

西域正式更名为新疆（1884 年建省）。

1770 年之后

清廷内部开始出现危机。

1773

东印度公司在孟加拉确立制造和销售鸦片的垄断权。

1784

《折抵法案》：英国降低茶叶关税，导致从中国进口茶叶大幅增加。

第一艘北美商船（“中国皇后号”）抵达中国。

1791

英印中三角贸易与美洲白银供应脱钩。

1792

廓尔喀战争。

清政府对西藏影响力达到顶峰（延续至约 1800 年）。

1793~1794

马戛尔尼勋爵率领英国使团抵华，觐见乾隆皇帝。

1795

最后一位重要耶稣会学者钱德明在北京去世。

荷兰向清朝派出最后一个使团。

1796~1820

嘉庆皇帝在位。

1796~1805

白莲教起义。镇压起义耗费了清廷大量财力。

1799

荷兰东印度公司解散。

1799~1818

英国巩固在印度的军事统治权。

1804

约翰·巴罗爵士著《中国行纪》出版。

1805

清廷下令禁止天主教。

美国商人首次将鸦片进口到中国。

1805 年前后

英国奠定海上霸权地位。

1813

东印度公司在印度的贸易垄断结束。

清廷解除禁教令，并加大力度禁止鸦片交易。

1816

阿美士德使团觐见嘉庆帝未果。

1819

英国在新加坡建立殖民地。

1820 年起

从印度向中国的鸦片出口直线上升，鸦片取代棉花成为中国最重要进口商品。

1821~1850

道光皇帝在位。

1825 年前后

（洋泾浜）英语取代葡萄牙语成为东亚地区的商业通用语。

1826

第一次英缅战争：英国阻止缅甸扩张并迫使缅甸签订通商条约。

1827

中国白银开始外流，导致中国（南方）发生严重“银荒”。

1830

印度尼西亚真正进入殖民地时期。

1832

19 世纪和 20 世纪西方最大对华贸易公司怡和洋行成立。

1833/34

东印度公司对华贸易垄断告终。

1833~1841

在外交大臣巴麦尊勋爵推动下，英国开始实施侵略性海外政策。

1834

英国首位驻华商务总监督律劳卑挑起对华冲突。

1836~1839

清廷就鸦片和白银危机展开大讨论。

1838

奥斯曼帝国向英国开放自由贸易。

1839

钦差大臣林则徐在广州发起禁烟运动并销毁英商鸦片。

1840

地中海东部发生东方危机（第二次穆罕默德·阿里危机）。

1840~1842

中英鸦片战争。

1842

8 月 29 日，中英签订第一个“不平等条约”《南京条约》：开放五处通商口岸，治外法权，限制中国海关自主权，割让香港岛。

1843

6 月，太平天国领袖洪秀全从基督教宣传册中获得“神谕”。

洋人进入开埠后的上海，建立飞地（1863 年设立上海公共租界）。宣布香港为英国殖民统治地。

魏源著《海国图志》出版，这是中国人了解外部世界的一部基础文献。

1844

中美签订《望厦条约》，《南京条约》赋予英国人的所有特权可由美国“均沾”。

1845~1857

中国南方（特别是广州和福州）频频爆发反洋运动。

1848 年前后

针对东南亚、南美、美国、澳大利亚、新西兰、南非等地的有组织移民（“苦力贸易”）

开始兴起，截至 1900 年，约有 240 万华人通过这种方式前往海外。

1850

徐继畬著《瀛环志略》出版，这是中国对外部世界认识的经典之作。

太平天国起义在广西爆发。

第一只蒸汽机船由上海驶往伦敦。

1851~1861

咸丰皇帝在位

1852

英国吞并下缅甸。

1853

太平军占领并定都南京。

中国首次向外国借款，1895 年之前，外债规模一直处于较低水平。

最后一个暹罗朝贡使团访华。

1853/54

佩里准将率美国舰队打开日本国门。

1853~1868

华东地区爆发大规模起义——捻军起义。

1854

洋人开始参与中国海关管理。

1855

英国与暹罗签订自由通商条约。

1856

香港取代广州成为中国南部最重要海港。

太平天国运动出现转折，从此由盛转衰。

1856~1873

云南爆发回民起义。

1857

1 月，英国攻打广州，以报复中国军队劫持英国亚罗号商船（1856 年 10 月 8 日）。

1857/58

印度民族大起义。

1858~1860

中国与英法两国爆发“第二次鸦片战争”，中国虽取得局部军事胜利但最终失败。

1858

中国与英法美签订《天津条约》：开放内地（特别是长江内河），鸦片进口合法化，允许洋人在内地游历及传教。

5 月 28 日，中俄签订《瑷珲条约》，承认俄国在黑龙江以北所占领土。

自 1858 年

日本与西方列强签订一系列“不平等”通商条约。

1859

法国占领西贡。

1860 年代

中英商船贸易（以茶叶为主）迎来黄金期。

1860

英法联军占领北京（10 月 13 日），在额尔金勋爵命令下抢劫并烧毁乾隆皇帝建造的圆明园（10 月 18 日至 20 日）。

10 月 24 日，中英签订《北京条约》，1858 年签订的《天津条约》同时生效。自此，始于 1842 年的条约体系基本成型。

11 月 14 日，《中俄北京条约》签订，中国向俄国割让乌苏里以东全部领土。

符拉迪沃斯托克建城。

1860~1862

普鲁士舰队远征东亚。1861 年 9 月 2 日，《中德通商条约》签订。

约 1860 年起

中国知识阶层对西方文化的兴趣日渐浓厚，其兴趣点最初主要集中于西方的技术成就，后来又翻译引进了大量西方著作。

越来越来多的汉人赴满洲垦荒。

1861

李鸿章官升巡抚，主持清朝外交事务直至 1901 年。

1 月 20 日，设立总理衙门，作为清廷最高外交机构并全面主持洋务。外国开始在北京设立常驻外交使团。

3 月 11 日，巴夏礼爵士率领英国舰队进入华中重镇汉口，促成汉口开埠。

4 月 3 日，满洲开设第一处通商口岸（牛庄）。

1860~1874

同治皇帝在位。自此至 1908 年，清朝大权实际掌握在同治皇帝的生母、其后继者光绪皇帝的姨母慈禧太后手中，在 1875 年之后几个短暂阶段，慈禧曾亲自主持朝政。

1862

外国军队帮助清政府镇压太平天国。中国购买第一批外国蒸汽船。总理衙门设立同文馆。

1863

赫德爵士被任命为清朝海关总税务司（任职至1908年）。

英美洋行要求修建苏州至上海铁路遭拒。

1864

太平天国首都南京陷落，太平天国起义失败（小股余部最后于1866年被剿灭）。

汇丰银行成立。

1865

上海成立江南制造局，这是官办军事工业（兵工厂、造船厂等）的开端。

1865~1872

俄国入侵布哈拉和希瓦汗国。

1867

交趾支那（越南南部）全部落入法国之手。

1868

日本结束江户幕府时代，开始推行激进的现代化政策（“明治维新”）。

上海江南造船厂制造出第一艘蒸汽船。

1868~1869

中国外交使团由美国前驻华公使蒲安臣率领出使美国和欧洲。

1869

苏伊士运河开通，不久后，蒸汽轮船在中欧航路全面投入使用。

1870年代

中俄恰克图贸易走向衰落。

1870

6 月 21 日，天津发生屠杀外国传教士的“天津教案”，引发列强激烈报复。

1870~1877

新疆发生阿古柏之乱。

自 1871 年起

中国开通国际电报线路。

1872

中国内河航运巨头太古轮船公司成立。

中国向美国派遣首批留学生（1876 年才派往欧洲）。

1873

李鸿章成立轮船招商局。

自 1874 起

中国朝贡国安南成为法国保护国。

1874

5 月至 12 月，日本出兵台湾。

1875~1908

光绪皇帝在位，慈禧垂帘听政（光绪仅在 1889~1898 年间掌握相对主动权）。

1876

9 月 13 日，中英签订《芝罘条约》（又称《中英烟台条约》），作为英国领事马嘉里被杀（1875 年 2 月 8 日）的赔偿，条约赋予外国人更多权利，特别是开放重庆为通商口岸（实际开埠是 1891 年）。

中国第一条铁路建成（上海至吴淞，1877 年即停运拆除）。截至 1894 年，总共仅建成约 500 公里铁路。

第一批中国留学生抵德；1877 年向英国和法国派遣留学生。

1876~1879

中国北部爆发大饥荒（丁戊奇荒），900~1300 万人丧生。

1877

中国派出首位常驻外国使节（郭嵩焘，伦敦）。

1877~1912

李希霍芬著五卷本《中国：亲身旅行和据此所作的成果》出版，这是关于中国地理的最重要西方著作。

1878

7 月 11 日，主张现代化改革的洋务派开办开平矿务局（即开平煤矿）。

1879

4 月 4 日，日本正式吞并琉球群岛。

中国鸦片进口达到巅峰，之后因进口替代品（国产鸦片）而减少。

1880 年之后

香港工业化起步（最初是造船业和制糖业）。

受引进蒸汽机技术等因素影响，中国生丝产量出现飞跃式增长。

日本经济开始腾飞。

1881

2 月 24 日，中俄签订《圣彼得堡条约》(《伊犁条约》)，同意中国在做出相应补偿后收回伊犁，对中国而言，这是相对意义上的一大成就。

中法因越南问题首次陷入紧张关系。

美国开始限制中国移民（《安吉尔条约》）。

上海（在租界）开通中国第一条电话线。
上海引入自来水。

1882
英国占领埃及。

1883
美国传教士卫三畏著《中国总论》第二版出版。
8月25日，法国成立安南和东京（北越）保护国，越南从此失去独立地位。

1884
11月17日，新疆建省，更牢固地纳入中华帝国版图。台湾于1885年建省。

1884~1885
欧洲列强召开柏林西非会议。

1884~1885
中法战争。中国被迫承认法国对越南的宗主权，但无须支付战争赔款（1885年6月9日《中法新约》）。

1885
英国吞并缅甸余下的独立部分（于1866年7月24日得到中国承认，但缅甸仍可向北京朝廷纳贡）。
中国和日本同时对朝鲜行使宗主权（4月18日签订《中日天津条约》，又称《中日天津会议专条》）。
棉布成为中国最重要的进口商品。煤油在此后数十年中成为中国从美国进口的主要商品。
印度国民大会党成立。

1886
中国茶叶出口（按绝对数计算）达到巅峰。

英国暂时停止入侵西藏的企图。直至1899年，英国才又重新奉行积极主动的西藏政策。

1887

中国首次承认葡萄牙对澳门的管辖权（3月26日《里斯本草约》）。

清廷首次原则上批准修筑铁路。

1889/90

湖广总督张之洞筹建汉阳铁厂（1894年投产）。

1890

中国第一家机械化棉纺厂上海机器织布局建立，这是上海第一家官督商办企业。

约1890~1930

生丝成为中国最重要的出口商品。

1891

长江流域反洋教斗争达到高潮，特别是在华中地区。下一轮高潮是在1895年。

1894

标准石油公司采用新的手段开发中国市场。

日本缔结第一个建立在平等基础上的国际条约。

6月，中日为争夺朝鲜爆发战争（即甲午战争，双方于8月1日正式宣战），中国战败，签订《马关条约》（1895年4月17日）：中国承认朝鲜“独立”，割让台湾、澎湖、辽东半岛予日本，支付战争赔款2亿两白银。中国国际地位急剧削弱。4月23日，俄法德三国干涉迫日本放弃辽东半岛。

1895

中国爆发反对《马关条约》的抗议潮。5月2日，康有为等学者代表向朝廷呈交呼吁变革的请愿书（“公车上书”）。

1895~1899

外国在华争夺矿山和铁路建设特许权。

1895

外国在上海、汉口、青岛、天津及其他通商口岸大规模建厂（以纱厂为主）。

中国在国际资本市场举借数笔巨额债款，海关职能转为外国银行的工具。金融帝国主义时代由此在中国拉开帷幕（一直持续到 1914 年）。

1896

清朝重臣李鸿章出访列国：6 月 3 日在莫斯科签订《中俄密约》，允许俄国在满洲修建铁路；6 月 14 日在柏林拜谒威廉二世，8 月 5 日在伦敦觐见维多利亚女王，8 月 31 日在华盛顿会晤克利夫兰总统。

1897

11 月 14 日，因两名德国传教士被杀（11 月 1 日，巨野教案），德国海军占领山东青岛。1898 年 3 月 6 日，中德签署租借条约，确定了德国在山东的地位。

1898

中国对列强做出让步，主要有：香港殖民地扩大至新界（租期 99 年），分别与俄英法签订租借条约（俄租借旅顺、大连，英租借威海卫，法租借广州湾）。意大利的类似要求 1899 年被拒。

美国以和平姿态对待中国，但对菲律宾反殖民抵抗运动则予以血腥镇压。

铁路建设以及外国对铁路业投资呈兴旺之势，1912 年中国铁路长度达到 9600 公里。

康有为、梁启超、谭嗣同等人推动光绪皇帝实行“百日维新”（9 月 16 日至 9 月 21 日），后被慈禧身边的朝廷保守势力镇压。光绪皇帝被软禁，维新派被处死或逃亡。

严复编译赫胥黎《天演论》，继 18 世纪耶稣会教士之后首次试图将当代西方思想介绍给中国知识界，并呼吁中国学界对西方哲学思想予以重视。

1898 年前后

在华北地区，外国传教士和中国民间秘密团体之间的关系日益紧张，义和团（“拳民”）

酝酿发动起义。

约 1898~1914

日本文化对中国教育精英的影响达到高峰。

1899

美国国务卿海约翰（John Hay）要求列强尊重在华“门户开放”原则（9 月 6 日照会，1900 年 7 月 3 日第二次照会）。

日本废除治外法权生效（中国废除的时间为 1943 年）。

1900

义和团起义：1899 年，袭击传教士事件增多，清政府军队与义和团拳民发生冲突。1889 年 5 月 31 日，430 名外国陆战队员被派往北京保护洋人。6 月 4 日，大批义和团拳民进入北京。6 月 17 日，远征军队员开始从海上开往北京。6 月 20 日 ，德国驻华公使克林德被杀，外国使馆开始受到围攻。6 月 21 日，朝廷反洋势力说服慈禧支持义和团，向列强宣战。8 月 12 日，八国联军占领北京，开始抢劫和屠杀。

英国和比利时资本取得中国最大煤矿开平矿务局的控制权（1912 年改组为开滦矿务局）。

1900 年前后

欧洲及北美排华情绪达到高潮（警惕“黄祸”、进一步加强移民限制、迫害华人等）。

1900~1904

俄国军队占领满洲大片地区。

1901

7 月 24 日，清廷设立外务部，接替总理衙门掌管夷务。

9 月 7 日，《辛丑条约》签订，外国获准在中国派驻军队，中国被迫同意向列强支付巨额赔款。

9 月 17 日，外国军队撤出北京（保护使馆的兵力除外）。

1902

1 月 30 日，英日同盟签约。

英美烟草公司开始在华生产香烟，不久成为最具规模和影响力的西方在华企业。

第一辆汽车出现在上海。

1903

莫斯科至北京铁路线开通。

1903~1905

严复翻译出版约翰·穆勒《论自由》、赫伯特·斯宾塞《社会学研究》和孟德斯鸠《论法的精神》。

1903~1910

法国修建从越南海防至昆明（云南府）铁路（滇越铁路）。

1903~1911

中国力图收回铁路权和采矿权（“收回利权”运动）。

1904

4 月 8 日，英法签订《挚诚协定》(又名《英法协约》)。

8 月 6 日，荣赫鹏爵士率领英军占领拉萨，此后英国人撤出西藏。

1904~1905

日俄战争在没有中国参与的情况下在中国领土上展开：1904 年 2 月 8 日，战争爆发；5 月 27 日，俄国舰队在对马海峡海战中被击溃；1905 年 3 月 10 日，日本在奉天会战中获胜。1905 年 9 月 5 日，日俄签订《朴茨茅斯和约》，俄国在辽东租借地及旅顺至长春铁路被转让给日本，为日本进入满洲奠定了基础。1907 年起，日俄重新划定各自在满洲的势力范围。

1905

5 月 24 日至 9 月 27 日，上海和南方多地爆发抵制美货运动，以抗议美国加强对中国移民的限制。

9 月 2 日，废除科举制度和功名头衔。

1906

清廷实施新政，仿效西方改组各部官制。朝廷（9 月 1 日）颁布诏书，宣布“预备仿行宪政”。

9 月 20 日，清廷颁布上谕，发起禁烟运动。

1907

8 月 31 日，《英俄条约》签订，结束两国在亚洲的“大博弈”。

7 月 30 日，日俄签署协定，确认中国领土完整，但在同时签订的密约中却将满洲划分为各自的势力范围。

1907~1914

列强在东亚利益进入相对和谐期。

1908

11月30日，日美《罗脱—高平协定》换文，确认美国在华“门户开放”和“维护现状”主张。

中国第一条有轨电车线建成通车（上海）。

1908~1912

中国末代皇帝宣统（生于 1906 年的溥仪）在位。

1910

8 月 29 日，日本吞并朝鲜。

1911

中国银行联合会（大清银行商股联合会）成立。

10 月，辛亥革命爆发，清王朝被推翻。1912 年 1 月 1 日中华民国成立，孙中山为首任总统。列强趁革命混乱之机，进一步扩大在华利益。

1912

“托管银行”制度强化了外国对中国海关的干预。

3 月 10 日，袁世凯将军就任中华民国临时大总统（1913 年 10 月 6 日任正式大总统）。直至 1915 年底，袁世凯一人擅权，其余宪法机构几无任何权力（1916 年 6 月 6 日袁世凯去世）。

1913

4 月 27 日，袁世凯政府为获得财政支持向国际银行团举借巨额债款（“善后大借款”），并在洋人操纵下改组盐务稽核机构。

中国被迫承认外蒙在俄国保护下“独立”。

1913 年前后

中国重工业龙头企业汉冶萍公司被日本债权人控制。其麾下铁厂逐步减产，到 1925 年彻底停产：这是日本有目的地对中国实施去工业化的表现。

1914

9 月至 11 月，日本占领德国在山东领地，德国战败投降（1914 年 11 月 7 日）。

1915

1 月 18 日，日本向中国提出“二十一条”要求。

《新青年》杂志创立（创刊号名为《青年杂志》）。批判传统文化、主张接受西方思想的“新文化运动”开始。

1916

袁世凯倒台和去世后，中央政府名存实亡，中国进入军阀割据时期，这种政治格局一直延续至 1930 年代初。

1917

8 月 14 日，中国向德国和奥地利宣战。

9 月 2 日，《蓝辛—石井协定》签订，美国承认日本对华“特殊关系”。

俄国爆发十月革命，对中国知识分子产生巨大影响。

1917~1918

日方为支持亲日军阀段祺瑞，向其提供“西原借款”。

1917~1923

中国民族资本主义的黄金时期，尤其是轻工业。

1919

5 月至 6 月，在北京、上海和其他城市，学生和部分市民为抗议巴黎和会无视中国利益、反对北洋政府的政策，发起大规模抗议活动（“五四运动”）。与此同时，随着文学与政治宣传活动的日益活跃，“新文化运动”进入高潮。

7 月 25 日，苏联政府发表《加拉罕宣言》，宣布放弃沙俄时期在华特权（1920 年 9 月 27 日发表第二次《对华宣言》，对第一次宣言做出补充）。

1919~1929

列强实施对华军火禁运，但未取得实际效果。

1920

5 月，第一位共产国际代表沃金斯基来到中国。

“新四国银行团”成立，但实际上并未发挥太大作用。

1920 年前后

基督教传教活动在中国达到高潮。

1921

7 月 31 日，一小拨知识分子在上海成立中国共产党。

中国赴法勤工俭学运动达到高潮。

1921/22

11 月 12 日至次年 2 月 6 日，华盛顿会议签订《九国公约》：限制海军军备，再次重申在华“门户开放”原则。

1922

1 月至 3 月，香港海员大罢工，取得较大成功。5 月，彭湃领导的共产主义农民运动开始。

12 月，日本撤出山东。

1923

5 月 6 日，临城火车大劫案，中国政治混乱的后果由此显现。

1923 年之后

中国铁路借款陷入拖欠潮。

1923/24

在苏联和共产国际支持下，国民党领袖孙中山自 1923 年 2 月起在广东建立革命根据地。国共两党建立统一战线。1924 年黄埔军校成立。

1924

1 月 20 日至 30 日，国民党召开第一次全国代表大会，确定对党内机构实行改组。

1 月 27 日至 3 月 2 日，孙中山发表“三民主义”系列演讲，“三民主义”成为中国民族主义宣言。

5 月 31 日，苏联与北洋政府签署《中俄协定》。

6 月 6 日，德国与北洋政府（继 1921 年 5 月 20 日签署第一份协议后）在平等基础上实现关系正常化，

1925

3 月 12 日，孙中山在北京逝世。

1925~1926

10 月 26 日至 5 月 13 日，北京特别关税会议。中国在关税自主权方面未能取得任何进展。

1925~1927

“大革命”时期：1925 年 5 月 30 日上海“五卅惨案”和 6 月 23 日广州“沙基惨案”后，上海、广州、香港及其他城市爆发以反抗列强（特别是英国）的抵制和罢工运动，工人运动和共产主义在组织形式上得到蓬勃发展。

1926

国民党军事领袖蒋介石率领国民革命军于 7 月 1 日从广东出发，针对军阀发动北伐战争。同年 3 月，蒋介石开始对共产党展开第一轮清剿行动。

9 月 5 日，“万县惨案”暴露出炮舰政策的无能。

1927

1 月 4 日，一群中国百姓占领汉口英租界；3 月 15 日，租界被交还中国。

4 月 12 日，蒋介石在上海对共产党实行血腥清洗，国共统一战线告终。4 月 18 日，蒋介石在南京宣告“国民政府”成立。白色恐怖弥漫全国，至 1927 年底，共产主义运动在中国各大城市遭到镇压（12 月 13 日“广州公社”失败）。

1928

5 月 3 日，“济南惨案”，日军与蒋介石部队在山东发生流血冲突。

6 月 4 日，日本关东军刺杀满洲军阀张作霖，东北进入政治动荡时期。

6 月，中共在农村扎根立足，最初在井冈山。

北伐战争结束，同年年底，军阀张学良于 12 月 29 日宣布归顺蒋介石，中国（至少在形式上）实现统一。

1928~1930

华北地区爆发大饥荒。

1929

2月，共产党在江西建立根据地，在接下来几年里，根据地不断扩大（1931年11月7日在瑞金成立中华苏维埃共和国），并成功抵御国民党军队的多次进攻。

2月1日，中国恢复在1842年条约中失去的关税自主权（实际收回时间是在1930年5月日本同意后）。

7月至12月，中国为收回中东铁路路权向苏联挑起军事冲突，遭遇对方反抗并因此受到西方列强谴责。12月22日，中苏签署《伯力议定书》，确定维持现状。

1930

8月1日，中共部队与外国军舰在湖南长沙发生冲突，这是1930年代共产党与西方列强之间仅有的一次军事交火。

10月1日，英国将威海卫租界地归还中国。两股军事势力之间的交战达到高潮，一方为蒋介石，另一方为军阀冯玉祥和阎锡山。

1930~1931

中英就废除治外法权（“修约”）问题进行谈判，后因满洲危机爆发而中断。

1931

江淮大水，特别是长江水灾。

世界经济危机波及到中国。

九一八事变后，日本关东军占领整个满洲。尽管自1932年3月9日起“满洲国”成为名义上的“独立”国家，实际上则为日本殖民地，直至1945年日本战败投降。

1932

1月28日至5月31日，日本攻打上海，国民党第十九路军奋起抵抗。

12月12日，中国与苏联恢复1927年12月14日中断的外交关系。

1933

2月27日，日本进攻并占领热河省。

3月27日，日本宣布退出国联。

5月22日，南京政府提高进口关税，这是中国有史以来第一次实行有效的关税保护措施。

5月31日，《塘沽停战协定》：中方认可日本对满洲和热河的控制权，同意将华北部分地区划为“非武装区”。

1934

4月17日，《天羽声明》：日本宣布反对第三国向中国提供军事、技术和经济援助。

6月19日，美国《白银法案》生效，导致中国经济形势急剧恶化。

7月3日，中国迫于日本压力，降低保护性进口关税。

10月16日，面对蒋介石第五次围剿，中共撤离江西苏区，开始踏上长征之路。

1934~1937

德国顾问团在华活动鼎盛期。

1935

1月6日至8日，中共中央政治局召开遵义会议，这是确立毛泽东在党内领导地位的重要一步。

3月11日，苏联将中东铁路股份卖给日本（“满洲国”），苏联对华直接投资至此几乎悉数撤出。

3月23日，南京政府对大型民营银行实行国有化，这是“官僚资本”的一场胜利。

6月10日，《何梅协定》将包括北京在内的河北省事实上交给日军控制。

10月20日，中共领导层抵达陕北，长征结束。

11月3日，国民政府实施币制改革，以外汇担保的纸币代替白银货币，为经济复苏创造了条件（1935年是中国经济陷入最低谷的一年）。

12月9日至16日，北京爆发反抗日本帝国主义与汉奸卖国贼的大规模学生游行（“一二九运动”）。

1936

中国经济形势明显好转。

1 月 21 日，广田弘毅外相提出“广田三原则”，作为日本对华政策基础。

7 月，国民政府成功挫败广东地方分裂势力，蒋介石首次掌握对几乎整个华中和华南地区的控制权。

9 月 1 日，北京至广州铁路通车。

9 月 25 日，德国与日本签署《反共产国际协定》。

12 月 12 日，西安事变：国民党将领张学良和杨虎城扣押蒋介石，迫其停止剿共、全面抗日（蒋于 12 月 25 日被释放）。

1937

7 月 7 日，卢沟桥事变，中日战争全面爆发；之后数周，日本军队迅速向南推进。

8 月 13 日，沪淞会战（11 月 12 日中国战败）。

8 月 21 日 ，《中苏互不侵犯条约》签订。

11 月 3 日至 15 日，布鲁塞尔会议召开，对日本侵略行为发出谴责。

12 月 12 日，南京陷落，之后数周内大量中国战俘和平民被杀（“南京大屠杀”）。

1937~1941

在日本统治下的“伪满洲国”，（重）工业进入高速增长期。

1938

4 月 7 日，中国在台儿庄战役获胜。

6 月 7 日，蒋介石下令炸毁黄河大堤，造成洪水泛滥。

6 月 12 日，武汉会战爆发。

7 月，最后一批德国军事顾问受希特勒之命撤离中国。

10 月 21 日，日本占领广州，并放火烧毁城市。

10 月 26 日，日本占领武汉，国民政府由武汉迁往四川重庆（重庆自 1937 年 12 月起已开始行使战时首都职能）。

11 月 13 日，为抵抗日本进犯，国民党当局下令烧毁长沙（“文夕大火”）。

美国向战时中国提供第一批援助。但是在 1938~1939 年间，苏联仍然是中国最重要的盟国。

1939

5 月 11 日至 8 月 20 日，日本与苏联在蒙古诺门罕展开激战，苏联获得战役胜利。

6 月 14 日，日本开始对天津英法租界实行封锁，1940 年 6 月，冲突通过外交方式得到解决。

7 月 26 日，美国宣布自1940年1月26日起中止《美日通商航海条约》(1911 年签订)。

9 月 1 日，德国袭击波兰，第二次世界大战在欧洲爆发。

1940

美国加大对日制裁，同时逐渐转向中国。

3 月 30 日，1938 年 12 月 18 日逃离重庆的国民党领导人汪精卫在日本扶持下在南京成立“国民政府”。

7 月至 10 月，英国封闭滇缅公路，“自由中国”的物资供应遭遇困难。

8 月 20 日，共产党军队在华北对日军发起“百团大战”，战斗持续至 12 月 5 日。

1941

日本对游击队和支援游击战的平民加紧实施恐怖策略（“三光政策”）。

1 月 4 日至 15 日，国民党军队在安徽南部对新四军发动袭击（“皖南事变”），国共合作实际终止。

4 月 13 日，《苏日中立条约》签订。

6 月 22 日，德国进攻苏联。

7 月 2 日，国民政府与德国和意大利中断外交关系，12 月 9 日向两国宣战。

12 月 7 日，日本突袭珍珠港美国太平洋舰队。

12 月 8 日，日本向美国和英国宣战。

12 月 25 日，香港投降。

1942

1 月 52 日，中国军队取得长沙会战胜利。

2 月 1 日，中共中央所在地延安开始“整风运动”，毛泽东在党内地位得到巩固。

2 月 15 日，日本占领新加坡。

3 月 2 日，日本占领荷属东印度首都巴达维亚。

3 月 4 日，美国将领史迪威出任中国战区总参谋长。

6 月 4 日，中途岛海战，太平洋战争由此向于日本不利方向发展。

1942~1943

河南大饥荒。

1943

延安开展“大生产”运动，中共根据地经济得到巩固。

2 月 2 日，德军在斯大林格勒投降。

11 月 1 日，1943 年 1 月达成的美英放弃治外法权协议生效，“条约体系”从此在纸面上也被废止。

11 月 26 日，蒋介石与罗斯福和丘吉尔一道出席开罗会议。

1944

4 月至 12 月，豫湘桂会战，这是日军自 1938 年秋季之后在中国发动的规模最大、战果最丰的攻势作战。

6 月 15 日，从成都起飞的 B29 战斗机对日本岛实施第一轮轰炸。

6 月，美国外交官开始对国民党政府可能垮台向华盛顿政府提出警告。

7 月 2 日，美军观察组（俗称“迪克西使团”）抵达延安。

10 月 5 日，敦巴顿橡树园会议召开，对中国在即将成立的联合国安全理事会中常任席位做出安排。

10 月 19 日，罗斯福应蒋介石要求召回与蒋不和的史迪威，蒋在与反对派的斗争中获胜。

10 月 20 日，美军登陆菲律宾。

11 月 7 日，罗斯福特使赫尔利在延安与毛泽东会面，双方貌似就战后建立联合政府问题达成一致。

1945

2 月 4 日至 11 日，罗斯福、丘吉尔和斯大林出席在克里米亚召开的雅尔塔会议，就东亚战后秩序部分达成一致。

5 月 8 日，第二次世界大战欧洲战事结束。

4 月 23 日至 6 月 11 日，中共在延安召开第七次全国代表大会，毛泽东对战争时期做出总结并对未来路线方针做出规划（包括组建联合政府）。

7 月 26 日，波茨坦会议向日本发出最后通牒。

8 月 6 日，广岛原子弹爆炸。

8 月 8 日，苏联对日本宣战，苏军进入满洲。

8 月 9 日，长崎原子弹爆炸。

8 月 14 日，《中苏友好同盟条约》在莫斯科签订。苏联意欲帮助蒋介石。

8 月 14 日，日本投降（9 月 2 日签署投降书）。

8 月 28 日至 10 月 11 日，毛泽东与蒋介石在重庆就避免内战进行谈判。

8 月，越南“八月革命”，9 月 2 日发表越南独立宣言。

8 月至 9 月，苏联和美国共同占领朝鲜，以北纬 38 度线为界将朝鲜分成南北两半。

9 月 1 日，英国宣布对香港实行军事管制。

9 月 20 日，美军抵达华北，参与解除日军武装。

10 月至 12 月，作为对付共产党的策略之一，美国通过“空中桥梁”将国民党部队由南方运往北方。

12 月 23 日至 1947 年 1 月 8 日，美国特使马歇尔尝试对国共军事冲突进行调解。1946 年 7 月起，马歇尔意识到自己的使命已难以完成。

1945~1949

美国向蒋介石提供大量经济援助。相比之下，苏联对中共的援助要少得多。

1946

中国各省发生饥荒，湖南情况最为严重。

1 月至 2 月，苏联在东北大规模拆运工业设备。

5 月 3 日，最后一批苏联军队撤离东北。

5 月 4 日，中共中央决定实行激进的土改政策，该政策在战争期间一度较为温和。

6 月，内战全面爆发。

12 月，抗议美国在华驻军的学生示威运动爆发。

1946年秋至1948年春，华北解放区的土地革命达到高潮。

1947

2月至3月，台湾爆发反对国民党专制统治的起义，后被血腥镇压。

3月，最后一批美国军队撤出中国。

3月12日，杜鲁门总统提出遏制共产主义的政策主张（“杜鲁门主义”）。

5月至7月，各地爆发反饥饿、反内战、反迫害的大规模示威活动。

年中，内战形势逐渐向有利于中共方向转变。

8月15日，印度独立。

1948

在国民党统治区，自1939年前后开始的通货膨胀达到灾难性程度。

越来越多的国民党部队向中共投诚。

4月2日，美国国会通过《援华法》，向蒋介石提供最后一批援助。

5月，各地学生举行示威游行，抗议美国扶植日本军国主义的政策。

8月，国民党政府整顿城市经济的最后尝试失败。

9月，中共向国民党军队发起决定性进攻。

11月6日至1949年1月10日，中国人民解放军赢得淮海战役胜利，蒋介石军事失败成为定局。

1949

中国人民解放军夺取各大城市：天津（1月15日），北平（1月22日），太原（3月24日），南京（4月23日），武汉（5月17日），西安（5月20日），南昌（5月22日），上海（5月25日），青岛（6月2日），广州（10月14日），成都（12月17日）。1950年4月解放海南岛后，共产党夺取全国的任务胜利结束。

2月20日，国民党将中央银行全部黄金运往台湾。

3月25日，毛泽东及中共领导层将中央机关移至北平。

8月2日，美国大使司徒雷登离开中国。

10月1日，毛泽东在北京天安门城楼宣告中华人民共和国成立。

10月2日，苏联宣布承认中华人民共和国。

12 月 10 日，蒋介石逃往台湾。

12 月 16 日，毛泽东开始在莫斯科同斯大林谈判。

12 月 23 日，美国国家安全委员会通过 NSC 48/1 号文件，反对美国出兵保卫台湾。

12 月 27 日，印度尼西亚独立。

人名索引

（索引页码为原书页码，即本书边码）

Das Register verzeichnet die im Textteil des Buches erwähnten Personen

名词索引

（索引页码为原书页码，即本书边码）

Das Register verzeichnet die im Textteil des Buches erwähnten Sachen.

图书在版编目（CIP）数据

中国与世界社会：从18世纪到1949 / (德) 于尔根·奥斯特哈默著；强朝晖译. -- 北京：社会科学文献出版社，2019.10

书名原文：China und die Weltgesellschaft: Vom 18. Jahrhundert bis in Unsere Zeit

ISBN 978-7-5201-5148-1

Ⅰ.①中… Ⅱ.①于… ②强… Ⅲ.①中外关系－国际关系史－研究－近现代 Ⅳ.①D829

中国版本图书馆CIP数据核字（2019）第153982号

中国与世界社会
从18世纪到1949

著　　者 / ［德］于尔根·奥斯特哈默（Jürgen Osterhammel）
译　　者 / 强朝晖

出 版 人 / 谢寿光
责任编辑 / 周方茹

出　　版 / 社会科学文献出版社·联合出版中心（010）59367151
地址：北京市北三环中路甲29号院华龙大厦　邮编：100029
网址：www.ssap.com.cn
发　　行 / 市场营销中心（010）59367081　59367083
印　　装 / 北京盛通印刷股份有限公司

规　　格 / 开　本：787mm×1092mm　1/16
印　张：38.25　字　数：495千字
版　　次 / 2019年10月第1版　2019年10月第1次印刷
书　　号 / ISBN 978-7-5201-5148-1
著作权合同登记号 / 图字01-2013-5271号
定　　价 / 96.00元